本书系国家社科基金重大委托项目"改革开放历史经验研究"（2015MZD009）、国家社会科学基金项目"中国产业结构演变中的大国因素研究（1949—2010）"（11BJL015）、国家哲学社会科学重大招标课题"现代伦理学诸形态研究"（10ZD&072）、国家哲学社会科学重大招标课题"生命伦理的道德形态学研究"（13&ZD066）的阶段性成果。

百家文库

孙全胜 著

中国特色城市化道路
的历史透视和现实选择（上册）

ZhongGuo TeSe ChengShiHua DaoLu De LiShi TouShi He XianShi XuanZe

中国书籍出版社
China Book Press

图书在版编目（CIP）数据

中国特色城市化道路的历史透视和现实选择：全2册/
孙全胜著．—北京：中国书籍出版社，2019.1
ISBN 978-7-5068-6797-9

Ⅰ.①中… Ⅱ.①孙… Ⅲ.①城市化—研究—中国
Ⅳ.①F299.21

中国版本图书馆 CIP 数据核字（2018）第 295290 号

中国特色城市化道路的历史透视和现实选择：全2册

孙全胜　著

责任编辑　周　鑫
责任印制　孙马飞　马　芝
封面设计　中联华文
出版发行　中国书籍出版社
地　　址　北京市丰台区三路居路 97 号（邮编：100073）
电　　话　（010）52257143（总编室）　　（010）52257140（发行部）
电子邮箱　eo@ chinabp. com. cn
经　　销　全国新华书店
印　　刷　三河市华东印刷有限公司
开　　本　710 毫米×1000 毫米　1/16
字　　数　745 千字
印　　张　41.5
版　　次　2019 年 1 月第 1 版　2019 年 1 月第 1 次印刷
书　　号　ISBN 978-7-5068-6797-9
定　　价　166.00 元（全2册）

序

　　本书力图用历史和现实相结合的视角考察中国特色城市化道路的发展历程和现实选择。基于笔者的学术背景，本书力图体现哲学的思辨性。中国城市化在快速发展的同时，也呈现着一些问题。中国城市化是人口结构、地域结构、经济结构的改善，主要动力是农业、工业和服务业等的发展，具体呈现为城市空间的扩展、城市用地规模的扩大、城市文明的延伸等，需要完善城市功能，维护生态平衡，保护历史文化遗产。中国城市化存在着城乡二元体制，不利于城市空间更新。工业化、交通、商业、外贸、农业现代化都是城市化的动力机制。中国城市化需要协同治理，促进户籍、金融的城乡一体化，采取环保方式，消除城乡隔离，完善市场机制。

　　中华人民共和国成立以来的城市化道路可以以 1978 年为界分为两个时期：改革开放前的缓慢发展时期和改革开放后的快速发展时期。改革开放前的城市化缓慢发展时期又可以分为四个阶段：1949—1957 年是城市化起步阶段，兴建了一些城市，政府为了恢复国民经济，大力发展工业化，城市化水平、城镇人口比重都有了提高；1958—1960年是城市化的大起大落阶段，"大跃进"让城市化率在短时间内迅速飙升，但很快就陷入了经济困难，让城乡居民生活水平下降；1961—1965年是城市化的调整阶段，国家陷入经济困难，政府不得不控制城市人口，使城市化水平回落；1966—1977 年是城市化停滞不前阶段，"文革"阻碍了经济发展，迁出了大批城市人口。改革开放的城市化快速发展时期也可以分为四个阶段：1978—1984 年是城市化恢复发展阶段，农村改革促进了城乡经济发展，知青大量回城，小商品经济开始活跃;1985—1991 年是城市化持续发展阶段,国家进一步对外开放,城市经济体制开始改革,乡镇企业蓬勃发展;1992—2002 年是城市化加速发展阶段,国家实行市场体制,建立了各类开发区,调整了发展战略,城市人口比重提升较多。2003 年至今是城市化的科学发展阶段,国家实行一系列惠农政策,改变城市化增长方式,推动大中小城市协调发展,实行城乡统筹,进一步提高了城市化质量和水平。

中国特色城市化道路是在特定的国内外环境中形成的。中华人民共和国成立后,国家为了巩固国防,优先发展重工业,并建立了户籍制度、土地制度、社会保障制度等一系列配套制度,迅速建立了完整的工业化体系,但也形成城乡二元结构,导致产业结构失衡,影响了中国城市化进程。落后的技术水平导致中国城市化长期采用粗放式增长方式,破坏了环境;严格的户籍制度导致城乡二元结构对立情况长期存在,限制了城乡人口流动;政府主导城市化,让市场配置城乡资源的作用难以发挥。此外,中国城市化也面临着较严峻的国际形势,处于全球化的不利地位。改革开放前的城市化战略有一些消极作用,但也有一些积极作用。其一,城市化滞后维持了高积累的工业体系的建成,避免了过度城市化导致的问题;其二,是改革开放后城市化发展的起点条件,为以后的城市化奠定了基础;优先发展重工业为改革开放后轻工业和第三产业发展提供了供给和需求条件。城乡壁垒让政府选择农村非农化和发展小城镇,避免人口向大城市过度聚集导致的城市病。国内学者对于城市化发展道路有不同意见,主要有大城市、中等城市、小城市等模式。城市化需要改变传统计划经济体制导致的既定利益格局,加快改革步伐,推动生产要素的合理配置。同时,中国城市化也存在认识误区和政策失误:一是在排斥市场经济的同时抑制城市发展。在城市发展理念上,担心过多的城市人口会给财政造成很大负担,认为城市不应追求物质享受,而应为政治服务,成为工业基地。为此,国家用户籍制度将城乡隔离,用农业剩余补助工业,导致城市化违背经济规律,加大了产业结构失衡。二是采用自上而下的政府推动模式,严格控制城市化。政府主导城市化,让城市排斥商品经济、吸纳非农劳动力能力低,政府统包城市居民,统制农村居民,用户籍、土地、住房、粮食供给、教育、医疗等制度阻碍城乡人口流动,形成城乡巨大差距。城乡二元结构本是城市化过程中的正常现象,但中国形成了独特的城乡二元体制。中国城市没有出现拉美国家的"贫民窟"现象,但也存在"城中村"问题。三是城市规划和建设受行政机制和计划体制的制约。城市投资与城市行政级别有关,制约了城市发展活力。国家严格控制大城市的发展,用建制城市化造成城市化的表面速度。后来才允许农民进城务工,促进了劳动力流动,打开了农贸市场,企业改革促进用工改革,多种所有制经济推动商品生产,但国家仍主要发展小城镇,仍想就地转移农村人口、清理城市中的农民工,这仍是自上而下城市化的表现。

进入 21 世纪,中国确立了新型城镇化道路,不断统筹城乡发展。第一,城市化发展理念发生了转变,更好地促进大中小城市协调发展。第二,城市之间的联系更加紧密,努力促进以人为本、区域协调发展,促进资源共享,更加注重城市内涵发展,努力推动城乡一体化,努力促进城市群发展。第三,城市化水平不断得到提高,城镇人口不断增加,城市建成区面积不断扩展,建制镇数目增多,城市基础设施更完善。第四,城乡关系更加协调。城乡二元隔离体制有所松动,国家实行一些惠农政策,非农产业更加发展。第五,城乡体制改革逐步展开,不断推动农民思想观念改变。国家改革了户籍制度、用工制度、社保制度、土地制度、政府管理方式等,推动了农村经济发展。

中国城市化道路需要借鉴国外有益经验,尊重城市化规律,实行科学发展。城市化在当代中国有特殊意义,既推动了中国经济高速发展,又在日常生活中起着积极作用。但城市化需要规范,如果不规范城市化,就会引起一些经济、文化、生态等问题。当代中国城市化是在复杂的全球化形势下进行的,蕴含着纷繁复杂的矛盾和冲突,需要转变政府职能、健全市场经济体制、制定科学的城市空间规划、转变城市空间生产模式,以改变我国城市化现状。

中国特色城市化道路需要合理秩序,要求健全的法律,如果一个社会没有法律,只通行弱肉强食法则,必定会带来无数人间悲剧。人类需要超越进化法则,过渡到自由、平等的社会,让每个居民都活得有尊严。人类社会是需要不断前进的,不能一直停留在混沌的状态,需要清晰合理的法则,法则的制定要得到全体国民的协商,抛弃冷漠、暴力和做作,让善恶法则真正体现在社会中。病态的社会只会产生更多病态的人和事,只有社会健全了,人才能获得更多幸福。

当代社会中,网络正以特殊方式影响城市生活,推动政治文化多样化,也让一些居民因区域利益而抵抗全球化,用民族国家不断加强文化认同。流动空间借由网络技术跨越时空,联系起无数非主流意识,建构起集体认同。流动空间与区域空间有冲突,信息技术自身也有悖论,网络多元但被集体利用,由政治权力支配网络。网络流动空间不同于现实空间,也产生了认同问题,需要建构强调自主性的认同观念,强化公民社会认同的同时,也不要降低区域自治。网络社会让个人努力融入全球化的网络社会体系,努力利用信息技术表达自己的权利和需求。网络空间突破了鸿沟,能从地方性场景中挖掘出社会关系。人的日常生活、文化认同、政治参与仍是区域性的,流动空间联系了不同区域的人。信息网络并没有占据任何区域,让我们还处在现实空间和流动空间的包围中,大部分人仍生活在区域空间中,体现着区域文化特色。城市化将人的意识、社会秩序、生产机制固化在空间产品之内。城市化过程更多是社会形态的表征,是空间的物理机制。空间生产方式必定随着社会实践和历史不断转换。社会形态深刻影响着空间格局。空间也存在于不同时期人们的空间解读中。人们在空间解读中获得了很多文化意识。空间景观不仅是物理的,也铭刻着道德理念、美学理想、政治信息、宗教崇拜。空间景观是动态过程,存在多种解读模式,能够不断被阐释。空间解读更多阐释的是空间文化价值、空间生活意义、空间政治色彩。城市化就是物理建造和文化建构的组合。空间景观对不同人有差异的社会价值。我们要超越空间的物理意义,发掘空间的文化价值、经济意义。

中国城市化也要关注空间生产。空间生产已经主要不是物质生产,而是社会生产的载体和对象。空间直接与生产相连,主要表现为城市空间规划、建造和生产。资本主义空间生产已经成为资本增值的最主要手段。经济规划主要表现为空间规划。房地产业的蓬勃发展就是空间生产的表现。空间生产是世俗性和结构性的。空间生产处于不断的生产状态,布满政治经济色彩。空间早已不是原始和完全客观的,而是积累着政治制度、社会变革和生产经验。政治关系投射在空间,在空间留下痕迹,又制造着空间形态。因为有空间生产,政治关系不再是抽象的,而是充满社会空间,并且被空间生产制造。中国城市化需要警惕资本主义空间生产的弊端,进行创新性的生产,为居民生产出自由、充满活力的新型空间形态。这需要大力践行共同富裕的原则,合理分配空间资源,实现空间正义。

本书得到国家基金项目的资助,也得到很多人的帮助。本书写作过程中参考了大量专著和文献,在此,向这些专著的作者、编者和出版社以及为这本书提出宝贵意见的专家和朋友们致以衷心的感谢!

"不识庐山真面目,只缘身在此山中。"研究当代中国城市化道路固然有时间近的优势,但也由于时间近的缘故而难以论述清楚。由于成书仓促和水平有限,书中难免有不足之处,欢迎读者批评指正。

2017 年 10 月

前　言

随着城市化的快速发展，城市生活也出现了一些问题，日益引起学者的关注，推动各门人文学科纷纷转向对城市化的考察，促进了城市研究范式的转变。城市化既是工业生产扩张的重要方式，又是现代化的具体呈现形式和运转模式，让人类生活由乡村文明迈向城市文明，进入都市时代。资本主义城市化是在全球化、工业化、信息化等推动下的空间结构重组，本质上是资本增值逻辑的强化，既缓和了经济危机，又转嫁了政治矛盾，但又导致社会异化、日常生活颠倒等一系列问题。中国城市化需要避免资本主义城市化的曲折道路，进展到一个更合理的城市化道路模式，走中国特色社会主义道路。

第一，本书详细阐释了城市、城市化、城市化道路相关范畴的含义及其有关理论。城市是区域内的经济、政治、军事、文化等中心，是随着人类文明进程而产生的高级人口聚落，有着漫长的形成历史。城市起源于原始社会末期，是随着生产力的发展和社会分工才出现的，有着多种形成标准。城市不仅具有物质形态、人文价值和多样的系统，而且具有生产、消费、意识形态和日常生活功能，并可以按照不同标准划分为不同形态。城市化是人口由农村向城市聚集的社会过程，与经济、社会发展是同步的，也是现代化的重要标志。城市化需要从经济学、社会学、人口学、文化学等多角度理解。城市化与城镇化具有相似的含义，但适用于不同语境。城镇化更多指的是就地城镇化，是努力促进农村人口的就地转移。城市化是工业发展的结果，是非农产业和非农人口比重的提高，是人口迁移和产业转变。城市化既有一般规律，又有个体特征。城市化是不断演变的历史过程，具有物理性和人文性。城市化水平的测度需要建立合理的指标体系,采用多元的方法。城市化道路,在现实选择上有同步、滞后或过度类型,有政府或市场等动力机制,有大城市、中等城市、小城市、大中小城市协调发展等类型,有粗放和可持续发展等方式。中国城市化是政府主导的,是非均衡的滞后性的,但随着城市化的发展,一些学者考察了城市化的结构转型、道路发展等,提出了一些相关理论。这些相关理论能够为中国城市化的转型提供借鉴。

第二,本书回顾了中国特色城市化道路的历程。中国城市化发展历经了很多挑战,有过曲折道路。改革开放前的30年,中国城市化发展很慢,甚至出现逆城市化现象。改革开放后,中国城市化率提高较快,处于高速发展时期。中华人民共和国成立以后的城市化可以以1978年为界,分为两个时期:其一,1949—1978年的计划经济时代的城市化缓慢发展时期。这一时期可以分为四个阶段:1949—1957年是城市化起步阶段,城市化平稳发展,稳步上升;1958—1960年是城市化波动阶段,"大跃进"推动城市化飞速飙升,但导致产业结构失衡,随后进入经济困难时期;1961—1965年是城市化的调整阶段,国家提高了设镇标准,精简了城市职工,城市化率回落;1966—1977年是城市化的停滞阶段,城市化率不升反降。计划经济时期,政府严格限制农民进城,统购统销让农民无法在城市获得消费品,城市失业问题导致知识青年上山下乡。过度开垦导致生态破坏。国家控制大城市的规模,主要的政策有:通过提高设镇标准控制城市数量,让城镇数目减少;用户籍、就业、社会保障等制度限制人口流动,形成城乡二元结构;政府为了工业化获取了农业剩余积累,让农村城市化缺乏经济动力。其二,1978年后的改革开放时代的城市化快速发展时期。这一时期,中国城市化快速发展,经过了四个阶段:1978—1984年是城市化的恢复和发展阶段,农村体制改革推动了农业发展,知识青年大批回城,市民人口增加;1985—1991年是城市体制改革推动的城市化持续发展阶段,允许农民进城务工,增加了农村收入;1992—2002年是市场体制推动的城市化快速发展阶段,市场经济对城市建设的推动作用显现,国家实施西部大开发,各地开发区蓬勃发展;2003年至今是城市化科学发展阶段,国家推行科学发展观和统筹城乡发展,促进了城市化水平进一步提高。

第三,本书分析了中国特色城市化道路的成就以及经验教训。改革开放后,市场作为城市化的动力日益重要,农村工业化、乡镇企业、开发区建设、制度变革都促进了城市化。中国城市化已经取得了举世瞩目的成就,形成了中国特色的发展道路,但仍存在一些问题,需要借鉴国内外城镇化的经验教训,避免资本主义城镇化引起的异化现象,建立市场主导、政府服务的发展模式,促进城乡结构调整和扩大内需,优化城乡资源配置,提高城乡经济竞争力。改革开放前,中国城市化发展较慢,主要是因为:城市化受政治因素制约,经常波动;农业一直得不到发展,无法为城市化提供充足的剩余;市场机制被抑制,无法有效引导城市化。中国城市化起步晚,国家大力发展重工业,城市化长期滞后于经济水平。中国城市化长期采用粗放的增长方式,不仅存在较严重的城乡二元格局,而且存在市场在空间资源配置中作用不彰的现象。中国城市化滞后于工业化,第三产业滞后,区域城市化发展失衡。中国城市规模、城市结构与经济发展不适应,缺乏具有竞争力的国际大都市,城市功能不完善,中心城市辐射力低,小城镇偏多,农民市民化任务艰巨。中国城市化需要集中力量进行经济建设,提高城市化水平,走上经济、社会、生态协调发展道路。

第四,本书分析了中国特色城市化道路的多元动力机制和模式选择。中国城市化有特殊的运作机制、空间模式、运作过程和运作方式等。中国城市化面临着全球化的机遇和挑战。资本增值、产业结构、技术创新和市场行为主体都对城市化有重要影响。其一,资本增值逻辑是塑造城市化的内在线索,城市化为资本流通提供基础条件。随着生产力的发展,空间生产资本化也不断呈现出新的形态,并展示在城市化、区域化、全球化过程中。其二,合理的产业结构能够促进城市化。国家加快产业技术升级,调整分配次序,引导工业生产,提高农村居民收入,加大对农业的投入,推动农村产业结构革新,加快农业集约经营,促进了城市化。中国城市化要加快农业现代化、市场化、产业化进程,大力发展农村工业化,再将农村工业化转化为城市工业化,提高非农产业比重,转变就业人口结构,发挥乡镇企业在城市化中的重要作用,推动农民知识化、市民化,转变生活方式。其三,技术革新促进了城市化。国家提高产业技术水平,推动清洁能源技术,发展循环经济,倡导绿色的城市化模式,提高了中国城市化质量。其四,政府、个人、企业等市场行为主体能够影响城市化。中国城市化要发挥政府引导作用,谋求体制创新,要打破行政区划的限制,转变观念。城市化需要给乡镇企业国民待遇,保护乡镇企业合法权益,加强信息化建设,还需要变革农业组织结构,实现农业组织化,推动企业、农户合作,引导多元投资,降低风险。中国城市化需要大力开拓国内外市场,拉动国内需求,推动产业技术创新,实现城乡一体化。城市化需要市场经济的调控作用,应该限制政府的过多干预,发挥民间和市场力量,让市场机制和政府机制联合发挥作用。中国选择新型城市化道路,坚持以人为本,实现城乡统一的人口管理,努力促进大中小城市协调发展,实行低碳理念下的城市化,建立低碳新城。

　　第五,本书还分析了中国特色城市化道路的提升方法。中国城市化道路需要尊重城市化规律,借鉴国外经验。城市化是有基本规律的,一般都是大城市优先发展,呈现着一定的阶段性,发展到一定程度就会大中小城市协调。中国城市化要尊重城市规模等级,改变城市化战略,放开对城市规模的控制。中国城市化需要追赶上发达国家水平,尽快让城市人口比重达到50%以上。中国城市化需要科学方向,转变经济增长方式,走可持续发展之路。城市化需要走循序渐进的发展道路,改变冒进态势,提高城市承载能力,吸纳更多农村剩余劳动力,提高产业竞争力和就业水平。中国城市化不能重复欧美模式,必须节约资源,优化空间结构,引导土地合理开发和利用,盘活闲置土地,提高空间利用率。城市化要提高城市规划水平、管理水平,建构合理紧凑的空间结构,发展公共交通,限制私家车消费。根据地区特点采用区域城市化发展战略,推动区域综合发展。东部地区要提升,中西部地区要重点突破。城市化要凭借大城市带动中等城市发展,提高城市吸纳能力,缓解大城市压力。大城市对经济发展有引领作用,要发挥大城市的聚集经济效应,吸引生产要素向大城市集中。中国城市化需要统筹城乡经济发展,要立足当地实际,形成合理的城镇体系结构,推动区域产业专业化,加强农村小城镇基础建设,为居民营造良好公共环境。中国城市化要制定科学的规划,提高运营效益,推动房地产业平稳发展,提高房屋建设质量,立足于当地经济水平、历史文化传统、生态环境等提高建设效益,引导村镇建设走入房地产市场,搞好村镇建设规划。中国城市化还需要加强制度创新,要推动土地制度改革,促进土地有序流转;要改革户籍制度,促进城乡人口自由流动;要改革社会保障制度,维护弱势群体的基本权益;要改革金融财税制度,建立财权与事权相对称的财税体制。此外,本书还分析了空间正义的实现路径,以期对城乡空间资源的合理分配提出一些建议。

总之,城市化问题影响科学发展和社会和谐,需要顺应国内外环境,立足特殊国情,保证经济安全和社会稳定。城市化要走协调发展的道路,解决空间失衡问题,加快中西部地区发展,推动人口、经济、资源的空间平衡,消除城市化的畸形发展。中国城市化必须追赶世界潮流,要走维护生态系统平衡的道路,提升环境承载能力,采用多元化和可持续发展战略,实现人与自然的和谐共存。

目　录
CONTENTS

导　论

　　城市化是人类文明进程的必然趋势,是反映一个国家现代化水平的重要指标。随着经济的高速发展,城市化也遇到了一些问题和挑战,引起政府和学者的关注。我们需要充分了解世界城市化的一般发展规律,采用多种方法考察中国城市化与制度变迁的关系,努力克服城市化的行政悖论。城市化需要充分发挥市场在城市化中的主导作用,限制过多的行政干预,让政府服务于城市化。中国城市化道路需要调整产业结构,注入交通体系、网络技术的活力,吸纳更多就业人口,建立城乡自由流动的劳动力市场,发挥制度变革的作用,创造公平正义的社会环境,合理控制城市规模,健全社区自治,促进永续发展。中国城市化需要转变道路,节约城市化成本,更快地推进农村城市化的发展,以实现中华民族伟大复兴的"中国梦"。

一、研究缘起

　　城市化是社会进步的结果,对经济发展起推动作用。中国城市化取得了巨大发展,但仍滞后于工业化,没有发挥出对政治、经济的全部影响,需要从人口结构、空间结构、产业结构、就业结构等方面统筹发展。伴随着工业化、现代化和城市化的产生和发展,城市成为经济主体,在国民经济中发挥了主导作用。城市化能促进小康社会的实现和现代化建设,需要借鉴发达国家经验,建立大中小城市协调发展的城市体系。中国需要从计划经济转到市场经济、从农业社会转向工业社会,要平稳过渡,带动经济发展。

　　城市是区域经济发展的增长极,能用技术革新和制度创新推动经济发展,对周边地区起拉动作用,形成具有创新活力的企业群。城市经济增长极能够促进技术创新,能回流资本、人口,主导经济发展。发挥大城市作用,重要的是提升基础设施和公共服务水平,摆脱粗放型增长,促进信息、物资、劳动力的自由扩散。研究中国城市化道路,不仅有助于推动城市化理论的整体性研究,而且有利于实现城市化质量的提升、探索城乡一体化的路径。因此,研究中国特色城市化道路的发展进程及其现实选择有着理论和现实的依据。

(一)理论依据

其一,深入认识中国特色城市化道路的需要。中国城市化对世界经济产生了很大影响,为世界城市化进程做出了巨大贡献。中国城市化总体符合历史规律,但也存在一些不可忽视的问题。中国城市化水平不仅滞后于国际城市化平均水平,而且滞后于国内经济发展速度;不仅产业结构不合理、农业现代化程度低、第三产业比重不足,而且存在城乡二元格局、城乡收入差距大、农村市场缺乏等问题。"同时,在中、西部地区的县以下的小城镇居民,其基础设施、公共服务和社会保障等,不仅与发达国家的小城镇相比,就是与我国的大中城市比,差距仍然很大。"①为此,党中央提出了统筹城乡发展等新型城市化道路。中国特色城市化道路要吸取世界城市化的经验教训,尊重不可逆的城市化进程,继续提高城市人口比重,促进产业结构升级,提高第三产业比重,提高居民消费水平,推动城市文明的渗透传播,提高城市居民素质。中国特色城市化道路还需要改变思路,从市场、生态、制度等各个层面着手变革。城市化是推动中国经济发展的重要力量,要防止城市化的负面影响,变革政治体制,研发先进技术,改变人的生活方式。首先,要深化体制变革,解决半城市化问题。严格的户籍制度导致城乡居民公共服务不均等,让农民难以在城市安家落户,引起半城市化现象。城市化问题需要提高经济水平,提高公共服务水平,需要先推行城市内部的城乡一体化,解决区域差异,实施城乡统筹发展。中国个别大城市已经具备推行城乡一体化的条件,可实行城乡统一的社会保障标准,不发达地区则要尽量缩小城乡社会保障差距,提供更多就业机会,引导农民市民化。其次,需要多种动力机制统筹城乡发展。要积极推动农村工业化和现代化,大力发展乡镇企业,消除城乡发展失衡,解决三农问题。在区域界线明显和地区发展差异大的情形下,单凭地方政府无法解决人口流动问题。一些大城市为外来人口推出了居住证制度,但能转为大城市户口的只是少数人才。中央政府需要从宏观角度统筹各地区的发展,完善社会保障体系,要在立足于国情的基础上,使公共服务普及到全体国民,让社会保障覆盖到农村居民,利用信息技术建立跨地区的社保体系,多途径解决农民工的教育和医疗问题。最后,发展城市群、治理城市病,既要从城市病症本身出发,又要从源头治理,从人口、经济的合理布局出发。治理交通拥堵不仅要建设道路,还要大力倡导公共交通,引导私人汽车合理增长。行政力量在短时期内促进了城市发展,导致大城市

① 武力:《中国城镇化道路的回顾与前瞻》,载《江南论坛》,2013 年第 5 期。

规模膨胀,引起了环境问题等城市病。促进大都市的郊区发展,能提升城市中心的吸引力,建立一些卫星城。中国城市化需要实现公共服务的均等化,降低户口制度的重要性,还要创建良好的人文环境,让居民过上绿色消费主义的田园生活。

其二,深入认识资本主义城市化问题的需要。"二战"之后,资本主义城市化快速发展,引起了学者对自由、平等、民主和多元的城市空间秩序的渴求,深化了城市学与道德哲学的结合,对城市学产生了积极效应。资本增值本性推动城市化不断拓展,也引起了城市空间的伦理悖论和日常生活异化。资本主义对城镇化的控制是通过掌控人们的生活空间而实现的。人们没有真实的快乐,只有虚幻的快感。随着生产力的提高和城市化的高速运行,资本主义城市空间问题日益突出,这引起了人们的注意。"资本按其本性来说,力求超越一切空间界限。因此,创造交换的物质条件——交通运输工具——对资本来说是极其必要的:用时间去消灭空间。"①当代发达工业社会的城市文化正从单一化走向多元化,从同一化走向差异化,从等级化走向日常生活化,引起社会矛盾、国家间的冲突,甚至战争。片面的城市文化理念必然会引起城市空间形态的僵化,尤其是在阶级社会中,城市文化往往更倾向于保障统治阶级的利益。城镇化驱使空间资源不断聚集,形成特大城市。城里人脱离了日常生活,被隔离在狭小的空间,陷入消费主义生活模式中。城市化造就了日常生活的碎片化,既压抑了人的自由选择,又为人的解放创造了基础和前提。资本主义城市化体现着国家权力对经济运行模式、思想意识形态和日常生活的控制。资本主义城市化不仅融入资本运作过程中,而且直接成为资本追求的目标,除了是生产的原料、消费的对象,还是政治权力的基础、意识形态的工具,推动社会走向资本化、消费化和景象化,引起日常生活分裂化、虚拟化、颠倒化等问题。资本主义城市化不仅侵占着乡村空间和公民空间权益,而且导致空间符号意识形态,还造成了严重的生态环境问题。由此,资本主义城市化带来了国家范围内经济政治的空间风险系统,既带来了日益突出的空间问题,又引起社会关系和生活方式的深刻变化。真正的日常生活是多元、复杂、多彩、差异、具体的,而变质的生活则是统一、僵化、封闭、抽象、普遍的。人们应该创造出变动、差异、丰富的生活。城镇化推动统治形式由专制暴力转变为文化影响,呈现复杂的形态,已经成为整个文化体系中最活跃的因素和前哨阵地。资本对消费文化有着消极影响,导致复制文化的流行,表明科技对文化的渗透,让社会呈现出消费符号化和后现代殖民特质。

其三,城市化道路也是需要深入研究的重要理论课题。城市化带有诸多矛

① 《马克思恩格斯选集》(第46卷下),人民出版社1980年版,第16页。

盾,需要利用社会批判来激活城市化的活力,以建立合理的城市化秩序。城市化倡导多元,首先关注的是人的空间生存和发展,继而关注的是城市空间生态系统。"空间伦理首先关注的是人的存在问题,然后才是如何存在问题。"①社会批判理论离不开城市化,需要关注人的空间存在,有自己的空间基因图谱。"城镇和农村的形式边界消失了,中心和外围的边界消失了,郊区和城市中心的边界消失了,机动车的领域和人的领域的边界消失了。"②社会批判理论的继续拓展需要深入考察中国特色城市化道路及其问题。城市化研究不仅有利于认清空间的不平等现象,而且对中国城市化有现实意义。社会批判理论是重要的认识指标,是考察社会弊端的必要维度。社会学要继续拓展也需要城市视角,城市学要推进也需要社会批判维度。人们在城市化中建构了各种类型的社会批判理论形态。城市化的背后力量是资本,城市化的社会批判必然在深层逻辑上指向资本的增值本性。资本批判正是城市化批判的出发点和立足点。城市化批判主要是通过对资本伦理关系的阐释而得出的。城市化的不断发展让人们进入空间时代,社会批判必须深入时代,用批判视角研究城市化过程及其矛盾,切实弄清城市化中的社会关系。"在这颗星球上,城市与人类生活生死攸关。"③新型文明城市彰显了人类空间生活方式的新阶段,引导人类进入更加合理的空间生产模式,建立更加文明的生态城市。城市化条件影响着社会形态,新的城市空间形态往往孕育着新的社会关系。

(二)现实依据

其一,有利于克服中国城市化的问题。中国城市化取得了快速发展,但仍存在一些问题。首先,行政干预严重制约着城市发展。城市之间的行政界限严明,城市的发展取决于上级政府的重视程度,而不完全是本身的经济建设。城市根据历史地位、政府级别和规模大小划分为县级市、地级市和直辖市三种级别。城市的行政级别不同,城市权力就不同。行政级别不但扼杀了城市的创新能力,也阻碍了城市间的交往。由于行政界别的限定,国家特别重视大城市的发展,把资源和资金都聚拢于大城市,致使大城市和中小城市的差距越来越大。"国家和地区为了经济目标通常会把有限的财力集中投向特大城市和省会所在地,在资金上无力支援那些数目众多、分布广泛的小城市和小城镇。"④城市贫富差距背后的是权

---

① 张中:《空间伦理与文化乌托邦》,载《华中科技大学学报(社会科学版)》,2010年第1期。
② H. Lefebvre, *The Production of Space*, Oxford:Wiley – Blackwell Press,1991,p. 197.
③ M. Dear, *The Postmodern Urban Condition*, London :Blackwell press,2000,p. 2.
④ 于洪俊、宁越敏:《城市地理概论》,中国科技大学出版社1983年版,第54页。

利差距。一方面,上海、北京、广州等城市的房价越来越高,交通拥挤,环境污染,越来越不适于生存;另一方面,一些中小城市因为房子过多而购买力不足,成为"鬼城"。为了缓和界限分明的行政级别,国家从一些大城市中划分出了大连、青岛、厦门、宁波、深圳5个计划单列市。这些城市的政府掌握省级的经济管理权,财政收支可直接与中央政府结算。因此,城市之间的权利差距,不仅阻碍了城市发展,而且造成了等级和不平等。其次,城乡矛盾突出。我国长期实行优待城市的政策。城市高楼的拔地而起和乡村的日益衰退,形成鲜明对比。与此同时,乡村沦为城市的附庸,大量农民进城务工,为城市创造了大量财富,却由于行政管制和户籍制度而无法在城市安家,即使子女教育和福利劳保也无法得到保障。乡村的发展很大程度上依赖距离城市的远近。城市郊区的村落,在城市化进程中逐渐发展起来,虽然也因为征地发生矛盾,但基本上提高了那些地方的人民的生活水平。而偏远地区的农村,仍旧生产力落后,那里的居民有的连温饱问题都没有解决。在农业不景气的情况下,农民只能靠外出打工为生。由此,形成留守儿童问题。都市空间形态在落后的乡村废墟中建立,不是现实和特质,而是社会关系的汇集地。在城市化进程中,农村逐渐被掏空,变得毫无希望。国家虽然实行了一系列富农政策,却不能改变城乡差距。再次,市场体制不健全,让城市化无序发展。市场改革的阻力来自计划经济的遗留问题和庞大的利益集团。市场不健全,既让城市之间缺乏交流,也让城市资源挥霍无度。资源配置的主力是政府,而不是市场,让行政审批权成为腐败的温床,层层审批,阻碍了市场流通,国家一再坚持削减行政审批项目,但由于触及各方利益,而阻碍重重。过多的行政壁垒既会阻碍城乡之间的交流,也会造成资源的配置不合理。最后,低端的生产方式让城市化产生了严重的生态问题。中国作为一个发展中国家,面临着严重的经济问题和社会发展问题。"在一个迅速城市化的世界中,环境正义和社会正义之间的所有连接问题都不会全部停留在受环境危害不同影响的各个社区的边界上。"①城市环境问题集中表现为空气污染和水污染。当前,我国城市普遍面临着严重的雾霾,影响了公民的身体健康。"雾霾"更多是人祸,是不合理利用资源造成的。分析中国城市化道路的现状,有利于促进中国城市化问题的解决。

其二,有利于促进中国特色城市化道路的实现战略的完善。中国特色社会主义道路既要处理好市场配置和政府调节的关系,又要统筹好城乡各项事业的发展,还要实现城市化的可持续发展。如同弗里德曼(Milton Friedman) 指出的,"中国是一个古老的城市文明国家,中国的城市化研究必须综合历史延续性和独特的

---

① 〔美〕大卫·哈维:《希望的空间》,胡大平译,南京大学出版社2006年版,第94页。

时代特征两个方面"①。因此,中国特色城市化道路要立足国情,在进行制度创新的同时,让市场主导城市化进程。首先,城市的发展应当让市场起决定性作用。改革开放之后,市场机制对中国城市化的推动作用越来越大,不仅推动了城市内部资源的有效配置,而且推动了城市之间利益的合理分配。尽管政府在城市化发展中有着很重要的作用,但只有政府的引导作用,而没有市场的主导作用,城市化是很难健全发展的。因此,政府的引导作用和市场的决定作用必须有效结合。在城市化中,要发挥市场的决定性作用,既要建立健全的市场机制,又要引导政府合理发挥行政职能。健全的市场机制离不开完善的法律,政府要推进法治建设,用习近平新时代中国特色社会主义思想指引城市化的建设。实际上,在西方国家的城市化发展中,市场也起着决定性的作用。城市化和市场经济是不可分割的,两者是相辅相成的关系。城市化能够促进市场经济的建立和完善,市场经济能够推动城市化的发展。"国际经验表明:城市化是市场经济的必然要求,市场经济是城市化的推动力量。"②因此,需要健全市场经济体制,为市场在资源配置中起决定作用做好法制建设,以改变我国城市化的滞后事实,追赶上工业化文明。其次,中国城市化需要统筹城乡发展,维护农民的基本权益,推动城乡一体化。城乡一体化涉及空间规划、经济文化、生态等多方面,有多个学科含义。从经济学角度来看,城乡一体化是加强工业和农业联系,促进城乡经济交流,优化布局城乡产业分工,取得城乡最佳经济效益。从社会学角度来看,城乡一体化是打破城乡二元分割体制,让城乡社会生活更加协调融合,不断缩小城乡差别。从生态学角度来看,城乡一体化是城乡生态系统的有序平衡,推动城乡生态健康发展。城乡一体化实质是要改变城乡二元分离体制,将城乡经济文化、教育医疗、行政等统一起来,大力提高农村工业化和城市化。城乡一体化是工业化、城市化、信息化发展到一定程度后,凭借城市聚集和成果共享机制,消解城乡对立机制,推动城乡资源的自由配置,实现城乡良性互动、协调发展。城乡一体化范畴仍没有确切的概念,但形成了一些共识:城乡一体化需要以生产力发展为基础,要发挥城乡各自的优势,需要建立在工业化、城市化、现代化、信息化发展的基础上,是为了解决城乡二元结构,消除体制和政策壁垒,实现城乡居民权利和义务的对等。城乡一体化是一个综合的系统工程,需要达到政治、社会、文化、生态等的一体化。最后,中国城市化要转变增长方式,实现科学发展。中国城市化消耗了大量资源,占用了很多耕地,带来

---

① Friedmann J. Four, Theses in the Study of China's Urbanization, *International Journal of Urban and Regional Research*, Vol. 19, No. 2, April 2006, pp. 440—451.

② 钱再见:《21世纪中国城市化道路的战略选择》,载《教学与研究》,2001年第11期。

了环境压力,浪费了很多资源,导致污染问题。中国城市化要坚持以人为本,促进社会全面发展,因地制宜,坚持多元化、集约化、协调发展的道路。中国城市化要节约资源,取得规模效应,增加经济效益,但不能过度追求高速度,而要达到适度发展,注重质量,走可持续发展道路。城市化扩张模式要由外延型向内涵型过渡,避免摊大饼模式,要集约利用土地,注重集中和分散的结合。城市要立体发展,增加城市活力和承载力,实现城市的再城市化。中国城市化需要提高质量,而不只注重规模,需要建立完善的目标体系,提高居民安全度和幸福感,提高人均居民收入,减少城乡收入差距,提高科技教育水平,提高生态文明建设,提高城市开放度、辐射力和吸纳力。中国城市化还需要提高城市群的国家经济贡献率,扩大城市体系规模,增加城市的发展红利,为经济发展注入新的活力,提高区域城市整合能力、生产要素优化能力、产业链协作能力、基础设施共享能力、区域经济一体化能力。中国城市化还要不断改革政治体制,推动土地制度、户籍制度、社会保障制度、财政金融制度等的变革,促进城乡公共服务一体化。

其三,有利于吸取资本主义城市化道路的经验教训。城市化研究应该着重考察日常生活空间内部要素的关系,理清资本主义城市扩张与资本增值的内在关系,建构城市化批判理论与当代中国城市化的联系。探究资本主义城市化发展机制及其问题,就是要规范中国城市化中的资本增值行为而寻求城市化的合理秩序。资本主义城市化是资本增值和阶级斗争等因素综合起来的结果,集中展示为符号激发的消费活动,并导致地理的不平衡。随着快速的工业化过程,城市空间拥堵、区域城乡矛盾、空间不均衡等问题不断显现。"城市的一些问题是由于大量移民涌入和城市快速扩展,而城市管理体系只相当于一个村庄的管理系统所致。"①世界级大都市有着创造新知识和新服务的巨大优势,引导着信息时代的虚拟生产。城市化是一种空间重组,是资本主义社会关系的前提和条件,导致空间表面的一体化和内在的碎片化。城市化是一种类似于商品的生产,体现为空间形态的不断转换,唱着商品的赞歌,带着资本的狡诈。媒体既遵从文化自律,又守着资本运作逻辑,内部有复杂的系统,但其商业性不断打破其自律性,让其为商业生产服务。"围绕空间使用和日常生活控制的斗争是资本利益与社会需要之间冲突的焦点。"②资本主义城市化的矛盾要求实现都市日常生活变革。城市化也制造

---

① M. Rouard, *cities and People: A social and Apchjtectural History*, new haven: Yale University press, 1985, p. 268.

② H. Lefebvre, *RhythmanalysisSpace: Time and Everyday Life*, London: Continuum press, 2004, pp. 93—97.

了欲望和需求,体现着人与人的关系,是社会体系的意识层面。消费社会并不代表物品的丰盛,而是代表影像符号的盛行,是用伪装制造假象,文字书写是其媒介。人消费的不是物品的实际价值,而是物品的差异意义。消费社会是从商品拜物教到符号拜物教的社会,充满各类崇拜:拜物、拜性、拜影像等,构成了等级的结构化符号体系。消费文化不是根据文化本身和消费者的需求而产生,而是有着非常复杂的社会因素,同资本和技术相关,受资本家的强制约束,让消费者追求肉欲。消费文化的精致化也为人的精神发展提供了无限可能性,满足了人类无限制的思想追求和自由欲念。消费文化的流行表明人类文化的新阶段,就是公民日常生活文化是靠媒介技术产生的,是技术制造的思想氛围,表明文化不再是少数精英的学问,而是普通公民能够参与的实践活动。消费文化充当了资本主义城镇化运作的中介,让整个城市空间都围绕它旋转,是彰显资本主义社会机制的新型文化现象,革新了城市空间形态,让城市变革与消费过程紧密相连。消费文化附属于商业和资本利益,被按照商业模式大量复制,被城市化改造为单一的规格化商品。消费文化将人的欲求抽象化为符号循环体系,不断的变动和复杂化,对传统的语音中心主义有所消解,让理性主义有所削弱,为自由创造提供了可能,但也远离了生活。在社会转型时期,资本主义城市化的曲折过程为我们分析当代中国城市化道路提供了一个新视角。

二、国内外研究现状

城市化与工业化是互动的。工业革命之前,古典学派就对城市化有相关研究。工业革命之后,城市化研究更加兴盛。工业革命促进城市化在全球兴起,体现了先进生产力的组织形式,影响了人们的生产、生活。伴随着城市化水平的不断提高,城市化相关的理论也不断兴起,如城市区位理论、城市结构理论、城市增长极理论、生态城市理论等。20 世纪 50 年代前,国外城市化研究注重理想城市的建构。20 世纪 50 年代后,国外城市化研究注重城市化内涵发展的分析,提出可持续发展战略等路径。

(一)国外研究现状

国外由于城市化发展早、城市化水平较高,涌现了很多的城市化研究学者。他们对城市化的基本问题、城乡一体结构的转换、理想城市的建构做了很多探讨。欧美国家中,由于英国和美国的城市化发展最为典型,因此这两国对城市化进行研究的学者尤其多。

1. 关于城市化基本问题的研究

首先,国外学者对于城市化的形成和发展机制做了考察。其中,赫希曼(Albert Otto Hirschman)的"不平衡增长理论"、罗斯托(Walt Whitman Rostow)的"经济成长阶段理论"、弗里德曼(Milton Friedman)等的"核心—边缘模式"、佩鲁(Francois Perroux)的"区域增长极理论"、诺瑟姆(Ray M. Northam)的"城市化过程的S形曲线"等产生了较大影响。美国经济学者赫希曼在1958年的《经济发展战略》中提出不均衡发展是最佳的经济发展策略。他主张不发达国家要通过重点投资某些部门,凭借外部经济让每个部门得到平衡发展。① 美国经济学者罗斯托在1960年的《经济成长的阶段》中,根据技术、产业、主导部门的发展程度,把世界经济的发展分为传统农业社会、为经济起飞创造条件、经济起飞、向成熟经济进发、高额消费经济、追求经济质量6个阶段。② 美国学者弗里德曼对委内瑞拉区域发展做了研究,并在赫希曼等人经济发展不平衡理论基础上,总结出的"核心—边缘"理论,认为区域经济是由不联系到联系、不平衡到平衡的过程。区域经济增长导致经济空间结构在前工业、工业、后工业阶段都表现出规律性,区域间的联系也变得多元。城市的各个区域都展示出经济结构多元化、空间系统复杂化、空间联系多样化。区域经济增长极具有优势,能支配周边地区要素流动,起示范的乘数效应,不断强化和扩散自己的影响。弗里德曼将城市化过程划分为物质扩展和文化传播两个阶段。城市化的物质扩展阶段是农村人口向非农产业转移,农村转化为城市地区;城市化的文化传播阶段是城市的价值观念向农村蔓延渗透,这较全面揭示了城市化的内涵。③ 法国经济学家弗兰索瓦·佩鲁提出了区域增长极(Growth Pole)理论。他指出,由于市场力量的引导,经济增长并不是出现在一切地方,城市是区域的经济增长极,城市要素流向乡村能够促进乡村发展。增长极是区域中能够推动经济发展的单位,是具有空间聚集性的推动单位。区域经济发展是不平衡的,总是有着增长极,经济的发展首先在增长极上,然后再扩散出去,推动区域经济发展。增长极的发挥作用需要支配、乘数、极化、扩散等效应的辅助。④ 美国学者戴维·利普顿(David Lipton)则对城市中心论作了批判,指出,城市利用自己的优势让资源流向自己,加大了城乡差距,导致贫富差距扩大。在城市化的发展阶段上,罗西(R. H. Rossi)的《社会科学词典》分析了城市化形成的四

① 〔美〕艾伯特·赫希曼:《经济发展战略》,潘照东、曹正海译,经济科学出版社1991年版,第2页。
② 〔美〕华尔特·惠特曼·罗斯托:《经济成长的阶段》,郭熙像、王松茂译,中国社会科学出版社2001年版,第79—80页。
③ 〔美〕约翰·弗里德曼:《世界城市的未来亚太地区城市和区域政策的作用》,载《国外规划汇刊》,2005年第5期。
④ 〔美〕弗朗索瓦·佩鲁:《新发展观》,张宁、丰子义译,华夏出版社1987年版,第132页。

个阶段:一是城市市中心对农村腹地产生了很大影响;二是城市文化开始被全社会逐步接受;三是人口由点到面不断向城市集中;四是城市人口占社会人口的比重逐步提升。① 1975 年美国地理学家诺瑟姆提出"城市化进程的 S 形曲线"理论。他用"一 S 形曲线"来表示城市化的发展演变过程,并将城市化演变过程概括为三个阶段:首先,城市化初期阶段,人口的居住很分散,大部分人从事农业为主,城市化发展速度慢,城市化水平较低;其次,城市化中期阶段,第二、三产业发展迅速,大量人口开始从事非农产业,农村人口向城市迁移;最后,城市化后期阶段,城市化率达到 60% 以上,城市化水平较高,城市人口自然增长变得缓慢,城乡人口迁移频率回归正常。他认为,城市化是经济、政治、文化、人口、资源互动的过程,体现着社会的全面变迁。② 英国学者拉文斯坦(Ernest George Ravenstein)总结出的"人口迁移法则(Law of migration)",是最早论述人口迁移的理论。他指出,人们是为了更好的经济状况而进行迁移,并论述了人口迁移的机构、变动机制和空间特征,分析了人口迁移的七大定律。③ 英国学者伊文思(A. W. Evans)在《城市经济学》中,研究了区域经济学的演变阶段。瑞士学者保罗·贝洛克(Bairoch Paw)在《城市与经济发展》中认为,城市化发展最主要是经济发展程度决定的,经济类型和工业化水平不占主导地位。④ 加拿大学者歌德伯戈(M. Goldberg)等在 1990 年的《城市土地经济学》中认为,土地资源的配置在城市化中起着重要作用。⑤ 德国学者尤尔斯(Hans Jurgen Ewers)等在《大城市的未来》中,则分析了世界主要大都市的演变发展历程和未来趋势等。⑥ 加拿大学者麦基(T. G. Mcgee)提出的"城乡融合区(deskota)"模式,认为三大产业密切相关,城乡之间应该加强互动。发展中国家的城市化道路与西方发达国家不同,城乡界限没有发达国家早期时明显,需要继续推动城乡一体化区域发展模式,逐步实现城乡融合。⑦ 这些观点推动了人口迁移理论的发展,为城市化的有效进行提供了有益思路。

---

① 许学强等:《现代城市地理学》,中国建筑工业出版社 1988 年版,第 47 页。

② M. Northam, *Urban Geography*, New York:John Wiley Sons Press,1975,pp. 65—67.

③ E. G. Ravenstein, *The Laws of Migration*, New York:John Corbett Press,1885,p. 90.

④ 〔瑞士〕保罗·贝洛克:《城市与经济发展》,肖勤福等译,江西人民出版社 1991 年版,第 10 页。

⑤ 〔加〕M. 歌德伯戈、P. 钦洛依:《城市土地经济学》,国家土地管理局科技宣教司译,中国人民大学出版社 1990 年版,第 23 页。

⑥ 〔德〕汉斯·于尔根·尤尔斯等:《大城市的未来:柏林、伦敦、巴黎、纽约 - 经济方面》,张秋舫等译,对外贸易教育出版社 1991 年版,第 5 页。

⑦ T. G. McGee and Y. M. Yeung:*Hawkers in Southeast Asian Cities:Planning for the Bazaar Economy*, Ottawa:International DevelopmentResearch Centre Press,1977,p. 122.

国外学者还研究了城市化的一些特征。苏联学者伊利英(Ilya Ilin)在《城市经济学:区域发展观点》中,认为城市化是城市人口比重的不断提高和城市经济日益支配农业经济,出现城乡区域发展差异。德国经济学家勒施(A. Losch)在 1939年的《经济空间秩序》中指出,城市是非农产业聚集形成的,工业规模扩大会促进城市形成,大批同类企业聚集会产生聚集效应,实现资源共享,建立强大的经济体,引起人口聚集、城市居住区产生。城市是通过各种要素的空间聚集而产生的。① 17 世纪的英国古典经济学家威廉·配第(William Petty)在《政治算术》一书中认为,工业让人们获得了比农业更多的收入,促进了劳动力转向工业,促进了农业人口向城市聚集。② 美国地理学家马克·杰弗逊(Mark Jefferson)提出"城市首位律(Law of the Primate City)"的范畴,通过分析 50 多个发达国家的城市化状况,认为这些国家的首位城市要比第二位的城市规模大很多,并发挥了较强的辐射能力。③ 美国学者威普夫(G. K. Zipf)进一步总结出了城市"位序—规模"法则,认为一个国家的城市是按照规模大小顺序排序的,规模越大的城市,地位越高。美国学者盖文·琼斯(Gavin Jones)分析了亚洲 10 个发展中国家和地区的就业机构和城市化水平,认为城市化水平与非农产业具有灵活性关系,体现了人口密度增高和交通改善。④ 美国经济学家霍利斯·钱纳里(Hollis B. Chenery)等人分析了世界上不同国家的城市化发展程度,概括出在一定的常态条件下城市化应该达到的平均水平。⑤ 英国学者吉尔伯特(A. Gilbert)和古格勒(J. Gugler)在 1982 年对不发达国家的城市化发展、城乡收入差距等做了考察,分析了不发达国家的城市首位化问题,认为不发达国家特大城市的涌现除了与工业生产规模有关,更多是殖民统治留下的遗产。⑥ 外资是引起城市首位度的重要因素,中国很多外资都投向了小城镇,提高了农村经济发展。一些学者用人力资本理论揭示城乡人口迁移,认为外来移民推动了城乡产业结构升级。美国经济学者路易斯托(Luisito Berti-nelli)和邓肯(Duncan Black)建构了一种城市化和经济相关联的理论模型,阐释了城市化是推动城市经济增长的重要力量,对工业化起着关键的支撑作用。印度学

① 〔德〕奥古斯特·勒施:《经济空间秩序》,王守礼译,商务印书馆 2010 年版,第 320 页。
② 〔英〕威廉·配第:《政治算术》,马妍译,中国社会科学出版社 2010 年版,第 21 页。
③ 许学强:《城市地理学》,高等教育出版社 2009 年版,第 120 页。
④ 〔美〕盖文·琼斯:《东亚国家和地区的低生育率:原因与政策回应》,周陈译,复旦大学出版社 2011 年版,第 4 页。
⑤ 〔美〕霍利斯·钱纳里、谢尔曼·鲁宾逊:《工业化和经济增长的比较研究》,吴奇、王松宝等译,格致出版社 2015 年版,第 41 页。
⑥ A. Gilbert and J. Gugler, *Cities, poverty and development: urbanization in the third world*, Oxford: Oxford University Press, 1982, p. 246.

者甘地(Gandy)就工业革命以来城市化生产的半机械性带来的社会问题和多元的城市化模式进行了考察,认为工业革命带给了人类更多迷茫,让人类日益依赖机器。美国布朗大学教授亨德森(Vernon Henderson)认为,知识革新会促进生产方式变革,推动城市空间规模扩大和城市经济的内在调整,有利于城市文明的普及。亨德森还指出,在竞争性的城市结构体系下,城市的均衡增长不能通过政府干预实现。政府提高本地居民教育水平,但这些获得教育培训的居民可能会迁移到别的城市,让政府逐步丧失投资教育的动力。① 欧美经济学家还通过分析工业化和产业结构演化来研究城市化,认为城市化是产业结构调整和社会形态演化的产物,是各种要素的空间聚集过程。英国伦敦都市大学的马尔科姆·吉利斯(Malcolm Gillies)等在1983年出版了《发展经济学》一书,认为城市化得益于工业化,尤其是得益于制造业的发展,工业化需要人口的聚集,人口也需要空间聚集来节约成本。城市化是要成本的,需要为就业者提供基本的公共服务,发展中国家资金不足,存在城市病和农村病,不仅要提高城市承载能力,也要提高农村现代化。这一模式肯定了农村发展对城市化的巨大作用。② 美国学者沃纳·赫希(Werner Hirsch)总结出"城市经济学"的范畴,并阐释了城市化原因,但没建立起完整的城市经济学体系。他认为,城市化是农村经济向城市经济的转变,是人口密度由稀疏到密集的过程。③ 比较详细论述城市化的西方著作还有1985年出版的保罗·M. 霍恩伯格(Paul M. Hohenberg)和林恩·霍伦·利斯(Lynn Lees)合著的《城市化欧洲的形成(1000—1950)》,集中论述了欧洲城市化和工业化的关系。④ 法国社会学者让·弗朗索瓦格·拉维埃(Jean–Francois Ravière)在1872年出版的《巴黎与法国荒原》和帕拉希德·朗勃(Palacier Rambo)在1974年出版的《农村社会与城市化》阐释了城市化与人口流动的关系,认为城市化推动了人口的大规模迁徙,人口迁徙又促进了城市化的快速发展。还有一些学者指出了城市化的动力机制,认为劳动分工促进了城市产生,工业化发展到一定阶段,城市化自然会加快发展,城市化是现代工业和政治的体现。美国学者摩纳河西(Monaco Jose)就认为,城市化是人口结构的变化,是城市人口的不断增多,是传统农业经济向现代工业经济转变。传统的农业经济是人口分散、空间开阔、较落后的经济形式,现代工业

---

① 〔美〕弗·亨德森:《中国城市化面临的政策问题与选择》,载《比较》,2007年第31期。

② 〔美〕德怀特·H. 波金斯、斯蒂芬·拉德勒等:《发展经济学》,黄卫平、彭刚等译,中国人民大学出版社2005年版,第21页。

③ 〔美〕沃纳·赫希:《城市经济学》,刘世庆译,中国科学出版社1990年版,第12页。

④ 〔美〕保罗·M. 霍恩伯格,林恩·霍伦·利斯:《都市欧洲的形成(1000—1994年)》,阮岳湘译,商务印书馆2009年版,第18页。

经济是人口高度聚集、空间狭小、较发达的非农经济形式。

其次,国外学者对于城乡关系做了考察。国外把城市化看作城乡一体化过程,出现了很多城市化及人口迁移的有益成果。马克思等人对城乡差别、城市起源有较深刻的描述,对资本主义城乡对立做了批判,要求消除城乡对立,实现城乡融合。马克思揭示了人类社会发展规律,认为要实现共产主义,就要缩小城乡差距,推动乡村城市化。恩格斯提出了城乡融合思想,主张通过消除劳动分工,以促进城乡居民的全面发展。斯大林则指出,城市化不是消灭城市和乡村,而是让城乡达到同等的生活条件。这些城市化理论为现实的城市化实践提供了一定的依据。

国外学者沿着马克思的思路继续研究了城乡关系,出现了一些有代表性的城乡二元结构理论,如刘易斯(William Arthur Lewi)的二元结构理论、费景汉—拉尼斯模型(Ranis – Fei model)、托达罗模型(Todaro model)等。英国经济学者刘易斯在 1954 年发表了《劳动力无限供给下的经济发展》一文,提出了城乡产业二元结构理论模型,认为发展中国家经济结构存在传统农业和现代工业两大部门,形成了国民经济的二元结构,导致巨大的城乡差距。城市经济主要依赖于工业部门的资金增加、规模扩大、吸引更多农村劳动力,从而获得更多工业利润,让生产不断循环。要重建城乡社会的平衡,实现区域平衡发展。城市化需要借鉴这种经济模式统筹城乡发展,但这种模式对城市工业吸纳劳动力的能力做了过高估计,忽视了农业技术提升、农民收入增加的其他可能,不能从宏观上把握城乡关系。① 直至 1979 年,刘易斯又发表了《农业对经济发展的重要性》一文,才强调了农业对工业生产的重要性。一些发展中国家忽视农业的发展,对城市化进程起了消极作用,导致工业部门和农业部门的对立。美国学者费景汉(John C. H. Fei)和拉尼斯(Gustav Ranis)在 20 世纪 60 年代运用微观经济学、计量经济学的方法,对刘易斯二元产业结构模型做了修正,建立了二元经济结构模型,分析了二元经济中的劳动力配置过程,认为劳动力从农业转向工业可以促进经济发展、推动商品化,需要平衡工农业发展,并认为刘易斯的二元模型对农业生产作用重视不够、忽视了农业生产效率提高对转移剩余劳动力的作用,而他们则更重视工业和农业的均衡发展,以促进工农互动、经济持续增长。② 美国学者乔根森(Dale W. Jorgenson)质疑刘易斯、费景汉等人城乡二元结构理论中对农业有大量剩余劳动力的假定。他指

---

① 〔美〕阿瑟·刘易斯:《二元经济论》,施炜等译,北京经济学院出版社 1989 年版,第 15 页。
② 〔美〕费景汉、古斯塔夫·拉尼斯:《劳动剩余经济的发展:理论与政策》,王璐等译,经济科学出版社 1992 年版,第 52 页。

出,农业经济的发展才能出现剩余劳动力,促进农村劳动力向工业部门转移,推动工业部门的技术革新。① 美国经济学家托达罗(Michael P. Todaro)在1970年在《发展中国家的劳动力迁移和产生发展模型》中,在传统二元经济模型基础上建立了二元结构转化模式。他认为,城乡收入差距推动农村人口向城市迁移,城市也有较好的就业机会,促进了人口流动。城市化就是产业转移和人口迁移过程。托达罗非常关注农村、农业的发展,认为城乡二元结构的消除不是依靠农业人口转化为城市人口,而是要不断提高农业现代化。实现城乡一体化,社会才能进步,要发挥市场机制作用,推动资源向有潜力的农村流动,实现农村经济快速发展,增加农民收入,让城乡发展达到均衡状态,医治城市病和农村病。② 英国学者缪达尔(Karl Gunnar Myrdal)提出"二元经济论",认为区位因素、资源、经济水平都会引起区域发展失衡,产生资源、资金、人口向发达地区流动的效应,导致发达地区的吸虹效应增强、越来越发达,形成二元经济。缪达尔在1957年发表的《经济理论和不发达地区》中,认为工业的"蔓延效应"和"回迁效应"加剧了城乡各方面的差异,导致城乡二元结构的形成,需要提高农业发展水平、提升农村竞争力,解决二元结构导致的问题。③ 总之,国外对城乡关系的研究,提出了一些有见解的理论,但没有涉及城乡统筹、城乡协调等角度。刘易斯更多考虑现代工业的发展,而没有关注农业部门的增长。费景汉和拉尼斯则从工业扩张的角度论述农业生产的重要性。托达罗则揭示出现代工业部门对增加就业的效果不明显,没有看到提升传统农业需要推动农业剩余劳动力向非农产业转变。这三种理论都把农业看作工业的附属,农业只是为工业提供资本和劳动力。

国外学者将城乡融合作为一个课题研究。泰勒(Taylor)和施特尔(Stohr)在20世纪80年代初期认为,城市化发展要有选择性的封闭空间,在这一空间内以乡村为中心,推动城乡共同发展。④ 美国学者朗迪勒里(Dennis Rondinelli)在20世纪80年代,提出了"次级城市(secondary cities)发展战略",认为要组建多元而合理的城镇体系,就要建构城乡人口自由流动的平台,平衡城乡资源流通。⑤ 美国

---

① 〔美〕戴尔·乔根森等:《生产率:信息技术与美国增长》,荆林波等译,格致出版社2012年版,第42页。

② 〔美〕迈克尔·托达罗:《发展经济学》,聂巧平等译,机械工业出版社2014年版,第219页。

③ 〔美〕威廉·巴伯:《缪达尔》,苏保忠译,华夏出版社2009年版,第71页。

④ R. Taylor and B. Stohr, *Development from Above or Below? The Dialectics of Regional Planning in Developing Countries*, Chichester: Wiley Chichester Press, 1981, p. 21.

⑤ D. Rondinelli, *Secondary cities in developing countries: Policies for diffusing urbanization*, Los Angeles: Sage Publications, 1983, p. 25.

建筑师尤恩(Unwin)在20世纪80年代后期,认为人口在城乡之间的交流起着重要作用,需要弱化阶层。美国学者道格拉斯(Douglas Kellner)在他的区域网络发展理论里提出"流"和"络"的范畴,认为乡村结构变化是一系列"流"的结果,推动了城乡资源循环。① 埃切韦里·卡罗尔(Echeverri Carroll)认为,城市人口与工资水平有关,城市人口密度越高,工资水平越高。城市化在进行中必须平衡城乡工资水平。国外学者对城市化的质量也做了研究,集中于生态文明、经济持续发展、提高生活质量等。美国生态学家戴利(Herman Daly)在1989年提出城市可持续发展的理论架构,认为城市化要达到合理的承载力、资源消耗、净化能力、资源循环利用能力等标准,才能更好地服务于居民。② 英国经济学家玛格罗兰(Maclaren)在1996年提出了城市化可持续发展的四个原则:评价过程的广泛性,未来发展的前瞻性,资源、生态、经济、社会等的综合性,城市人口的空间分布性。英国生物学家帕特里克·盖迪斯(Patrick Geddes)在1904年第一次把生态学理念应用到城市研究中,并从生态学角度分析了城市化的动力机制。③ 美国学者雅尼科斯特(Yanikeste)在1987年第一次提出生态城市的理念,认为,生态城市是符合生态规律、能循环发展的集聚地,是美好的居住环境。美国生态学家理查德·雷吉斯特(Richard Rigister)在1984年深化了生态城市的理念,提出要建立小规模、高质量的生态城市。古雷特(Curetes)在1971年认为,城市应该着眼于人的发展。德国建筑学家舒尔曼(Rudi Scheuermann)在1994年认为,城市化的发展是为了提高居民生活质量。④

最后,国外学者对于理想城市的建设做了考察。主要理论有霍华德(Ebenezer Howard)的田园城市理论、雷蒙·翁温(Raymond Unwin)的卫星城市理论、佩里(Clarence Perry)的邻里单位理论、沙里宁(Eliel Saarinen)的有机疏散理论、赖特(Frank Lloyd Wright)的广亩城理论等。英国地理学者霍华德在1898年的《明日的田园城市》(Garden Cities of Tomorrow)一书中提出"田园城市"的理念,主张城市和乡村要成为更加融合的整体,推动城乡协同发展、共同进步。霍华德认为,中心城市的理想人口规模应为5.6万人,周围则应该围绕着6个各为3.2万人的田园

---

① 〔美〕道格拉斯·凯尔博:《共享空间:关于邻里与区域设计》,吕斌等译,中国建筑工业出版社2007年版,第15页。

② 〔美〕赫尔曼·戴利:《超越增长——可持续发展的经济学》,诸大建、胡圣等译,上海译文出版社2005年版,第32页。

③ P. Geddes, *Cities in Evolution: An Introduction to the Town Planning Movement and to the Study of Civics*, London: William and Norgate Press, 1915, p. 12.

④ 〔德〕鲁迪·舒尔曼:《城市文脉中的张拉建筑》,谭伟译,中国建筑工业出版社2017年版,第48页。

城镇。霍华德很早就提出了城乡一体化思想,认为城市和乡村各有自己的优势,需要城乡结合,为人的发展创造条件。他号召建立田园城市,消除城乡对立结构。① 德国学者雷蒙·翁温(Raymond Vnwin)是田园城市理论的追随者,他在1922年出版《卫星城市的建设》(The Building of Satellite Towns)一书,提出了"卫星城市"的理念,即在大城市附近建立受中心城市吸引而发展起来的城镇,促进了城市化实践的进行。1929年,美国社会学者克拉伦斯·佩里(Clarence Perry)从交通安全考虑,提出了"邻里单位"(Neighborhood Unit)的设想,主张完善交通干线和基础设施以组成城市内部基本单元,使居民教育、医疗在单位内进行,以此规划人口规模和用地规模。邻里单位理论结合了社会学和建筑学,但限制了居民活动区域,居民活动不应只限于邻里。社区规划是为了解决城市用地混乱,满足居民需求。② 学者也提出用交通控制城市骨架的思路。英国警察总监特里普(H. Alker Tripp)在1943年的《城市规划与道路交通》一书中认为,社区规划要完善一级交通系统,避免地方支路的干扰。他的"划区"(precincts)规划思想和邻里单位结合能扩大"街坊"(supper block)概念,直接影响了伦敦的城市规划。英国生态学家帕特里克·格迪斯(Patrick Geddes)在1915年开创了区域规划研究方法,出版了《进化中的城市:城市规划与城市研究导论》一书。他把区域范畴引入城市规划,主张建立有机的"城镇群",推动城市规划的进步。③ 芬兰城市规划学家沙里宁在1918年提出有机疏散理论(Theory of Organic Decentralization)。他在《城市:它的发展、衰败和未来》中认为,城市建设不能都集中在中心区,需要城市功能的有机疏散。信息革命后,现代城市衰败,需要建立有机城市。他主张将密集的城市分为十几个市镇,市镇之间用绿地填充,凭借便捷的交通网络体系使市镇既联系又区分,形成差距较小的城乡结合体。有机疏散理论还阐述了城市土地利用、社区规划、城市功能分区、城市经济运行等问题。后来,沙里宁的有机疏散理论促成了芬兰大赫尔辛基方案的实行。④ 德国地理学家克里斯泰勒(W. Christaller)在1933年提出中心地(Central Place)理论,主张把区域内的城镇系统化。法国建筑师勒·柯布西耶(Le Corbusier)在《明日之城市》中,主张将工业化融入城市规划,利用技术

---

① 〔英〕埃比尼泽·霍华德:《明日的田园城市》,金经元译,商务印书馆2010年版,第59页。
② 李强:《从邻里单位到新城市主义社区——美国社区规划模式变迁探究》,载《世界建筑》,2006年第7期。
③ 〔英〕帕特里克·格迪斯:《进化中的城市:城市规划与城市研究导论》,李浩、吴骏莲等译,中国建筑工业出版社2012年版,第45页。
④ 〔芬〕伊利尔·沙利宁:《城市:它的发展、衰败与未来》,顾启源译,中国建筑工业出版社1986年版,第169页。

建立高密度建筑,提高居住环境水平。① 他主张建立光明之城。② 美国建筑师赖特(Frank Lloyd Wright)却反其道地提出空间分散规划理念,主张城市分散布局,居民要走向乡村,发展小规模社区。在"美国"小汽车大量普及等交通运输改善的形势下,赖特在 1932 年提出广亩城(Broadacre City)设想,深化了城市有机疏散理论。赖特在《消失中的城市》(The Disappearing City)中,认为现存的大城市不符合人的生活,违背了人的意愿,应建立非城市的城市。③ 他在《宽阔的田地》中,认为,小城镇效率低,需要提高规模,治理环境污染,需要将集中的城市重新布散在农业网络中。④ 美国 20 世纪 60 年代在城郊建立商业贸易点和组建城市体系可以被看作广亩城理念的现实实践。当代美国知名城市地理学家刘易斯·芒福德(Lewis Mumford)很赞同赖特的主张,他在 1938 年出版的《城市文化》一书中认为,城市的产生适应了人的社会需求,丰富了人的生活,体现了文明进步。他认为,要把城市平衡分布在各个社区,推动区域一体化,平衡城乡发展,让全体居民享受同等生活。⑤ 美国知名政治经济学家及地理学家大卫·哈维(David Harvey)认为,目前的城市化仍是失衡的,需要用革命理论推动城市化过渡到为全民服务,达到适宜人类生存的城市化。⑥ 瑞典学者哈格斯特朗(Torsten Hgerstrand)在 20 世纪50 年代提出现代空间扩散学说,认为技术革新推动了现代城市空间的扩展,让全球城市的辐射力加强。20 世纪 70 年代后,西方发达国家进入了晚期资本主义,产业结构在不断升级,呈现为知识经济的兴起,城市化向大都市、城市带发展。西方学界随之也开始了全球城市、网络城市、世界城市体系的研究。20 世纪 60—70 年代,城市规划理论对城市化规划实践产生了很大影响。如保罗·达维多夫(Paul Davidoff)和简·雅备布(Jane Jacobs)等主张城市规划要尊重社会价值观,中立地解决城市问题。保罗·达维多夫和雷纳(Jose Reina)在 1962 年提出《规划选择理论》,提出倡导式规划(Advocacy Planning),主张运用多元思想,让居民决定规划方案。1965 年达维多夫发表《规划中的倡导与多元主义》,主张城市规划理论要和社会价值观结合,保障不同社会集团的社会利益。⑦ 简·雅各布(Jane Jacobs)在

---

① 〔法〕勒·柯布西耶:《明日之城市》,李浩译,中国建筑工业出版社 2009 年版,第 192 页。

② E. Frederick, *The City of Tomorrow*, Cambridge: The MIT Press, 1971, p. 31.

③ F. Lloyd, *Disappearing City*, New York: William Farquhar Payson Press, 1932, p. 68.

④ F. Lloyd, *The Living City*, New York: Horizon Press, 1958, p. 110.

⑤ 〔美〕刘易斯·芒福德:《城市文化》,宋俊玲等译,中国建筑工业出版社 2009 年版,第 8 页。

⑥ D. Harvey, *Social justice and the city* (*Revised Edition*). Athens: University of Georgia Press, 2009, p. 20.

⑦ 张庭伟、田莉:《城市读本》,中国建筑工业出版社 2013 年版,第 18 页。

1961年出版的《美国大城市的生与死》中,批判了城市规划中的主流观点,认为犯罪与大面积绿地有关,城市改造让资本家获利,居民被赶到郊区,形成新的贫民窟。国外学者还研究了最佳城市规模。① 苏联学者达维多维奇(Davidovich)在1960年出版的《城市与区域规划》中首次提出"城市合理规模"概念,并认为城市最佳人口规模为40万人。美国地理学家莫尔(C. L. Moore)认为,最理想的城市为中等城市,理想的城市人口规模为25万—35万人。法国学者戈必依(Ge Beiyi)则认为,300万人口的城市为"理想城市"。英国学者巴顿(Buton)则提出了最优城镇人口规模的四种标准:最少的财政支出、最大的现有福利、最大的未来福利和最大的生产利润。还有一些学者思考如何提高城市吸引力,要求建设生态城市,认为城市规模、绿化和基础设施要符合人口规模,适应人的活动区间,促进人口集中,节约出行成本。

理想的城市需要良好的城市规划,因此,国外学者还对城市规划做了很多研究。城市规划需要采用不同学科理论,根据不同时期、不同地区的特点,指导城市建设。城市盲目发展会导致贫民窟,影响居民生活质量。英国作为最早开展城市化的国家,在城乡统筹方面积累了很好的经验,建构了世界上最早的城乡规划体系。早在1948年英国就制定了《城乡规划法案》,建立了较完善的城市规划管理体制,为其他国家城市规划提供了经验。英国城市规划学者彼得·霍尔(Peter Hall)研究了城市规划理论发展的历史分期,将其分为七阶段:1890—1901年,学者用病理学分析城市规划;1901—1915年,学者采用美学视角分析城市规划;1916—1939年,学者注重从功用的角度分析城市规划;1923—1936年,学者用想象的方法分析城市规划;1937—1964年,学者用革新的角度分析城市规划;1965—1980年,学者用纯粹的理论分析城市规划;1980—1989年,用企业的、生态的和病理学的角度对城市规划进行综合划分。彼得·霍尔的城市规划时期划分有重叠之处。② 1933年8月,国际现代建筑协会第四次会议制定了《雅典宪章》,认为城市能够发挥居住、工作、休闲和交通等职能,为城市的规划分区提供了章程依据,主张保护旧建筑。1977年12月,一些世界知名城市规划学者在秘鲁利马讨论形成了《马丘比丘宪章》,概括了当代城市规划理论,强调城市规划要体现城市与周边区域的关系,规划过程要体现居民需求,体现多重功能。随着城市化的发展,一些学者主张采用生态城市规划理念,主张城市规划中要体现生态理念,为居民提

---

① 〔美〕简·雅备布:《美国大城市的死与生》,金衡山译,译林出版社2005年版,第218页。

② 〔英〕彼得·霍尔:《城市和区域规划》,邹德慈等译,中国建筑工业出版社2008年版,第87页。

供诗意的居住环境。20世纪50年代以后,城市规划添加进了视觉艺术、心理学、社会学、生态学、人类学等理念。城市规划更加注重效率和生活。美国城市建筑学者芒福德在1961年发表《历史中的城市:起源、演变与展望》(*The City in History*),指出城市规划要尊重人与自然关系、人的精神价值,综合考虑经济、政治、文化、技术、生态等因素,满足居民需求。现代城市规划采用系统论观点,注重艺术性,采用现代媒体、计算机技术等多种手段普及可持续理念,实现综合平衡。① 瑞典学者斯特朗(T. Herstran)提出现代空间扩张思想,认为城市空间扩散遵循均质地域,需要建立完善的城镇体系。欧美学者还结合人口学、生态学研究城市化。盖迪斯等采用人文思维用同心圆、扇形、多核心等模式进行城市规划,主张城市形态应该采用集中和分散形态的结合。

总之,欧美国家很早就开始了城市化,在20世纪70年代就基本完成了城市化,甚至出现了郊区化现象,国外学者也很早开始了城市化研究。这些国家的很多学者侧重于分析城市化产生的后果和实现理想城市的路径,重点分析了城市化过剩,城市化导致的生态、交通、就业、住房、移民等问题,较少关注城市化的起因、速度、规模和农村城市化的意义等。这主要是因为欧美国家的城市化已经处于完成阶段,主要追求的是发展质量,而不再是追求规模和速度。

此外,在东方的日本也有很多的城市化研究学者。日本学者山田浩之在《城市经济学》中认为,城市化依赖于社会和经济的发展,在经济发展到一定程度时,人口过度集中、交通过度拥挤、资源紧张等就会让资金反向流动,带动周边地区发展,促进城市化进程。城市化具体展现在经济和文化方面的变迁。② 佐藤康博和山本和雄凭借论述人口聚集的优缺点分析了城市经济和人口迁移的相关性,揭示了城市聚集经济对人口生育率的影响。学者岸根卓朗总结出"城乡融合设计"的理念,认为要建构城乡融合的经营空间、工农一体化的社会体系、城乡居民和谐相处的社会。总之,由于日本城市化水平高,日本学者主要讨论的是城市化质量的提升路径和城市居民生活水平的提高方法。

2. 关于中国特色城市化道路的研究

中国城市化的快速发展,中国模式在全球的走红,让国外学者对中国特色城市化道路也做了研究。他们的研究视野开阔,研究视域多元化,重点关注了中国特色城市化道路的特点及其对世界的影响。

---

① 〔美〕刘易斯·芒福德:《历史中的城市:起源、演变与期望》,宋俊玲等译,建筑与文化出版社有限公司1994年版,第76页。
② 〔日〕山田浩之:《城市经济学》,魏浩光等译,东北财经大学出版社1991年版,第2页。

　　首先,国外学者分析了中国城市化道路的特点。美国社会学家怀特(Martin Kim Wright)和帕里什(William Parrish)在《当代中国的城市生活》中,从西方古典社会学的城市化理论出发,考察了中国城市化模式的特点,即中央集权和计划体制。他认为,这种模式的出现有历史必然性,并导致人口迁移限制、消费水平不高、城乡资源分配失衡等问题。市场改革也日益让中国模式的特点发生变化。美国乔治亚大学(University of Georgia)地理学教授克利夫顿·潘内尔(Clifton Pannell)的《现代中国城市发展》,力求从城市平民的角度看待历次政治运动对于中国城市化发展的影响。他认为,改革开放前,中国的城市化因为不断的政治运动而发展缓慢,城市居民生活也因此而得不到提高。① 莫里斯·B. 厄尔曼(Ullman Morris B)在《大陆中国的城市(1953—1959 年)》中,分析了中华人民共和国成立初期中国城乡人口的迁移,详细整理了中国此时期的城市化资料。美国学者施坚雅(William Skinner)在 1964 年的《中国农村的集市贸易和社会结构》一书中,根据其亲身经历提出中国城市化是独特的集市体系,存在不同等级的中心地,上一级的中心地有着更多的货物供应和腹地。② 美国哈佛大学教授珀金斯(Perkins Dwight)在 20 世纪 60 年代末出版的《中国农业的发展(1368—1968 年)》中,对改革开放前的中国城市化数据有详细搜集,并对中国城市化道路做出了自己的解释。③ 美国威斯康辛大学教授赵冈在 1995 年出版的《中国城市发展史论》中,分析了中国特色城市化道路的形成机制。④

　　其次,国外学者研究了宏观政策对中国特色城市化道路的影响。国外学者关注了改革开放前后中国城市化政策的变化,尤其是计划体制导致的逆城市化现象。日本学者斯波义信在《中国都市史》中认为,中国政府长期推行重城市轻农村的策略导致城乡差距很大,为了维护政权稳定而偏重城市居民利益。这种观点是城市经济学的偏激观点。⑤ 国外学者还考察了政府政策导致的中国城市人口的划分等级问题。美国芝加哥大学洛杉矶分校地理系的范芝芬指出,中国的城市等级划分应该参照人口结构和规模,因为中国是世界上人口最多的国家;还应该结

①　C. Pannell, *Modern China's Urban Development*, Georgia: University of Georgia press, 1997, pp. 91—113.

②　B. F. Skinne, *Marketing and Social Structure in Rural China*, South Asia: Journal of South Asian Studies, 1924, pp. 1—3.

③　P. Dwight, *Agricultural Dverlopment in China, 1368—1968*, Chicago: Aldine Press, 1969, pp. 1—11.

④　赵冈:《中国城市发展史论》,台湾联经出版事业公司 1995 年版,第 2 页。

⑤　〔日〕斯波义信:《中国都市史》,布和译,北京大学出版社 2013 年版,第 4 页。

合地理、经济、文化等因素,因为中国幅员辽阔,存在地区差异。国外学者还关注了中国城乡的人口流动问题,尤其是关注了农民工问题。如驻北京的《中国经济季刊》(China Economic Quarterly)总编辑汤姆·米勒(Tom Miller)在《中国十亿城民:人类历史上最大规模人口流动背后的故事》中认为,改革开放后,中国的大规模人口流动现象应该引起注意,进城劳动力为农业节省了资源,也为城市建设贡献了力量,但这种候鸟式的人口流动,导致农村问题,也引起城市交通拥堵、住房紧张、社会混乱等问题。① 这些国外城市化研究为中国城市化和人口迁移提供了一定启示。

最后,以个别城市为案例研究中国特色城市化道路。国外一些学者关注了珠三角在中国改革开放中的作用和演变,如法国学者塞尔日·萨拉(Serge Salat)关注珠三角城市化的可持续问题,他认为,大中小城市协调发展,能够缓解城市承载压力和推动城市居民福利完善。国外一些学者还关注中国个别城市的城市化进程,如美国霍普金斯大学教授罗威廉(Wlillan T. Rowe)重点关注汉口这座城市的商品经济发展进程,并在 1984 年和 1989 年分别出版了《汉口:一个中国城市的商业与社会(1796—1889)》和《汉口:一个中国城市的冲突与社区(1976—1985)》。在这两本书中,他重点讨论了汉口城市人口的变迁、社区的冲突、市民社会领域的让渡等问题,从一个城市的角度展现了中国城市化的宏伟进程。②③ 国外的城市化研究融合了不同学科,丰富了城市化研究成果,但是西方学者由于角度和时代局限性,导致对中国城市化的研究存在与中国现实脱节的情况。西方城市化理论并不是适用于一切国家,中国城市化要立足本国国情,消除二元经济结构,促进产业聚集,要促进政治制度、经济体制、思想观念的革新,合理引进西方城市化理论。

此外,虽然国情不同,但国外一些城市化经验也值得我们借鉴。印度政府在解决贫民窟、消除贫困人口方面积累了一定的经验,可以为中国城乡人口迁移提供一定的借鉴;韩国政府较好解决了城乡矛盾,政府主导了城市基础建设,注重培育公民伦理精神,提高了农民收入。城市化是世界趋势,影响国家现代化水平,需要避免其带来的问题,引导其健康发展。一要促进工农互动、城乡互补,推动城市化、工业化、农业现代化协调发展,打破城乡界限,采用灵活、多样化的城市建设方

---

① 〔英〕汤姆·米勒:《中国十亿城民——人类历史上最大规模人口流动背后的故事》,李雪顺译,鹭江出版社 2014 年版,第 5 页.

② T. William, Hankow: Commerceand andSociety in a ChineseCity, 1796—1889, Stanford: Stanford university press, 1984, pp. 1—10.

③ T. William, Hankow: Conflict and Community in a Chinese city, 1796—1895, Stanford: Stanford University Press, 1989, pp. 1—20.

式;二要建立城乡共享机制,消除城乡差距,促进物质文明和精神文明共同发展。

(二)国内研究现状

改革开放后,城市化研究成为热点,出版了大量文献。国内关于中国城市化的著作、学术论文很多,已知的城市化专著有700多部(其中关于中国城市化道路的有110多部),在知网上搜到的关于城市化主题的相关文献记录有90000多条,相关的期刊论文6000多篇(其中关于中国城市化道路的有700多篇),博硕士论文800多篇(其中关于中国城市化道路的有40多篇)。学术界对于城市化的研究涉及城市化发展进程、城市化建设、城市化区域平衡、城市化问题、城市化发展战略等,也有些学者对中国城市化内涵、城市化特征、马克思城市理论做了探讨。城市化涉及经济、政治、社会、地理等很多学科,所以,很多学科都对城市化做了研究。

1. 关于城市化基本问题的研究

首先,从历史上看,中华人民共和国成立之前,中国是农业人口占绝对多数的国家,城市化一直发展缓慢,对城市化也基本没有什么研究。中华人民共和国成立后把工作重心从农村转向城市,让城镇化研究得以展开。改革开放后,城市化迅速发展,但城乡差距也在显现。小城镇建设、乡镇企业、农村劳动力转移不断进行,城市化道路及方针的研究也多起来,尤其是小城镇建设的推行加快了城市化进程。根据时间,国内的城市化研究可分为四个时期:

第一,改革开放之前的城市化研究。这一时期,国内学者对城市化的研究主要是政策性的,受到苏联模式的影响,特别是受到布哈林(Bukharin)为主要代表的"城市协同发展派"和以普列奥布拉任斯基(Preobrazhensky)为代表的"城市超越工业派"的影响。政府一再发布命令,要求完成城市的储蓄工作,为城市建设提供资金支持。政府还发布命令,要求农民不要盲目流入城市。"目前,由于城市建设刚刚开始,劳动力需用有限,农民盲目入城的结果,在城市,使失业人口增加,造成处理上的困难,在农村,则又因劳动力的减少,使春耕播种大受影响,造成农业生产上的损失。"[①]1958年后,国家开始实行严格的户籍制度,采取抑农重工的高积累工业化模式。一些学者认为的城市化就是机械化,如张毅、信浩写道:"村东机器响,村西盖楼房,田间汽车跑,电线密如网,处处公社都这样,谁能分出城市和村庄?"[②]吴良镛则认为,新中国的城市化就是建立很多工业城市和改造旧城市。

---

① 周恩来:《中央人民政府政务院关于禁止农民盲目流入城市的指示》,载《劳动》,1953年第1期。

② 张毅、信浩:《城市化》,载《教学与研究》,1959年第1期。

"在我们国家工业化的过程中,将要有若干工业城市在空旷无人的地方矗立起来,许多大城市、重要的工业城市也将随着工业建设的推进而大大地扩展。因此,建设新城市和改造旧城市,是我们经济建设中的一项重要工作。"①在城市建设上,要改造旧社会遗留下来的中国旧式建筑和西洋建筑,遵循实用、经济、美观的建设原则。"实用、经济、美观,是社会主义城市建设的三个基本原则。"②对于城市规划的具体措施,学者也提出了很多建议。一些学者积极响应政府处理城市垃圾的号召,建议将城市垃圾处理为农业颗粒肥料。一些学者建议城市街道应该有合理的宽度,学习苏联城市建设模式,建立宽大的马路,方便车辆通行。城市居住区的规划要齐全,满足居民的各类需求,让人民公社成为建设和改造城市的有力工具。"居住区内必须安排各类公共建筑,如:满足社员学习要求的各式学校;满足社员文化生活需要的科学、艺术、体育的活动场所;满足社区生活集体化要求的托儿所、幼儿园、幸福院、医疗所、食堂、洗衣场,以及商店等。"③有的学者把我国的大城市分为两类:政治型和经济型。"我国计有 14 座人口在 100 万以上的大城市,基本上可以分为两大类型:一类是因政治地位而兴起的,计有北京、南京、西安、沈阳、成都、太原六大城市,暂称之为甲类。另一类是因经济地位而兴起的,计有上海、天津、广州、武汉、重庆、青岛、旅大、哈尔滨八大城市,暂称之为乙类。"④

第二,改革开放初期的城市化研究。改革开放后,乡镇企业获得发展,城市化问题也逐步显现出来。这一时期的城市化研究集中于城乡发展战略、本质、动力、规划等。大部分都要求实现城乡一体化发展,要求打破城乡壁垒,促进资源合理流动,推动城乡协调发展。有的学者主张采用国外经验,推动城市的科学规划,主张城乡统筹发展是经济效益的要求,是可持续发展的需要。"1977 年 12 月,国际建协(U.L.A.)在秘鲁首都利马召开国际建协会议。在这次会上,各国建筑师、教育家和城市规划师聚集一堂,讨论了当前各国城市规划的理论和方法,提出了城市规划的新宪章——《马丘比丘宪章》。这个新宪章对改进中国的城市居住质量有一定参考意义。"⑤有的学者则研究了城市形态的合理化路径,认为城市形态受多重因素制约,需要平衡内部各种关系。⑥ 有的学者呼吁要正确认识国家的小城

---

① 吴良镛:《谈城市的总体规划》,载《科学大众》,1954 年 1 月号。
② 鲍鼎:《建筑与城市建设》,载《科学大众》,1954 年 7 月号。
③ 钱圣秩:《谈人民公社化条件下县的城市规划问题》,载《财经研究》,1958 年第 3 期。
④ 张志学:《我国大中城市的分类与分布》,载《河北师范大学学报(地理专号)》,1964 年第 3 期。
⑤ 陈占祥:《城市规划设计原理的总结——马丘比丘宪章》,载《城市规划》,1979 年第 6 期。
⑥ 齐康:《城市的形态(研究提纲初稿)》,载《南京工学院学报》,1982 年第 2 期。

镇建设方针,坚决贯彻"控制大城市规模"的政策,积极发展各类小城镇。①

第三,20 世纪末期的城市化研究。这一时期,不同学科都考察了城市化面临的问题,提出了城市化发展战略和措施。周叔莲等提出应把握城市化的阶段性规律和特征,改善城乡关系。王积业等主张政府运用指导方针,推动城乡经济共同发展,消除城乡二元结构。② 陈吉元等人认为,乡镇企业能够促进农村剩余劳动力转移,拓展农村人口就业。③ 费孝通在《农村、小城镇、区域发展——我的社区研究历程的再回顾》中认为,应该根据地区特点,缩小城乡差距,增加农民收入。④ 陈锡康则凭借"投入——产出"的分析模型,考察了城乡收入差距、工农分配不合理等。⑤ 张福信在《城乡一体化发展决策理论与实践》中探讨了城乡一体化的政策因素,并对城乡一体化的实现路径做了探索。⑥ 王颖考察了网络信息化时代的城市空间形态的演变过程,主张利用信息技术推动城市形态的重构。⑦

第四,21 世纪的中国城市化道路研究。随着城市化发展,三农问题越来越得到关注,学者探索城乡统筹问题。曾菊新在《现代城乡网络化发展模式》中,分析了城乡的网络体系建设,考察了推动城乡一体化的路径。⑧ 2004 年在杭州召开的三农问题学术会议上,学者们讨论了和谐社会、生活保障、农民利益等问题。2005年中国科学院主办的"构建和谐社会"的学术论坛上,与会学者们探讨了协调城乡关系、实现城乡和谐等问题。中科院地理科学与资源研究所战金艳在《大城市边缘地带的成长机制》一文中,讨论了城市化进程中城乡边缘区发展问题,构建了城乡发展的综合评价体系,采用了城市化的动态量化评价指标,制定了城市化的可执行策略。⑨ 中科院"中国现代化战略研究课题组"对中国现代化的指标体系进行了评估、验证,在 2006 年 4 月出版了《2006 年中国现代化报告》,认为要建立新

① 李梦白:《正确认识和贯彻我国城市发展的基本方针》,载《城市规划》,1983 年第 1 期。
② 王积业:《我国产业结构的调整与优化》,载《中国社会科学》,1991 年第 5 期。
③ 陈吉元:《关于农业产业化的几点看法》,载《浙江学刊》,1996 年第 9 期。
④ 费孝通:《农村、小城镇、区域发展——我的社区研究历程的再回顾》,载《北京大学学报(哲学社会科学版)》,1995 年第 1 期。
⑤ 陈锡康:《揭示我国经济能耗变动的秘密》,载《河北经济日报》,2013 年 10 月 31 日。
⑥ 张福信:《城乡一体化发展决策理论与实践》,山东人民出版社 1990 年版,第 56 页。
⑦ 王颖:《信息网络革命影响下的城市——城市功能的变迁与城市结构的重构》,载《城市规划》,1999 年第 8 期。
⑧ 曾菊新等:《现代城乡网络化发展模式》,科学出版社 2001 年版,第 55 页。
⑨ 战金艳:《大城市边缘地带的成长机制》,载《山东师大学报(自然科学版)》,2000 年第 3期。

型城市,实现城乡平衡。① 2008 年起,牛文元等人组建了新型城市化的研究学会,
编制了每年的城市化发展情况,为新型城市化的发展提供了一定理论依据。② 汤
敏等也在中国发展研究基金会的支持下,集合一部分学者建立了中国新型城市化
战略课题组,分析了当前中国城市化的产业布局、城市管理、农民工市民化等
问题。③

其次,从研究内容来看,国内对中国城市化基本问题的研究涉及中国城市化
道路的特征与评价、中国城市化的多元动力机制、中国城乡二元结构及其影响、中
国城市化的发展速度等。

第一,国内学者对中国城市化道路的特点与评价问题做了总结。改革开放
前,中国城市化是计划体制的,受政府政策约束,不同于西方国家的自由市场经济
体制,被认为是社会主义优越性;改革开放后,则被认为是国情决定的特色城市
化,城乡关系不断调整,劳动力转移,二元结构有所消解,但三农问题仍较严重。
国内学者测度了由中国城市人口等呈现的城市化水平和速度,但测度标准不统
一,需要改变城市化水平的测度标准,让城市化与经济水平、非农产业水平更加协
调。国内学者很重视工业化与城市化关系的研究。工业化和城市化能够互为因
果,推动经济聚集。不同的工业化水平导致不同的城市化结构,有不同的居民收
入。城市化能够促进经济发展、协调城乡关系、推动社会进步。国内学者也对我
国城市化现状做了评价。大部分学者认为,中国城市化已经处于高速发展时期,
但存在一些结构性问题,阻碍了社会发展。叶欲民在 2001 年出版的《中国城市化
之路——经济支持与制度创新》中,认为中国城市化不仅要靠经济增长的持续推
动,也要靠制度变革带来的政治引导。他指出中国城市化滞后于工业化,阻碍了
农业现代化发展,限制了内需和产业升级,不利于经济文化事业发展和可持续发
展战略。④ 国家发展计划委员会在 2001 年出版的《城市化   中国现代化的主
旋律》一书中,从宏观的角度剖析了中国城市化的成就及特点,认为城市化对于中
国经济的发展作用巨大。⑤ 纪晓岚在 2002 年出版的《论城市本质》中对中国城市

① 中国现代化战略研究课题组:《2006 年中国现代化报告》,北京大学出版社 2006 年版,第 2
页。
② 牛文元等:《可持续发展从行动走向科学—— <2015 世界可持续发展年度报告 >》,载《中
国科学院院刊》,2015 年第 9 期。
③ 汤敏:《论城市化进程中的乡土文化变迁与调适——以杭州 L 村新文化实践为考察中
心》,载《观察与思考》,2015 年第 2 期。
④ 叶欲民:《中国城市化之路——经济支持与制度创新》,商务印书馆 2001 年版,第 24 页。
⑤ 中国国家发展计划委员会地区经济司等:《城市化:中国现代化的主旋律》,湖南人民出版
社 2001 年版,第 23 页。

化的现状和存在的问题做了综合评价,认为中国城市化具有独特的特点,深刻影响了世界经济。① 傅崇兰在 2003 年主编的《中国特色城市发展理论与实践》中,详细分析了中国城市化实践的特色,认为中国特色城市化实践开创了现代城市化道路。② 国内学者根据经济发展状况、城市化水平、历史背景等,将中国城市化发展进程做了阶段划分,总结了各阶段的特点和规律,基本都同意改革开放前后中国城市化有显著差别,并认为,1992 年市场经济改革也是重要转折点。改革开放前,中国城市化波动很大,发展较慢,城市人口集中于中小城市,小城镇发展不明显,控制了大城市人口。改革开放后,中国城市人口大幅提高,但仍存在东部高于中西部的区域失衡,小城市地位提高,大城市也开始郊区化,都市区和城市群形成的问题。赵士修在 1998 年的《城市特色与城市设计》一文中指出,改革开放后,中国城市化步入正轨,城市建设和设计有了更多的中国特色。③ 但朱正举和于文学在 2000 年的《两难困境下的城市化进程及其对策》中认为,中国城市化仍缺乏腾飞的条件,处于两难境地。④ 陆大道、姚士谋在 2007 年的《中国城镇化进程的科学思辨》一文中指出,中国城市化并不是循序渐进的,而是出现了冒进。他们主张城市化应该采取多元化、密集的发展道路。⑤ 中国社会科学院研究员武力在 2013 年的《中国城镇化道路的回顾与前瞻》中回顾了中国城市化不同阶段的特点,并对中国城市化的未来发展路径做了有益的探索。⑥

　　第二,国内学者对中国城市化动力机制做了探讨。国内学者引进了西方经典城市化动力机制理论,研究了人口迁移、经济、交通、制度等对城市化的影响。新自由主义经济学、新制度经济学、新古典经济学、新结构经济学、新人文地理学也被引进国内,用来研究经济全球化、市场体制、制度改革对城市化的动力作用。国内学者研究了产业结构演变与城市化的互动机制,城市化需要主导产业支撑,需要人口迁移、民营经济、外资的作用。工业化、消费机制促进了经济,推动了城市化提高质量。第三产业促进了就业结构升级,形成了民工潮,推动了城市化进程。国内学者还研究了交通、通信对城市化的提升作用,网络强化了各个城市的联系。对外开放、劳动分工、经济全球化促进了中国产业升级,需要发挥市场作用,发展

① 纪晓岚:《论城市本质》,中国社会科学出版社 2002 年版,第 3 页。
② 傅崇兰:《中国特色城市发展理论与实践》,中国社会科学出版社 2003 年版,第 5 页。
③ 赵士修:《城市特色与城市设计》,载《城市规划》,1998 年第 4 期。
④ 朱正举、于文学:《两难困境下的城市化进程及其对策》,载《城市发展研究》,2000 年第 6 期。
⑤ 陆大道、姚士谋:《中国城镇化进程的科学思辨》,载《人文地理》,2007 年第 4 期。
⑥ 武力:《中国城镇化道路的回顾与前瞻》,载《江南论坛》,2013 年第 5 期。

本地市场,提升技术能力。城市化需要产业结构、要素聚集、教育等多元的综合动力机制,需要发挥制度和政府的作用,制定合理的公共政策,引导人口迁移,避免政绩工程和过多干预,消除土地财政,解决三农问题,推动城市集约化发展,处理好失地农民问题。国内学者还认为,城市化要推动体制改革,消除城乡二元结构,促进土地流转,调整行政区划,进行户籍、土地、住房、金融、财税等制度改革。政府和市场对城市化影响很大,需要推动市场化改革,尊重居民意见,发挥市场的基础作用。汪冬梅在 2005 年的《中国城市化问题研究》一书中,对改革开放以来的城市化的动力机制做了研究,认为中国城市化仍存在动力不足的问题。中国未来应该走市场化、城乡统筹发展的城市化模式。她指出:"中国未来的城市化既不能采取自由市场化机制,也不能采取严格的计划经济控制机制,应该以市场为主导,充分发挥市场和政府的合力,走出一条既符合一般规律又适合中国国情的新型道路。"①国内学者对于全球化和中国城市化的关系也做了探讨。早期研究注重冷战格局对中国城市化的影响,考察外资对区域发展的重要作用,从世界技术、劳动力、资本的流动出发考察中国城市化。全球化对中国城市化的影响日益扩大,需要重建城市体系,应对知识经济,采用新的城市发展理念,推动都市空间转换,推动区域平衡。全球化对中国经济产生深远影响,城市化是不可回避的趋势,研究的学科也很多。国内学者还研究了城市化过程的影响因素,认为经济体制、政治制度、社会环境都影响城市化进程,特别是户籍管理制度、产业发展政策、社会保障机制等直接制约了城市空间的风貌和发展格局、扩散方式。国内学者对于城市化体制和政策也做了研究。改革开放后,国家根据实际情况制定了城市化发展方针,制定了控制大城市、发展小城镇的方针。20 世纪 90 年代后,国内学者对控制大城市规模有所质疑,认为城市化要因地制宜,采取多元化方针,建立网络化的城市体系。随着城市化的进行,社会学者开始关注城市化问题,对流动人口、三农问题、"城中村"、城乡收入差距都作了分析。进入 21 世纪,学者要求打破制度壁垒,提高城市化效率。很多学者认为,户籍制度和土地制度等体制阻碍了城市化的正常进程,需要加快户籍制度、土地流转制度革新。如卢海元在 2002 年出版的《实物换保障——完善城镇化机制的政策选择》中,主张完善城乡社会保障,提高城乡居民生活水平;②有些学者分析了城市化与产业结构、工业化的关系,认为要加快城市化就要扩大内需,推动工业化进程。李清娟在《产业发展与城市化》中,分析

---

①　汪冬梅:《中国城市化问题研究》,中国经济出版社 2005 年版,第 4 页。
②　卢海元:《实物换保障——完善城镇化机制的政策选择》,经济管理出版社 2002 年版,第 5 页。

了产业聚集和城市化发展的关联,认为中国城市化应该发挥城市集群的引领作用。① 武汉大学简新华在《发展经济学研究——中国工业化和城镇化专题》中在分析了西方城市化经验后,认为中国城市化应该发挥政府、市场、民间三方力量,走多元化道路,自上而下和自下而上相结合。② 西南财经大学刘家强在《人口经济学新论》中,认为我国城市化中的城市拉力和农村推力的混乱状态阻碍了农村人口向城市的流动,制约了经济发展。③ 大部分学者认为,城市化的基本动力应该是产业。如南开大学蔡孝箴在《城市经济学》中认为,城市化和产业演进是相连的,城市化与产业化水平正相关。④ 盛光耀在 2008 年出版了《城市化模式及其转变研究》一书,探索了中国城市化的一般问题,关注了城乡关系、城市空间结构、市场和政府的关系等。他指出,应该促进中国城市化由政府主导向市场主导转变,促进城市化由城乡分割到城乡一体化,由粗放型向集约型和谐发展。⑤

第三,国内学者还考察了城乡二元结构。国内一系列关于城乡关系、城乡二元结构的著作、学术论文涌现,对于探索和谐城乡关系的路径积累了宝贵的成果。相关的学术成果很多,主要包括对我国城乡差距、乡镇经济的崛起、城乡一体化发展等方面的考察。张军果、秦松寿在《我国二元经济结构的固化与转化》一文中认为,中国城乡二元结构是不断固化的,需要下大力气改革才能扭转城乡日益加深的差距。⑥ 赵伟在《中国的城乡差距:原因反思与政策调整》中认为,中国城乡差距已经到了非解决不可的地步,必须对城乡二元政策进行调整,消除歧视政策带来的城乡隔离。⑦ 王国敏在《城乡统筹:从二元结构向一元结构的转换》中,认为统筹城乡发展最主要的是把城乡二元政策变为城乡一元政策,逐步实现城乡一体化。⑧ 除了学术论文外,也出现了很多研究专著。国务院发展研究中心中国农村劳动力资源开发研究会在 2006 年出版了《走出二元结构:城镇化过程中的农村劳动力转移与市民化的制度创新》和《走出二元结构:新农村建设与农民工、城镇化》

① 李清娟:《产业发展与城市化》,复旦大学出版社 2003 年版,第 5 页。
② 简新华:《发展经济学研究——中国工业化和城镇化专题》,经济科学出版社 2007 年版,第 4 页。
③ 刘家强:《人口经济学新论》,西南财经大学出版社 2004 年版,第 1 页。
④ 蔡孝箴:《城市经济学》,南开大学出版社 1998 年版,第 5 页。
⑤ 盛光耀:《城市化模式及其转变研究》,中国社会科学出版社 2008 年版,第 4 页。
⑥ 张军果、秦松寿:《我国二元经济结构的固化与转化》,载《中央财经大学学报》,2005 年第 4 期。
⑦ 赵伟:《中国的城乡差距:原因反思与政策调整》,载《武汉大学学报(哲社版)》,2004 年第 6 期。
⑧ 王国敏:《城乡统筹:从二元结构向一元结构的转换》,载《西南民族大学学报(人文社科版)》,2004 年第 9 期。

两书。书中指出,要突破城乡二元结构,必须畅通农民市民化的渠道,促进城乡居民的自由流动。① 农业部产业政策与法规司在 2003 年出版了《农村政策法规调查与研究(2003 年)》一书,对中国农村政策调整及其对城乡二元结构的影响做了分析。② 周志强在《中国共产党与中国农业发展道路》中,分析了我党领导农业现代化的进程,期望多途径实现农业的产业化。③ 这些学术成果分析了我国城乡二元结构,主张发展新型城乡关系,大力发展乡镇企业和私营企业。国内学界也讨论了城乡关系问题。早在 20 世纪 90 年代,陈吉元、韩俊等在《人口大国的农业增长》中指出,乡镇企业对于转移农村剩余劳动力有重要作用。农村劳动力进入城市是农村剩余劳动力转移的路径,要利用市场机制和政府力量保障工农、城乡协调发展,推动工业反哺农业,增加农业投入。现行城乡分割体制不利于农业发展,不利于城市化进程,导致户籍、人口管理等很多问题,需要改革制度,实现城乡均衡发展。④ 辜胜阻、成德宁在《户籍制度改革与人口城镇化》中,认为城市化推动了中国农村改革,城市化发展能转移农村大量剩余劳动力,能推动农村工业化发展,吸纳更多农村人口,实现农业现代化,消除二元结构,要鼓励民间投资,多元化发展农村经济。⑤ 辜胜阻提倡城市化体制的创新,认为我国城市化是在农业向工业、计划经济向市场经济双重转型的背景下发展的,不仅是异地转移和就地转移的结果,还是政府和市场联合推动的结果。⑥ 陈明生在《马克思主义经典作家论城乡统筹发展》一文中,从马克思主义的角度论述了城乡统筹的机制、条件和目标等,并提出了一些城乡统筹的方法,试图为城乡统筹发展提供理论依据。⑦ 中国社会科学院景天魁在《收入差距与利益协调》中则指出,城乡关系和谐才能实现现代化,实现农业发展。中国是农业大国,城乡关系更加重要,现代化、工业化、城市化都是为了解决农业发展问题。⑧ 国务院研究室李炳坤则认为,我国城乡关系的问题是城乡经济、社会都发展不协调,导致城乡经济、社会差距在不断加大,制约

① 邓鸿勋、陆百甫:《走出二元结构:新农村建设与农民工、城镇化》,中国发展出版社 2006 年版,第 2 页。
② 农业部产业政策与法规司:《农村政策法规调查与研究(2003 年)》,中国农业出版社 2003 年版,第 3 页。
③ 周志强:《中国共产党与中国农业发展道路》,中央党史出版社 2003 年版,第 2 页。
④ 陈吉元、韩俊等:《人口大国的农业增长》,上海远东出版社 1996 年版,第 5 页。
⑤ 辜胜阻、成德宁:《户籍制度改革与人口城镇化》,载《经济经纬》,1998 年第 1 期。
⑥ 辜胜阻、刘江日:《城镇化要从"要素驱动"走向"创新驱动"》,载《人口研究》,2012 年第 11 期。
⑦ 陈明生:《马克思主义经典作家论城乡统筹发展》,载《当代经济研究》,2005 年第 3 期。
⑧ 景天魁:《收入差距与利益协调》,黑龙江人民出版社 2005 年版,第 1 页。

了农村和城市经济发展,让国民经济处于失衡状态。要统筹城乡经济发展,最根本的就要消除城乡二元结构,加快农村人口市民化,让农民分享现代化成果,推动居民全面发展。① 学者对于城乡发展现实、消除城乡二元结构做了很多研究,这些研究对城乡二元结构做了考察,指出了城乡二元结构的危害,主张加快城市化进程,缩小城乡差距。国内学者对城乡二元结构存在的问题做了考察。赵维良等在 2012 年的《从城市首位度到网络中心性——城市规模分布的关系视角》中认为,城市化导致资源更多流向城市,让农业资金、劳动力向城市倾斜,城乡居民收入差距日益扩大。② 刘炜在 2006 年的《城市化发展需正视的八个问题》一文中认为,城市化的运行与现行的经济、政治、文化等制度存在冲突,需要变革制度以更好地服务于城市化。③ 国内学者还对城市化健康发展提供了建议。宁越敏在 2014 年的《中国推进新型城镇化战略的思考》中认为,要在城市建制区内先推动城乡一体化,解决城乡分割体制。④ 杨磊在 2012 年的《农民进城务工对城市发展的影响》中认为,要建立完善的城乡交换、补偿机制,推动农业和工业的协调发展,保护农业利益,实现农业现代化。⑤ 2000 年 10 月,中共十五届五中全会提出"社会主义城镇化建设"的命题,推动了学术界对于城乡人口迁移的研究。城乡人口迁移对城市化起很大作用,自然会受到学者关注。很多学者研究了城市化及人口迁移问题。阎蓓在 1999 年出版了《新时期中国人口迁移》,分析了改革开放后城乡迁移的情况,主张深化户籍改革,推动城乡人口的合理流动。⑥ 辜胜阻等编著的《当代中国人口流动与城镇化》,论述了国外城市化人口流动的经验,分析了城乡人口流动对城市化战略的影响。⑦ 中南民族大学段敏芳在 2013 年的《中国人口迁移流动现状及发展趋势》一文中,分析了中国城乡人口迁移的原因及趋势。⑧ 复旦大学谢忠辉在《城乡统筹背景下县域城镇化问题研究》一文中,分析了统筹城乡发展应该采取的措施。国内学者还整理了很多相关的资料。这些资料通过白皮书、年鉴、报告、辞书等形式出版。国家统计局编写出版了《中国城市统计年鉴》

---

① 《李炳坤文集》,中国言实出版社 2010 年版,第 21 页。
② 赵维良,韩增林:《从城市首位度到网络中心性——城市规模分布的关系视角》,载《城市发展研究》,2015 年第 6 期。
③ 刘炜:《城市化发展需正视的八个问题》,载《经济学家》,2006 年第 1 期。
④ 宁越敏:《中国推进新型城镇化战略的思考》,载《上海城市规划》,2014 年第 2 期。
⑤ 杨磊:《农民进城务工对城市发展的影响》,载《现代企业教育》,2012 年第 6 期。
⑥ 阎蓓:《新时期中国人口迁移》,湖南教育出版社 1999 年版,第 5 页。
⑦ 辜胜阻等:《当代中国人口流动与城镇化》,武汉大学出版社 1994 年版,第 3 页。
⑧ 段敏芳:《中国人口迁移流动现状及发展趋势》,载《中南财经政法大学学报》,2013 年第 6 期。

《中国城市四十年》和《中国和外国城市统计资料》等文献资料,对于学者研究城市化的经验教训提供了有益资料。在如何推动城市化的人口迁移的研究中也取得了一些成果,有的学者主张采用离土不离乡的就近城镇化模式,将人口迁移限制在一定区域内,这一模式符合中国农业人口多的实际,推动了经济发展,推动了经济结构多元化,但离土不离乡的就近城镇化剥夺了劳动力自由流动的权力,很多农民更愿意到大城市发展,但就地城镇化限制了农民,不利于农民形成现代观念。还有些学者主张户口不动的离土不离乡模式。费孝通认为,人口可以自由流动,但户口不能随便迁移。这种模式促进了农民工进城,增强了农村经济实力,但也导致一些问题,如城市管理混乱、留守儿童等问题。农民只是在城市打工,而不能在城市生活,加剧了治安问题,这种模式没有将农民从土地中解脱出来,影响了土地规模化经营。城乡一体化并非城乡的平均化和同质化,而是中国城镇发展模式的多元化。有的学者认为,中国当前依旧处于工业带动城市化的时代,还没有发展到推行城乡一体化的时代,当前的任务仍然是大力发展城市经济,而不是统筹城乡发展。钟荣魁认为,统筹城乡发展不符合世界城市化发展的一般规律,只会造成低端的城市化模式,仍然是计划经济时期的思维模式,只会加剧地方保护主义的盛行。[1]

第四,对于中国城市化的增长速度,学者也做了研究。大部分学者认为中国城市化正处于高速增长时期,但也有学者对此并不认同。支持中国城市化高速增长的,如顾朝林等人在《经济全球化与中国城市发展:跨世纪中国城市发展战略研究》一书中认为,中国城市化率已经超过30%,早已进入高速发展时期,城市化水平年均能提升3个百分点还多,应该迎接城市化高潮的到来,通过城市化解决社会各类问题,使城市化率尽快达到60%以上。[2] 史健洁、林炳耀在2002年的《经济全球化背景下的城市化》一文中认为,中国城市化已经进入高速发展时期,今后每年都将快速发展,农村城市化也将进入高速发展。[3] 也有部分学者质疑中国城市化的发展速度。南京大学张京祥认为,改革开放后,中国城市化快速提高,主要是以前受抑制人口的突然爆发,也有统计的原因,所以,中国城市化未来不一定继续高速增长,套用国外城市化阶段规律也不恰当,城市化不一定超过30%后就进入高速增长时期,城市化不应盲目乐观,而要稳步发展。因此,城市化阶段发展需

---

① 钟荣魁:《社会发展的趋势是城市化不是城乡一体化》,载《城市问题》,1994年第7期。

② 顾朝林等:《经济全球化与中国城市发展:跨世纪中国城市发展战略研究》,商务印书馆1999年版,第3页。

③ 史健洁、林炳耀:《经济全球化背景下的城市化》,载《城市问题》,2002年第4期

要前提条件,受现行制度、经济等的制约。改革开放后,市场体制逐步建立,有利于城市化发展,但这并不表明全国城市化都快速发展,中西部城市化仍较落后,需要根据不同地区的特点制定城市化策略。[1] 王德等认为,国家是独立的空间,一般都符合城市化阶段规律,体现出城市化与经济水平的正相关。中国城市化整体上将体现出城市化的阶段性规律,但局部城市化仍将发展缓慢。按照目前速度,到2020年城市化率达到60%是完全可能的。[2] 学者还对未来我国城市化发展水平作了预测,如国家计委宏观经济研究院课题组在2000年认为,中国城市化率按照保守估计,在2015年也会达到45%。[3] 胡顺延等预测:2000年城市化率为36.1%;2010年为44%—46%;2020年为51%—54%;2030年为57%—61%;2040年为61%—66%;2050年为64%—70%。[4] 孔凡文预测:"十三五"期间,中国城市化率年均增加维持在1.2—1.4个百分点,2010—2020年,中国城市化率年均增加1%,到2020年中国城市化率将达到60%;2020—2030年,城市化率年均增加0.5%,到2030年中国城市化率将达到65%;2030—2040年,中国城市化率年均增加0.3%,到2040年中国城市化率将达到68%;2040—2050年,中国城市化率按年均增加0.2%的进度,到2050年中国城市化率将达到70%。[5]

最后,从研究指向看,国内学者还探讨了中国特色城市化道路的提升方法。随着城市化对区域经济的提升作用,一些学者对如何提升城市竞争力做了研究,认为应该提高生产率、增加就业机会、提高市场占有率、增加居民收入。他们从城市化现状出发,提出了我国城市化应当遵循的战略方向,总结了国外一些国家的城市化道路,试图找出符合中国国情的城市化战略。

第一,学者主张通过合理的城市空间规划提升我国的城市竞争力。国内学者对中国城市化空间也做了研究。学者分析了中国城市的空间分布、大城市的空间区位等。20世纪80年代学者对于城市空间研究主要基于国外理论,研究了城市空间结构的内涵、形态类型、发展模式和特征等。20世纪90年代,学者又研究了大城市空间结构优化、中心城市的动力机制、功能变迁和发展趋势等。城市化空间研究主要展现在以下方面:(1)城市和区域的关系。城市和区域是能够产生互

---

① 张京祥:《全球化视野中长江三角洲区域发展的博弈与再思考》,载《规划师》,2005年第4期。

② 王德、叶晖:《我国地域经济差异与人口迁移研究》,载《城市规划》,2006年第9期。

③ 国家计委宏观经济研究院课题组:《2001—2002宏观经济形势分析》,中国计划出版社2002年版,第3页。

④ 胡顺延、周明祖、水延凯:《中国城市化发展战略》,中共中央党校出版社2002年版,第179—182页。

⑤ 孔凡文、许世卫:《论城镇化速度与质量协调发展》,载《城市问题》,2005年第9期。

动作用的。宋家泰提倡"城市—区域观"，认为城市规划应该把城市和区域联系起来，建立多层次开放的城市区域。城市规划应该以区域发展为基础制定城市发展规模、布局和特质，尊重区域自然、经济、社会条件。① 有的学者在区域调查的前提下分析了区域经济的开发路径，主张在城市规划中运用中心地（区）域分析、区域划分等理论。区域城市研究应该考察中国城市的空间变化、用地规模、城市空间组织等。经济全球化推动了城市区域范围扩大。沈建法认为，全球化和市场化正在推动城市空间调整，让政府、企业、市民也被组合在城市空间中。②（2）城市空间形态。20 世纪 80 年代，学者就开始了对具体城市空间形态的研究，对同心圆、多中心、组团式、带状等城市空间形态做了分析。武进在 1990 年出版的《中国城市形态、结构、特征及其演变》一书中，分析了国内几百个城市的空间形态和内部结构，阐释了城市空间形态演变的动力机制、发展模式和未来趋势。③ 还有学者对沿海城市空间形态演变和布局做了研究，认为中国城市正由同心圆走向组团、带状发展。倪鹏飞在 2004 年出版的《中国城市竞争力报告》中，主张通过合理的城市空间定位，提高中国城市的国际竞争力。④（3）城市空间结构。一些学者研究了北京、上海等城市的意象空间，指出中国城市在意象行程中与林奇的观点不一样。学者还考察了大城市空间结构的变化模式，如许学强等人认为，广州市的空间拓展模式展示为向东延伸的同心椭圆趋势，该趋势是由城市发展的历史演变、城市用地格局和居住分配体制等决定的。⑤ 周素红和阎小培研究了广州市典型街区，研究了影响珠三角土地利用的人文因素，解读了城市空间的居民通勤行为。他们指出，居民通勤行为空间体现了城市空间的拓展趋势，并展示了社会空间的演变历程。⑥ 学者还研究了城市经济空间结构，指出大城市的金融服务空间格局一直变化。杨吾扬科学界定了城市空间体系，分析了各层次的城镇体系的特点和趋势等。⑦ 虞蔚等从城市与区域之间的信息交换等角度考察了城市之间的

---

① 宋家泰：《努力提高经济地理学科学水平——更好地为城市规划建设服务》，载《城市规划》，1982 年第 2 期。

② 沈建法：《中国城市化与城市空间的再组织》，载《城市规划》，2006 年第 12 期。

③ 武进：《中国城市形态、结构、特征及其演变》，江苏科学技术出版社 1990 年版，第 8 页。

④ 倪鹏飞：《中国城市竞争力报告》，社会科学文献出版社 2004 年版，第 6 页。

⑤ 许学强、胡华颖、叶嘉安：《广州市社会空间结构的因子生态分析》，载《地理学报》，1989 年第 4 期。

⑥ 周素红、阎小培、毛蒋兴：《高密度开发城市的交通系统与土地利用：以广州为例》，科学出版社 2006 年版，第 7 页。

⑦ 杨吾扬：《经济地理学、空间经济学与区域科学》，载《地理学报》，1992 年第 12 期。

联系,分析了城市群中各个城市的交流,考察了信息交换对于城市空间体系的影响。① (4)城市边缘区研究。改革开放后,中国大城市发展迅速,城乡之间形成城乡结合部或边缘区。早在20世纪80年代中叶,南京大学就对城市边缘区进行了考察,出现了顾朝林、熊江波、崔功豪、武进、林炳耀等一批学者。顾朝林等将城市空间组织结构划分为地域空间结构、空间等级结构、空间职能结构、空间网络体系结构等,并考察了上海、北京、南京、武汉等大城市边缘区的人口变迁、经济发展、文化转变、地域结构等特性。② 孙胤社研究了城市边缘区的新问题,认为中国城市边缘区是工业主导的,而不是国外的居住主导型。市场经济推动大城市边缘区呈现出新特点。③ 苏建忠等人指出,城市边缘区需要注重质量,尊重演变规律,形成新的增长机制。④ (5)半城市化研究。贾若祥、刘毅在2002年的《中国半城市化问题初探》中指出,中国很多地区都存在城乡土地混用的半城市化现象,是城市化演进的独特现象。⑤ 半城市化是从乡村过渡到城市的一种状态,已经具备一些城市特点和功能,但还不是城市地区,主要是城乡结合部和发达的中心镇,是非农产业和投资推动的,呈现为非农产业较发达、外来人口多,是都市里的乡村模式自上而下逐步推动的聚集过程。(6)郊区化研究。20世纪90年代中期以来,学者们把郊区化作为城市化研究的重要问题,考察了郊区化的形成条件、动力机制、调控手段等。郊区化是城市中心区的扩散,是人口、资源、工业向周边地区迁移,城市中心区人口下降。孟延春等学者指出,上海、北京、广州等大城市中心区人口减少、密度降低,已经出现郊区化现象。中国郊区化主要是被动的,离城市中心区的远近对土地利用影响很大。⑥ 一些学者分析了西方郊区化现象,以期对中国城市化有所借鉴。(7)都市区和都市连绵区研究。都市区是城市群发展的呈现形式,很多学者研究了此问题。2000年,胡序威在1998年发表了《沿海城镇密集地区空间集聚与扩散研究》,对都市区和都市连绵区制定了一些界定标准,对其发展政策做了一些探讨。⑦ 有学者认为,都市区是规模庞大的人口聚集区,是有着密切经济联系的人文社区。都市连绵区是诸多都市区连接起来的,如珠三角、长三角都

① 虞蔚:《我国重要城市间信息作用的系统分析》,载《地理学报》,1988年第4期。
② 顾朝林、熊江波:《简论城市边缘区研究》,载《地理研究》,1989年第5期.
③ 孙胤社:《城乡边缘带的人口空间组织》,载《经济地理》,1995年第3期。
④ 苏建忠、罗裕霖:《城市规划现状调查的新方式——剖析深圳市法定图则现状调查方式变革》,载《城市规划学刊》,2009年11期。
⑤ 贾若祥、刘毅:《中国半城市化问题初探》,载《城市发展研究》,2002年第2期。
⑥ 孟延春:《北京郊区化的趋势、问题及其对策》,载《清华大学学报(哲学社会科学版)》,2000年第8期。
⑦ 胡序威:《沿海城镇密集地区空间集聚与扩散研究》,载《城市规划》,1998年第4期。

是由几个都市区组成的。学者主要分析了都市区和都市连绵区的形成、规律、特点、结构等。李王鸣等考察了长三角、珠三角都市区的空间特征，阐释了大都市区城市空间演变历程，分析了都市区和都市连绵区形成的原因和动力。① 谢志清等研究了长三角城市带空间扩展引起的热岛效应，认为大都市带是中国城市化应该走的道路，应该变成区域空间发展的主流组织形式。② 学者还采用定量和定性分析城镇空间体系。欧阳南江等考察了珠三角的城市群规划，主张在城市群发展中应该坚持整体协调和可持续发展的理念。③ 丁元等研究了浙江的城镇空间系统规划，关注了区域经济发展和城镇空间系统的联系，力求实现生态可持续的城镇空间系统。④ 张庭伟在2001年提出城市化的"综合模型"理论，考察了城市空间体系变化的多元动力机制，并分析了其对经济、政治等的影响。⑤ 此外，国内学者还研究了特定区域的城市化过程。如黄盛璋考察了张家港市的城市化进程，何春阳等分析了北京城市的历史演变，高向东等考察了上海为代表的长江三角洲城市群的形成过程，林桂兰等分析了厦门城市化的历程等。

第二，学者主张城市化建设要以人为本。2003年，中共中央提出了科学发展观战略，城市化中的以人为本问题成为学界研究热点。中共中央党校向春玲在《民生中国：中国城市化发展与反思》中，认为城市化的本质是人的发展，要促进城市化坚持以人为本，探索最优路径。青岛社会科学院郭先登认为，以人为本是城市化的重要主题，需要科学管理城市，推动城市持续发展。⑥ 苏州大学钱振明在《善治城市》一书中，认为新型城市化要符合空间正义，让城市化惠及全体居民。⑦ 苏州大学姜建成在《家园城市》中，认为中国城市化建设需要融入人文关怀，各项制度要体现人的尊严，关注人的生存环境。⑧ 随着城市化的推进，城市化研究也积累了可观的经验，需要继续结合国情，深化马克思城市理论，对城市化做具体指导。胡青锋等在2012年认为，城市化在发展过程中会导致生态破坏、环境污染、

① 李王鸣：《港口城市国际研究主题的分析》，载《经济地理》，2000年第2期。
② 谢志清等：《长江三角洲城市带扩展对区域温度变化的影响》，载《地理学报》，2007年第7期。
③ 欧阳南江：《改革开放以来广东省区域差异的发展变化》，载《地理学报》，1992年第6期。
④ 赵佩佩、丁元：《浙江省特色小镇创建及其规划设计特点剖析》，载《规划师》，2016年第12期。
⑤ 张庭伟：《1990年代中国城市空间结构的变化及其动力机制》，载《城市规划》，2001年第4期。
⑥ 向春玲：《民生中国：中国城市化发展与反思》，云南教育出版社2013年版，第62页。
⑦ 钱振明：《善治城市》，中国计划出版社2005年版，第23页。
⑧ 姜建成：《家园城市》，中国计划出版社2005年版，第35页。

水资源短缺、土地资源浪费、交通拥堵、秩序混乱等问题。和谐的城市化能够推动环境改善,提高人们的生活水平和促进社会健康发展,减轻生态压力。和谐城市能够带动区域经济发展,促进聚落、生产、生活方式转变。城市化要促进人的全面发展。① 天津市行政学院张晓丽指出,新型城镇化主要就是实现城乡统筹发展,体现科学发展观,是把城市规模和生态保护结合起来的发展模式。② 国家行政学院许正中在《优质管理为城市铺展宜居蓝图》一文中指出,中国需要实现生态城市战略,发挥技术、技能和创意对城市化的作用,实现工业文明和生态文明的两个转型。③ 粗放的经济发展模式等让城市化破坏了生态,浪费了耕地,需要创新体制,走内涵、集约化发展之路,维护居民利益。政府要做好乡镇规划,统一市场,促进城乡一体化。城乡融合是城市化的特殊模式,这样才能更好体现以人为本。有学者认为,城市化是城乡共同发展、城乡居民得到全面发展的过程。胡际权在《实现文化民生城乡共享》一文中认为,中国城市化需要实现人的城镇化,实现人的科学发展。④ 杜丽红在《我国城市流动人口就业问题及其管理》中认为,中国城市化应该强调以人为本,促进居民的平等教育、公平医疗等。⑤ 也有学者认为,中国城市化需要建立完善的城镇体系,需要促进社会和谐发展,坚持人的发展的原则。李永中指出,中国城市化必须关注人的需求,肯定人的价值。新型城镇化必须规范政府的权力,关注民生,让成果共享,促进城乡各方面都一体化,真正为居民服务。⑥ 中国城市化就是要解决收入差距、资源矛盾等城乡不和谐现象。陈向群考察了城市文化在城市化中的重要作用,论述了城市文化的建构路径,并期望建立个性化的城市文化。⑦ 仇保兴指出,中国城市化要规划好农业资源,加强生态环境保护,要发挥市场机制的作用,坚持大中小城市协调发展。中国城市化要实现居民安居乐业、生态优美、发展可持续的战略,逐步消除城乡差距,建立和谐的居住环境。⑧

第三,学者主张城市化建设要走可持续发展路径。城市化的盲目发展带来生态破坏,学者和城市规划者都非常注意城市化过程中的生态问题,关注水污染、空

---

① 胡青锋、崔卫涛:《城市化的负面效应》,载《科技资讯》,2012 年第 9 期。

② 张晓丽:《论天津乡村旅游发展的特点》,载《旅游纵览》,2013 年第 5 期。

③ 许正中:《优质管理为城市铺展宜居蓝图》,载《中国建设报》,2012 年 12 月 13 日。

④ 胡际权:《实现文化民生城乡共享》,载《光明日报》,2012 年 4 月 13 日。

⑤ 杜丽红:《我国城市流动人口就业问题及其管理》,载《四川行政学院学报》,2008 年第 2 期。

⑥ 李永中:《"新城镇化"应基于人的价值实现》,载《光明日报》,2013 年 3 月 15 日。

⑦ 陈向群:《个性化:旅游城市的灵魂》,载《中国旅游报》,2004 年 7 月 21 日。

⑧ 仇保兴:《智慧地推进我国新型城镇化》,载《城市发展研究》,2013 年第 3 期。

气污染、居住环境的改善等。李丽萍在 2001 年出版的《城市人居环境》中,分析了城市居住环境的历史变迁,期望建立更加宜居的城市环境。[①] 清华大学吴良镛在《人居环境科学导论》中,主张城市规划要继承历史遗产,城市人居环境要以人为本,推动城乡建设的科学发展。[②] 凌亢在 2000 年的《中国城市可持续发展评价理论与实践》中,建构了中国城市可持续发展的质量评价体系,并运用动力学方法对中国城市化道路做了综合评价。[③] 王放在 2000 年出版的《中国城市化与可持续发展》中,分析了中国城市化可持续发展的可能路径及其意义。[④] 蔡昉主编的《中国人口与可持续发展》采用最新的数据资料,多角度地分析了城乡人口对于可持续发展的重要意义,探讨了在不同的城市化阶段,人口结构和可持续发展的互动作用。[⑤] 王兆辉在《不同区位城市化战略的选择与可持续发展——以西部地区为例》中,以西部地区的城市化为例,分析了城市化在可持续发展过程应该尊重地区差异,立足不同的自然地理条件,多模式的发展。[⑥] 宋林飞指出,城市化发展路径的选择要尊重本国历史和国情,新型城镇化要避免盲目建设,要发挥政府引导职能,稳步发展,健全城乡协调机制。新型城镇化要坚持科学发展观,实现全面协调可持续发展,避免出现城市病。[⑦] 张占斌在《新型城镇化的战略意义和改革难题》一文中认为,中国城市化有着三个方面的要求:首先是工业化、信息化、城市化、农业现代化的四化协调发展,实现城乡统筹发展;其次是建立生态美丽城市,实现城市化与人口、资源、经济的协调,推动城市建设稳步进行;最后是促进城市群为主的城市布局,促进大中小城市协调发展。[⑧] 牛文元在 2012 年的《中国可持续发展的理论与实践》中,提出城市化中要努力协调人与自然的关系,大力发展绿色循环经济。[⑨] 刘怡君等在《国家低碳城市发展的战略问题》中,分析了低碳城市发展的路径。[⑩] 刘传江在《低碳经济发展的制约因素与中国低碳道路的选择》中,分析了

---

① 李丽萍:《城市人居环境》,中国轻工业出版社 2001 年版,第 59 页。
② 吴良镛:《人居环境科学导论》,中国建筑工业出版社 2001 年版,第 1 页。
③ 凌亢:《中国城市可持续发展评价理论与实践》,中国财政经济出版社 2000 年版,第 50 页。
④ 王放:《中国城市化与可持续发展》,科学出版社 2000 年版,第 21 页。
⑤ 蔡昉:《中国人口与可持续发展》,科学出版社 2007 年版,第 45 页。
⑥ 王兆辉:《不同区位城市化战略的选择与可持续发展——以西部地区为例》,载《宁夏社会科学》,2005 年第 3 期。
⑦ 宋林飞:《中国特色新型城镇化道路与实现路径》,载《甘肃社会科学》,2014 年第 1 期。
⑧ 张占斌:《新型城镇化的战略意义和改革难题》,载《国家行政学院学报》,2013 年第 1 期。
⑨ 牛文元:《中国可持续发展的理论与实践》,载《中国科学院院刊》,2012 年第 5 期。
⑩ 刘怡君等:《国家低碳城市发展的战略问题》,载《建设科技》,2009 年第 8 期。

中国城市化实现可持续发展的经济制约因素,并提出了实现低碳道路的路径。①
邹农俭在《努力追求高质量的城镇化》中,认为,城市化的科学发展就要不断提高
城市化的质量。② 李迎生在《闲暇时间与人的全面发展》中,主张城市化要促进居
民生活水平的提高,促进个人的全面提升。③

2. 中国特色城市化道路的研究

首先,国内学者对于中外城市化做了比较研究。随着中国城市化的不断进行
和城市化研究的深入,一些学者为了总结国外城市化经验教训、探索城市化规律,
而对中外城市化过程进行了比较,以期对中国城市化有所启示。林广、张鸿雁在
2000 年出版的《成功与代价——中外城市化比较新论》中采用比较的方法,详细
论述了中外城市化的成功经验和惨痛代价,期望为中国城市化提供一些有益启
示。④ 李芸在 2002 年出版的《都市计划与都市发展——中外都市计划比较》中,
详细分析了中外各国都市规划和建设发展的实践,展示了中外各国都市发展的前
景。⑤ 高佩义在 2004 年出版的《中外城市化比较研究》中,比较了中外城市化道
路的不同机制,力图推动中国城市化道路的科学发展。⑥ 国内学者逐步认识到中
国城市化的独特性,努力实现与国际城市化的接轨,一方面继续引进西方城市化
理论,如对曼纽特(Manuel Castells)等人城市化思想的介绍,对西方新地理学思想
的评价等。顾朝林在《发展中国家城市管治研究及其对我国的启发》中考察了资
本主义社会初期城市化的动力机制,分析了工业化对世界城市化的推动,剖析了
发展中国家城市化理论的方法、范式等,并试图建立中国城市化研究的国际平
台。⑦ 另一方面也是大力推动西方城市化理论在中国的实践应用,对具体国家的
城市化特点、问题、趋势做了考察,分析了美国、日本、加拿大等国的城市化模式,
认为中国城市化应该避免国外城市化出现的问题。国内学者研究国外城市化模
式主要是为了促进中国城市化进程。简新华、刘传江在发表于 1998 年的《世界城
市化的发展模式》一文中,在对比中外城市化的基础上,分析了同步、滞后、过度、

① 刘传江:《低碳经济发展的制约因素与中国低碳道路的选择》,载《吉林大学社会科学学
　报》,2010 年第 5 期。
② 邹农俭:《努力追求高质量的城镇化》,载《唯实》,2013 年第 10 期。
③ 李迎生:《闲暇时间与人的全面发展》,载《社会学研究》,1991 年第 3 期。
④ 林广、张鸿雁:《成功与代价——中外城市化比较新论》,东南大学出版社 2000 年版,第 20
　页。
⑤ 李芸:《都市计划与都市发展——中外都市计划比较》,东南大学出版社 2002 年版,第 54
　页。
⑥ 高佩义:《中外城市化比较研究》,南开大学出版社 2004 年版,第 83 页。
⑦ 顾朝林:《发展中国家城市管治研究及其对我国的启发》,载《城市规划》,2001 年第 9 期。

逆城市化四种模式,认为城市化发展不能牺牲农业利益,而要与经济发展同步,采用政府和市场相结合的道路。① 金元欢、王剑在 1996 年的《韩国城市化发展模式研究》一文中,分析了韩国城市化的进程及特点,认为韩国的城市化是以优先发展大城市为基础的。② 付恒杰在 2003 年的《日本城市化模式及其对中国的启示》一文中认为,日本的城市化与工业化是互动关系,是分散和集中结合的,政府起着很重要的作用。③ 许可在 2005 年的《美国大都市区化及中国城市化模式选择》一文中分析了美国城市化的历史轨迹,认为都市区化已经成为美国城市群发展的主导方式,促进了美国经济的进一步发展,提高了美国大城市的国际竞争力,中国也应选择发展都市区。④ 李瑞林、李正升在 2006 年的《巴西城市化模式的分析及启示》中分析了巴西的城市化,认为巴西的城市化是过度城市化,大量人口进入大城市,导致贫民窟等问题,中国需要吸取教训。⑤ 朱红根等人在 2005 年的《城镇化发展的国际经验及其借鉴》一文中分析了美国、日本等国的城市化经验,期望中国城市化不要重复资本主义老路。⑥ 冯尚春在 2004 年的《发达国家城镇化及其对我国的启示》一文中分析了美国、英国等发达国家的城市化进程,并分析了其对中国城市化的启示意义。⑦ 纪晓岚在 1996 年的《21 世纪亚洲国家和地区可持续发展面临的问题与对策》一文中,对亚洲几个主要国家的城市化道路进行了分析,总结出了中国城市化应该吸取的教训,有利于中国特色城市化道路的建构。⑧ 国内学者在研究西方城市化时,指出了西方国家的城市化模式和路径的差异。学者们普遍认为,世界各个国家的城市化都有自己的特点,中国无法照搬别国模式,但是可以借鉴其他国家的经验教训,应该促进城市化、农业现代化、工业化的协调发展,避免拉美模式,不能牺牲农业利益。

其次,国内学者对中国特色城市化道路的战略做了研究。推动城市化发展需要战略调整,需要合理的城市化模式。城市化道路在 20 世纪八九十年代有很大争论。学者主要讨论了中国城市化应该采用什么样的模式。是优先发展大城市,还是集中力量发展小城镇,是以中等城市为主还是大中小城市协调发展?"城市

① 简新华、刘传江:《世界城市化的发展模式》,载《世界经济》,1998 年第 4 期。
② 金元欢、王剑:《韩国城市化发展模式研究》,载《城市问题》,1996 年第 11 期。
③ 付恒杰:《日本城市化模式及其对中国的启示》,载《日本问题研究》,2003 年第 12 期。
④ 许可:《美国大都市区化及中国城市化模式选择》,载《齐鲁学刊》,2005 年第 7 期。
⑤ 李瑞林、李正升:《巴西城市化模式的分析及启示》,载《城市问题》,2006 年第 4 期。
⑥ 朱红根等:《城镇化发展的国际经验及其借鉴》,载《农村经济》,2005 年第 11 期。
⑦ 冯尚春:《发达国家城镇化及其对我国的启示》,载《城市发展研究》,2004 年第 1 期。
⑧ 纪晓岚:《21 世纪亚洲国家和地区可持续发展面临的问题与对策》,载《中国人口·资源与环境》,1996 年第 6 期。

化发展模式归结起来就是大城市论、小城市论、中等城市论、多元城市论、城市体系论等。"①大城市论主张发挥大城市的聚集、辐射、溢出效应;小城镇论主张发挥乡镇企业吸纳劳动力的作用,避免大城市的就业和生态压力;中等城市论主张发展中小城市,避免大城市的城市病和小城镇的粗放增长。中国城市化应该走与工业化、农业现代化协调的多元化道路,发挥市场和政府、集中和分散的作用,发挥各类型城市作用。城市化道路要扩大内需,缩小收入差距,提高第三产业比重,促进城市化方式转变,加大外资和财政投入。

(1)一些学者主张小城镇论。这些学者主张尊重中国国情,改革开放初期这种观点占主流。他们认为,小城镇不仅是国家决策的结果,而且是国情的必然产物,能够促进农村剩余劳动力问题的解决。在1983年召开的中国城镇化道路学术研讨会上,大部分与会学者认为,中国应该走特色城镇化道路,积极发展小城镇。在20世纪80年代,费孝通主张发展小城镇,他认为,小城镇比农村高级,在人口、经济等方面都能引导农村,与农村有着密切联系。因为中国有太多农村人口,存在严重的三农问题,而小城镇能实现农村人口的就地转移,是特色的城市化道路。他认为,"小城镇的发展建设是提升农村经济、解决人口出路的一个大问题"②。政府也倡导发展小城镇,对小城镇发展模式的概念做了阐述,提出宏观和微观相结合来进行小城镇化。罗淳等人认为,小城镇能够联系城市和农村,是农村向城市过渡的聚集地,对于联系城乡有重要作用。③ 姜爱林认为,小城镇化能够推动传统农业向现代工业转变,推动农业人口向非农人口转变。④ 国家发改委城市和小城镇改革发展中心主任李铁认为,中央政策很明确支持小城镇发展,支持城镇完善基础设施,努力推动农业人口就地向城镇人口转变。⑤ 小城镇论者认为,将农村人口转移到大城市会加剧城市基础设施压力,加重就业形势,而小城镇能够缓解农村剩余人口转移的压力,是农民进城的心理缓冲地,能够连接城乡,是大城市辐射的基地。发展小城镇可以促进农业现代化,调节城市人口规模,带动农村发展,支撑县域经济发展,为农民提供更多就业。小城镇是低级的城市市区,只是城市化的权宜之计。吴友仁等也主张积极发展小城镇,认为小城镇能够推动地方经济发展,成为地方市场、农村经济、城乡商品交流的纽带。小城镇可以发展

---

① 顾朝林、吴莉娅:《中国城市化研究主要成果综述》,载《城市问题》,2008年第12期。
② 费孝通:《小城镇大问题》,载《瞭望周刊》,1984年第1期。
③ 罗淳、罗玲:《以小城镇发展深化新农村建设之思考》,载《云南民族大学学报(哲学社会科学版)》,2011年第5期。
④ 姜爱林:《实现城镇化与工业化的协调发展》,载《学习与探索》,2003年第10期。
⑤ 李铁:《正确处理城镇化过程中的几个关系》,载《人民日报》,2009年11月25日。

为中型城市、新型城市等构成部分。① 李世泰等人在《农村城镇化发展动力机制的探讨》中，从人口、产业、政府等角度对小城镇动力结构做了阐述。小城镇需要居民、企业、政府的共同推动。② 罗宏翔在《小城镇是目前我国新增城镇人口的最大吸纳者》中指出，小城镇初期需要农业发展带动，后期需要乡镇企业发展带动。③ 小城镇化推进过程中，也产生了很多问题。学者对这些问题做了分类研究。沈刚在《中国适合走什么样的城镇化道路?》中认为，我国农村人口多、城市资源有限，吸纳农村人口的能力有限，面临着复杂的国内外环境。城市化建设中存在的观念保守、资金缺乏、规划不合理、协调不够等限制了城市化发展。城市化要在完善城市管理体系中逐步完成。④ 王一鸣在《中国城镇化进程、挑战与转型》中指出，小城镇化面临农民市民化、城乡居民就业、城市化层次低、城市用地混乱、生态破坏等五个问题。城市化能够扩大内需、推动经济发展、是解决三农问题的关键。⑤ 对于小城镇化的问题，学者们也提出了解决之道。罗淳在《特色立镇能力建镇》中认为，城镇化应该推动经济、生态、文化等方面改革。小城镇化需要国家政策、户籍制度、土地制度等改革来支撑。⑥ 施文鑫等在《统筹城乡发展视角下的小城镇发展研究》中认为，城市化和产业聚集应该相互推动，共同发展。⑦ 国内学者还对农村城市化做了研究。1978 年以后，乡镇企业异军突起，成为乡村城市化的主力。学者对乡村城市化的过程、模式、问题、对策等进行了讨论。中国仍存在城乡二元结构，很多学者主张城市化要走小城镇道路，利用工业、交通、市场、旅游等带动农村发展，强化中心镇的作用，需要内外力结合，推动农村劳动力转移。中国乡村城市化已经进入农业和工业互补的阶段，形成了苏南、温州、珠江等模式。农村城市化主要是就地城镇化，学者对就地城镇化有较一致的看法。潘海生、吴青云、杨世松等对就地城镇化的概念做了界定，如潘海生指出，就地城镇化是让农民到小城镇生产，增加收入，改变生活方式，最终过上城里人生活。⑧ 吴云青等人

---

① 吴友仁、夏宗玕:《关于合理发展中等城市的几点看法》,载《城市规划》,1981 年第 3 期。
② 李世泰、孙峰华:《农村城镇化发展动力机制的探讨》,载《经济地理》,2006 年第 9 期。
③ 罗宏翔:《小城镇是目前我国新增城镇人口的最大吸纳者》,载《西南交通大学学报(社会科学版)》,2001 年第 5 期。
④ 沈刚:《中国适合走什么样的城镇化道路?》,载《中国发展观察》,2010 年第 9 期。
⑤ 王一鸣:《中国城镇化进程、挑战与转型》,载《中国金融》,2010 年第 2 期。
⑥ 罗淳:《特色立镇,能力建镇》,载《中国民族报》,2010 年 10 月 1 日。
⑦ 施文鑫等:《统筹城乡发展视角下的小城镇发展研究》,载《西北工业大学学报(社会科学版)》,2014 年第 6 期。
⑧ 潘海生:《"就地城镇化":一条新型的城镇化道路——关于浙江省小城镇建设的调查与思考》,载《中国乡镇企业》,2010 年第 12 期。

认为,就地城镇化是通过提高乡村地区的经济水平,把乡村变为城镇的过程。就地城镇化的形式之一就是大力推动中心村建设,中心村可以解决去外地打工导致的空心村问题,这种情况最早在苏南地区出现。① 徐全勇分析了中心村的内涵、优势、建设过程中的原则和问题。② 学者研究农村城镇化主要是从宏观层面,具体的意见和措施较少。

(2)一些学者主张大城市论。这些学者主张要尊重城市化规律,优先发展大城市,利用大城市带动周边小城镇发展。改革开放初期,政府沿用控制大城市发展的策略,限制了城市发展。城市化起于工业化,城市化初期,一般都遵循大城市优先发展规律。我国的国情也要求发展大城市,遍地开花的小城镇对城市化的带动作用不大。20 世纪 90 年代后,这一战略得到了很多学者认同。中国人民大学的李迎生主张发展大城市,他在《转型时期的社会政策:问题与选择》中主张要重点发展条件好的大城市和中心城市,带动区域经济的发展。"大城市的迅速、超前发展,是被无数的统计资料所证实了的。"③饶会林等在《试论城市规模效益》中认为,大城市比小城市具有明显的规模效应,需要放宽对大城市的限制。城市规模扩大,能够增加实际产出。④ 王小鲁和夏小林在《优化城市规模,推动经济增长》中认为,要发展 100 万人口以上的大城市,优化城市规模区间。中国城市规模与效益有很大关联,规模越大,效益越好,主张发展大城市。他们认为,人口规模在100 万至 400 万人的大城市,城市经济的规模效益最好。中国的大城市的数量仍不多,需要大力推动。限制大城市发展导致资源不能优化配置,阻碍了生产效率提高。⑤ 周干峙在《推动具有中国特色的城市化进程》中指出,大城市对于落后地区具有很大的带动作用,需要形成增长极带动小城市发展。大城市能够具有聚集效应,发挥出规模效应。⑥ 刘永亮在 2009 年的《中国城市规模经济的动态分析》中通过不同城市的经济规模分析,证明城市规模越大,越具有效益,特别是人口规模和土地规模效应。同一企业在不同规模的城市中,得到的聚集效应不同。⑦ 张

① 吴云青等:《农民移居中心村集中居住的意愿及影响因素——基于对天津农民的问卷调查》,载《现代财经(天津财经大学学报)》,2013 年第 3 期。
② 徐全勇:《中心村建设理论与我国中心村建设的探讨》,载《农业现代化研究》,2005 年第 2期。
③ 李迎生、郑杭生:《转型时期的社会政策问题与选择》,中国人民大学出版社 2007 年版,第125 页。
④ 饶会林:《试论城市规模效益》,载《中国社会科学》,1989 年第 7 期。
⑤ 王小鲁、夏小林:《优化城市规模,推动经济增长》,载《经济研究》,1999 年第 9 期。
⑥ 周干峙:《推动具有中国特色的城市化进程》,载《中国社会科学报》,2012 年 4 月 9 日。
⑦ 刘永亮:《中国城市规模经济的动态分析》,载《经济学动态》,2009 年第 7 期。

正河等人在《小城镇难当城市化主角》中主张发展大城市,因为大城市顺应市场,能吸纳大量农村剩余人口。实践也证明,中小城市依赖于大城市的发展,而小城镇的带动能力弱,聚集效应低,依赖于政府投资,对资源造成了浪费。① 发展大城市能够发挥规模聚集效应,形成经济增长带,带动周边地区发展,这也适应中国人口多、土地少的国情。控制大城市发展会加剧人地矛盾,削弱城市辐射力,导致城市化滞后于工业化。日本采用大城市的集中策略,德国采用分散的小城镇策略。城市化需要促进制造业向大城市集中,然后再推动城市文明辐射。

(3)一些学者主张中等城市论。乡镇企业过于分散、小城镇效益低,让一些学者越来越主张发展中等城市为主。《经济学动态》编辑部在 1984 年率先鲜明地主张"中等城市"论,但该模式的学术研究相对较少。李清娟在 2003 年出版的《产业发展与城市化》中,主张中等城市可以发挥大城市和小城镇的各自优势,又能避免各自缺点,避免城市病和农村病。她通过比较中外城市的产业结构,认为中国城市化滞后于工业化水平,需要大力推动城市化进程、扩大内需。② 支持中等城市论的郭书田、刘纯彬在《失衡的中国——城市化的过去、现在与未来》中认为,中等城市在具备规模经济效益的同时存在的城市问题较少,应该重点投资和发展。"中等城市的发展建设才是中国城市化的重点。"③宋书伟等学者认为,应该发展中型城市,大城市容易形成大城市病,小城镇又带动作用差,而中等城市既能缓解大城市压力,又能带动小城镇发展,可塑性强。④ 吴友仁等认为,国外都积极发展中等城市,中等城市的经济建设综合效果较好,对于控制大城市和发展小城镇起着积极作用。中国小城镇数量较多,需要择优选择一些小城镇发展为中等城市。⑤ 还有一些学者主张大中小城市协调发展。魏杰等人认为,中国的城市化不能片面发展大城市或小城镇,而要推动城市化整体前进、稳步发展。⑥

(4)一些学者主张多元论,也叫城市群战略,这是折中的策略。城市化水平是经济水平的重要体现,是实现现代化的保障,目前各省都在大力推动城市化建设,出现了多元的城市化模式。一些学者也认为城市化应采取多元模式。城市化应该推动大中小城市协调的城市群的发展。城市化的发展让大城市日益饱和,而中

① 张正河、谭向勇:《小城镇难当城市化主角》,载《中国软科学》,1998 年第 8 期。
② 李清娟:《产业发展与城市化》,复旦大学出版社 2003 年版,第 84 页。
③ 郭书田、刘纯彬等:《失衡的中国——城市化的过去、现在与未来》,河北大学出版社 1990 年版,第 299 页。
④ 宋书伟:《新型中等城市中心论——科技文明时代新型的社会结构》,载《城市问题》,1990 年第 1 期。
⑤ 吴友仁、复宗轩:《关于合理发展中等城市的几点看法》,载《城市规划》,1981 年第 2 期。
⑥ 魏杰:《简论我国城市化战略的新选择》,载《光明日报》,2005 年 11 月 8 日。

小城市具有发展的潜力,大城市资源回流到中小城市。一些学者认为,中国地域广阔,自然、社会条件不同,需要发展多样的城市化。实现农村人口转移,需要发挥各类城市的作用。近年来,这一战略成为主流观点,并上升为国家战略。王嗣均在 1992 年出版的《中国城镇化区域比较研究论文集》中汇集了中国大陆以及香港、台湾、澳门的城市化的论文,对当时中国不同地区的城镇化水平做了比较,对于促进中国城市化的多元化有一定启示意义。① 支持"大中小城市发展论"的湖北省社科院研究员廖丹清指出,中国要走促进大城市引导,大中小城市协调发展的道路,促进东中西地区城市化达到平衡。② 周一星等学者认为,城市化没有统一的模式,不存在最佳的城市规模,城市体系总是各类城市的组合,城乡应该融合。城市化没有固定的规模,要依据现实制定、促进各类型城市协调发展,建立多元城市体系。城市体系必然是由多类型城市组成的,而各级城市都要发展,因此,城市化模式必然是多元的,要根据国家发展战略采用不同的城市化模式。③ 陈甬军等学者认为,城市规模论是计划经济思维,体现了政府干预意识,需要让市场主导城市化规模。要实现城市较佳规模,因为最佳规模很难实现。城市规模不应与政策相关,与经济发展程度也不一定相关。规划最优规模是不可行的。④ 孙施文指出,不能把发达国家的城市化经验照搬到中国,要根据国情采取城市化模式。⑤ 陈彦光运用分形理论和方法,建立了城市规模——产出模型,认为城市规模不是决定城市能力的唯一因素,城市不一定非得扩大规模,而要适度发展,合理调节城市规模。他还对诺尔姆的城市化发展 S 曲线做了深化解读,将城市化三个阶段延伸为四个阶段。⑥ 城市化战略涉及很多问题,需要政府配合,需要避免大城市的环境、交通问题,避免小城镇的低成本、高浪费,提高城市化效益。

最后,国内学者对区域城市化战略做了研究。改革开放后,中国城市化随着工业化进入高速发展时期,城市规模不断扩大,出现了城市群和城市带,吸纳了大量农民进城打工,形成了民工潮。城市群的出现表明城市化发展到了一定阶段。较早对城市群做了考察的是李世超,他从介绍戈特曼(Jean Gottmann)的城市带理论着眼,考察了沿长江城市带的生成背景、发展机制、现实问题和未来趋势。⑦ 国

---

① 王嗣均:《中国城镇化区域比较研究论文集》,杭州大学出版社 1992 年版,第 5 页。
② 廖丹清:《我国应优先发展大中城市》,载《厂长经理日报》,2001 年 9 月 2 日。
③ 周一星:《论中国城市发展的规模政策》,载《管理世界》,1992 年第 6 期。
④ 陈甬军:《中国特色城镇化道路》,载《前线》,2009 年第 5 期。
⑤ 孙施文:《中国的城市化之路怎么走?》,载《城市规划学刊》,2005 年第 5 期。
⑥ 陈彦光:《城市产业规模分布的等级标度分析》,载《信阳师范学院学报(自然科学版)》,2016 年第 1 期。
⑦ 李世超:《关于城市带研究》,载《人文地理》,1989 年第 2 期。

内学者逐步由对农村工业化的研究转向对大都市、城市群的研究。很多学者认为,城市的空间布局是具有结构性的,与城市发展是互动的。国内学者对区域城市化的研究主要集中在东部的珠江三角洲、长江三角洲的城市群,中西部研究较少。

(1)珠江三角洲。学者研究了珠江三角洲城市群的生成机制、演化模式、空间组成、区域联系、科学发展等问题。姚士谋对珠江三角洲城市群的现实特征、未来走向等作了详细而深入的阐释。① 沈建法则对港深都市圈的特征及提升路径做了研究。② 香港制造业向广东转移,并没有集中于大城市,而是分散在小城镇,改变了当地居民的生产、生活方式。深圳等因为香港资本流入,提升了产业结构,推动了贸易和金融的发展。香港强化了城市的商业中心地位,城市空间形态得到扩展。港深仍存在政府沟通不畅、经济联系不紧密、基础设施不连接等问题。珠江三角洲的城市扩散集中在经济特区,主要在城市中心进行,随后双轨城市化展开,对小城镇理论造成了挑战。海外投资、外来劳动力、政府力量等推动城市化加快,中心城镇的作用越来越大。

(2)长江三角洲。学者对长江三角洲地区城市群的考察历史较早,主要集中在城市用地规模、城市之间合作、城市化趋势和战略、城市化特征、城市化动力机制、城市化生态效应等方面。城市化需要提高工业化聚集效应,改变苏南模式的弊端,发挥民营经济作用,推动城市群发展,继续发挥经济发展对城市化的推动作用。改革开放后,长江三角洲的城市用地不断扩大,城市发展呈现出一核多带的趋势,城乡日益一体化,要继续推动大城市发展,积极发展中心镇,形成合理的城市体系,加强省际合作。此外,学者对东部地区城市化的研究主要集中在对城市化水平的测度、农村城市化的动力、城市基础设施的完善、城市化趋势和郊区城市化等,对上海、北京、东北等地区城市化的分析,对城市群发展模式的评价等。

(3)中西部地区。学者对中部地区城市化的研究主要集中于分析安徽、山西、湖北、江西等省的城市化发展水平,分析了城市化的特征、水平、影响等城市化传统领域。学者较少关注西部地区城市化,国家实施西部大开发战略后,对西部地区城市化道路、战略、模式、问题的讨论有所增多,分析了城市化的制度、区位、交通等因素,考察了开发区的建设。刘玉和冯健在《区域公共政策》一书中则认为,中国城市化不能照抄国外模式,采用统一的模式,而要根据不同地区的特点发展

---

① 姚士谋:《我国东南沿海开放城市布局趋势研究》,载《城市问题》,1990 年第 6 期。
② 沈建法:《港深都市圈的城市竞争与合作及可持续发展》,载《中国名城》,2008 年第 2 期。

区域特色的城市化道路。① 沿海地区城市化水平高,应该重点消除二元结构,提高城市综合治理水平;中部地区城市化水平不高,应该推动产业发展,提高城市承载能力,用产业带动城市化发展;西部地区人口少,应该推动城市规模扩大,培育特色产业,用城市带动乡村发展。

此外,国内学者还对新型城镇化的路径做了研究。我国城市化起步晚,需要吸取发达国家的经验教训,但必须立足于我国国情,体现中国特色。一些学者认为,中国城市化并没有完全促进城乡统筹发展。程洪宝就认为,城市化并不是一直增加农民收入。② 陆铭则指出,城市化有利于提高农民收入,但现实制度阻碍了城乡差距的缩小。③ 很多学者认为,优先发展重工业、城乡二元制度、小城镇策略是导致中国城市化水平不高的原因。刘沛林指出,新型城镇化要推动城市产业合理布局,消除二元体制,要推动农村城镇化、农业现代化、产业化的协调,促进异地城镇化和就地城镇化协调,促进人的发展,照顾人的情感。④ 武汉市行政学院张传友认为,城市化要重视粮食安全。发展现代农庄经济能够缓解三农问题。解决三农问题需要推动农村劳动力转移。⑤ 国家行政学院冯俏彬认为,要健全农民工的养老保险制度,维护农民工利益。政府要推动农民市民化就要加强城市基础设施、就业、教育、机制创新等配套设施。⑥ 张平在《中国新型城镇化道路与人的城镇化政策选择》一书中认为,城乡二元制度改革的重点是推动农民市民化,解决制度冲突。要完善城镇金融投资体系,加快融资机制建设。城市化水平包括数量和质量两方面。城市化数量是城市人口比重,城市化质量是城市居民素质。城市化要匹配工业化,提高人的安居水平。⑦ 朱铁臻认为,新型城镇化能够促进三农问题的解决,推动工业建设,加快产业升级,能促进资源合理利用。城市化滞后会导致农村经济落后,加剧城乡二元结构,影响城乡居民收入,抑制消费需求,降低工业生产能力,影响劳动力就业、降低劳动力吸纳能力。新型城市化是经济社会

---

① 刘玉,冯健:《区域公共政策》,中国人民大学出版社 2005 年版,第 29 页。
② 程洪宝:《城镇化与农民增收的负相关分析》,载《学术论坛》,2005 年第 12 期。
③ 陆铭:《城乡收入差距是收入不平等的来源》,载《中国社会科学报》,2011 年 7 月 28 日。
④ 刘沛林:《新型城镇化建设中"留住乡愁"的理论与实践探索》,载《地理研究》,2015 年第 7 期。
⑤ 张传友:《城乡统筹发展中武汉市农村剩余劳动力转移问题》,载《长江论坛》,2011 年第 12 期。
⑥ 冯俏彬:《构建农民工市民化成本的合理分担机制》,载《中国财政》,2013 年第 7 期。
⑦ 张平:《中国新型城镇化道路与人的城镇化政策选择》,广东经济出版社 2015 年版,第 126 页。

的发展需要。① 很多学者也研究了三农问题。刘平量认为,城市化的产业基础不是农业,而是工业,因此要大力推动农村工业化进程,农民也是城市化的重要主体,要加快农民市民化进程。② 达即至认为,农民市民化是城市化的必然历程,中国农民太多、农业发展滞后已经严重影响了中国城市化进程,需要推动农业产业化,促进城乡人口的自由流动。③ 申俊玲提出,中国城市化需要建立社会主义新农村,需要推动农业的现代化进程,努力维护农民的合法权益,保障城乡居民的利益平等化。④ 石忆邵考察了中国农村城镇化的路径,并将发展小城镇看成中国城市化的主要特色,并研究了农村城市化、大城市旧区改造、人口疏散等问题。⑤

总之,中国城市化研究蓬勃发展,大部分研究集中于城市化的问题,试图引导城市化和经济同步发展。中国城市化研究要立足实际,不能单从西方理论出发。国内对城市模型的研究已经有 20 多年,但对于城市模型仍没有明确定义。国内学者对城市化做了很多符合实际的研究,但缺乏全球化的整体背景和核心价值的引导,过分注重热点问题,而不能具体指导一些城市的建设,需要从整体上考察新型城市化理论的形成过程和当代价值。

(三)城市化道路研究述评

国内学界对城市化的研究集中在城市化定义、城市化动力机制、城市化评价指标、城市化与经济发展水平相关性、城市化类型等。国外学者对城市起源、城市发展、城市问题、人口流动做了研究。国内外研究城市化已经有大量成果,对城市化模式、提升方法做了较多研究,但较少从历史和现实相结合的角度考察中国城市化道路的特点。国内学者在改革开放前,主要是积极响应政府的各项城市化政策,试图探索出一种有别于苏联模式的城市化道路。改革开放后,国内学者更加积极吸取了国外城市化道路的经验,对城市化道路做了多方面的研究,提出了很多有益的见解,推动了中国城市化的快速展开。

国内外城市化研究存在以下不足:研究城市化大多是从单个领域,缺乏综合性和系统性;研究城市化的阶段性问题多,而缺乏从微观角度考察城市化进程;较多研究城市化的战略,而对城市化的具体机制研究较少;较多从经济学角度研究,而较少从社会学角度研究,结合历史和现实两方面角度就更少;注重从增长速度提高城市化水平的较多,而从质量和效益的结合提高城市化发展水平的较少。地

---

① 朱铁臻:《推进人的城镇化和城乡一体化》,载《中国经济时报》,2014 年 1 月 10 日。

② 刘平量:《论中国农村工业向城市工业的转换》,载《求索》,2003 年第 8 期。

③ 达即至:《名城名镇与城乡一体化》,载《城市问题》,1999 年第 1 期。

④ 申俊玲:《建设社会主义新农村与城市化的关系探讨》,载《商业时代》,2006 年第 18 期。

⑤ 石忆邵:《中国新型城镇化与小城镇发展》,载《经济地理》,2013 年第 7 期。

理学从城乡社区的状况比较研究城市化,经济学从工业化角度研究城市化,没形成完整的城市化理论体系,也较多地将城镇化和城市化混同,一些学者更是把农村城镇化等同于中国城市化的全部,城市化研究仍需要整合学科,具有广阔研究前景。

城市化研究取得了巨大成果,但主流研究也滞后于复杂的现实,滞后于国家需求;而且集中于应用型研究,较少理论型研究;总结归纳较多,推理演绎较少,国内外交流也较少;城市化研究与政策有密切关系,影响了学者立场。因此,从历史和现实相结合的视角研究城市化道路,既是为了从马克思主义角度对这一实践进行阐释,又是为了从过去的经验教训中得出科学结论,以便指导现实城市化实践。目前,城市化的应用研究还存在着两种误解:其一,过于简单化理解城市化,将城市化看成是物理空间的形成过程,如地铁建设、城市美化、城市改造,而对城市化实践和城市化过程背后深刻的社会关系涉及较少,从而失去其原有的理论魅力——社会关系和社会交往是其相对较早的城市空间概念具有优越性的所在;其二,也有过于泛化理解的倾向,城市化被当作广义的概念,仿佛成了全方位的箩筐,看似新颖的城市学研究,其实只是已有城市理论的重复,只是把原本的城市概念“神秘化”,将形式的城市变成对象化的城市,从而让其失去深刻批判反思和现实辩证分析。因此,城市化研究有进一步讨论和完善的需要:一方面需要扬弃城市经济学的分析框架,另一方面应避免文字游戏式的重复。本书力图矫正上述两种城市化认识偏差:一方面旨在凭借返回相关文本研究城市化理论的形成过程,另一方面尽力去理清中国城市化道路的特色之处,并对城市化道路的提升方法做些探讨。

三、研究方法与内容

（一）研究方法

本书主要采用系统分析法、综合归纳法、定性与定量分析法、理论与实证结合的分析方法等,查阅了相关文献,遵循“是什么”—“为什么”—“怎么做”的思路,从宏观和微观角度分析了中国城市化道路的背后原因和特点,为城市化发展提供了一些政策建议。

一是注重以马克思的历史辩证法,考察城市化的时代背景,并采用多重视角考察中国城市化道路的历史轨迹,以历史和现实相结合的方法考察中国城市化道路。围绕着城市化的历史轨迹、城市化与政府的关系,以当代中国的时代背景作为划分“城市化道路”各阶段的依据,以城市化道路的提升方法为论述核心,以中国特色城市化道路在不同历史阶段对经济、政治的影响,即中国特色城市化道路的发展历程、具体路径和提升方法为主要内容,并结合相关的城市化文本的解读,阐述中国特色城市化道路的具体内涵。

二是注重对城市化道路理论相关文本的解读。在研读中外城市化道路的著作时,力图通达"城市化道路"的真切含义。在此前提下,对城市化道路进行认真、清晰地梳理和阐释。本书采用理论和实践结合的方法,论述城市化理论和实践在具体历史背景中的关系,阐释城市化相关理论和实践对中国特色城市化道路的借鉴意义。

三是采用定性与定量等多种方法研究城市化现状。中国城市化受经济发展水平、城乡差距、产业结构、科技水平、宏观经济政策等影响。城市化水平存在地区差异、东中西依次递减。城市化需要以非农人口比重衡量,需要根据各地特点发挥城市建设优势。经济政策、市场因素都对城市化有影响,要促进人口、生产要素的城乡流动。城市化要采用合理的指标体系分析中国城市化的成绩和问题。

(二)研究内容

本书分为三部分:导论、正文和结语。

导论是阐释本书的研究缘起和选题意义,归纳国内外研究状况,介绍本书的研究思路和研究内容,指出本书的创新点及待深化的问题。

正文大体分为六章,主要论述了中国特色城市化道路的发展历程、取得的成就、存在的问题及提升方法。

第一章主要是界定城市化的理论内涵,为当代中国特色城市化道路研究提供理论基础。城市化是政治、经济、文化等的城市化,是第二、三产业增长,是城市人口增多、城市数目增多、城乡生活方式改变。工业革命让城市化加速进行,让人口多数生活在城市,促进了文明。城市化的本质是生产力发展促进居民由农村生活方式向城市生活方式的转变、城市用地扩大、城市文明扩散等,是多层次综合过程。资本主义城市化除了具有物理和地理属性,还具有经济和意识形态属性。批判城市化的负面现象,既能深入了解社会有机体的发展机制,追问社会形态演化的内在规律,革新僵化的制度体系模式,又能真切体味传统和现实的关联,厘定社会变革的策略,推动社会有机体的良性成长。城市化要建立合理指标评价体系,采用人口、经济、土地、生活城市化等指标衡量城市化水平。

第二章采用历史视角研究中国特色城市化道路的发展历程,分析了当代中国城市化发展的背景,概括了城市化各个阶段的特征,认为当代中国城市化的曲折历程是历史的必然。中华人民共和国成立之后,我国逐步形成城乡二元体制,城市化一直发展缓慢。经过中华人民共和国成立初期的快速发展、"大跃进"的波动、"文革"的停滞等时期,城市化一直发展不稳定,农业生产效率一直不高,城市化与工业化不适应。中国城市化的主要阻碍是计划经济和户籍制度。改革开放后,城市化进入稳定发展时期,乡镇企业兴起促进了小城镇发展。进入21世纪,城市化更是快速发展,人口城市化水平提高。但城乡二元体制仍然存在,存在着生产、生活、教育、就业、医疗等两个不同的社会子系统。经济体制改革和人口流动为中国城市化提供了动力。

第三章采用现实视角考察中国特色城市化道路取得的成就和存在的问题,本书从中国城市化现状出发,分析了当代中国城市化的问题。城市化受政策影响很大,让城市化滞后于经济发展和产业结构转换,却没有提供更多就业机会。中国城市化动力不足,面临人口基数大、资源短缺、农业人口偏多、工业发展基础薄弱、市场机制不完善等。中国更多是城镇化,是推进小城镇发展,就地吸纳农村劳动力,以控制大城市人口。城镇化是低级城市化,需要发展为真正城市化。中国城市化存在问题:从人口的构成情况看,城市人口质量不高,有大量农民工生活在城市,却不能享受市民待遇,生活很不稳定;从要素投入上看,中国城市化过分依赖土地财政,城市盲目建设导致土地粗放利用,土地城市化快于人口城市化。

第四章考察了中国特色城市化道路的多元动力机制。城市化受所在国家自然地理、政治经济、社会文化等的制约,需要动力实现机制。动力机制是农业、工业和服务业的发展,实现机制需要发挥聚集、规模效应,制度革新是推动机制。城市化与政府职能转变有很大关系。中国城市化动力机制能够简化为两种模式:国家的自上而下型和民间的自下而上型,需要尊重国情,改革政治体制,转变政府职能。城市化要走多元道路,根据不同地区的特点制定不同发展战略,优化产业结构,提高城市化质量。

第五章分析了中国特色城市化道路的模式选择。城市化模式是城市化过程的特征、动力机制、方式、战略原则等实现城市化的路径。新型城镇化要坚持科学发展观,以人口城市化为动力。要推动新型经济发展模式,建构合理经济体系,要建立民主的新型社区,保护生态环境。城市化道路有小城市论、大城市论、中等城市论、多元论、城市体系论等主张。城市化需要与工业化发展适应,建构多元的空间形式,促进合理的规模结构,发挥多元的动力机制,合理利用资源,加强管理调控方式,发挥市场和政府机制的联合作用。

第六章考察了中国特色城市化道路的提升方法。城市化道路是城市化模式、城市化类型、城市化动力机制、城市化发展范式等的选择,城市化道路决定城市化成败,需要选择合适的城市化道路,消除城乡差别,促进社会持续发展。城市化有大城市优先发展、阶段性、大中小城市协调发展等三大规律,需要制定合理的城市化策略。城市化模式可以分为滞后、过度和同步三种。区域城市化发展要加快区域协调机制,完善区域空间规划,根据不同地区特点采用不同模式,推动区域城市协作机制,分工联动发展,打破区域单中心发展模式。城市化需要可持续发展,推动生态文明建设。中国城市化需要因地制宜,完善农村土地管理制度,完善土地规划和征用制度,建立城乡人口自由迁徙的管理制度,改革户籍制度,恢复户籍的统计数据功能,要建立城乡统一的社会保障体系,完善农村社会保障体系,保障农民工利益。

总之,本书坚持历史和现实相结合的维度,分析了当代中国城市化面临的国内外形势,总结了城市化相关理论和城市化规律,在习近平新时代特色社会主义思想指导下,对中国城市化发展进程做了研究,分析了中国特色城市化道路的成就和问题,对新型城镇化的实现做了探讨,从而对中国城市化的提升路径提出了一些建议。

四、研究的创新点及其待深化问题

(一)研究创新

本书的创新之处在于通过历史与现实相结合的角度梳理当代中国城市化的发展进程,分析城市化现状,对中国城市化的提升路径做了探讨,以期对当代中国城市化有借鉴意义。

首先,能增强对中国特色城市化道路的理解。城市化道路关系到城市化的未来,需要总结城市化规律,找出符合国情的城市化道路。中国城市化偏离了经典城市化模式。经典城市化模式是农业、工业、服务业的自然发展,有经济推动的阶段性,与工业化、现代化、科技是互动的,市场特征明显。中国城市化则滞后于工业化,主要是依靠农业和工业积累进行的,农民转移难,物质建设快于精神建设。这是政府严格控制城市规模导致的,主要原因就是计划体制思维的遗存。政府推卸自己对小城镇建设的投资、就业、社会保障责任,导致各项基础设施、服务滞后,政府偏向市民,城乡居民收入差异巨大。政府以防止城市病为依据,大力阻止农民进入大中城市。实际上,大量剩余劳动力滞留在农村导致的农村病比城市病更要严重,需要发展城市第三产业,促进农业商业化、市场化。认识和政策误区导致小城镇化道路绝对化,抹杀了工业化对城市化的基本推动作用,忽视了市场经济作用,坚持政府干预。推进中国城市化需要调整发展战略,改变对农业的掠夺,改变城乡分离制度,立足国内外环境,提高经济发展认知,理顺工业、农业、服务业关系,改变对工业的偏重思维,形成产业结构协调发展,提高就业,做好制度安排。重工轻农是工业化早期的策略,导致唯工业论,农业、工业不能协调发展,导致农业长期滞后,最后不得不重新发展农业,需要工农业共生,否则会付出沉重代价。

政府需要实现工农业平衡战略,需要重视农业发展,解决就业问题。农业发展是工业化、国民经济发展的必要条件。发达国家的农业一直处于发展的势头。工业化不能过分压榨农业,不能牺牲农业利益,农业发展要贯穿整个经济过程,处理好粮食自给和外贸出口的关系,维护农业基础地位。政府投资要在工农中平衡,加大对农业的投入,工农并重。农村城市化适合了中国国情,但导致城市化层次较低、城市化增长模式低端、城市化质量较低、农村现代化整体程度不高。中国应该完善市场机制,坚持大中小城市协调发展,推动城乡一体化,走新型城市化道路。

其次,能够促进中国城市化问题的解决。西方国家城市化也出现了问题,中国不能重复西方城市化老路。资本主义城市化需要在历史过程中阐释,是特定的社会生产模式塑造的,在人类生产实践中呈现出来。"土地私有是资本主义土地制度的具体表现。"①中国城市化经历了曲折,从控制大城市到发展小城镇再到大中小城市协调发展,显示了对城市化规律认识的加深,需要加强符合国情的城市化理论研究。加快中国特色城市化发展,是扩大国内消费市场和优化经济结构的需要。加快中国特色城市化发展,需要城市化发展水平的高速增长,提高城市化发展质量。加快中国特色城市化战略转变,需要解决区域发展不平衡问题,推动以大城市为中心的城市群建设,解决农村剩余劳动力过剩问题。推动城市群发展需要建立具有规模效应的中心城市,推动大城市经济圈发展,引导世界性、国家、区域大城市经济带发展。中国城市化受农业技术、工业化水平、土地制度、人口政策等制约,国内需求不多,资源利用效率不高,就业问题突出,需要产业升级、提高经济竞争力、合理发展大中小城市,走生态道路。城乡一体化需要加强生态环境建设,不断节约生产成本,完善城乡环境治理机制。

最后,有利于吸取西方国家城市化经验。西方国家城市化开展较早,经验值得中国借鉴。工业革命后,人类从农业社会向工业社会过渡,进入都市时代。"二战"之前,很多发达国家都基本完成了城市化。"二战"后,发展中国家成为城市化的主力,形成城市化的世界规模,但城市化水平高的是欧美国家,大城市和都市群的发展非常突出,出现了世界性的大都市和城市带。资本主义城市化就体现在工厂、城市、商业大厦等空间。社会空间源自资本主义生产,又生产出资本运作关系,就是人们生活于其中的空间。自然空间能够被感知和构想。日常生活空间既是自然环境性空间,又是社会关系空间。政治权力斗争发生在表征空间,即真实与虚拟、情感和事实结合在一起的生活空间。空间的使用功能被交换功能遮蔽。

---

① 秦勃:《论马克思恩格斯的土地理论及其当代价值》,载《湖南人文科技学院学报》,2016年第3期。

国家与国家、人与人的关系被异化为空间利益关系。全球空间失衡还呈现为日益恶化的国际竞争。国际竞争导致资本的全球空间霸权,导致空间的失衡。全球城市化很大程度上消除了地域和民族特色。因此,随着技术的细化和专业化,全球城市化强化了资本主义对不同国家的控制,但加剧了国家间的矛盾。人类社会的历史就是由绝对空间向抽象空间发展的历史。中国城市化应该发挥农业现代化和工业化的推动作用,解放农业人口,为城市化提供劳动力和原料支持,工业发展促进了城市生产,促进了第三产业发展。市场机制是基础,政府为市场服务,要促进市场调配资源、人力、技术的能力,要培育完善的市场机制。中国的城市化建设要"以人的城镇化为核心"。城市化不能只重视物的增长,更要重视居民生活质量的提高。城市化建设要依靠人民群众,为了人民群众,以人为核心才是城市建设与发展的本质。

(二)待深化问题

很多学者的城市化研究重在宏观进程的考察,对中国城市化道路的特色之处研究较少,需要加深对中国城市化道路的研究,借鉴发达国家经验,总结出适合中国的城市化道路。本书通过论述中国特色城市化道路的进程、特点、模式选择、多元动力机制和提升方法等,呈现了中国特色城市化道路的具体展示形式。但由于本人的学识浅陋,也出现了一些待深化的问题,主要表现在:(1)城市化数据获取有一定难度。本书研究中国特色城市化道路,需要最近的城市化数据,但限于笔者的能力,获取的城市样本较少。(2)在相关的变量分析上,由于笔者的理论知识和学科背景方面的不足,可能存在一些错漏。(3)对国外城市化道路的分析上,由于笔者主要依据的是国内的相关资料,对外文资料的掌握较少,因此对国外城市化的理解可能存在一些偏差。书中的一些引文,来自笔者自己的翻译,为此笔者付出了大量心力。尤其是对于中国特色城市化道路,笔者本人能力有限,解读很可能是粗略的,需要继续探索。

第一章

城市化、城市化道路及其相关理论

城市化是农村人口向城市聚集，农业人口转为城市人口，农业用地变为城市用地，农业转变为工业和服务业，逐步实现城乡一体化的过程。城市化需要规模、质量、效率的协调。城市化规模是一定区域内聚集的人口、土地等要素数量，城市经济规模大才能吸引更多人口，促进城区面积扩大。城市化质量是反映城市化发展程度的范畴，需要合理配置资源，提高城市基础设施，提高居民生活质量。城市化需要促进城乡的人口、土地、经济的一体化。人口城市化需要增强居民生活的幸福感，提供更好的居住环境、让外来人口更好适应城市；土地城市化是合理利用城乡土地资源，保护城市空间生态系统；经济城市化是合理的经济结构、高效的经济增长、居民收入提高。城市化发展不能只重规模，还要注重质量，提高资本、土地、资源利用效率，发挥生产要素系统的高效益，提高城市吸引力和辐射力，促进区域协调发展。

不同学科对城市化有不同定义，需要人口规模、经济聚集、生活方式转变等方面的理解。城市化是居住空间的人口增加、人口空间迁移，是社会关系、组织的变迁，是人口、经济、社会三方面的转变，出现了产业结构中第二、三产业增多、农业下降，农村分散人口转化到城市聚集人口，城市空间扩大，城市基础设施不断完善，人的价值观念、生活方式向城市靠近，经济要素在城乡流动加快。因此，需要对城市化相关范畴进行界定。

第一节　城市及其功能

城市是区域的政治、经济、科教、文化中心，具有聚集优势，是随着生产力进步、劳动分工细化，在聚集效应的作用下，人口向城市聚集使得城市数目增多、城市规模扩大。城市凭借聚集、规模效应成为区域增长极，发挥辐射效应，让工业文明扩散、产业升级、最终实现城乡一体化。

一、城市的内涵

（一）城市的起源与发展

城市聚集了现代工业和商品贸易，聚集了社会大生产。城市化是世界趋势，推动了经济发展。中国城市化有效需求不足，需要刺激居民消费需求。城市是一定区域空间内，非农人口聚集，工商业占主导，是包括人口、生态、地理、经济的综合系统。城市具有服务内部居民、发挥经济聚集效应的对内职能，也具有引领区域经济发展、辐射区域经济的对外职能。城市化能够拓展农村市场，推动农业现代化，提高城乡经济整体效益。

1. 城市的起源

城市起源是城市史研究中需要加强的环节，因为早期城市的研究不仅缺乏资料，还有很多理论范畴需要界定。而到目前，关于城市的概念，学界仍没有统一的认识。从城市的历史演变来看，城市是经历了很长的萌芽阶段才形成的，并有多项形成标准。

首先，中国城市的起源。中国古代文献中，"城"早于"市"。城是夯土筑成的长墙，是防御性的建筑工事。市是货物贸易的地点，本与城没有关系，与当前的农村集市类似。当市设在城或城附近，就有了城市。因此，市集的出现促进了城市的形成。"分工的进一步扩大是生产和交往的分离，是商人这一特殊阶级的形成。"[①]中国城市观念兴起于西周，但到了战国才有城市概念出现在文献中。《战国策》中有城市概念，称为"城市邑"。《韩非子》明确提出了城市概念，指称有集市贸易的特殊地域。[②] 人口多少、手工业、商业程度导致城市形态差异。城市本是由城中设市而起，随着农工商的发展，一些重要交通、军事据点也设立了城市。城市不一定有城墙，但必定人口较多、市场繁荣。城市区别于原始村落，不是城和市的简单组合，也兼具政治、军事功能。初期的城市并不一定商业发达，但一般都是政治中心。中国早期城邑有自己的特色，如区域的政治中心，象征权力的建筑物位居中心；居民阶层化明显，政治性压制了工商业、消费；早期城市，人口密度不是绝对衡量标准。城市是抽象概念，是与乡村相对的一定规模的非农人口的聚集区域，是市民生产、生活的主要场所，是人作为主体的政治、经济、文化空间的有机体。随着经济发展，城市不仅有物品交换功能，还有政治、经济、文化功能，承担技术创新、教育职能。城市具有空间聚集性，聚集了很多人口、资源、经济活动等，有

① 《马克思恩格斯选集》第 1 卷，人民出版社 1995 年版，第 107 页。
② 陈恒：《城市起源理论》，载《博览群书》，2011 年第 1 期。

可见的房屋建筑、涌动的人流。城市经济具有非农性,是工商业、交通业、服务业等的聚集地区,有产业的分工协作,是非农产业的土地利用。城市的构成是多样的,有多元的关系,离不开个人的发展,是人的生存居所和精神家园。城市起源于原始社会的变革,来自防御的需要。人们不仅要防御动物的进攻,也要防御敌人的进犯。围墙的出现反映了城市的起源。

中国古代城市起源于原始社会末期,自启立夏以后,为了巩固君国天下,城市得到发展。春秋战国时期,城市在数量、规模以及城市设施上都获得了进一步发展。东汉直到隋唐,北方战乱破坏了城市经济,城市的建立主要在江南地区。隋唐是中国封建社会的辉煌时期,城市经济也进一步繁荣。宋代小商品经济得到高度发展,江南出现了很多经济繁荣的小城镇。元代城市在前朝基础上继续有所发展。明清时期出现了资本主义萌芽,城市出现了许多专门性的商业区。中国古代城市的规模与数量受制于土地生产力水平的高低,而且城市的经济职能是服务于统治阶级的生活需要的。古代城市是物质空间和精神空间的融合,呈现着政治、军事、文化等多方面的属性。古代城市蕴含着封建等级关系的产生机制和社会生产实践的路径。考察古代城市要破除形形色色的空间二元僵化思维模式,而导向空间含义的无限开放性,不仅要注重时间维度,也要注重空间维度。

其次,城市的形成受到社会分工的推动。最早的城市在新石器时代就出现了,距今有7000多年。城市在人类第一次劳动分工就出现了,是文明发展到一定程度才出现的。城市是高度组织的人口聚集地,比乡村规模大,是生产、人口、资本、需求、消费的集中。城市的产生依赖于农业生产效率的提高和农业出现剩余产品,让商业和贸易聚集于城市,促进产业专业化和分工,推动劳动力结构改变,提高农业技术,解放更多劳动力。城市承担地区、国家、全球的分工,有政治管理、经济调节、文化整合等职能。城市有聚集、辐射、组织、扩散等效应,能整合经济资源,能促进软硬环境等配套建设,发展更多第三产业,制造更多就业机会。近代城市是农业社会向现代工业社会转变过程中产生的,是城镇人口的迅速增加。"某一民族内部的分工,首先引起了工商业劳动和农业劳动的分离,从而也引起城乡的分离和城乡利益的对立。"①城市支配乡村,源于城乡的两次分离。由于农业和手工业、物质体力劳动和精神脑力劳动的分离,产生了城乡的第一次分离。城市的政治、军事都优于乡村,让乡村逐渐依附于城市。但城市的生产和消费都还依赖于农业。随着工业革命和资本主义的发展,城乡产生了第二次分离,推动了城市化快速发展。科技进步让传统手工业发展为机器大工业,形成一系列商业中心

---

① 《马克思恩格斯选集》第1卷,人民出版社1995年版,第68页。

和金融中心。大工业成为城市化的推动力量,让乡村纳入资本主义的生产体系。资本主义让城市不仅在政治经济层面优于乡村,而且在文化意识层面也处于优势。近代城市基于资本主义历史,是资本积累的过程。科技进步和工业生产推动了城市中资本主义生产关系发展。工业革命让城市的工业文明和农村的农业文明发生激烈冲突,让农村变成城市附庸,而且成为先进和落后、文明和愚昧的代名词。城市的形成和发展需要比较优势和聚集经济,促进贸易繁荣、人口聚集、节约成本。"在这种情况下,工业集中的趋势依然保持强劲的势头,而在农村建立的每一个新工厂都包含工厂城市的萌芽。"①市场交易需要便捷、节约,需要平衡供求关系。企业需要相互协作降低生产成本,利用便利的交通、及时的信息、有效的制度提高交易效率。城市的形成还是生产者、销售者和消费者等博弈的过程,他们都想节约自己的成本,缩短交通运输距离,将资源聚集在一起,于是形成城市。

经济原因在城市形成中起决定作用。人类社会的三次分工对城市的形成和发展有重要推动作用。物质生产实践导致人类生存空间结构和机制变革,导致商人阶层的壮大。社会分工机制塑造了新的空间实践和行为。商人垄断了交往实践,让城市及其郊区产生贸易体系,间接加强了城市之间的联系,促进了社会分工在空间的流通。"工业把劳动集中到工厂和城市,工业活动和农业活动不可能结合在一起了,新的工人阶级只能依靠自己的劳动。"②商人及贸易活动推动了城市空间生产。城市原本是行政、军事、文化、人口的"城"和产品交换的"市"。城市的政治军事意义一直压制贸易功能,工业革命带动了商业发展,让城市的贸易功能大大发展,促进了城市功能转变,让空间生产方式发生变化。生产关系和社会分工显然促进了空间生产的社会化。市场经济能够推动城市化,促进农村人口流动,这在中国也是明证。社会分工塑造空间结构类型,导致产业变化、阶层调整、人口迁移、交通建设,必须让空间分配正义来规范。交通的发达促进了近代城市的兴起。"从那时起,所有大城市彼此之间都用铁路联系起来了。"③劳动分工越深化,越促进企业生产,增加交易环节,促进交换关系,需要提高交易效率促进进一步分工。人类发明货币,提高了交易效率。交易成本更多是制度成本。城市化、劳动分工、经济增长是循环促进关系。社会分工也在全球展开,更大地塑造了人类空间,改造着地球生态环境。"城市化的实质就是劳动分工,在劳动分工的基

---

① 《马克思恩格斯文集》第 1 卷,人民出版社 2010 年版,第 407 页。
② 《马克思恩格斯文集》第 1 卷,人民出版社 2010 年版,第 107 页。
③ 《马克思恩格斯文集》第 1 卷,人民出版社 2010 年版,第 401 页。

础上,农民用它们的剩余产品与城市提供的工业品相交换。"①航海业的发展,让资本主义国家开辟了新的航线,也让欧洲经济中心转移,刺激了西方国家对东方国家财富的掠夺,造成了全球二元对立的空间经济结构。

城市的起源依赖于当时的社会发展。城市有物质性遗迹。人类从动物分离,建立了村落,防御其他侵害。城市凸显的特征就是社会结构和分工。城市生活的远古源头可追溯到旧石器时代,逐步有了永久性居住地。农业革命带有技术含量,促进了村庄聚落,促进了社会组织结构演变,促进了人口规模扩大。村庄的聚集方式需要农业技术的提高和农业产量的稳步增长,需要解决水源补给问题。城市的粮库、银行、机械库、藏书楼、商店等都直接或者间接来自村庄。从生产关系的演变角度来看,技术是随着人的社会化才产生的。早期城市化的演变就是从粗陋的野外穴居到零散的村落聚居再到密集的城市聚落的历程。技术推动了人类早期聚居方式的改变,促进了社会功能聚集,将人类社会集合成一个亲密联系和相互感应的联合体。技术的革新、生产力的进步、人口的增多、生产关系的发展促进了城市的形成。其一,农业生产的进步,产生了剩余产品,为人的聚居提供了条件。其二,人的身份变为财富和地位,社会提升到更高阶段。其三,农村公社在政治上结成一体,并形成国家。其四,军事、手工业等的专业化发展,促进了城市建立。②"城市形成的标准中某一因素或几项因素在历史时期的出现,可以说明城市已经开始起源或者说开始萌芽。"③

农业和工业的发展是城市产生的根本动力。农业和畜牧业的发展,推动人类进入乡村居住生活,农业剩余的出现让城市出现。农业生产效率提高,人口集中,让原始城市最先出现在河谷冲积平原。城市的起源也依赖于当时的地理环境。一万年前,地球地质进入新世纪,全球气候变得温暖湿润,让农业获得了良好发展条件,促进人口快速增加,推动了人类社会各方面的变革。农业能为城市的产生提供资金、劳动力、土地等,是城市化的基础。农村经济的基础是农业,在城市化中发展了非农产业,产业不断升级。农业发展、都市产业发展的互动机制,让农业转型为都市农业。"工业的迅速发展产生了对人手的需要;工资提高了,因此,工人成群结队地从农业地区涌入城市。"④农业现代化、产业化与农村城市化是能够相互融合的。农业需要利用技术实现集约化经营,直面城市市场。城市化要推动

---

① 〔英〕保罗·贝洛克:《城市与经济发展》,李华译,江西人民出版社1991年版,第7—13页。

② 刘文鹏:《古埃及的早期城市》,载《历史研究》,1988年第3期。

③ 毛曦:《试论城市的起源和形成》,载《天津师范大学学报(社会科学版)》,2004年第5期。

④ 《马克思恩格斯全集》第2卷,人民出版社1957年版,第296页。

农民向城市迁徙,改善农民地位,改变城乡分割,提高农民现代文明程度,要让农民收益大于成本,分享城市化利益,促进城市和乡村共同发展。

最后,城市适应了人类生活发展的要求。城市是为了人类更好生活而采用的发明举措,是放弃穴居和逐水草而居的生活。城市是文明进步的体现。劳动分工和专业化促进了城市产生,人口、资本的不断聚集让工业规模化,形成制造业和交换中心。城市的设立也可能出于政治、军事、宗教等目的。前工业城市主要是政治、军事中心,是消费中心而不是生产中心,城市规模小,主要处于贸易要道和防御地方,城乡界限明显。欧美是城市化开展最早、目前最发达的地区。工业革命最先在欧洲产生,促进了农民进城,导致经济发展,让城市化大规模发展,城市人口快速增加。城市成为生产、交换中心,进一步促进了工业竞争和劳动分工。工业革命改变了城市面貌,机器的使用产生了规模效应,推动人口聚集,制造业的发展带动了服务业、金融业、贸易的发展。"大租佃者的竞争把小租佃者和自耕农从市场上排挤出去,使他们穷困潦倒,于是他们就变成雇农和靠工资生活的织工,这些人大批流入城市,使城市以极其惊人的速度扩大起来。"①很多城市都建在靠近原材料的地方,形成以能源为中心的产业体系,随着各个城市交流的加强,形成城市群。工业时代,城市以自然优势为主;信息时代,城市则以高技术为主,劳动密集型制造业转移到郊区,知识密集型产业则继续聚集于城市,让城市空间进一步有序。城市成为信息知识生产中心,向智慧型、柔性、学习型和全球型城市发展。

城市在发展中逐步有了宗庙、宫室、市场、工商业等物质因素。古代城市有墙体护卫,并不一定有市,有贸易市场才能更吸引人口聚集。城市发展工商业、科教文卫事业,生产了物质、精神财富,是人文、经济、生态、基础设施等互动的复杂系统。城市管理不同于行政管理和企业管理。城市化是城乡分离到城乡对立再到城乡一体化的过程,是城乡生产力协同发展的结果。城市化率和城市文明普及率是相关的。城市化是人类必经过程。工商业的发展让城市经济日益占据主导地位,让分散的农村经济转变为集中的工业生产。城市化历经城市化、郊区城市化、逆城市化、再城市化等阶段,是农村人口迁入,城市文明扩散到郊区的过程。中国古代城市是分而治之的。城市源于中心地域,是社会分工的环节,是人的生活方式、居住方式的革新,是政治、经济、科技、精神文化中心。城市有一定面积,是经济的连片区域,是各种要素和资源构成的网络体系。城市不仅是建筑聚集地,而且是权力、文化集中区。

---

① 《马克思恩格斯文集》第1卷,人民出版社2010年版,第96页。

2. 城市形成的标准

国内外学者对城市的形成标准有不同的理解。英国学者戈登·柴尔德（Childe Vere Gordon）认为，城市的形成有十项标准，分别是稠密人口聚集形成的大型居住区、人口构成的多样、剩余产品的聚集化、宏伟公共建筑的建立、从事非农产业的统治阶级、文字和科技的发明、天文学和几何学的发展、专业艺术家的出现、对外贸易的发展、地域为纽带的政治经济共同体。① 苏联学者古梁耶夫认为，城市的形成需要八项标准，分别是统治者居住的宫殿的建造、宏伟的宗教设施群、宫殿与平民房屋的隔离、宗教区域与居住区域的隔离、豪华的陵墓、艺术品大量产生、文字的形成、房屋和广场具有一定的规模。② 日本学者狩野千秋则认为，城市的形成有七项标准：国家组织和统治权力的出现、密集的人口、阶级和职业的分化、宏伟纪念物的建造、文字和技术的成熟、剩余产品出现、商业贸易的发达。③国内学者许宏认为，城市的形成有三项标准：城邦权力中心的出现、阶层和产业的分化让居民成分变得复杂、人口相对聚集于一定区域。④

根据国内外学者对城市形成标准的论述，可以归纳出以下七项标准：

其一，一定区域内形成政治、经济、宗教等的聚集中心。城市的出现是人类社会变革的呈现，技术的革新促进农业取得发展，出现了剩余产品，产生了私有制，财富聚集于少数人手中，形成阶级国家。城市是财富聚集中心、消费中心和区域交往中心，汇集了大量财富，也是娱乐和消费的集中地。城市的商业贸易发达，促进了财富产生、消费旺盛。城市适应了当时社会的变化，是一种新的聚集形式。"城市"本是传统经济学的一个概念，它和时间一道成为事物存在的重要属性，事物的存在都需要一定的时间和空间。但"空间生产"的概念出现较晚，其背景是工业化和城市化的推进，呈现了空间对人的生存和发展的重要意义，展示了拥挤的人群、居住的困难等。城市成为政治区域的中心，也成为宗教祭祀和文化的中心。区域内政治、经济、宗教中心聚居点的出现，表征了城市的形成。随着全球化的发展，发达国家的大城市日益成为金融信息中心、管理决策中心、技术创新中心，吸引很多管理人才、技术人才和服务人才，成为全球经济的节点，加强了各国联系，形成全球性大都市。

其二，中心聚落军事防御能力的强化，尤其是城墙的建造表征了城市的形成。

---

① 〔英〕戈登·柴尔德：《历史发生了什么》，李宁利译，上海三联书店 2008 年版，第 80 页。
② 刘文鹏：《古埃及的早期城市》，载《历史研究》，1988 年第 3 期．
③ 陈桥驿：《中国历史名城》，中国青年出版社 1987 年版，第 29 页。
④ 许宏：《大都无城——论中国古代都城的早期形态》，载《文物》，2013 年第 10 期。

"在国家产生以前的原始社会里,氏族村落已逐渐采用壕沟或围墙作为保护安全的措施,整个村落也已有一定的布局。这也可以说是都城的起源。"①城市聚落作为区域的政治、经济、宗教中心,聚集了大量资源,必然引起外敌的争夺,为了防御敌人的进攻,城市聚落强化了军事防御能力,于是就建造了城墙。"对中国人的城市观念来说,城墙一直极为重要,以至城市和城墙的传统用词是合一的,'城'这个汉字既代表城市,又代表城垣。"②城市防御除了利用城墙,也会利用自身的地理优势,因此城墙不是城市形成的独一标志。

其三,国家和阶级的形成。城市、国家、阶级的形成具有一定的同步性,三者是相伴相生的,可以互为参照。城市、文字是文明形成的标志,国家、阶级也是城市形成的标准。"国家与王权的出现、金属工具的使用等是城市形成的标准。"③劳动使某些自然共有物转变为私有财产。通过劳动把全体共有的东西变成自己所有,不是一种抢掠行为,它无须得到全人类的同意。如果不是这样,共用的东西就毫无用处。一个人的财产是否超过正当财产的范围,判断的标准是,是否有东西在他手里毫无用处地毁坏掉。只有超出生活需要限度的财产占有,才是不合理的。然而,有了货币之后,由于人们可以将自己的财产转化为货币储存起来,所以,这时候一个人无论占有多少财产都变成是正当的。事实上,货币并不仅仅有储存功能,它还可以使财产增值,货币持有者并未亲身参加劳动,却通过占有其他人的劳动增值了自己的财产。政府是从契约中产生的、服从契约的。由于自然状态的缺陷,有理性的人们便都以明确或默许的方式让渡部分权利,缔结契约,组成国家。因此,私有制促进了国家和阶级的形成,推动了城市的产生。在资本主义社会之前,城市化发展迟缓,无论是空间生产方式还是空间生产水平都处于较低层次。

其四,一定聚居规模的人口和人口构成成分的多元化。城市的聚居人口数量和密度都高于乡村。人口密度是城市形成的重要标准,是城市规模的重要指标。城市人口成分不同于乡村。城市人口主要从事非农产业,更多是手工业者和管理者,具有更高的社会地位。城市具有高密度的人口、产业、技术和管理,是特殊的社会关系和生产模式。资本增值让一切不停流动,急速地运动变化是资本主义的特征。资本主义不仅变革了生产关系,而且打破了旧的意识形态,导致社会的全面变革。资本按照自己的意愿改造社会,创造了新的社会运行机制。城市化已经

---

① 杨宽:《中国古代都城制度史研究》,上海古籍出版社1993年版,第10页.
② 〔美〕施坚雅:《中华帝国晚期的城市》,叶光庭等译,中华书局2000年版,第84页。
③ 于希贤:《中国古城仿生学的文化透》,载《中国历史地理论丛》,2000年第3期。

变成当代发达工业社会转嫁经济危机、维系社会关系及政治统治的重要方式。城市化将一切东西都变成商品,变成交换价值。工业革命之后,交通的普及让城市范围突破行政界限。城市是区域经济中心和人口聚集中心,具有社会聚集效应,对人们的社会生活产生了积极影响。城市对节约生活成本是有益的,既节约了大量土地资源,城市建筑不断向高空、地下扩展,用有限的空间容纳了尽量多的人口,是一种节省居住的方法,又有利于发展交通,建立立体型的交通体系,方便人们的紧密交流;既促进了现代消费、居住、休闲模式,集中供应食品、水电、影视等大众需求,又有利于现代教育事业的展开,有的放矢地建立各类学校,培养专门的技能人才,建立大规模的系统教育。

其五,宏伟建筑物的营造。城市的规模宏大,出现了很多标志性建筑,体现城市的政治、宗教等权力。在考古学中,大型建筑物更是城市形成的标准。城市追求庞大的规模,引起非农人口增多、产业升级,人的观念转变,城市内部功能完善,城市文明向农村普及。城市是人的存在条件,占有和使用空间是维护资本主义统治的基本手段。城市不仅是物质的感知空间,而且是人的社会空间关系和人在空间中的地位。城市是社会关系的空间化,是生产力进步的结果。城市给社会强加了空间秩序,约束了人们的意志自由。资本化不断摧毁自然空间。城市化不断将社会空间分割,导致区域化、非区域化、重新区域化。城市空间的内在线索就是资本增值。资本主义城市化依靠突破时空限制获得了新的发展,但仍不能解决人类的苦难,仍需要被突破。

其六,金属器物的出现和科技、文字的发明。人类从石器时代过渡到青铜时代,是生产技术水平提高的表现。生产技术的提高促进了社会变革,促进了城市的形成。文字和科技的出现也表明了人类社会的进步,促进了城市聚落的形成。科技推动了生产效率,让城市基础设施建设加快,人口增长加速。农村推力和城市引力推动人口涌入城市。"技术变革和社会变革也是如此,先是相互作用,最后促使城市革命和文明到来。"①城市化有初始、发展、完成等不同阶段:城市化初期,工业规模小,主要是劳动力密集型经济,大量手工作坊和小企业,只有少量服务业,农村经济还占主导地位,农业生产效率低,农业剩余产品少,人口增长缓慢,农民进城较少;城市化高速发展阶段,工业化面向发展,城市吸引大批农村劳动力。资本主义城市借助科技而将一切物质都转化为信息符号,降低了时空距离对人们的制约,方便了信息传输,将现实空间景观转化为虚拟世界。城市化后期,城

---

① 〔美〕斯塔夫里阿诺斯:《全球通史——1500 年以前的世界》,吴象婴、梁志民译,上海社会科学院出版社 1992 年版,第 120 页。

市经济占据主导地位,但发展速度缓慢下来,资金、技术、知识更重要,金融、信息业大力发展,重工业退居边缘,人口缓慢增长,城乡融合,出现逆城市化。

其七,集市贸易的出现。集市贸易反映了经济进步,促进了人类向聚居发展。城市是生产要素的空间聚集,凭借规模效应节约成本,促进分工、专业化,提高生产效率,增加经济产值。"城市本身表明了人口、生产工具、资本、享乐和需求的集中。"[1]城市是经济发展的引擎,促进企业文化、服务理念形成,带来社会经济效益,让制造业、服务业日益兴盛。城市为制造业、服务业提供人力和顾客,是财富制造机。城市是区域各方面的中心,在国民经济中占主导地位。城市化需要防止政府过度干预,需要市场主导城市化,打破地方保护主义,提高区域竞争力,用市场配置资源,节约交易成本,加速资源流动,推动协同发展,实现公共利益最大化。城市有经济聚集效应,在资金、人力资源、交通条件、信息通讯、管理服务等方面都比农村具有优势。城市空间结构具有系统性、互补性和区位性,既可以让城市内部各要素形成整体优势和互补作用,又能体现成本优势,对区域内的其他城市起引领作用。城市空间集中,让生产大规模进行,节省了运费,让人口、生产趋于均匀分布,形成空间聚集效应,让企业获得更多利润,让居民获得更多效用,影响着市场、技术对生产成本的作用,让市场配置作用更好发挥。聚集经济让厂商和消费者都获得了效用,让经济资源的配置更加优化。厂商因为成本的降低而获得更多产出。

需要指明的是,不同国家由于地理环境的不同、发展道路的差异,城市的形成也有所不同。不能用固定不变的标准分析各个国家的城市形成。"不可刻板地用统一的、固定的、没有变化的标准模式去判定城市的形成与否,否则,将抹杀不同地域城市发展的独特个性。"[2]城市的形成只要符合以上几个标准就能认定该聚落是城市。因此,要理解不同国家城市形成的差异性。

(二)城市的含义

1. 城市的词源学含义

古代汉语认为,城是围绕人口聚集部落而修筑的防御性的环形壁垒,防御野兽和敌人,市是人们从事物品贸易的地点。"城"和"市"结合,分别界定了城市的外形和内涵。《辞海》对"城"的定义为"城,古时指在都邑四周用作防御的墙垣,一般有两层,里面称为城,外面称为郭。城是围绕城邑建造的一整套防御构筑物,

---

① 《马克思恩格斯全集》第3卷,人民出版社1972年版,第57页。
② 毛曦:《试论城市的起源和形成》,载《天津师范大学学报(社会科学版)》,2004年第5期。

通常也指边境的防御墙和大型屯兵堡塞。"①《周易》认为:"日中为市,致天下之民,聚天下之货,交易而退,各得其所。"《孟子·公孙丑》中认为:"古之市也,以其所有,易其所无,有司者治之耳。"②城市的重要职能就是能发挥经济聚集效应。当代中国的城市是由国家设立的直辖市、省级管辖的市、县、镇等组成的,因此中国城市化也被称为城镇化。不同学科的城市化含义有所差别,但大都认为,城市是人口的空间迁移、经济的聚集、社会结构的转变,城市的外在形式是农村人口向城市迁移,主要内容是经济活动的聚集,核心则是社会的转型、生活方式的转变,城市需要质的提高、量的增多。城市质的提高是城市地区由一般发展为繁华,推动产业结构升级、公共基础服务设施完善。中国一些城市是通过工业化生产演变来的,基础服务水平较低,很多老城区缺乏排水管道、道路等,需要通过旧城改造进行城市整治。城市化量的增多是城市数量和单个城市规模的扩大。大城市量的扩大不是展现在中心城区,而是体现在郊区城市化上,展现为城市经济和人口向郊区延伸、郊区产业聚集。郊区城市化水平可以通过发展城市新区、建立卫星城、发展郊区小城镇的乡村城市化等实现。城市的提高要质量结合,不断从低级状态发展为高级状态,升级老城区,进行城市功能调整。城市是人口聚集导致产业结构变化,导致从事第二、三产业的就业人口增加,从事农业人口减少,生产、生活方式引起变化。

2. 不同学科对城市有不同的定义

经济学认为,城市是一定区域内经济要素构成的系统,是人们为了生存凭借劳动创造的物质环境,是比乡村社会更高级的文明载体,创造了更多生产力,有更高质量的生活方式,是区域经济增长中心,体现人口更好聚集形式。人口学认为,城市是聚集于一定区域的人口群体,是国家总人口的组成部分,具有自己特色的经济文化条件。社会学认为,城市是居民进行工商业和服务业的社区,有着多样的就业结构、快速的生活节奏、较高的人口密度、多元的人口组成。地理学认为,城市是空间性的宏观现象,是第二、三产业的聚集区域,是经济和人口集中的空间。建筑学认为,城市是复杂的建设工程,充满各种生活管线,建立了各种基础设施。生态学认为,城市是以人口聚集为载体,区域空间和各种设施环境组成的生态系统。城市系统论认为,城市是一定空间区域内各种经济、市场组成的网络体系,是为了节约生活成本而积聚人口的系统,是时常失衡的机体,与周边地区能够互动,承担多项功能。城市具有生产、消费、交换的密集性,具有多元文化、人口数

---

① 舒新城:《辞海》,上海辞书出版社 2009 年版,第 253 页。
② 陈恒:《城市起源理论》,载《博览群书》,2011 年第 1 期。

量多、多样的社会关系等特点。城市可以用人口密度、经济规模、行政界限、职业等综合要素界定。现代城市是随着工业化快速发展而展开的,引起物资的聚集、城市人口扩大、市场机制完善。城市人口聚集让经济更加现代化、集约化、规模化。现代城市是传统农业社会向现代工业社会转变,是经济发展导致的产业聚集、人口聚集、城市文明延伸过程。城市空间是为满足人的生存发展需求而建立的新生活空间,彰显了文明的进步,是传统农业文明向现代工业文明过渡,让人的观念意识、精神价值、社会关系都发生变化,是物质文明、精神文明的协同发展。城市化是个人的继续社会化和完善,也是人类的现代化过程,提高了人的整体素质,使人们走入了现代工业文明秩序,破解了传统农业文明和小农经济,进入都市社会。这促进了人文化心理结构转变,促进了生产,使生活更加文明。城市有历史性,是经济、地理、生态、建筑等要素有机地结合起来的复杂系统。

城市与乡村是不同的,农业发展促进人定居了下来,形成最早的空间组织形式——村落。城市则是工业生产推动的新空间组织形式。城乡的根本区别是经济,农村主要是农业耕作,有较多土地和较低密度的人口,家庭是生产基本单位,形成单一、同质、较稳定的社会组成形式。城市主要从事非农产业,具有高度的空间聚集性,有先进的科技,很强的产业分工协作,形成功能复杂、流动性强的空间组织。城市是生产力发展、产业升级的结果,是高效率的空间聚集形式。

3. 国内外学者对城市有不同的理解

美国城市学者刘易斯·芒福德(Lewis Mumford)在《城市发展史》中指出:"人类用了5000多年的时间,才对城市的本质和演变过程获得了一个局部的认识,也许要用更长的时间才能完全弄清它那些尚未被认识的潜在特性。"[1]城市是经济、地理、历史、政治、生态、军事等多学科概念,城市里有多元群体,是人口、资源、资金等的集中,需要2万以上人口。城市面积大,基础设施便利,是周边政治、经济、文化、交通、科技等中心,以生产和消费活动为主,但人际关系冷漠、思想多元。马克思指出:"城市本身表明了人口、生产工具、资本、享乐和需求的集中;而在乡村里所看到的却是完全相反的情况:孤立和分散。"[2]城市是经济、生态、文化等的转变,生产、生活的转化,具有经济、社会、人口、空间等多要素,是产业结构、经济结构、城市人口比重的变化,第三产业增多,非农产业聚集,劳动分工不断强化,居民文化意识改变。列宁认为:"城市是经济、政治和人民精神生活的中心,是前进的

---

① 〔美〕刘易斯·芒福德:《城市发展史——起源、演变和前景》,倪文彦、宋俊玲译,中国建筑工业出版社1989年版,第21页。

② 《马克思恩格斯全集》第3卷,人民出版社1972年版,第57页。

主要动力。"①中国学者进一步提出："城市是人类文明的产物,是国家或地区的政治、经济、文化、教育、交通、金融、信息中心,是人类社会前进的动力。"②城市需要各种要素的流动,土地、人力、资本的流动能加快空间优化组合。城市的形成是空间调整的过程。城乡生活方式差别的消失,是科技进步的结果,是城乡不断融合,空间系统不断完善,工业化、城市化、现代化更加协调的结果。

(三)城市的特征

城市是多元的复杂有机体,包括物理空间、精神空间、社会空间等形态,呈现着物质形态、人文价值和多样的系统。首先,城市是与物质性、机械性紧密联系在一起的,是靠着我们的感知能力才显现的,是较固定不变的。我们需要分清空间自身和空间的物质。其次,城市对应的是想象性的空间,呈现的是人思维的主观能动性,其生产对象是范畴化的空间理念,包括社会关系的生产及其再生产,这种范畴化生产对空间生产起支配作用,如思想文本的写作、语言文化的交流、法律规则的制定等。最后,城市有别于农村,是以空间为客体,以聚集效应为目的,人口、经济、文化聚集为特点,与周边地区进行资源、能源交换的开放系统,是一定区域内高度聚集的人口、政治、文化、经济等因素及社会组织构成的开放有机系统。

1. 城市具有物质形态

城市是人力、土地、劳动等各种经济要素组成的网络体系。"土地承载性对城市发展和建设的影响主要反映在其物理属性方面。"③城市是巨大的定居部落,居民比邻相聚,却不相识,主要靠发展商业维生。城市是建筑景观,有着高密度的人口,是生活、劳动中心,是人口的政治组织共同体,有各种类型的人,依赖工商业满足居民需求。人类具有独特的空间知觉,会产生空间意识,觉得被城市建筑包围。人所意识到的空间存在,在一定意义上,是先天感知形式,是人的心灵活动的外化。空间是人感知世界的媒介之一,是纯一的事物,我们会把任何不断延展的纯一东西都看成空间,也会把时间看成不断延展的纯一的媒介。传统的城市研究是碎片化的,造成了时间和空间的分裂,不利于物理空间、精神空间和社会空间三者的结合。城市空间涉及空间生产中的人类实践活动、具体空间形态的生产、空间要素的排列组合。人可以直接感知城市空间的物质性。

城市是由物理空间组成的。"如果对一座具体的城市没有什么空间讨论,对于城市社会的各个层次只有纵向而没有横向的定位,这样的城市研究只能算是半

① 《列宁全集》第19卷,人民出版社1989年版,第264页。

② 隗瀛涛:《重庆城市研究》,四川大学出版社1989年版,第46页。

③ 张敬淦:《城市用地与空间布局》,载《北京规划建设》,2001年第2期。

成品。"①城市空间既是物质资料生产的工具又是社会变革的手段，既能生产物质财富又能消耗革命力量，既是专制机器又是自由利刃。反对空间的滥用是革命的一个凭据。城市空间应该是一个普遍联系的整体，要消除人类中心主义，相信人之所以高于动物，在于劳动。空间范畴的确定要依赖于社会环境，不同社会的空间是不同的。资本掌控的空间生产创造了巨大市场，变成不断流动的社会实践组织。空间生产组建了新的资本主义世界，是可以不断生产的，是多种多样的，充满无数变化。人赋予社会空间存在的意义。即使山川也是社会空间，因为山川虽然不是人制造的，但仍涉及人和客体的关系。社会的进步就是空间形态的更替。文化交流也是不同空间形态的融合。人的本质是自由自在的劳动，但空间生产是资本控制的，空间生产者不能占有自己的本质。空间生产者无论在身体和精神上都带有等级秩序的痕迹。空间是一种强大的东西，强大到人难以把握。空间是有多样状态的，可以分为时间化的空间和真正的空间。传统空间观将空间看作数学的或物理的，是立足于人的功利目的虚假抽象物。人们对速度的定义就是把时间当作测量的工具，这种机械的测度方式表明事物完成的状态，而不是延展的过程。真正的空间观将空间看作不可分的无法测度的同质东西，不是运动的属性，是纯粹的延展，是属于意识的抽象物，而是每个人通过经验体验到的存在。城市空间在资本主义社会中处于什么地位？列斐伏尔通过考察威尼斯城做了回答。威尼斯城的建立是为了贸易，已经显示剩余价值的生产，展现资本主义萌芽。因为面向大海，所以出现了典型的海洋政治，展现着社会生产关系。城市空间与生产联系紧密，内中有严密的制度体系，是多种因素的产物，变成一种类似科学的力量。威尼斯的衰落归结于其他资本主义城市的兴起。威尼斯既是作品，又是产品。作品是自然的产物，占据空间，并影响空间。产品是人类生产。作品和产品相互超越，两者之间存在辩证的关系，即作品存于产品之中，产品也体现创造力。

2. 城市具有人文价值

城市不仅是建筑集合，也是经济互补的各种职能的集合。城市更重要的功能是延续历史文化，而不仅是建筑永久的居所。城市是人类文明的化身，是人的延伸，是权力和文化的集合。城市要素在不同历史时期有不同特点，需要管理者合理把握。城市在社会生活中有重要作用，使城市居民、城市居住点增多，受工业革命推动，能产生后续作用。城市化包括物质、精神层面，具体表现是城市人口比重提高、产业结构转变、人员流动加快、城市文明渗透和扩散、人的整体素质提升、社会风尚提高。现代社会，城市经济促使越来越多农村人口进入城市。城市的人文

---

① 唐晓峰：《历史城市的空间形态》，载《环球人文地理》，2015 年第 17 期。

性不是个人独裁和英雄"正义感"形式的正义,应该具有两种含义:一是居民对空间生产贡献和所得报偿相适应的就是正义,也就是所谓的得与应得;二是指按照相同的规矩对待空间中的人与事,蕴含平等的意义。空间资源和空间财富不是少数人的,而是公众的。面对空间利用危机,政府需要空间资源的合理配置。社会主义意味着城市发展需要把公民的正义诉求化为正义压力。"在社会主义社会,人的一切平等、自由、价值的根源都要来自劳动。"①城市中的人文性不仅要关注宏观历史,还要关注微观生活,这既有利于城市空间系统的完善和建构城市秩序正义,又有利于调节城市空间生产主体利益。资本创造出单调的社会,造成了对自然环境的破坏。资本生产出自己的终结者,它越向前发展,它的局限性就暴露得越多,从而驱使它退出历史舞台。城市作为一面镜子,映射出全部社会关系。

城市不是中立的,而是具有能动性,是工具和目标、手段和目的、客观和主观、实在和虚拟、策略和本质的统一。"城镇化是以人为核心,城市首先是人居中心,应当把城市规划建设成为'人文城市',而实现城市发展从'经济城市'向'人文城市'的转型升级。"②城市空间超越了抽象而达到了具体,不是静止的,而是不断流动的。空间生产与社会历史、生产实践融合在一起,让社会、时间、空间形成三位一体的互动机制。城市对应的是日常生活空间,其生产对象是象征性的符号编码,包括媒介意象的制造和符号意义的生产,这种符号化生产是空间生产的主导模式,如电视剧的拍摄、广告的宣传、网络信息的传播等。城市空间生产是权力角逐过程。空间生产的拓展与反空间拓展并存,让发达工业社会走上绝路。城市生产是在各种政治意识形态的较量中进行的。资本通过城市空间获取更大利益时,反抗资本的因素也在城市空间滋长。占有空间及反占有斗争成为物质生产关系的焦点。当代社会的主导模式已经从生产转向消费,并凭借符号操控整个日常生活。广告是符号社会的中介。符号背后隐藏的是资本的意识形态,成了消费的支持者,制造出游戏的社会。符号利用不停地变动制造了平等的幻觉,造成了平等的假象。资本家宣称平等和自由,始终没有实现。符号制造的平等,既是幻觉,又是虚假的,根本没有实际意义。不平等是消费社会的本质和形成条件。现实与符号是相互作用的,现实瓦解着符号,符号遮蔽着现实。社会符号经历了象征、符号、信号三种形态的变化。象征出自于自然空间,占据符号学领域的时间很长,有着社会含义。随着书写的进步,象征转向符号。符号与日常生活相连,呈现社会

---

① 何云峰:《劳动人权马克思主义散论》,载《上海师范大学学报(哲学社会科学版)》,2016年第3期。

② 刘道兴:《从"经济城市"到"人文城市"》,载《河南科学》,2014年第6期。

关系。网络技术的发展,让符号转向信号。信号的意义由人们约定俗成,与具体的语境紧密相关。信号由对立的范畴构成,让符号的意义消解,构成单向度的系统。信号凭借符号编码展示自己,形成强制的体系,遮蔽了真实,压抑了人性。大众文化是消费再循环的产物,让人们不能参与新文化的创造。文化再循环就是文化丢失了精神实质,而一心追求形式的多变和花样的繁多而变成了低俗的时髦物的现象。

3. 城市具有多样的系统

城市是人口、生产力、人文关系等多重要素的集中过程,是生产、生活方式的变化。"城市中条件最差的地区的工人住宅,和这个阶级的其他生活条件结合起来,成了百病丛生的根源。"①多样性的城市形态有利于促进空间生产的合理进行,更好地调节空间生产不同主体的权利。多样性应该变成经济运作和政治运动的前提。社会主义城市应该是一个能消解资本普遍交换的差异性空间,要不断生产差异空间。日常生活空间呈现为一系列符号意义,产生于社会,又塑造着社会,是社会关系和阶级矛盾的产物。差异性城市空间才能增强城市包容性。差异性空间主张城乡协调、和谐发展,还具有重要社会意义,不仅推动着城市的多元化,而且能够保障城市的自由。社会主义空间允许差异,各个部分都具有同等价值,是人与空间的和谐,是空间使用价值的完全展现。绵延让过去、未来、现在成为浑然一体,总是不间断地延展着,如同永不止息的河流,永远是不止息的质变,没有能够测度的量变。绵延如同随风而来的钟声,不断传入人的耳朵,引起情绪的质变,而不是量的区别。绵延是没有确定流动方向的延展,如同看不到底、看不到岸的河流,人们感到的是流动,除了流动,其他无法测度。由人的意识流变而产生的空间观念也是不断变化的,空间能够保持一种状态也是一种变化。中国古人将宇宙界定为时间和空间的无止无尽。传统哲学将空间看作精神形式的"真实幻象"。空间被"透明幻象"和"真实幻象"遮蔽,让空间研究不是陷入经验主义的迷途,就是陷入神秘主义的迷宫。资本主义已经从控制经济,变作控制日常生活。作为空间哲学基础的不是生产力而是生产方式。

资本导致日常生活空间关系化。城市是蕴含社会历史和文化意识的,是社会关系和政治形态生成的过程。"竞争与协同两种力量共同决定城市系统的发展演化,协同性竞争(良性的竞争)有利于城市系统的发展,推进城市可持续发展。"②空间生产是人参与的生产活动,必然渗透着社会的阶级冲突和斗争,必然反映着

---

① 《马克思恩格斯文集》第 1 卷,人民出版社 2010 年版,第 401 页。
② 杨亮洁等:《城市系统中的竞争与协同机制研究》,载《人文地理》,2014 年第 12 期。

社会矛盾和贫富分化。城市生产资本化让空间剥削和空间矛盾更加严重,凭借空间剥削将底层民众驱赶到边缘空间,让边缘空间成为矛盾汇集地和革命力量聚集地。空间剥削日益严重,让空间革命一触即发。在当代社会,伴随着空间集权化和政治化的是对抽象空间的抗争。因此,阶级斗争的焦点是对空间权力的争夺。城市空间是社会行为的产物和结果,从而充满社会文化意义。城市空间的社会意义与符号活动紧密相关。城市空间完全可被视为一个文本和思想意识符号,是一个符号意义生成的过程。"城市系统演化的具有异质性、时空复杂性、决策复杂性等复杂性表征,有着各种复杂规律。"①城市空间的符号意指包括表征、对象、解释项。城市化内部充满意识形态斗争,包含无数的社会关系,尤其体现人口聚集中心的形成。城市空间因为抽象权力介入失去开放和灵动,而变得封闭和僵化。人既要参与群体活动,又要避免他人对私人空间的入侵。城市化及其中的一切都成了资本增值的工具。资本主义通过城市化巩固了资本主义统治秩序和空间剥削,也加速了自己的灭亡。城市化矛盾必然引起强烈对抗,反抗力量不仅消解了城市化的正常进行,也延缓了资本增值速度。城市化让人们产生空间聚集,从而产生空间拥挤,人们需要生产出新的空间形态以生活。城市空间的同质性和碎片化必须用差异性才能瓦解。反对城市空间剥削和压制,必须进行日常生活革命。日常生活空间具有反对集权专制的功能,能够让人民群众发挥创造作用。空间是宏观的,日常生活是微观的,两者共同构成人的存在条件。日常生活空间外在于经济和政治,是新的政治革命平台。

二、城市的功能与形态分类

(一)城市的功能

城市功能也称城市职能,是由城市的各种结构性因素规定的城市作用或机能,是城市在一定空间范围内所起的生产、消费、意识形态、社会交流、生态交换等作用。城市具有对外和对内功能。城市的对外职能主要是对外交流、军事防卫等功能。城市的对内功能日益明显,主要是城市的生产、消费、意识形态和日常生活功能。

1. 城市有生产和消费功能

城市不仅承载着工业化生产,而且成了可以获得高额利润的投资。"向城市的集中是资本主义生产的基本条件。"②城市的资本化就是城市土地的资本化,让

---

① 房艳刚、刘继生:《城市系统演化的复杂性研究》,载《人文地理》,2008 年第 12 期。
② 《马克思恩格斯选集》第 3 卷,人民出版社 1995 年版,第 646 页。

开发商为了地租而投资房产。住宅空间在城市空间中占有重要地位,是人们生活的主要场域,呈现着特定的社会关系,是资本主导建造的。资本数量影响着住宅空间的数量和规模。资本为了利润才建造住宅,可工人购买力有限,进入城市的农民也没有资本购买住房,因此,资本家不愿为工人建造住宅,导致工人缺少住所。在资本增值逻辑下,住宅空间成了资本,担负着资本功能。住宅空间不仅是物理空间,也是商品关系,体现着土地交换价值,是体现资本逻辑的商品。空间生产破除了封建等级的空间分化,保证了资本的自由流通。"资本一方面具有创造越来越多的剩余劳动的趋势,同样,它也具有创造越来越多的交换地点的补充趋势。"①原本还能自主参与的一点休闲时空,也被消费无情剥夺了。它用高速的资本运转支配了人的休闲时间,又通过高度的资本运作占据着大面积的公共空间。因此,在都市生活的方方面面,人只能听从消费的安排、放弃个性,压抑本真需求、失去创造自由生活的意志、接受消费的全面摆弄。屈从式消费代表人的欲望越炽烈,真实需求越少。都市化中的消费行为不再是人的自由意志行为,而是景观展示。都市的消费是积极的社会关系模式。消费在早期是为了满足人的基本需求,随着生产力的提高,消费成了象征行为。当代已经不是商品社会,而是消费符号的社会。消费的参与对象是大众,而不只是特权阶级。消费的对象是符号,符号的条分缕析,让社会等级更加明显。技术理性的恶性膨胀,让消费异化更加严重。于是,消费体现着等级和利益,变成都市化的主体力量。都市的运行方式已经不是物质生产决定消费,而是景象决定消费,消费影响物质生产。

大城市成为商品生产的体现,是资产阶级和贵族阶层矛盾调和后的产物。城市空间与特定的生产方式相关,并且随着社会形态的改变而变革,是不同政治组织和社会群体实践活动和利益调和的结果,被大众商业文化随意肢解,纳入新的整体中。空间控制始终在进行,反映着社会关系和阶级利益,也引起了反城市运动,需要创造希望空间。城市是空间生产的集中场所,是政治规划的产物,是由资本、政治、文化、技术、阶级、种族、环境运动等多重力量推动的。城市依靠技术和权力,吸收了过剩的资本和劳动力,虽缓解了资本过度积累的危机,但会扩大经济危机,形成经济泡沫,造成资金链断裂,形成巨大的金融危机。城市改造是为了给过剩的资本找出路,加剧了贫富分化,让阶级矛盾更加突出。资本主义已经很发达,但仍有革命冲动,人们仍会对大资本家不满,反对金融寡头。人们需要将城市空间生产者联合起来,以逆转政治、经济等的不平等。马克思不太倡导都市在革命中的作用,而强调了阶级斗争的重要性。资本控制了空间生产,需要以城市为

---

①　《马克思恩格斯全集》第30卷,人民出版社1995年版,第388页。

基础进行反资本斗争,需要重新界定无产阶级和资产阶级。无产阶级在剩余价值生产的作用很小了,而城市生产者起着资本运作的主要作用,尤其是城市建筑工人。城市空间存在着等级秩序,担当了意识形态,也不断塑造空间乌托邦,促进了工业社会向都市社会的转变,让都市空间不断重组。城市空间变成了社会生产的基本场所,表现为都市人口的急剧膨胀、都市空间规模的扩大。城市成了高度分散的多空心空间结构,体现了资本空间化,展现了城市空间重构过程。长期的资本投资主要是交通等生产性投资、住房等消费性投资、科技等研发性投资、医疗卫生等公共领域投资等。这些投资不仅着眼于现实利益,而且着眼于长远利益,能够保证长期都有生产和消费价值,能够在较长时间内缓和资本空间生产的矛盾。资本主义通过刺激消费、扩大金融信贷等手段预防资本增值风险,这是提前预警,是用时间转移未来可能的危机。但资本主义通过这种方式也扩大了自己的矛盾,导致虚拟经济产生。消费经济和信贷体系的形成和扩张,意味着经济过热和透支,是提前消耗剩余经济能量。资本主义在长期投资中消耗太大,又不能及时取得收益,导致资本流通受阻,引起经济危机。房地产是资本主义重点投资的长期项目,但也是引发危机的导火索之一。消费经济和信贷体系促进了虚拟资本的流通,导致生产和消费活动都脱离实际。资本变成虚拟市场、债务经济中的投机行为,成了仅仅获取货币的工具。无数资本被用来获取更多货币,让原本公平的市场成为投机活动的场域,形成泡沫经济。泡沫破灭即是经济危机到来之日,变成金融危机的诱因之一。资本主义经济积累依赖于公民消费,公民消费依赖于工资水平,但资本主义不希望提高公民工资,由此造成长期矛盾。公民消费促进资本投资和经济信贷,让人们更方便地参与到贷款消费的活动中,也间接增加了低收入群体的购买能力和收入水平。但消费是由电视媒体鼓动的。"全世界一切不同的空间都在一夜之间集中为电视屏幕上的各种形象的拼贴。"①信贷体系促进了消费,但加剧了债务危机。消费债务已经超出了人们的支付能力,债务经济恶性循环,使得消费债务和实际收入差距日益扩大。

2. 城市的政治意识形态功能

城市与资本政治统治机制相连。资本主义城市包含着资本剥削关系和统治机制。城市为政治权力支配,让空间形态和格局受政治、文化、意识等制约。城市中展示着人的有机体和精神意识,展现着人的属性、力量和价值。城市生存状况也影响着阶级意识。工人糟糕的居住条件,让他们有强烈的反抗冲动。工人和富

---

① 〔美〕大维·哈维:《后现代的状况——对文化变迁之缘起的探究》,阎嘉译,商务印书馆2004年版,第378页。

人不同的居住情况,让他们思考的问题和思考方式不同。城市以积极力量反作用于人的主体性及意识,也反映着人的生活方式和内在品质。阶级及意识是在城市中孕育的,阶级会占据城市,并把身份和品质折射于其中。城市映射着社会关系、自然关系、生产关系和生活关系。"对宫廷宣战,给茅屋和平!"①城市阶级性在不断出场。阶级革命就是对原有城市空间的消解和重构。城市化展开的前提是人组成社会关系,并能动地展开空间实践活动。只有从社会关系、人的本质、人的意识才能理解城市化过程,才能理解人在城市中的表演。城市在布展中悄然完成了意识形态控制。在城市的指挥棒下,人内在地产生分裂,既不能认识真正的生活意义,也不能积极地参与创造,堕落为空间生产的机器部件。城市让政治变得扑朔迷离,只有同质的原则和价值。城市作为人们生活的迷药,起着意识形态功能。"城市空间要呈现精神性,必须具备三个条件:形成空间体系、形成对人的诱惑、进入交换领域。"②资本家通过媒介控制大众的精神生活。媒介体现着资本的利益,用谎言作为自己的策略。城市让资本成了连接人们与世界的纽带。由此,城市不是纯粹的工具,而是与经济、政治相连。城市的背后推动力量也包括政治利益。城市实质是资本主义政治逻辑在空间的扩展,是资本政治扩展的新方式,是资本主义社会运行方式的转化。城市影响了人们的生产、生活、思维方式,反过来,人们的生活模式又确证了城市异化存在的正当性。

城市空间是人类生存的重要前提,自然成了政治斗争的焦点,成了阶级利益和社会斗争集中展现的场所。"城市空间不是自然性的,也不是一个物质性的器皿,它是一种充斥着各种意识形态的产物。"③空间规划和空间管理成为资本主义社会治理的基本方式。城市化实质上并非一种先天的空洞容器,而是充满关系的社会辩证空间,一种社会实践的经济、文化生产过程;既是社会实践过程,又是社会历史建构过程;既是空间生产的对象和产物,又是空间生产关系的目标和结果;既是自然空间的人化,又是具体历史的统一;既是生产实践的产物,又蕴含着社会关系和意识形态。城市是关系性的实践存在,反射着人们的需求和利益,铭刻着人们的意识,它既是社会生产关系的抽象产物,又是社会劳动的外化、社会交往的结果和手段。城市空间维护了政治统治的稳定和思想意识形态的操控。表面看,是资本在奴役人,实际上是人在奴役自己。公平和正义的社会秩序,平等和自由的选择,实质上并不存在。当代发达工业社会凭借空间符号差别和媒介生产逻

---

① 《马克思恩格斯文集》,第 1 卷,人民出版社 2009 年版,第 498 页.

② 孙全胜:《城市空间生产:性质、逻辑和意义》,载《城市发展研究》,2014 年第 5 期。

③ 包亚明:《现代性与空间的生产》,上海教育出版社 2003 年版,第 23 页。

辑,有效地实现着其政治策略。西方社会批判理论的空间转向,反映了当代城市化的飞速发展。人的生存和发展离不开城市,不同的实践活动产生不同的城市形态。不同的实践活动发生空间冲突,产生空间困境和空间殖民化。城市化是以土地空间利益为导向的城市空间开发和更新。城市也有区域不公平问题,体现开发商利益,在私有制国家还体现政府利益,也体现资本和市场利益。城市也积极参与了资本运作,参与了社会历史进程。政治内在于空间生产,构成社会空间的固定要素。城市空间因为政治意识形态的参与而维持现状或变革。城市不是纯粹的客观对象,而是资本主导的社会关系和社会秩序。城市化政治批判预设了对当前政治的分析和对未来政治的憧憬。"我们可以考察社会活动如何开始在时空的广袤范围内'伸展'开来,从这个角度出发,来理解制度的结构化。"①

3. 城市具有日常生活功能

城市化促进了人类文明的进程,让封建等级国家逐渐转化为现代化的工业化国家,让传统的农村生产方式转变为先进的城市生产方式。"资产阶级使农村屈服于城市的统治。它创立了巨大的城市,使城市人口比农村人口大大增加起来,因而使很大一部分居民脱离了农村生活的愚昧状态。"②城市化也带来了抽象、僵化、分割,压制了日常生活。城市化不应该是均质的,而应该是多元和异质的。都市时代意味着城市问题和矛盾的增多,汇集了社会关系要素和文化符号,制造了隔离的空间秩序。"国外学者试图用空间性的'问题式'熔化其他所有问题:日常生活、异化、城市状况。"③城邑的分化和隔离导致以中心性和同时性为特质的都市形态。空间生产又巩固了权力,随意在空间中游走。城市空间体现阶级、种族、性别等社会关系,体现空间剥削和政治,需要改变空间结构的不平等。都市景观的控制是霸权,让个人不再存在,而成为虚幻的影像。消费社会背景下的都市化要求的是被动承受,而不是主动选择。它不容反思和辩白,不许反抗和对话。于是,当景观铺天盖地呈现时,人就失去了自主判断能力,就忘记了过去,从而沉迷于现在的虚幻。都市景观的呈现没有规律。都市化高速运转让生活变动加剧,肆意变革价值法则。"在现代生产条件占有优势的社会中,所有的生活都把自己表现为景观的无限积累。"④城市化让我们投入太彻底,却换来的只有心碎,实际上

① 〔英〕安东尼·吉登斯:《社会的构成:结构化理论大纲》,李康、李猛译,生活·读书·新知三联书店1998年版,第40页。

② 《马克思恩格斯选集》第2卷,人民出版社1995年版,第276页。

③ 刘怀玉:《现代性的平庸与神奇——列斐伏尔日常生活批判哲学的文本解读》,中央编译出版社2006年版,第417页。

④ D. Guy, *Society of the Spectacle*, Pairs:Black an d Red Press,1983,p. 2.

根本就没有童话。日常生活空间的异化和压迫需要进行"性的变革与革命""都市革命""节日的重新发现"等路径的空间革命。

消费社会背景下的城市化采用催眠的方式，混淆真伪，让真实成为影像符号，让影像符号凌驾于真实之上，利用各种媒介，将真实生活情景转换成可看的景象符号，从而遮蔽了本真生活状态。都市生活堕落为虚幻影像，而虚幻影像升格为真实，牵引出社会符号化。符号生产让生活成为断裂的碎片，颠倒的伪存在。"在这个真正颠倒的世界，真相不过是虚假的一个瞬间。"①因此，符号成了现实，变成都市化的内在逻辑。都市化通过提高视觉的地位实现了对生活的控制，让人追求眼花缭乱的景象。都市化造就了一个伪世界，并让伪世界取代真实世界。符号体系的形成是按照规则和秩序进行的。物品要进入消费领域，必须借助符号，必须与现实保持距离，成为象征物。在这种资本规则下，道德失去作用。商品的使用价值不再呈现为社会劳动量的多少，而展示为抽象的符号。符号生产的背后是资本，而资本的背后是人的无止境欲望。眩晕不是来自现实，而是来自媒介制造的符号世界给人带来的幻觉。都市符号把非真实的需求包装成人的急迫需求，让人趋之若鹜。在从众心理和主流意识形态的包裹下，人被驯化成没有自主思考能力的动物。资本通过新闻媒介实现着自己的增值需求。人的欲望在媒介的刺激下无限膨胀，堕入无休止的消费泥潭，并无意识地成为景观的维护者。人必须从伪世界中挣脱出来，才能看清现实和未来。消费社会背景下的都市化制造了大量都市景观，造成了分离。在都市景观的全面控制下，人处于麻木不仁的境地。景观的无止息循环让人努力追求却看不到希望，让人耽于肉欲而绝望万分，让人无暇思考生命的真正意义。都市的景观化让意象出场，让实用功能遁形，形成意象的符号体系，让社会成为图景。都市景观隔绝过去、现在和未来，不容许指出它的错误，而且大地夸耀自己，恣意变换自己，混淆是非，架空思想，遮盖真实。都市景观的规则渗透进生活的每个领域，让生活布满虚幻，让人生活在空虚、寂寞、仇恨之中，制造了社会关系和等级。都市化还造就了伪主体的存在——明星。都市景观表面民主自由透明，采取无为而治的政策，实际是隐性的操控策略。现实的矛盾和分裂造就了都市幻想的最初形式，现实的等级秩序需要都市幻想的论证。资本通过都市景观强化了统治，而都市景观的现实基础是无数颠倒的影像片段。造成都市分离的现实前提是资本的景观生产，景观生产又在资本的指使下伪造生活。都市景观采用潜移默化的同化手法让都市生活处于幻象之中。物质生产依旧进行，但景观闯入前台，占据了都市生活舞台。由此，都市景观造成了都市的分崩离

---

①　[法]居伊·德波:《景观社会》，王昭风译，南京大学出版社 2006 年版，第 4 页。

析,让人的欲望愈益成为影响生产的因素。

此外,城市的功能具有总体性、有机性、层次性和开放性等特征。首先,城市功能是总体性的。城市各种功能够结成有机的整体,发挥整合的作用。城市功能的各个层次能相互作用和制约。其次,城市功能是有机性的。城市的内在生产、消费、意识形态、文化等要素制约了城市总体功能的发挥。缺少城市各个要素中的一个,城市总体功能就无法发挥。再次,城市功能是有层次性的。在阶级社会中,城市的各个功能并不具有同等的地位,统治阶级会优先发展有利于本阶级利益的城市功能,而压制其他城市功能。最后,城市功能具有开放性。经济的发展会扩大城市的经济聚集规模,产生很大的规模效应。城市功能的发挥也是开放的,并没有统一的模式。

(二)城市的形态分类

城市形态是"由结构、形状和相互关系所构成的多元的空间系统"。① 不同的研究方法通常会产生不同的城市形态归类。一般来说,城市形态可以按照主要功能、人口和建成区规模、空间结构布局、行政级别等进行分类。

1. 按主要功能分类

一般可以按照城市主要承担的职能将城市分为政治文化城市、工矿业城市、对外贸易港口城市、科技研发城市、旅游休闲城市、交通枢纽城市等。值得注意的是,一座城市通常具有多种功能,如首都北京既承担着政治、文化中心的职能,又是重要的对外交流窗口,还是著名的旅游城市。因此,以上的划分只是为了突出城市最特殊的功能。具体来说,中国城市按主要职能一般可以分为:政治文化中心城市,如北京、南京、西安、成都等。工矿业城市,如包头、鄂尔多斯、大庆、东营、马鞍山等。对外贸易港口城市,如上海、广州、天津、青岛、宁波、大连等。科技研发城市,如酒泉、西昌、合肥、太原等。旅游休闲城市,如秦皇岛、黄山、泰安、曲阜、拉萨等。交通枢纽城市,如徐州、蚌埠、株洲、鹰潭、怀化等。此外还有一些特殊功能的城市,如革命圣地延安、井冈山、瑞金、遵义等,一些边境城市如丹东、瑞丽、漠河等,经济特区城市如深圳、珠海、汕头、厦门等。

2. 按人口和建成区规模分类

城市总人口是市所辖区的人口、不设区的市的街道居委会的人口、县辖镇的居委会人口,这一区域内也有农业户口,但这些农业户口居民也大都从事非农产业。按照城区人口规模,城区常住人口超过 1000 万的为超大城市;城区常住人口超过 500 万的为特大城市;城区常住人口在 100 万—500 万的为大城市;城区常住

---

① 武进:《中国城市形态:结构、特征及其演变》,江苏科学技术出版社 1990 年版,第 5 页。

人口在 50 万—100 万人口为中等城市;50 万人口以下的为小城市。根据这种划分,中国目前有北京、上海、广州、深圳 4 个超大城市,这 4 个超大城市在全国有重要影响力。重庆、天津、武汉、成都、南京、沈阳 6 个特大城市,是区域性中心城市,对所在的区域经济发展能起带动作用。杭州、苏州、西安、哈尔滨、郑州、青岛等 68 个大城市,对所在省份的经济有重要影响力。城市人口超过 100 万的城市总共有 79 个。按照城市建成区面积来说,也可以分为超大城市、特大城市、大城市、中等城市和小城市。中国建成区面积较大的城市依次是上海、北京、广州、深圳、天津、东莞、杭州、南京等。这些城市一般都是区域性的中心城市,具有很大的城市人口规模。"不同城市中建成区、建成区绿地面积的扩张存在差异,中国采用的行政区划使其差异更加明显。"①此外,中国城市还根据影响和规模分为一线城市、二线城市、三线城市。

3. 按城市空间布局结构分类

城市受政治、经济、历史文化背景、区域地理环境等的影响而呈现出不同的空间布局结构,在一定意义上体现了城市空间发展的内在规律。城市空间布局结构是不同城市发展模式和空间环境导致的。城市空间布局结构常见的有 6 种:(1)块状的空间布局结构。这种城市空间布局结构比较常见,这种城市空间布局结构能够更集中地建造公共行政设施,更方便地利用土地,建立便捷的交通设施,方便居民生产、生活、休闲的各种需求。中国块状空间布局城市很多,有的是依托原来的城市基础发展起来的,如北京、乌鲁木齐、洛阳等;有的是依靠大型工矿企业发展起来的,如东营、攀枝花、马鞍山、鞍山等;有的是依靠生产力发展将新旧城区联结起来,如昆明、银川等。(2)带状的空间布局。这种城市空间布局主要是受地理环境和交通因素影响而形成的。有的沿着江河布局,有的沿着狭长的山谷布局,有的沿着交通干线延伸。这类城市空间布局一般有一定的长度,有很强的交通流向。中国存在很多带状空间布局的城市,如兰州、攀枝花、宝鸡是很典型的山谷城市,城市沿着狭长的河谷分布,城市用地紧张;银川、长沙、荆州等城市沿河分布,城市形成狭长的带状格局;大连、青岛、珠海等城市则是沿海岸线布局;株洲等城市空间局部受铁路交通干线影响较大。三明、天水等也是沿着河流呈现狭长状布局。(3)环状的空间布局。这种城市空间布局主要是环绕着海湾、湖泊或山地进行,这种布局也是带状城市空间布局的变种。这种城市空间布局比带状空间布局更利于居民的生产和生活,交通也更加便利。这种空间布局的城市的中心部分要

---

① 尤仪霖、刘志强:《中国不同行政级别城市建成区面积扩展对其绿地扩张影响的实证分析》,载《湖北农业科学》,2016 年第 23 期。

为城市居民提供良好的生态景观和地理环境。中国环状的城市空间聚居较少，如厦门市整座城市围绕着优美的厦门岛而展开，厦门市的中心部门生态优良，吸引了国内外大量游客。(4)串联状的空间布局。几个城镇围绕着一个中心城市建立，中心城市和周边城镇有一定的间隔，相互沿江海或交通线布局。这种城市空间布局具有较大灵活性，中心城市和周边城镇有合理的间隔，能让城镇维持较好的生态环境，又能让中心城市和郊区城市保持较密切的联系。这种空间布局的城市在中国也较少，如秦皇岛（北戴河、秦皇岛、山海关）、镇江（镇江、丹徒、谏壁、大港）、淄博（周村、张店、淄博、临淄）等。(5)组团状的空间布局。城市用地因为自然地理环境的限制而被规划为几块。城市空间规划时，尊重地理条件，将职能相近的部门集中在一起，对城市进行分块规划和建设，每块形成功能齐全的生活组团，组团之间有合理的距离，并有便捷的交通连接。如重庆市由主城区、涪陵、万州三个较大的组团构成，主城区又由江南、江北和渝中三个中等的组团构成。武汉市由武昌、汉口、汉阳三个较大的组团构成。这三个组团可以看作独立的城市，但三者之间的交通又较便利。香港是由香港岛、九龙、新界组成了三个较大的组团，中间由山和绿地阻隔。"因而，组团式布局被认为是大城市扩张的主要发展趋势。"①这种空间布局假如距离合适，又有便利的交通，可以使各个组团城市保持较好的环境地貌，又能让各个组团获得最大的经济效益。(6)星座状的空间布局。在一定区域内，一座中心城市周边围绕着若干个小型城市，这些城市如同星座状的布局。这种城市空间布局是因为自然地理、资源环境、城市基础设施情况等影响的，让一定区域内各个城镇在经济生产、交通和公共服务设施的发展上，不仅能够组成整体，而且能够分工协同进步，这种空间布局能够促进人口和资源的平衡分布。如广州作为一个特大城市，周边分布着佛山、东莞、肇庆、江门等城市，这些城市能够分工协作，共同组成了珠三角城市群。如上海作为全国的经济中心，具有强大的经济辐射力，周边聚集了苏州、无锡、常州、镇江、嘉兴、湖州、绍兴等城市，共同组成了长三角城市群，对全国经济有很大贡献。

以上是城市空间布局的6种主要形式，城市空间布局当然也存在其他形式。值得注意的是城市规划不能教条地遵从某种形式，而应该结合当时当地的自然条件、已有经济基础、历史文化传统，做合理的规划，让城市规划体现本地特色，具有文化性、科学性和艺术性。"城市规划将以改善人居环境为核心，以提高城市韧性为目标。城市规划传承和变革的终极归依，是为了更好实现人的需求。"②

① 叶彭姚、陈小鸿：《功能组团格局城市道路网规划研究》，载《城市交通》，2006年第1期。
② 杨保军、陈鹏：《新常态下城市规划的传承与变革》，载《城市规划》，2015年第11期。

4. 按行政级别分类

按照中国法规,城市包括直辖市、地级市、县级市、建制镇等。国际上没有城市的统一标准,联合国建议将人口过万的居住点称为城镇。各国设市的标准不一:一是单纯把行政中心称为市;二是将公共服务设施的完善程度作为城市标准;三是按照居民点人口规模为标准;四是把居民点人口规模和密度结合起来为标准。大部分发达国家都把居民点人口数量作为标准,因为发达国家已经完成城市化,农业人口很少。而中国农业人口仍很多,单以居民点数量为标准不科学。我国一些乡镇驻地的人口早已过万,但仍以从事农业为主,基础设施仍很落后。我国城镇标准包括人口、经济、社会等多元因素,主要是非农人口数量、工业产值、第三产业比重、国内生产总值、地方财政收入等。中国目前有 4 种不同级别的城市,首先是 4 个直辖市。直辖市由中央政府直接管理,等同于省级单位,有着较大规模的人口,经济发达,在全国有较大的影响力。中国直辖市有北京、上海、天津、重庆。直辖市的城市化率已经很高,接近欧美发达国家的水平。直辖市设立区和县。其次是副省级市。副省级市一般市区人口都超过 200 万,在国民经济和税收方面等同于副省级的待遇,一般都是本省的经济中心,在本区域内具有较强的经济辐射力。目前我国的副省级市主要有:沈阳、哈尔滨、长春、大连、武汉、南京、西安、广州、深圳、厦门、杭州、宁波、成都、青岛、济南等 15 个。再次是地级市。地级市是在省管辖的行政区,与民族自治州平级,是比较特殊的行政区,地级市下面设立区和县。我国每个省都有很多地级市,如浙江省就下辖温州、嘉兴、湖州、绍兴、金华、衢州、台州、丽水等地级市。最后是县级市。县级市一般都是由县升级而来,受副省级或地级市的管辖,与县、民族自治县平级。县下面一般不设区,而是设立街道办事处或乡镇。我国较著名的县级市有:昆山、江阴、张家港、常熟、太仓、义乌、晋江、慈溪、余姚、海宁、宜兴等。国家为了推行城镇化,发挥小城镇在城市化的作用,实现城乡互动,两次推行市管县的行政体制,第一次是从 1958 年起始,到 1959 年全国能够管理县的市已经达到 50 多个,市管辖的县则有 240 多个。第二次是 1982 年 12 月再次启动的行政体制改革,在经济发达的地区实行地市合并的政策,实行市管县,允许一些县升格为县级市。到目前,中国已经有 283 个地级市,已经有 369 个县升级为县级市。此外,还有一些学者呼吁设立镇级市,允许一些较大的镇享受市的待遇,如在华西中心村的基础上联合周边的村镇设立镇级的华西市。

第二节　城市化及其测度

一、城市化的含义及特征

（一）城市化的含义

1. 城市化概念

城市化概念是 1867 年西班牙建筑师塞尔门（A. Serda）最早在其著作《城市化的基本理论》中提出的。[①] 城市化来自法文"Urbanisation"，后转为英文"Urbanization"，由"Urban"（都市）和"ization"（……的行为过程）组成，也被称为都市化、城镇化。

城市化概念有广义和狭义之分。广义的城市化是城市化方向、战略、路径及相关方针的综合，指城市活动的集中，人口、空间、文化、生活方式的扩散；狭义城市化是城市化的路径、方式，是指城市增多和作用的加强。城市化是人类由乡村型生活转向城市型生活，表现为农村人口向城市的转移和城市功能的不断完善，是工业化、技术革命推动的，乡村的人口、资源、经济活动不断聚集为城市的生产、生活要素，是生产方式变革导致的生活方式改变，是工商业不断发展，人口更加聚集，城乡经济联系不断加强，城市对社会的影响越来越强，是产业布局、人口布局、生活居住方式的转变，是经济结构、产业结构、社会制度、观念意识的变革。城市化是农村现代化过程，是生产和生活方式的转变，是城市价值文化向农村的渗透，消除城乡、工农差别。城市是政治、经济、文化、生态、生产、生活等全方位的转变，是人口、空间的第二、三产业聚集过程，是城市人口比重不断提高，是产业、基础设施的城市地域化。城市化还分为直接和间接，直接城市化是人口、非农产业、人文景观在城市的聚集；间接城市化是城市技术方式、文化理念、政治体制等的扩散，城市生产、生活方式向乡村的渗透。城市化是社会整体转型，是人口的不断发展，带来人精神面貌的转变，是工业化、现代化推动的人口、经济要素的空间聚集，是生产、生活更加集中现代。城市化是由社会进步而推动的，引起世界范围内的人口向城市迁移。城市化低于 30% 是初级阶段，30%—70% 是快速发展阶段，高于70% 是高级阶段。城市化水平与国家经济水平呈正相关，与经济增长能够互动。城市化是由乡村发展而来的，而不同于乡村，是城乡人口布局的变化，是机器工

[①]　周一星：《城市地理学》，商务印书馆 2003 年版，第 5 页。

业、劳动分工、物品交换的扩大,是市场向世界性发展的过程。城市化是由人口密度低、较均匀分布、劳动强度大的农村转变而成的,是居住地更加集中,城市经济不断扩散的表现。城市化是地域性、制度性的,是产业、人口、社会结构的空间演进,是市民地位、生活、消费、居住的空间变迁。

城市化一词的出现已经有100多年,是城市人口增加、城市规模扩大、城市文明扩散等的过程,需要农村城市化的发展。世界城市化大体经过了缓慢发展、快速发展、现代发展三个阶段。中国直到改革开放后,才引入这一概念。城市化是全球性的历史过程,是农业人口向城市人口聚集的过程。城市化外在表现是人口聚集,主要内容是经济聚集,核心是经济结构转化。城市化首先呈现为人口的大量迁移和聚集,农村人口大规模移居到城市空间。农村的推力和城市的引力让人口大规模迁移。农村的推力主要是农业人口增加和农村土地的矛盾让农村人口向非农产业转移,农产品价格低也迫使农村人口转移。城市的拉力主要是城市经济发展和规模扩大导致更多就业机会、发展机遇、方便的生活。城市化还伴随经济要素和资源的聚集,人力、物资向城市聚集,便利的交通方便了物品交换,使消费活动聚集。城市化还伴随生产、生活方式的改变、居民生活水平的提高,推动了农业现代化,让更多农民涌入城市。市民对农产品的需求也刺激着农业改进技术,提高农业生产力,城市化带动工业化,刺激工业消费品生产,刺激初级商业、贸易、金融等第三产业发展,让城市发挥技术、资本、交通、市场、人力、居住等优势,吸引产业活动更加聚集,进而促进提高基础服务水平。城市化带动工农业发展,带动了精神文明建设,丰富了居民业余生活,提高了居民总体生活水平。

2. 城市化需要从不同学科角度去理解

城市化具有多重内涵,是不断变化的过程,需要从多个学科解读城市化的内涵和基本规律,综合已有的城市化研究成果。城市化可以从人口学、文化学、社会学、经济学等角度来理解。因此,关于城市化的内涵仍没有统一的定义,不同学科有着不同看法:

从人口学来说,城市化是乡村人口不断涌入城市、农村社区变为城镇社区、城市人口比重不断提高的过程。城市化需要提高城市化速度,增加城市人口比重。"城市化主要表现为城镇数量和城镇人口占总人口比重的增长。"[1]中国城市化更多是乡镇城市化,产业结构失衡,有先天不足,导致城市人口结构转换。"城市化是一个以人为中心的系统化转化过程。"[2]乡镇企业占用了很多土地,城市摊大饼

---

① 郭书田、刘纯彬:《失衡的中国》,河北人民出版社1990年版,第12页。

② 崔援民:《河北省城市化战略与对策》,河北科学技术出版社1998年版,第32页。

发展,政府限制城市规模,使用了大量资金,但忽视了城市基础设施建设,引起就业结构不合理,限制农村劳动力转移,服务业不足导致需求不足,加剧城乡二元结构等问题。城市化是人口的城市化,非农产业的集中,生活空间的转化,观念意识的转变,是经济城市化、空间城市化和人口城市化的互动协调。三个城市化关系处理不好会导致城市化脱节,影响现代化进程。错误的城市化认知导致城市化发展不足。城市化是人类自然发展过程,这个过程不以人的意志为转移,是经济发展的必然结果,不是人为限制能阻止的。城市化是不可控的,进城的人有明确目的和动机,但个人聚集在一起能形成合力,让城市发展不自觉地呈现非主体性。城市化不用盲目地堵,需要顺势而为,需要发挥市场机制作用,引导人口的合理流动。城市化需要协调人口、空间、经济关系,促进空间城市化、人口城市化、经济城市化的协调,促进三个城市化相互促进。空间城市化是基础设施的外部条件,引起经济城市化、人口城市化的空间演化,让城市中心区基础设施完善,更吸引人口,但成本也高,让主体有了选择,造就了不同空间结构。人口城市化不是城市化的全部,需要协调发展。城市化是人力资源的空间优化组合,人口结构转化需要空间做载体。人力资源在城市不同区域配置,随着产业结构而变化。前工业时期,城市主要是手工业、商业,占用土地不多,是点状的空间形态。工业革命后,城市大力发展工业,占用很多土地。当代,城市中心地域地价升高,让企业外迁到郊区,城市空间继续扩大。发展知识经济、提高国际竞争力都需要大力提高城市化,需要发挥大城市经济中心、文化中心、科技中心作用,融合城乡资源,把产业结构、人力资源、城市发展结合起来,加快制度革新。城市化需要工业发展,吸纳了大批工人进城。企业促进了人口聚集,形成城镇。生产力进步推动生产资料、资本增多,有利于促进三大产业结构调整,不断扩大工业和服务业的规模。

从文化学来说,城市化不仅是人口向城市聚集,还是城乡文化逐步融合的过程。城市化是城市生产、生活方式的推广,居民物质、精神生活转向城市文明,需要提高精神文化层次。城市化包括物化的物质空间形态,也包括无形的精神意识的转化。城市化不只是农村向城市转变,也是城市文明向农村渗透,城市生产、生活、思维方式向乡村扩展。城市化具有文化功能,是教育文化、价值理念、宗教信仰的演变过程。生产技术的提高让农民从土地上解放出来,为城市化提供根本动力,工业生产发展需要更多劳动力,并提供工资,为城市化提供直接动力。"城市特色重建是修复城市文化功能的重要抓手,而城市文化功能的健康成长则有助于从根本上推动城市发展方式转型。"①城市化具有很多特征,是农业文明转变为城

---

① 刘士林:《特色文化城市与中国城市化的战略转型》,载《天津社会科学》,2013年第1期。

市文明、产业结构转换、劳动者素质提升、农村现代化等。城市化是人在城市发展中的观念转变，例如物质生活提高，生活质量提升，消费水平提高，城市文明传播、渗透、人素质的提高。城市化是城市文明的扩散，具有变动、方向、时效等特性。农村对城市化也有影响，需要实现城乡一体化。中国明显的城乡二元结构迫使农业人口流入城市，农村的大量剩余劳动力也想进城获取收入，工业生产也需要劳动力，综合力量让农村人口进入城市。城市空间需要提高承载外来人口的能力，提高城市基础设施和公共服务水平。人口城市化、空间城市化推动了文化城市化，让城市发挥规模、扩散、回流等效应，带动周边地区的文明进程。城市中心和郊区的基础设施有差别，导致空间城市化的地区差异。"目前中国的城市文化发展现况存在着明显的空间分异，东部和南部地区城市文化发展程度较高，西部和北部地区发展程度较低。"[1]

　　从社会学来说，城市化是农业人口、农业社会、农村生活方式向城市文明的转变，并带动社会变化的过程。"城市化是社会变迁的过程，即由原始社会、不发达社会、工业化社会向城市社会的过渡过程。"[2]城市化是工业化、现代化推动的，是地区生产力提高的体现，是非农活动不断提升，农业人口下降。"物质劳动和精神劳动的最大的一次分工，就是城市和乡村的分离。"[3]发展中国家的大城市优先发展，低水平社会更需要大城市发挥区域中心作用。经济发展也需要规模化、集中化，需要大城市聚集人才、资金、技术。城市化是社会持续发展的必经历程，是资源的空间优化，是经济、空间、人口、资源等的统一。中国城市化需要规模效应，发挥大城市在城市化的主导作用，遵循城市化一般规律。城市化是以人为本的，呈现为城市数量增加、城市基础设施完善、城市经济发展、城市居民生活方式的转变。"城市化是一个综合的社会变迁过程，包括整个社会组织、社会结构、社会文化的变迁等。"[4]改革开放前，国家为了对抗资本主义，优先发展重工业，形成较完善的工业体系，但限制了城市发展；改革开放后，国家大力推行城镇化，调整经济结构，推动工业和服务业发展。城市化是人口、就业的城市化，是农村地区城市化，是农村居民转化为城镇居民，农村社区变为城市社区，是生活、生产、思维方式的变革，共享物质、精神成果，第二、三产业向城市聚集，实现工业化、农村现代化。城市化核心问题是农村低收入群体也能在城市中持续生存、发展，对农村进行改

---

① 姜斌、李雪铭：《快速城市化下城市文化空间分异研究》，载《地理科学进展》，2007 年第 11 期。

② 钟秀明：《城市化之动力》，中国经济出版社 2006 年版，第 13 页。

③ 《马克思恩格斯选集》第 1 卷，人民出版社 1995 年版，第 104 页。

④ 王春光：《中国农村社会变迁》，云南人民出版社 1997 年版，第 22 页。

造,提高农村基础服务水平,推动社会政治、经济、文化不断完善。

从经济学来说,城市化是乡村经济向城市经济转变的过程。城市化是城市数量的增多、人口规模的扩大、地域面积的扩展、功能的完善、居民生活质量提高,文明程度提升等过程,是将农民从土地上解放出来,农民物质生活水平提高,消除城乡和地区差距,实现城乡协调发展。城市是居住的城和贸易的市的结合,能产生聚集经济效应,是有限空间内住房、人力、土地、交通等交织起来的网络体系。"城市化是人类社会经济结构发生根本性变革并获得巨大发展的空间表现。"①城市起源于几千年前,但工业革命后才形成独特的社会经济结构。城市化是随着经济发展、农业人口和非农产业不断地空间聚集,城市结构升级的过程。城市化具体呈现为农村人口向非农产业转移并向城市聚集,城市生产、生活方式向周边地区扩散等。城市化是人类生产、生活由乡村过渡到城市类型,表现为农业人口转化为城市人口、城市基础设施不断完善等。城市化是连续的历史过程,是人的社会化、现代化,不断消除城乡差别,却不能消除农村,农业会一直存在。城市化会一直促进城乡融合,是长期的历史过程,是生产要素的城市聚集,是生活方式逐步城市化,是由生产力、产业结构优化推动的。城市化表现为人口、技术、土地、产业的扩大或升级,核心是就业、经济、城乡结构的变迁,是人口、非农产业、劳动力的城市聚集。城市化实质是产业结构升级,目的是人的需求,是经济特殊发展阶段。城市化是人口从农村到城市,从事非农产业,是人与人依赖的加强,人更加现代化,是经济活动向城市聚集,是人类生态系统演化,寻求更适宜人类生存的社会组织形式的过程。农村需要提高基础设施,促进农民生活方式转化,实现工业、地域、人口、景观、生活、生产的城市化。城市空间形态有集中和分散两种:集中型城市化是人口、产业向城市聚集,城市中心建筑越来越高;分散型城市化是随着城市中心成本升高,城市文明的扩散,城市经济郊区化。发达国家以大城市为中心的城市化模式导致城市盲目发展、引起环境问题。资本主义大力发展大城市,导致城市资源过分集中,导致大城市中心衰落,出现逆城市化。农业为城市化提供剩余产品、劳力,支撑了工业发展。新型城市化需要推动工业化、城市化、农业现代化良性互动,以新型城市化为支撑,新型工业化为主导,农业现代化为基础。城市化能推动产业结构调整,发挥带动作用,推进产业、人口聚集,提高居民生活质量;工业化是经济动力,能提升产业竞争力,带动城市化;农业现代化是经济基础,粮食是安全保障,推动农业产业化经营,建立现代农业。推动工业化、城市化、农业现代化是科学发展观的要求,工业化提供建设原料,提供物质支持,城市化为工

---

① 叶裕民:《中国城市化之路——经济发展与制度分析》,商务印书馆2001年版,第23页。

业、服务业做支撑,为农业产业化提供条件,农业为工业化、城市化提供基础。

(二)城市化与城镇化辨析

城市化和城镇化的含义有所不同。城市化侧重于城市的贸易性,城镇化侧重于城市的规模。国外一般用"城市化"一词。中国自古就有镇,但城市化程度低,更多把城市化翻译为城镇化。2000年10月政府首次在文件中使用了"城镇化"一词。城镇化不同于城市化,还包括乡镇化,是缓冲性地解决农村人口问题的策略,只能短期缓解农村人口压力,会导致资源浪费、生态破坏,不是农村人口流动的最优化选择,城市化更彰显城市的本质。城市化是国家由落后走向繁荣的道路,是农业现代化、工业化、市场经济、知识经济的发展,促进了社会进步。"城镇化战略与城市化战略是城市化进程中不同阶段实施的两种战略。当城镇化水平达到一定程度后,城镇化战略应该及时升格为城市化战略。"①中国更多用城镇化代替城市化,这是因为中国还没有统一的城市化标准,将这两个概念混淆了,把建制镇当成了城市。国家也着重发展小城镇,控制城市规模。

城市化和城镇化的不同可以从实现模式和发展目标等角度来理解。

其一,从实现模式看。城市化是随着经济社会的发展,人口和地域向城市文明转变的过程,具体表现为农村人口迁移到城市,城市人口不断增多,导致城市数量增多、土地面积扩大。在城市化过程中,市场引导人口迁徙、土地利用,人们随着社会的改变而发生生活和思维方式的转变,推动了社会的更加文明化。西方国家的城市化大都是随着工业文明才兴起的,其中资本起了很大的作用,引导经济从分散的农村经济向集中的城市经济转变。"城市化是城市的动态发展过程,是社会经济发展的必然趋势,城市化的发展过程不仅可以促进城市的发展,而且还可以带动农村的发展。"②西方城市化围绕着市场体制,建立了完善的配套制度,促进了生产要素的自由流动。中国由于城市化起步晚,城市化过程中史多米用发展小城镇的乡村城市化的策略,也被称为城镇化。乡村城市化是凭借乡镇企业实现农村就地城市化。由于特殊的历史条件,中国城市化过程中,形成了严格的户籍管理制度、土地制度等,形成了城乡二元体制。改革开放后,中国城市化要转型,就需要社会结构转换,但城乡二元体制很难在短时间内消除。为了加快城市化发展,只能选择乡村城市化道路,大力推动新型城镇化,建立社会主义新农村。社会主义新农村不是发挥城市的辐射作用,而更多是利用农村已有的工业基础推动非农产业发展。新型城镇化道路促进了农村现代化水平,让农村居民接受了现

---

① 冯子标、焦斌龙:《城镇化战略与城市化战略》,载《中国工业经济》,2001年第11期。

② 姚志杰:《对城市化内涵的科学理解》,载《中学教学参考》,2012年第12期。

代城市文明,促进了人口向中心城镇聚集。城乡二元体制让城乡之间的交流较少,一方面城市有着较高的工业文明,是先进生产、文化的聚集地,在经济中占主导地位;另一方面农村向城市输送了大量的人力、物力资源,缺乏自身发展能力。

在西方国家,城市化和工业化是正相关的,产业革命推动了城市化的发展。产业革命经历了三个阶段:先从农业革新开始,人类从游牧到固定的耕种,农业成为人的空间生产形式;继而是机器技术引领的工业革命,依靠手工业提高了人利用自然的能力,让工业取代农业发挥生产主导作用,提升了社会物质、精神水平;最后是服务业兴起,提高了效率,促进了知识经济,更有效地利用技术、知识,改变了社会结构。工业革命只是产业革命的一个阶段,工业化不是产业革命的全部。工业化推动了近代城市的发展,高度城市化也推动了工业革命,满足了工业对集中的需求,对市场、科技、信息的需求。知识经济时代,城市化主要依靠服务业和知识产业,而不是工业。中国由于特殊的国情,城市化和工业化不是正相关的:城市化滞后于工业化,工业化对城市化的带动作用不明显。中华人民共和国成立之后,国家优先发展重工业,很快就建立了一个完整的工业体系,但快速发展的工业化并没有带动城市经济、城市基础设施、城市容纳人口能力的同步提升。中国城市化中,经济发展和城市发展的互动作用不强。城市经济的发展、城市基础设施的建立、农村非农产业的发展,政府起了很大的主导作用。改革开放后,中国工业化飞速发展,形成了一批大城市和城市群,但大城市和城市群对周边地区的辐射能力不强,没有完全发挥出规模效应。这是因为中国仍存在较强的城乡二元体制,市场机制仍不健全。因此,中国特色城市化道路主要是政府主导的,市场的作用不强。

其二,从城市化发展目标看。资本主义城市化是为了资本家的利益,是为了获取更多资本增值,从而导致很多异化现象。当代资本主义城市化中存在很多社会问题,是人们过于追求经济发展、物质财富增长、生产效率,而不注重对人的伦理关怀、对公平责任的关注的结果。资本过度积累和政治霸权是造成很多城市化问题的社会原因。人与城市的关系是科技和资本建构的。资本增值本性在城市化中得到淋漓尽致地展示,为了获得更多利润,将多样化的空间都纳入资本生产模式。资本变成城市化的内在线索和推动力量,导致城市空间形态的不平衡性和碎片化,用表面的空间平等遮蔽了内在的空间等级秩序。社会空间不是生产的背景,而是生产的一部分,直接服务于资本增值,是资本意识形态的表达,集中表现在城市空间重组过程。制度混乱、贫富分化、思想冲突等社会问题都与城市化相关。中国是社会主义国家,有特定的发展目标和要求。中国城市化的目标是实现城乡一体化,最终实现共同富裕。中国特色城市化道路推动了农村经济发展,有序推动了农业人口变为城市人口,加快了农村现代化,让人们获得更好生活方式。中国特色城市化道路让城市变成人们生活的美好家园,让城市各项事业不断发展,创立了特色的社区管理体系。中国特色城市化道路鼓励发展乡镇企业,促进了农村人口的非农化过程,让农村文化品质提升,改变了农民的思想观念,推动农村经济转化为城市经济、农业转换为非农产业、农业社会转换为城市社会。中国特色城市化道路是政府主导下的分散的农业人口、非农产业向中心镇的空间聚集过程,是资本、人力等生产要素整合为非农经济的过程,是城乡内部结构不断完善、人口精神文化不断提升的过程。中国特色城市化道路能够消除城乡二元体制导致的贫富差距、发展失衡,促进城乡技术、资源、人口协调发展。

(三)城市化的特征

城市化是多元性的,具有历史性、物理性和属人性等特征。城市化的历史性是指从唯物史观基本原理角度分析城市化进程。城市是空间形态的转变,有集中和分散两种空间形态,是改变落后农村面貌,转化为城市生活方式,集中生活。城市的人文性需要实现城市主体的全面需求(生存需求与发展需求),不是单纯为了人类而忽视其他生物的生存需求,也不是单纯为了群体利益而损害个人利益。城市化的人文价值可以说是人的价值经过提炼后在城市空间内的呈现。

1. 城市化是不断演变的历史过程

人是城市化实践的主体,但时常处于具体的城市形态的限制下。同时,人又通过生产实践活动不断制造出新的城市形态。"我们必须研究的不仅是城市空间的历史,而且还有表达的历史,他们的关系——彼此间的关系,实践和意识形态。"①工业革命刺激了资本家占据土地的欲望,导致土地私有化加剧,引起城乡格局变化。资本推动城市化不断发展,间接打破了封建等级秩序,为无产阶级联合创造了条件。资本主义的发展让城市支配了农村。农村主要是农业文明,是依据血缘关系而组成的聚落,相对静谧,有着原始宗教的社会关系。社会分工和技术进步促进了城乡分离,让城市对乡村占据优势。资本从城市空间中获得劳动力、劳动资料、市场等生产基本条件。社会关系生产及再生产与城市空间密切相连。城市是为了方便商业生产和贸易而逐步形成的,成了资本积累的温床,自身也成了资本积累的要素。土地作为城市空间的物质形式,提供了人类生存的基本条件,是工业化和城市化的前提条件。"在生产力发展的一定阶段上,总是需要有一定的空间,并且建筑物在高度上也有它一定的实际界限。"②

---

① H. Lefebvre, *The Production of Space*, Oxford: Wiley—Blackwell Press, 1991. p. 42.

② 《马克思恩格斯全集》第25卷,人民出版社1974年版,第880页。

　　城市空间是历史的生成过程，是从绝对空间、神圣空间、历史空间到抽象空间、矛盾空间、差异空间的过程，是生产资料、消费对象、政治工具。"城市化是一个连续不断的持续的历史过程。"①城市化引起城市空间机制的变迁。列斐伏尔不是按照阶级成分或人的自由形态划分社会形态，而是根据城市空间形态划分人类社会形态。人类在不同社会形态对城市空间进行了不同的形塑，也形成了不同类型的城市化生产范式和城市生产关系。城市空间变迁也是社会辩证法的体现。城市化不仅是历史过程，还是实践辩证过程，是自然和历史的统一。古代奴隶社会是乡村式城市，封建社会是城乡统一，工业社会造成了城乡对立，而当代是乡村城市化，未来是城乡差异消除的共产主义社会。城市空间变迁蕴含着空间社会化形塑过程。城市化在工业化的策动下取得了巨大发展。工业革命导致城市对乡村的征服和统治。机器制造业让生产资料和人力资源发生空间聚集，也让信息、交通、工厂聚集于城市空间，导致农村劳动力和自然资源的大量流失。这是生产力进步的表现。"这样，我们就走到文明时代的门槛了。它是由分工方面的一个新的进步开始的。"②资本增值变成了城市空间生产的持续动力。机器制造业推动了全球性城市空间生产。农村变成城市的供应地，城市变成魔幻的都会。城市化引起了社会空间结构变革，机器制造业造就了工业中心，也造就了大批城市，让城市变成人类活动中心，让市民占据政治文化舞台中心。工业化、城市化与社会转型同步进行。"每个社会都处于既定的生产模式架构里，内含于这个架构的特殊性质则形塑了空间。"③

　　2. 城市化展示着物理形态性

　　城市化也是具体物理形态的变化，是工业经济推动着人口、产业等要素的聚集。城市化对应的是感知的空间，其生产对象是城市空间中的客观事物，包括物质资料生产实践和生活资料生产实践，这种直接的空间生产随处可见，如大规模的房屋建设、高速公路的修建、娱乐设施的设立等。"城市是产生于大量社会剩余产品的流动、榨取和地理集中过程的建成形式。"④人可以直接接触的自然是高山、大河、海洋等。人能对自然保护区施加影响。自然空间正在逐步消解。"城市机构对再生产过程的作用似乎就像公司对生产过程的作用一样。"⑤马克思在《资

---

① 汪冬梅：《中国城市化问题研究》，中国经济出版社 2005 年版，第 11 页。

② 《马克思恩格斯文集》第 3 卷，人民出版社 2009 年版，第 184 页。

③ H. Lefebvre, *The Production of Space*, Oxford：Wiley—Blackwell Press, 1991, p. 48.

④ 高鉴国：《新马克思主义城市理论》，商务印书馆 2006 年版，第 124 页。

⑤ M. Castells, *The Urban Question：A Marxist Approach*, London：Edward Arnold Press, 1979, p. 237.

本论》的最后，强调了土地所有权的意义，并研究了地租和利润的关系。于是，城市建筑就是具体的空间生产形式，"这个过程通过传统城镇和城市化爆炸的分裂的帮助，自动控制通过小块化的土地、高效设置的宽大机构和适合具体目标的城市爆炸来威胁着社会"①。当代社会，工作早已取代了劳动，资本增值早已不仅靠产业工人。国家权力对公共权力和公共财富进行了搜刮。资本家以私有制为基础，以个人名义占有了城市空间资源，需要反对资本的城市空间权利机制，反对阶级导致的贫富分化，让城市空间资源得到公平分配。

社会实践不断进行，对城市空间的社会化塑造也不断开展。人类的生活也不断制造出新的空间形态，制造新的空间系统和结构，并塑造着人的空间利益关系。城市化创造出人的生存空间，具有存在论意义。自然空间是人的现实的存在空间，是人的社会实践利用和改造的对象。社会空间更是人的物质生产实践和存在的对象和载体。因此，城市化是社会学和人类学范畴，是揭示社会演变和人类存在的基础概念。哈维认为，资本主义城市化的基本运作机制就是"时空修复"。"时空修复"是资本主义凭借时间延迟和空间扩张来缓解政治、经济危机的手段。资本主义的过度积累，导致资本盈余减少，要想让资本继续获得高额利润，就要寻找新的赢利手段。资本主义为了获利不断打破旧的空间格局，利用新的空间形态为资本增值提供新的条件，以通过"时空修复"来促进剩余价值的实现。资本家利用空间重组和空间扩张获得了新的增殖，暂时转嫁了政治经济矛盾。资本主义凭借"时间修复"不断吸收剩余资本，为资本主义的发展带来新契机，但也隐藏着毁灭资本主义的危险。金融危机的日益严重促进"时间修复"手段的多元化，但"时间修复"并没有解决金融危机，反而加剧了金融危机。全球化让金融危机的爆发周期缩短、危害加剧。金融危机的周期性爆发表明了资本主义"时间修复"只能是治标不治本的缓兵之计，虽然暂时缓和了资本过度积累，但又加剧了资本过度积累，最终使资本主义矛盾重重、积重难返。

3. 城市化彰显着属人性

城市化人文性的实现需要关注两点：其一，城市化主体是广泛的。城市化主体不仅包括掌握资本的利益集团，而且包括普通公民。其二，城市化主体的需求是多元的。城市化需要关注人的生存发展问题，要将人化空间再转化为人文性空间，既依赖于尊重人的基本需求，又依赖于城市化主体人文素养的提升。城市规划就是人对城市空间的抽象设计、引导和演示，应当基于城市空间的人文意义，利用前人的地理学和社会学观点，让空间规划更加科学规范。城市化虽然是社会学

---

① H. Lefebvre, *The Production of Space*, Oxford：Wiley—Blackwell Press, 1991, p. 65.

范畴,但更多针对的是人的城市生活。人的地理学斗争需求在都市革命中起着重要作用,能促使城市化更多考虑普通公民的城市空间利益需求。集体消费导致城市空间危机,政治干预更是引起城市政治问题,引起了空间矛盾。城市化适应了人自由发展的价值要求,蕴含着对差异、多元的追求。城市化水平愈高,就愈能提供人所需的生存条件。城市化将土地、劳动力和资本更紧密连接起来,让自然空间迅速消逝。"重要的是要把欲望回归到前现代社会的感性特质上来,并与重复、弥散和绵延的日常生活相分离,去发现和营造一个自由和快乐的空间。"①城市空间资源是公用的,不是私人的,消费上不能排斥他人。每种社会形态都有自己的城市化生产方式,需要让城市真正成为人诗意栖居的家园。

城市化也制造出文化意识形态。这是人的意识在空间的投射和表征。城市空间关系是人的意志对象,是人的意识产物和人意识的彰显。城市化的背后是资本意识和政治权力,是不平衡空间利益格局的反映。"空间不是一个中性的物质领域,空间的产生必然涉及复杂的社会经济与政治过程。"②城市化反映着社会生活及意识,布满空间主体利益冲突。城市空间矛盾,大多与资本、政治意识形态和阶层利益相关。空间也将政治权力呈现在空间系统中,让土地与权力勾结。土地所有制是政治权力的空间呈现。私有制空间权益机制让空间霸权具有正当性。空间政治地位的确认,是空间主体对等级和物化的认同。城市化就是人类实践活动对空间的生产性建构。人类在占有和利用自然空间过程中,依照生产规律,从社会的政治文化、秩序、机制等层面,对空间开展的社会化塑造过程。社会实践活动必然在空间中进行,并作为社会力量,对人类的生存空间发生作用。"最关键的条件是艺术的观念、创造的观念、自由的观念、适应的观念、风格的观念、体验价值的观念、人类存在的观念,要保留这些观念并重新赢得它们的全部意义。"③面对后工业社会城市化生产模式和空间权力运行模式的转变,需要生命政治劳动,把艺术当作与城市化现实对立的救赎异化人性的审美乌托邦,努力发掘艺术与城市化的内在关联、艺术在劳动者主体性生产中的积极作用,将艺术活动视为改造城市化的生命政治行为。

---

① H. Lefebvre, *Critique of Everyday Life*, London: Verso Books Press, 1991, p. 54.

② H. Lefebvre, *The Production of Space*, Oxford: Wiley—Blackwell Press, 1991, p. 31.

③ H. Lefebvre, *Everyday Life in the Modern World*, New Brunswick and London: Transaction Publishers, 1994, p. 199.

二、城市化综合水平的测度与评价

（一）城市化水平的指标体系

1. 城市化是衡量经济发展程度的指标之一

城市化的发展速度和水平是衡量一个国家经济发展程度的重要指标。城市化是各种要素的统一体，是非农人口比重占主导，非农产业取代农业，城市文化价值得到普及。城市化是从乡村到城市的动态过程，传统小农经济到现代工业生产的转变，是经济、产业、技术、文化的进步。城市化是工业化推动的，工业革命前后，城市发展形态不同，工业革命前，城市受自然经济支配，是政治、军事中心，经济职能被压制，没有发挥经济中心职能。工业革命后，工业发展推动资本、人口、技术聚集，推动生产专业化、规模化，城市经济性占主导，城市化成为经济现象，城市化与工业化正相关。城市化还能发挥经济聚集效应，企业聚集节约了交通运输成本，达到规模效应。企业效应受市场、运输、基础设施、信息、原料、人力、技术、金融等制约，方便的外部条件能节约成本，提高经济规模效应，扩大了空间规模，多个企业可以共享空间内的资源。中国城市化需要高速推进，排除政策误判。中国仍是农民占多数的国家，仍面临很严重的三农问题，需要处理好城市化和农业人口的关系，推动农村剩余劳动力转移。城市化不仅是人口迁移到城市，也是城市规模、职能的扩大，以城市人口增多、城市人口比重增大、城市用地规模扩大为标志。"目前，关于城市化水平的研究往往只把人口城市化作为唯一的测度指标。应全面考察该地区的居民生活水平等诸多要素，综合评价城市化水平。"[1]城市化涉及区位、结构、人口、生态、产业、集群等理论。工业化、全球化推动了城市化，让城市化遍及全球。城市化最发达的是欧美国家，但发展主力已经转移到发展中国家，变成世界经济发展的主要引力。城市化随着现代化、信息化、全球化、地域化不断加速，成为人类生活、经济、文化、信息、交通中心，推动了交流，培育了人才。城市化推动社会转型，体现国家发展程度，需要物质、精神、政治、生态文明统一。城市化不仅有外在空间形式，也有内在文化内涵。城市按规模分为超大、大、中、小等城市，按引导模式分为小城镇引导、大城市引导、双高引导，按动力体制可分为政府、市场。小城镇引导是通过发展乡镇企业，使农民就地转化为市民，可以推动农村城市化，但聚集力低、辐射不大。大城市主导是扩大城市人口规模，提高辐射力，主要是老牌城市，有较雄厚基础；双高引导模式是大城市和小城镇共同提高。城市化也有显性、隐性两种：显性是城市人口、生产要素、经济的城市聚集。

---

① 李振福：《城市化水平测度模型研究》，载《规划师》，2003 年第 3 期。

隐性是受政策控制的,如生活在城市的农民已经生活城市化,但没有拥有城市户口,处于城市化的边缘地区,城市特征较弱。

城市化有质、量两方面:量是人口变为城市人口,地区变为城市地区;质是城市经济、技术、文化、价值等的扩散和渗透。衡量城市化需要人口、经济、文化、生态等多方面,不只是城市人口比重。城市化是工业生产推动的人口、资源向城市聚集的过程。城市化应该合理界定,不应采用单一的人口比重指标来衡量,要建立空间、经济、人口、生活等多方面的分析。"从城市化内涵的人口、经济、社会、土地四个方面,构建中国城市化水平的综合评价指标体系。"①城市增长系数包括人口、地方财政、工业和服务业的从业人数、工业和零售业收入、建筑面积、居民收入和通信网络普及率等,还包括不同时期的指标和全国平均指标。城市化需要制度约束。制度、技术、人力影响经济发展。传统的高投入、粗放经营导致城市化无序。政府为了重工业抽取了农业剩余,阻碍了农业现代化。市场体制是好的制度安排,能推动改革,打破城乡二元体制。农村非农产业要依靠市场自发发展,不能依靠政府强制推行城市化,用剪刀差剥夺农民,要产业均衡,发挥市场配置资源的基础作用。合理的制度能发挥很高效率,能激励生产,让个人对自己负责。无效率的制度会损害个人利益,让人变得懒惰。经济、政治制度变迁应该良性循环,打破阻碍制度创新的利益集团。要发挥制度绩效的激励作用,消除计划体制的弊端。全球化和市场改革让中国城市化迅速发展,需要均衡的城市化,用产业升级引发市场需求,合理布局城市空间结构,统筹区域、城乡发展。小康社会需要新型工业化,融入经济全球化、信息化,接轨世界技术化潮流,发展新型产业,培育中产阶级,消除城乡分化。中国仍需要发展大城市,发挥规模效应。改革开放后,经济持续增长推动了城市化水平提高,推动了社会变革,生产、生活方式改变,但城市化也破坏了历史文化遗产,需要生态和谐可持续发展,统筹各个地区的发展,实行均衡化。② 城市化应该适应经济发展速度,达到供给和需求的平衡,符合农业人口转化为城市人口的需求,满足居民对城市基础设施、服务的需求,保证居民就业,创造应有的经济效益。中国城市化任务艰巨,需要体制改革,解决大批居民的失业问题。中国城市化提供的就业岗位远远不足,劳动力剩余众多,需要加快工业化发展,推动产业结构调整,需要创业促就业。

---

① 陈明星、陆大道、张华:《中国城市化水平的综合测度及其动力因子分析》,载《地理学报》,2009 年第 4 期。

② 林硫鹏、李文傅:《福建省城市化水平测量与分析》,载《福建论坛》,2000 年第 11 期.

2. 城市化测量的指标体系

城市化衡量需要人口指标,也需要土地、经济、产业结构、居民就业、生活质量等指标。"城市化需要定量和定性分析。"①城市化指标的选取应该遵循科学性、全面性、主导性、代表性、差异性、稳定性、可获取性等原则。城市化水平的指标体系包括:经济指标、人口指标、生活方式指标、社会保障及公共服务指标和生态环境等。"城市化需要通过定性分析,综合考虑城市人口、经济、社会、生活方式、社会保障等五个方面的内容,采用实用、简捷等原则建立衡量城市化水平的指标体系。"②首先,经济指标包括:国内生产总值、三大产业的比重、城市建设投资占社会产值的比重。城市化演进的模型、动力、信息化、知识化都需要研究,以提炼出更好的评价体系。其次,人口指标包括:城市本地人口数量、外来人口数量、城市人口从事非农产业的比重、城市人口受教育及培训的水平、人口的不识字率。再次,生活指标包括:城市人均住房面积、城市人均道路面积、人均拥有电话和电脑的比例。再次,社会保障及公共服务指标包括:适龄儿童入学率、人均拥有医疗服务数量、社会保险覆盖率、最低社会保障覆盖率。最后,生态环境指标包括:城市居民幸福感指数、各类环境污染、噪声污染的治理率、人均拥有绿地的面积。③ 其中,人口指标体现的是城市规模和人口聚集规模;经济指标体现城市产业发展水平、城市的经济发展程度;生活指标反映居民的生活幸福程度和生活舒适度;社会保障及公共服务指标反映的是政府的服务水平和对城市的投入程度;生态环境指标反映的是城市的居住环境和建设质量。④ 城市化水平量化可以用城市人口比重和非农人口比重衡量。

城市化水平指标反映在人口、土地、资源、产业等方面,需要促进产业结构合理。产业结构水平评价可以采用农业现代化、新型工业化、服务业现代化等指标,分析人口、土地、经济、社会的城市化。"城市化综合评价指标体系的构建可以采用人口城市化、土地城市化、经济城市化和社会城市化四个维度来进行。"⑤城市化测度有人口比重、城市化复合指数、地理空间等指标。

(二)城市化水平的测度方法

城市化水平的衡量有两种方法:单一指标法和综合指标法。城市化可以用单

①　黄继忠:《城市化概论》,辽宁人民出版社 1989 年版,第 57 页。
②　张亘稼:《城市化指标体系探讨》,载《云南财贸学院学报(社会科学版)》,2007 年 1 期。
③　严新明、童星:《城市化指标:测量抑或诊断》,载《探索与争鸣》,2006 年第 9 期。
④　张松青等:《城市化发展水平综合评价研究》,载《中国城市发展报告》,2005 年版,第 1 期。
⑤　张艳红:《大庆城市化与生态环境耦合关系研究》,载《辽宁师范大学学报(社会科学版)》,2015 年第 2 期。

一指标法来测量,如户籍、城市人口比重、非农业人口比重、城市用地、就业结构、非农劳动力就业比重等,也可以采用综合指标法,如城市成长系数,即人口组成结构、地方财政收支情况、劳动加工业就业人数、从事商业的人数、零售额、人均住宅面积等。单一指标法仅用人口、土地等要素测度城市化。"单一指标法就是只采用一种指标来测量城市化水平,常见的有人口城市化和土地城市化两种。"[1]综合指标法采用多项指标测度城市化,如人均 GDP、文盲率、人口出生率、预期寿命等,不同之处主要在于各种指标的选取及其权重的大小。"综合指标法也被称为复合指标法,是由多个指标所构成的综合指标体系,以期全方位、多角度地测量某一国家或地区的城市化水平。"[2]城市化综合评价体系可以从人口、经济、生态和社会四个方面选取指标。城市现代化有城市规模、城市人口等指标,需要提高城市化质量。城市化评价体系有反映经济水平、基础设施现代化、人的现代化等指标,可以采用城市人口比重、建成区面积、第三产业比重等度量。"在分析城市化水平时往往采用综合评价方法得出的综合得分对某一地区不同主体的城市化水平进行比较。"[3]城市化综合评价体系有人口变动、经济发展和社会进步等三个方面,主要对应的是人口城市化、经济城市化、社会城市化。[4]

城市化是动态的社会结构演变过程,呈现着不断变化性。城市经济水平体现在国内生产总值、人均国内生产总值、工业产值等。农村城市化指标可以采用人口、经济状况、社会环境等测量,对城市化进行统计、管理、评价等。城市化体现在经济发展水平、产业结构、人口素质、社会环境等方面,需要综合各项指标。选取的指标要综合反映人均收入、城市人口比重、产业就业比重等。原始数据获得要合理准确,采用权威部门发布的数据,准确反映经济发展指标。[5] 城市化水平由城市化率体现,尽量搜集完全的数据。经济发展水平与城市化水平有很大关系,但中国城市化与经济发展并不完全符合,需要尊重城市化规律。城市评价需要建立可信的数据模型。城乡收入差距会阻碍城市化,中国城乡数字鸿沟不断扩大,有着很大的信息技术差距,居民在信息知识方面也存在差距,城乡教育水平有很大差距,形成城乡二元消费结构,需要确立合理的系统边界。城市化需要经济发展、产业结构升级、人口聚集、城市空间扩大、基础设施完善、居民生活水平提高等。城乡差距表现在教育发展水平、收入水平、消费水平、信息技术应用等。城市

① 杜帼男、蔡继明:《城市化测算方法的比较与选择》,载《当代经济研究》,2013 年第 10 期。
② 杜帼男、蔡继明:《城市化测算方法的比较与选择》,载《当代经济研究》,2013 年第 10 期。
③ 张世银、周加来:《城市化指标体系构建与评析》,载《技术经济》,2007 年第 3 期。
④ 吴怡永、葛震明:《联合国城市指标体系概述与评价》,载《城市问题》,2001 年第 3 期。
⑤ 刘晋玲:《城市化测度方法研究》,载《西北大学学报(哲学社会科学版)》,2007 年第 5 期。

化需要提高城市人口规模,引导产业结构变化,建立完善的基础设施等。要鼓励农民参加技能培训,提高信息技能培养质量,建立完善的技能培训体系,要提高农民收入水平,改善农村消费环境,完善农村教育环境,推动农村教育信息化建设,加强农村信息基础设施投资,推动农村经济发展,整合农村土地资源,提高农业技术化水平。城乡数字鸿沟阻碍了城市化。城乡收入差距的测量可以采用最常用的比值法,需要基尼系数、泰尔指数和阿特金森指数。城乡收入差距经过改革开放初期的收入差距缩小、在波动中不断扩大、持续扩大等时期。世界贸易组织提供了城市化发展有利的国际环境,不断的制度改革是有利的国内环境。但中国城市化也面临一些问题:缺少资金、占用耕地、就业机会不足、社会保障不均衡、地区差异等。要根据城市的层级分别发展,建立合理的城市评价体系,增加城市数量,提高城市建设质量。

城镇人口应包括城镇内的非农人口和城市郊区的部分农业人口。城市化引起了环境问题,导致气候问题,形成热岛效应,需要采用可持续发展战略,维持人口、资源、生态的平衡。城市化飞速发展,也带来生态恶化,占用耕地、消耗资源,导致生态环境质量糟糕,引起人居环境质量下降。城市化对水、大气、土地、环境都有影响,面临着水资源和土地资源压力。要推动科技创新,建立城市地理信息系统,建立城市土地卫星监控系统,建立城市综合信息传输系统,建立城市环境监测系统,建立城市灾害预警系统;要进行管理创新,进行过程管理、依法管理、民主管理等;要进行观念创新,改变经营观念、择业观念、乡土观念、开放观念等。城市化评价要采用多元指标,弥补单一指标不足。"参照国内城市化发展水平高的北京、上海两市以及发达国家的一些城市对应因子指标值的目前和未来发展状况,确定各参评因子城市化最优状况对应指标值标准。结果为:非农业人口数量比重取 75%,二、三产业从业人口比重取 90%;人口自然增长率取 −0.2%;二、三产业产值占 GDP 的比重取 60%;人均 GDP 取 10 万元;城镇人均收入取 12 万元;城镇人均消费取 5 万元;各级普通学校数量取 3000 个;图书馆人均藏书 8 本。"[1]

---

① 李爱军:《城市化水平综合指数测度方法探讨》,载《经济地理》,2004 年第 1 期。

第三节　城市化道路及其特色

一、城市化道路的含义及现实选择

（一）城市化道路的含义

城市化道路是推动社会经济结构转变的城市化机制的总概括，是城市化的总战略和路径，包括城市化的发展方向、战略、动力机制和方针政策等。城市化道路的关键是处理好三大产业关系、城乡关系、各类型城市的关系，找到推动城市化的最佳路径和方式。

（二）城市化道路的现实选择

首先，城市化道路在模式上，根据城市化与工业化的匹配情况可以分为同步城市化、过度城市化、滞后城市化等。同步城市化是城市化与工业化及其经济发展水平相适应，是城市化和工业化趋于一致。大部分发达国家都是同步城市化。过度城市化是城市化水平超过了经济发展水平，主要是拉美一些国家。滞后城市化是城市化水平落后于工业化水平，工业化对城市化没有发挥出全部带动作用，中国也是滞后性城市化，主要表现为城市化与工业化不完全匹配。中国城市化应该进一步发挥经济发展对城市化的带动作用。

其次，城市化道路的类型上，根据空间形态可以分为集中型和分散型，根据各类城市的协调发展程度，可以分为小城镇化、大城市化和大中小城市协调发展型。城市发展面临贫困、拥挤和环境恶化等问题，需要建立"田园城市"，促进城市和乡村的结合，促进城市有机疏散和卫星城建设，建立城市的有效结构。城市化标准需要从生态、经济、地理等角度衡量。城市空间发展模式有扇形发展模式、多核心发展模式、同心圆模式等。城市化战略问题目前存在争论：一是有人要发展大城市，将资金、人力投入少数大城市，发展以大城市为中心的城市群。世界城市化的总趋势就是优先发展大城市，以规模效应影响周边小城市。中国人口多、土地少，需要提高大城市的承载力，发挥大城市的经济实力、社会效益和带动作用。国家一直限制大城市发展，阻止人口迁徙到大城市。但实际中，国家一直把资金、人力重点投入大城市、省会城市，又限制人口。第二种是发展中等城市道路，发挥中等城市的区域中心作用，平衡地区经济发展，优化城市布局，发挥吸引、辐射作用避免大城市病、小城市过于分散的问题，发挥空间聚集功能，提高城市化水平。第三种是发展小城镇道路，小城镇数目多，与农村联系紧密，可以就地转移农村人口，减轻大中城市压力,完善城乡结构和经济体系,提高乡镇企业能力,但小城镇吸纳能力低。第四种是城市化多元发展,坚持大中小城市协调发展,完善城镇体系,全面推进各类型城市化。城市化模式是受国土面积、人口密度、土地质量、气候等因素影响。中国国土面积大,但平原少,耕地少,人口多,农业人口比重大,人口分布不均,这决定中国不能限制大城市、只发展小城市。"政府限制大城市规模,过分强调乡村城市化,阻碍了城市化。"①在城市化加速阶段需要发挥大城市的贡献,快速提高城市化水平,小城镇生产效率低、投资大、污染重,占用大量耕地,对整体城市化效益不高,违背经济原则。城市规模大才具有经济规模效应,城市规模小导致建设成本高,第三产业水平低,房产地产业不发达,小城镇加重农民负重,行政力量支配的小城镇发展无法解决三农问题。农村城镇化道路导致整体城市化水平低,必须发挥大中城市带动作用,提高城市经济竞争力,推动产业升级,吸纳更多剩余劳动力,促进农业产业化、规模化。

再次,在城市化道路的动力机制上,可以分为市场推动的城市化和政府主导的城市化、自上而下城市化和自下而上的城市化等。政府主导城市化必然重点发展小城镇,必然限制大城市发展,这是原有计划体制和户籍制度的产物。国家想促进城市化,但又不想改变户籍制度,于是选择了小城镇方针。国家试图通过发展乡镇企业,就地转移农民,避免大量农民进入城市引发的社会不稳定。小城镇被当成国家战略,试图以此带动农村经济发展。国家一直推行小城镇政策,以此当成城市化的突破口,农民离土不离乡,依靠乡镇企业转移农村劳动力,导致工业乡村化。小城镇转移了很多农村剩余劳动力,增加了农民就业,促进了农业现代化。小城镇化模式背离了城市化一般规律,是现行制度难以改变下的无奈之举。中国城市化与三农问题紧密相关,需要打破城乡二元结构,打破乡村社会的安土重迁,促进乡村工业化向现代文明靠近。小城镇发展仍是计划经济思维,没有改变大农村小城市的格局,不能打破城乡二元结构。城市化要促进一批城市兴起,发挥城市的经济功能,带动区域经济发展。

最后,城市化道路的方式上,有粗放型城市化增长方式和可持续发展的城市化增长方式。城市环境问题主要在于城市空间的无限膨胀和城市人口的爆炸,而根源是低端的空间生产模式。在城市化中,人们追求低投资、高回报的技术工艺,而不管环境污染和资源浪费,采用机械化设备大肆掠夺空间资源和破坏自然生态系统平衡,使用粗鲁的方式对待城市旧建筑。这种城市化模式排放了大量污染物到城市空间中,破坏了城市环境。我们必须大力进行技术革新,抛弃传统的工业

---

① 冷静:《中国城市化道路的现实选择》,载《江西社会科学》,2002 年第 3 期。

化道路、低端的经济增长方式,负起环境保护的责任,发展低碳经济,建立节约、高效的城市生活方式,让经济增长限定在自然的承受范围之内,达到城市化的低耗、高效、生态。因此,生态城市化模式是城市空间资源的再生和循环利用,是将自然空间、城市空间和社会空间当成有机的生命整体看待。

二、中国城市化道路的特色

中国特色城市化道路是政府主导的,主要是大力发展乡村城镇化,虽然目前仍存在较严重的城乡失衡和滞后性,但日益走上科学发展。中国城市化道路的模式、城市化的过程、城市化过程出现的问题都有自己的特色。

(一)政府主导型城市化道路

当代中国城市化发展过程中,政府起着主导作用。在政府的主导下,中国仅用了60年左右完成了英美100年才能完成的城镇化,迅速提高了城乡居民的生活水平。可以说,政府的主导让中国的城镇化进程飞快。在城市化中,政府的主导不仅表现在顶层设计,制定城市化的相关制度、政策,而且表现在直接引领,城市的每一项建设都离不开政府的指导,政府直接规划了城市的布局,参与了城市的建筑建造。中国城市化中,政府起了很大的作用。改革开放前,政府直接决定城市的规划和建设,国家通过一系列政策推动了东中西三个地区城市的合理布局,有效稳定了城乡秩序,提高了城乡居民的生活质量。在政府的主导下,中国迅速建立起完善的工业化体系。但政府优先发展重工业的政策,也导致了产业结构不合理,不利于企业效率的提高。城乡二元结构也不利于城乡的融合,阻碍了城乡一体化的实现。改革开放后,政府推动城乡商品经济的发展,设立经济特区,促进了中国城市化的迅速提高,推动了城乡各项事业的发展。20世纪90年代末的财税改革让中央政府获得了丰厚财政收入,而某些地方政府由于被收回了财税权力而变得财政赤字高涨,于是房地产成了这些地方政府获取财政收入的支柱。从鼓励乡镇企业发展到允许农村土地流转,无不是行政命令在起作用。"政府是城市化战略的制定者,政府也是城市化制度的供给者,政府又是城市化进程的执行者,政府还是城市化绩效的评定者。"①政府主导城市化的弊端是政府首要的基础任务是维护社会稳定,政府全盘主导城镇化会引起城乡生活波动,不利于农村劳动力的自由流动,造成城乡空间结构失衡,导致城镇化成本提高。城镇化固然需要政府的大力推动,但如果政府在推动城市化过程中忽视经济规律,也会造成城市化发展的偏差。政府对城市化的全盘干预会限制市场机制发挥作用,引起城乡

---

① 谷荣:《中国城市化的政府主导因素分析》,载《现代城市研究》,2006年第3期。

资源流通不畅。地方政府全盘干预城市规划,导致资本流通不畅,不仅造成效率低下,还导致社会形成奢靡习气,人人都不想踏实努力,而是想走捷径,严重制约社会发展。城市化需要从政府主导型变为市场主导型,要变革户籍制度、土地制度、社会保障制度和金融制度,完善城市管理体制。良好的制度安排,能够促进城市发展,吸引更多的人口聚集。我们要走新型城市化道路,要合理控制大城市的人口规模,在市场主导下,打破城乡隔离格局,推动区域平衡发展。

(二)城乡非均衡发展的城市化道路

中国城市化已经进入快速发展时期,变成国民经济的主要推动力量,但仍走的是乡村城镇化的道路,需要和谐发展。"农村城镇化可以有三种不同模式:以工业产业带动为主的城镇化模式;以农业加工业带动为主的城镇化模式;以农业产业化带动为主的城镇化模式。"①中国乡村城镇化面临扩展失控、环境污染、过度开发等风险,让市场、资本在城市化中发生作用。乡村城镇化需要有效的引导、约束机制,有合理的方向。城市随着经济发展而发展,但长期的造城运动也导致深层矛盾。经济全球化、国际经济格局的变化让中国城市化面临复杂的国内外形势,需要找出符合国情的城市化道路。中国乡村城镇化高速扩张、大规模发展,推动了工业化进程、拉动了经济、缓解了剩余劳动力就业,重构着中国社会结构,让大批农民工进城,也带来冲突。其一,城市空间畸形扩张,导致城市结构失衡。地方政府干预城市化,反复修改城市规划,让城市建设占据大量耕地,导致土地资源更加稀缺,土地城市化远快于人口城市化,占用了农民土地,却不让农民享受市民待遇,让农民工处于边缘地位,不能真正融入城市。城乡更加二元化,城市化缺少产业支撑,产业升级远远不够,工业化粗放增长,就业问题严重。其二,城镇化破坏了环境,浪费了资源。人口不断涌入城市,导致城市承载力达到极限,加剧了人与自然的矛盾,资源、环境无法支撑城市发展,城市规模不断膨胀,生态环境破坏严重。

计划经济和城乡二元户籍制度是阻碍中国城市化进程的两大因素。"中国的城乡二元社会体制在很大程度上起源于特定历史条件下维持社会政治稳定的需要。"②改革也是从城市人口增加和城市经济增长开始的。城市化需要自由竞争达到自然增长和平衡。城市化也需要资本,利用国际秩序,发挥聚集效应,消除制度障碍。政府需要改革户籍制度和土地政策,实现城乡一体化。城乡二元结构呈现在技术、经济、地理、管理等。城乡二元政策拉大了城乡差距,影响社会稳定。

---

① 黄晋太、田振兴:《农村城镇化的动力与模式构想》,载《中国集体经济》,2010 年第 8 期。

② 楚成亚:《二元社会结构与政治稳定》,载《当代世界社会主义问题》,2003 年第 4 期。

"中国在计划经济体制下形成的城乡二元结构体制,在特定时期曾为经济发展做出了巨大贡献。但随着经济与社会的发展,逐步消解这种二元结构已势在必行。"①社会保障制度缺失,安置措施失位使农民利益受损。为了政治、经济等需要,加上技术、资金缺乏,很多国家更重视发展工业,而忽视农业的提升,导致城乡二元经济形成,加剧了城乡差距。二元结构导致城乡利益格局分离,存在传统部门和现代资本主义部门。在二元经济思维支配下,很多发展中国家牺牲了农业利益,只追求工业增长,导致城市偏向,使用剪刀差剥夺了农业剩余,投资更倾向于城市工业,城乡居民待遇差距很大,导致城市工业文明和封闭的农村文明的对立。

(三)滞后性的城市化道路

中国城市化是滞后性的,不仅滞后于工业化水平,而且滞后于世界城市化的平均水平。城乡、工农不协调,工业体系不合理,而且管理规划水平低,产业结构不合理,基础设施落后,质量差,地区差异大。中国滞后型城市化的历史根源在于在当时的社会条件下,国家为了快速建立完整的国民经济体系,采取了优先发展重工业的经济战略。"城市化滞后的体制根源:户籍制度和不完善的土地流转制度。城市化滞后的政策根源:片面发展重工业的产业政策。城市化滞后的经济根源:弱质工业化。"②中国政府恰是凭借计划经济体制动员群众的力量,来获取农业积累,推行优先发展重工业的工业化道路,但重工业经济剩余少而分散。"城市化的滞后发展制约着我国的经济增长:第一,城市化的滞后制约着农业劳动生产率和农民收入的提高。第二,城市化的滞后抑制了农村消费需求的增长,对城市建设产生了不利影响。"③中国城市化起步晚,规模较小,基础服务落后,竞争力不强,但速度快,有很大潜力。中国城市化具有后发优势,但整体仍处于低级水平,计划经济体制和政策性阻碍仍存在。长期的城乡分割制度导致小城镇发展水平低,仍没有实现从身份到契约的转变,第三产业、市场机制仍很薄弱。农民需要顺应城市,但城市不接纳农民。

(四)日益科学发展的城市化道路

中国城市化日益走上科学发展的道路,坚持以人为本,符合人的本性追求。宇宙空间的广延性和个体生命的短暂性,让人们不断追求有限空间的向外扩展、个体生命的不断延展。人渴望在一定时空中占有更多知识、权力、金钱,而城市为

---

① 辛章平:《中国城乡二元结构的演变与应有的方向》,载《黑龙江社会科学》,2011年第4期。
② 童中贤:《中国城市化滞后与制度创新》,载《重庆社会科学》,2002年第1期。
③ 孔凡文、苏永玲:《未来中国城镇化发展道路的选择》,载《经济研究参考》,2006年第55期。

人们这种欲望提供了可能。因此,城市体出现了人的占有本能。21 世纪以来,城市化快速发展,城市让居民的生活更美好。美好城市是环境优美、生态宜居、交通便利、生活方便的城市。要提高幸福指数,需要经济持续发展,自然与人文协调发展,社会稳定。美好城市要满足宜居的基本要求,要强调低碳发展,突出地方特色,要有良好的发展路径,城市总体愿景要融会贯通,经济、生活、环境并重,建立生态网络体系,完善城市软硬件建设,使城市建设体现人性,走出一条特色道路。

第四节　城市化道路的相关理论

一、城市化的结构转换理论

（一）经济结构转换理论

一些经济学者认为在城市化早期存在着城乡二元经济政治结构,发展中国家一般处于城市化的早期,应该推动二元经济政治结构向一元经济政治结构转变,他们提出了很多城乡一体化的理论建议。这些经济学者提出了二元经济理论,认为发展中国家在城市化的进行过程中,必然出现二元结构。这种二元结构必然会转换为一元结构,但这种二元结构的转换需要农业现代化和农民的市民化,这也是城乡逐步实现一体化的过程。

马克思重点考察了城市化中的资本运作,揭示了资本主义剥削关系的城市化展现。他把生产关系分为广义和狭义。"个人怎样表现自己的生活,他们自己就是怎样。因此,他们是什么样的,这同他们的生产是一致的——既和他们生产什么一致,又和他们怎样生产一致。"[1]物质资料生产状况很大程度上支配着社会生活的孕育和发展,"人们生产自己的生活资料,同时间接地生产着自己的物质生活本身"[2]。物质资料生产决定社会关系的产生和发展,"以一定的方式进行生产活动的一定的个人,发生一定的社会关系和政治关系"[3]。资本代表着人的贪欲,不仅是程式化的欲望,而且是欲望的程式化。资本是社会交换关系,表现在商品生产中。资本在扩张的过程中变得面目全非,资本在解构自己中完成了改造。资本消解了社会关系,而只是以交换的形式呈现。

---

[1] 《马克思恩格斯选集》第 1 卷,人民出版社 1995 年版,第 67 页。
[2] 《马克思恩格斯选集》第 1 卷,人民出版社 1995 年版,第 67 页。
[3] 《马克思恩格斯选集》第 1 卷,人民出版社 1995 年版,第 71 页。

马克思把城市化界定为物质财富和精神财富的增长,要求建立合理的城乡经济秩序。社会主义的主要任务就是要解放生产力。马克思指出,产业工人在城市中的工作是资本生产的起点,"较多的工人在同一时间、同一空间(或者说同一劳动场所),为了生产同种商品,在同一资本家的指挥下工作,这在历史上和逻辑上都是资本主义的起点"①。要实现"人终于成为自己的社会结合的主人,从而也就成为自然界的主人,成为自身的主人——自由的人"的共产主义理想,就必须拒斥资本增值逻辑。商品要在社会空间中实现快速流通,必须打破空间壁垒。"商品在空间上的流通,即实际的移动,就是商品的运输。"②资本的高速运行,加快了资本主义的城市化。城市化反过来导致资本的高速运行,使落后地区从属于发达地区,导致地理失衡。城市化的高速运行,诱使资产阶级奔走于全球各地,形成统一的全球市场。马克思的城市化批判立足于人类的解放,而不是市民社会利益的满足。他还指出了思辨幻想对现实感性活动的片面理解,也就是说,思辨哲学忽视了人类实践对社会变革的意义。因此,是实践而不是道德推动着社会制度变革。马克思的城市化批判的现实前提是现实个人的实际生活过程。在他看来,人的本质来自劳动生产。马克思觉察了社会的本质价值和生产系统。社会实践的主体就是现实的个人及其实践活动。

马克思的资本批判已经在当前的全球城市化趋势中得到证明,资本家为了获得利润,占有了很多城市资源,期望通过住宅资源垄断而获得更多土地增值,造成了富人区和贫民窟的对立,导致城市居住空间分割和住宅空间分配不公平。这只有从日常生活空间才能找到答案。科技革命让城市化达到了规模化程度。城市已经被权力占据,而城市精神性也是空间生产社会维度的构成要素。城市是特殊的社会关系和生产模式。城市化已经变成当代发达工业社会转嫁资本经济危机、维系资本主义社会关系及政治统治的重要方式。城市化将一切东西都变成商品,变成交换价值。资本创造出单调的社会,造成了对自然环境的破坏。

国内外一些学者也对城乡经济政治结构的转换做了探讨。美国经济学者阿瑟·刘易斯在《劳动无限供给条件下的经济发展》中考察了埃及、印度、巴西等国家的城市化进程,第一次提出了国家二元经济模型,提出了经济发展的二元经济理论,认为在发展中国家劳动力无限供给的前提下,城市化会出现区域的经济增长极,导致城乡差距加大。于是,发展中国家在经济部门会同时存在劳动效率较高的现代工业生产部门和劳动效率较低的传统农业生产部门。他指出,农业部门

---

① 《马克思恩格斯全集》第23卷,人民出版社1972年版,第358页.
② 《马克思恩格斯选集》第2卷,人民出版社1995年版,第307页。

的收入会远远低于城市工业部门的收入,城乡巨大的收入差距会导致农业剩余劳动力源源不断地流入城市工业部门,城市工业部门能够有无限的农村劳动力供给。"工业部门只需支付略高于农村维持生计水平的工资,就会面对一条无限弹性的劳动供给曲线。"①农业剩余劳动力由生产效率低的农业经济流向生产效率高的工业部门,能够促进工业部门利润的增加和资本的扩张,从而推动工业部门对劳动力的进一步需求。只要农业部门继续有剩余劳动力需要转移,工业部门利润和资本扩张就会无限持续进行,直到农业部门发展为现代农业、完全没有剩余劳动力为止。一些发展中国家就凭借这种农村劳动力转移,成了制造业大国,获得了经济的快速发展。但农业劳动力不可能无限期流向城市,劳动力的工资不可能无限期不增长,当发展中国家工人的工资也增长时,工业部门的利润会大大下降,引起制造业危机,导致经济下滑。这种二元经济结构是发展中国家普遍存在的现象,也是很多发展中国家经济得以进行的起点。发展中国家城市化经过长期发展,城市化会大大提高,当农村剩余劳动力完全被转移为市民之后,城乡二元经济就会转化为城乡一元经济,农业部门就会实现现代化和产业化,从而完成其向工业部门输入劳动力的使命。发展中国家的城乡现代部门和农村的农业部门的转换也就是城乡经济政治一体化过程,在城乡转换过程中,不可避免会出现民工潮,出现城乡人口的大规模流动。他认为:"为挣工资而在城市就业的人口的供给主要出于三方面的原因而增长起来了。第一,城市工资与乡村收入的差距大大地扩大了;第二,在不少国家,乡村学校教育的迅速发展,使得青年人的进城势头更加迅猛;第三,发展和福利开支不成比例地集中于城市,使得城市更具有吸引力。"②发展中国家在城市化初期一般都偏重于城市的发展,将大量资本投资于城市,需要推动农村城镇化,关注农村现代化的进程。"相当经济的办法应该是发展大批的农村小城镇,每一个小城镇都拥有一些工厂、电站、中等学校、医院以及其他一些能够吸引农民的设施。"③

　　费景汉和拉尼斯对刘易斯的二元经济结构理论做了一些修正,进一步提出二元结构模型理论。他们提出在城乡经济政治的转型发展过程中,要重视农业对工业增长的贡献,要提高农业的生产效率,农村剩余劳动力的转移应该以农业现代

---

① 〔美〕阿瑟·刘易斯:《二元经济》,施炜等译,北京经济学院出版社 1989 年版,第 36 页。

② A. Lewis, Economic Development with Unlimited Supply of Labor, *The Manchester School of Economics and Social Studies*, Vol. 22, No. 1, April 1954, pp. 139—191.

③ A. Lewis, Economic Development with Unlimited Supply of Labor, *The Manchester School of Economics and Social Studies*, Vol. 22, No. 1, April 1954, pp. 139—191.

化为前提。①农村劳动力的转移应该是农业生产效率的提高和剩余产品出现的自然结果,而不是因为城乡巨大的收入差距导致的。"该类经济发展的根本问题,是以足够快的速度将农业剩余劳动力重新配置到具有较高生产率的工业部门,以保证逃离'马尔萨斯陷阱'。"②刘易斯把城市经济的发展划分为两个阶段:第一阶段是城市的工业资本不雄厚,没有能力吸纳全部农村剩余劳动力,于是能够在劳动力需求不断扩大的情况下,也能在低工资的情况下获得充足的劳动力供应。"对工业部门劳(动)力吸收的任何分析,均等于考察决定工业部门在长时期内对劳(动)力的需求曲线的水平和位置的各种力量。"③工业部门的利润的增长大大高于工人工资的增长。这种不断增长的资本利润让城市工业部门进入资本快速吸收劳动力的第二个阶段。直至农业剩余劳动力被工业部门完全吸纳为止,二元经济结构就会转变为一元经济结构,发展中国家也就完成了现代化和城市化,经济变得发达。然而,随着发展中国家工业化的不断进行,传统农业部门和现代工业部门的生产效率的差距日益加大,引起农业发展不足、农民贫困等问题,农业不稳定和城乡收入差距会引起社会矛盾。于是,一些发展中国家的政府开始重视农村问题,实行统筹城乡发展、平衡工农发展的策略。刘易斯也在后来更加重视农业问题,认为只重视工业会导致社会问题,应该实行工业和农业的协调发展。农业在推动工业的增长中起着重要作用,如果农业发展不充分,工业也就没有稳固的根基。农业生产效率的提高,农业剩余产品的出现是工业发展的必要条件。费景汉和拉尼斯将刘易斯的二元经济模型的演变由两个阶段发展为三个阶段。他们认为,工业部门的第一个阶段也是资本不充足,经济中存在着一些隐性的失业,农业部门中存在很多农业人口没有实际的产出,对农业发展没有实际贡献,是农业的剩余人口,因此工业部门能够有无限的劳动力供给。农业人口的收入是制度性的,而不是市场因素性的。农业剩余劳动力转移到其他部门,并不影响农业的总产值。大量的农村剩余劳动力的存在让农业效率低下,但农业产量仍有剩余,可以满足转入这部分劳动力的粮食需求。这一阶段,农业部门不会因为劳动力转移而让人均收入提高,城市工业部门的工资也不会提高,当农业剩余劳动力全部转移到工业部门之时,城市工业部门的发展就会进入第二阶段。在经济发展的第

---

① 〔美〕费景汉、古斯塔夫·拉尼斯:《增长和发展:演进观点》,洪银兴等译,商务印书馆2004年版,第11页。

② 〔美〕费景汉、古斯塔夫·拉尼斯:《劳力剩余经济的发展》,王月等译,华夏出版社1989年版,第133页。

③ 〔美〕费景汉、古斯塔夫·拉尼斯:《劳力剩余经济的发展》,王月等译,华夏出版社1989年版,第75页。

二阶段,城市工业部门吸纳的农村剩余劳动力的生产效率高于零,但仍低于农业部门生产的人均产量,或只等于农业部门的人均工资。"经济发展的第二阶段是指农业部门的劳动边际生产率提高但仍然低于工业部门提供的工资水平。"[1]当这部分农业剩余劳动力也被转移到工业部门后,农业在三大产业的产值比重就会下降,而剩下的农村人口的消费仍将维持在以前水平,于是,这时候,农业提供给工业的农业产值就无法满足用以供应城市工业部门的那部分劳动力。也就是说,农业剩余已经降到了政策性工资的水平之下。于是,这时候,农村就会出现农产品不足,引起粮食价格和城市工业部门工资的高涨。这一时期,农村劳动力进入城市工业部门越多,粮食价格越上涨。当农村剩余劳动力全部转移完毕,城市经济就会发展到第三阶段。在这一阶段,农业实行了产业化,资本更加支配农业发展,城乡产业部门的工资都由实际生产效率决定。费景汉和拉尼斯指出,农业对工业部门的贡献不仅在于提供几乎无限的劳动力,而且在于为工业部门提供生产的原材料,尤其是粮食的供应。因此,工业化过程中不仅要提高工业的技术化水平,也要提高农业生产率,以此保证农业剩余产品和剩余劳动力的不断增加。"费景汉和拉尼斯认为,从某些方面来讲,大部分人口从事农业活动的开放型二元经济的成功发展,主要在于农业部门与国内非农业部门的那种平衡的相互作用。"[2]工业和农业的协同发展才能保证经济的持续发展,如果农业部门生产效率一直得不到提高,国民经济早晚会无以为继。

西方的二元经济理论和城市化理论对中国城乡关系影响很大。城乡二元经济是发展中国家走向现代化过程中必然经历的过程,并出现工业化生产为标志的现代资本工业部门和农业部门为代表的非资本部门共同存在的现象。发展中国家既存在以现代化工业生产为代表的资本主义现代部门,又存在以农业生产为代表的传统非资本部门。两个部门的生产模式、生产效率、消费机制等存在差异。二元经济是发展中国家经济的必经阶段。二元经济阶段分为两个:劳动力无限投入和资本与劳动力共同投入的均衡。劳动力无限投入是工业生产的收入和效率都比农业部门高,工业资本较少,无法吸纳农业剩余劳动力,导致劳动力不断供给,经济的发展主要依靠资本积累。随着资本投资的持续,资本总量大量增加,利润提高,资本扩张也需要更多劳动力,工业部门能够吸纳农村剩余劳动力的全部,农业部门不再存在无限劳动力供给,两部门的生产效率差距缩小,达到平衡状态,

---

① 徐刘芬、应瑞瑶:《"刘易斯转折点"对我国劳动力市场的适用性探讨》,载《东岳论丛》,2012 年第 2 期。

② 龚建平:《费景汉和拉尼斯对刘易斯二元经济模式的批评》,载《求索》,2003 年第 1 期。

经济就会进入第二阶段。中国作为发展中国家,城市化处于飞速发展之中,也出现了城乡二元结构。城市化促进了阶层分化和阶层关系多元化,出现了新的阶层矛盾。城乡二元结构阻碍了工业化、城市化、信息化等的发展。城市化需要消除二元结构,提高居民生活水平。"政府应注重放宽户口迁移政策时的选择性和阶段性。"①城乡二元结构是 20 世纪 50 年代一系列制度形成的,是当时国内外形势的产物。中国城市化进程历经曲折,二元结构制约了资源有序流动,阻碍了资源优化配置和农村剩余劳动力的流出,制约了农村生产、生活方式向现代文明转变和农村土地规模化、专业化经营,制约了社会进步。二元结构体现着社会资源的分配不公,需要大力推动农业现代化,深化农村土地制度改革,改革户籍制度、就业制度、社会保障制度,大力发展教育,推动城乡一体化发展。传统户籍制度适应了优先发展重工业的战略,是国家用一系列条例保障的,保证了城市居民就业和稳定。改革开放后,随着商品经济的发展,市场需要资源的自由流动和配置因此要求改革户籍的呼声越来越多。

城乡二元结构加剧了贫困,需要向一元经济过渡,消除计划经济思维,走中国特色城市化道路。发展中国家大多存在传统的农业和现代工业两个部门,这两个部门在生产、生活、收入、规模、效率、性质、方式等都存在差异。中国二元经济突出,城乡差距明显,反映了国家发展的不足,是与计划经济相关的,引起了学者注意。发展中国家经济发展不充分导致不同生产部门一起存在、新型产业被大量旧产业包围、工业处于小农经济包围中的现象。工业需要无限的劳动力供给才能扩大,需要吸取农业的剩余价值。资本家一直尽力不提高工资以维护利润。农业剩余对工业扩张和劳动力转移有重要意义。农业生产效率提高才能促进传统农业部门转向现代工业。促进工商业发展,要提高农业生产率和工业生产率的提高。非农产业足够发达才能支撑农村剩余劳动力转移。城乡工资差距吸引农民进城。消除二元经济需要城市化,加快劳动力转移,防止过度或滞后城市化,加强就业,发挥资本和劳动的作用,吸纳更多劳动力。"随着劳动力供给从'无限'转向'有限',以及劳动力成本持续上涨,标志着中国从整体上已经越过刘易斯第一拐点,进入向刘易斯第二拐点推进的新阶段。"②中国二元经济始于洋务运动,政府加大资金投入发展军工产业。外国租界推动了中国制造业发展,大多是官办产业,外国也在中国投资设厂。中华民国建立之后,民间资本也逐步发展,促进了本国民

---

① 《中共中央关于全面深化改革若干重大问题的决定》,载《求是》,2013 年第 22 期。

② 蔡昉:《中国经济面临的转折及其对发展和改革的挑战》,载《中国社会科学》,2007 年第 3 期。

族资本主义发展。此后,民族资本在内战夹缝中发展。鸦片战争后,中国农业经济衰落,呈现为二元经济,土地兼并更加严重,荒地增多,天灾人祸导致流民增多,农产品价格低,农民消费能力缩减,农村金融枯萎,缺少必要的生产工具,农民生活更加贫苦。

城乡二元对立问题的解决既要靠个人生产、生活方式对立的解决,也要解决城乡关系中身份、财产、政治关系等的对立。中国城市化需要梳理我国城乡关系演变历程,推动新型城镇化建设,达成城乡一体的公共服务设施,实现共同富裕。"中国拥有1.5亿农村剩余劳动人口,改革开放以来,随着城镇多种经济成分的不断发展,城镇经济聚集要素的功能逐步体现,拉动了农村剩余劳动力转移的进程。"①中国存在很严重的城乡二元结构,需要由二元转向一元,让农民享受经济成果。城乡差距是产业和收入差距,三农问题的解决关键是提高农民收入。城乡一体化需要经济实力做基础,需要合理的产业结构。工业化初期,农业为工业提供积累,工业化发达后,工业支持农业,城市扶助农村。中国城市已经能够反哺农业,能够对二元结构有所消解,推动产业、公共服务一体化,促进生产要素自由流动。中国城市化水平不断提高,但城乡二元结构远没有消除,阻碍了社会经济发展。城乡产业协作是破除城乡二元经济的动力,是推动农业现代化的动力。城乡产业合作需要实现机制,推动人才、技术、资本的双向流动,实现城乡产业互补,实现共同繁荣。城乡一体化涉及经济、生态、空间等多方面,具有多重内涵。城乡一体化是打破阻碍城乡交流的制度,让城乡经济和社会生活更加融合,缩小城乡居民收入差距,为城乡共同繁荣创造条件。城乡一体化还是农业和工业联系增强,加强城乡产业合作和交流,凭借市场机制合理配置城乡资源、技术、资本,推动生产要素在城乡之间的合理布局,达到最佳效益。城乡一体化是城乡生态环境保护的协作,维护城乡生态系统平衡,做到统一、科学的空间规划。城乡一体化是城市、乡村这两个聚落单元,能在一定区域范围内充分发挥各自的优势,推动技术、人口、资本在城乡的双向流动,推动三大产业的协同发展,促进生产、生活、观念、生态等的融合,实现城乡联动发展。城乡一体化是城乡两个空间的高度融合,是功能的互补,打破分离状态,在市场主导下进行良性互动,实行经济的优势互补。城乡一体化还要尊重城乡的各自独立性,尊重城乡各自的原生态,城市以人口聚集、制造业和服务业发达为标志,以乡村安静、生态、人口少为特征。城乡一体化的目的是消除城乡二元分离结构,推动城乡经济共同进步,提高农村的公共服务

---

① 刘铮:《劳动力无限供给的现实悖论》,载《清华大学学报(哲学社会科学版)》,2006 年第 3 期。

基础设施和能力,要发挥城乡各自的资源优势和区位条件,让城乡在维持各自的差异中不断融合。城市和乡村仍会在功能上有差异,乡村仍主要承担农业。城乡可以凭借便利的交通、实现资源和服务共享,增强生产、生活联系。城乡一体化要实现城乡人口自由迁徙,打破户籍障碍,变革二元结构,取消居民身份等级,实现城乡居民地位平等,取消各种不平等待遇,有平等的就业机会和发展平台,共享经济成果,共同提高生活水平。城乡一体化的目的是缩小城乡差距,并不是消除城乡一切差别,而是要保持各自特色,实现发展的一体化。实际上,城乡在生产、生活、文化等的差别将是长期的。

(二)人口结构转换理论

城市化中也存在人口迁移现象。人口迁移(Population migration)是城乡人口迁徙的方式之一,是人口在不同空间位置上的迁徙,主要是人口在两个空间位置的迁徙,一般是人口从一地到另一地的永久性搬离。国内外学界对人口迁移有多种看法。联合国《多种语言人口学辞典》给人口迁移的定义是:"人口在两个地区之间的地理流动或者空间流动,这种流动通常会涉及永久性居住地由迁出地到迁入地的变化。这种迁移被称为永久性迁移,它不同于其他形式的、不涉及永久性居住地变化的人口移动。"[1]人口迁移包含着时间和空间两种属性。人口迁移的时间属性是指人口迁移有着时间的变化性,是较长久的迁移,而不是日常的暂时变动。人口迁移的空间属性是指人口迁移是有空间变迁的,跨越了空间距离,通常不在同一区域了,而不是在同一区域内的居住地改变。

城乡人口迁移受地理环境、经济水平、政治氛围等多重因素的影响。首先,自然环境对人类迁移具有很大制约作用。人的生存和发展受到环境条件的制约,对人口迁移发生影响的地理环境因素主要有气候、水源、地貌、矿产等;气候对人的生产和生活有基本的影响,人们都渴望气候温和湿润的环境;水源是人类生存的基本条件,人类一般都聚居在水源充足的江河湖边,水源也很大程度上制约了人的生产和生活的布局;肥沃的土地是农业的基本条件,优良的土壤能让农业获得发展。人们也一般聚集在土地条件好的平原地区;矿产资源是工业的重要条件,近代以来,在矿产资源条件较好的地方兴起了一批工业城市,如石油城市、煤矿城市等。原始社会时期,采集果实对人的生存十分重要,人们逐水草而居,不断变换居住地。农业社会时期,人们选择适合农作物生产的地方定居,肥沃的土地对人口迁移起很大作用。土地的相对稳定性让人口相对稳定,但战争的威胁也让人们被迫迁徙。例如中国古代几次人口大迁徙都是因为北方游牧民族的侵袭,不得不

---

① 樊佳:《中国户籍制度对人口流动的影响》,载《文化研究》,2016 年第 7 期。

迁徙到相对安定的江南地区。工业革命之后，人们的物质财富不仅从农业中获得，也可以从工业中获得。人们不必再限制在土地上，农业人口大量迁徙到城市，促进了城市化的兴起。人们适应工业化生产条件，遵循市场规律，人口迁徙规模达成了空前的程度。人口迁移也会改变环境，对城市工业劳动力的流入和流出、资源的利用、城乡文化交流、民族融合都起着重要作用。外来人口的迁入可能会导致本地人和外地人的矛盾，加剧人地矛盾，破坏生态环境，但也能促进本地区与外界的经济、政治、文化交流，促进土地资源的合理利用，推动人力资源的合理流动，促进城乡要素的合理流动。"移民数量增加会带来企业效益和数量的增长，同时促进创新。"①人口的迁出可以为工业提供充足的劳动力，促进商品贸易的发展，加快第三产业的发展，但也会加剧迁入地的公共服务的负担压力，对自然地理环境产生不可逆转的影响。其次，社会经济因素对人口迁移日益重要。人们更愿意居住在经济发达、交通便利的地方。其中，经济因素在人口迁移中时常起着主要作用。经济条件制约着人口的迁徙，人们的迁徙很多时候都是为了获得更好的工作，获得更好的生活条件。经济发展格局的改变会引起人口大规模的迁移，如上海、广州等经济发达城市吸引了大量人口的迁入。国外的人口迁移中，美国的很多移民也是因为向往美国的优越的经济生活而迁入的。我国经济特区的设立，也吸引了很多人去淘金。交通和通讯的便利，缩小了空间距离，减少了人口迁移的地理障碍，能够促进人口更加自由地迁徙。英国铁路网的建立，促进了农村人口大批涌入城市。欧洲居民迁徙到美洲、大洋洲等很多地方，也得益于航海时代交通的发达。中国日益发达的交通网络也促进了农村居民的向外迁徙，形成了大规模的民工潮。文化教育事业改变了农村居民的观念，让他们不再安土重迁，渴望走出去认识外面的世界，获得更多生活条件，因此，推动了城乡的人口迁移。婚姻、恋爱在年轻人的迁移中占有重要地位。很多人异地恋爱、结婚，为了解决夫妻分居而选择了迁徙。一些老人则希望和儿女团聚而选择了到子女所在的城市定居，一些城市退休的老人渴望回到故居而选择回到故乡定居。最后，政治因素对人口因素也起着很大作用。政府制定的一些人口迁移政策直接制约和影响了人口迁徙。不合理的户籍制度更会阻碍人口的自由迁徙，导致城乡二元分离格局。如在中国，很多农民生活在城市，但保留农村户口，还有农村宅基地和住房。中国农村现行的是农村土地承包制度，土地和宅基地仍是集体的，不能进入市场交易。城乡二元管理体制直接阻碍了农村人口向城市转移，城乡在各方面都存在政策差

---

① C. Freeman and L. Soete, *The Economics of Industrial Innovation*, East Sussex: Psychology Press, 1997, p. 23

异,严重制约了城市化发展进程,农民仍严重依恋土地,仍无法实现完全的人口城市化。战争等因素也会影响人口迁徙,如中东的动乱导致大量难民涌入欧洲,对欧洲本来的生活秩序带来了很大冲击。几次世界大战也改变了世界的人口布局,兴起了一些民族国家。政治变革也会影响人口迁徙。20世纪60年代的"知识青年上山下乡运动"让大批城市知识分子迁移到农村,促进了农村的现代化水平,但也阻碍了中国城市化进程。政治中心的改变也会影响人口迁移。中国明朝中期,首都由南京迁往北京,带动了一批江南士族把家迁往北京。

国内外学者对人口迁移做了一些研究,但相较其他学科仍然显得薄弱。拉文斯坦提出了"人口迁移法则"(Law of migration)为以后的人口迁移提供了一些理论依据。国外学者还对人口迁移进行了地理学、政治学、经济学等角度的考察,提出了一些人口迁移的理论。国内学者集中于考察中国城乡人口迁徙的原因和影响,特别是考察了民工潮对经济的重要影响,认为城市的拉力和农村的推力对城乡人口迁徙起着重要作用。

美国学者拉文斯坦(Ernest George Ravenstein)在1881年从经济角度考察了人口迁移的原因,认为人口迁移更多是为了改变自己的经济条件,并对人口迁移的规律、动力机制做了考察,提出了人口迁移的七项法则。这七项法则主要是:移民的迁移主要是为了到一个更大规模的商业中心,但经过很大距离的迁徙,实际上只迁移了很短的距离,因此,移民倾向于就近迁徙;迁移是呈现阶梯状分布的,通常都是靠近这个中心城市的移民先迁入,然后是更远的移民迁入;移民都是双向移动的,每次大的移民运动,都有反移民运动相补偿;在现代,农村居民比城市居民更有移民倾向性;男性在长途迁徙中占优势,女性在短途迁徙中占优势;移民大多为青壮年;很多城镇的发展主要是靠移民,而不是本身的经济增长。① 赫伯尔(R. Herberle)在1938年发表的《乡村——城市迁移的原因》中首次提出了"推拉"理论,他指出,农村人口迁移受到一系列推力和拉力的作用,是农村的推力和城市的拉力综合作用的结果。② 人口的迁移实际是一种理性选择行为,是在对迁入地和迁出地做了充分了解才做出的理性选择。他们会详细计算迁入到新地方的利益得失,这包括迁入地更高的居住条件、更高的收入水平、更方便的出行设施等吸引力,也包括迁出地自然条件的恶劣、工资水平的低等、闭塞的交通条件等排斥力。城市化中,有引力、拉力、聚集、扩散等,在不同阶段起主导作用的力量不同。

---

① E. G. Ravenstein, *The Laws of Migration*, London:John Corbett Press,1885,p. 90.

② 许恒周等:《代际差异视角下农民工乡城迁移与宅基地退出影响因素分析》,载《中国人口·资源与环境》,2013年第8期。

李埃弗雷特(Everet S. Lee)在 1966 年发表的《迁移理论》中进一步提出了"推力—拉力"思想。他把人口迁移的制约因素分为四类:迁入地的各种经济、政治、文化的优势;迁出地的环境、经济、政治等劣势;迁入地和迁出地的各种阻碍因素;个人主观和客观的各种因素。一些学者继续发展了人口迁移的"推拉"理论,并建立了很多理论模型。美国社会学者吉佛(Gever)从万有引力定律的角度分析人口迁移的"推拉"理论,他认为,人口迁移是受到"力"的影响,人口迁移与迁入地和迁出地的人口规模有很大关系,与距离则成反相关的关系。也就是说,迁入地和迁入地的人口规模越大越能促进人口迁徙,两地的距离越远越不利于人口迁徙。人口迁移的"推拉"理论还需要定性和定量等多种方法进行分析,还需要引入迁入地和迁出地的规模因素,反映出人口迁移与社会经济、政治、文化因素等的关联,考察城乡收入差距、就业率、教育文化水平、性别等因素对人口迁移的影响。国内学者需要仔细分析历次的人口迁移数据,分析国民生产总值和人口迁移的关联,考察不同地区的经济差异和城市化水平对人口迁移规模的制约作用。人口迁移与供给和需求也有很大关系。劳动力供给和需求在不同地区存在差异,这会促进不同区域劳动力的流动,人口迁移是劳动力自由流动的反映。美国经济学家舒尔茨(Thodore W. Schults)提出人力资本理论(Human Capital Theory),认为个人的迁移更多是个人在人力资本上的投资,是为了提高自己的经济条件和生活条件才进行的。① 因此,实践证明,人口迁移更多是一种经济因素支配的为了改善生活条件的自由选择。人口迁移不仅能获得更高的工资收入,也能获得更好的生活条件。"在市场经济和人口自由流动的情况下,迁移之所以发生,是因为人们可以通过流动就业改善生活条件。"② 一个城市迁入的人口数量与人均收入的高低呈现正相关的关系。人口迁移不仅是个人的抉择,还往往与家庭有着很大的关系,因为个人往往都是处于家庭中的。因此,个人的迁移一般都是家庭迁移。个人的迁移一般都是家庭成员的共同抉择,或者个人的迁移都是经过征求家庭成员的建议的。于是,个体的迁移一般都是从一个家庭出发考虑经济利益的最大化、避免经济风险,是充分考虑了城乡资源的优劣,是家庭策略行为。人口迁移不仅受到个人预期收入的引导,也受到家庭环境的制约。特别是中国、日本、新加坡等家庭观念较重的国家,家庭因素对人口迁移的影响更大。发展中国家的经济存在农业部门和

---

① 〔美〕加里·贝克尔:《人力资本理论——关于教育的理论和实证分析》,郭虹译,中信出版社 2007 年,第 11 页。

② 仰滢、甄月桥:《基于"推拉理论"的新生代农民工身份转型问题探析》,载《中国青年研究》,2012 年第 8 期。

工业部门,两者的不同收入水平让农村劳动力不断流向城市,让城市工业部门获得越来越多的利润,从而吸引了更多的人力资源,直到发展中国家完成工业化,实现城乡一体化。城乡一体化需要充分就业,但是发展中国家城市失业率仍较严重,农村剩余人口仍不断流入城市工业部门。农村人口进入城市工业部门主要是为了获得更高的期望收入。因此,不断加大的城乡差距推动了农业人口向城市迁移,加剧了城市失业率,也促进了城市化进程。人口迁移不仅要考虑预期收入,还要考虑迁移成本,教育水平等其他因素提高也会推动人口迁移。

国内外学者对人口迁移的研究还涉及其他方面,探讨了人口迁移的影响因素、特点和效果等。首先,在人口迁移和城市化的关系上。国外学者认为,人口迁移对城市化率的提高起到了主导作用,而城市化的内在增长也变成人口迁移的内在驱动力。人口迁移也受到城市内外环境事件的制约,特别是土地资源和市场力量起着较大影响。其次,人口迁移具有空间特征。人口属性的其他指标对人口迁移的流向也起着作用,体现着一定的空间流。劳动力具有地理差异,全球化不断消除这种差异,让劳动力资源在全球流通。劳动者不仅是生产者,而且是消费者,但体力劳动者的消费是低级的,不能让其快乐,而且与资本循环有冲突。再次,人口迁移受到政策的影响。政府的人口、就业、户籍、土地政策等行政措施会直接影响人口迁移。"城市人口迁移受国家政治、经济形势和人口增长政策的制约。"[1]中国省际迁移中,经济活动、教育培训、医疗就业是起着主要影响的因素,很多农民工在本省内从事制造业和建筑业,也有一些省内人口迁移是从事批发业和服务业。农民工的身体要求解放,产生身体政治学,要求满足身体机能的最低工资。劳动者是政治人,要求被公平对待。劳动者的政治斗争已经从生产车间蔓延到整个城市,强烈要求联合和迁移。政府需要大力发展廉租房改善农民工的住宿条件,应该提高劳动者的文化素质,提高人力资本的质量,加强对劳动者的职业培训。户籍制度改革要分析迁移人口的身份,为迁移人口提供较好的收入水平和社会保障服务。最后,人口迁移受很多因素制约,并产生了一系列后果。笼统地来说,人口迁移的影响因素有经济因素和非经济因素,具体呈现为城市的推拉力和农村的斥力。城乡不同的区位条件、不同的产业发展水平、不同的经济政策都影响着人口迁移的流向和规模。有的学者认为,城市的推力起着主要作用,一座城市在快速发展时期总是会吸引大量农村人口迁入;而有的学者认为,农村的斥力起着主导作用,农业发展的不景气强烈促使农民迁移。很多农民迁移只是因为生活所迫,是被圈地运动被迫卷入城市的。人口迁移的空间既包括全球空间,也包

---

[1]　任素华:《我国城市人口迁移情况浅析》,载《社会学研究》,1988 年第 4 期。

括国家空间,还包括特定城市空间。在研究全球人口迁移时,一般都以洲或国家为单位;在研究国家的人口迁移时,通常都以省级单位为最小研究范围;在讨论各地级市的人口迁移时,需要对各个乡镇的人口变动情况进行分析,需要对人口迁移指标进行归类,运用科学的分析方法对人口空间流运进行探讨。每个国家的人口迁移特征和分布格局都是不同的。人口迁移导致不同省份的人口密度、人口教育水平有着较大差距,呈现了人口迁移的空间特征。中国经历了由中原地区向四周迁移、由北方向南方迁移的过程。在人口增长率较平稳的条件下,人口迁移历程反映了国家经济重心地区的变化。我国的人口迁移有向东南方向移动的趋势,大量劳动力迁移到东南省份打工,导致人口分布的东西差距。中国城市人口流动已经超过100万的节点,体现了城市化的飞速发展。人口迁移的空间流动特征主要就是从中西部的不发达地区流向东部沿海发达地区,而且省级之间的短距离迁徙也非常明显。中国人口迁移已经进入高活跃性的阶段,呈现很强的不平衡性,珠三角、长三角地区吸引了大量人口,四川、湖南、河南、江西等中西部地区迁出了大量人口。"我国人口迁移总体规模呈现不断增长的趋势,迁移目的地在分布上以东部地区为主的格局没有改变。"①国内学者关注了几大都市群的人口迁移的空间格局,认为,长三角城市群内部的联系存在差异。上海与北面的苏州、无锡、常州经济联系紧密,而与南面的嘉兴、湖州的联系较少。都市群的人口迁移距离、强度、方向等反映了其经济辐射能力和开放程度,根据研究,中国几大都市群的经济辐射能力和开放程度依次为:长三角都市群、珠三角城市群、京津唐都市群。学者认为,县域的人口外迁的流向主要是本省内的大城市,主要是为了贴补家用。中国的人口迁移主要是城乡地区经济水平发展差距导致的。大城市经济受到国家扶持,不断增长,吸引了大量人口。巨大的城乡收入差距让农民不得不背井离乡。"收入水平是城市人口增长的主要因素,生活质量和生活成本是影响人口迁移区位选择的重要因素。"②外资的投入、工厂的设立都对人口迁移有重要吸引作用。飞速的经济发展、便利的交通让女子的婚嫁更多是以经济利益为主的长距离迁徙,而不再是社会原因的短距离迁移。经济增长、社会进步、工业投资、消费水平与人口迁移呈现正相关。区域交通的便利性促进了人口迁徙,交通中心尤其对人口迁移有吸引力。有的学者就认为,嫁入广东的很多女性其原住地大多是广西、四川到广东铁路方便的地区。河南的郑州、河北的石家庄也得益于便利的铁

---

① 王宁:《中国人口迁移的变化趋势及空间格局》,载《城市与环境研究》,2016年第2期。
② 项本武、杨晓北:《我国城市便利性对城市人口增长的影响研究》,载《城市发展研究》,2017年第1期。

路交通而吸引了大量的外来人口。各个大城市也是最先吸引周边地区的人口迁入，导致人口迁移规模与其距离各省市的交通距离呈正比。如北京迁入了大量的河北、东北人口，上海吸引了大量的江苏、安徽等周边地区的人口，而东北人口相对较少。城市的轨道交通也对沿线人口迁移造成了较大影响。"轨道交通沿线中心城区是主要人口迁出地区，而沿线的近郊和郊区是主要人口迁入地区。"①因此，距离因素是人口迁移的重要因子。但随着中国交通的日益便捷，距离的阻碍作用在减弱。地区的产业结构、移民传统日益起着重要作用。中国人口迁移受社会因素影响较小，表明中国人口迁移仍处于低级阶段。中国人口迁移仍没有固定的空间结构模式，大都市群的人口迁移有时会受到政策限制。大都市主要还是由核心圈到外围圈的人口增长阶段。长三角的人口迁移地以上海为主，浙江的杭州和江苏的南京、苏州也形成了相对独立的人口迁入地。

改革开放前，政府一直推行把人口从城市迁移到农村的城市化政策，阻断了农村人口向城市的自然迁移，把人口限制在农村土地上，政府出于防止城市病的考虑，一直限制农民迁移，导致农村有大量剩余劳动力。20世纪50年代开始，大量城市人口尤其是知识青年在政治思想感召下转移到农村。1958年《户口登记条例》颁布，个人的迁徙与居住自由开始掌握在行政部门的手中。政府将大量城市人口转移到农业战线，是为了推动农业的规模种植，而农业的规模种植有利于通过工农业剪刀差获取更多的农业剩余，有更多的农业剩余就可以用来减少对大规模进口先进机器设备的依赖。因此，作为探索适合中国国情的社会主义建设道路的艰难尝试，大规模转移人口至农业领域便成为这一时期发展战略的应有之义。改革开放后，政府仍担忧城市病，限制大城市，阻止农民进城，优先发展小城镇，这主要是东部沿海地区乡镇企业发展推动的，但发展层次低，让农民离土不离乡，避免了农民移居城市。人口动员、强制迁移的政策不再推行，但仍阻止农村人口进入城市。政府采纳发展小城镇的主张，走中国特色就地城市化道路。小城镇道路是在坚持城乡二元结构基础上，继续限制农民迁移到城市，按照城市级别和等级实行不同户籍政策，农民难以享受现代城市文明，继续阻止了城乡居民交流，阻止了技术创新和产业升级。小城镇战略导致乡镇企业遍地开花，但层次不高，缺乏技术、资金，难以吸纳更多劳动力，浪费了土地资源，增加了农民进城成本。人口向城市迁移并不会增加城市就业难度，会增加劳动力供给，不会降低平均工资。只有大城市才有更多人口和就业需求，小城镇的产业难以吸纳更多农村剩余

---

① 曾智超、林逢春：《城市轨道交通对城市人口迁移的作用》，载《城市轨道交通研究》，2005年第4期。

劳动力。

改革开放以后,农民进城务工,有着农村人和城市人双重身份,但农民工的教育、医疗、社保都不能得到平等对待。农民工很难获得城市户口,长期过着两栖生活,权利得不到保障,维权难度大。城市化发展过程中,大规模的人口流动是不可避免的。政府要完善劳动立法,完善劳动保障和社会保险。企业要自觉保护农民工利益,让农民工转变观念,提高农民工积极性。农民工既是身份又是职业,是从事第二、三产业的具有农村户口的人员,与土地还有联系。农民工只是暂居在城市,是工农阶层的交叉,是农村实行家庭联产承包责任制和严格户籍制度放松后的情形下产生的,农民拥有承包地,为了增加收入去城市打工,但由于严格的户籍制度而不能获得城市户口,只能徘徊于城乡边缘,应该推动农民进入城市主流社会。① 农民工已经变成工人阶级一部分,推动了农业社会向工业社会转变。农民工只能在城市边缘生存,农民从农村到城市转移的通道不畅,法律、土地产权制度、就业、社会保障都不完善,让农民工子女教育、社会保障都没有,只能来回流动,利益经常受损。农民工促进了经济发展、社会结构变革,推动了社会发展。农民工从事城市人不愿从事的脏乱差工作,是城市生产的主要力量,在建筑业、餐饮业、环卫业等,农民工比例更高,为城市提供了服务,缓解了劳动力的结构性短缺。"制度安排的惯性使改变了生活场所和职业的农民仍然游离于城市体制以外,从而造成了流动民工的生活地域边界、工作职业边界与社会网络边界的背离。"②农民工也缓解了农村人多地少的矛盾,增加了收入,缓解了农村贫困,推动经济持续发展。农民工是从身份到契约的过度,符合产业发展和社会发展规律,推动了产业升级,生产、生活方式的转变,推动了二元社会向一元社会转变,破除了一些旧的体制。农民工阶层的出现是农村分化的体现,仍与农业有密切联系,但生活方式与农村已经有了区别。农民工促进了社会的转型,增加了工人阶级数量,提高了城市化水平,冲击了自然经济,提高了民主、法治等现代理念;农民工动摇了宗族共同体,冲击了血缘关系,让农民个体获得发展,培育了个人价值,农村宗族势力减弱。农民工进入城市,受到现代文明的熏陶,日益摆脱宗族观念,接受了现代科学技术,有的还参加了各类技能培训,提高了自身的专业化水平。农民工沟通了城乡文明,连接了工农,有利于城乡一体化,传播了物质、精神文明,缩小了城乡差距,为农村带去现代生活方式、观念,引进了现代文明理念,促进了农村各项

---

① 蔡昉:《劳动力迁移的两个过程及制度保障》,载《社会学研究》,2001 年第 4 期。

② 李强:《影响中国城乡人口流动的推力与拉力因素分析》,载《中国社会科学》,2003 年第 1 期。

事业发展,改善了农村基础条件。"乡村变为城市……而且生产者也改变着,炼出新的品质,通过生产而发展和改造自身,造成新的力量和新的观念,造成新的交往方式,新的需要和新的语言。"①农民工促进了社会结构优化,遏制了贫富差距过大,让人口结构更趋合理,增加了农民文化,调节了收入分配,带动了经济发展。农民工推动了城市建设,为城市居民的生活提供了各种便利。但由于城乡二元结构仍然存在,导致大多数农民工在城市无法获得城市市民的福利和待遇。由于户籍的限制,一些农名工子女难以在城市获得受教育的权利。社会保障制度的不完善,让一些农民工无法享受城市的最低社会保障。农民工法律意识淡薄,导致一些农民工与就业单位没有签订劳动合同,引起劳动纠纷。农民工的低收入,导致无力在城市购房,限制了其在城市的进一步发展。农民工职业技能水平低,使其只能从事一些高强度的工作。农民工自身文化素质低,保守的意识阻碍了其融入城市文明。党组织在农民工中作用不大,农民工大多在个体、民营经济组织中打工,缺少党组织。农民工流动性强,党组织也难以管理。劳动信访制度不完善,难以保障农民工利益。

　　我们需要推动农村劳动力资源转移,推动农民收入稳定增加,要提高农村劳动生产效率,才能促进城乡一体化发展。加强农村劳动力转移需要采取多种措施。第一,要发挥政府的引导职能。政府可以对劳动力转移起规划作用,从农村的基本情况出发,运用法律制订农村劳动力转移的长期规划,引导农民转变思想观念,增强农民的自主意识,提高劳动力资源的投资和支出,引导农民参加教育培训,提高自己的技术技能。农民工是随着城市化、工业化、现代化才出现的,促进了社会和谐发展,是城市化的重要问题。城市化需要农民工流动,促进人口、土地等城市化,要促进农民工在城市安居,在城市扎根,对拆迁居民进行合法补偿,顺应居民不同需求。第二,要培育适合劳动力资源发展的良好环境。要为农村劳动力资源转移提供良好的平台,积极变革劳动力资源管理制度,完善就业体系,加强人才培训,保证农民合法利益,提高农民法律意识,为农民的发展提供良好氛围,让农民掌握科学技术,让他们适应现代社会,为社会贡献力量。第三,要提高农村劳动力资源的综合素质。要了解农民的文化需求,加强对农民的教育培训,把农民培养成适合社会需求的人才,建立多层次的教育培训体系,提高农民的劳动技能,服务于农民的劳动就业。第四,要健全农村社会保障体系,让农民享受和城市人一样的社会保障服务。大部分农民无法获得城市的社会保障,阻碍了人口流动,应该完善农村社会保障制度,解决农村养老问题,尽快实现全体公民的保障体

---

① 《马克思恩格斯全集》第46卷(上),人民出版社1979年版,第189页。

系,促进农村劳动力资源自由流动。第五,要建立合理的投资回报体制。投资劳动力资源是为了促进就业,为经济发展提供支撑力量。就业岗位是有限的,需要竞争上岗,劳动者需要提高自己的竞争力。我国就业制度和分配制度的不完善,导致对劳动力资源的投资很少,需要建构完善的就业和分配制度。经济发展促进了人口转移和城镇化,需要提高劳动力的综合素质。

二、城市化的道路发展理论

城市化要消除城乡二元结构,走城乡一体化道路,还要走生态城市化道路,追求可持续发展。城乡一体化能破解三农问题。城乡产业协调水平需要动态和静态评价标准,需要借鉴国内外城乡产业一体化的经验。城市生态伦理不仅批判人类中心主义,更批判工具理性与消费主义生活方式,引导人类建立新制度与生活理念,正确处理生产、消费、需求与生活的关系,变革生产与生活方式。

(一)城乡一体化道路

城乡一体化可以采用集中和分散的方式进行,发挥大城市的辐射能力。英国城市规划学家恩温 1922 年在《卫星城市的建设》中提出了卫星城(Satellite Ctiy)理念,主张在大城市的郊区建立一些卫星城,以防止大城市的无限膨胀。美国规划学者泰勒(Graham Taylor)正式使用了"卫星城"概念。卫星城是大城市的派生物,但又在经济、政治、文化等方面具有现代城市的特点,能成为一个独立的城市单位。卫星城建设在起初一般只是"睡城",居民主要还是到母城去工作,导致居民工作和生活不在一地,长期过着钟摆式的生活,只是表面上疏散了大城市人口,却增加了大城市和郊区的交通拥堵。卫星城继续发展,就会拥有比较方便的生活设施和工作场地,可以基本解决居民的工作和生活,成为职能相对完善的独立小城。卫星城应该发展为新城,成为本区域的经济中心,与中心城市组成经济联系紧密的城市群,对涌入大城市的人口起到一定的疏散作用。中国的大城市也诞生了一批卫星城,如上海的卫星城有嘉定、浦东、南汇、闵行等。北京的卫星城有廊坊、昌平、顺义、密云、怀柔等。徐州卫星城有铜山、淮北、枣庄、邳州、铜山等。成都的卫星城有双流、都江堰、新都、新津等,国外的卫星城更为发达,如加拿大蒙特利尔的卫星城有拉瓦勒、朗基尔等,美国洛杉矶的卫星城有橘郡、安纳海姆、帕萨迪纳、长滩、尔湾、里弗赛德等,美国波士顿的卫星城市有伍斯特、普罗维登斯、洛厄尔、康科德、莱克星顿、剑桥等,澳大利亚悉尼的卫星城有戈斯福德、卧龙岗等。沙里宁认为,卫星城不是解决大城市病的唯一办法,大城市也可以通过有机疏散的方式达到城乡空间的合理布局。他在 1942 年的《城市:它的发展、衰败和未来》中阐述了城市的有机疏散理论。他认为,城市是有机的空间组合,城市规划也应该遵循生物有机法则,"有机秩序的原则是大自然的基本规律,所以这条原则,也应当作为人类建筑的基本原则"①。他分析了工业革命之前和之后的欧洲城市规划情况,阐述了有机城市的形成因素和现代城市内部衰败的原因,提出了新的城市建设目标,即把大城市衰败地区的各项经济活动迁移到适合这些活动的郊区;把城市腾空的地方建立其他合适的用途;合理利用城市新区和老区的价值。沙里宁的有机疏散理论就是将大城市拥挤的地区疏解为诸多相互关联的功能单元,把一些日常生活的功能相对集中起来,让大城市继续健康发展。这种疏散能让郊区的乡村城市化得到提升。

还有些学者提出城市的集中发展理论。他们认为,城市的发展在于经济的聚集,越大的聚集效应越有利于城市发展。"这种大规模的集中,250万人这样集聚在一个地方,使这250万人的力量增加了100倍。"②城市在聚集效应的推动下,经济不断发展,人口大规模聚居能够发挥更大功能。城市发展到一定规模就会形成大城市,甚至成为全球城市,不仅在周围聚集一批城市,形成城市群,也能对世界的经济、金融、文化产生很大影响。大都市主导着本区域的经济、社会发展,有庞大的人口消费能力。目前,世界上人口规模较大的巨型城市有纽约、伦敦、巴黎、东京、香港、芝加哥、洛杉矶、新加坡、悉尼、首尔等。这些国际大都市有着强大的经济、科技能力,对世界的经济、金融、政治、科技、文化发生强大的影响,是世界性一流都市。在中国大陆,上海、北京、广州、重庆则被赋予建立国际大都市的任务。大城市优先发展,使大城市市区范围扩大,人口增多,地域扩展,形成城市群。城市群需要大中小城市的结构合理、优势互补、互通有无,提高城市通达度,增加腹地,形成网络体系,发挥整合优势,避免单极化发展,形成城市战略联盟,实现效率最大化,体现生态、社会、经济的结合,消除二元结构,提升城市生态质量。我国已经形成长三角、珠三角、环渤海、成渝、长江中游等组团城市群。随着大城市的快速发展,会带动郊区的城市化,提高城市人口密度,形成城市的密集区域、都市连绵区或大城市带(megalopolis)。城市聚集区是包括多个城市组团、人口规模超过中心城市的、被一系列密集的聚集地包围的人口居住区,它不一定就与城市行政区重合。法国城市学家戈德曼(Jean Gottmann)在1957年提出大城市带的范畴,认为应该建立人口规模在2500万以上的都市连绵区,加强城市带内部城市的经

---

① 〔英〕伊利尔·沙里宁:《城市:它的发展、衰败和未来》,顾启源译,建筑工业出版社1986年版,第2页。

② 《马克思恩格斯全集》第2卷,人民出版社1957年版,第303—304页

济联系,发挥最大规模效应。① 目前,世界上比较著名的大城市带主要有美国东北部城市带,主要由波士顿、纽约、华盛顿等组成;日本沿太平洋城市带,主要由东京、京都、大阪等组成;中国的长江三角洲城市带,主要由上海、苏州、杭州等组成。英国地理学者彼得·霍尔(Peter Hall)在1984年出版了《世界城市》一书,总结了世界经济一体化的趋势,认为一些国际大都市将在世界经济中发挥日益重要的作用。他概括了世界城市的七项基本特征,即所在国家的政治中心,集中了很多国际结构和专业性的企业总部;本国的商业金融中心,有着国际性的港口码头;本国人才中心,集中了大量的教育、医疗、科技资源,有发达的网络新闻传播系统;本国的人口聚集中心,集中了上千万的人口;本国的休闲娱乐中心,集中了大量的娱乐设施;本国的工业中心,集中了大量的制造业企业;本国交往中心,人口流动大。② 城市的集中和扩散能够促进城乡一体化,但城乡一体化不只这两种形式,而且城市发展过程中往往是把集中和扩散结合在一起的。

中国自鸦片战争以来,城乡关系逐步发生变化,大体经历了三个阶段:外力推动下城乡分离的初步形成、制度变迁下城乡对立的固化和发展、市场机制推动下城乡关系调整和统筹发展阶段。在城市化过程中,伴随着人口由农村向城市的迁移是资本、技术等生产要素的聚集。计划经济思维模式和长期的城乡二元户籍政策,导致人口流动停滞、城市化发展受阻。城市的带动作用需要充分发挥城市的聚集效应和比较优势。发达国家已经进入城市化晚期,发展中国家的城市化也出现了新情况。中国等发展中国家的经济核心区域出现了大都市和城市群,这些城市周边出现了城乡结合带,由于交通的完善,这些扩展的都市区带动了工业和服务业的发展,能够推动农村居民转变为城市居民,这种中心城市扩散带动的乡村城镇化不同于西方工业化带动的城市化。

第一,外力推动下城乡分离的初步形成。主要是鸦片战争到中华人民共和国成立之前。清朝灭亡、民国建立,并没有让中国走上现代化道路,反而陷入军阀混战,破坏了生产力和城市化进程。此时的城乡关系中,城市占主导,出现了城乡第一次分工,城乡差距逐步扩大,城市变成商品生产基地和销售市场,也变成统治阶级进行政治管理、教育医疗、卫生安全等公共职能的主要场所,让城市聚集了各种关系,而农村依然是农业产品基地,结构单一、发展缓慢。城乡的差异巨大,而且

① J. G. Megalopolis, *the Urbanization of the Northeastern Seaboard*, London: Economic Geography Press, 1957, p. 33.

② 〔英〕彼得·霍尔:《城市和区域规划》,邹德慈等译,中国建筑工业出版社2008年版,第8页。

差异日益扩大;帝国主义侵略推动了城乡分离,消解了中国原本落后的经济制度和生产模式,发展工业,开展洋务运动,中国二元经济显现,但工业和城市的发展严重依赖于外国技术、资本,自身创新能力不够,是外力推动了这一阶段的工业化和城市化;城乡关系不是良性的状态。城市没有成为人口、资本、技术的主要聚集地,城乡形成剪刀差,农村产品供给很少,资源偏向城市,农村支持城市,城市没有带动农村。

第二,制度变迁下城乡对立的固化和发展。主要是建国之后到改革开放之前。中华人民共和国成立初期的社会主义改造,恢复了国民经济,但城乡关系仍处于二元,城市占主导地位,农村处于依附关系。中华人民共和国成立初期,城乡关系处于曲折中,国家重城市轻乡村,造成了城乡制度的二元格局,确立计划经济体制、户籍制度、统购统销制度、人民公社制度、社会保障制度等,这造成了城乡割裂,抑制了城乡要素流动,形成城乡二元分离格局;城乡分治制度导致城乡人口、资源存在严重不平衡。国家先后出台了一系列政策,人为割裂了城乡关系,造成城乡居民收入越来越大。"真正的社会主义道路就是要逐步缩小城乡差别,只知道种粮食、搞副业是不够的。"①

第三,市场机制推动下城乡关系调整和统筹发展时期。主要是改革开放之后的新时期。这一时期,城乡关系仍然对立但有所缓解。改革开放初期,家庭联产承包责任制打破了农业发展的体制壁垒,提高了农业生产力,让城乡互动加强;政府干预和市场调节都在发挥作用,允许发展商品经济,城市公共产品逐步充裕,而农村仍然缺乏教育、医疗、住房等公共设施,政府对农村的扶持也较少,农村很难得到发展,加剧了城乡差距。市场配置资源让具有资源优势的城市得到了较快发展。城乡分割呈现多重性,既是城乡生产总值差距拉大、政府支持不平衡、城乡流动不均匀,又是城乡公共服务不平等、城乡关系恶化、城乡居民收入差距等。2003年以后,政府支配下的城乡统筹阶段,城乡互动增加,城市对农村的扶持增多,城乡经济、政治日益缩小差距,农村有所发展,国家将更多扶持政策用于农村,农村推动了城市发展,城市服务于农村,农业不仅是手段,而且是服务对象。把农业当成手段,农业假若发展不力,就会影响城市化和工业化,阻碍城乡一体化的实现;城乡互动更加频繁,大批投资项目投向农村,一些惠农政策也相继出台,农村发展速度加快,出现了一些新农村建设示范基地,农村经济发展为城市提供了充足的原材料、劳动力和休闲基地,让越来越多的城市居民去农村投资、旅游,也有更多的农民进城务工,城乡统筹政策也促进了一些欠发达地区的发展,促进现代农业

---

① 冷溶:《邓小平年谱》(上),中央文献出版社 2004 年版,第 15 页。

科技提升,形成较完整的农业生产链。同时,户籍制度、社会保障制度的松动也为城乡协调发展提供了条件。

国内学者对于城乡一体化的实现,一般主张采用就地城镇化或农村城市化的道路。城乡一体化范畴涉及发展历程、提升模式、实现路径、评价体系等多方面。中国城乡一体化具有特殊性,需要立足国情,协调发展。解决三农问题是政府的重要工作,城乡一体化是解决三农问题的重要路径。"城乡一体化是为解决中国特殊问题而提出的,是解决特定历史条件下形成的城乡二元体制机制及其造成的城乡多方面差距问题、解决'三农'问题的根本途径。"①城乡一体化是国家战略任务。其一,城乡一体化的提出背景。中华人民共和国成立初期,工业化带动了大量农村劳动力进入城市,但由于"大跃进"和自然灾害,政府做出减少城镇人口的决策,制定了户籍管理条例,严格控制城乡人口的流动,形成城乡二元结构。城乡分割让城乡一体化理论无从产生。改革开放前,中国实行高度的计划经济体制,城乡建设都听从行政指令,实行公有制,形成二元分割体制。政府文件和学者话语中都没有城乡一体化的提法。城乡一体化范畴是 20 世纪 80 年代由苏南地区工作者根据城市化经验得出的,那时,苏南地区乡镇企业发展迅速,促进了城乡人才、科技、文化的交流,缩小了城乡居民生产、生活方式,试行市管县体制,让地方政府可以统筹规划行政区划内的经济事业,有人把这种经济发展叫城乡一体化。但有的学者认为,城乡关系应该经过对立、结合、一体三个阶段,中国还处于现代化低级阶段,城乡差别大,只有继续发展城市化才能消除城乡二元结构,城乡一体化的提法对于我国城市化阶段有点为时过早。通过国家制定统一的城乡一体化规划,实际只是空想。城乡一体化是城乡关系的目标、历史进程。城乡发展日益失衡,需要消解城乡二元体系,解决三农问题。其二,当代中国城乡一体化的演变历史。中国城乡二元结构有形成历史,需要废除二元结构,实现社会公平。改革开放初期到 20 世纪 80 年代中期,城乡一体化有了初步探索,城乡经济改革解放了生产力,体制松动促进了城乡人口、资源流动,苏南等一些发达地区孕育了城乡一体化范畴;20 世纪 80 年代末到 90 年代末,城市化加快,但城市没有足够能力吸纳全部农村剩余人口,于是大力发展乡镇企业和小城镇,城乡差距日益扩大,影响城市化发展。21 世纪后,中央政府提出统筹城乡发展,试图用行政手段缩小城乡差距。"要坚持把增加农民收入作为农业和农村工作的中心任务,坚持多予、少取、放活的方针,建立健全促进农民收入持续增长的长效机制。"②城乡一体化经

---

① 张强:《中国城乡一体化发展的研究与探索》,载《中国农村经济》,2013 年第 1 期。
② 胡锦涛:《在中央政治局第十一次集体学习时的讲话》,载《人民日报》,2004 年 3 月 31 日。

过乡镇企业发展、统筹发展、城乡一体化政策、建立新农村、新型城镇化等阶段,政府一直在探索城乡一体化道路,但城乡并没有真正融通、互补、一体化,国家仍严密支配着城乡关系,乡村自主性发展仍受限制,城乡竞争关系仍没形成。农业社会向工业社会转变中,不可避免会出现城乡差距,需要政府积极干预,让二元经济向一元经济发展,消除历史性、制度性导致的城乡割裂。21 世纪以来,中国政府开始计划消除城乡二元体制。其三,城乡一体化实现模式。城乡一体化要因地制宜,采取不同模式。城乡一体化模式是运行的范围、机制、动力、路径、趋势等的综合经验概括。"推进城乡一体化的模式主要有北京、重庆、江浙、漯河等模式。"①地域角度有苏南、北京、上海、重庆等多种模式,城乡支撑点角度有北京和上海的大城市推动小郊区发展、重庆和成都的大城市推动大郊区发展、江浙的小城市带动农村发展等模式。城乡一体化要统一规划、工农协作、发挥聚集和分散效应。"城乡统筹发展的内涵包括:城乡制度统筹、城乡经济发展要素统筹和城乡关系统筹。统筹城乡协调发展的动力因素主要有三种基本模式:自上而下型、自下而上型和自上自下混合型。"②城乡一体化的前提是因地制宜,保证是政府转变职能,基础是经济一体化,关键是推动农业发展,重要力量是现代化,方便是城乡和谐发展。城乡一体化要从城乡经济、人口、空间、生活、生态等的融合度评价,要实现空间、经济、社会、生态等的一体化,提高城市化水平、非农产值比、基础设施投资比,缩小东中西差距,东部要高速推进,中部要加速推进,西部要初步推进,根据不同省份特点分类推进。其四,城乡一体化的实现路径。城乡一体化的实现既要系统综合,又要重点抓几个问题突破。首先,城乡一体化的核心是实现农村城市化,推动整体城市化进程。城乡都是人的居住地,乡村的发展促进了城市的诞生,城市化是必然趋势,城乡一体化是让乡村变化为城市,引导农村进入现代化。中国城市化需要效益优先,发展集中型城市,走新型城市化道路。其次,要促进农业现代化,促进农村发展。城市工业比乡村农业有优势,应该利用城市优势反哺农业,让城市扶持农村,加快农业现代化,转移剩余劳动力,提高农民生活质量,推动农民就业。"没有农民的小康,就不可能有全国人民的小康。"③再次,要消除城乡二元体制,进行制度改革。制度革新才能破解城乡二元隔离结构,其中户籍制度改革是消除二元结构的前提;明确土地产权制度是消除二元结构的保障;明确财政制

---

① 石忆邵、杭太元:《我国城乡一体化研究的近期进展与展望》,载《同济大学学报(社会科学版)》,2013 年第 2 期。

② 姜太碧:《统筹城乡协调发展的内涵和动力》,载《农村经济》,2005 年第 6 期。

③ 江泽民:《论有中国特色社会主义(专题摘编)》,中央文献出版社 2002 年版,第 188 页。

度是消除二元结构的保证。要改革城乡的教育、金融、户籍、就业、保障、产权、财税、行政等一系列体制,推动城乡居民机会、权利的平等。最后,要大力推行市场经济体制。市场机制能解决三农问题,让农民取得较平等的机会,让农民成为平等的市场主体,获得较公平的就业机会,市场体制能为农村土地、产权制度改革提供机遇,提高农业生产效率,农业现代化需要用市场经济取代自然经济,集中农村生产要素,发展现代农业,推动城乡一体化。

农村工业化应该是城市工业的延伸,而不是政府干预的结果,政府应该起协调作用。中小城镇需要大力发展自己的产业,不仅提升居民生活水平,也要创造有利于产业发展的氛围和环境。城市化过程中,不能忽视农村经济发展,在保留农村田园风光下,提升农村基础服务水平,让城乡生产、生活更加融合。要推动农业的产业化经营,用规模化经营提高农业生产效率。城市化需要产业结构调整为自己提供动力,需要不断用新的产业提升工业化能力。"中国农村的发展道路不仅是农、林、牧、副、渔,还要搞工业,只有这样,才能增加收入。"①城市化需要建立在工业化基础上,但工业化发展到晚期,需要服务业等第三产业继续推动城市化,这就需要产业升级,需要拉动服务业的就业水平。政府需要提高农民收入增加速度,通过产业、财政、金融等手段扶持农业发展,制定法律保护农业,将城乡一体化纳入国家战略,调节城市人口,推动落后地区开发,组建农业协会协调工农关系,推动农村工商业发展,在农村兴办企业,吸引外来资本,增加农民就业,兴办工业园区,促进农村工业化水平。"新型城镇化和城乡一体化是解决三农问题的根本途径,是全面建成小康社会的必由之路,也是经济社会进入新阶段的重要标志。"②立法部门需要制定完善的法律保护农民权利,促进土地制度改革,推动产业化经营,增加农民就业。政府要引导农民发展工业,参加非农产业,提高农民收入,不断加大对农村的财政扶持,提升农村自我发展能力。要促进城乡工业协作,提升农村技术水平,在农村兴办卫星企业,将农村企业纳入现代化进程,提高农村企业的加工能力。在充分发挥当地的区位优势和资源条件的前提下,形成各具特色的区域发展格局。发展城乡垂直格局的工业分布,以促进工业产品的大批量生产。

农村城市化需要加快新农村建设。农村现代化能推动经济发展,是现代化的组成部分,需要推动城市和农村互动,实现工业化、城市化、农村现代化的结合。

①　冷溶:《邓小平年谱》(上),中央文献出版社 2004 年版,第 115 页。
②　陈伯庚、陈承明:《新型城镇化与城乡一体化疑难问题探析》,载《社会科学》,2013 年第 9
期。

解决三农问题要靠城市化和新农村建设。新农村建设需要工业化的发展,为农民就业创造机会,形成城乡互动机制。现代化也需要工业化、城市化提供基础,需要走新型城市化道路,将城市基础服务延伸到农村,让农民分享现代化成果,提高农业生产效率,推动农村现代化、工业化。农村城镇化要大力发展城镇,推动农村经济、文化、政治等转化。农村城镇化是城市化的一个方面,需要以建制镇为依托,发展乡镇企业,吸纳农村剩余劳动力,是非农产业向城镇集中,发挥市场、政府作用,推动城乡交流加快,推动农民市民化、现代化,促进城乡资源、生产要素、生活方式融合,推动农业人口的就业、地域转化,推动农村经济向非农产业转化,为农民提供更多就业机会和生活服务环境,推动农村地区功能转变,城乡空间格局变化,使整体更加融合。就地城镇化在中国难度很大。就地城市化带来了乡村社会的变革,但很多就地城市化是伪城市化,也带来了农村病。中国社会是乡村社会,要处理城市化导致的乡村问题,需要提高农业竞争力,提高土地规划和产出,加快农业现代化,发展农村经济,提高农民素质,保证农业产出。还要关心留守人员,建立完善法律体系,改善留守人员生活条件。要完善文化建设、基层法治建设、乡村基础设施、社会保障机制、发展特色农业,确保乡村社会在城市化中平稳转型。

城乡一体化还要统筹城市发展模式,推进不同规模的城市共同发展。"城乡一体化具体包括:(1)总体规划一体化;(2)产业布局一体化;(3)劳动就业一体化;(4)资源配置一体化;(5)收入分配方式一体化;(6)基础设施建设一体化;(7)社会保障一体化;(8)生态环境保护一体化。"①首先要统筹各类城市的发展。大城市更具有规模效应,具有更大的经济聚集效应,还可以发挥领导和辐射作用及人口吸纳能力;中小城市起着连接作用,是区域中心,也是农村劳动力的主要流向地;小城镇贴近农村,能对周边农村的城市化起示范作用,与农村的关系最紧密,能把农村产业调整中的剩余劳动力吸收进来。小城镇能让农民离土不离乡,维护住自己的土地,就地城市化。要统筹各类型城市的发展,推动城市化健康快速发展。要建立以大城市为中心的城市网络结构系统,要建立大城市为中心、大城市被小城市拱卫的互补城市群,最大程度发挥每个城市的功能。要将城市群作为整体研究,统筹全国城市群的发展,做好城市群的规划,而不只是限于单个城市。其次,城市化要统筹城市的未来发展模式。统筹城市发展模式就要理清城市人和城市区位的关系,考虑城市人口的聚集方式,充分满足城里人的需求,充分发挥城市优势,减少城市问题。要解决城市化问题,一要确立以人为本的城市规划理念,把

① 陈伯庚、陈承明:《新型城镇化与城乡一体化疑难问题探析》,载《社会科学》,2013 年第 9 期。

市民的需求作为城市规划的出发点,既提供就业机会,又满足消费、教育等需求,最大限度满足市民的生活需求,减少城市问题,建立科学、节约、人性的城市发展模式。二要建立生态型城市,制定科学的城市发展战略。城市化带来了环境问题,引起了严重的污染,需要实现生态系统的平衡。城市社会学应该运用多种方法考察城市问题,克服城市化引起的生态问题,形成科学的城市发展战略。

(二)生态城市化发展道路

马克思指出,人必须接受自然规律的制约,以自然为存在和发展条件。人类要生存,必须依赖自然,尊重自然,给自然以伦理关怀。有人才会有历史,实践的过程中产生了人与自然的关系,正如马克思指出的:"全部人类历史的第一个前提无疑是生命个人的存在。因此,第一个需要确认的事实就是这些个人的肉体组织,以及由此而产生的个人对其他自然的关系。"①也就是说,良性的自然系统是人实现长远发展必不可少的物质基础。自然既是感性的本体,具有实际的形态,又是形式的本体,具有抽象结构和体系,还是理念的本体,具有存在的永恒性,是内在和超越性的。自然既是本性的存在,具有内在规律和因果联系,是能够自我生成和发展的。宇宙资源是无限的,但地球资源是有限的,人不能肆意利用地球资源。其一,自然为人类直接提供了大量生存必需品,如阳光、水源、空气、矿产等,离开这些自然资源,人类无法生存下去。工业革命后,生活水平和医疗水平的提高,让人口大量而持续的增长。可地球资源有限,给自然系统带来了沉重压力。其二,人类自己制造的生活资料所需的原材料也是来自自然的。人类太脆弱,承受不了环境的巨大改变。环境的改变对人和其他生物的影响是巨大的。人类要继续进步,既要靠先进的科技,改变人类的生活方式,或让人类找到比地球更好的生存场所,还要在找不到更好生存条件下,尽力维护好地球这个家园,尊重自然,顺应自然规律,保护地球生态系统。马克思生态自然观具有人本学和社会批判两个维度。一方面,劳动创造财富,让人与自然呈现出密切的关系。人的解放需要劳动,劳动生成人的本质。另一方面,人具有自由意志,能自由自在地活动,能利用智慧改造自然,动物却只能盲目地顺服自然。

工业生产损害着自然生态。资本主义霸权、生态危机、社会矛盾推动着人们重新审视生产实践。人控制自然的弊端显示了科技的局限,单凭科技不能让人类获得全面发展,只能导致人与自然关系更加异化。科技已经成为政治统治和意识形态工具,必须批判工具理性、科技的消极后果、国家资本的垄断。人有意识,比动物高明。人能改造自然,动物却只适应。"人的感觉,感觉的人性,都是由于它

① 《马克思恩格斯选集》第1卷,人民出版社1995年版,第67页。

的对象的存在,由于人化的自然,才产生出来的。"①人类凭借科技对自然进行着巨大改造,人时常滥用自己的力量,人类对自然的改造必须受到伦理制约,人必须对自然承担伦理责任。人需要把伦理关怀由人与人、人与社会拓展到人与自然。人要把自然生态伦理关系纳入道德研究。生态伦理倡导自然和人道的结合,主张人的实践行为遵循伦理规范。首先,人类要对自然友善,肯定自然的价值和权利。自然具有不依赖于人的属性和价值,离开人,自然照样存在和发展。自然具有不依赖于人的存在权利。人没有权利征服和统治自然,只能尊重自然。其次,人类要节制消费欲望。人类在生产和生活过程中,造成了严重的资源浪费和生态失衡。自然资源被人类无节制地开发,人类将自然当作工具,变成生产和消费的对象。自然有自由发展的权利,人必须尊重自然,清除人对自然的支配性的思维和行为。人与自然不应是主导和被主导的关系,而应是平等、和谐的关系。最后,人类在利用自然时要加强联合和监督。人与人的阶级对立和利益分配不均,加剧了人与自然的冲突;而人对自然的破坏加剧了人与人的仇恨和对立。但需要指出的是,人类必须先获得生存的条件,才能考虑自然生态平衡。"自然界,就它本身不是人的身体而言,是人的无机的身体,人靠自然界生活。"②因此,要依照自然规律对自然进行开发,以实现生产实践的生态伦理化。

马克思坚持物质对于意识的先导地位,并用这种思路解释人与自然的关系。他认为,人在社会生产实践中居于主导地位,但在宏观的世界中,人仍只是自然界的一部分,人不但不能离开自然,反而要尊重自然。人类生产实践活动就处于自然界的普遍联系之中。自然生物循环系统有一定的承受能力,自然界没有人类想象的那么脆弱,但也不是无坚不摧。人类对自然的开发要限制在自然所能承受的限度内,要合理解决有限性资源和无限性发展的矛盾,实现自己的长远发展。自然不但满足了人的利益,而且维护着其他生物的存在,具有多方面的价值。自然的权利和自然的价值是联系在一起的。确立自然具有价值,就会承认自然也有权利。自然具有权利,是由于它具有多方面的价值。自然为了实现自己的价值,也必须享有存在和发展的权利。自然及其中的一切存在物都有存在和发展的权利,人类要尊重其他存在物的生存权利。人不能凭情绪行动,必须接受天道伦理制约,必须接受自然律法,成为行为高尚的君子。人的生命、生活、身体都离不开自然,尊重自然就是尊重人本身。

马克思坚持对立统一的思维模式,在人与自然的关系问题上,一方面强调自

---

① 马克思:《1844 年经济学哲学手稿》,人民出版社 2000 年版,第 87 页。
② 马克思:《1844 年经济学哲学手稿》,人民出版社 2000 年版,第 57 页。

然对人的基础决定作用,另一方面又主张人能对自然具有反作用。因此,在他看来,人与自然是能够统一起来的。"作为完成了的自然主义,等于人道主义,而作为完成了的人道主义,等于自然主义。"①人类的整个历史及其生产实践都可以纳入自然。人类社会终究是自然的一部分,而只不过是被改造过了的自然。当然,随着人类生产实践的深化,整个自然都可以纳入人的生产实践范围之内。人类通过生产实践不断将自然转化为人化自然,确证了人对自然的主观能动作用,让自然处处留下人的痕迹,这是人道在自然的表现。人在地球生态系统中,居于主导地位,但人在整个自然界中不一定居于主体地位。人的目的有时会违背自然规律,这时人就要放弃目的、遵循自然规律。工业呈现着人与自然的现实关系,成了人本质力量的展示。马克思倡导人道主义,论证了人在自然界中的能动地位,意味着人的生产实践的飞速发展。在当代,人类中心主义和生态主义发生了激烈争论。它们各自提出了很多解决生态危机的方案。人类中心主义主张人的价值,忽视自然利益,不利于生态问题的解决。生态中心主义倡导自然价值,而无视保持生态平衡的最终目的也是为了实现人的利益。我们应该把焦点放在促进人与自然的和谐相处上,而不是争论人或生态谁是中心。自然规律和主观能动性的结合,正是实现人与自然和谐统一的路径。当代生态伦理关注人与自然的物质能量交换,彰显人为了长远发展而节制自己对自然的开发和使用。孔子倡导"知其不可而为之",荀子倡议"制天命而用之",他们并不是一味要求人遵循天命,也倡导人为了自己的幸福合理利用天道。马克思的生态自然观并非仅仅来自对现实的批判,也来自对传统和历史的审视。每个社会阶段的自然都是系统的体系,自然要素会改变,但作为总体的自然系统不会瓦解。自然不会生产,而只能创造,只有人才能生产。但人的生产必须尊重自然规律。无机的自然界是人赖以生存的基础,"没有自然界,没有感性的外部世界,工人就什么也不能创造"②。实现人与自然的和谐,既要反对人类中心主义、绝对霸权、单一模式,又要积极建构多元、真实的人与自然相处模式。人探求自然规律的动机是为了人的存在和发展,人探求自然规律的价值目标是更好为人类牟利。人对自然进行伦理关怀,彰显着人的伦理品性。"天人合一"具有重要的实践应用价值,倡导自然价值、自然权利和一切生命。"天人合一"不是以自然为中心,更不是以人为中心,而是达成人与自然的平衡,是为了促进人的长远发展,维护自然生态平衡。

我们需要加强生态文明的制度建设,建立环境保护的长效机制,需要将环境

---

① 马克思:《1844 年经济学哲学手稿》,人民出版社 1985 年版,第 77 页.

② 马克思:《1844 年经济学哲学手稿》,人民出版社 2000 年版,第 53 页。

保护、生态平衡纳入社会进步的总体评价标准和考核体制。我们需要完善土地空间开发、资源节约和环境保护的制度，完善自然资源的管理和使用制度，实行生态补偿措施，变革自然生态保护管理措施。人在生产实践过程中，必须谨慎地处理与自然的关系，把人与自然的物质、能量交换控制在自然能够承受的范围，不要破坏自然本身的新陈代谢速度和频率，真正意识到环境保护与人类生存的紧密关系。人在自然中的位置并不显著，人类只有先顺服自然，才能接受自然的馈赠。只有顺服自然的人，才能不破坏自然生态平衡。人与自然的和谐是对传统逻格斯中心主义的消解，是对技术理性的拒斥。马克思生态自然观力图突破传统语境、突破传统的主客对立、自然与伦理二分格局来探索自然生态、生活方式、生存意义等问题。实现人与自然的和谐统一，就要限制人对自然的盲目开发和利用，就要引导人们更好地看待信仰、技术、知识、理性和价值，引导人们争取自由和变革。人要生存和发展，必须满足主体的人的合理欲求，但满足主体的人的欲求必须以尊重外在自然为前提，必须遵循客观规律的指示作用。唯有在自然能承受的限度之内，人的生产实践才不会损害生物链，才不会引起环境的巨变。一旦超出自然所能承载的范围，就会引起生态系统失衡，最终也会影响人的生存和发展，甚至导致人类灭绝。人不仅要在外在实践上与自然和谐，还要在内心理智上与自然和谐。人与自然的内在和谐是外在和谐的仪轨，外在和谐是内在和谐的外在呈现形式。地球是人类目前唯一的家园，保护自然、保护地球，就是保护人类自己。自然恩赐了人类生命，允许人类按照自由意志生存和生活，但人类并不能为所欲为，人类的行为也要受自然的限制。人类的生产实践没有超出地球资源所能承受的阈值时，地球生态系统才能够利用自己的调节作用，达到原本的和谐稳定状态；如果人类的生产实践超出了地球生态系统的承载能力，就会引起自然对人类的巨大反作用，甚至以各种方式毁灭人类。如同恩格斯指出的："我们不要过分陶醉于我们人类对自然界的胜利，对于每一次这样的胜利，自然界都对我们进行了报复了。"[1]历史经验启示我们，一些伟大文明正是由于环境的巨变才毁灭的。只有限制人口的过快增长，对人的生产实践有所限制，才能维持人类社会的长远发展。

解决人的生态困境是建构新型城市空间形态的基本目标。"如果空间作为一个整体已经成为生产关系再生产的场所，那么它也成为各种对抗形成的地方。"[2]建构生态伦理秩序和空间生态伦理不能从根本上解决城市化问题，需要进行空间变革。生态城市的建构无论在理论上还是在实践中都应该服务于人的生存需要。

---

[1]　《马克思恩格斯选集》第4卷，人民出版社1995年版，第383页。

[2]　H. Lefebvre, *The Survival of Capitalism*, London: Allison and Busby Press, 1976, p. 25.

这既是道德哲学最初且最重要的价值,也是伦理学产生的根本原因,是最大的善。"所谓善,就是我们所确知的对我们有用的东西。"①人的基本伦理情感是快乐和痛苦,快乐或痛苦引起人的善恶观念。城市能给人带来幸福和快乐就应当认为是"善"的,导致人们痛苦和灾难就应当认为是"恶"的。尽管任何社会形态的人都要不加选择地继承前人留下的城市形态,但是生活在不同城市形态的人是有着不同空间利益的,即使生活在同一城市空间形态的人也有着差异的空间需求。城市是不断生成的社会空间形态,是在历史中变化的空间生产形式。消解传统的城市伦理观是现代城市生态伦理的核心目标。目前的空间生产研究主要聚焦于城市空间生产过程,尚缺少生态伦理视野中对城市问题的系统阐释。缺少这一视角,就未能阐明城市与生态伦理的深刻关系,也未能阐明城市化问题的伦理进路。当代资本主义已经逐步消除了可见的国家空间暴力统治,而走向隐蔽的思想控制,这不是异化的减轻,而是异化的强化,让异化从政治经济深入人们的日常生活。只有深刻认清资本统治策略,才能建构更好的城市空间。城市生态伦理是分析当代发达工业社会空间生产的工具,既要求主体能动性和历史文化的发掘,又需要空间实践能力的培育。

在马克思那里,城市不是一个自然范畴,而是一个社会生产关系概念,是具有历史唯物主义总体性意义的。自然空间在社会结构和系统改变中起着重要作用。城市空间虽然重要,但不是社会运行的唯一机制,人类仍需要自然空间。空间是真实和想象、事实和经验、个体和群体的结合。"在大多数情况下,这取决于可以利用的空间。有些建筑物可以加高几层,有些建筑物必须横向扩张,这就要有更多的地皮。"②城市化理论如果遮蔽自然维度,就得不出空间问题的历史出路。城市化不仅是当代问题,还是生态问题,有自己的生态趋势,需要隔离与资本的密切关系。忽视生态关系就是忽视空间问题。批判空间问题就要批判空间生产带来的生态破坏。城市化就是自然空间结构和空间组织的重新调配过程。"生产的每一进步,同时也就是被压迫阶级即大多数人的生活状况的一个退步。"③社会劳动生产率提高,生产资料的需求和供应就要求增多,就需要占有和使用更多自然资源。城市化需要自然提供生产资料,而对自然资源的过度开发导致生态危机。科学技术不能根本改变城市生产与自然资源的关系。自然空间应当被谨慎对待,应当建立伦理规范。我国空间资源丰富,但优质空间资源较少,必须坚持可持续发

---

① [法]斯宾诺莎:《伦理学》,李健译,陕西人民出版社 2007 年版,第 197 页。
② 《马克思恩格斯文集》第 6 卷,人民出版社 2009 年版,第 193 页。
③ 《马克思恩格斯选集》第 4 卷,人民出版社 1995 年版,第 178 页。

展,自觉维护人与自然空间的平衡关系。

城市政治性与城市总体性有着内在矛盾。这些矛盾集中展现为自然的人化和人化的自然的对立中。人必须满足了生存需求,才能考虑如何实现更好地生活的问题。因此,自然空间已经被城市空间逼退,沦为生产力的机器。无序的、破坏的城市化必然导致空间矛盾和异化。随着科技的广泛应用,人对自然环境的破坏日益突出,已经吸引了更多学者的目光。工具理性引起的全球的生态危机和消费主义引发的人的片面短视,已经吸引学者把研究焦点对准人与自然的关系问题。因此,社会空间批判的对象不是物,而是社会关系系统。城市化有着社会化的集约形式,但自然空间的固态化是人类生产实践的产物,意识塑造着空间,实践产生城市空间。自然空间仍是城市空间形成和变革的前提。自然空间构成城市化生产所必备的前提条件。人类凭借技术理性提升了城市化生产实践能力,必须用制度约束人类对自然空间的实践行为。

城市化是现实人类的主体活动。"人的身体,所谓人的肉体生活和精神生活同自然界相联系,也就等于说自然界同自身相联系,因为人是自然界的一部分。"①工业革命之后,人类对自然的改造力度逐渐增大,这既为人类带来了大量的物质财富,又为人类带来了更加严重的环境破坏和生态失衡,迫使人类不得不重新思考人与自然的关系。日益扩大的生产实践让人类意识到自然并非是人类的附庸,而是与人类生存息息相关的生态共同体。因此,人类更加重视生产实践对环境的影响,更加谨慎地处理人与自然的关系。城市空间充满人类关系,人类实践使自然也布满人类关系。自然是人类财富来源,人类应关注自然,认识到自然也有权利、法则、价值。资本主义推崇人的价值,封建制度非人道,合乎人性者天经地义。城市化让自然成了社会性的范畴,成了论证资本主义社会秩序的工具。人对自然具有作用,可直接感知的自然是地球表层,感知其存在信息的自然是宇宙星际。自然不依赖人而独立存在。人类解放需要生产力高度发展,生产力的高度发展使人有更多闲暇时间发展。城市化引起自然生态失衡。空间生产要素及空间关系本身包含空间伦理,指向人的自由发展。城市化能提供更多自由时间,本质是生产力的进步。"世界人口倍增的时间只有三十年多一点,而且还在减少,社会将难以满足这么多人在这么短时期中的需要和期望。"②发达工业社会城市化高速运行表明人类对空间资源的争夺将日益激烈。

资本主义城市化生产过程既引起了空间系统的同质化倾向,又呈现出排他

① 马克思:《1844年经济学哲学手稿》,人民出版社2000年版,第57页。
② [意]罗马俱乐部:《增长的极限》,李宝恒译,四川人民出版社1983年版,第225页。

性,反映着宗教压迫、种族压制、男权机制。城市化导致非生态化现象。生态伦理问题的出现,源自人与自然价值关系的分离。工业化生产排放大量气体,不仅加剧生态破坏,而且导致人类空间生存困境。在科技进步的影响下,人从追求个性的解放到追求个人的解放,导致个体自由主义,让人成为独立个体,用科学代替了神学,让人成为自然的尺度,不断利用自然。生态伦理要抛弃人类中心主义,建立人与自然一体的认识,采用整体主义看待自然,承认自然的道德主体地位。最高的理性者制造了规律,产生了世界法则,支配了世界的运行。自然不是外在于人类的世界,而是与人类一体。自然是自动调节生态平衡的,要实现天道和人道的结合,提高人的道德觉悟,超越自我的欲望,给自然以空间。自工业革命以来,发达国家的城市化对环境污染的贡献远远大于发展中国家。它们有财富,有技术,它们过多地利用资源,造成了全球环境问题。城市化提供了新的生产和消费模式,生产出新的社会关系。城市化过程塑造着社会关系的多元和丰富,社会关系的多元和丰富又是城市化的必然结果。城市化为人的解放提供历史基础。人的解放是城市化的伦理指向。明晰资本主导的社会条件下城市化的伦理问题,将城市化和人类解放结合起来,具有重要价值。这既有利于对城市化展开宏观分析,坚定历史是不断发展进步的信念,又能利用资本批判深入反思当代城市化及其伦理问题。

　　生态伦理不是现有伦理理念在自然空间的扩展,而是应用于人与自然关系的新型伦理范式。生态伦理不是以自然为中介的人与人、人与社会的关系。生态伦理也不必置于人与人的伦理关系下。因为生态伦理就是要消解传统的人类中心主义伦理模式。生态伦理的出现表明伦理是不断进化的体系。生态伦理不是人际伦理和社会伦理在自然的翻版。生态伦理的革新意义,让它不再是现有伦理原则在自然界的推广,而是对传统伦理学对象和原则的变革,对传统伦理局限性的弥补。生态伦理将伦理关怀对象由人类社会拓展到非人类存在物,消解了传统伦理学的理念和体系。伦理关怀对象的扩大,让生态伦理不同于现有伦理范式。生态伦理在此基础上重建了伦理体系,并在这种新伦理体系下,谋求人与自然在伦理上的共同进步。因此,生态伦理不是处理人际关系和社会观的伦理,而是处理人与自然关系道德新型伦理。生态伦理不是现有伦理理念的运用,而是现有伦理范式的革新和转型。城市生态伦理要关注的核心问题是人与自然的伦理关系,要解决的问题是人类发展的无限性和地球资源的有限性的矛盾。空间生态伦理是基于生态科学,考察环境伦理的应用学科。空间生态伦理发端于解决生态危机,倡导人与自然共同发展的可持续发展模式。生态伦理以实现人与自然整体系统的和谐为宗旨,倡导人类用生态意识来调节对自然的开发行为,主张在维护人类生存利益的同时,也要自觉维护自然生态平衡,自觉运用可持续模式开发自然资源,让人对自然的利用控制在自然的承受能力之内。空间生态伦理是人类要实现长远发展的客观要求和必然选择。"人类的文化有助于人类在地球上的诗意的栖居;这种文化是智人这个智慧物种的文化。"①城市生态伦理倡导既要对人讲伦理,也要对自然和其他生物讲伦理。人类的公平正义应该演化为对自然的尊重和关怀。城市生态伦理为人类处理自然实践活动提供了思路。生态伦理思想既能对人类诗意栖居有很大启示,又能对中国的生态文明建设起指导作用。人类来自自然,必须遵从自然支配,任何妄图脱离自然支配的努力都是痴心妄想,要提高公民的环保意识,要将生态文明放在重要地位,建构生态社会和美丽环境。这需要公民提升自己的伦理素养,树立生态的生活方式。城市生态伦理激发人对自然的伦理关怀,提升人的生态伦理素养,不是对人的实践活动的否定,而是对人实践活动的规劝。生态伦理就是在利用自然和保护自然中达到平衡,让自然系统维持在人可以生存的限度。为了人类生存,要维护生物多样性,保持自然生态平衡,要促进经济增长方式转型。人类实际上很脆弱,无法承受环境的巨大改变。环境的改变对人和其他生物的影响是巨大的。生态伦理是为了人的利益,是为人类的存在和发展消除隐患。

城市生态伦理鲜明地反对现有伦理局限性,指出了现有人类中心主义伦理范式不足,试图建立更加全面伦理范式。现有伦理范式将伦理关怀局限在人类社会与人际关系,否定非人类伦理关怀必要性,否定人与自然伦理关系。城市生态伦理否定人类中心主义伦理范式对待自然方式,与现有伦理理论在对象和宗旨上对立,消解与革新旧伦理范式。伦理范式在对立和冲突中发展,对立与冲突是伦理演化必然现象。生态伦理促进人对自然的伦理关怀。空间生态伦理反对人类中心主义伦理范式将一切伦理都看成是人类伦理关系的观点,以推动对非人类存在的尊重与伦理关怀。空间生态伦理只有超越人类中心主义伦理体系方可确立并彰显其意义。人类中心主义与人类非中心主义均维护人类根本利益与长远发展,但在人与自然伦理关系上存在分歧。城市生态伦理拒斥人类中心主义是理论必然。人类中心主义将人凌驾于自然之上,将自然作为人类实现利益的工具和手段,使人与自然对立。生态伦理将自然作为人类存在与发展条件,但在利用自然时考虑自然利益,主张实现人与自然生态平衡。建构城市生态伦理首先要改变人类中心主义陈旧思维模式,认清人类中心主义的危害。人类中心主义以人的价值

---

① 〔美〕霍尔姆斯·罗尔斯顿:《环境伦理学——大自然的价值以及人对大自然的义务》,杨通进、许广明译,中国社会科学出版社 2000 年版,第 354 页.

为核心,忽视自然价值,导致生态危机,最终危害人类生存。空间生态伦理是伦理谱系演进及环境哲学转变机遇,涉及环境哲学争论,来自人对自然的敬畏及对大地的亲近。生物无贵贱之分,人类与其他生物是伦理共同体。城市生态伦理在与传统人际伦理和人类中心主义伦理斗争中产生。人类中心主义面对环境问题也在反思与调整。环境伦理学基本论争是人类中心主义与人类非中心主义。人类非中心论在环境问题上的拓展旨在解决环境危机,审视传统文化观念。城市生态伦理伴随生态危机加重产生。生态危机与人类需求是生态伦理依据。传统生态伦理坚持人类是自然中心,倡导人的价值高于自然。而当代生态伦理承认人与其他生物具有同等地位和价值,人非自然的中心。人类存在与发展会导致对自然环境破坏。城市生态伦理关注人改造自然中的生态危机和伦理问题,试图为人类自然实践活动提供伦理规范与制约,既是工业时代敏感问题,也是人类面对工业文明导致生态困境的必然思索。城市生态伦理涉及自然环境与伦理两方面内容,在人类社会文明面临极大挑战下产生。城市生态伦理既是理念,更是现实行动。人类文明被二元论禁锢,使自然与伦理分离,造成自然空间伦理缺失。城市生态伦理是理性现代人被技术操控,在道德缺失下,对传统二元设定的批判即是对时代危机的思考。城市生态伦理指向批判传统道德与建构新伦理,在反思传统二元哲学基础上形成并引起思维模式改变。

城市生态伦理中"自然—伦理"价值观念转变包含三类:城市生态伦理起始于生态觉悟,要求人类从主观道德狭隘性走向自然意义伦理,建构生态自然权利与义务,建构生态文明;城市生态伦理最终通过伦理实践达成;城市生态伦理作为道德意识,表明伦理世界观转变。环境保护运动与生态实践也使人类思考人与自然如何实现和谐。人与自然的伦理关系已非纯粹理论问题,而是现实实践问题。人类基于多元化现代伦理价值与多样性道德意识考查生态伦理,也是基于个体不同利益选择。生态伦理呈现曾被忽视的环境问题,如动物实验、温室效应、城市生态、环境正义等。城市生态伦理既关注道德发展,又考虑自然利益,让生机盎然的自然与节制的道德联结。后现代思潮为生态伦理奠定理论基础。技术理性与社会控制论必须顺应时代改变思路,激发伦理异质性与多元性是伦理发展基本要求。城市生态伦理不仅体现在伦理观上,而且在行动上彰显生态完整性,以体现个体生命与自然价值;不仅要阐释伦理学,而且解释人类社会实践活动。人类在总结自然实践经验中获得城市生态伦理,是人类原初存在体验与生命体验的现代表达。

现代性宣扬人的独立自主,主张人走出愚昧和顺从,成为自然和自己的主人。工业文明伴随启蒙运动而来,启蒙就是用理性认识和改造自然。理性既可以战胜迷信和专制,又能控制自然,虽然推动了社会和科技进步,奠定了资本主义文化意识形态,但是也破坏了人的伦理价值,让人的社会实践行为脱离伦理制约。"人在自然中只能像自然本身那样发挥作用,就是说,只能改变物质的形态。不仅如此,他在这种改变形态的劳动中还要经常依靠自然力的帮助。"①工业文明凭借先进的技术建立起对自然的政府和统治,让人们习惯于专业化和技术化的实践模式,自觉认同自然与伦理的二元分离。"劳动首先是人和自然之间的过程,是人以自身的活动来引起、调整和控制人和自然之间的物质变换过程。"②工业文明给人类带来全球性的环境危机,迫使人们思考生态伦理问题。生态危机并非全是因为工具理性和经济利益,也是由于人的伦理标准、评价体系出现了偏差。马克思主义生态自然观就是在人类遇到工业文明挑战生态环境的背景下出现的。马克思主义生态自然观的兴起,既是因为人类必须应对环境问题,更好地认识自然界的规律,又是由于人们意识到道德观念必须转变,打破道德范畴形式和目的分离、自然与伦理的二分,以通达真实的生活。人们在时代的困境中认识到,必须发掘清醒而纯粹的力量,以解决人类与自然的对立,以正确认识人类的现实存在和未来命运。

城市生态伦理观坚持对立统一的观点,既坚持自然的基础地位,又坚持人对自然的能动反作用,并倡导实现人与自然的和谐统一。"人在自然生物圈中处于何种地位,是一个前提性的问题,因为它直接关系到人对自然界的义务和责任。"③人并非自然的主人,人没有丝毫权力征服自然,而要感恩自然的赐予,学会与自然和谐相处。人类凭借科技征服和统治自然的举动已经造成了生态危机,需要我们认真反思自然和人的疏离关系,反思工业文明背后的现代性精神和二元思维模式,建构伦理与自然的亲密联系。生态伦理就是用和谐伦理关系建构人与自然的关联,消解工业文明带来的控制自然的生产模式及理性道德深化,反思现代文明对自然的远离,检讨人类对自然的开发和利用,建构合理的生产和生活方式。生态自然观带来的道德观念转变启示我们,不仅要建构符合时代精神的伦理体系,而且要用高效的实践推动伦理法则落实到现实社会生活当中。人类凭借科技创造了可观的物质财富,但也破坏了自然生态和其他生物利益。地球是人类生存的唯一家园,当地球因为人的过度开发而变得满目疮痍的时候,人类的生存也遇到严重威胁。人类不可能放弃工业化和城市化,退回到原始社会的狩猎和捕鱼时

① 《马克思恩格斯全集》第23卷,人民出版社1972年版,第56页。
② 《马克思恩格斯全集》第23卷,人民出版社1972年版,第201页。
③ 解保军:《马克思自然观的生态哲学意蕴》,黑龙江大学出版社2002年版,第45页。

期,人类会继续凭借先进的科技向自然进发。原始社会的生产方式当然对自然影响较小,原始的生活方式也能维护自然生态平衡,但人不能回到原始的落后生产方式,只会继续前进。在理解和解决人类当前面临的生态问题时,我们既要进一步扩大对自然的开发和利用,又要在利用和开发自然的过程中尽量做到克制。"人本身是自然界的产物,是在他们的环境中并和这个环境一起发展起来的。"①人们应该以天人相合的观点去看待人与自然的关系,在开发和利用自然资源的过程中节制自己的欲望,使人与自然的关系能够更加融合。马克思主义生态自然观的规范和准则论证了可持续发展蕴含的"善",让我们能够对可持续发展做伦理分析和伦理评价,为人类的自然行为提供伦理坐标,以保证人的长远发展。

自然提供了社会空间的原料,是空间生产的基础。人用高度发达的技术疯狂地开发自然,导致很多环境问题。面对将来的后代,人们的道德责任如何界定?邻近的两代人之间有共同利益,下代人总有上代人在关心。"人类需要回归精神家园,安抚恐惧的心。"②正是一种人类共有的、普遍的爱给我们提供了可触摸的伦理根据。在城市化的步步紧逼下,自然界走向死亡。城市革命就是要让空间生产真正满足人的需要,而不再是资本增值的工具。人与自然也不再是敌对的,而是和谐的。社会主义城市化既要满足使用价值,又要具有美学价值,城乡结合,自然和社会融合,既让社会空间的作用充分发挥,又让自然空间焕发魅力。"共产主义社会是人同自然界完成了的本质的统一,是自然界的复活,是人的实现了的自然主义和自然界实现了的人道主义。"③我们需要抛弃陈旧的人类中心主义思维模式,超越现有的生态伦理范式,将伦理关怀推广到自然和其他生物,将公平正义、权利义务拓展到自然系统。

本章小结

不同学科对城市化有不同界定,需要全面地理解城市化。工业革命促进了现代城市文明的普及,体现着物质文明和精神文明的进步。城市化是分散的农村人口不断聚集、非农产业不断增加,通常的标志是城市人口指标。要发展现代农业和城市非农部门,城市化与工业化是相互促进的,要提高消费品数量,增加工业投资。工业化不同阶段,城市化发展水平不同,工业化产生了新的需求,促进产业规模化,吸纳了更多劳动力。城市化有人口学、社会学、经济学、人力资源学、政治

① 《马克思恩格斯选集》第3卷,人民出版社1975年版,第74页。
② E. W. Soja, *Third Space*, Oxford:Blackwell Publishers Press, 1996,p. 46.
③ 《马克思恩格斯文集》第1卷,人民出版社2009年版,第79页。

学、考古学等角度。城市化是文明的指标,体现社会经济发展程度,促进了现代化。城市化是一个动态过程,是一种经济现象,是一个系统问题。经济实力、经济结构、社会发展、基础设施和环境建设五个方面构建了中国城市化发展水平评价的指标体系。

城市化需要推动新型工业化,降低资源消耗,提高劳动者素质,促进产业结构升级。城市化速度、水平与就业结构关联很大,工业化拉动了非农产业,需要城市化与工业化的良性互动。城市是发展工业化的重点区域,需要提供良好的投资环境,推动产业化纵深发展。农村城市化需要尊重农民权益,实现农业生产现代化,采用先进技术、现代管理推动农业持续发展,实现社会化、技术化、集约化、市场化,用市场机制组织农业生产、销售,用技术提高农业效率,解放农村劳动力,用城市化安置农村剩余劳动力,加快城市非农产业发展。发达国家已经完成城市化,发展中国家正在加速城市化,也引起城市化过度或滞后于工业化。城市化推动了经济发展,需要形成合理的城市体系,缩短城乡空间距离,打破生产要素的空间壁垒,突破聚集效应的空间限制,需要建立田园城市,建立更多卫星城。城市化是凭借经济发展达到思维观念一致的过程,是城乡的思想文化交流,直至逐步同化的过程。

随着全球化和工业化的快速发展,城市化当然涉及社会关系的重组与建构。大城市成为商品生产的体现,是资产阶级和贵族阶层矛盾调和后的产物。城市空间与特定的生产方式相关,并且随着社会形态的改变而变革,是不同政治组织和社会群体实践活动和利益调和的结果,被大众商业文化随意肢解,纳入新的整体中。空间控制始终在进行,反映着社会关系和阶级利益,也引起了反城市运动,需要创造希望空间。城市是空间生产的集中场所,是商品生产、政治规划的产物,是由资本、政治、文化、技术、阶级、种族、环境运动等多重力量推动的。城市化应该走城乡一体化道路,消除城乡二元结构,促进生态文明建设,提高城乡居民的生活质量。

第二章

中国特色城市化道路的历史透视

中华人民共和国成立时,城市化起点很低。"1949年建国时,城市化水平只有10.6%,远低于当时世界平均水平28%,更低于发达国家的60%的平均水平,也低于发展中国家16%的平均水平。"①中国城市化发展晚,但开始了新的工业化历程,随着大规模经济建设,城市化发展有了动力,但城市化受计划经济体制制约,长期滞后于工业化。直到改革开放后,中国城市化进入新时期。中国城市化取得了可喜成就,总体趋势呈现发展势头,城市数量、人口都大幅增加,但在发展过程中有很多曲折,需要总结当代中国城市化进程,用科学观点解读。

中国城市化因为政治运动和政府政策而呈现出阶段性和曲折性,经历起步、大起大落、停滞、快速发展等时期,可以以1978年的改革开放为界分为两个时期:1949—1977年是城市化停滞和低速增长的计划体制时期;1978年至今是城市化加快发展的市场体制时期。每个时期又分为不同阶段。改革开放前的城市化可以分为以下几个阶段:1949—1957年城市化恢复发展,这一阶段,国民经济恢复和"一五"计划推动国民经济发展,推动了工业化和城市化水平提高;1958—1960年的起伏动荡,进入经济困难时期;1961—1965年城市化调整,国家精简职工,城市化回落;1966—1977年城市化停滞不前。改革开放以来,城市化大致经过了四个阶段:第一阶段是1978—1984年,农村实行承包制促进了农村经济发展,出现了剩余劳动力,为城乡产业要素流动提供了条件;第二阶段是1985—1991年,国家废除了统购统销制度,重新开放了市场,允许发展个体经济,促进了民营经济的发展;第三阶段是1992—2002年,大量农村劳动力进城务工,促进了城乡交流,世贸组织的加入让城乡互动加强。第四阶段是2003年到现在,国家实行城乡统筹发展政策,废除了农业税,促进了城乡一体化发展。尤其是2012年以来,在以习近平为核心的党中央的领导下,中国城市化取得了更大的进步。

---

① 阎军:《试论我国城市化的道路与模式选择》,载《江苏科技大学学报(社会科学版)》,2005年第1期。

第一节 改革开放前的城市化道路及其特征

当代中国城市化基本经历了中华人民共和国成立初的恢复发展期,20 世纪 60 至 70 年代的缓慢发展期和改革开放后的高速发展期。改革开放前是计划经济体制支配的城市化,是政治型城市化,城市化水平有所提高,建立了初步的工业化体系,但国家用户籍制度等强化了城乡二元分离体制;改革开放后则是市场经济逐步起作用的城市化。

鸦片战争后,中国受到西方文明入侵,西方资本主义推动了中国民族工商业发展,为工业化和城市化奠定了一定基础。鸦片战争时,中国城市人口比重为 5.1%,而当时英国城市化率已经达到 40%,全世界城市化率为 7%。中华人民共和国成立之后,中国进入工业化和城市化发展的新时期,实行高度集权的计划经济体制,让城市化与政府政策紧密相关。中华人民共和国成立后的前 30 年,城市化水平只提高了 8.32%,"文革"更是让城市化一直停滞在 17% 左右。改革开放以来是中国城市化的全面发展时期,户籍制度不断改革,城市化走上正轨,步入快速发展时期,从 1978 年到 1998 年提高了 12.48%,最近 10 年,中国城市化已经超过了 50%,中国用了短短几十年就走过了欧美国家上百年才走完的城市化历程。

三年经济恢复和"一五"计划让城市化提高。"大跃进"更是让城市化飙升,"城市化率迅速由 1952 年的 12.46% 上升到 1960 年的 19.76%,城市数量也由 157 个增加到接近 200 个。但是之后的经济结构调整,政府撤销了 53 个城市,下放了 3000 万城市人口,到 1965 年,城市数量比 1960 年减少了 30 多个,城市人口比重也降低了近 2%"。[①] 此后中国的城市化进入一个长达 10 年的停滞时期,"文革"下放了大批知青和干部,城市化停滞。1978 年后,大批知青回城、干部落实政策,农村经济发展,推动了农村人口流入城市,"城市数量每过十年就要增加 200 多个,城市人口比重也迅速由 1980 年的 19.36% 提高到 1990 年的 26.41% 和 2000 年的 36.09%"。[②]

---

① 李文:《近半个世纪以来中国城市化进程的总结与评价》,载《当代中国史研究》,2002 年第 5 期

② 李文:《近半个世纪以来中国城市化进程的总结与评价》,载《当代中国史研究》,2002 年第 5 期

一、城市化起步阶段(1949—1957 年)

(一)城市化水平快速提高

中华人民共和国成立初期,国家稳定了社会秩序,城市化也取得了较大成就。这一时期可以分为两个阶段:1949—1952 年的城市化恢复发展阶段,城市经济得到恢复,较多农村人口迁移到城市。农业生产恢复为工业提供了基础,让工业生产达到了历史最高水平,工商业吸纳了很多农村人口,社会经济得到发展,城市人口比重得到提高。"城市人口由 1949 年的 5765 万增加到 1952 年底的 7163 万,城市化水平也由 1949 年的 10.64% 提高到 1952 年的 12.64%。"①1953—1957 年的"一五"计划发展阶段,国家开始大规模工业建设,依靠苏联援助建立了一系列重点工业项目。这一时期,城市化与工业化紧密相连。国家调整了工业布局,扩建了 94 个城市,并在中西部建立了一些工矿城市,农村劳动力流入城市,支持工业建设,工业产值超过了农业产值。"到 1957 年年底,农村迁入城市的人口有 1500万,城市人口增加了 2123 万,城市化率由 1953 年的 13.3% 提高到 1957 年的 15.39%。"②

中华人民共和国成立初期是城市化发展较平稳时期,城市化水平随着工业化建设不断提高,城市布局得到优化,城市建设不断进行。这一时期城市化呈上升趋势,是农村人口向城市迁移和工业化展开时期,城市人口增长远远超过了这一时期总人口的增长速度。"城市数目由 1949 年底的 132 个增加到 1957 年底的176 个,年均递增 5 个新设市城市,城市人口由 1949 年底的 5765 万,占全国总人口比重 10.64%,增加到 1957 年底的 9950 万人,占全国人口的比重为 15.39%,共增加了 4185 万人,平均每年增长 523 万人,年均增长率达 7.1%,总共增加了72.58%,农村人口则由 48402 万人增加至 54704 万人,仅增加 13.02%,城市人口的增加速度远远高于农村人口。8 年间,城镇人口增长了 4185 万人,年均增长约523 万人,城市化率上升了 4.75%。"③

中华人民共和国成立初期的城市化成就主要是:其一,城镇数目增加较多。战争结束,一些县被改为市建制,城市由 1948 年的 58 个增加到 1949 年底的 136个,建制镇增加到 2000 多个。国家出于经济恢复和政治稳定的需要,有计划地增设了 63 个建制市,撤销合并了 23 个建制市。到 1957 年底,建制市增加到 176 个,

---

①　严正:《论中国的城市化进程》,载《当代经济研究》,2000 年第 8 期。
②　严正:《论中国的城市化进程》,载《当代经济研究》,2000 年第 8 期。
③　茹强慧:《中国城市化历程及面临的问题》,载《地理教育》,2008 年第 2 期。

建制镇也增加到 3596 个;其二,城镇人口和城镇经济不断发展。"100 万以上人口规模的特大城市数目由 5 个增加为 14 个,50 万以上人口规模的大城市数目由 12 个增加为 24 个。全国城市市区人口由 3949.05 万人增加到 7077.27 万人。城市建设用地由 1949 年的 458 万亩增加到 1957 年的 893 万亩。"①经济规模也大幅增加,"全民所有制企业固定资产价值由 1952 年的 240.6 亿元增加到 1957 年的 522.9 亿元。城镇消费品零售总额由 125.6 亿元增加到 238.4 亿元,城镇居民消费水平也由 154 元增加到 222 元"。② 其三,城市建设蓬勃展开,城市体系逐步合理。新中国刚成立时,很多城市由于战争破败不堪、基础设施差,国家努力恢复城市经济发展,建了一些基础设施,提高了城市公共事业。大中小各类型规模的城市都有所增加,特别是大中城市数目增加较多,基本改变了国民党时期城市格局两头大中间小的现象。国家在中西部新建了一批工矿城市,让城市区域分布更加均衡化。中部地区城市数量甚至超过了东部地区。

中国城市化起步晚,中华人民共和国成立前的城市化只是萌芽时期,农业生产为主,非农产业薄弱。1949 年,中国总人口为 54167 万人,平均寿命只有 35 岁,人均工农业产值仅为 86 元,主要的农副产品产量都很低。社会历经战乱需要恢复。城市化随着大规模工业建设而展开,大批农业人口进入工业部门,提高了城市人口比重。国家努力解决城乡矛盾,扩大城乡交流,推动了工业化和城市化建设,大量农村人口进入城市落户。城市化发展成了工业化的一部分,国家将城市化与农业问题的解决相结合,注重政治、经济、文化的协调发展。国家工业化建设向西部城市倾斜,"一五"计划的重点项目大多集中于中西部地区,太原、包头、兰州、武汉、成都等的重点项目较多,这促进了中西部城市建设。一些城市基础设施得到加强,建立了一批职工住房。

国家根据苏联模式进行大规模整顿,恢复经济秩序,进行工业化建设,优先发展大型工业项目。国家为了巩固政权,大力进行工业化建设,社会主义建设全面展开,涌现了一些新城镇,中西部城镇化有所发展。国家兴建了一批内地工矿城市,在煤炭、钢铁、石油基地建立了城市,扩建了一批传统老工业城市,吸引劳动力,城市人口因为迁移而增加,东中西三个地区的城市数目都有所增加。这一时期,城市人口增长主要是农村人口迁入,农民到城市和工矿企业就业。土地改革也调动了农民积极性,提高了农业产量,优化了城市空间布局。

我党有很多农村经验,中华人民共和国成立后需要把工作重点由农村转向城

---

① 付春:《新中国建立初期城市化分析》,载《天府新论》,2008 年第 3 期。
② 李卫东:《张方平货币思想述论》,载《东方企业文化》,2007 年第 5 期。

市,毛泽东称之为赶考。国家努力恢复城乡政治秩序,加强城市的生产功能,增加了城市数量,是城市化与工业化较符合的黄金时期。国家恢复了社会生产,打破城市不合理产业结构,吸纳农村人口到城市工厂和工矿区就业,城市人口机械增长很快,工农业生产恢复到历史最高水平,一些工矿城市发展起来。国家从1953年起,进入工业化建设,一批新城镇产生。"建制镇由1949年的2000个发展到1953年的5402个。"①城市化和工业化结合较好,城市体系朝着合理方向发展,城市数目由中华人民共和国成立前夕的132个增加为176个,增加了44个(其中东部增加4个,中部增加23个,西部增加17个)。平均每年增加城市5个。这一时期,工业发展速度快于城市人口增长速度,是城市化正常发展阶段。"一五"计划推动了很多重点项目,吸纳农民进城,扩大和新建了一批工业城市,那时,城乡人口流动是自由的,政府没有太限制农民进城。城市成为工业聚集地,城乡关系较协调。城市人口快速增加主要是农村人口迁入的机械增长。国家建立了694个大型项目,重点建设工矿城市,推动了城市建设大规模展开。城市拉力、宽松用人制度、户籍政策,让大量农村人口进入城市。城市化带动了国家经济发展,让钢铁、煤炭、石油、建材、粮食等的产量都达到历史最高水平。"从经济增长的数字看,一五计划相当成功。国民收入年均增长率为8.9%,农业产出和工业产出每年分别以3.8%和18.7%的速度递增。"②新型工业城市推动了区域经济发展。中华人民共和国成立之后,城市化速度先慢后快,改革开放前30年发展缓慢,改革开放后发展迅速。

（二）劳动力和人口自由流动

中华人民共和国成立初期,政府曾开放城乡人口流动,促进了城乡交流,国家重点发展工业化,大量农村人口进城,提高了城市化率。城乡二元结构并不是一开始就实行的,中华人民共和国成立初期,国家仍实行自由人口迁移政策,居民可以在城乡自由流动。此时,中国城市化虽然是由国家主导的,但仍呈现多元发展的态势。"一五"计划的进行,让很多工业项目上马,工业建设需要大量劳动力,当时的政策也允许农民自由进城,于是大量农民进城参加城市建设。国家要变消费城市为生产型城市,强化了城市经济职能,让城市职能走向多元化。国家实行社会主义改造,将生产资料收归国家和集体,动员群众力量发展工业化。那时,城市化服务于重工业,建立了一些资源、技术型的工业重镇。这一时期,国家实行的是

①　曹晓峰、杨丽:《浅析城乡关系与小城镇建设》,载《社会科学辑刊》,1997年第4期。
②　〔美〕费正清:《剑桥中华人民共和国史》,王建朗等译,上海人民出版社1990年版,第164页。

较宽松的城乡政策,没有太多人口迁移的限制。

中华人民共和国成立初期,并没有立即实行计划体制,而是进行过渡,随后进行了社会主义改造。国家不断加大公有制经济的比重,压制居民私有产权。国家还实行人民公社制度,用集体主义思想引领个人实现利益和自由,让居民自觉服从集体利益。国家借力限制西方思想的传入,一再加强中央政府的权威。国家采用苏联模式,集中人民群众的力量发展经济,利用工农剪刀差保障工业的发展。西方国家利用资本发展了国家经济,清除了等级秩序,推动了自由理念的普及,但社会主义国家只能用群众的力量发展自己,用集体的智慧阻止战争再起。近代以来,西方价值观传入中国,但由于不适合中国国情而被摒弃。资本主义放弃了殖民地策略,让民族国家独立,让共产主义有了发展的良机,为弱小民族独立提供了外部条件。中国人民击退了外部干预势力的进攻,发动了正义战争,推翻了腐朽的统治阶级,为实现城乡居民权利提供了基本条件。我党代表先进生产力,夺取了政权,赢得了农民信任,让社会主义革命顺利进行。工农支持了革命,也获得了前所未有的权利。帝国主义国家纠集起来一切反动力量对抗以苏联为首的社会主义阵营。美苏发生了激烈的政治意识形态冲突,展开了军备竞赛,形成两个世界。冷战让小规模冲突不断,阻碍了世界市场的形成,破坏了人类的共同利益,也促进了第三种力量的兴起。我党根据经济状况划分了阶级,唤起群众斗争意识,建立了独具特色的人民代表大会制度。中华人民共和国成立之后,没有了内战,人民群众创造了更多财富,打倒了骑在人民头上的剥削阶级。我党通过发展公有制控制了国民经济命脉,通过改造和没收民营资本,建立了经济上的国有制,稳定了经济秩序,消除了私人市场和个人商品贸易,把多元的阶层调整为对立的两大阶级,让人民群众的精神状态饱满,实现了空前的团结。我党用"救亡图存"的口号唤起民众的国家意识,全力抵抗外国侵略,努力实现国家富强,大力推进现代化,消除封建传统文化。现代化是走向民主的过程,资本主义也曾海外殖民,迫害了弱小民族。社会主义是在资本主义薄弱环节产生的,一般都是生产力落后的国家,能更加平等地对待国民,财富能更平均地分配给各阶层。

这一时期,城乡人口能够自由流动,大量农民进城促进了城市人口增加。宽松的人口迁移政策和大规模的城市建设,方便了城市企业从农村招收劳动力,让城市人口增长主要来自农村人口迁移,与同期世界城市化趋势保持了一致。"1949—1957年,中国城镇人口出生率提高,死亡率下降,城市人口自然增长约为1538万人,占城镇人口增长总数的37%;由农村劳动力招收而增加的城镇人口约为 2646 万人,占城镇人口增长总数的 63%。"①1949 年 2 月,毛泽东在中共七届二中全会上要求,从现在开始要把党的工作重心转向城市。当时城市基础设施陈旧,1952 年 3 月,在当时城市经济极端困难的情形下,政务院允许城市保留一些城市基础建设费用,各城市以工代赈,结合爱国卫生运动,清理垃圾,改变城市面貌。② 1952 年 9 月,政务院建立了全国性的城市建设管理部门——建工部城市建设局,负责城市的建设和规划,推动了城市基础设施的建造。③ 各城市修建了排水管道,维修房屋,建立职工住宅,增加城市道路,美化城市环境。国家对城市采取重点建设、稳步推进方针,让城市化水平提高。1953 年 9 月,中央政府在《关于城市建设中几个问题的指示》中强调了城市规划的重要性。1956 年,国家正式发布了《城市规划编制暂时办法》,参照苏联城市规划模式对我国城市的总体规划做了布局。政府在"一五"计划时期,在苏联顾问帮助下,对 150 多个城市进行了初步规划。

中华人民共和国成立之后,政府想要建立新型城市,努力调整城市发展方向,让其为工农服务,努力减少犯罪、失业、贫富差距等城市问题。国家恢复了城市秩序和城市生产功能,让城镇吸收了劳动力,还恢复了受战争破坏的经济,领导人民建设社会主义,城市化进入新时期。"一五"计划时期,是工业化起步阶段,国家开始进行计划建设,兴建了多项城市工业项目,推动了中西部城市化发展。国家推动了重点项目建设,展开了由许多建设单位组成的工业化建设,吸引很多农民进城,每年进入城市的农民就有 165 万。中西部非农人口增加,城市空间布局向中西部倾斜,一批工业城市兴起。城市数目由 1953 年的 135 个增加到 1957 年的176 个。"西部地区城市由 13 个增加到 31 个,增长了 138.5%。西部地区城市增长速度明显快于东部地区。东部地区城市数目比重由 1949 年的 51.5% 下降到1957 年的 40.9%,西部地区城市数目比重由 1949 年的 9.6% 提高到 17.6%。"④从农村迁入城市的人口有 1500 多万,到 1957 年,城镇人口增加了 2400 万,是城镇人口增加最快的时期之一。

新中国刚成立时,中国工业基础和城市化水平很低,1949 年,中国总人口为54167 万,仅有城市 135 个,镇 2000 个,工业化率仅为 12.57%。城市空间布局失衡,城市主要集中在东部沿海地区。"1936 年,上海、天津、青岛、广州、北平、南京、

---

① 严书翰、谢志强等:《中国城市化进程》,中国水利水电出版社 2006 年版,第 172 页。
② 高晓春、贺彩英:《中国城市化的崎岖历程》,载《经济论坛》,2003 年第 11 期。
③ 邹德慈:《中国现代城市规划发展和展望》,载《城市》,2002 年第 4 期。
④ 汪泽青:《中国西部城市化的状况、制约因素和发展》,载《经济问题探索》,2004 年第 5 期。

无锡 7 个城市的工业产值占了关内工业总产值的 94%，而内地城市基本上是行政性和消费性的，人口规模和工业生产能力都很低。"①中国仅用 3 年就恢复了国民经济，尤其是重工业得到较大提高，城市化水平也相应提高。"一五"计划更是增加了国民收入，提高了工农业产值，其中工业总产值年均增长率达到 18%。这一阶段是工农关系较协调的时期，缩短了与资本主义国家的差距。中华人民共和国成立初期是工业化和城市化较快速发展时期，让城乡居民生活进入新时期。国家推动工业建设向内地倾斜，促进了中西部城市化，扩大了城市规模。"新建城市 6座，大规模扩建原有城市 20 座，一般扩建原有城市 74 座。"②社会主义改造完成后，确立了国有企业和集体企业的主导地位，城市生产中心的作用突出，消费和生活功能被压制。

中华人民共和国刚成立时，由于常年战乱，需要恢复农村经济和生产力，这个阶段城乡关系基本是开放、平等的自然状态，是城市规模扩大和农民市民化起步阶段。这一时期，中国城乡发展差距不明显，农民能够自由流动到城市，取得市民身份。到 1952 年，中国城市人口有 7000 万。1953 年，我国开始了第一个五年计划，展开了大规模经济建设，客观上需要很多劳动力，于是很多农村青壮年在国家号召下到城市参加工业建设，让城市人口大量增加。农民不是盲目流入城市，而是随着工业化和城市化的进行而采取的理性选择。农民到城市就业后，身份和职业的转换是同步的。城市化与国民经济也基本适应，城市化水平提高改变了城市人口结构，也促进了国民经济稳固发展。国家围绕苏联援助的 156 项重点工程和694 项大型工业项目进行城市布局，改造了东部沿海原有城市，内地兴建了一大批新工矿城市，也让一些老城市得到扩建。中华人民共和国成立之初，国家百废待兴、外国封锁，国家只有依靠苏联援助。国家借鉴苏联模式，采用计划体制，建立了现代化的工厂，为工业化奠定了基础，也带动了城市化发展。国家选择了一些条件较好的城市，放置这些大型项目，集中规划了职工住宅、排水、供热等系统，学习苏联城市编制模式，提高了城市化率。国家想尽快建立完善的工业体系，推动工业化尤其是重工业迅速展开，人口流动也较自由，推动了城市化的起步。国家对城市的工业建设，吸收了很多农村劳动力，城镇人口增加。在国家强力行政支配下，城市化得到发展，中小城市数量增加。国家建立了重点企业项目，招收大量

---

① 高寿仙：《1949 年以来的中国城市化进程：回顾与反思》，载《湖南科技学院学报》，2005 年第 3 期。

② 田享华、刘梦洁：《城市化跨越启示：亟待制度改革创新》，载《第一财经日报》，2012 年 10月 09 日

农村人口做职工,城市人口比重不断提高,城市化水平提高较快,农村人口迁入城市较多。

中华人民共和国成立之后,中国城镇面貌发生变化,半殖民地半封建城市转变为社会主义城市。政府领导人民恢复经济,个体工商业一度繁荣,小城镇一度是商品贸易中心,是城乡经济的纽带,城镇居民生活好转,社会秩序稳定。城镇发展对商品粮的需求也大幅增加,但小农经济下的粮食产量无法满足需求,农业发展速度跟不上需求速度。为了缓解粮食供应危机,1952 年 8 月 1 日政务院发出《关于劳动就业问题的决定》,认为国家在短期内还不能吸纳更多农村劳动力在城镇就业,需要说服农民不要盲目流入城市。1952 年 11 月,政务院发布了《关于实行粮食的计划收购和计划供应的命令》,要求城市居民只能凭粮证购买粮食,一定意义上限制了粮食市场上的货币流通。1953 年 10 月,中共中央又做出了《关于实行粮食的计划收购和计划供应的决议》,也就是统购统销决议,在农村对居民征收粮食,对城市居民实行统一的粮食供应,由国家控制和管理粮食流通,禁止私人自由买卖粮食。"据估算,由于供应面继续扩大,1953 年至 1954 年的粮食年度内,国家还需要收购 431 亿斤。仅仅依靠市场来收购不可能做到。这就使得我们不得不另辟蹊径,非采用新的购粮办法和新的粮食供应办法不可。"[1]这一时期,中国城市化水平得到较大提高,但粮食在小农经济下没有得到更多增加,国家也开始采取粮食征购措施限制城市化。"征购办法必须采取,则粮食问题可以解决。"[2]1953 年 11 月政务院又发布了《粮食市场管理暂行办法》,开始正式实行粮食的统购统销政策,要求城市居民购买粮食只能去国家指定的粮店、合作社。城市居民购买的剩余粮食不能私自出卖,农村出产的粮食需要交给国家粮食市场,让农村人口很难在城市获得粮食供应。[3]"经过中央批准,北京、天津、保定、济南四市于 1953 年 11 月 1 日开始实行面粉计划供应,12 月 1 日,京津两市又开始对大米和粗粮实行计划供应。其他大城市紧接着也实行了计划供应。"[4]1955 年国务院发布了《关于设置市、镇建制的决定》,要求撤销一些不符合条件的镇,撤销镇下面的乡,县级及以上的政府驻地可以设镇,县以下的政府驻地,居住人口 2000 人以上的才可以设镇,规定要对城镇非农业人口实行粮食定量分配、凭粮票供应的措施。这些措施限制了农村居民在城镇购买粮食,人为阻断了农村人口向城镇迁移,为

---

① 薄一波:《若干重大决策与事件的回顾》(上),中共党史出版社 2008 年版,第 182 页。
② 金冲及等:《陈云传》,中央文献出版社 2005 年版,第 840 页。
③ 孟祥林:《我国城市化进程中的小城镇发展选择》,载《城市》,2006 年第 4 期。
④ 薄一波:《若干重大决策与事件的回顾》(上),中共党史出版社 2008 年版,第 189 页。

以后的城市化设置了障碍。这一时期的城镇化政策对以后乡村的发展产生了一定的制约作用:一是排斥农村劳动力在城市就业和获得口粮,让农村劳动力无法在城镇获得基本的生活资料,难以在城市生存,有效阻止了农村人口流入城市;二是实行粮食统购统销,限制了小城镇的个体、集体工商业,私营经济被迫停业,只能另谋出路。国家控制了农副产品的流通,阻断了小城镇与周边农村的经济交流,打击了个体工商业,居民少了很多就业出路;三是对建制镇的设置提出了标准,不是县级政府驻地的,需要人口2000以上,有一定工商业才能设镇。根据这些标准,撤销合并了一些乡镇。1953—1956年,国家对工商业进行社会主义改造,取消了个体手工业,建立集体合作社,让个体企业和经营者进入集体商店。农村商品完全由国家的供销社经营,由国家统一支配,限制了小城镇的商品流通,不利于小城镇发展。国家用行政力量获取农业剩余,减轻城市负担。"由于我们的工业品少,不可能很快做到缩小工农业产品价格的剪刀差,因为还要积累资金,扩大再生产。"[1]国家一直想就地转化农民,让中国呈现城乡二元结构。社会主义改造后,个体经营被改造为国家或集体经营,小城镇数目下降。

这一时期是小城镇发展战略的萌芽时期。农民进入城市,需要工业支撑。毛泽东是想通过发展就地城镇化转移农村剩余劳动力。他认为,中国是农业人口大国,如果采用现代工业转移劳动力是漫长过程,中国要加速城市化,也要避免大批农民破产带来的痛苦,必须走社会主义道路。国家通过各项政策形成工农剪刀差,牺牲了农业利益,客观上阻碍了城市化和农村发展。

国家大规模进行工业建设,推动了城市建设,让城市变成生产基地。内地城市也有所发展,东部地区人口迁移到西部新型城市,支援边疆建设。此时,劳动力、人口能够自由流动,国家逐步出台限制政策,阻碍城市化的因素开始出现,国家照搬苏联模式,重点发展重工业,忽视轻工业,工业结构单一,限制商品经济发展,限制农业人口进城等,对国民经济造成不利影响。"中华人民共和国成立初期,国家实行的基本上是一种人口自由迁移政策,居民可以在城乡之间或城镇之间随意迁移。"[2]中华人民共和国的成立让中国进入和平时期,进行了国民经济恢复,安排了694个重点项目,需求大量劳动力,农村人口进城没有户籍限制。新建的工业城市带动了区域经济发展。大规模的恢复重建,吸引了农村劳动力进入到城市,农村土地改革也需要劳动力,也有少量城市人口到农村。城乡人口流动促

---

① 陈云:《陈云文选》第2卷,人民出版社1995年版,第194—195页。
② 高寿仙:《1949年以来的中国城市化进程:回顾与反思》,载《湖南科技学院学报》,2005年第3期。

进了国民经济发展。

（三）重工业优先发展战略的形成

"二战"后,时代趋向和平,但冷战也已经开始,为了维护社会主义阵营,国家不得不大力发展重工业。工业化的落后状况也要求大力发展重工业。"我们还不能制造一架飞机、一辆坦克、一门高级的炮。在运输上,我们自己还不能制造一辆汽车。"①国家为了维护国防,大力推动了重化工业的发展,建设了一批重点项目和城市,增加了城市人口、城市数目等,同期城市化发展速度快于同期世界城市化平均速度,而且城市化和经济发展较为同步。中国迅速转向苏联模式,竭力避免资本剥削下的城市化,不断压制大城市的发展,要求城市的工业化改造,试图用工业化推动城市化。城市化和工业化都是为了快速进入共产主义。中华人民共和国成立初期的城市化是受多重因素推动的:首先,推动城市化的根本因素是工业化。中华人民共和国成立之后,中国城市化才正式开始,政府控制城市化发展,实行高度集权计划体制和户籍制度,把人口分为农业和非农,严格控制人口流动,形成二元社会。这一时期,计划经济体制逐步形成,但农村劳动力转移尚未受户籍制度限制。户籍制度限制农民进城,形成城乡壁垒是后来的事情。其次,劳动力市场客观存在促进了农村人口转移。中华人民共和国成立初期,多种经济成分并存,劳动力市场发育不成熟,但客观存在。直到社会主义改造完成后,劳动力市场才基本消失。中华人民共和国成立初期,农村消灭了地主,农民获得了土地,有了完全的人身自由,农村人口向城市转移主要受收入差距影响,很多农民进入劳动力市场。城市也废除了一些封建人身依附关系,劳动者在就业时得到更多自由。此时,私营企业能自主招工,国有企业在招工时也有一定自主权。劳动力市场为城乡劳动者提供了一定择业空间,市场可以优化配置人才,工资体现劳动力价格,可以调节劳动力流向。此时还没有抹杀商品经济和市场机制,但很快政府就建立了国有企业的工资制度。最后,农村劳动力过剩,为城市吸纳劳动力提供了条件。中华人民共和国成立初,农村人多地少,存在很多剩余劳动力,土地改革后,农村无业人员减少,但剩余劳动力有增无减,农业生产恢复和人口增加,让剩余劳动力增加。这一阶段的城市化是重工业型的,政府投入大量资金和技术,没有吸纳很多劳动力;这一阶段也是高度统一计划体制形成时期,政府配置资源,逐步取消市场和竞争机制,形成高度积累、低消费模式。国家开始控制城市规模,轻视城市基础设施,严格限制非生产性建设。

中国城市化带有明显的计划主导色彩,政府支配城市的建设和规划。中华人

---

① 王骏:《毛泽东与中国工业化》,福建教育出版社 2001 年版,第 43—44 页。

民共和国成立后的前30年,城市化是与计划体制分不开的。"在全世界,工业化实际上已成为20世纪中叶一个使人着魔的字眼。"①中华人民共和国成立后的城市化与政治有密切关系,政府采用了苏联的中央计划经济体制和优先发展重工业策略,并在苏联援助下展开了第一个五年计划,建立起较完全的工业体系。我国是在帝国主义封锁、国民经济一穷二白情形下采用优先发展重工业战略的。"1952年中国农业产值比重为57.7%,工业仅为19.5%,农业就业人口比重达83.5%。"②优先发展重工业,要求大量资金购买机器、进行大规模工业建设,但当时中国仍是农业为主的国家,政府只能依靠农业积累获得原始资本,为此建立了高度集权计划体制,以最大限度获取农业积累为工业投资服务。国家在农村建立统购统销和人民公社体制以获取农业剩余,在城市压低生活消费标准以获取工业剩余,不断扩大重工业再生产。为了实现既定的工业化战略,国家忽视城市基础设施和农村经济发展,将资金都投入重工业建设,减少了城市进一步发展的动力。国家把工业建设布局在三线地区,适应了当时历史背景,但不利于东部地区的城市化发展。粮食供给制导致一些农民积极性不高,农业生产效率低下,一些农民生活贫困,农业积累不足,阻碍了总体的城市化进程。中国选择优先发展重工业,导致城乡二元结构和矛盾。优先发展重工业的目标是推动经济高速发展,尽快赶超英美发达国家,是为了巩固国防,通过高积累获得增长,需要资金链一直延续。优先发展重工业的战略促进了经济短时间的快速增长,也促进了产业结构变化,但也导致国民经济在一定时间内失调,牺牲了消费需求,导致服务业不足。当时经济水平极低,经济基础很薄弱,失去海外拓展机遇,城市化很落后,只有人口众多的优势,国家试图通过优先发展重工业促进国家工业化,达到高增长速度的经济指标。国家通过高投入获得高积累,建立了较完全的工业体系,但因产业结构不合理一直没有提高人民生活水平。"从发展农业生产合作化以提高农业生产力的思路转到了追求所有制性质的较快过渡、追求公有制发展程度的思路。"③为了配合优先发展重工业战略,国家用农业支援工业,实行政府配置产品,采用统购统销,征收农民粮食。为了配合粮食统购统销,国家又制定了城乡分割户籍制度,导致居民身份、地位差别。"他们在农村吃饭是自给,进城后就得吃商品粮。"④

改革开放前,中国农业为工业化提供了原材料、资本和市场需求,还提供了劳

① 赵晓雷:《中国工业化思想及发展战略研究》,上海社会科学院出版社1995年版,第5页。
② 周蜀秦:《中国城市化六十年:过程、特征与展望》,载《中国名城》,2009年第10期
③ 赵晓雷:《中国工业化思想及发展战略研究》,上海社会科学院出版社1995年版,第286页。
④ 薄一波:《若干重大决策与事件的回顾》(上),中共党史出版社2008年版,第181页。

动力、土地等要素。制度安排保证了中央政府加速工业化的要求,但没有带来人口结构、就业结构的调整,导致一些农村贫困,让县以下没有资本积累机会。这些政策导致城市化一直剧烈波动,产业结构失衡,城市人口停滞不前,城市吸纳能力很有限。大批项目上马却没有增加农业产量、农民收入,出现大量隐性的失业人口。直到1978后,国家推行四个现代化战略,城市才重新快速发展。

中华人民共和国成立初期,城市化是政府主导型的。"苏联过去所走的路,正是我们今天要学习的榜样……我国实现国家的社会主义工业化,正是依据苏联经验从建立重工业开始。"①政府把城市化纳入国家统一的经济社会发展规划,让城市化符合工业化进程,适应国民经济发展战略。"党内不少同志产生忧虑,担心农民自发走向资本主义。"②城市化道路是政府政策掌控的,而不是商场规律指导的,政府是城市化的主要支配力量。国家主导城市投资,政府依赖行政手段支配城市。影响城市化的制度主要有经济所有制、计划分配体制、就业分配制度、户籍管理制度等。中华人民共和国成立初期,所有制向公有制转变,城市发展由消费向生产型转变。国家提高了设镇标准,影响了城镇的设立和发展。

中国城市化滞后的根源是计划体制下优先发展重工业的战略和城乡二元体制。"有计划有步骤地恢复和发展重工业为重点的经济发展战略,创立国家工业化的基础。"③城市化是随着工业化出现的,但制度安排和政策取向可能会阻碍城市化。改革开放前,中国经济体制是严格的计划经济,是中央管理一切生产,产品剩余交给中央,中央再自上而下对剩余产品进行分配。这一体制最早出现在1949年的东北重工业基地,而后逐步在全国推广,不断排斥市场经济体制。越来越多的物资由中央统一调配,国家宏观发展政策和政治环境严重制约城市化,导致城市化不断波动,而经济因素对城市化影响较小。社会主义意识形态和苏联模式影响了计划体制形成,但也有现实因素推动了重工业发展战略的形成。中国在1953年正式确立优先发展重工业战略,是对苏联社会主义建设时期经济战略的效仿。在"一五"计划中,国家兴建了大量工业建设项目,其中绝大部分在中西部。"改革开放前,国家在中西部13个省区进行三线建设,总共投入2052.68亿元资金,改善了中西部交通体系,促进了中西部城市化,兴起了攀枝花、六盘水、金昌等工业城

---

① 《建国以来重要文献选编》第4册,中央文献出版社1993年版,第706—707页。

② 林蕴晖等:《1949—1976年的中国:凯歌行进的时期》,人民出版社2009年版,第413页。

③ 中国社会科学院、中央档案馆:《中华人民共和国经济档案资料选编(1949—1952)》综合卷,中国城市经济社会出版社1990年版,第199页。

市。"①但这种投资更多是为了国防目的的,很多项目都散布在中西部地区的深山僻野,没有发挥促进城市化的作用。投资向重工业倾斜,引起产业结构失衡,于是在1962年后对产业结构进行调整,更重视农业的基础作用。"一五"计划时期,国家给农业、水利工程的投资只有7.8%。但到1963年提高到25%。1963—1965年轻重工业产量年均增长27%和17%,轻工业发展速度超过了重工业。② 中央决定用群众运动方式推动经济高速发展,使得重工业结构强化,大中型国有企业连年增长,直到1975年,国家都大力推动重工业优先发展战略。优先发展重工业阻碍了城市化水平提高,重工业需要大量资金,不断排斥劳动力,不利于农村人口向工业转移。轻工业可以吸纳更多就业人口,而重工业主要靠技术和资金。政府长期将大量资金投入重工业,轻工业发展缓慢,服务业更是停滞不前,制约了工业资本吸纳劳动力,资本并没有一直提高重工业产量。

中华人民共和国成立初期,经济基础薄弱,粮食产量低,城市化更多只是为了配合工业化战略。那时,国家还是允许非公经济的,但工业化目标和国防压力,让中国优先发展社会主义重工业。为了发展重工业,国家形成了一系列严格的制度安排。"我们的国家在政治上已经独立,站起来了,但要完全独立,就要实现国家工业化,否则还要依靠人家。工业不发展,甚至已经独立了还有可能变成人家的附庸……发展重工业才能使我们的国家工业化。"③土地改革让农村政权发生改变,建立农会、乡一级党支部,强化了国家对农民的控制,扩大了党和政府在农村的影响力。粮食自由交易,增加了国家征粮的困难,于是实行粮食统购统销,国家对农副产品贸易进行垄断,用行政手段控制粮食生产、消费。为了加强对生产要素的控制,国家实行农业集体化,让资源更多流向工业部门,阻碍了农业发展。中国采用苏联高度集中管理方式,优先发展重工业,让城市化与经济、工业不符合,制约了城乡资源流动。

中华人民共和国成立初期,政府稳定了物价,进行土地制度改革,解放了农村生产力、发展了国有经济。政府大力推动工业化,实行不计成本的重工业化模式,需要不断投资才能生产。国家向农村索取原材料和剩余资本,并采用户籍等制度严格限制农村人口迁移,限制了经济和社会发展。"'一五'计划的实施结果显示,五年基本建设实际投资总额为550亿元,农林水利等基本建设投资占8.2%,工业

---

① 高寿仙:《1949年以来的中国城市化进程:回顾与反思》,载《湖南科技学院学报》,2005年第3期。

② 高寿仙:《1949年以来的中国城市化进程:回顾与反思》,载《湖南科技学院学报》,2005年第3期。

③ 王骏:《毛泽东与中国工业化》,福建教育出版社2001年版,第43页。

部门占56%,其中轻工业占15%,重工业占85%;农业年均增长速度为4.5%,工业年均增长速度为18%,其中轻工业年均增长了12.9%,重工业年均增长达到了25.4%。"①这一时期,中国城市化是围绕着工业化的生产型,工业化带动了城市建设,城市化水平、城市数量、城市布局都有所调整。人口迁移频繁,主要是迁移到农村。国家不断压缩城市人口规模,取消了集市贸易,限制了城市发展。中国开始进行大规模经济建设,想尽快建立自主的重工业体系,政府也推行城乡二元政策,在城市推动工业化快速发展,采用高就业、低消费、低工资、高补贴的政策,限制农村人口进城,减少城市承载压力。

中华人民共和国成立初期,国家提出了把城市由消费生活型转变为生产建设型的方针。残酷的国内外形势,让政府首先考虑的是如何迅速发展与国家利益息息相关的国防军事等重工业。国家在经过短暂恢复后,大力推动经济建设,采取优先发展重工业战略。"中华人民共和国成立之初,由于严峻的国际环境,中国共产党选择了为国家安全而优先发展重工业的经济发展战略,依靠社会主义改造迅速而大规模地完成资本积累来加速工业化进程。"②现代化也是农村城市化过程,但国家为了快速发展工业化生产,不得不用计划经济体制压制农村城市化。优先发展重工业造成产业结构失衡,是造成城乡居民权利差异的主要根源。优先发展重工业牺牲了农民利益,没有改变中国农业国地位。苏联的巨大成就刺激了中国追求工业化,政府努力向苏联学习先进经验,但没有看到苏联体制造成的结构失衡。农民的辛勤劳作支撑了重工业优先发展,但农民的生活却长期得不到改善。中国发展工业生产缺少资本和技术,更缺少市场的调节,只能依靠农业剩余积累,让农业生产承载重负。国家坚持非均衡化的工业化发展道路,优先发展对维护政权最有利的军事工业,而不是促进物质财富增长,让居民过上幸福生活。马克思的生产理论也决定了国家优先发展维护政权的产业,积极向苏联学习,采用苏联体制发展重工业。应对国内外阶级敌人的进攻也要求优先发展武器工业,优先满足城市需求。中国工业化优先发展重工业,是处于维护新生社会主义政权的考虑,是政府高度主导的工业化,不是自然成长型的工业化,是依靠计划经济短时期就能快速发展经济的模式,但严重压制了农业,造成产业失调。国家优先发展重工业,将国家工业化推向高潮。重工业集中在城市,国家更维护市民权利,而对农

---

① 柳随年、吴群敢:《中国社会主义经济简史(1949—1983)》,黑龙江人民出版社1985年版,第177—183页。

② 武力:《论中国共产党从强国到富民的伟大探索》,载《中国特色社会主义研究》,2011年第4期。

民照顾不多。重工业生产忽视了居民生活改善,造成农民长期贫困。资本不足让中国只能实行不平衡发展,政策向城市和重工业倾斜,形成城乡剪刀差,促成了城乡二元分割体制和城乡居民权利的不平衡。粮食是农民的主要财富,国家为了重工业对粮食实行统购统销。粮食统购统销表明粮食供不应求,是因为当时农业生产落后,农业效率低下,为了保证城市居民的生活问题,只能实行统购统销。统购统销在短时间内缓解了粮食短缺,稳定了粮食市场,但没有从根本上解决人口吃饭问题。重工业生产需要大量资金,但国家缺少资金,只能用粮食换钱,获取农民的剩余价值,要求农民为工业积累负责。国家不断消灭小农经济,不断用国家计划经济压制私有经济。粮食统购统销是经济军事主义,并随后实行粮票制度,加强了国家对农业的管理。统购统销政策保证了重工业的发展,但对农村经济造成了一定的损害,压制了农民权利,是用计划经济牺牲农民利益,扭曲了市场,不尊重价值规律,让农民苦不堪言。统购统销政策只定量供给城市居民粮食,人为地将公民划分为有粮食供应的市民和被征收粮食的农民,城市居民利用强制手段征用了农民粮食,让农民始终过着贫困日子,加剧了农民与市民的隔阂。政府因为征粮而损害农民的事件时有发生,征收粮食越来越需要采用行政手段。统购统销政策造成了城乡居民权利的不平衡,但保证了优先发展重工业战略的顺利实施。

(四)制约城市化进程的因素

中华人民共和国成立初期的城市化也有自己的特点:其一,城市化起步晚,起点低。城市化需要一定的城市人口比重为起点,一般将10%的城市人口比重作为历史起点,还需要工业和城市经济增长。"按照这种标准,中国城市化的历史起点可以确定在1950年。"①虽然鸦片战争后,中国城市化就开始了,但城市数量和城市人口并没有增长多少。中华人民共和国成立之后,中国才开始大规模工业建设,比发达国家晚了100年,城市化水平也较低,城镇人口比重只有11.2%。其二,总体特点是健康正常。该阶段城市化发展速度稳定,和同时期的世界城市化速度相当,属于正常范围。城市化与当时经济发展状况也较协调,国内生产总值、农业产值、工业产值的增长等带动了城市化发展,工业化建设也吸纳了较多农村人口。其三,这一时期城乡关系比较和谐,城乡矛盾尚未明显。国家并没有限制农民进城,并没有用政策干涉城乡关系,城乡人口可以自由流动。虽然当时产生了一些户籍管理的想法,但并没有付诸政策实施。其四,这一时期,城市化与工业生产的联系较紧密。城市化模式较正常,符合市场机制,并没有超出农业劳动力非农化太多。

---

① 白益民:《我国城市化发展模式探析》,载《中国城市经济》,2002年11期。

中华人民共和国成立初期的城市化发展较快,但也积累了一些矛盾,制约城市化发展的因素主要有:首先,是全国范围内的劳动力数量过剩。农村有大量剩余劳动力,城市也有失业问题,让城市吸纳农村剩余劳动力力不从心。"要教育人民,不是为了个人,而是为了集体,为了后代,为了社会前途而努力奋斗。"①进入城市的农民也没有找到好的就业机会,加剧了城市劳动力供求矛盾。到1952年10月,全国城市失业人员已经达到264万人。城市很多部门和企业也存在剩余人员,如铁路部门就有剩余劳动力5万人,煤矿企业有剩余人员3万人。随着妇女解放,一些女性也走出家门,要求就业,加剧了劳动力市场供应问题,而经济规模没有达到能够容纳这么多的劳动力。城市企业也无力缓解更多农村剩余劳动力的就业冲击,但工业化中,农业人口向非农转移、农民向城市流动是不可避免的。于是,在1950年夏,政府就开始动员城市无业、失业人员回农村从事劳动生产,并开始禁止农民盲目流入城市,要求禁止任意介绍农民到城市工作,对城市劳动部门也做了限制规定,希望农村发展多种经营,就地转移农村劳动力,不要增加城市负担。政府开始用行政手段调配城乡劳动力流动,从而稳定社会秩序,缓解劳动力供需矛盾,但这只是治标不治本的权宜之计。要解决劳动力供求矛盾,实现劳动力合理流动,需要依靠生产力提高和经济规模增大,增加吸纳就业人口的能力,而不是用行政手段驱赶农村人口,限制人口流动。其次,制约城市化进程的还有中华人民共和国成立初期劳动力素质较低导致的劳动力供给的结构性过剩。劳动力供给大于需求,但有文化、技术的劳动力很少,很多单位招不到优秀职工,大量农村劳动力不具备工业生产技术和知识,即使有就业机会也难以胜任,无法完成向非农产业的转移。中华人民共和国成立初期,大中学生数目很少,教育落后,城乡劳动力素质普遍较低,在就业人口中,有初中以上文化程度的不到5%,科技人员更少。劳动力素质较低和结构性过剩导致劳动力市场不能正常运转,增加了就业困难。城市化需要以工业化为推动力,推动机械化大生产,劳动力需要能够操纵机械生产的技术和知识,顺利实现农业人口转移。城市化是先进生产力在工业化生产中对人口、资源的分配过程,需要先进的意识、高超的职业技能和较高的教育程度,促进城市化向高级阶段发展。最后,制约城市化发展的因素还有中华人民共和国成立初期第三产业萎缩或缺失。经济结构对农村剩余劳动力转移有重要影响,第三产业能够吸纳较多的劳动力。中华人民共和国成立初期,从事第三产业的人员很少。旧中国的经济依附性很强,很多行业都只是为统治阶级提供奢侈消费品的,市场需求不大。中华人民共和国成立后,这类消费品的市场消失,

---

①　《毛泽东文集》第8卷,人民出版社1999年版,第134页。

工商业大批倒闭，这些行业的从业人员也纷纷失业，三大改造后，个体经营的工商业基本绝迹，第三产业被当成资本主义经济的表现，大量剩余劳动力只能从事农业和工业，让城市化进程受阻。

中华人民共和国成立初期，中国城市化面临很多困难，逐步实行政治型城市化策略。中国古代城市以都城为代表的政治型城市占主导地位。政治型城市主要在分配而不是生产，主要功能是聚敛财富和占有物质资料。政治型城市为了加强统治的物质基础、维护社会稳定，总是限制经济型城市规模，压制经济文化中心。鸦片战争后，受西方资本主义的驱动，现代工商业城市有所发展，但不断的战争和动乱，让政治一直是新中国的第一要务，并制约了城市化进程。城市化的引擎应该是现代工业，推动城市功能完善，但中国城市化一直受政治影响，强迫城市由消费型变为生产型，导致城市经济功能萎缩，呈现为经济型向政治型城市的倒退。从1949—1978年，中国城市化模式是政治型的，以政治意识形态为中心，服务于国家政治需要，有逆城市化特点。城市区别于乡村的特点是非农人口和非农经济占主导，而政治型城市按照政治需要压制非农人口和非农经济的增长。中国人口快速增长，但城市人口增加不多，实质处于逆城市化中。长三角地区在古代是城市化程度最高的地区，大中小城镇遍地，经济发达，有好几个大城市。但中华人民共和国成立后政治型城市发展战略，阻碍了人口流动，管制了生活资料，使城市发展萎缩。长三角的城市化基本停滞，一次次政治运动让其成为公有制和计划经济最为扎实的地区之一，导致从计划转变到市场艰难，远离了世界经济分工，上海辉煌成为记忆，从国际大都市退化为国内工业制造中心。政治型城市化战略管制了人口和经济流动，巩固了政权、稳定了社会秩序，减轻了经济压力，但扭曲了城市化进程，损害了城市的经济实体。改革开放后，中国城市化逐步从政治型转向经济型。

这一阶段，中国城市化的产业结构和积累方式等基本框架已经生成，后来的城市化方针、政策都是这些制度的补充和配套。其一，优先发展重工业引起城市化动力不足。重工业战略让产业结构很快重型化，农轻重比例越来越失衡。中国工业化没有尊重劳动力富余和资金短缺的现实，造成不断加大投资、排斥劳动力，压制了非农就业机会增长，导致就业结构偏差越来越大。于是，为了维持重工业高速增长，国家从1955年就开始限制农村人口进城，特别是1957年12月18日中共中央、国务院发布了《关于制止农村人口盲目外流的指示》，严格禁止农民迁移到城市生活，采用各种措施禁止农村人口外流，并出台城市就业制度、粮食供应制度、社会保障制度等保证政策的执行。"因此，1949—1957年，城市和农村的户口登记、管理及相应的办法就已经出台定型，限制农村人口自由流入城市的政策、制度框架已基本成型,初步形成城乡二元社会格局。"①这些制度是不利于城市化的,让中国城市化走向封闭。其二,所有制结构和经济体制向计划经济机制的转变并不利于城市化的持续发展。中华人民共和国刚成立时,存在多种经济成分,多种所有制并存增加了就业机会,促进了资源优化配置,但是,1956 年社会主义改造完成后,私营经济、个体经济基本被取缔,国家也禁止企业自由招工。"1953—1957 年,全国建制镇数目由 5400 多个减少到 3596 个,城镇人口也由 3372 万人减少为 3047 万人。"②其三,农业劳动生产效率的低下制约了城市化的进一步发展。国家为了优先发展重工业,不断从农业中抽取剩余积累为工业提供资金,让本来就薄弱的农业更加缺少抗风险能力,尤其是三年自然灾害时期农村贫困加剧。优先发展重工业化的城市化牺牲了三农利益,让城市化的农业基础薄弱。如"一五"计划时期,农村劳动力流入城市较多,农业生产率却没有提高,粮食产量反而下降。为此,国家降低了工业化速度,降低城市人口比重,出现了 1953 年、1954 年的逆城市化。其四,城市化缺少基本建设资金,国家在城市基础设施建设中一再降低住房的建造标准,阻碍了城市化持续发展。国家优先发展重工业,不断降低基础设施这种短期没有效益的投资。国家把建设资金更多投入生产性项目,不断降低城市非生产性建设的经费和标准,导致城市基础设施长期滞后,城市吸纳能力不足。城市基础设施没能跟上,没有发挥出经济规模效应,导致后来民工潮时期的城市病。

中华人民共和国成立初期,城市化也存在一些问题。这一时期城市化是正常的,但导致城市化与工业化脱节、城乡二元体制的种子已经在此时萌芽,只不过暂时没有显露出来。政治型城市化影响了城市建设,带来很多后遗症:一是制约了城市经济发展。中华人民共和国成立前,上海聚集了全国一半工业,有大小企业127000 多家,商店 9 万多个,集中了大部分加工业、出口贸易、金融贸易,掌握了国家经济命脉,但中华人民共和国成立后,在政治型城市化模式影响下,工业中心城市衰落;经济发展速度放慢,经济效益下降,财政收入下降,外贸出口不足,国内生产总值下降,直到改革开放后才有起色,但综合经济实力不如中华人民共和国成立前在全国的地位。二是严重制约了与城市经济密切相关的城市生活本身。上海在中华人民共和国成立前是全国的现代文化中心,有着很强的文化、生活影响力,但中华人民共和国成立后,国家破除西方意识形态,让海派文化和生活方式遭受重创。城市片面强调生产,忽视居民消费需求,抑制了城市经济发展后劲。重

---

① 陆益龙:《1949 年后的中国户籍制度:结构与变迁》,载《社会学研究》,2002 年第 2 期。
② 陆益龙:《1949 年后的中国户籍制度:结构与变迁》,载《社会学研究》,2002 年第 2 期。

工业积累要求高,自身积累能力差,压制了产业结构升级,阻碍了轻工业和第三产业发展,难以吸纳更多劳动力;片面强调城市生产功能,让城市功能单一,难以自我供给。改革开放后,城市经济发展促进了城市建设和城市人口增加,让城市化发展速度快于同期的世界城市化速度,但仍落后于世界城市化平均水平。城市化由政府主导,有很强的计划性和强制性。城镇的建立、城市的规模和职能定位都是政府支配的,新兴城镇基本是大型项目和工矿企业带动的,需要服务于工业化。资金更多投入工业项目,而不是城市建设,城镇标准也是为了工业化需求。虽然政府一直限制大城市发展,实际上大中城市因为满足工业需求而得到扩大,而小城市数量不断减少,存在一定的深层次矛盾。

二、城市化波动阶段(1958—1960 年)

(一)城市化水平过快增长

1958—1960 年的城市化冒进发展时期,城市迁移人口较多。"大跃进"促进了工业建设蓬勃展开,城市人口迅速增加了 2352 万,城市化率提高了 3.5%,超过了工业化速度。1958 年初,国家进行高速工业化建设,抽调大批农村人员进城。"城市人口由 1957 年的 9949 万猛增到 1960 年的 13073 万人,短时间内让城市人口比重由 1957 年的 15.4% 提高到 1960 年的 19.7%,三年城镇人口净增加了 3124 万人,城市化率提高了 3.5%,年均提高 1.17%,城市个数由 1957 年的 176 个增加到 1961 年的 208 个。"[①]"大跃进"打乱了城市化进程,组建了人民公社,过度推进工业建设,导致经济结构失衡,市场物资供应短缺,农村推动的人民公社损害了农民积极性,加上自然灾害等,导致农业减产、粮食供应紧张。"大跃进"是为了赶英超美,快速进入共产主义,全国都大炼钢铁,让基本建设膨胀,让城市劳动力大量增加,企业职工增加 2000 万,大量城镇都在建设工业项目,在短短一年内,就建成了 1000 多个大企业,全国固定投资超过了财政负担能力。城市人口大大超过了城市负载能力,这不仅阻碍城市发展,而且破坏农业生产,粮食产量大幅下降,国民经济严重失衡。随后,中苏关系恶化、自然灾害导致经济全面倒退,城市化也萎缩。国家从 1958 年开始发布了户口管理条例,将城乡居民的户口分为农业和非农户口,严格控制农业人口向城市迁移,但"大跃进"时期,大量招收农村人员,让城市人口迅速增加,国家不得不下放城市人员,户籍制度的壁垒作用显现。"大跃进"制定了不切实际的生产指标,需要大量农村人口进城,忽视了经济规律,导致过度城市化,随后经济滑坡,城市人口疏导失控,国家减少城镇人口,让城市化出

---

① 邢鹏:《中国城市化进程与不断变化的风险格局度》,载《上海保险》,2006 年第 21 期。

现倒退。

"一五"计划的顺利实施,国家经济建设的巨大成就,让一些领导人看到了国家的美好未来,主观上产生了一些急躁的情绪,对经济形势做了过于乐观的估计,希望国家快步进入共产主义,尽早让人民过上幸福的生活,于是推行"多快好省"的经济口号,追求经济建设的数量和速度,大力发展重工业,提出超英赶美、大炼钢铁等目标,发动人民群众的热情进行生产建设,发动"大跃进"和人民公社运动,短时间内迅速提高了钢铁等产量。但由于一些政策忽视了经济规律,导致产业结构失衡,引起城市化的起伏。"不要好久,你们大多数人就可以看到共产主义了。"①工业化违背了经济规律,导致农村人口大量涌入城市,导致超越经济发展水平的虚假城市化。城市人口猛增带来很多压力,导致经济结构失衡。人民公社运动也轰轰烈烈展开,1958年中共中央发布《关于在农村建立人民公社问题的决议》,决定大范围推行政社合一的人民公社体制,一部分乡改为镇,合并乡镇,让建制镇数量回升,1961年底达到4429个,比1958年增长了22.04%。毛泽东等领导人认识到中国是农业大国,需要农村劳动力转移,靠传统工业部门吸纳将是漫长时间,农民破产也是痛苦过程,造成社会不稳定。"轻率地发动农村人民公社化运动,是我们党在50年代后期工作中的又一个重大失误……在原因方面,同'大跃进'运动比较,导致农村人民公社化运动的失误,有着更深一层的理论和认识根源。"②毛泽东在1959—1960年读《政治经济学教科书》的谈话中认为,工业化会让农村人口减少,如果农村人口都涌入城市,会让城市人口膨胀,需要提高农村生活水平,在农村兴办工业,就地消化农民,走不同于资本主义的城市化道路。毛泽东认为,农业机械化让农业人口减少,农业人口进入城市,让城市人口膨胀不好,应该让农村生活和城市生活达到一致。毛泽东试图通过发展农村工业,就地转移农村劳动力,这是立足于我国经济基础薄弱和国内外环境的决策。重工业规模效应好,能迅速集中大量资金和技术,这是与计划体制适应的,但导致市场发育不全,不能提高人民生活水平,对农村剩余劳动力转移作用不大,没有提高非农产业比重。中华人民共和国成立之后,中国采用苏联工业化模式,运用计划体制和赶超战略,优先发展重工业,实现了经济的快速增长,但高速增长无法持久,经济从1959年开始大幅衰落,农业剩余都无偿转移到了工业,导致城乡差距越来越大,城乡有很强的流动需求,于是国家采用限制农村人口进入城市的策略,用户籍制度限制城乡居民的迁徙,形成二元社会结构。为了巩固二元社会结构,国家不断制

① 金冲及:《刘少奇传》(下),中央文献出版社1998年版,第835页。
② 薄一波:《若干重大决策与事件的回顾》(下),中央党校出版社2008年版,第511页。

定配套制度,让城乡形成坚固壁垒,没有形成城乡同步发展,人为造成了城乡错位,限制了城市发展。城市化要注意其后的支持力量,符合经济规律。

（二）劳动力和人口过度流动

1958 年的"大跃进"时期,建工部也提出了城市建设的"大跃进",让城市建设冒进,城市人口和城市数目猛增,"1957 年至 1960 年,全国城市人口从 9949 万猛增到 13073 万,建制市从 1957 年的 177 个增至 208 个。"①"左倾"思想导致"大跃进"展开,让全国到处上马小高炉,用小土坯进行生产,却陷入贪大求洋的弊端。国家要求用 10 年时间把我国城市建设成工业化的新型城市。城市"大跃进"牺牲了经济、居民生活,城市基础设施根本满足不了膨胀的人口,城市无法正常运转,失业问题严重。工业建设超过经济、人口、生态承载能力,让城市人口膨胀,给国民经济带来灾难。

国家实行的"大跃进"战略,使人民公社热潮兴起,城市也实行了人民公社化。行政体制强制推动城市化,反而阻碍了城市化。"到 1960 年,全国城镇人口高达 13073 万人,年均超 1000 万人,新设城市 33 座,导致城市基本建设盲目膨胀,引起国民经济比例失调。两年中,我国城市人口增长了 2000 多万,城市化水平提高到 19.5%。"②这种空中楼阁的城市化是经不起风险的。政策失误、三年自然灾害导致经济停顿,引起城市化危机。这一时期,国民经济发展异常,是由于 1958 年总路线的提出和"大跃进"、人民公社的开展,工业化脱离了农业基础,城市化率也出现畸形成长。随后,城市化出现倒退,进入反城市化阶段。"大跃进"运动需要大量劳动力,招工权力暂时下放,允许农村劳动力进城,一年之中职工就增加了 2000 多万,突破了国家计划。工业企业增加人数达到 1500 多万,从农村招收的人员占了大部分。大炼钢铁让工业化、城市化爆发,新建城市 33 座,城镇人口年均增长率达到 9.5%,经济急于求成让城市化脱离经济水平实际。1959 年又提出先生产后生活的方针,把工业建设当成城市的重点工作,基本停止建设城市住宅、基础设施。"一五"计划的超额完成和良好的经济建设开端,让领导人产生盲目乐观情绪,追求国民经济的高速度。计划体制下的主观随意性让城镇建设偏离正常轨道,特别是工业化脱离了农业发展基础,很多大型项目上马,引起农村人口大量进城。国民经济出现震荡,城市化也由扩张到收缩。

"大跃进"是城市化过快增长、人口过度迁移时期。人口大规模流动,损害了农业生产力,人民公社没有促进生产,出现三年自然灾害,破坏了人民生活。国家

---

① 高晓春、贺彩英:《中国城市化的崎岖历程》,载《经济论坛》,2003 年第 11 期。
② 邹德慈:《我国城镇化发展的特征及发展方向》,载《城乡建设》,2008 年第 9 期。

盲目发展工业,导致工业化脱离农业实际,出现爆炸性增长。"哪一天赶上美国,超过美国,我们才吐一口气。现在我们不像样子嘛,要受人欺负。"①城市化水平过快提高背离了经济发展的承载能力,过度城市化与经济脱节的矛盾显现出来。外患内忧让城市化不断起落。1959 年 6 月赫鲁晓夫撕毁《中苏国防新技术协定》;1960 年 7 月又单方面撤回苏联在华专家,废除合作项目,涉及 250 多个企事业单位,让一些重大项目不得不中断,破坏了我国原有经济计划。工业发展依靠动员的人海战术,让 2000 多万农村人口涌入城市,出现过度城市化。工业爆发式增长,城市化速度超过了工业化速度,导致市场物资供应困难。人民公社损害了农民积极性,自然灾害让农业减产;中苏关系恶化让一些项目停工,于是国家陷入经济困难时期,国家不得不调整经济,采用反城市化政策,让城镇人口减少。这种政策是对"大跃进"的纠偏,在当时情况下,有利于农业恢复、缓和城市就业和粮食压力。但是,这些政策对以后的城市化造成了不利影响,户籍制度严格导致城乡二元结构固化。

(三)农村劳动力的"挤出"能力不足

"大跃进"让工业化飙升,大批农村人员进城参加会战,工业产值短时间飙升,而农业产值不断下降,导致国民经济结构失衡。城市建设纳入国家经济建设规划,与经济建设紧密结合,增加了城市的经济功能。"城市化是伴随工业化和现代化发展出现的一个不可避免的历史过程,但制度安排和政策取向对城市化发展速度和模式会产生重大的导向和制约作用。"②"大跃进"让中国城市化得到戏剧性飙升,但很快就夭折,然后就进入长达 10 多年的徘徊期。经济急于求成,很多项目盲目上马,引起农村劳动力大量进城,城镇人口快速增加,城市职工猛增到 3000 万,人口迁移并没有促进人均收入增加。仅仅 1958 年,工业企业职工就增加了1950 万,其中,从农村招收的职工就有 1000 万,这种飙升的城市化违背了经济规律,让农业经济经受大挫折,工业化和城市化的农业基础遭受破坏。起初是工业化爆发促进城市化飙升,赶超策略促进了部分工业产品产量大幅提高,但破坏了经济结构,不得不恢复调整。城市化成为国家缓解矛盾的工具。"大跃进"和自然灾害让城市产业结构变化迅速,人民公社是高度集中的政治经济组织形式,盲目进行工业建设,但粮食不足,为此国家实行了户口登记制度。

(四)户籍管理的加强和人民公社体制的形成

国家颁布户籍管理条例,将资金投资在城市,形成巨大剪刀差。"20 世纪 60

---

① 《毛泽东文集》第 6 卷,人民出版社 1999 年版,第 500 页。

② 高寿仙:《1949 年以来的中国城市化进程:回顾与反思》,载《湖南科技学院学报》,2005 年第 3 期。

年代初,国家发动了 2000 多万的城市知识青年、就业者到农村从事生产,试图通过增加农业劳动力提高农业产量。"①"大跃进"让城市人口增加,为了稳定社会,国务院在 1958 年颁布了《中华人民共和国户口登记条例》,对农村人口流入城市做了严格限制,规定农村人口迁入城市必须有录用、录取、准迁入证明等,并向户口等级机关申请,区分出农业户口和非农业户口。这导致农民很难改变身份变成非农户口。该规定在"大跃进"时期没发挥出限制城市人口的作用,这一政策虽没有立即贯彻,但在此后大力限制了城市人口增加。自 1958 年开始推行城乡分离的户籍制度后,城乡的差距就逐步扩大,主要表现在城乡居民的身份及其附加的待遇上的差别。在公共生活品上,城乡的供给差异巨大。城市的公共配套设施、福利不足,导致政府限制城市人口增加。因为严格的限制,中国城市化缺少稳定的市民群体,户籍制度已经成为城市化的巨大障碍。"农村集体保障制度是以社队为责任主体、以社队收益为经济基础的,其主要的筹资方式是集体的公益金提留、补助劳动日和社员的互助互济,国家只是提供少量的必要补助。"②这些举措改变了中国传统社会结构,显示了政府要缩小城乡差距、平均分配资源的决心。

在 20 世纪 60 年代,国家为了备战,推动城市人口向边疆、农村迁移,压制城市规模扩张,导致中国城市化发展速度慢,工商业发达的上海等大城市的工厂技术人员以支援三线建设的名义被迁移到内地,城市化不升反降,处于逆城市化。中华人民共和国成立之后,西方帝国主义威胁中国发展,中国于是优先发展重工业,服务于军事目的。1958 年的"二五"计划仿效苏联工业化模式,以钢为纲,导致城市轻工业和商业发展不足,此后一直推行重工业优先的策略。优先发展重工业,战备压倒一切,一定程度上影响了城乡居民生活,导致服务业有所萎缩,让经济结构难以调整。户籍制度和计划经济直接阻碍了城市经济。现代城市是高度发达的生产和消费,通过聚集人口及消费推动了工业生产。中国古代有一些大城市,城市发展本领先于世界,但工业革命后,中国城市化水平远远落后于西方国家。这是农业落后导致的,也是新中国推行政治型城市的结果。

为了发展重工业,国家还实行农业合作化运动。"实现了大部分农村居民的结社权;农会在增加贫农和中农的政治经济权利方面发挥了重要作用;促进了农村新的阶层分化,从贫农和中农队伍中产生了新的村干部精英。"③农业合作化主

---

① 潘华顺:《中国城市化战略探讨》,中国科学技术大学硕士学位论文,2001 年 1 月。

② 楚成亚:《当代中国城乡居民权利平等问题研究》,山东大学出版社 2009 年版,第 48 页。

③ 楚成亚:《当代中国城乡居民权利平等问题研究》,山东大学出版社 2009 年版,第 34—35 页。

要就是为了给工业化提供粮食供给,以国家的力量发展经济和维护政权。农业集体化是用行政力量征收农民本来就很少的粮食,又将农民的私有土地收归国有,是通过获取农业剩余积累的方式来换取工业化发展。政府先是组织农民建立互助组,继而建立农业生产合作社,最后建立农业生产高级合作社,让一切土地和生产资料都划归国家和集体所有。中国的城市化水平一直很低,城市居民也没有过多的消费活动。国家也动员城市居民到农村劳动,造成城市人口只能是自然增长。中华人民共和国成立初期,国家为了维护新生的政权,将重心放在城市,镇压反革命分子的投机倒把活动,城市生活好转,农民渴望进城,但过多的城市人口会有吃饭问题。国家只能限制农民进城,严格控制农民的活动,确立了严格的户籍制度,既限制了人口流动,又维护了社会治安。国家短期内无法解决粮食短缺,只能靠牺牲农民来满足城市居民,以此形成严格的二元结构和制度。严格的户籍制度稳定了社会秩序,但造成了城乡的主从关系。

人民公社是完全公有制的实践模式,被看作共产主义的过渡形式,是发展农业经济的光明道路,以为是传统大同思想的实现。"在当时的条件下,不允许根据商品经济的原则,按照'谁投入、谁受益'的原则进行结算,所以只能从调整农业生产合作社的规模和调整行政区划方面打主意。"[1]人民公社方便了对农民进行管理,有利于政府统一掌控农村资源,为重工业提供了原料,但浪费了大量资源。人民公社联合户籍制度、统购统销制度严格将农民限制在集体组织中,将农民组织为统一的生产群体。人民公社是生产力低下和特殊政治体制的产物,是为了保障社会主义政权而进行的尝试。人民公社是政社合一体制,采取平均分配制度,保证了重工业优先发展,将粮食最大限度地用于工业生产。

三、城市化调整及人口返迁阶段(1961—1977 年)

(一)城市化水平回调

"大跃进"引起经济结构失衡,导致城市建设投资减少,城市发展受限,加上自然灾害和中苏关系恶化,国民经济进入困难时期,国家不得不进行经济调整,不得不减少城市职工,压缩城市数目和规模。"国家为了缓解饥荒,大量压缩城市人口3000 万,精简职工2000 万,出现了逆城市化,1964 年城市化回落到14%。全国城市由 1961 年的 208 个减少到 1964 年的 169 个。"[2]国家在 1960 年宣布三年不进

---

① 薄一波:《若干重大决策与事件的回顾》(下),中共党史出版社 2008 年版,第 511—512 页。

② 周蜀秦:《中国城市化六十年:过程、特征与展望》,载《中国名城》,2009 年第 10 期。

行城市规划。为缓解粮食供应困难,国家限制农业人口向城市迁移,逐步形成城乡二元结构,工农界限分明。国家开始下放大批城市人口到农村,阻碍了城市化发展。中苏关系恶化导致一批项目停建,让中国经济陷入困难,国家决定调整经济结构,实行反城市化政策。为了保障城市居民的生活,国家动员大批城市职工返回农村,到1963年,共减少1887万职工,减少城市人口2600万,出现大规模城乡人口倒流。1964年,政府又调整了市镇建制标准,撤销了一批城市。这一时期是反城市化时期,是城市数目和城市人口大规模减少。政府强制推动的城市化违背了城市化一般规律,但适应了当时严峻形势,对于恢复农业、缓解城市压力起了一定作用。逆城市化政策阻碍了农村人口流动,阻碍了城市化进程。

从1961年,国家不得不压缩城市人口、停建项目,让城市人员返回农村,城市人口下降。这时期,城市化波动很大,先是"大跃进"让城市人口飙升,继而是自然灾害和中苏关系恶化导致经济倒退,国家动员城市人员下乡。"大跃进"之后国家调整经济,城市化出现逆向发展,国家加大了户籍制度对人口的管控。此时,城市就业困难,城市人口回迁到农村,很多城市项目停工,城市化率下降。

城市建设急于求成,导致城市建设短期内膨胀,让城市化与经济水平背离。政策失误和自然灾害,导致粮食供应短缺,为了调整国民经济,国家号召知青到农村,大量精简城市人口和职工,城市化倒退,影响了经济发展。"大跃进"提出高目标,加快了城市化步伐,造成大量农村人口进入城市,城市化发展超出经济水平,三年经济困难,国家不得不调整经济结构,停建大批工业项目,裁撤大量城市职工,出现逆城市化。到1965年,城市化水平恢复到18%。

国家制定了户口登记制度,严格了户口迁移手续,将城乡社会分割,导致城市化后退。国家减少城市建设投资,撤销了39个市建制,让国民经济有所恢复。从1961年,国家开始调整经济结构,压缩城市人口,辞退大批职工,到1965年,中国已经撤销1527个镇,城市化水平由1958年的15.4%提高到1960年的19%,后又下降到1963年的16.8%。再后来,又上升到1965年18%,城市化反反复复。"大跃进"等造成经济困难,为了保证城镇居民正常生活,国家鼓励从农村来的知识青年返回农村,城镇人口减少了近3000万,城镇人口比重回到1957年水平。政策让城市化波动,先是让城市化过度,继而压缩城市人口和规模,让城市化水平回落。1958—1960年城市化过度发展,主观臆断导致城建设脱离实际。1961—1965年,出现第一次逆城市化,人口开始向农村逆向迁移。城市人口比重下降。"到1965年,城市已经减为168个,比1961年的208个减少40个,比1957年少7个。城市人口由1961年的10132.47万人下降到1965年的8857.62万人,下降12.6%,城市化率由1960年的19.8%下降至1965年的12.2%。城市人口年均迁入率为

35.9%,迁出率为53.5%,净迁入率为-17.6%。"①

国家从1961年开始压缩经济计划,降低生产指标和建设规模,进入长达十年的停滞。国家为了克服自然灾害及经济失调,缓解城市生活压力,不断压缩城市人口,充实到农业中去。国民经济进入3年调整时期。1962年国家撤销了一批城市,一是将"一五"计划以来设置的市降格为县,二是将一些地级市降格为县级市,停建了很多建设项目,限制农民向城市流动。1961年6月中央连续发文,城镇人口在3年内需要减少2000万以上,1958年以来从农村招收的职工,都需要动员回村。逆城市化导致劳动力回流,减轻了国家负担,但违背了经济规律,农民收入减少,加大了城乡差距,阻碍了农村社会结构变革和居民素质提高。城市化回落体现了随国民经济调整而对城市化的缩减,是城市化的第一次大波动。

(二)城市就业减少,城镇人口流回农村

1962年,中共中央、国务院发布《关于当前城市工作若干问题的指示》,要求撤销没必要的市,县城不设郊区,减少集镇,动员城市人员回到农村生产队,减少吃商品粮的人口。"城市剩余劳动力的主要就业方向,应该是下乡、上山,参加农林劳动。"②以钢为纲造成农村劳动力进入中小城市,导致城镇人口增加,加剧了工农业比例失调,粮食紧张,政府不得不精简职工,导致数千万城市人员大规模迁移到乡村,城镇数目大幅减少。1961—1965年,国家对经济结构进行调整,提高建制镇标准,动员3000万人回农村,城镇人口降低,出现了城市化的大下降,城乡二元分割格局形成。为了克服经济困难,国家缩减城市数目,压缩城镇人口。国家严格控制城市规模,导致城市人口下降,城市化水平降低。自然灾害、决策失误、管理体制导致城市化极不稳定。产业结构不合理让中国城市化经历了曲折。国家推行重工业化,不再允许农民自由进城,城市化水平提高不大,进入长期的停滞阶段。导致城市化停滞的主要是国家优先发展重工业策略。推行计划经济体制和户籍制度,阻碍了劳动力从第一产业向第二、三产业转移,导致城乡差别扩大。这一时期,城市化剧烈波动,工业建设大起大落,"大跃进"让城市人口爆炸式增长,造成经济困难,城市化水平下降,经过调整,城市化有所回落。

(三)城乡关系二元化分离的巩固

"大跃进"导致工农业失调,粮食供应紧张,国家不得不进行城市经济的调整,导致千万人从城市回到农村,设镇数目减少,导致"逆城市化"现象。政府关停了

---

① 陈秀山、王洋:《中国城市化进程的基本特征与存在问题研究》,载《井冈山大学学报(社会科学版)》,2010年第1期。

② 《周恩来文选》,中央文献出版社1993年版,第379页。

一些企业,由 1957 年的 31.8 万个减至 1962 年 19.7 万个,减少 38%。此阶段,国家为了备战,进行三线建设,花费大量财力将企业布局在偏僻的山区,但没有趁此发展一些中小城市。国家选派一批政治可靠的人去三线地区工作。企业亏损、技术不能提高,调去的工作人员最后都返回了城市。这显示政府要压缩城市人口,纠正"大跃进"的错误。

"大跃进"冒进,导致经济困难。1958 年,国家开始实行人民公社制度。国家通过提高建制镇常住人口标准限制城镇数目。1963 年 12 月中共中央、国务院发布《关于调整市镇建制、缩小城市郊区的指示》,要求对新设镇逐一审查,达不到条件的要被撤销,大规模压缩城镇数量。"1963 年,中共中央、国务院的规定提高为常住人口在 3000 人以上,其中非农人口占 70% 强的居民区或人口在 2000—3000 人之间,其中非农人口在 85% 以上的地区才算城镇。建镇标准的提高让城镇数量减少。到 1965 年,镇的数量从 5402 个减致 2902 个,减少了 46.28%。"[1]这是对"大跃进"超速发展的纠偏。

国家通过颁布户口登记条例,建立了农业补给工业的体制户籍制度限制了居民自由迁徙权,需要健全户籍立法。古代户籍制度是为了赋税和征兵,户籍登记严密,严格控制人口。中华人民共和国成立后,明确城乡界限,从 1958 年开始,严格控制城市人口。限于生产力,国家不断限制市镇规模,不断缩减城市职工,严格控制人口向大城市迁移。1964 年 8 月,国务院批转了公安部《关于户口迁移政策的规定》,对农村人口流向城市做了更严格限制。

大规模工业建设吸引农村人口流入城市。而重工业吸纳劳动力能力较弱,大量农村人口流入会加剧城市失业问题。城市失业问题引起国家重视。"对农民的这种认识意味着,要在一个农民大国中推进社会主义性质的现代化,或者说从政治上保障共同发展的社会主义现代化取向,就必须一方面提高国家对乡村的控制和汲取能力,另一方面削弱农民的政治影响。"[2]为了解决城市人口问题,国家从 1960 年开始动员大批复员军人和农民返回农村,并严格执行人口迁移限制政策。为了保证粮食产量,国家还限制农村创办企业,限制农村的工业化、城市化。经济调整后,国家在中西部的山区建立了很多工厂,新设厂向农村看齐,让城市化严重滞后于工业化。

经过 20 世纪 60 时代初期的经济调整,国家全面复苏,工业化和城市化重新走上正常道路,但随后,"文革"开始,大批知识青年上山下乡,形成城市人口从城

---

[1] 侯微等:《中国农村城镇化进程的历史演进》,载《中国经贸导刊》,2014 年第 26 期。

[2] 楚成亚:《当代中国城乡居民权利平等问题研究》,山东大学出版社 2009 年版,第 98 页。

市到农村的逆向流动。国家实行高度计划经济体制，使用户籍制度、统购统销等切断了城乡联系，导致城乡隔绝，工农关系失衡。使用剪刀差向农民征收粮食，为工业提供资金，导致农村有大量剩余劳动力，农业生产效率长期低下。"文革"冲击了城市建设，主管城市规划的部门停止工作，工农业生产停滞。"文革"中止了城市化，用户籍、就业、教育等制度安排形成城乡壁垒，严格控制人口流动。国家大大压缩农业人口向非农人口转化，提高城市户口含金量。上山下乡和三线建设，导致第二次逆城市化，城市化被遏制，城市人口下降。

这一时期，城乡人口大对流，国家下放大量城市人口，城镇企业又从农村招收大量职工，两者抵消，城市人口净迁出500多万。工业建设为了国防，进行三线建设，没有吸纳很多劳动力，城市化水平下降。"文革"试图走非城市化的工业化，无法提供很多就业岗位，抑制了城镇人口增长。"小城镇的个体工商业凋零，个体买卖被当作资本主义尾巴无情割掉。"①农村的家庭副业和集市贸易都消失了，小城镇失去了发展经济基础。小城镇也被当作资本主义的代表，开始大量撤销农村小城镇，让小城镇变成农村社队的一部分。"到1978年农村成建制的小城镇只有2173个，比20世纪50年代中期少得多。"②从20世纪50年代开始影响小城镇发展的因素一直没有解决，"文革"让产业结构不合理更加严重，导致城乡更分离，社会不稳定，人口机械流动很大，抑制了城市人口增加。国家继续推动就地转移农村劳动力的策略，限制农村人口流动，固化了身份，制约了农村经济的发展。政府用巨额财政补贴城市和国企，这种城市化有利于优先发展重工业，在最短时间内集中资金和技术建设大型项目，建立工业城市。这种体制是时代的必然，但弊多利少。

总之，中华人民共和国成立后的30年，城市化有一定提高，但发展缓慢，发展速度远远落后于同期世界城市化平均发展速度。城市人口只增加了1.15亿，这一时期的城市化与政治紧密相连，走了一条曲折道路。"在1950年至1980年的30年中，世界城市人口的比重由28.4%上升到41.3%，其中发展中国家由16.2%上升到30.5%，但是中国仅由11.2%上升到19.4%。"③城市化滞后于工业化，造成国民经济失衡，居民生活长期得不到提高。尽管改革开放前，中国城市化经历了一些曲折，但仍保持了增长趋势，这为改革开放后中国城市化的快速发展奠定了一定的基础。

① 孟祥林：《我国城市化进程中的小城镇发展选择》，载《城市》，2006年04期。
② 谷永芬等：《我国农村城镇化的若干问题分析》，载《商业研究》，2003年14期。
③ 许抄军等：《中国城市化进程的影响因素》，载《经济地理》，2013年第11期。

欧美国家的城市化是18世纪中期随着工业革命兴起的,中国城市化应该追溯到明清时期。明朝末年,江南就出现了一些手工作坊的小城镇,是原生型城市化,是小商品生产,没有工业化支撑,动力不足。鸦片战争后,西方资本侵入和机器工业传入,让中国被迫融入世界经济体系,出现了一些近代城市,让城市功能和性质发生变化。中华人民共和国成立后,建立了社会主义制度,城市化进入新阶段,但经历曲折,需要正确评估新中国城市化进程。中国城市化是在较低基础上展开的。"我国城市化已经有4000多年,但1949年时,中国只有86个城市,城市化水平只有10.6%,落后于世界平均水平。"①改革开放前,中国城市化发展缓慢,但工业化和经济发展速度并不低,工业产值也增加了很多。"工业产值比重由1949年的30%增加到1978年的72.2%,非农产业比重由1949年的41.4%增加到1978年的77.1%,国民收入总额增加了7倍多。中国GDP年均增长5.1%,要高于世界平均水平。"②优先发展重工业制约了劳动力转移和产业结构升级。中国城市人口比重的提高主要是在20世纪50年代,除了"大跃进"飙升外,1962—1977年基本上处于停滞时期。这一时期城市人口增长主要是自然增长,并不是人口迁移的城市化导致的。国家限制农村人口进城,农村城市化只能发展镇一级的数目和规模,农民只有通过发展镇实现自己的城市化。大城市土地资源稀缺、价格昂贵,不得不发展小城镇。计划体制导致农业剩余有限、农村集市贸易萎缩,城市人口增加很慢。

改革开放前,中国城市化经历曲折,一直是较低水平,1950—1980年,城镇因迁移增加的人口为6300万,仅占同期城镇新增人口总数的48.57%。农村人口流动受限制,很难进入大中城市,只能发展镇的数量,让农民就地城市化。"1953年全国镇人口为3372万人,1957年则下降为3047万人,1965年增加为3793万人,1970年为4576万人,1978年为5316万人,1978年仅比1953年增加57.65%,低于全国城镇人口的自然增长率。镇的数量反而有所下降。1954年全国共有建制镇5400个,1957年则减少为3596个,1963年进一步减少到2877个,到1978年,全国镇数降至2850个。由此可见,在1978年以前,镇没有成为农村城市化的基地。"③改革开放前,中国城市化受经济发展水平、城市化政策、市镇建制标准、人口统计口径等因素影响,受计划体制制约,一直滞后于工业化。国家优先发展重工业导致城市化停滞,并实行严格计划体制和户籍制度,阻碍了农村劳动力向非

---

① 王桂新等:《中国城市化模式的特点和理论创新》,载《人民论坛》,2010年第7期。
② 武力:《1949—1978年中国"剪刀差"差额辨正》,载《中国经济史研究》,2001年第4期。
③ 王曙光:《农本——新型城镇化:挑战与寻路》,中国发展出版社2013年版,第32页。

农产业转移。改革开放后,市场机制作用日益增大,城市化加快,乡镇企业和农民自下而上的农村城市化,提高了中国城市化水平,但也存在一些问题,需要多元化城市道路。总之,中华人民共和国成立之后,城市建设取得一定的发展,城市数目增加,城市化水平提高。社会主义制度促进了城市化,让城市数量、城市人口、城市规模、城市建设、城市规划等都有了一定进步。政府采用苏联模式,主导城市化,虽为城市化埋下了一定隐患,但为改革开放后城乡变迁奠定了一定的基础。

第二节　改革开放后的城市化道路及其特征

改革开放后,城市化步入正轨,政府统筹城乡发展,建立生态城市。"文革"结束,知青返城、大中院校恢复招生等让城市人口短时间内得到了回流增长。人民公社制度结束,农村家庭联产承包责任制推行,提高了农民积极性,农业产量增加,扩大了国内需求,刺激了城市工业生产,带动了轻工业发展。国家逐步推动计划定价向市场定价转变,让农民有更多对农业剩余的支配权,驱动了市场引导的农村工业化和城市化。1992年开始,国家实行社会主义市场经济,推动城市成为区域经济中心,到2012年,城市化率已经超过50%。政府和市场联合发挥作用,让城市人口大幅增加,投资主体变得多元化。政府自上而下和民间自下而上等多元推动城市化,产业主体和动力变得多样,民间投资发挥了更多作用。

中国城市化真正启动是在改革开放后。改革开放前是建制城市化和表面加速的城市化,城市数目增加了一些,但非农人口比重提高很少,建立了较完全的工业体系,但没有让中国成为真正意义上的工业化和城市化国家。中国城市化发展缓慢,极"左"思潮和经济失误加大了与世界城市化水平的差距。"改革开放战略是中国前30年探索和总结正反两方面经验教训后的必然选择,是发展和完善社会主义制度的必然结果。"①改革开放后,中国城市化进程加快,计划向市场转变,解放了生产力,推动了工业化和城市化。其一,城市数量大幅增加。中华人民共和国成立前30年只增加了56座,到1978年,城市只有192座,增加速度很慢。但是从1979年到2008年这30年中,城市数量从216座增加到655座,共增加了439座,是改革前30年城市增加数量的7.8倍。其二,城市化速度快于世界平均速度。科技进步和世界经济政治一体化加快了城市化进程。市场经济不断推进,大量农村劳动力进城务工,"城镇人口由1979年的18495万增加到到2008年的

---

① 李铁映:《中国精神文明建设二十年》,中州古籍出版社1998年版,第4页。

60667 万,共增加 42172 万。城市化水平由 1979 年的 19.096% 提高到 2008 年的 45.7%,平均每年提高 0.89%,是同期世界城市化水平年均增长速度 0.33% 的 2.7 倍。我国从 1949 年至 2008 年的 60 年城市化进程中,城市化水平由 1949 年的 10.6% 提高到 45.7%,平均每年上升 0.59%,也高于同期世界城市化发展速度 0.35%。"①中国已经成为世界上城市化发展速度最快的国家。改革开放后,中国城市化与世界平均水平差距缩小,加快了城市化进程,用了较短时间,让城市化达到了 50%,比英法等国用的时间短。改革开放的深入推动了小城镇发展进入新阶段,如家庭联产承包责任制推动农民获得土地经营权,剩余产品可以在市场上出售,允许发展个体手工业、服务业,恢复发展城镇集市贸易;乡镇企业推动了小城镇发展,推动了农业专业化协作,农村贸易更加集中,推动乡镇的基础设施和服务事业;提出新的城市发展方针,继续重点发展小城镇,仍控制大城市发展,认为小城镇能繁荣农村经济、解决农村人口转移,还是尽力阻碍农村人口迁入城市,认为农民太多,流向城市会加重城市负担,必须就地转移农村剩余人口,加快小城镇发展,并把小城镇发展作为国家战略。改革开放后,城市化快速发展,城镇人口比重不断提高,走上了中国特色城镇化道路,逐步统筹城乡发展。到 2010 年,城镇人口比重已经达到 49.81%。

一、城市化恢复与发展阶段(1978—1984 年)

(一)城市人口迅速增加

这一时期的城市化主要是以农村体制改革为动力,国家仍实行计划经济体制,但乡镇企业的发展推动了农村工业化、就地城市化。家庭联产承包责任制提高了农民积极性,农业生产增长,推动了农村经济发展。乡镇企业吸纳了非农产业的就业人口,增加了非农产值,东部沿海的小城镇获得较快发展。改革开放给城市化提供了机遇,乡镇企业带动小城镇发展,设立沿海经济特区,使深圳、珠海由小渔村发展为大都市。1984 年 5 月,国家又决定开放沿海 14 个港口城市,推动了珠三角等沿海地区的城市化。这一时期,城乡二元关系有所变革,计划体制向市场体制转变,人民公社、统购统销废止,突破了城乡壁垒,促进了城乡要素流动,国家采取了一些正确策略,让城市建设走上正轨,中国经济走出低谷,进入恢复发展时期。城市由 1978 年的 193 个增加到 1985 年的 324 个,平均每年增加 18.7 个,建制镇数由 2173 个增加到 7186 个。"城市化率由 1978 年的 17.92% 上升到

---

① 谢文惠:《新中国 60 年的城市化进程》,载《科学与现代化》,2009 年第 3 期。

1984 年的 23.01%，年均提高 0.85 个百分点。"①此后，城市数目和人口更是大幅增加。农村体制改革让农村剩余劳动力问题显现。国家仍限制农民进城，农民也忙于解决温饱问题，进城的劳动力不多，但农村发展为以后农村劳动力流动奠定了基础。这一时期，国家开始纠正前一时期的政策失误，采用经济梯度理论，允许一部分地区先发展，优先发展小城镇，促进乡镇企业发展，希望就地实现农民市民化，就地转移农村剩余劳动力。国家放开流通领域，活跃了用工市场，促进了多种经济发展，增加了农民就业机会。

这一时期，城市化重新进入春天，农村承包制改变了人民公社弊端，提高了农民自主性，促进了农村繁荣。"我们不要把包产到户同单干混为一谈，即使是单干，也不能把它同资本主义等同起来。"②改革开放后，经济高速发展，城乡壁垒松动，乡镇企业促进小城镇发展，推动了农村人口转移，扩大了城镇用地规模。农村改革推动城乡集市贸易发展。政策调整，知青回城，恢复高考让农村学生进入城市，大城市人口机械增长很快，出现大量暂住人口。"1980 年，国务院批转《全国城市规划工作会议纪要》，制定出'控制大城市规模，合理发展中等城市，积极发展小城市'的战略，以解决城市基础设施滞后的格局，城市化才开始推动。"③20 世纪80 年代中期开始，苏南农村创出了一种农村工业化的形式——乡镇企业，引起了很多学者注意，认为是中国特色城镇化道路。1983 年，费孝通在江苏省吴江县进行农村调查时，发现乡镇企业促进了小城镇发展，并把调查结论写成《小城镇大问题》《小城镇再探索》《小城镇苏北初探》《小城镇新开拓》等论文，主张国家层面也发展小城镇。他提出，要把小城镇建设成为区域经济、政治、文化中心，促进商品生产、农业分工。乡镇企业的发展能够解决农村剩余劳动力的就地转移，促进农村劳动力转移要以发展小城镇为主，中国社会主义城镇化的可常路径就是加强小城镇发展。"1986 年费孝通又发表《小城镇新开拓》，论证了小城镇对于四个现代化的重要作用。1986 年，'江苏小城镇'课题组发表《小城镇区域分析》，费孝通在序言中强调了小城镇发展对农村经济的意义。"④这种城市化模式符合了当时城乡严格的户籍制度。在当时城乡户籍制度下，这种小城镇策略得到人民和政府的认同。费孝通对小城镇的论述促进了学界对小城镇的研究热情，让学界和政府更加重视小城镇道路的作用。

---

① 武力：《1949—2006 年城乡关系演变的历史分析》，载《中国经济史研究》，2007 年第 1 期。
② 吴思、李晨：《转折——亲历中国改革开放》，新华出版社 2009 年版，第 23 页。
③ 周蜀秦：《中国城市化六十年：过程、特征与展望》，载《中国名城》，2009 年第 10 期。
④ 周蜀秦：《中国城市化六十年：过程、特征与展望》，载《中国名城》，2009 年第 10 期。

改革开放后,中国城市化进入自觉发展阶段,农村体制改革和乡镇企业发展,推动了城市化率提高。改革开放促进了国民经济高速发展,撤乡并镇增加了建制城镇数目,产业结构提升,第二、三产业比重提高,进入工业化中期,城市建设加快,农业生产获得增长,出现剩余产品和劳动力,提高了消费水平。国家调整了发展战略,推动了乡镇企业发展,户籍制度改革也推动了城乡人口交流。城市化补偿性发展使农村大量人口进城经商,经济高速发展也推动了城市建设。国家主要推动小城镇战略,改善了城乡关系。农村体制改革解决了农民温饱问题,提高了农业生产效率,激发了农业生产潜力,推动农业非农化,促进了乡镇企业和商品经济发展,推动农村城市化。国家调整建制镇标准,允许农民进城务工经商,放开户籍限制。家庭联产承包责任制在全国推广,提高了农民积极性,让农村经济发展,城市化恢复发展。改革开放掀起了经济、社会发展的新篇章。经济发展为社会转型提供了经济基础,为城市化提供了动力。这一时期,国家开始重视城市发展,主张有计划发展小城镇,促进农业现代化,改变农村面貌,缩小城乡、工农差别。国家用行政手段管理小城镇,政府划拨小城镇用地,严格控制人口流动,允许有条件的人进入小城镇落户,地方政府投资小城镇建设,小城镇作为城乡的纽带,逐步发展。

1983年1月2日,中共中央发出了一号文件,即《当前农村经济政策的若干问题》,认为要改革人民公社体制。同年10月12日,中共中央、国务院发出《关于实行政社分开建立乡政府的通知》,指出人民公社已经不符合经济形势,要恢复设立乡镇,要求把人民公社改为乡镇政府,实行政社分开,恢复了一批建制镇,为小城镇发展奠定了基础。城市体制变革、乡镇企业推动了城市化,大中城市和小城镇都得到发展,开始允许农民进城。农村经济体制改革,调动了农民积极性,知识青年回城,出现很多暂住人口。"要有魄力去坚决而又妥善地改革上层建筑和生产关系中同生产力发展不相适应的部分。"[1]1984—1986年,国家大力推动撤社建乡,降低了建制镇标准,促进建制镇数量大为增加。1992年,国务院进一步修改了建制镇标准,并推动乡镇合并、扩大,短短3年建制镇就增加了7750个。"国家从20世纪80年代初开始采取市(地级市)管县制度,导致地级市数量增加,从1983—1998年间,有100多个县级市升格为地级市,城市人口增加很多。"[2]

(二)城市的建设和规划步伐加快

"文革"结束的一段时间,经济发展缓慢,城市化增长却加快,因为国家落实各

---

[1] 华国锋:《在全国财贸学大庆大寨会议上的讲话》,载《人民日报》,1978年7月12日。

[2] 武力:《1978—2000年中国城市化进程研究》,载《中国经济史研究》,2002年第3期。

项政策,允许知青回城,导致城市人口增加,国民经济仍旧失衡,国家不得不对国民经济进行第二次调整。"真正在体制上进行改革还是从城市开始的。"①改革开放后,国家调整经济结构,加快农业发展,发展消费品工业,提高人民生活水平。工业化方针由优先发展重工业转变为全面推进工业化,吸纳了更多农村劳动力。"到1979年上半年,全国需要安排就业的人数有2000多万,其中包括大专毕业生、复员军人105万、政策留城的知识青年320万、插队知识青年700万、城市闲散人员230万、历次政治斗争中错误处理的人员需安置的85万。"②巨大的就业压力,推动政府不得不改革。政府放松了对私营经济的控制,允许个体工商业发展,允许居民自谋职业。农村家庭联产承包责任制推动农村经济发展,也让长期遮蔽的农村剩余劳动力显现出来,社队企业不断减少,却吸纳的从业人员不断增多。社队企业为乡镇企业发展奠定了基础。工业化水平由1979年的49.5%提高到1984年的51.9%,重工业比重则由56.3%下降到52.6%。

这一时期是农村经济体制改革推动的城镇化发展时期。"农村搞家庭联产承包,这个发明权是农民的。农村改革中的好多东西,都是基层创造出来的,我们把它拿来加工提高作为全国的指导。"③国家重点推动农村经济体制改革,也开始选择性地在城市改革;国家开始重视城镇发展,主要是控制大城市,积极发展小城镇。"联产承包责任制使我国农民获得了财产权和身份自由的双重解放;使集体所有的生产资料发生了所有权与使用权的分离。"④国家扶持乡镇企业,提高农产品价格,提供更多消费品满足居民需求,为城市化提供了物质基础。城市化发展的显著特征是小城镇增加,建制镇增加了4倍多,城市人口也得到了恢复性增长。在农村普遍推行家庭联产承包责任制,提高了农业效率,促进了农业商品化,推动了城镇化水平。国家向商品经济转变,国家允许知青回城,大量知青回城推动了城市建设。城市数目由1978年的193个增加到1984年的300个,城镇人口由1978年的17245万增加到1984年的22274万人。这一时期的城市人口增加主要是机械增加,主要是知青返城、升学等导致的,农民进城只能是离土不离乡,1979—1983年间进城的农民平均每年只有85万人,规模很小。

---

① 中共中央党史研究室第三研究部:《中国改革开放30年》,辽宁人民出版社2008年版,第71页。

② 肖翔:《中国城市化与产业结构演变的历史分析(1949—2010)》,载《教学与研究》,2011年第6期。

③ 《邓小平文选》第三卷,人民出版社1993年版,第382页。

④ 沈冲、向熙扬:《十年来:理论·政策·实践——资料选编》第二册,中共中央党校出版社1988年版,第6页。

改革开放后,政府把工作重心转移到经济建设上来,推动了各方面改革,让城乡流动恢复,中国城市化进入第二个快速发展时期。1978—1998 年,我国城市数目由 193 个增加到 668 个,建制镇由 2850 个增加到 18402 个。改革从农村开始,提高了农业生产率,农产品产量大幅增加。农产品富裕为城市化奠定了基础。农村家庭联产承包责任制让农村剩余人口问题显露出来,让政府决心调整生产关系,改变了把农民限定在土地上的做法,推动农村产业结构调整,在东部沿海大力发展乡镇企业,推动了小城镇建设,缓解了农村剩余人口就业问题。农村推力和城市拉力推动了城市化发展。国家在沿海设立经济特区,促进一批新兴城市诞生,带动了周边发展。

改革开放后,中国城市化发展迅速,规模较大,带来社会经济的变革。改革给城市发展带来机遇,推动城乡经济持续发展,让城市化在政策、速度上都发生了变化,不断加速。国家选择发展小城镇,带来隐形城市化问题。国家肯定了城市的地位,加大了住宅建设,城市化在工业化带动下快速发展。1980 年,胡耀邦同志首先提出了小城镇问题。1980 年 10 月,国家建委在北京召开了全国城市规划工作会议,要求地方政府一把手要亲自抓城市规划,提出控制大城市、积极发展小城镇的方针。1989 年 12 月,七届人大十一次会议通过了《中华人民共和国城市规划法》,把城市建设纳入了法制化轨道。"1984 年和 1983 年比建制镇的数量从 2786 个增加到 6211 个。"[1]1984 年,国家将改革转向城市,调整了经济结构,发展建筑业、轻工业,推动了新建城市。农业生产带动了乡村工业发展,推动了小城镇发展。国家还调整了建镇标准,县级政府驻地要设镇,实行镇管村制度,乡也应派专人管理村。"1984 年 10 月 9 日,民政部向国务院呈报了《关于调整建镇标准的报告》,同年 11 月 22 日国务院批转了该报告,要求县级政府驻地要设镇,人口在 2万以下,乡政府驻地非农人口超过 2 千的可以设镇,人口在 2 万以上,乡政府驻地非农人口超过 10% 的,也可以设镇。边远地区非农人口不足 2 千,但有必要的也可以设镇。"[2]这份报告放宽了设镇标准,修订了建镇标准,允许各地根据条件灵活实行镇管村,促进小城镇发展,能够逐步缩小城乡差距,有助于城乡要素流通,促进农村非农要素向小城镇聚集。

改革开放后,小工商业不断发展,1978 年建立了很多社队企业,1984 年改为乡镇企业,推动了农村经济发展,鼓励农民离土不离乡,就地转移农村剩余劳动力。1984 年 1 月,国务院发布《城市规划条例》,用法规形式确立了这一政策。实

---

① 吴艳玲:《中国城市化的历史进程、现状及对策》,载《经济研究导刊》,2009 年第 36 期。
② 时正新:《建镇标准与小城镇发展的社会政策》,载《社会工作研究》,1994 年第 1 期。

际上,后来主要是东部沿海地区的乡镇企业得到了发展,离乡不离土只是初级的工业化和城市化,一定程度上导致了资源破坏。限制大城市、只发展小城镇不符合市场规律,是计划经济思维的延续。国家推动四个现代化,消除城镇化的各种政策因素:重新确立镇的地位,放宽设镇标准,把人民公社改为乡镇;推动户籍制度等改革,消除城镇化的制度壁垒;不断完善城镇化方针,促进合理城市体系的形成。

国家恢复了城乡贸易,提高了农民积极性,地级市增加。国家开始鼓励小城镇发展,但继续控制大城市规模。到1984年底,全国基本实现了政社分离,人民公社制度退出历史舞台,转化为建制镇。人民公社制约了小城镇发展,乡镇的重新设立突出了镇的城市特质。镇管村对二元经济有所消解,促进了城乡要素流通,推动了农村要素向非农产业和小城镇转移,促进了城乡协调发展。1984年1月1日,《中共中央关于1984年农村工作的通知》,颁布新的户籍管理制度,允许有条件的农民自带口粮到集镇落户,统计为非农人口,粮食部门可以发给粮油供应证。政府要为他们提供居住条件,各部门要加强管理,积极引导,这为一部分农民落户提供了合法依据,促进了农民进城务工经商。同年10月13日发布的《国务院关于农民进入集镇落户问题的通知》中规定农民可以自带口粮进集镇落户,并当作非农人口看待。要求在城镇有住房、能自食其力的人,应给予办理户口,统计为非农人口,加强对他们的管理,这方便了农村人口到大的集镇落户。这份文件推动了有条件的农民落户城镇,让一些集镇达到建制镇标准。这一时期,国家仍然控制大城市、积极发展小城市。国家在控制大城市规模上一直没有改变政策,对我国城市规划、管理有深远影响,促进了中小城市发展。小城镇增加数目要多于其他城市数目。经济特区的设立促进了城市化活力,沿海开放城市促进了东部城市群的形成。

(三)农业改革大力进行,乡镇商品经济飞速发展

这一时期的城市化主要是农村体制改革推动的,具有先进城后建城的特点。其一,2000多万知识青年回城,高考恢复让一些农村学生进城。其二,城市集市贸易恢复发展,让很多农民进城,城镇出现很多暂住人口,城市化逐步恢复,乡镇企业促进了小城镇发展,国家加强了城市建设,提高了城市化率。二元户籍制度仍然存在,政府选择了小城镇,放松了户口限制。农村体制改革推动了城市化,提高了农民积极性,提高了粮食产量,促进了农村经济繁荣,推动了农村人口流入城市,提高了城市吸纳能力。国家清除错误认识,将重心转到经济建设上来,解放了农村生产力,但城乡二元制度和户籍制度仍限制人口流动,国家将社队企业改为乡镇企业,试图就地人口转移。这一时期,国家仍控制大城市,通过乡镇企业发展

小城镇,中小城市迅速发展。乡镇企业推动了小城镇建设,给城市化带来机遇。国家降低城镇标准,允许农民进城从事第三产业。

改革开放也是一步步进行的,从农村经济体制改革、乡镇经济崛起,到城市企业放权改制,再到市场经济发展加入世界贸易组织。"我党在认识和处理城乡关系方面由偏重城市转向城乡并重,由城乡兼顾转向城乡统筹。"①这些有利于推动城乡二元结构向城乡一体化发展,促进城乡交流,促进农村劳动力进入城市,加快城市化发展。但城乡二元分割结构仍将长期存在,户籍制度仍限制着居民自由迁徙权利。城乡居民权利平等仍是艰难的任务。没有对个人利益的尊重,就没有居民权利的呼吁。农村政策调整有利于农村居民权利的发展。居民权利需要公民个人去争取,去除人身依附关系,建立独立人格,能够自主选择。政府不能压制个人权利,造成社会的压抑。要确保农民的土地使用权,活跃土地流转市场,保障农民最基本的土地权益。家庭联产承包责任制是农民自发争取来的权利,是农民在计划体制夹缝中的创举。国家顺应了农民的需求,在维护社会稳定的前提下实行了改革,促进了生产力进步。这导致农村出现剩余劳动力,促进了农民外出务工,为乡镇企业发展提供了条件。家庭联产承包责任制促进了农民生产经营自主权,提高了农民劳动力人身自由权,增加了农民休息权,提高了农民择业自由权。国家政策松动,导致社会流动的条件改善,是农民工流动的宏观要素。城市需求劳动力也是农民工流动的因素。个体农民劳动力的自由支配权和养家糊口的要求是农民工流动的基本因素。粮票制度的废除,让农民能够实现真正流动,成为推动经济发展的重要力量。外出务工促进了农民迁徙权、劳动权的发展。农村经济的发展,促进了基层民主,促进了村民自治意识。农民自发建立村委会,促进了村民自治重新抬头。自治制度具有天然的合法性,不能用国家暴力机器压制公民的创造力。村民自治促进了农民民主权利的发展,促进了农民民主选举,提高了农民法制观念。

改革开放初期,国家逐步废除了人民公社体制,实行生产责任制,鼓励农村发展,废除了统购统销制度,对城乡二元结构有所削弱,让城乡产业呈现较平衡的状态,提高了工农积极性,提高了劳动生产率,农产品和工业产品大幅增长,提高了居民生活水平,促进了生产要素、劳动力、资本在城乡一些地区的流动,乡镇企业吸引了一部分城市人才、技术和资本,改善了城乡关系。改革开放推动了中国经济建设和经济体制改革,促进了计划经济向市场经济转变。建制镇数量有所减

---

① 黄坤明:《城乡一体化路径演进研究——民本自发与政府自觉》,科学出版社2009年版,第2页。

少,但城镇人口不断增加。这一阶段农村城镇化提高主要是县城人口增加推动的。国家仍然禁止农民流动,更注重落实回城知青、职工的安置就业,严格限制农业人口转为非农人口。农村改革提高了生产力,经济发展推动了城市化,计划经济向市场经济转变。"在城市发展农产品批发中心建设。到1986年,全国发展了农副产品批发市场450个,年成交额达到24亿元。"①乡镇企业发展推动了小城镇发展,吸纳了一些农村人口。国家提供了城市建设投资,加强了城市基础设施建设。在城乡二元分割体制仍存在的形势下,国家积极发展小城镇作为城市化的最佳策略。中国城市化政策有所松动,不再严格控制城市人口增长,转而鼓励小城镇发展。

这一时期是城乡共同发展阶段。国家开始调整计划和市场的关系,允许商品流通,纠正错误思想,推动了农村市场发展。"1978年我国粮食人均占有量为318.7公斤,只比20年前的1957年的306公斤多12.7公斤,平均年增长0.19%。而1984年我国人均粮食占有量提高到396公斤,6年增长了24.1%,年均增长3.7%。"②社队企业改造为乡镇企业,吸纳了大量农村劳动力,增加了农业总产值,促进了产业结构调整。城乡收入差距有所缩小,农民有了更多可支配收入。国家更倾向于城市,靠农业剩余支持工业,城乡社会保障差距仍巨大。经济体制改革,推动城乡二元体制有所消解。农村经济体制改革提高了农村粮食产量,让农村剩余劳动力问题显现出来,2000多万下乡知青返城就业,城市人口机械增长很快。国家提高农产品价格,推动了农业产量提高,发展城乡商贸市场,增加了农民收入。农村非农产业和乡镇企业得到发展,推动了农村工业化进程。旧的城乡二元结构有所消解,城市工业化和农村工业化并重,新兴小城镇得到发展,国家促进劳动密集型消费品工业发展,吸纳了很多农村劳动力,沿海经济特区也促进了城市化发展。这一时期,城市吸纳人口能力不足,人口迁移规模不大。国家实行了一些改革开放政策,农村人口向城镇迁移,促进了东部沿海外贸和私营企业发展,苏南模式的小乡镇带来城市人口比重提高。

1978年后,党的工作重心转向经济建设,农村改革和城市改革逐步推动。1984年后,城市改革推动着城镇化发展,城市建设速度在加快。国家推动农村体制改革,推行家庭联产承包责任制,调动了农民积极性,提高了粮食产量,缓解了粮食压力,努力解决人口吃饭问题。国家鼓励多种经营分流了一部分劳动力,但

---

① 武力:《解决"三农"问题之路——中国共产党"三农"思想政策史》,中国经济出版社2004年版,第634页。

② 《中国统计年鉴(1993)》,中国统计出版社1993年版,第15页。

仍有一些劳动力需要就业,促进了潜城市化率。但当时城市体制改革还没进行,农村剩余劳动力也没被政府重视,当时大量知青回城带动了城市基础设施建设,城乡贸易恢复、乡镇企业发展促进了小城市发展,是先集中后城建的模式。"城市化有了较快发展,城市人口由1978年的17248万人提高到1984年的24017万人,年平均增长5.67%;城市化水平由1978年的17.92%提高到1984年的23.01%,年均增加0.85%;城市数目由1978年的193座增加到1984年的300座,年均增加17.8座。"①

国家提高了城市建设经费,提出积极发展小城镇,推动农民工离土不离乡的职业市民化。"农村改革中,我们完全没有料到的最大的收获,就是乡镇企业发展起来了。"②国家降低了设市标准,城市数目增加。政府调控户口指标,农民获得非农就业机会。20世纪70年代末到80年代初期农民首先在农业内部可以职业转换,从事副业,实现就地转移。经济发展、农村人口迁移,更多是政府政策放宽的结果。国家仍规定农民只能在户籍地从事非农产业,乡镇企业承担了农民工就业重任。国家调整了城镇化战略,加快农业发展,要实现四个现代化,主张大力发展小城镇,改变农村面貌。国家用行政手段发展小城镇,政府无偿划拨土地,对城镇人口进行行政控制,制定城镇户口指标,地方财政投资城市建设。小城镇作为城乡桥梁的作用逐步得到恢复。

改革开放推动政治经济形势发生好转。农村改革促进了农村人口流入城市和农村产业结构升级。对外开放让东部沿海城市获得发展,城市吸纳更多农村劳动力,劳务市场进一步开放,户籍制度开始改革,商品粮计划供应正逐步消除,促进了城市化。"计划经济不是要实行以指令性计划为主,必须运用价值规律;指导性计划主要依靠运用经济杠杠作用来实现。"③政府放宽了户口指标和设镇标准,放弃均衡生产力理论,但由于历史惯性和城市人口压力,仍控制大城市,重点发展小城镇。乡镇企业的发展推动了就地消化农民的思想,多种所有制、企业改革、集市贸易发展,为小城镇发展提供了基础。

改革开放后,中国小城镇获得发展有三方面原因。其一,农村家庭联产承包责任制,让农民获得土地经营权,可以将剩余农产品拿到集市上出售,政府开始允许个体工商业,城镇集市贸易得到恢复。"到1984年,农村集市就增加到50356

---

① 赵婷婷:《新一轮城镇化将以土地改革为突破口》,载《金融管理与研究》,2013年第9期。
② 《邓小平文选》第二卷,人民出版社1994年版,第238页。
③ 中央文献研究室:《改革开放三十年主要文献选编》(上),中央文献出版社2008年版,第351页。

个,比 1978 年提高了 51.2%。"①其二,乡镇企业获得发展。"1978 年乡镇企业总产值为 493.1 亿元,从 1979 年到 1984 年乡镇企业总产值分别为 656.9 亿元(80)、1016 亿元(83);从 1985 年到 1991 年分别为 2728.4 亿元、3540.9 亿元、4764.3 亿元、6495.7 亿元、7428.1 亿元、8461.6 亿元、11621.6 亿元。"②乡镇企业需要能源、交通、信息、市场及基础设施,客观上促进了小城镇发展。乡镇企业有集中协作的需求,促进了集市贸易集中,推动了乡镇基础设施和公共服务事业发展,让农村向小城镇转换。其三,新的城市发展方针。国家深化了小城镇发展战略,从农村改革开始,农业生产得到发展,国家允许知青回城,大城市人口增加较快,城市人口比重恢复到 23%。改革开放结束了长达 17 年的城市化停滞,让城市数目和人口增加,建制镇数量成倍增加。

二、城市化持续发展阶段(1985—1991 年)

(一)城市化外延发展迅速

这一时期,城市化以城乡体制改革并重为动力,城市化平稳发展。1984 年后,经济体制改革的重点由农村转向城市,乡镇企业向大城市聚集,并向国企、集体企业看齐。国家进行国有企业改制,推行企业承包制,推动城市轻工业发展,推动了沿海开放城市发展,带动了第三产业发展。第三产业比重由 1985 年的 24.5% 提高到 1991 年的 34.3%,第三产业从业人数由 8359 万人增加到 1.3 亿人。城市对外开放不断深入。国家开放了沿海港口城市,划分了经济特区,开发了浦东新区,发展了劳动密集型产业,提供了各层次的就业岗位。国家开始准许农民进城务工,鼓励城乡交流和劳务输出,促进了农村剩余劳动力转移。"城市化进程中新建城市占了主导地位,城市个数由 1984 年的 324 座增加到 1992 年的 517 座,建制镇由 9140 个增加到 14539 个,城市人口由 24017 万人增加到 32372 万人,城市化水平由 23.01% 提高到 27.63%,年均增长 0.58 个百分点。"③乡镇企业勃兴和城市改革一起进行,城市建设和开发区设立,推动沿海小城镇发展。乡镇企业持续发展,并在 20 世纪 90 年代初期发展到了顶峰,为中央政府贡献了大量税收。此时,大中型城市仍是重工业基地,允许农民进镇不允许进城,甚至在 1988 年底,还发动了一次清理进城农民工的行动。1988 年,国家修改《宪法》,允许土地使用权流

---

① 铁明太:《中国特色统筹城乡发展研究》,湖南人民出版社 2009 年版,第 54 页。

② 《中国统计年鉴(1996)》,中国统计出版社 1996 年版,第 25 页。

③ 丁刚、张颖:《我国城市化进程的历史回顾与动力机制分析》,载《开发研究》,2008 年第 5 期。

转,开始改革土地制度,大量投资城市基础建设,促进了城市化。"1990 年 4 月 1 日开始实施的《城市规划法》中,提出'严格控制大城市规模,合理发展中等城市和小城市'的方针,让 20 世纪 90 年代整体上延续了前 10 年的城镇化政策。"①经济增长出现了重工业回头的趋势,轻工业式微,国家以城市基础建设拉动投资需求,城市化推动经济高速增长。这一时期,城市经济体制改革推动各地建立开发区、工业园区,三资企业、小城镇在沿海发展,允许农民自带口粮进入小城镇,促进了第三产业和城市化水平。小企业推动农村第二、三产业向城镇聚集,小城镇数量大幅提高,但小城镇辐射能力不强,聚集效应很弱。

这一时期,乡镇企业促进了小城镇发展。国家降低建制市镇标准,促进了新建城市增加。国家从 1988 年开始对乡镇企业整顿,让乡镇企业发展受挫,影响了农民收入,导致城乡差距加大,经济结构仍旧失衡,国家仍把有限资金投入工业。这一时期,乡镇企业发展,推动了农村经济结构转型。遍地开花的小城镇对农村经济的带动作用不大,导致资源浪费、生态破坏。发展小城镇、建立开发区,促进了城市化发展,增加了城市 286 个,城市人口增加了 31203 万。城市体制改革引进承包制,调整经济结构、发展劳动密集型轻工业,发展投资少、工艺简单的乡镇企业,给小城镇法律名分,增加了城镇数目。农村经济体制改革带动了小城镇发展,提高了城镇化水平。

1984 年 10 月,党的十一届三中全会通过了《中共中央关于经济体制改革的决定》,国家正式进入经济体制改革阶段,企业开始采用承包制,沿海地区乡镇企业发展,吸引了一批农村人口进城,设立了一些新城市。但城市建设过于分散,主要是量的扩张,造成了土地浪费。城市体制改革,推动了城市轻工业发展,激发了人口自发性迁移,人口迁移规模增大,出现民工潮。国家推动城乡之间加强交流,促进了农村城市化水平,提高了农村非农产业收入比重,缩小了城乡差距,吸纳了更多农村剩余劳动力,推动了现代化进程。中国进一步开放了沿海 14 个城市,推动沿海地区城市化,广州、深圳、珠海等成为经济发展的引擎。广东经济产生了很大示范作用,珠江三角洲崛起了新兴城市带,很多农民去打工,聚集了先进科技、现代消费。这一时期,掀起了离土不离乡的民工大潮,促进了商品经济发展。工业布局在东部沿海,促进了原有城市规模的扩大。

这一时期,国家设立经济特区,推动外向型经济发展。乡镇企业继续发展,吸纳了很多农村劳动力。城市经济体制改革推动新建小城镇迅速发展,而老城市仍发展缓慢。1984—1992 年,中国城市数量由 300 个增加到 517 个。城镇人口由

---

① 高云虹:《中国改革以来的城市化战略演变及相关思考》,载《当代财经》,2009 年 03 期。

24017 万人增加到 32372 万人,人口城市化率由 23.01% 提高到 27.63%。这一阶段,中国处于经济转型时期,乡镇企业发展较快;经济体制转型促进了小城镇的兴起。政策扶持农业和乡镇企业,提高了乡村城市化水平,国家放松人口流动的管制,促进了农民流向城市,农村非农产业比重提高,乡镇企业促进了中西部城市化发展。伴随经济高速发展,城市化高速进行,推动了城乡人口流动,城乡壁垒有所打破,推动城市人口比重大幅提高。

(二)小城镇建设上升到战略高度

国家将改革中心放到了城市,带动乡镇企业发展,扩大企业自主权。东部沿海城市的乡镇企业获得较快发展,国家放松了农村人口进城的限制,修订了城市设置标准。1986 年,国家重新制定了设市标准,将设市非农人口由 10 万人降低到 6 万人,推动了一批新建制市的设立。1985 年 7 月公安部发布《关于城镇暂住人口管理暂行规定》,允许在城市从事工商业的可以办理《寄住证》。"在各级政府统一管理下,允许农民进城开店设坊,兴办服务业,提供各种劳务。"①1989 年 12 月国家出台了《中华人民共和国城市规划法》,继续实行控制大城市,发展中小城市的方针。该时期,新建城市推动了城市化,建制镇增加了 14539 个。城市化主要表现为量的扩张。

1984 年后,国家开始对城市进行改革,推动了多种经济成分发展,支持了小城镇的乡镇企业发展,促进了产业结构调整,实行大力发展集体经济和适度发展个体经济的方针,改变了全民所有制企业独大的局面,很多从业人员开始从事集体和个体劳动。私营企业发展起来,到 1988 年底,已经有 4 万多户,雇佣人员达 72 万多人。独资企业、合伙企业、有限公司、私营企业吸纳了很多劳动力,获得了发展。农村工业化也推动了小城镇化。1984 年中央一号文件指出:要发展小城镇的工业和服务业。1985 年 1 月 1 日,中共中央、国务院《关于进一步活跃农村经济的十项政策》指出:要鼓励劳动密集型企业在小城镇聚集,试图让农民就地城镇化,推动了农村城镇化。农村小城镇由 1985 年的 7956 个增加到 1991 年的 11882 个。工业和重工业的比重都有所下降,第三产业比重上升。

城市改革带动城市化阶段,以新建城市为主。国家为了缩小城乡经济差距,推动小城镇建设,在 1984 年调整了建镇标准,促进建制镇数目增多,也让城镇人口数量大为增加,农村城镇化水平得到提高。1986 年国家新制定了建市标准,县级市增加很多。1984—1987 年,国家允许农民流动,默认农民进城务工,这是因为

---

① 沈冲、向熙扬:《十年来:理论·政策·实践——资料选编》第 2 册,中共中央党校出版社 1988 年版,第 82 页。

城镇就业压力有所缓解,城镇经济得到恢复,城市居民生活提高,产业结构变化,有了更多就业机会,农民收入放缓,农村改革让农村剩余劳动力显现。1988—1991年,国家又控制农民流动。因为此时国民经济在整顿,乡镇企业效益下降,农民负担加重,农业效益降低,3000多万农民涌入城市。"如果包括乡外县内部分,1988年农村劳动力流动人数大约是2600万人,其中被我们称为(进城)农民工的大约只有500万人;1989年的农村劳动力流动人数为3000万人,其中(进城)农民工大约是700万人。"①为了维护社会稳定,国家要求对进城农民工进行严格管理,防止劳动力盲目流入城市,遏制了民工潮。改革让城市建设进入蓬勃发展时期,推动经济结构更加合理,乡镇企业繁荣,第三产业发展。"建制镇的发展有过两个高峰时期,一是1984—1986年的'撤社建乡',降低建制镇标准时期,3年增加7750个。二是1992—1994年的乡镇'撤、扩、并'时期,3年增加4247个。1979年全国建制镇为2851个,1986年即达到9755个,1990年达到11392个,1995年达到17828个,2000年则达到20312个。"②但是建制镇的居民数量呈下降趋势,显示出小城镇转入数量和规模同时扩张的阶段。

国家重点发展小城镇,城市工商业恢复发展,乡镇企业大力发展,但城市建设也出现了雷同等问题。国家重视城市发展,城市数目扩大,城市化水平较快增长,也造成了土地浪费。中国城市化有了很高增长,但仍滞后工业化水平和经济发展水平,滞后于产业结构、就业结构,没有吸纳足够的农村劳动力,人口城市化超过农民非农化。中国工业化从发展重工业开始,需要资金、技术,但人口就业机会不足,导致第三产业发展滞后,没有将很多农业劳动力向非农部门转移。中国城市吸纳能力低,本身产业结构不合理、失业问题很严重,农民工只能在城市从事高强度工作。三大产业中农业比重仍过大、第三产业比重仍过小,第三产业人口就业比重不高,第三产业吸纳劳动力的作用没有充分发挥。城市规模体系不合理,东中西地区城市等级差别大,城市间缺乏紧密产业协作,行政区划阻隔了交流,让大城市难以发挥辐射作用,城市基础设施建设不能发挥协同作用,重复建设问题严重。政府一直严格控制城市规模,反而导致大城市膨胀,小城市发展不起来,导致城市结构不合理。城市化过分重视规模,而不是基础设施和质量,导致虚假城市化,引起城市病,应该建立以工业为基础、发挥第三产业作用的城市化。城市用地

① 卢迈、赵树凯:《中国农村劳动力流动的回顾与展望》,中国发展出版社2002年版,第35页。

② 樊天霞:《构建城镇化进程中失地农民的利益保障体系》,载《产业与科技论坛》,2006年第1期。

不合理,缺乏绿地和公共服务用地。农业劳动力的非农转移促进了中小企业的发展。外资企业的发展对就业量及农村劳动力流向产生了影响。城乡私有企业的发展促进了农村劳动力非农转移,让劳动力的自由流动与二元劳动市场上雇佣总量增加,促进了三类农业经营者——农户、农村专业合作社和产权以私有为主的现代农村企业的增加。

国家推动中小城市发展,仍主要发展小城镇,户籍制度等开始改革,人口统计标准变化。城市数量增长很多,但小城镇发育低,服务基础弱,发展动力不足。小城镇的作用很大,促进了国民经济发展。城市经济体制改革借鉴了农村经济体制改革经验,采用承包制进行企业改革,增强了城市经济活力。经济结构调整促进了劳动密集型轻工业发展,这符合我国缺少技术资金、但有充足劳动力的现实。其一,工业结构向轻工业、服务业转变,第三产业更受重视。"个体私营企业得到发展,城市经济活力增强,城市功能不断完善,城市就业吸纳能力不断提高。"[①]这一时期,城市建设加快,增加了就业,提高了吸纳农村劳动力的能力。其二,轻工业具有面广、品种多、工艺简单、原料广泛、资本要求不高、劳动力需求多等特点,非常适合乡村乡镇企业发展。在东部沿海新兴工业化地区,乡镇企业获得了一定发展,取得了一定规模,为农村城市化提供了一定条件。国家制定了一些有利于促进农村人口转移的政策,促进了建制镇和新建市的涌现。但城市建设过快,也导致城市建设分散、土地浪费严重、生态破坏等问题。改革开放后我国城市化的特点是重点发展小城镇,促进农村劳动力的就地转移;城市化的动力是政府和市场,政治制度改革推动了乡镇企业、城市发展;大城市比重下降,小城市增加,城市体系日益合理。中国城市化仍是政府主导的,房地产产生了泡沫。改革开放后,中国城市化增长显著,例如城市化进程加快,城市规模扩大,城市功能提升。但城市化也有弊端和问题:城市化滞后于经济水平,城市化存在泡沫,过多发展小城镇,导致规模小、污染重、效益低等小城镇病。中国一直奉行小城镇发展策略,努力实现城乡空间平衡,但抑制了沿海大城市发展,这是政府主导型的,主要是外在力量推动,而不是工业化内生的。

(三)乡镇经济实力发展壮大

这一时期,乡镇企业和城市改革推动了城市化的快速进行,东部沿海出现了很多新兴小城镇。市场体制推动社会主义建设进入新时期,出现了历史转折,农村城市化加快,东部沿海对外开放程度加深。政府采取了一些推进城市化的措

---

① 刘春泉:《我国城市化发展进程的回顾与思考》,载《宁夏大学学报(人文社会科学版)》,2004年第3期。

施,为城市化提供了必要的社会经济环境,也促进了人口自由流动。农村人口大幅度向富裕地区流动,形成了民工潮。中国城镇人口年均增长率达到 11.39%,远高于改革开放前的 3.95%。政府大力发展乡镇企业,涌现了数千个小城镇,千万个乡镇企业涌现出来,吸纳了很多农村劳动力,对国民经济发展起了很大作用。一大批农民也在离土不离乡的情况下得到就地安置,变成产业工人,提高了农村城市化水平,增加了农民收入,缩小了城乡差别。20 世纪 80 年代末 90 年代初,乡镇企业开始快速发展,廉价劳动力、技术创新、国家政策促进了农村工业化,发展了一些小城镇。20 世纪 90 年代后,国家整顿乡镇企业,优惠政策减少,让乡镇企业发展势头减弱,吸纳劳动力的能力降低。受市场经济体制建立的影响,乡镇企业又快速发展。1996 年后,乡镇企业整合,又出现负增长。1999 年后,有所回升,乡镇企业的发展是为了维系二元经济体系,衰退是为了维护城市工业的利益。

国家开始实行市管县制度,引起地级市增多,县级市增长很快。国家扩大企业自主权,继续对外开放推动了沿海地区发展。国家开始实行小城镇战略,允许商品经济发展,放宽了城镇人口迁移政策,吸纳了很多农村剩余劳动力。20 世纪 90 年代初开始,乡镇企业暴露出资本不足、技术水平低、生产粗放、资源浪费等问题,国企改革也遭受困难,城市化速度放缓。城市行政区划调整导致城镇数量增加。城市经济体制改革吸收了农村承包制经验,劳动密集型产业得到发展,乡镇企业在东部沿海得到发展。国家修订了建制市镇标准,积极发展小城镇。城市化以量的扩张为主,造成了土地浪费。

国家推动了城市经济发展,调整了城市工业结构,第三产业得到发展,城市个体、私营企业得到发展。经济发展推动城市改造、城市规模扩大、城市人口增加。国家出台了一些政策促进城市化。"中央开辟了深圳、珠海等 4 个经济特区,把沿海 14 个城市作为对外开放城市,促进了沿海地区发展,出现深圳速度和广东经济奇迹。"①大批内地人和科技骨干下海经商跑到沿海地区谋求发展,千万农民也背井离乡到城市打工,人才出现孔雀东南飞。这一时期,国家大力发展新城镇,兴起了一些小城镇,小城镇由 1978 年的 2176 个增加到 1992 年的 12455 个。乡镇企业异军突起,沿海地区兴起了新兴小城镇为主的工业化地区,带动了城镇经济发展。城市经济辐射能力和中心带动作用增强,城乡分割有所消解。新增城市数目比改革前 30 年的总数还多。中国城市化在经历 17 年的停滞后,终于正常发展。国家在 1985 年允许自带口粮的农民进城就业,中小城市有了很多自谋职业的农民。

---

① 吴定勇、王珏:《城市化及其在中国的百年进程》,载《西南民族大学学报(人文社会科学版)》,2004 年第 2 期。

"1985 年 7 月,公安部又颁布了《关于城镇人口管理的暂行规定》,规定'农转非'指标要控制在每年万分之二。"①同年 9 月,全国人大常委会宣布居民身份证制度开始实施。商品经济的发展让户籍制度有所改革。外出打工的农民到 1989 年已经增加到 3000 万人。1990 年全国人口普查,户籍在原地,在外地就业、居住一年以上的人有 2135.4 万。"农民工受制于户籍、就业、社会保障制度,不能完全离开土地,实现市民化。"②农民工只能兼业,在家庭和就业之间候鸟式的往返。从 1990 年的人口普查起将城镇常住人口作为统计口径,城市人口应该是居住在城市的全部人口,不能以户籍区分,但我国没有对应的统计指标,外来人口估量加上人口普查数字就是城市人口。到 1992 年,城市化水平达到 27.63%。城市化资金来源多样化、乡镇企业发展,也出现了产业结构趋同等问题。国家继续推动发展小城镇,当作发展农村经济的重要途径。国家不断出台政策文件,强调建设小城镇对国民经济的重要性;小城镇的发展已经由政府主导变为政府引导、市场机制为主;小城镇发展方式由粗放型向集约型转变,重视城镇建设质量;放宽和调整了小城镇发展的一些制度,放宽了小城镇落户条件。

(四)城乡二元体制有所松动

改革开放后,国家将重心转移到社会主义现代化建设上来,城市化走上正常。国家出台发展小城镇的政策,制定了一些具体规则,主要包括:其一,放宽了建制镇标准。其二,改革了阻碍城市化发展的一些制度障碍。国家逐步放松了户籍制度、就业制度、社会保障制度等。改革开放推动各地城市建设热情高涨,吸引了外资,小城镇的遍地开花和过于分散,也引起了土地浪费和生态问题,压制了大中城市规模,没有发挥规模、辐射、聚集效应,而小城镇吸纳人口的能力不足。

改革开放后,市场配置资源作用日益增大,乡镇企业等促进了城市化水平提高,形成了中国特色城镇化道路,但城乡二元结构仍没有太多变化,农业和非农户口仍顽固存在。进城的农民工仍不能获得城市户口、享受市民待遇。一些城市为了缓解就业危机,不断限制农民进城,甚至采用行政措施驱赶外来打工者。不合理的户籍制度限制了中国城市化,城市就业机会不足、第三产业不发达也制约了农村人口流入城市。改革开放后,第三产业有所发展,但仍处于较低水平。1997 年,第三产业就业人口比重只有 26.7%,落后于发达国家和发展中国家。不合理

---

① 陆杰华、李月:《居住证制度改革新政:演进、挑战与改革路径》,载《国家行政学院学报》,2015 年第 11 期。

② 简新华、张建伟:《从农民到农民工再到市民——中国农村剩余劳动力转移的过程和特点分析》,载《中国地质大学学报(社会科学版)》,2007 年 06 期。

的产业结构是长期推行优先发展重工业导致的,各级政府为了提高本地经济发展,大力兴建各类工业项目,让工业产出大于需求。很多资金流入生产状况不佳的企业,影响了第三产业发展,制约了城市吸纳人口能力。城市工业并没有吸纳很多农村剩余人口,而乡村城镇化和乡镇企业对农村剩余劳动力的转移有很大作用。

农村城市化是自下而上的,是社区政府、乡镇企业、农民个人等民间力量推动的,这与改革开放前的自上而下的政府主导模式不同,以前的模式是政府根据社会总的发展规划,采取行政手段发展一些重点城市并包办城市投资和产出的体制模式。地方政府和农民群体力量自下而上推动的城市化是市场经济转型时期的创新,不同于其他国家的城市化模式,是受传统历史影响的。明代后期,东部沿海地区就出现了一些城市手工业。这也是城乡二元分割结构的产物,国家运用制度将农民摒弃在城市利益之外,农民只能在城市之外探索非农化的道路。农村工业化实践并不是改革开放后才有的。"大跃进"时期,在国家倡导下,农村曾经掀起兴办工业的浪潮,社办企业有10.7万个,占到工业企业总数的比例为46.1%。之后三年经济困难,国家面临粮食问题,不得不将大批农民遣返回农村,并不再提倡社队办企业,并规定公社内部非农产业不能超过5%,导致社队企业萎缩,1963年已经降到1.1万个,此后有所回升,到1970年增加到4.5万个,1976年增加到10.6万个。改革开放后,国家取消了对非农活动的限制,促进了乡村企业发展,乡镇企业数目增加较多。农村企业发展推动了农业人口非农化和小城镇发展,推动了农村城市化。建制镇人口不断增加,城市人口比重不断上升,非农人口不断提高。乡镇企业20多年的发展,提高了农村非农产业吸纳劳动力能力。但乡镇企业模式是离土不离乡,导致农村工业布局分散,不利于人口和资源聚集。乡镇企业大多散落在自然乡村地区,导致农村城市化层次较低,对农村人口城市化促进作用不大,导致农村城市化仍滞后,需要提高乡镇企业规模效应。

改革开放初期,农业的迅速发展缩小了城乡差距,但1984年后,城乡差距继续扩大。"城市偏向政策在改革开放时期的延续主要应归因于城市市民在政治上具有比农民更大的影响力。"[①]城市化滞后导致消费需求不足,引起消费率下降,农村消费力也下滑,制约了经济发展。中国城市化是政府主导的,计划体制制约了区域发展。改革开放后,城市化动力机制由政府向市场转变。城市化是自上而下和自下而上模式的结合,自上而下模式支配了改革开放前的城市化,并延续至今。改革开放后,乡村工业化促进了县域经济发展,国家继续实行自上而下的小

---

① 楚成亚:《当代中国城乡居民权利平等问题研究》,山东大学出版社2009年版,第103页。

城镇模式,用政府力量推动农村经济发展。国家推动农村体制改革,推动小城镇为中心的城市化,加快农村人口向城市流动,提高农村城市化水平。中国城市化自上而下和自下而上有很多不足,东部沿海地区的城市化,政府、企业、个人发挥了联合作用,内地城市化仍是一元或二元的。小城镇的发展只是城市化的一个阶段,城市化需要顺应市场体制走上更高发展阶段,与世界城市化一致,形成大城市为中心、大中小城市协调的城市体系。当代中国城市化除了内部的拉力和推力,也有全球化、跨国资本的外部动力。城市化发展,推动了城市群崛起,外资和民间资本推动城市化单一模式改变,形成外向型城市化,开发区促进了城市空间结构走向多元。全球化推动世界工业布局发生变化,工业重心从发达资本主义国家转向发展中国家,促进了中国制造业发展。中国顺应趋势,建立市场体制,促进地方经济力量崛起,跨国资本促进了中国东部沿海开放城市的发展,形成城市带。当代中国城市化的背景更为复杂,持续的经济增长拉动了城市化,农村劳动力转移对城市化也有巨大推动作用,全球化、信息化对沿海地区城市化也有作用。

三、城市化市场机制发展阶段(1992—2002 年)

(一)市场经济推动城市化快速发展

市场体制推动城市数目增多,城市人口比重提高。1992 年,邓小平南方谈话和十四大召开,推动了建立社会主义市场体制、劳动力市场形成、农村劳动力向非农产业自由流动,放宽了户籍制度,促进了民工大潮涌动。"我国在改革中选择了从经济体制改革开始,然后再进入社会体制改革,最后再进行政治体制改革的改革战略,这种战略是符合我国国情的,实践证明是对的。"[①]1992—1994 年,国家对乡镇实行"撤、扩、并",3 年中建制镇增加 4247 个。国家继续支持农民流动,改革限制农民流动的制度壁垒,维护农民工权益。农民工给改革注入了新活力,出现了经济新增长。产业结构调整带动了国民经济增长,提高了城市化率,促进了城市化和工业化互动。1996 年,中国城市化率超过 30%,城镇人口超过 3.5 亿,进入快速发展时期,小城镇一统天下的局面开始被打破,开始形成几大城市群,推动了区域一体化。粗放型经济增长方式转变,推动外生型和内生型城市化模式结合。市场体制推动城市成为社会发展中心,城市地位提高。国家调整了市镇标准,一些县市升级,促进了城市建设。乡镇企业促进了沿海小城镇发展,推动城市化进入正常轨道。经济体制改革推动经济继续增长,加强区域联系,加大开发区建设,

---

①　魏杰:《亲历改革——1978—2008 中国经济发展回顾》,中国发展出版社 2008 年版,第 175 页。

城市人口增速快于总人口增速,城市化持续增长。到 2000 年,城镇人口已达到 4.5 亿,城市化水平达到 36%,经过多年发展,已经形成珠三角、长三角、京津冀、辽东南等城市群,在东部沿海发达地区也出现了连绵的城市带。"2002 年 11 月,中国正式加入世界贸易组织,这标志着中国的经济转型进入了一个新的阶段。"①

国家加大了城镇建设投资,推动了经济新一轮的增长。1993 年 10 月,建设部召开全国村镇建设工作会议,继续确定重点发展小城镇的方针,并提出了重点建设小城镇的意见。1998 年 10 月,中共十五届三中全会通过了《中共中央关于农业和农村工作若干重大问题的决定》,把小城镇发展作为带动社会发展的重大国家战略,让城镇化进入新阶段,提高了小城镇地位。发展小城镇以带动农村经济发展。2000 年 6 月 13 日,中共中央、国务院发布了《关于促进小城镇健康发展的若干意见》,要求加快小城镇发展,并把其作为农村改革的任务,认为小城镇发展总体是好的,但也有问题,应该确立市场体制在小城镇的作用,并提出十个意见:认识小城镇战略意义;小城镇发展要坚持党的指导;小城镇要统一合理布局;发展小城镇的经济基础;小城镇建设要利用市场机制;解决小城镇建设用地;改革小城镇户籍制度;完善小城镇管理功能;促进小城镇法治、精神文明;加强小城镇工作领导。这是国家战略性的文件,要求认识小城镇发展的战略意义,发挥政府主导作用。2000 年 10 月,中共中央在关于"十五"规划的建议中指出,中国农业和工业已经取得很大发展,要不失时机推进城镇化战略,加快农业生产力发展,把稳妥推进城镇化作为重要政策。2001 年 5 月,国务院批转公安部《关于推进小城镇户籍管理制度改革的意见》,要求逐步放开小城镇户口,允许有条件的农民根据自己意愿办理小城镇户口。这表明,城乡分割制度进一步松动。因此,改革开放后,城市化随着政策变化,限制人口流动的政策逐步放松,允许农民进城就业,国家积极发展小城镇。全国小城镇已经由 1978 年的 2173 个达到 2000 年底的 2.03 万个。很多省区的建制镇比重都超过了 50%,到 1999 年底,全国建制镇镇区人口已经达到 9113 万人,占全国城镇总人口的 23.7%,但这部分人口的生活方式是农村的而不是城市的。

中国城市化进程加快,城市化水平不断提高,到 2000 年底,城市化水平为 36.09%,已经进入城市化加速发展时期。中国已经进入中等偏下收入国家,城市化水平也高于这些国家,但产业结构仍滞后。这一时期,原有城市的吸纳能力、经济功能都在增强。国家重视城市建设,普遍建立经济开发区,建制市镇增加了很多。1992 年,国家再次修订建制镇标准,仍然重点发展小城镇,要求适时调整户籍

---

① 张宇、卢荻:《当代中国经济》,中国人民大学出版社 2007 年版,第 25 页。

制度,促进农村劳动力就地转移。很多城市放开了对外来流动人口的限制。在小城镇先逐步放开城乡二元隔离制度,允许农民进入城市就业。国家确立了市场经济体制,注重城市化质量,为农民工进城提供了更多便利条件,提高了城市承载力和吸纳力。沿海地区建立了很多开发区,提高了城市质量和容量,把小城镇作为国家大战略。市场体制推动了农村土地制度、户籍制度、社保制度改革,引导小城镇发展,放宽农民工进城条件,大城市聚集效应增强。市场体制激发了经济活力,推动区域联系加强,沿海设立了很多开发区,城市化更加注重内涵。

国家采用市场体制,推动经济新的增长,掀起建设热潮,东部沿海兴起很多开发区,城市基础设施得到提高,城市化体现在开发区建设、旧城改造、建设国际大都市等,潜在城市化率增长更快。地方政府也大力推动城市化,制定城市化目标,让城市化进入新阶段。城市数量和人口迅速增加,城市人口比重提高快速。"这一时期,是城市化全面推进阶段,国家推进城市建设、小城镇发展和建立经济开发区。"①1996 年,城市数目增加到 640 个,镇的数目增加到 1.73 万个,城市人口增加到 3.52 亿,城市人口比重达到 29.37%,小城镇也吸纳了很多农村剩余劳动力。

中华人民共和国成立仅有 60 多年,改革开放也仅仅 40 年,一个农业大国摆脱了西方剥削,让城乡发展有了起色。市场体制的建立,推动城市化进入实质性发展阶段。政府破除了计划经济和社会主义画等号的思维,推动了改革开放向纵深发展,法律也确立了市场经济体制的地位,让城市化迎来春天。市场经济稳步发展、对外开放全方位进行,带动了工业化和城市化,东部沿海城市快速发展,浦东新区开发促进了上海成为国际金融中心。但东西部城市化差距加大,内地乡镇企业衰落,大量农村剩余劳动力涌入大城市。这一时期,国家政策进一步放松、农民工流动量更大,国家通过就业证卡管理流动人口,并改革小城镇户籍制度,农民工开始离土又离乡的道路。1994 年后,中国民工大潮汹涌而来,在广州、上海等大城市出现百万民工,促进了城市化水平大提高。1992—2000 年,全国设市城市由 517 个增加到 663 个,增加了 146 个,年均增加 18.3 个;建制镇由 14539 个增加到 20312 个,增加了 5773 个,年均增加 722 个;"城镇人口由 32372 万人增加到 45594 万人,增加了 13222 万人,年均增加 1653 万人;人口城镇化率由 27.6% 提高到 36.1%,提高了 8.5%,年均提高 1.06%"②。尽管这一时期城市化水平仍滞后于工业化,但真正走上城市化道路。城市化加快发展,推动国家由传统农业社会向

① 赵燕妮、李晋玲:《晋城市城镇化发展与经济发展关系分析》,载《中国市场》,2017 年第 1 期。

② 刘斌:《中国三农问题报告》,,中国发展出版社 2004 年版,第 254 页。

现代城市社会转变。

市场经济体制让城市化空前活跃,城市基础设施建设、房地产开发不断进行。城市开发区不断建设,城乡关系、地区关系有所改善。城市化进程持续进行,城市化水平由 1992 年的 27.63% 上升到 39.09%,城市人口提高速度高于总人口提高速度。"城市数量持续增加,建制镇数量由 1993 年的 12948 座增加到 2002 年的 20601 座。"①

1978—1988 年城市化不断提高,1989—1991 年城市化处于低谷。邓小平南巡讲话推动了经济建设,促进了市场体制发展和城市化进程。进入 20 世纪 90 年代,中国的小城镇政策又有了一些变化,呈现在以下三个方面:提出要引导乡镇企业向小城镇集中;要重点发展沿交通、海等区位条件好的、有乡镇企业基础的、有一定市场规模的小城镇,推动小城镇由粗放向集约发展;逐步采用市场体制推动小城镇发展。1993 年 2 月国务院发布的《关于加快发展中西部地区乡镇企业的决定》明确要求,发展乡镇企业不能一拥而上,而要根据当地条件集中发展,让小城镇成为经济、文化中心,成为地区商品集散地。提高小城镇市场化程度,改革小城镇落户制度,推动农村剩余劳动力转移,小城镇要顺应市场经济要求。乡镇企业不能遍地开花,要从当地区位条件出发,合理布局,集中连片发展,依托现有小城镇,打破城乡分割格局,允许农村人口进城从事二、三产业。1993 年 11 月党的十四届三中全会通过了《中共中央关于建立社会主义市场经济体制若干问题的决定》,要求转向市场经济,提高小城镇市场化。要促进乡镇企业在小城镇集中,推动小城镇建设,允许农民进入小城镇务工,推动农村劳动力转移。要加强规划,改造现有小城镇,发展第三产业,促进劳动力转移,提高乡镇企业规模。1994 年六个部委发的《关于加强小城镇建设的若干意见》,要求把小城镇规划纳入国民经济规划,促进乡镇企业和小城镇建设相结合,鼓励农村企业向小城镇集中,发展小城镇的商品集散功能,促进发展方式向集约型转变,要严格建制镇审批,提高质量,顺应市场经济发展需求;要求合理规划小城镇,避免财政补贴的老路,提高科技水平,做好生态保护,采用新能源新材料,统筹兼顾。小城镇建设的管理体制要顺应市场经济体制,完善融资渠道,尽快推动基础好的小城镇成为区域经济文化中心,成为带动周边地区发展的小城市,提高小城镇建设质量。改革小城镇落户制度,推动进城落户农民与城市居民有同等待遇,成为名正言顺的城市市民。城市的经济地位提高,城市化更加活跃。其中超大、特大城市已达 46 个。

社会主义市场经济推动城市化继续发展,推动建立经济开发区。城市化质量

---

① 苏浩:《中华人民共和国成立以来我国城镇化发展历程研究》,载《商情》,2011 年第 11 期。

继续提高,城市数目增加 150 座,建制镇增加近 4000 个,城市人口增加 6000 多万,城市化水平提高到 30%。为了推动城镇化进行,要求对小城镇户籍进行改革,放开小城镇落户条件,逐步在小城镇消除城乡二元隔离体制,鼓励农民到小城镇居住和就业。同时,2000 年的中国第五次人口普查更新了统计口径,将在城镇居住 6 个月以上的流动人口也纳入城镇人口,城市化率由 1999 年的 30.89% 上升为 36.22%。2000 年以来,中国城市化加速发展,城市化每年都提高 1.35 个百分点。中国工业化已经处于中期阶段,非农产值不断增加,已经超过 80%。但非农产业就业比重只有 60%,显示农村仍有大量剩余劳动力。

这一时期,小城镇得到较快发展,乡镇驻地的占地面积扩大、非农人口增多,尤其是东部地区的小城镇增长更快。工业结构也由国有经济为主导向多元经济发展,集体企业、私营企业的产值比重提高,轻工业产值增加,大部分商品都实现了供求增加,缓解了消费品短缺的局面。"城市化率由 1992 年的 27.5% 提高到 1997 年的 31.9%。"①重工业比重逐年降低,1997 年下降到 51%。1997 年,中国消费品已经比较充足,经济进入买方市场、高速短缺经济。1998 年的亚洲金融危机让中国外贸面临严峻挑战。工业面临投资需求增加、技术提高的压力,要求调整工业结构。国企改革也让很多职工下岗,内需不足制约了消费需求。为了增加内需,国家改革了房地产业,推动房地产业蓬勃发展,带动了城市化。房地产拉动了国民经济,吸纳了大量技术不高的劳动力,促进了农村劳动力转移。分税制改革导致地方财政困难,地方政府积极推动房地产,大力发展土地财政,加速了城市化进程。房地产推动了城市化,让劳动力转移和房地产互相推动,带来消费结构升级,带来城市基础设施改善,引起内需扩大。在改革的刺激下,中国城市化率由 2000 年的 36.22% 提高到 2009 年的 46.59%,工业化水平也由 2000 年的 45.9% 提高到 2009 年的 46.3%,第三产业由 39% 提高到 43.4%。重工业比重也重新由 2000 年的 60% 提高到 2009 年的 70% 以上,推动了经济总量的增加。

国家开始实行社会主义市场经济,各要素更加自由流动。此时,乡镇企业低迷,很多事业单位人员下海经商,民营企业发展起来。国家重点推动房地产发展,建立经济开发区,加快了城镇化进程,提高了城市竞争力。小城镇仍是城市化的主力。"城市数量由 1992 年 517 个增加到 1998 年的 668 个,建制镇由 1992 年的 1.2 万个增加到 1998 年的 2 万多个。城镇人口增加到 41608 万人。1998 年的城

---

① 李文:《近半个世纪以来中国城市化进程的总结与评价》,载《当代中国史研究》,2002 年第 5 期。

镇化率已经提高到 33.35%。"①国家推动城市化和经济发展进入快速时期。该阶段我国城市化中,市场力量日益重要,户籍制度逐步改革,第二、三产业发展迅速,制度创新推动了城市化,城市只能更加个性化,发展特色产业。经济结构调整推动中国进入的城镇化阶段。这一阶段,国家不断调整城镇化战略,注重提高城市内涵。1998 年党的十五届三中全会上提出"小城镇、大战略",重点发展小城镇,仍限制大城市化发展。但实际当中,大城市的作用日益增大。

(二)国家重点发展战略的调整

中国城市化发展战略是有不同主张的,可以分为三种派别:一是号召重点培育大城市,他们认为,小城镇是城乡分离的产物,分散而且规模小,难以转移更多农村剩余劳动力,应将有限的资金投入效益好、吸纳劳动力多的大城市,形成大城市为轴心的城市群,推动城市化发展。二是重点发展小城镇。他们认为,在城乡二元结构仍然存在、城市失业问题日益严重的形势下,盲目建设大城市会导致城市病,小城镇能够协调城乡两个市场,推动农村工业、服务业发展,吸纳大量农村剩余劳动力,这是走中国特色城镇化道路。三是主张折中的观点,发展中等城市。他们认为,中等城市是区域经济中心,能承接大城市功能、促进乡镇企业集中,可以避免大城市病和小城镇规模小的缺点,是城市化的正确道路。中国人口多、地域广阔,各地经济发展差异大,需要尊重各地实际,不人为拔高城市化水平,避免强制政策决定城市人口比重、城市规模,摒弃计划体制思维模式,采用多元城市化策略,注重城市质量,形成合理城市体系。政府要取消城乡二元的户口指标,充分发展各类城市。国内外学者对城市化机制做了探讨,需要发挥人口、政府、市场等作用,改革制度,推动产业升级,顺应全球化和信息化。改革开放后,经济迅速发展,形成大规模的人口迁移、独特的工业化、城市化机制,需要继续推动市场转型。"城市化动力机制是推动城市化的各种动力及维持这种动力的各种经济关系、制度等系统的总和,需要综合各种动力,促进城乡一体化。"②改革开放前,城市人口增长是缓慢的,城镇人口分布不合理,城市规模不大。改革开放后,农村工业化受制度和计划经济向市场经济转变的影响,城市吸引大量劳动力,形成民工潮。

这一时期,中国现代化进入新阶段,继续推动改革开放,开放区域由沿海到内地、由一般加工业到基础设施建设。以上海浦东新区为引领的长三角城市化发展成为这一时期的重要举措。很多县市建立了开发区,促进了城市建设。国家提出要统筹城乡建设,严格控制城市建设用地,形成合理的城镇体系。中国城市化快

---

① 罗淳:《中国"城市化"的认识重构与实践再思》,载《人口研究》,2013 年第 9 期。
② 李翠玲,蒋一昭:《中国城市化动力机制探析》,载《经济学家》,2007 年第 5 期。

速发展,城镇化率由 1995 年年底的 29.04% 提高到 2000 年年末的 36.22%,年均城镇化率 1.438% 。但大规模的城镇建设也导致环境污染,存在很多低端加工业,很多地方对资源进行了破坏性开发,导致生态问题。市场体制改革推动城市化全面展开,让人口迁移规模扩大,农业政策调整,产业结构调整。

市场日益主导城乡资源流动。市场经济推动城市变成区域经济发展重心,推动了大城市发展,建立了大批开发区,提高了城市化率。市场经济体制推动大都市建设,城市空间重组、城市新区建设、高新技术开发区、土地使用制度改革,推动了房地产和土地经济。市场体制推动了经济高速增长,城市建设热情高涨,各地城市纷纷建立开发区,推动城市基础设施建设,加快城市旧区改造。"上海浦东的开发和中国全方位对外开放,推动了工业化和城市化全面展开。"①乡镇企业全面开花,产值提高,吸纳了很多农村剩余劳动力。随着乡镇企业技术提高,吸纳劳动力的能力降低,农村劳动力更多流向东部沿海城市。广州、深圳、上海、东莞等城市都涌现了数百万的民工队伍,全国有近一亿的流动人口,推动了城市化进行。中国城市化水平由 1978 年的 17% 提高到 1996 年的 30%,农民工进城成了城市化的重要动力。产业结构升级、市场经济推动中国城市化增加了更多非农人口。但这一时期,中国城市化仍滞后于现代化,也产生了犯罪增多、交通拥堵、生态破坏等城市病。

国家实施均衡发展策略,推动了工商业发展,但城乡差距、地区差距拉大。高度集权的计划经济体制有所消解,推动了农村城市化。国家发布了一些法律、规定,推动小城镇建设走向正轨,纠正了"左"的错误,恢复了城镇规划和管理,把小城镇建设纳入政府日程,制定了城镇建设方针、城市规划法律、设市标准,用金融支持小城镇发展,推动工业和服务业发展,为农村城市化奠定基础,发展农村非农产业和乡镇企业,推动个体、民营经济发展,推动农村城市化进程,完善城市规模和结构。国家允许农村剩余劳动力进城经商务工,推动农业规模经营。小城镇推动了农业工业化,促进了农村商品流通,增加了农产品供应,推动了农村经济发展和农村现代化,加快了城乡资源流动。促进了城乡经济融合,消解了二元结构,缩小了城乡差别。改革了户籍、社保制度,促进经济多元发展。产业结构不断完善,二元经济体制发生转变,推动了农村城镇化。但城市化与工业化仍不协调,土地利用不合理,需要推动城市化可持续发展。

2001 年,国家又启动了西部大开发战略,推动中西部城市化。中国城市化面临复杂形势,人口基数大,仍需要解决大批农民转化为市民的问题。卫星城建设

---

① 杨升祥:《当代中国城市化的历程与特征》,载《史学月刊》,2000 年第 6 期。

不理想,大城市基础设施不足,不能吸纳更多农业人口,需要走多元化道路,发展多类型城市,逐步推进城市产业升级,带动社会协调发展。城市化进程需要加快,城乡差距需要缩小,平衡东中西的城市化水平,提升城市化质量,加强基础设施。东部地区可以合理调控大城市规模,大力发展中小城市,利用自然地理优势推动城市群发展,继续发挥大城市带动作用,改造城市中心的结构老化,实行产业升级;中部地区要适度发展大中城市,推动小城市发展,发展区域经济增长极,带动地区城市发展;西部地区要在自然环境和经济承载力的条件下,推动各类城市发展。西部大开发要加快工业化发展,发展劳动密集型,为城市化奠定基础,要发展国企和乡镇企业,促进民营经济发展,增加就业机会,也减少东部外来人口压力。要实行可持续发展,尊重地区历史文化,维护城市特色,制定科学合理规划,坚持生态、社会、经济效益的结合。城市化需要科技进步,依靠技术转变生产方式,改造传统产业,突破体制束缚,提高企业活力,加大教育投入,培育科技人才,加强信息化建设,促进经济腾飞。城市要合理布局产业结构,加速工业化水平,减少重工业,增加劳动密集型工业,发展轻工业,增加就业机会。要加快中小企业发展,合理配置企业规模,提高企业创新水平,增加财政对企业的扶持力度,推动企业管理体制改革。城市化需要农业现代化为基础,不能牺牲农业利益,而要互相促进。农业发展和供给能力为城市化提供前提,需要加大农业投入,发展农业规模经营,促进农产品流通,提高农业效益。要大力发展第三产业,建立物资贸易中心,加强基础设施,发展各类市场,推进工业扩散到郊区,发展科教文卫事业,加强商品流通。

(三)开发区建设蓬勃发展

这一时期,开发区建设变成城市建设的新动力。1992 年,上海浦东新区开发推动城市化继续发展,大批农村剩余劳动力涌入沿海城市,形成民工大潮。全国达到 1 亿民工规模,人口流动速度加快。"城市人口由 1978 年的 1.84 亿增加到 1998 年的 3.79 亿。"①城市基础设施更加完善,城市化走上健康道路。经济全球化、经济体制优化等让乡镇企业失去优势,国家抓住沿海、沿江的地理优势,建立开发区,形成城市化多元发展模式。市场化改革推动了房地产业发展,城市建设用地扩大。国家开放土地市场,地方政府大力发展土地财政,实行住房改革,终结福利分房,实行分税制改革。1997 年的金融危机推动国家将城镇化提升为国家战略,缓解内需不足。国家放宽农民进城务工条件,放开小城镇户籍,增加农转非指标,吸引更多农民进城。1998 年后,国企改革,下岗职工增多,国家实施再就业工

---

① 茹强慧:《中国城市化历程及面临的问题》,载《地理教育》,2008 年第 2 期。

程。国家为了城市居民就业,对农民工进城有所限制。城市产业结构调整,失业、下岗问题显露出来,加大了城市就业压力,很多城市出台政策限制农民工进城,引起大批农民工返乡。最低谷时,城市农民工只剩6000万,是控制流动阶段。2000年后,国家消除了对农民工的一些歧视性政策,继续推动农民进城务工。这一时期,撤县建市和撤乡并镇推动了城镇数量增加、城镇人口增多。小城镇发展论开始被质疑,小城镇没有规模效益,要发展大城市,推动区域城市化,促进大中小城市并举。但是,中央政府仍把小城镇正式提升为国家战略,希望小城镇带动农村经济发展、扩大内需,推动国民经济增长。但是,各地政府的城市化实践是以开发区为重点的,兴建了很多产业园,区域城市化差距加大。中国城市化从1996年开始加速,到2004年才有所放慢。"中国城市化水平由1996年的30.48%增加到2008年的44.94%,城镇人口由1978年的17245万人增长到2008年年底的59379万人。"①

国家在20世纪90年代又设立了一批技术开发区,促进了城市建设。这一时期,城市化整体发展,出现大型城市群,农村小城镇也得到了很大发展,城市内涵和功能不断发展。20世纪90年代,县改市政策推动城市数目增多,提高了城市人口比重,推动了工业化水平。国家对财税、金融、外贸等体制做了改革,初步建构了市场体制,采用现代企业制度,改革国有经济,推动企业参与市场竞争。国家推动市管县体制,促进了城市化进程,城镇人口大幅增加。国家以经济建设为中心,推动工业化和经济结构升级,推动非农产业发展,增加了国内生产总值。市场经济推动城乡壁垒打破,带动农村经济发展,提高农村人均收入,城镇人口总量成为世界第一。市场体制建立激发了人的创造力和建设热情,促进了开发区建立,大都市和城市改造,城市化开始质量并重,推动了房地产发展。2000年10月11日,国家在《关于"十五"计划的建议》中要求,推动国民经济快速发展,提高经济效益,调整经济结构,协调区域发展,稳步推动城市化进程,优化城乡结构,继续利用小城镇推动城市化。

市场化改革推动了城市建设,促进了产业结构升级,兴起了服务业,放松了对人口流动的限制。城市化迅速发展,市场和政府协同发挥作用,城市化整体质量提高,城市竞争力增强,城市聚集形成大的城市群,大都市区开始发展。城市人口比重超过乡村人口。政府政策放松促进了城市化,制定了总体的城市化战略,直接影响各地的城市化,对地区城市群规划有指导作用,促进了大中小城市协调发

---

① 简新华、黄锟:《中国城镇化水平和速度的实证分析与前景预测》,载《经济研究》,2010年第3期。

展。国家通过户籍等控制人口迁移,放松户籍制度促进了人口流动,用身份登记制度取代户口登记,逐步变二元户籍制度为一元。政府不断修订市镇建制标准,引导城市控制规模,合理调节发展速度。"1992 年开始我国一、二、三产业结构有所改善,从 21.8∶43.4∶34.8 的三次产业结构,到 2001 年的调整为 14.4∶45.1∶40.5。三次产业从业劳动力比例从 1992 年的 58.5∶21.7∶19.8,到 2001 年调整为 50.0∶22.3∶27.7。"①

市场经济体制提升了城市的经济社会发展的中心作用,要求小城镇更加聚集,让小城镇在沿海、沿江等条件好的地方更快发展,政府做好重点镇的发展工作,推行小城镇由粗放型向集约型发展。国家要加强小城镇建设,提高城镇规划水平、管理水平,实现农村现代化,发挥科技作用,注重生态环保,采用新型能源,统筹本地区发展,选择重点镇进行试点改革,引导小城镇综合发展。城市化由市场和政府推动,市场作用日益增强,城市注重内涵和质量。国家开始协调区域、城乡发展,扩大内需,提高城市聚集效应,城市群开始形成。国家开始促进大中小城市协调发展,更加重视城市化,促进人口转移。城市化仍主要是自上而下的,城市化与经济发展日益匹配,城市化区域日益平衡。政府仍对城市化起规范作用,加强宏观调控。城市化高速发展,大城市出现城市病,局部地区出现逆城市化,国家更重视生态建设。

(四)城乡二元体制进一步改革

国家推进小城镇户籍改革。从 1984 年开始,国家允许农民自带口粮到城镇落户,但落户仅限于一般集镇,进镇农民也只是准城镇人口,没有市民待遇。随着粮油商品化,自带口粮的吸引力降低,很多农民不愿意办理这种手续。1992 年 8月,公安部发出《关于实行当地有效城镇居民户口制度的通知》,允许在小城镇、经济特区、经济开发区、高新技术产业开发区实行"蓝印户口"制度,缓解了农转非指标过少的问题。要求各地政府实行当地有效的户籍制度,作为户籍制度改革的过渡措施。1994 年 11 月 25 日,国务院召开关于 1995 年春运期间组织民工有序流动工作会议,允许跨地区流动的农民工可以在就业地点过春节,实行春运期间票价浮动,控制了民工潮的膨胀发展。1995 年 4 月,国家体改委、建设部、公安部、财政部、农业部等 11 个部门又联合发布了《小城镇综合改革试点指导意见》,制定了小城镇改革的目标、原则、内容等,对重点镇进行改革试点,引导小城镇发展,并选择 57 个镇当作试点。1997 年 6 月 10 日,国务院转发了公安部《小城镇户籍管理制度改革试点方案》和《关于完善农村户籍管理制度意见》的通知,允许有条件的

---

① 龚关:《中华人民共和国经济史》,经济管理出版社 2010 年版,第 283 页。

农村人口在小城镇落户,以促进农村剩余劳动力就地转移,要求继续适时进行小城镇户籍改革,推动小城镇和农村经济发展。政府开始了为期两年的小城镇户籍改革试点,要求从 2000 年开始,允许有稳定居所、职业的农民在小城镇落户,要通过并村、土地整理等方式推动小城镇建设,鼓励农民集中建房,节约宅基地用地,推动劳动力转移。推动户籍制度改革朝更好的方向发展,各部门对进城落户的条件逐步放宽。此后,很多小城镇放开了户籍限制,一些大城市也放松了对外来人口的限制。户籍制度改革在全国小城镇全面展开。20 世纪 90 年代末开始,政府出台了一些保障农民工利益的政策,主张合理引导农民工进城,让农民工市民化进入良性阶段。20 世纪 90 年代中期以后,农民工数量增多、就业机会变大,有了更多经济收益,谋求城市户籍,成为城市居民。但这时城市下岗职工增多,政府实施再就业工程,限制农民工进城的政策也出台,阻碍了农民工市民化。国家开始了并村和土地整理,严格宅基地审批,鼓励集中居住,推动了小城镇发展。这些法规的出台改革了人口迁移的户籍障碍,为农村劳动力转移创造了条件,为城镇化的推进进一步扫清了障碍。2001 年 3 月,国务院批转公安部《关于推进小城镇户籍管理制度改革的意见》指出,要凭借改革小城镇户籍制度转移农村人口,推动小城镇发展,进一步放开农村人口在小城镇落户,推动了小城镇户籍制度改革。①

市场经济推动城市化发展,让城市格局发生了变化:其一,经济聚集效应让城市规模扩大,大型城市数目增多。"到 2007 年,城市辖区人口 200 万以上的城市是 36 个,100 万至 200 万人口的城市达 83 个,实际增加 64 个。人口超过 100 万城市已经达到了 119 个。"②其二,国家日益重视大型城市发展。民工潮促进了大型城市增多,对周边地区起了很大带动作用,政府开始肯定大城市的作用,但大城市发展也出现了城市病。国家一方面要求合理规划大城市规模,要求发展卫星城,另一方面要求大城市集约发展,促进可持续的城市化模式。1992 年后,市场体制促进了民工潮,推动了城市数量增多。2000 年后,政府日益重视大城市和城市群,扩大了一些城市的行政区,要求积极稳妥推进城镇化。国家在 2000 年 6 月颁布了《关于促进小城镇健康发展的若干意见》,认为加快城镇化的时机已经成熟,把城镇化作为国家战略,要走大中小城市协调发展,把城市群作为城市化的主体形态的战略目标。

---

① 朱宝树:《小城镇户籍制度改革和农村人口城镇化新问题研究》,载《华东师范大学学报(哲学社会科学版)》,2004 年第 5 期。

② 刘涛等:《中国流动人口空间格局演变机制及城镇化效应——基于 2000 年和 2010 年人口普查分县数据的分析》,载《地理学报》,2005 年第 4 期。

　　从 20 世纪 80 年代开始,"农转非"政策逐步松动。"农转非"指标逐步放开,推动了城市人口增加。"从 1978 年到 2007 年,中国城镇人口从 17245 万增加到 59379 万,增长了 244.33%,年平均增长 4.36%,远高于同时期全国人口 1.10% 的年平均增长速度。中国城市人口占总人口的比重也由 17.92% 增长到 44.94%。增长了 27.02 个百分点。"①1996 年以来,随着改革开放不断深入,城镇化率超过 30%,步入城市化加速阶段。良好的宏观经济环境让城镇化水平提高,"全国城镇人口由 2005 年的 56212 万增加到 2010 年的 66978 万人,5 年内共新增城镇人口 10766 万人,平均每年增加 2153 万人;城镇化水平由 42.99% 提高到 49.95%,平均每年提高 1.39 个百分点"②。中国城镇化一直高速推进,步入数量和质量并重时期。

　　国家逐步发挥价格杠杆对资源优化配置的作用,市场经济在发展,但城市化仍没有摆脱传统体制制约,计划经济体制时期的城市发展理论仍影响着政府决策,政府仍限制农业人口进城,甚至在城市建设中排斥市场机制,试图继续用自上而下行政模式发展小城镇,实现就地城镇化。行政因素渗透在城市化道路,让市场难以配置资源。经济全球化推动了城市化步伐,需要理清政府和市场关系,限制政府职能。城市要素流动、人口迁移都应该由市场主导,而不能用行政人为限制。市场会推动资源、人口由低效率的农村流入高效率的城市,是资源的优化配置。农民会自己计算迁入城市的成本和收益,收益大于成本,城市流入的人口自然增多,城市规模也会扩大。城市生活费用过高、城市生活预期收益不明显影响着进城农民的迁入。市场会利用内在机制即产品市场和要素市场的价格发挥调节作用,政府不信任市场调节机制,认为一旦放开限制农民进城就会导致混乱和城市人口膨胀,这是对计划体制下行政干预手段的迷信,妨碍了市场化程度提高和市场目标实现。市场发挥作用不是政府完全退出,而是政府发挥公共作用,合理规划和组织,为农民工进城提供制度和环境保障。政府应该在市场基础上,有效管理城市经济秩序,为各利益主体提供公平竞争环境,要大力发展公共产品,满足进城农民需求。政府要吸收民间资本参与城市建设,用市场配置土地资源,促进民营经济发展,提供更多就业机会。政府要增加必要基础设施、公共产品,保障农民工子女上学问题,维护居民社保待遇的公平。改革户籍制度,放松人口迁移控制,让户籍制度应该只承担证明公民身份、统计数据等简单职能。中国计划体制下形成的户籍制度,附加了教育、养老、住房、保障等很多功能。"2000 年小学在

① 王放:《改革开放以来中国城市化发展的回顾与展望》,载《现代城市》,2016 年第 1 期。
② 魏后凯:《中国城镇化的进程与前景展望》,载《中国经济学人》,2015 年第 2 期。

校生每人平均预算内经费,城镇为 658 元,农村仅为 479 元,农村只相当于城镇的 72%。"①户籍制度难以取消,只能逐步还原本来面目,打破户籍制度的不合理限制,为要素资源流动按市场化运作创造条件。政府要加强法制建设,维护农民工利益,改变流动人口管理模式,打击司法腐败,提高农村人口教育水平,切实服务于农民工,消除歧视。中国发展工业化,同时控制城市规模,用政治制度和经济体制阻碍城市发展,让城市化滞后于工业化水平,城市化速度也低于经济发展速度,让城市出现拥挤、污染、生态破坏等城市病,违背了工业化和城市化协调发展规律。大量农村剩余劳动力进城,但城市的容纳能力不够,就业问题突出。大量外来人口让城市基础服务紧张,占用土地,人地矛盾突出,产生生态污染。

四、城市化科学发展阶段(2003 年至今)

(一)城市化水平的快速提高,城市化质量的提升

2003 年至今,中国已经进入工业化中期阶段,城市化加速发展。"我国城镇人口由 2003 年的 52376 万增长到 2007 年的 59379 万,进城务工经商的农民已达 1.2 亿人,城镇化率也由 40.53% 上升到 44.94%,城镇化水平年均增长 0.93%,发展速度比世界平均水平快 2.14%,推动了中国特色城镇化道路的进行。城市人口由 1978 年的 1.73 亿人迅速增加到 2007 年的 5.94 亿人,每年平均增长速度 4.4%,城市化水平由 17.92% 提高到 44.99%,年平均增长 0.93 个百分点;城市个数由 190 个增加到 665 个,平均每年增加 16 个,建制镇的规模不断扩大,由 2000 多个增加到 1.89 万个,平均每年增加 640 多个。城镇地区全社会固定资产投资由 1981 年的 711.1 亿元增加到 2007 年的 137239 亿元,历年平均增长速度高达 20.9%。城市基础设施建设也不断提高,城市建成区面积由 1981 年的 7438 平方公里扩展到 2005 年的 32520.7 平方公里,城市人均住宅建筑面积由 1978 年的 6.7 平方米增加到 2007 年的 27.1 平方米,城镇居民人均可支配收入由 1978 年的 343.4 元增加到 2007 年的 13786 元,历年平均增长速度为 7.2%。"②城市化推动了产业结构调整,促进了城市功能完善。

中国城市化速度要比其他国家快得多,"我国城市化水平每年平均增长速度高达 2.98%,远快于世界城市化平均水平每年平均增长速度 0.84%"③。城市化

①　同春芬:《转型时期中国农民的不平等待遇透析》,社会科学文献出版社 2006 年版,第 73 页。

②　方创琳:《改革开放 30 年来中国的城市化与城镇发展》,载《经济地理》,2009 年第 1 期。

③　方创琳:《改革开放 30 年来中国的城市化与城镇发展》,载《经济地理》,2009 年第 1 期。

水平大幅提高,逐步缩小了与发达国家的差距,城市建设也取得了很大成绩。改革开放之初城市数量少、规模不大、居民生活水平低。"城市经济更加繁荣,容纳了36.1%的人口,贡献70%的国内生产总值和80%的税收。"①2007年以来,城市群形成,发展出特色城市化。城市群是特定区域内各类型城市依托区位条件,以一至两个大城市为核心形成的完整城市集合体。国家级城市区域规划也密集出台,促进了区域城市群的发展。"到2012年底,国内已经形成了京津冀、长三角、珠三角、山东半岛、辽中南、中原、长江中游、海峡西岸、川渝和关中等十大城市群。"②上海、北京、南京、宁波、广州、重庆、深圳等作为城市群的核心城市不断推动新型城市化模式,提出智慧型、知识型等城市目标。城市发展需要将群众利益和政治利益结合起来。进入21世纪,中国城市化更是飞速发展。"到2008年末,中国城市化率达到45.7%,城市人口达到6.07亿。"③尽管中国城市化取得了极大进步,但中国人口多、城市基础设施差,城市化水平仍低于世界平均水平,需要大力发展,任重道远。"中国城市化发展速度很快,其中增长最快的是1978—1985年和1995—2000年期间,中国的城镇人口年平均增长率分别为5.50%和5.47%,而其他时间段的城镇人口年平均增长率则均大于3%,但不到4%。相比之下。在20世纪90年代前半期中国的城市化速度最慢。进入21世纪以后,中国城市化仍然保持着3.14%的较快发展速度。"④

改革开放后,地改市、市管县等新体制促进城市数量增加。"1950年,中国城市化水平仅有10.6%,1960年为20.3%,1980年为19.8%,1990年为25.6%,2000年为35.1%,直到2014年才提高到54%左右,中国城市化水平比印度还低5%,比美国、日本更是落后了25%以上。"⑤城市化存在地区差异,东部沿海城市化水平提高更快,经济发展更快,加强了城市辐射力。改革开放提高了农民积极性,农业生产效率提高,一些农村从农业中分离出来,进入非农产业,引起乡镇企业兴起,促进了小城镇发展。国家顺应全球化制造业转移的趋势,加快发展劳动密集型工业,增强了城市吸纳人口的能力,国家也逐步放宽了户籍管理,推动了农民进城务工,加快了城市化进程。中国的城镇化水平高于发展中国家和亚洲国家

---

① 郭驰:《城镇化进程中的财税对策》,载《税务研究》,2005年第12期。

② 方创琳:《中国城市群研究取得的重要进展与未来发展方向》,载《地理学报》,2014年第8期。

③ 朱铁臻:《试论城市发展战略》,载《中国人口报》,2010年9月27日。

④ 魏后凯:《中国城镇化的进程与前景展望》,载《中国经济学人》,2015年第2期。

⑤ 姚士谋等:《新常态下中国新型城镇化的若干问题》,载《地域研究与开发》,2016年第1期。

的水平。新中国的城市化从战乱中走来,经历了曲折,有自己的特点:行政城市先发展起来,省会大多是本省最大城市;城市化与工业化关系较紧密,工业化推动一批工矿城市产生;改革开放后促进了一批沿海城市发展;城市化水平仍偏低,而且存在区域差异。

这一时期,国家提出要提高城镇化水平,增加农民收入,促进农村人口转移,优化城乡结构,促进社会协调发展等。在政策的刺激下,城乡人口流动活跃。城镇人口比重由 2000 年的 36.2% 提高到 2005 年的 43%,城镇人口由 2000 年的 45906 万人增加到 2005 年的 56212 万人,城镇人口每年都增加 2000 多万,年均增长速度达到 4.13%。国家提出要促进大中小城市协调发展。国家加强城市管理,合理安排城市布局,促进了城市群崛起,形成较强人口、经济聚集效应。国家继续推进城镇建设,促进区域协调发展,科学制定城镇规划,推动城镇健康发展。要求合理布局城市体系,发挥大城市辐射作用,重点推进中小城市发展,促进城市群发展。通过区域产业规划发展地方特色经济,推动区域产业结构转型。城镇常住人口由 2011 年的 69079 万人增加为 2014 年末的 74916 万人,城镇化率由 2011 年的 51.3% 提高到 2014 年末的 54.77%。

"十五"时期,中国城市化水平大幅提高,城市人口已经达到 54283 万人,城市人口比重达到 41.76%。城市建成区面积已经达到 3 万平方公里,城市人口每年都以 3% 以上的速度增加。城市经济持续增长,经济规模继续扩大,城市功能更加完善,城市体系更加合理,体现出更多的聚集、规模效应,城市结构不断升级。100 万人口以上的大城市增加了近 140 个,50 万—100 万人口的中等城市增加了 221 个,50 万人口以上的小城市则减少了 360 多个。大城市吸纳的劳动力增多,大城市人口占城市总人口的比重提高,中小城市吸纳的人口比重降低。经济发展存在地域失衡,城市化也存在地区差异,东中西城市密度、城市数目、城市人口比重等都存在差异。中国城市化发展速度比较快,但仍存在城市化管理水平低的问题,城市空间结构仍需优化,城市功能仍需完善。不能盲目追求城市人口增加和面积扩大,而要提高基础设施和管理服务水平。中国城市化水平仍远低于世界平均水平,但发展速度要快于其他国家,需要进一步提高城市人口比重,保持城市化速度。

(二)统筹城乡各项事业的发展

这一时期形成了中国特色城镇化道路。为了消除城乡差距,国家提出城乡统筹策略,实行一些惠农政策,减轻农民负担,建立社会主义新农村,取消农业税,增加对农业的补贴。"我党在认识和处理城乡关系方面由偏重城市转向城乡并重,由城乡兼顾转向城乡统筹。"①2002 年 11 月 8 日,党的十六大报告确立了以人为本的理念,主张科学发展观,实行五个统筹,要求提高城镇化水平,促进大中小城市协调发展,对小城镇发展战略有所调整,推动工农互动,实现城乡一体化,城乡关系进入新阶段。国家号召建设社会主义新农村,实行工业反哺农业政策,实行西部大开发,振兴东北老工业基地和中部崛起,努力促进东中西协调发展。政府推动完善市场经济体制,调整了一直以来重点发展小城镇战略,要促进大中小城镇协调发展,强调要完善城市功能。2006 年取消了农业税,推动了城乡关系全面融合。

城乡统筹发展推动城乡进入互动。改革开放前,农业剩余资本很有限,农民的农产品被低价征收为工业原料。"直到 21 世纪初,才真正明确了农民和城市居民应该有同等的劳动权利。"②改革开放后,农民可以直接进入企业,为工业提供廉价劳力、土地、资本等。改革推进了城市反哺农业的能力,城乡巨大差距也推动产生了城乡互补的需求。国家协调城乡关系,更关注农民,提出城乡统筹政策,农民外出打工增多,提高了农民收入。"从 2003 年到 2008 年,参加农村合作医疗的农民人均筹资标准由 30 元提高到 100 元,其中财政补助人均 80 元,个人缴纳 20元。中央财政对中西部地区合作医疗的农民人均补助也从 10 元提到了 40 元。"③国家财政对三农的扶持有所增加,对农业进行补贴,粮食产量增加。农村工业化日益融入城市生产,城市产业也延伸到农村,建立了一些农村产业园。城乡一体化是经济发展到一定阶段的必然需求,必然要求打破二元经济结构,推动城乡社会一体化。城乡一体化不是消除一切差距,而是发挥城乡各自特色,让农民也享受现代文明,要加强三大产业的协调,加强农业开发和规模化经营,建立城乡统一的就业、保障、医疗等体系。农村集体经济要推动股份合作,能让农民取得股份收入。政府要为农村发展提供强大的财政支持。"统筹城乡发展的关键在于逐步统一城乡经济体制和政策。在我国,城市化成为经济社会发展目标,被赋予协调城乡发展、推动经济增长和社会进步的重任。"④城乡二元结构导致城市和农村不平等竞争的客观现实。城乡统筹是城市化发展模式的要求。粮食统购统销政策、人

---

① 黄坤明:《城乡一体化路径演进研究——民本自发与政府自觉》,科学出版社 2009 年版,第 2 页。

② 迟福林、殷仲义:《城市化时代的转型与改革》,华文出版社 2010 年版,第 14 页。

③ 胡晓义:《走向和谐:中国社会保障发展 60 年》,中国劳动社会保障出版社 2009 年版,第409—410 页。

④ 吴好等:《城乡统筹的城市化模式探索——以成都市为例》,载《生产力研究》,2010 年第 5期。

民公社制度和明确出台禁止农村人口向城市迁移的户籍制度等阻碍了城市化,中国经历重工业道路后,又面临知识经济、信息时代。

2003 年,党的十六届三中全会提出"科学发展观",显示政府的社会发展战略发生转变,政府重视城市化质量,解决农民工的教育、医疗、养老等问题,促进农民市民化,加强保障性住房供给,解决群众生活问题。国家积极稳妥推进城镇化,经济结构继续调整,城市化从沿海到内地全面发展。未来,中国城市化仍将快速发展,担负实现全面小康、实现现代化任务。世界城市化已经达到较高水平,需要追赶上欧美国家。国家开始推动大中小城市和小城镇协调发展,要节约土地,稳步提高城镇化水平,走中国特色城市化道路。2006 年 10 月,党的十六届六中全会通过《中共中央关于构建社会主义和谐社会若干重大问题的决定》,提出了和谐社会战略,要求缩小城乡差距,走中国特色城镇化道路,允许提高大城市的带动作用,发展城市群。中国城市化日益重视生态建设,日益变革体制。改革开放后,城市化大为加快,尤其是小城镇发展很快,小城镇成为城市化主力,中国城市化获得了长足发展,接近中等收入国家水平,城市数量增加,城市人口比重提高,每年都提高好几个百分点。进入 21 世纪后,城市化加速发展,国家不失时机加快城镇化发展,从经济规律出发改革户籍制度,推动了农村城市化,提高了城市人口比重。这一时期,政治体制也开始改革,推动第二、三产业发展,人口流动增强,大批农村人口进入城市企业。

从 2003 年至今,国家政治经济转型,农村劳动力流动加快,实施中部崛起、振兴东北等战略,提高技术创新,吸引人才,促进城市协调发展。土地的稀缺性和价值性让其在城市化中发生了很大作用。2008 年以来,世界发生金融危机,房地产却继续局温,导致地王、拆迁等问题。改革开放前,中国城市化发展很慢。"全世界城市人口比重由 1950 年的 28.4% 提高到 1980 年的 41.3%,而同期中国城市人口比重仅由 11.2% 提高到 19.4%。"①改革开放后的城市化是经济推动的,城乡交流增多,小城镇和乡镇企业快速发展,人口就地城市化。到 2011 年,城市化率已经达到 51.27%,农村劳动力更多向非农产业转移,城市人口比重增加,城市用地规模扩大。"农民的外出务工对农民人均纯收入增长的贡献在增加,2003 年农民工资性收入占纯收入的比重从 34.6% 上升到 2008 年的 38.3%,5 年上升了 3.7 个百分点。"②城市化高速发展,但也引起了交通拥挤、房价高涨、生态破坏等城市

---

① 袁若宁、邵昉:《论人口迁移与城市化工业化发展》,载《当代经济》,2006 年第 4 期。
② 农业部农村经济研究中心:《中国农村研究报告 2008》,中国财政经济出版社 2009 年版,第 435—440 页。

病,少数东部沿海出现了逆城市化现象。经济体制改革推动城市化加速,中央政策支持小城镇建设,但东中西三个地区的城市化水平差距也在加大。

党的十七大报告中阐述了中国特色城市化道路。2011年,国家"十二五"规划提出优化城市布局,提高城市化水平的要求。国家促进产业结构和地区经济结构调整,改变城乡结构,推动大中小城市协调发展,实行了一些惠农政策,城市化发展迅速,都市圈、城市群兴起。但到此时,中国城市化仍是政策主导型的,存在城市化与工业化的不协调、城乡二元分离的问题,未来的发展道路仍将充满曲折。农业一直支持着工业,工业却很少反哺农业,农村服务城市,城市却没带动农村发展,需要正确定位城乡关系。城乡关系是现代化进程中的全局性课题。城乡要素的流动能够促进现代化,但中国城乡二元体制很难突破,农村现代化滞后,三农问题严重。21世纪以来,政府实行统筹城乡发展,协调城乡关系,落实科学发展。"要求经济、政治文化等各种权利在社会成员之间合理分配,每个人都能得到其所应得的(权利);各种义务由社会成员合理承担,每个人都应承担其所应承担的(义务)。"①改革开放推动经济高速发展,为世界发展做出了贡献,但也存在一些问题。中国城市化是粗放型的,消耗了大量资源、材料,依靠上项目、铺摊子进行城市开发,企业缺少技术升级,不断进行低水平的粗放建设,过分重视数量,忽视质量和产品需求,造成竞争力低的经济结构。中国经济依靠能源消耗,让有限的资源、环境难以承载经济的巨大消耗,需要改变经济的粗放增长方式。中国已经成为第二大经济体,但高消耗、低产出的经济增长方式已经无以为继。中国经济消耗了太多能源,过度依赖资金、资源和环境投入,重视量的增多,而不是劳动者素质和技术提升,产生人口、资源、环境的矛盾,让现代化面临挑战。中国城市化消耗大量能源,导致资源短缺、污染加重等城市病。有限的资源支撑着城市的无限扩张,很少的土地创造了巨大的财政收入,付出了很大代价。改革开放前,中国城市化是政治型的,影响了国民经济和居民生活。改革开放后,中国城市化是经济型的,对环境、资源造成了很大压力,需要改变片面、粗放的经济型城市化模式,实现经济转型,建设城市精神文化。文化型城市以文化艺术为核心功能,对经济增长方式转变成示范作用,让文化资源作为新的生产要素和城市持续发展的资源,发挥文化生产力的功能,补充经济发展的资源储备。中国农业人口多,土地资源相对不多,但历史文化资源丰富,可以促进城市全面发展。文化城市提供了城市发展的新思路,推动着经济增长方式转变,并不排斥城市的经济、政治职能,促进城市诸要素的优化配置,推动城市持续发展。很多大城市都提出了建设文化城市

---

① 任理轩:《理性看待当前的社会公众问题》,载《人民日报》,2011年2月16日。

的目标,以缓解自然资源、空间的紧张,能够促进寻找新能源、探索新的发展模式,促进精神文化消费,缓解精神文化的恶化,可以解决经济社会发展的失衡。中国城市化率已经突破50%,在横向和纵向都不断取得巨大成就,但也有很多水分。按照户籍来算,中国城市化率只有30%左右,不能完全按照常居人口来算,因为有2亿多的农民工只是长期在城市打工,而不能享受城市待遇。大量的农民工长期在城市务工,但被排斥在城市体系之外,不能享受城市居民的福利待遇。农民工在城市务工却不被接受为城市居民,统计数据过高估计了中国城市化率,导致城市化率虚高。中国城市化步伐快,但城市化中国并没有完全到来,城市化质量也不高。中国城市化道路仍任重道远,需要关注城乡社会问题。

(三)城市化发展模式的科学化

国家提出科学发展观,城市化开始注重质量,城市规模、结构更加合理,辐射力、带动力更强。国家引导农民工进城,取消对农民工的限制,保障农民工权益,加强技能培训。国家把农民工当成产业工人一部分,提高农民工工资、就业培训,改革户籍、土地、社会保障等制度,为农民工提供相关服务,促进劳动力就地转移。中国已经出现一些大城市,城市化发展速度仍然很快,局部地区也零星出现了逆城市化现象,一些人逃离北上广,农转非人口减少,个别人把户口从城市迁回农村。城市化更加快速发展的同时,但一些大城市出现了交通拥挤、生态破坏、房价高、基础设施差等城市病,东部一些沿海地区出现了逆城市化。"到2010年,全国城市人口已经达6.3亿左右,城市化水平已经超过50%。2010—2020年间,中国城市化水平的增长速度还会加快,将年均增长1.3%以上。"[①]到2020年,中国城市化发展水平能达到58%,追赶上国际城市化发展的平均水平。改革开放和市场体制给城市化带来机遇,提高了农业生产效率、解放了农村劳动力,为工业和城市建设提供了人力资源。住房改革等激活了市场活力,有大量劳动力流入城市。改革开放带来了经济高速发展,国民经济不断增长,城市化率不断提高。"城市化率由1978年的17.92%提高到2013年的53.7%。"[②]

中国城市化仍低于世界平均水平。"世界城市化水平2000年已经达到50%,2025年将达到61%。"[③]2000年之后,政府统筹城乡发展,引导农村剩余劳动力向城市转移,制定了一些政策促进农民工就业,取消了一些对农民工进城务工的限

① 乔依德:《中国的城市化:目标、路径和政策》,格致出版社2012年版,第57页。
② 李艳军、华民:《中国城市经济的绿色效率及其影响因素研究》,载《城市与环境研究》,2014年第2期。
③ 林涵碧:《关于我国城市化问题的理性思考》,载《中州建设》,2000年第6期。

制,实行城乡劳动力市场　体化,维护农民工利益,推进配套设施建设,有利于农民工市民化。农村剩余劳动力仍有千万,但进入 2003 年下半年后,东部沿海地区出现了民工荒、企业招工难。2008 年全球金融危机之后,国际市场疲软,外向型企业受挫,国内劳动力市场也发生变化,廉价劳动力过剩时代已经远去。农民也具有经济头脑,会计算经济得失。户籍制度等导致的城乡二元结构让农民利益没有保障,导致农民工流失。经过 30 多年发展,农民工阶层内部也发生了分化,新生代农民工群体不仅追求经济利益,也渴求社会、文化、政治等诉求。新生代农民工正成为民工的主体,有更好的教育和培训,就业环境得到了改善,对城市更认同,渴望成为市民,市民化意愿更强烈。中国城市化面临瓶颈,无法给农民工提供更多住房、就业,导致农民工市民化缓慢。离乡不离土的农民工大生产模式,导致留守儿童、农村空心化等社会问题。中国城市化仍存在二元结构体系,区域差异明显。中国城市化与经济水平已经基本适应,城镇体系变化加快,省际城市化水平仍有差异,郊区化明显,都市群开始兴起和发展。大城市具有规模效应,辐射力强,中等城市合理发展,能服务于区域,小城镇太过分散,能服务广大农村。大中小城市各有优缺点,需要根据地区特点,建立合理体系。世界城市化的趋势是发展大城市群,协调发展各类城市。小城镇要重点发展,需要以现有县城为基础,让基础设施更加集中。小城镇发展要走不均衡道路,不能平均主义,要集中力量提高小城镇规模效应,避免过于分散,提高小城镇的财政收入。改革开放后,城市建设取得巨大成就,让国民经济取得长远发展,提高了综合国力和国际地位,提高了居民生活水平。

中国城市化是制度性的城市化、政府主导的城市化,是乡镇城市化,过去一直是只化地不化人的增长模式,是对传统经典城市化模式的偏离,有着自己的特色。改革开放后的城市化采用特色的乡镇城市化道路。中国要进行经济体制改革,提高农业产量和居民生活水平,经济所有制多元化,逐步削弱计划体制的权力,扩大市场配置资源的作用。建立社会主义市场经济体制,要让市场在资源配置中起基础性作用,让经济活动符合价值规律。市场机制推动国家优先发展重工业策略发生改变,使农、轻、公共事业的投资增加,城乡经济繁荣,为农村劳动力转移提供了条件。工业劳动力的边际效率要高于农业,工业工资也高于农业,吸引农村劳动力到城市工业企业就业,导致城市人口上升。资本主义城市化符合这一规律,大部分发展中国家也是如此。"1950—1990 年,发展中国家百万以上人口城市的比重从 2.5% 提高到 35% 。"①经济发展和经济结构调整,促进农村剩余劳动力转向城市,进入城市打工的农民工已经有数千万人。但与庞大的农村人口相比,进城的农民工只是少数,对城市化水平提高并不是很大。政策限制了农村人口进入城市。

国家调整城市化发展速度,主张生态理念,推行人口、经济、社会、生态协调发展的生态城市,农民工大规模进城,城市间联系加强,形成城市群,农民收入增加,消费能力提高,房地产一枝独秀。城市化是工业化、农业剩余产品、劳动分工、个人意识发展等综合作用的结果。中国城市化一开始是反城市主义的,主要是工业战略,存在城乡二元体系,需要工农均衡,改变片面发展城市的政策。改革开放前,自力更生的战略导致城市发展畸形。城乡政策改变促进了劳动力流通,出现流动人口,为城乡迁移提供了就业机会。农村改革提高了农民收入,产生了大量剩余劳动力。城市改革引起对农村劳动力的需求,合同用工和民营经济发展提供了就业。经济全球化、住房市场化推动了城市发展。改革开放吸引了很多外资,推动了城市建设。改革开放前,工业化并没有促进区域均衡发展,并没有提高居民福利,城市化仍面临资源承载力低、人口转型、改革难等瓶颈。中国城市化制度,尤其是土地制度对城市化有很大影响。东部沿海的人口迁移、产业结构升级、技术创新促进了城市化。在资本主义国家,市场推动城市化和工业化协同发展,发挥了激励机制,政府努力做好产业政策和区域规划。制度演化促进了城市化,需要变革制度才能解决三农问题,需要大力发展信息化,发展低碳经济。小城镇发展较快,城镇人口增加很多,但小城镇居民生活水平仍较低。乡村非农产业增加,城乡壁垒有所松动,但小乡镇基础设施差、技术管理落后,聚集效应差。大城市基础设施好、信息发达、机会多,能为大中企业投资创造条件。大城市吸纳农村人口更多,需要提高建制镇规模。中国城市化还处于初级阶段,还需要漫长道路。

21 世纪后,中国城市化发展遵循经济效益、社会效益、因地制宜、协调发展等原则。中国城市化有了更多聚集和扩散效应,能够促进都市群的形成。要制定基于区域差异的城市化发展对策,东部要严格控制大城市、重点发展中小城市、强化中心城市的功能定位,加快产业结构转换和升级,加强大城市与中小城市的耦合作用,推进农村城市化进程;中部地区要完善城市体系,实现大中小城市协调发展,重点建设中部地区现有的区域中心城市和省会城市,优先发展地区性的中心城市,调整产业结构,改变单一结构局面,明确功能定位,制定城市发展规划,建设

---

① 高寿仙:《1949 年以来的中国城市化进程:回顾与反思》,载《湖南科学学院学报》,2005 年第 3 期。

城市密集区,形成现代的都市群;西部地区要发展农村经济,加强剩余劳动力内部消化能力,实现资源的最佳利用,调整西部投资战略,进一步促进城市化发展,改善生态环境系统,推动西部城市可持续发展。

"十八"大以来,在以习近平为核心的党中央的领导下,中国经济日益繁荣、民族日益振兴、人民日益幸福,国家走上了更加富强的道路。中国进入新时代,让中国人从来没有如此接近"中国梦"的理想。在习近平新时代特色社会主义思想的指导下,我党坚持稳中求进的工作总基调,开创了中国城市化的新局面,取得了城市化建设的历史性成就。我党坚持新发展理念,转变城市化发展方式,不断提高城市化发展质量和效益,让城市化保持中高速增长,城乡经济结构不断优化,数字经济等新兴产业飞速发展,高铁、公路、桥梁、港口、机场等城乡基础设施建设快速推进。我党大力推动农业现代化,提高农业生产效率,不断推动城乡融合,提高区域协调发展能力,大力发展城市群,创新型城市建设成果丰硕。我党实行了一大批惠民举措,让城乡居民获得感显著增强,城乡民生领域短板不断补齐,贫困人口大量减少,城镇就业水平显著提高,城乡居民收入增速超过经济增速,中等收入群体持续扩大,城乡居民社会保障体系日益完善。在党的领导下,城乡生态文明建设成效显著,不断提高资源利用水平,推动了美丽中国建设。

改革开放后的城市化道路分析:国家一直要求严格控制大城市规模,但学界对城市化道路的观点却不统一,主要有大城市论、中等城市论、小城镇论、大中小城市多元论。小城镇的确推动了中国城市化,但中国城镇化质量和居民生活水平与发达国家有很大差距。东部沿海地区大城市用地规模扩大,显示控制大城市政策并没有有效实施。城市化是凭借追求聚集效应来变革社会结构,城市化模式应该追求效益,应该多元化发展。大城市经济结构更完善、市场更发达、技术资金人才更具有规模优势。世界城市化的一个规律就是大城市超前发展,大城市人口比重占全国人口比重大,大都市区聚集了较多就业机会和经济扩散效应。我国城市仍有很大的发展潜力,不能强行压制城市规模。追求规模聚集效应是为了实现城市现代化,方便居民生活,体现以人为本。城市化建设要综合考虑城市人口比重、城市数量、生态环境、生产效率、基础设施、教育、福利待遇等,让城市化服务于公民,朝着健康方向发展。

中国真实城市化水平仍较低,小城镇化道路试图让农民就地城市化,带动农村经济发展。但中国城市总体素质不高,小城镇是特定阶段产物,是乡镇企业推动的农村城镇化,弄得城镇不像真正的城市,而只是城乡过渡带,小城镇以非农产业为主,具有城市外形,但乡镇企业的分散性、缺乏规模和效益,人口集中度不高,吸纳劳动力能力有限。小城镇的生产、消费、交换也很分散,小城镇有城无市,只是空城、死城。小城镇化模式导致土地浪费严重,小城镇无法集中利用土地,占用了大量耕地,乡镇企业缺乏规划,盲目占用耕地,阻碍了城市化,小城镇发展模式较粗放,导致生态问题。乡镇企业技术落后、消耗大量资源,乡镇企业分散,治理污染成本高。小城镇导致城市化量的增加,但忽视了质量和内涵,不符合世界城市化规律。

城市化发展是世界趋势,中国城市化是世界城市化的重要一环。城市是区域的政治、经济、文化中心,引领社会走向文明。城市问题反映着社会问题,需要创新管理模式,与社会管理结合起来。城市现代化是现代化的重要部分,不同阶段具有不同特征,需要继续高速推进。城市是文明的象征,承载着工业和服务业,城市化需要与经济水平符合,城市规划要合理、起点高,促进农村剩余劳动力转移,促进农民就业,发展城市群,提高乡镇企业规模。城市化进入30%以上,就会进入加速发展时期,我国东部沿海地区城市化要高于中西部地区。

改革开放促进了中国在全球产业体系分工的地位,促进了工业化进程,但中国城市化总体水平仍较低,并呈现出自己的特点:其一,城市化水平滞后。无论从工业化阶段、人均国民生产总值、还是从各种问题看,中国城市化水平都是滞后的。其二,城市化是不断波动的。中国城市化一直在波动,并没体现城市化一般规律,城市化受政治进程影响,即使在1992年实行市场经济体制之后,城市化的管理方法仍是计划经济思维的。其三,城市规模结构不合理。政府主导城市化进程、速度、规模,制定了很多城市化政策,积极发展小城镇,隔离了城市化与国民经济的关系,阻碍了大城市规模效益的发挥。其四,城市化重数量而不是质量。改革开放后,城市化进程加快,重要因素是政府降低了设市标准,这种数量的城市化更多是为了统计学意义,对城市建设的内涵没有太多关注。社会主义市场经济需要发展乡镇企业,就地转移农村劳动力,减轻城市负担。小城镇的发展是国家战略,体现了国家对小城镇战略的进一步重视。

改革开放后,中国城市化取得了举世瞩目的成就,但同时,我们也要清醒地看到,我国的城市化仍有一定的不足,也面临一些困难和挑战。主要是城乡发展不平衡、不充分的一些问题仍需要解决,城市化的发展质量、效益和创新能力仍需要提高。城乡实体经济需要进一步壮大,城市化发展模式需要进一步转变,城乡生态问题仍需要解决,城乡民生领域仍有一些短板,脱贫攻坚任务需要进一步完成,城乡区域发展和收入分配差距需要缩小,城乡居民在就业、教育、医疗、居住、养老等方面的难题需要克服;城乡文明水平需要进一步提高,城乡矛盾和问题需要解决,城乡治理体系需要完善。尽管,中国城市化存在上述这些问题,但我们相信,在以习近平为核心的党中央的领导下,中国城市化必将取得更大的发展。

目前,中国城市化仍存在一定程度的滞后。第一,城市化滞后于工业化。1949年中国城市化率与工业化率只相差1.93%,其后逐步差距加大,到1980年已经到达2.481%,之后差距有所缩小,但到1998年城市化率低于工业化率1.8%。① 中国城市化滞后于工业化的现状没有根本改变。第二,城市化偏离系数也体现着中国城市化的滞后。1952—1978年中国城市化偏离系数为-0.58(其中1952—1957年为0.26,1978—1982年为0.34,1978—1990年为-0.42,1999—1997年为-0.25)。中国人口城市化一直滞后于农业人口非农化过程,城市化发展速度一度很缓慢。第三,中国城市化率比其他发展中国家也偏低。"1997年中国人均GNP为860美元,城市化水平只有同等人均GNP水平国家的41.3%。"② 中国不仅总体城市化水平低,而且城市化水平区域差异大。中华人民共和国成立之后,国家为了改变工业基地聚集于东部沿海的布局,曾经大力扶持中西部工业发展。改革开放后,中西部城市化水平仍不高,而且发展速度慢。东中西地区城市数目依次递减,非农人口比重也差异很大。

国家处于计划经济向市场经济转型时期,城市化出现了隐性城市化和准城市化现象。隐性城市化是指长期居住在城市却没有取得城市正式居民身份的人口、在农村却从事非农产业的人口。这是城乡分割户籍制度导致的,也是离土不离乡的城镇化政策导致的。准城市化是小城镇居民已经是城镇居民了,但生活仍没有根本改变,只是准城市化。其一,隐性城市化是出现大量民工。改革开放后,城乡壁垒有所松动,市场机制力量日益强大,但旧体制遗留的户籍、就业、社会保障等导致城乡差异,大中城市出现很多候鸟式的民工,他们家在农村而长期在城市工作,或者家庭已经居住在城市,但没有得到城市认可、没有市民资格,仍受到一些歧视。农民工数量在增多,由1997年的约6100万提高到1999年的约8200万。实际人数还要多。其二,隐性城市化还呈现为大量乡镇企业和非农人口在农村,产业已经非农化,但地域仍在农村。建制镇的乡镇企业数目增多,但广大乡镇企业仍散布在村庄。其三,小城镇经济功能很弱,居民生活水准仍较低。小城镇数目增加很快,但小城镇规模、基础设施、第三产业发展水平仍较低,建制镇规模和人口较少,就业结构和非农人口比重仍较低。城镇人口达到15万人以上,才有聚集效应。我国小城镇达到3万人以上,才有规模效应。我国小城镇仍没有正常聚集效应,也缺乏资金,基础设施较落后,废水和垃圾处理率几乎为零。近40%的小城镇没有自来水系统。受经济发展水平、土地制度、户籍制度、城市化发展方针制

---

① 王一鸣:《关于加快城市化进程的若干问题研究》,载《宏观经济研究》,2000年第2期。
② 杨宜勇:《城市社区就业发展前景巨大》,载《理论与改革》,2002年第1期。

约,很多小城镇仍处于准城市化状态,因为中国农业人口太多,只能先实行就地城镇化。

改革开放后,城市化速度加快,城市化基本符合经济发展速度,但城市化水平仍较低,滞后于经济发展要求,加剧了潜在城市化压力。城市化还存在一些问题,如城乡发展失衡、经济社会发展失衡、区域发展不平衡等。要解决这些问题需要加快改革,要推动城市经济与社会发展协调,增强经济实力、增加就业、提高城市基础设施和城市承载能力。要理清政府和市场关系,改革户籍、土地、就业、社会保障等制度,为人口就业提供良好环境。需要正确对待城市化问题、探索城市化道路,提供新的城市化发展战略。改革开放推动了城市化,平衡了各省份城市化发展。城市化是大势所趋,但中国城市化仍任重道远,需要吸取经验和教训。进入 21 世纪后,中国城市化进入加速发展新时期,科学发展,更加开放,与世界联系更紧密,提高了城市化水平与现代化水平。党的十九大报告要求,在城市化发展中要贯彻新发展理念,实行区域发展战略,建立城市群为主的大中小城市协调发展的城市格局。这为新时代中国城市化的发展指明了方向,必将引领中国城市化走向更美好的明天。

本章小结

中华人民共和国成立前,中国城市化是在西方文明入侵下被迫展开的,充满曲折。近代中国城市化源于西方殖民扩张,是近代文明促动的外生型的,具有浓厚的殖民色彩。东部沿海最先接受西方科技文化,对中国传统农业文明有所消解,中国近代城市居民享受着西方物质文明,也受传统观念制约,近代市民、商品、法治理念没有能够传播到乡村,城市精神被压制,城市繁荣与广大凋敝的农村并存于半殖民地的中国。改革开放前的城市化呈现以下特点:其一,城市化牺牲了三农利益,导致国民经济失衡、产业结构扭曲。其二,出现了中国特色的城市病,职工人浮于事、吃大锅饭、牺牲了效率,第二产业畸形、第三产业萎缩、居民生活水平提高缓慢等。其三,城市功能和属性变化不利于城市化,城市没有带动周边地区发展,城市对农村是消费的而不是生产的。用政策人为压制了沿海地区城市化,内地城市化也没有实质性进展,制约了原先基础较好的沿海城市的发展。城市人口增加主要是人口的自然增长。

中华人民共和国成立后,工业化和城市化进入新时期,这一时期城市化还有很多自发因素,国家并没有严格限制城市发展。中华人民共和国成立初期的工业化建设带动了农村人口迁移到城市,增加了城市人口比重,推动了城市化。这一时期,城市化健康发展,国家推行大规模工业化建设,增加了对劳动力的需求,吸引大量农村人口进城就业,推动了城市化。国家经济恢复发展推动了农村人口城市化,带动了农村经济发展。国家恢复了财政状况。国家凭借计划经济体制开始了大规模经济建设,超额完成经济任务,稳步提高了城市化水平。国家扩建了一批重点城市,增加了城市数目和城市人口。这一时期,城乡、工农关系较协调,城市人口增长速度超过了总人口增长速度,提高了中国城市化在世界的地位,农村人口迁入城市导致城市人口机械增长很多,缩短了城乡差距。党领导人民经过三年努力和五年经济建设,恢复了国民经济,完成了三大改造,开始了社会主义建设,建立了社会主义政治体制。但各方面不成熟,导致后来的"左倾"错误,让城市化战略一直不稳定。改革开放后,国家开始实行小城镇战略,让城镇面貌发生变化,开始允许个体工商业等多种经济成分存在,小城镇作为城乡商品集散地获得发展,提高了城镇居民生活。

改革开放后,中国经济发展较快,经济总量得到了较大的提高,城市化率也已经由改革开放初期的19%提升到目前的51%,这是震惊世界的成就。世界平均城市化水平已经接近60%,中国城市化水平不仅仍低于欧美发达国家,而且低于发展中国家。在城市化发展的新时期,需要改变城乡二元结构,改革土地流转制度。土地制度的变革,有利于推动中国城市化进程,推动现代化的顺利实现。国家发展战略调整推动了城镇化持续发展,促进了产业结构调整和合理城市体系形成,推动了城市群和分工协作。中国城市化需要提高质量,提高生态环境承载力。中国仍是不发达国家,正处于转型时期,人口很多,城市化水平较低,需要建立一元化的城乡体制,确立市场的主导地位。中国城市化在习近平新时代特色社会主义思想的指引下,必将取得更大的成就。

第三章

中国特色城市化道路的成就及经验教训

　　城市化道路是一个国家城市化的实现方式,是特定国家的城市化战略、动力机制和演进过程的总体概念,是城市化发展状况和道路的综合,不同地区应该采用不同的城市化模式。中国城市化是在特殊环境下进行的,走的是特色城市化道路。自鸦片战争后,中国城市化先从香港、澳门、上海等地开始,在西方文明的影响下,在沿海和沿江采取租界的形式进行。中华人民共和国成立后,中国独立自主地开始了新的城市化进程,在计划经济体制下建立了一些城镇,增加了一些城市人口。改革开放后,中国城市化速度加快,城市规模扩大,出现城市群,容纳了更多城市人口,让中国城市化水平大幅提高,但中国城市化也面临动力不足的问题,城市化增长模式需要转变。

　　中国特色城市化道路已经取得了很多成就。城市化水平保持快速增长,城市固定资产投资持续增长,城市规模不断扩大,城市化成为国民经济发展引擎。中国城市化率已经达到 50% 以上,但按照户籍来算,实际的城市化率大约只有36%,既取得了较快发展,又面临一些挑战。中国城市化具有规模较大、速度较快、地区差距较大、政府主导等特点,引起城乡居民收入差距大、城市质量不高等问题。随着全球性金融危机的爆发,中国经济也出现了下滑的压力,呈现经济放缓和就业困难的情形。西方发达国家通过发行货币来扭转金融通缩危机,让人民币有很大的升值压力,抑制了中国出口的发展,提高了大宗商品价格,中国进口原材料的价格提高,贸易条件恶化,进一步拉低了经济。中国政治、经济、文化等方面的转型势在必行,需要提高居民生活质量,创造更多就业机会。

第一节　中国特色城市化道路的成就

　　改革开放后,中国城市化在政府主导下,取得了很大成就,城市化水平、城市基础设施、城市经济、公共服务都得到提高。其一,城市化率明显提高,已经达到中等收入国家的平均水平。"到 2009 年,我国的城镇人口已经达到 6.22 亿人,城镇化率由 1978 年的 17.92% 提高到 2009 年的 46.6%,年均增长 0.89 个百分点。"①其二,城市体系日益完善,逐步形成大城市为核心、中小城市为骨架、小城镇为基础的城市群。"到 2008 年底,全国设市城市已经达到 655 个,建制镇已经达 19234 个。其中,市区总人口达到 100 万以上的特大城市 122 个;100 万人口的大城市达到了 118 个;50 万人口的中等城市达到 151 个;20 万以下人口的小城市 264 个。"②其三,城市经济不断增强,中心城市经济辐射力加大,小城镇功能突显。"到 2008 年度,地级以上的地区生产总值达到 18.6 万亿,占全国的 62%;服务业增加值达到 8.6 万亿元,占全国的 71.4%。"③东部沿海城市群和都市圈日益发达、吸纳人口能力增强。中西部城市带也在发展。"到 2008 年,长三角、珠三角、环渤海城市群,以 4% 的国土面积,汇集了全国 18% 的人口,创造了 42% 的国内生产总值,吸引了 79% 的外来投资。"④这些城市群吸纳了大量人口,创造了大量的国内生产总值,带动了我国经济发展,促进了国内外的经济合作,起了很大的辐射带动作用。小城镇推动了中国城市化,乡镇企业以劳动密集型为主,提供了很多就业机会,吸纳了很多农村剩余劳动力。其四,城市规划工作不断改进,城市基础设施和功能加强。城市规划对城市建设的引导作用日益加强。城市供水、绿化、环卫、燃气、交通等基础设施也在完善。国家加大了城市公共设施投资,城市生活更加便利、生态、低碳。其五,城市化相关体制改革取得一定进展。限制农村人口进城的体制壁垒在松动,县级以下城镇农民落户限制取消了,大城市对外来人口限制在减少。对农民工进城务工的歧视有所减少,农民工的教育、医疗得到改善,有的城市已经将农民工纳入职工基本医疗保险,社会保障制度在完善。

一、城市化水平得到很大提高

(一)城市化率不断提高

改革开放后,在政府的积极推动下,中国城市化取得了举世瞩目的成就。"城镇人口比重由 1978 年的 17.92% 提高到 2016 年末的 57.4%,比 1978 年提高近 30 个百分点,城镇居民人均可支配收入达到 33616 元,比 1978 年增加 3 万多元。城

---

① 吴江等:《中国新型城镇化进程中的地方政府行为研究》,载《中国行政管理》,2009 年第 3 期。

② 黄洁、钟业喜:《中国城市人口密度及其变化》,载《城市问题》,2014 年第 10 期。

③ 童中贤等:《城镇化的阶段性特征与战略创新研究》,载《中国城市经济》,2010 年第 9 期。

④ 王凯、陈明:《近 30 年快速城镇化背景下城市规划理念的变迁》,载《城市规划学刊》,2009 年第 1 期。

市中心城区居住人口超过 200 万的特大城市数目达到 36 个，比 1978 年增加 26 个。地级以上城市行政区域土地面积达到 73.3 万平方公里，比 1978 年增长 2.4 倍，其中，建成区面积达到 40941 平方公里，比 1978 年增长了 6 倍还多。"①中国城市化前慢后快，最近几十年突然加速，花费较短的时间就完成了西方上百年才完成的任务。中国的城市群格局正在快速形成，传统的行政区经济正在让位给城市群经济，城市的聚集效应大大增强。"中国的城市化将是区域经济增长的火车头，并产生最重要的经济利益。"②三大产业结构日益优化，第三产业得到较快发展，吸纳了大量就业人口，成为经济发展的主要引擎。城乡居民消费能力日益增强，城乡公共服务能力得到较大提升，各项事业都有较大进步，居民基本生活资料日益充足，居住环境日益改善。

中国城市化规模不断扩大，城市数量增加了很多，城市人口不断增加，城市布局日益合理，由一元中心向多元中心发展。中华人民共和国成立初，中国只有 132 个城市，人口超过 100 万的只有 10 个。到 2011 年地级城市已经达到 287 个，100 万人口以上的已经有 125 个。中国建制镇也在快速增长，改革开放初期镇只有 2173 个，到 2008 年已经有 19234 个。"城镇人口已经达到 7 亿多，占人口比重为 52% 多。"③中国人口多，城市化每提高一个百分点就意味着上百万人成为城市人口。中国城市格局走向多元分布，提高了资源、区位和产业优势，形成了几大城市群，缩短了空间距离，加强了区域合作。经济全球化促进了制造业转移，促进了民营经济发展，带动了城市群发展，为城市化提供了新动力。全面城市建设是促进城市转型，完善城市治理结构，提高产业升级和城市竞争力，避免城市风险。促进城市更加自由宽松的环境，创造和谐文化，加强城市管理，放松行政审批，发挥市场作用，建立服务政府，促进精神生态文明，促进民生。全面城市建设要解放土地生产力，解放人力资本，解放管理和服务，解放科技创新等。加快城市化建设能够促进三农问题的解决，促进乡镇企业发展，促进工业化水平，带动国民经济发展。人口城市化促进了经济、社会、环境发生变化。超大城市群及区域中心城市涌现，辐射作用加强。城市化成为经济增长的火车头，促进了财富增加。人口城市化是世界城市化发展的主旋律。城市化促进了中国产业和社会结构转型，带动了新型工业化，促进了制度创新，消除了城市化壁垒，促进了和谐社会建设。

---

① 范谊生等：《基于地理国情普查成果的城市建成区绿化覆盖快速化提取研究》，载《现代测绘》，2017 年第 2 期。

② 牛文元等：《城市化与中国经济新版图》，载《领导决策信息》，2002 年第 49 期。

③ 陈萍、李平：《中国城市人口密度与城市化进程：一个经验的 U 型曲线》，载《社会科学辑刊》，2012 年第 9 期。

中国城市按照规模可分为特大城市、大城市、中等城市和小城市。"市区和近郊区非农人口在 50 万以上的就是大城市,市区和近郊区非农业人口在 20 万人以上、不满 50 万人的就是中等城市,市区和近郊区非农业人口不满 20 万人就是小城市。市区和近郊区非农业人口在 100 万人以上的是特大城市。"①到 1998 年,中国已经有特大城市 37 个,大城市 85 个,中等城市 205 个,小城市 378 个,建制镇 18800 个。中国城市化有了长足发展,新兴城镇不断涌现,促进了民族复兴,推动区域经济发展,产生了经济效益,城市建设和投资大规模展开。"1980—1990 年国家投资住宅建设资金 2600 亿元,是前 30 年住房建设投资总和的 4.6 倍。"②经济体制革新让城市发挥更大作用,完善了城市功能,发展了城市经济。1999 年,国家又开放了住房市场贸易,允许房屋买卖。2000 年,国家不再强力推行福利化分房政策,城市居民住房私有化程度超过 50%。改革开放后的城市化是高速发展的国民经济推动的,城乡壁垒有所松动,尤其是乡镇企业的发展,让中国城市化呈现出城镇经济快速发展、人口就地转移等特征。市场体制导向的经济发展,促进中国城市化进入全新时期。城市生活质量提高的需求也推动了经济发展。改革开放后,城市规模、发展水平都有很大提高,小城镇带动作用很大。城市化是随着工业化、现代化发展的,体现文明程度。城市经济繁荣,促进了现代化建设。

城市化遵循 S 形曲线,有初期阶段、加速阶段和稳定阶段。中国城市化已经处于第二阶段,但仍滞后于世界同期水平,需要加快三农发展。城市化是工业化发展的必然要求,是经济发展的动力,能够刺激和推动经济增长,缓解就业压力。"改革开放以来,我国城镇化持续快速发展,城市已经成为国民经济社会发展的核心载体。"③中国城市化统计有不同标准,存在很多流动人口,离逆城市化还有一段距离,需要促进农村人口市民化。官方的城市化水平统计超过了实际水平,需要消除计算的不规范,完善统计标准。离土不离乡的流动人口加剧了统计困难,人口统计中也有漏登错登的现象。改革开放后,城市化引起政府的更加重视,仍受政策影响,不断发挥中心城市作用,形成区域产业带,发展小城镇,提高吸纳农村劳动力能力,扩大内需,刺激经济增长。

(二)城市化质量提高

改革开放推动了城市实力增强,促进了城镇空间布局、基础设施建设等的完

---

①　任致远:《关于城市发展方针和规模标准问题的看法》,载《城市发展研究》,2014 年第 9 期。

②　李勇:《旧貌换新颜》,载《中国房地信息》,1994 年第 8 期。

③　武力:《中国城镇化道路的回顾与前瞻》,载《江南论坛》,2013 年第 5 期。

善,改造了旧城,提高了国民生产总值。改革开放前的城市化实践充满挫折,为以后城市化提供了教训,国家开始了改革开放的伟大实践,努力排除外部干扰,重新估计了国内外形势,重新修改了现代化方针。国家充分利用战略机遇期,提出发展是硬道理,走和平发展道路。"到 1999 年底,全国约有城市人口 3.89 亿,占总人口的 30.6%。建制镇比 1978 年增加 18000 多个,建制镇数目已经大大超过了乡的数目。"①中国城市化在全球化、信息化、市场化的推动下也出现了一些新趋势。中国城市化将进入规模和品质的转型时期,将提高居民生活水平。中国城市化将更加节约、生态、信息化,将优化城市空间。中国城市化将解决矛盾,走向和谐化,优化城市功能,优化城市供需,优化城乡关系,优化生态环境,协调工业化、城市化、现代化的关系,打造地方特色,形成有历史底蕴的中国城市。

中国城市化取得了巨大成就,也解决了很多问题。"改革开放以来,我国城市化政策的变化,主要体现在两个方面,一是由过去实行城乡分隔,限制人口流动逐渐转为放松管制,允许农民进入城市就业,鼓励农民迁入小城镇;二是确立了以积极发展小城镇为主的城市化方针。"②中国城市化中的人口迁移取得了一些成就:人口迁移推动现代化和工业化互动,主导了城市建设,促进了第三产业发展,增加了工业产值;推动了城市发展,强化了城市辐射、带动作用。"城镇化是扩大内需的最大潜力,也是中国经济增长的巨大引擎。"③城市贡献了大部分工业增加值、国内生产总值、税收、第三产业增加值、科研教育力量。城市用水、用电更加便利,绿化更好,公共交通更发达,促进了产业发展,提高了城市化水平,让城市化和工业化更加协调,促进了农民进城。中国城市化率已经较高,已经与发达国家缩小了差距,日益追上世界的平均水平。中国城市化仍需要大力发展。未来,中国城市化快速发展是一定的。城市化的发展能为农业问题的解决提供路径。中国城市化进程不断加速,日益成为世界上的城市化中心之一。长江三角洲是中国城市化最为剧烈的地方。城市化是人口向城市聚集和农村转化为城市的过程,是城市对农村的施加影响,是全社会对城市文化的认同。城市化伴随着农业在经济中比重的下降和工业现代化的推进。中国城市化过程中,政府政策和制度影响很大,阻碍了城乡自由流通。

中国的人口城镇化与土地城镇化日益同步,人口城镇化日益追赶上土地城镇化。不同地区的城市规模和城市化速度不同,中国已经基本形成了大中小城市协

---

① 贺雪峰:《论中国式城市化与现代化道路》,载《中国农村观察》,2014 年第 1 期。

② 武力:《1978—2000 年中国城市化进程研究》,载《中国经济史研究》,2002 年第 3 期。

③ 韩毅:《城镇化关键是提升质量》,载《中国中小企业》,2013 年第 2 期。

调发展格局,形成了珠江三角洲、长江三角洲等几大城市群和都市圈。城市化是工业化推动的,体现着经济发展水平,与人口迁移有重要作用。国家推动经济结构更加合理,推动城市文明方式的扩散,促进农村生活方式的革新。政府推动了农业现代化,提高了农业生产力,加快了小城镇建设,为实现四个现代化准备了条件。国家调整国民经济结构,压缩重工业,发展消费品和农副产品,导致一些重工业城市萎缩,促进轻工业中小城市迅速发展,适当安置农村剩余劳动力。国家大力发展乡镇企业和小城镇,推动非农产业发展。亚洲金融危机导致产业结构性失业,乡镇企业的问题显现,农村劳动力返城务农,需要推动农村产业结构调整,增加第三产业,促进劳动力转移。小城镇作为国家战略,推动了人口流动,扩大了内需。国家深化了城镇化战略,积极发展小城镇,走多元化城镇化道路,不断完善新型城镇化道路。城市化开始科学发展,实行以人为本的城市化,促进生态城市建设。全球化、信息化让中国获得了更多发展机会,也带来生态压力。城市空间扩张导致环境问题,资源承载力和人的需求产生矛盾,需要城市化转型,发展循环生态经济。城乡差距扩大导致农村经济发展受限,国民经济失衡,需要解决三农问题。要把农工、城乡纳为一体,加快城乡建设,推动城市群发展,做好城市规划和基础设施,创新城市产业结构。"城乡一体化是统筹城乡发展战略的延续与发展,统筹城乡是手段,城乡一体化是目标。"①十六大提出要统筹城乡经济的方针,显示中国城乡关系由二元体制向统筹战略转变。城乡统筹是国民经济规划时,将城乡、工农、城乡居民当作一个整体考虑,在资源分配、公共产品供给上平等分配,实现城乡经济、社会、文化等协调发展。城乡统筹主要是实现农村利益,让工业反哺农业,推动城乡资源流动,实现城乡各方面权利的均等化,改革限制城乡发展的制度。

(三)城市化增长方式提升

改革开放后,国家调整战略,变革制度,促进经济结构合理,促进了工商业发展。"城市化与经济增长之间存在显著的正相关,经济的增长必然会加速城市化进程,反过来城市化对经济增长有巨大的促进作用。"②政府认清了中国还处于社会主义初级阶段的国情,大力发展农业、工业,改变优先发展重工业战略,实行经济体制改革,限制大项目建设,允许乡镇企业发展,积极调整产业结构,推动产业结构优化,加强基础设施建设,发展电子信息产业,大力发展科教事业,发展市场

---

① 杨光:《推进城乡发展一体化是解决"三农"问题的根本途径》,载《经济研究参考》,2013年第12期。

② 万晓琼:《城市化与经济增长刍议》,载《河南社会科学》,2013年第7期。

体制,推动城乡二元结构调整。政府仍用剪刀差剥夺农业,但对农业的投入也在逐年增多,农业生产资料也在涨价。政府开始调整户籍制度、就业制度,促进了劳动力人口流动,出现农民工。国家逐步放开农转非政策,逐步放开小城镇户口落户,动态调整户口信息,推动人口在城乡较有序地流动,推动城乡劳动力市场一体化。户籍制度降低了人力资源利用效率,农民仍受制于户籍无法在城市生活。国家取消了统购统销政策,降低了征粮指标,促进了农产品贸易。国家改善政策环境,让中小城市有了更多投资机会,国家严控大城市规模政策有所松动。改革开放以来,城市数量增多,城市结构体系完善,农村小城镇增加较多。国家对城市化采取不平衡政策,引起不同规模城市发展不平衡,大城市用地紧张,还出现不同地区城市发展不平衡,还让就业结构滞后于产业结构转换,还引起城市化严重滞后于工业化。改革开放后的农村改革是农村人地矛盾的解决,推动了乡镇企业崛起,缓解了农业就业压力,但乡镇企业分散、效益不高。小城镇化道路有局限性,农村为主的城市建设投资能力不够,基础设施投资不足,制约了吸纳农村人口能力。农民迁移成本高、乡镇企业分散,难以发挥规模效应。小城镇就业岗位不足,第三产业落后,越来越选择用资本、技术代替劳动,导致吸纳的劳动力逐年降低。小城镇建设占用耕地,破坏了环境。

　　中国工业化生产已经处于高速发展的阶段,城乡、工农关系比以前大为和谐,由城乡不平等逐步到城乡市场地位平等。中国经济发展中的城乡结构性矛盾日益消除,经济总量不断增长,经济结构、消费结构、分配结构日益合理,社会发展加快。"应该转变经济增长方式,降低经济增长对城市化进程及能源消费的依赖程度,建立资源节约型的城市化进程模式。"[1]传统的城乡隔离政策阻碍了企业发展。乡村三大产业结构不合理,三农问题严重,需要调整城乡各种结构,实现一体化经济发展。农村城市化需要深化财政体制变革,改革预算体制,采取城乡一体化的财政体制,保证城乡居民实际收入,减轻农民负担,提高农村教育、医疗、卫生经费。农村城市化需要完善农业税收制度,废除地方政府征收的税费,实现城乡统一税制,改变重城市轻农村的财政支出政策,完善财政支出制度和分税制,清除政府额外征收费用的根源。农村城市化还需要深化农村金融体制改革,发展中小金融结构,完善农村金融市场秩序。农村信用社是国有的,改革难度大,国有商业银行市场化难。国企满足的是既得利益者,是公民用税收供养的,国有银行垄断金融带来风险,没有很好的破产机制,一直经营效率低下。农村金融改革面临三

　　①　范晓莉:《城市化、能源消费与中国经济增长——基于新经济地理视角的动态关系研究》,载《西南民族大学学报(人文社会科学版)》,2014年第1期。

农问题和加入世贸的背景,农业需要产业化经营,加快与国际接轨,加快市场化。加入世贸促进了中国市场化,也冲击了农业和政治体制。中国银行存在不良贷款、违规经营、效益低下的问题。国内金融结构一般都选择东部沿海发达地区设立结构,而不是农村,需要开拓农村市场,要促进农村信息技术的应用,让信用社为广大小农户服务,实行信用社法人制度,提高信用社竞争能力,加强农村信用社的法律性、抗风险能力,需要股份制改革,民主合作制管理,改善服务态度,支持农户发展。

中国城市化是资本、国家权力和空间正义运动纠缠在一起的结果。"如此大规模、高速度的中国城镇空间开发最终得以实现,是源于土地、金融国有化等多种因素下的国家权力运作,并造就了近 15 年中国经济增长的世界奇迹。"①改革开放以来,中国的城市化基本可以分为三个阶段:改革开放之初,以农村土地制度变革为着力点,实行土地承包责任制,突破了农业发展的体制束缚。而在城市,实行企业改制,下放权力,政企分开,也调动了工人的生产积极性,促进了企业发展;20世纪 80 年代,中国城市化在经济、政治改革的驱动下,快速发展,各方面呈现出欣欣向荣的景象;在经济发展的同时,也出现了一些特权现象,引发了资产阶级自由化趋势。政府克服了资本主义民主化思潮的进攻,推动中国城市化度过了西方自由化的冲击。资本主义国家的制裁、国内外反对势力的出现表明维护社会主义就必须努力发展经济。中国遂把精力转向发展大城市经济,以上海浦东新区的开发为标志,中国决定实行市场经济,继续促进特区经济建设。香港、澳门的回归也激发了民族自尊心,感到身处国泰民安的盛世。中国的城市化随之进入第三个阶段。在房地产的刺激下,中国城镇建设高速进行,在农村实行合作医疗等惠民政策。城市化在房地产的刺激下,也引起了一系列问题,如拆迁问题、盲目建设问题等。

二、城市化发展日益均衡

(一)城市化与经济发展日益协调

城市化有利于加快工业化生产,是经济发展的催化剂,两者具有相关性。城市化率应该高于工业化率 10% 以上。"政府通过增加新兴产业财政支出等方式,调整中国城镇公共经济和私人经济之间的矛盾,使城市化经济运行的社会福利最

---

① 李阿琳:《近 15 年来中国城镇空间构造的经济逻辑》,载《城市发展研究》,2013 年第 11 期。

大化,这是中国城市化经济政策的发展趋势。"①城市化是经济增长和能源消费需求增长的动力。其一,城市有着较强的辐射能力,能带动周边地区政治、经济、文化的发展,起聚集和扩散作用,产生规模效应。其二,城市化有利于农业产业化经营。农业劳动力被限制在土地上,浪费了人力资源,不能生产有效价值,只有解决城市化滞后问题才能促进结构调整,促进农业现代化。其三,城市化发展有利于解决当前各类矛盾,促进社会和谐。当代中国城市化有自己的趋势:一是城市化发展速度较快,未来仍会提高城市化,有更多人口进入城市,将在未来几十年后达到65%以上。二是农村人口将继续向大城市迁移,随着城市化的进行,大城市的人口比重会上升,发达国家尽管已经进入城市化后期,但大城市人口仍不断增加,人口向大城市聚集的趋势仍在延续。三是城市群将继续以较大规模发展。世界城市化和全球化的趋势促进一批城市群的崛起。城市群是参与国际竞争的地理单元,体现着国家在全球化格局中的地位。城市群是经济的优先发展区域和经济的潜力地区,体现着国家战略布局。

当代中国城市化迅速发展有以下几点原因:其一,较短时间的飞速发展导致时空压缩。西方国家历经上百年才实现了城市化。中国从改革开放后才大力促进城市化,在经济高速增长的推动下实施城市化的赶超战略,出现农村城市化、郊区城市化、再城市化并存的情形,导致时空压缩和各种城市问题爆发。其二,城市化与经济、文化、政治等日益协调,政策和制度等服务体系对城市化有很大促进作用,日益促进城市化发展。新中国工业化受苏联影响,优先发展重工业,实行统购统销、户籍制度为核心的城乡二元分离体制,短时间建立了较齐全的工业经济体系,这种高积累优先发展重工业的战略让中国城市化变成典型的政府主导型,导致国民经济失调,农业波动、滞后;户籍制度也让城乡人口无法自由流动,资金技术密集型产业阻碍劳动力向第二、三产业转移。这些让中国城市化长期发展缓慢,城市化水平停滞不前。改革开放后,家庭联产承包制、乡镇企业、国企改革、对外开放、市场经济体制等推动经济战略调整、城乡二元结构改革,让城市化飞速发展。其三,资源的有力支撑,环境承载能力的提高,人均资源占有率提高。快速的工业化和城市化消耗了大量资源,大规模的劳动密集型出口加工业需要大量资源的支撑。"改革开放以来,中国农村地区工业增长强劲,在农村地区出现了特区、国家高新区、乡镇企业等形式。"②城市化在农业时代已经产生,英国工业革命让

---

① 王雅莉、崔敬:《中国城市化经济的社会福利及发展效应分析》,载《辽宁师范大学学报(社会科学版)》,2012 年第 1 期。

② 边莉:《农村工业化与城市化协同发展模式研究》,载《生产力研究》,2017 年第 2 期。

真正意义的城市化产生,英国凭借掠夺农业剩余和海外殖民完成原始工业积累,凭借工业化实现城市化。第三产业对城市化的作用也越来越大。发展中国家因为工业化基础薄弱而出现滞后城市化。中国城乡二元分离仍很严重,城市化呈现为城市扩展和辐射,导致政府控制人口向大城市迁移,大城市作用受限,乡村流入城市的人口生活不稳定,导致非农化在城市外进行,让有形城市化膨胀、无形城市化落后。中国正处于工业化中期、城市化加速发展时期,需要深化财政金融改革、户籍制度、土地制度、社会保障制度改革,推动人口向城市自由迁徙,用城市群带动区域经济发展,引导城乡协作。中国城市化随着工业化、现代化而推进,但仍与世界有差距。中国农村需要一个资本积累过程,让资本代替土地、劳动力,以促进农业科技化。市场机制促进了农业资本积累,利于吸收国外技术、外资,提高农业竞争力。改革开放后,农村经济体制改革,促进农业生产提高出现农业剩余,乡镇企业的发展也为农业提供了资本积累,让资本流入农业领域,采用机械生产和先进生产方式,解决了部分农业剩余劳动力问题,但农产品价格下降、乡镇企业粗放生产、破坏环境,导致农民收入下降,乡镇企业需要采用高级技术,提高竞争力,提高劳动者素质,完成向服务业转变。

中国地区经济发展不平衡,户籍仍限制着人口流动,导致全国经济失衡。"城市化从经济本质上理解,表现为经济集聚效应的一种外部效果;从发展形态上理解,是指生产力发展引起的农业人口向非农业转移而使社会的经济空间由乡村逐渐转向城市的过程。"[①]农业资本积累集中在东部沿海发达地区,中西部农业仍落后,中西部大城市少,吸收农业剩余劳动力能力不足,导致资金、人才流向东部,西部农民素质技能不高,需要国家扶持,改善交通条件,给予环保补偿。最近几年,企业倒闭、城市下岗人员也很多,导致吸纳剩余劳动力能力降低。计划生育不能完全解决人口过剩,需要提高工业化,增加就业机会。农业需要资本积累,大量剩余劳动力需要转移,但城市建设和吸纳剩余劳动力的能力不足,很多农民只能留在农村,过着贫困生活,无法满足需求。城市化有了发展,但 8 亿多农民仍留在农村,没有就业机会,需要加快城市建设,增加农产品价格补贴,为农村建立生活、社会保障,建立现代金融体系。中国城市化、工业化都到了快速发展时期,需要协调各方面情况。金融危机以来,中国经济调整,需求不足,需要开拓农村市场,减少入世对农业的影响,提高城市吸纳农村剩余劳动力的能力。农村的发展关系到中国现代化、城市化,需要发展现代农业,推动农村城市化。"经济结构调整内在地要求社会人口结构、产业结构和消费结构变化,要求目前仍占大多数的农业人口

---

① 王雅莉:《城市化经济动态均衡的本质及公共政策》,载《城市》,2009 年第 3 期。

主动融入现代工业社会。"①城市化需要改变计划经济的行政配置资源的方式,发挥市场协调作用。近代城市化导致大量要素聚集于城市,让社会空间结构复杂化,生产、生活多元化,还包括农村地区城市化,让城市功能扩散到农村,完成城乡一体化。城市空间是产品生产的特定空间,有比较区位优势。距离对经济成本有很重要影响,劳动市场、产品供给、技术扩散促进了经济聚集,形成具有空间便捷性的经济区域。区位影响生产布局,吸引生产聚集到费用最低的地方,运费、劳动力、聚集、交通、市场、行政都影响区位条件。市场推动资源聚集点成为大城市,获得利润。城市是经济景观,寻求最低成本的区位,具有聚集、扩散、规模、外部效益,促进了劳动分工,是市场节点,让土地结构利用优化。土地经营收益影响了城市空间结构形成。技术创新也需要特定的地理空间。高度的空间聚集有利于技术进步,促进了知识专业化。城市空间结构具有不同功能区。城市化需要大中小城市协调发展,既发挥大城市规模效益,又发挥小城镇的就地城市化效应。中央政府一直坚持发展小城镇的方针,不够多样化。中国是低度城市化,需要合适的规模效应,尊重大城市超前发展规律,发挥大城市的吸引力。中国城市化担负经济增长、解决三农问题和市场化、现代化的任务,需要建立合理制度,由二元向一元发展,合理引进西方制度。

(二)城乡差距有所缩小

随着国家城乡统筹发展政策的实施,城乡差距有所缩小。城乡二元结构引起的城乡分离是中国城市化的主要障碍,农业资本积累和经济发展的初级阶段性要求加快城市化发展。"城乡差距一直是中国城乡发展良性推进中的症结性问题。"②中国优先发展重工业、城乡二元体制模式压制了农业、农民发展。中国城市化制度创新要消除计划经济体制的城乡二元结构,实现城乡一体化的财政、税收体制。城市是从事非农活动的人们的聚集地,是住房、市场、土地、运输交织起来的网状体系,是经济发展到某一阶段的典型形式,具有高密度的面积和人口的物质结构,有着社会关系、组织、集体行动和个体行为。城市有工业、交通、文教、居民组成的专门系统,是生产、资本、消费、需求、文化生活的集中,是工业和服务业集中的地方,主导现代化建设。城市居民生产、生活方式都与乡村不同,是自然、社会、物质的有机体,人口密度高、经济效率高。城市是具有总体性、层次性、

---

① 孙建波、张志鹏:《主动城市化:经济结构调整的关键依托》,载《南京大学学报(哲学·人文科学·社会科学版)》,2010 年第 4 期。

② 武小龙、刘祖云:《城乡差距的形成及其治理逻辑:理论分析与实证检验——基于城市偏向理论的视角》,载《江西财经大学学报》,2013 年第 4 期。

有序性、变动性等的地带组合。城市化是人口向城市流动,农业人口减少,第二、三产业人口增加,是动态经济过程,是乡村社会向城市社会转变,农民从土地上解放出来,城乡、工农差别消失。城市化的重要部分是农村城市化,实现农业人口向非农领域转变,提高农民生活,需要城市提高吸纳农业人口的能力。由于历史制约,中国农民更多只能迁移到小城镇,需要发展农村工业化,发展主导产业。"导致城乡差距的主要原因是城乡政策不同,城乡劳动力不能自由流动,解决城乡差距的根本途径是统筹城乡政策和保障生产要素自由流动。"①城乡一体化是高级的区域空间结构,是城乡各方面的协调发展,文明共享。城市形成于交易费用低的地方,是分工和专业化深化造成的,需要不断地分工。良好的工业区位有利于聚集经济,产业聚集可以节约各项成本。人口流动会产生连锁反应,带动工业聚集和第三产业发展,为工业提供人力资源,促进市场贸易。中国人口流动促进了建筑业发展,推动公共基础设施建设。

中国城市化已经取得很多成绩,市场化程度提高、城市竞争力增强,行政干预因素减少,城市病日益解决。"国家已经有能力将过去长期实行的农业支持工业、乡村支持城市的城乡关系,转变为工业反哺农业、城市带动乡村的新型城乡关系。"②其一,城市化水平与经济发展日益协调,日益追赶上世界平均水平,服务业质量提高,就业结构日益合理。农业产值比重过大,第三产业比重过小,造成产业结构失衡。政府为了避免城乡差距过大和城市病,有时会限制城市化发展,让城市的聚集效应难以发挥,抑制了农业现代化和城市文明的传播。其二,中国城市化地区差异缩小,全国日益平衡。东中西三个地区的城市化层次不同,发展程度不同。东中西三个地区的城市化规模、数量都存在差异。东部地区城市化水平较高,城市数量较多,城市规模较大,大城市也较多,城市辐射能力强,城市体系完善。中西部大城市较少,多是中小城市,城市发展缓慢。其三,中国城市现代化水平提高,城市基础设施日益完善,重视城市软件建设,不再过分重视城市规模,而重视城市质量。城市建设日益科学规划,城市绿地增加,加强环境污染治理,空气质量变好。其四,城市建设不再实行摊大饼模式,节约了土地。城市化发展导致资源浪费、居民生活下降、生产成本上升,需要促进人口、资源、社会的协调发展,提高城市人口承载能力,节约土地资源,增强生产要素聚集,促进人口合理分布,提高大城市辐射能力,建立城乡统一的财政、税收政策,改革户籍管理,统筹城乡

① 袁岳驷、何光汉:《缩小我国城乡差距的根本途径》,载《中南林业科技大学学报(社会科学版)》,2008 年第 5 期。

② 武力:《1949—2006 年城乡关系演变的历史分析》,载《中国经济史研究》,2007 年第 1 期。

规划,改善居住环境。

城市化过程中需要统筹发展,解决城市发展的两难问题,要统筹人与自然、国内外等的发展。"在未来的 20 年里,面对人均资源短缺和人民生活水平的持续提高,必须将有条件的小城镇有选择、有重点地发展为中小城市,以便提高有限资源和资金的利用率。"①其一,城市化是大势所趋,只能尽量用统筹方法减少城市化问题。城市化是历史的必然,是人类社会自然发展的体现,是商品交换发达的产物,具有市场交换功能。城市是人的交往从经济扩展到政治、文化、军事的结果,是人口集聚的产物。西方国家自工业革命后开始了大规模的城市化,让城市人口快速增加。中国的快速城市化是从改革开放后开始的,仍需要大力发展才能追赶上世界潮流。尽管城市生活有一些缺点,但城市化是人类社会的必然趋势,不能拒绝。其二,建立和谐社会也需要推动城市化。推动城市化发展,才能解决三农问题;加快农村发展,才能推动农民生产、生活方式的转变,从根本上摆脱贫困,实现小康社会。通过城市化,才能让更多农民进城,才能调整农村产业结构,接受城市思想观念。

中国城市化提高了农民生活,缩小了城乡生活差距。国外城市化是经济发展的自然结果,而中国城市化主要是政府推动的,分为就地型和迁移型城市化。就地城市化能够顾及农村安土重迁思想,通过改造农业生产条件促进经济发展,实现农业产业化,还可以通过发展农村地区的工业化,通过资源加工业带动农民就业,发展民营企业和乡镇企业,实现人口聚集。还可以通过发展服务业、旅游业、房地产业等第三产业实现农村城镇化,推动人口迁徙,带动相关配套产业发展。就地城镇化比较符合中国农业大国的国情。迁移型城市化分为主动迁移城市化和被动迁移城市化,主动迁移城市化是农民主动迁移到城市,城市对农民具有很大吸引力,农村剩余劳动力也愿意到城市就业,增加收入,但农民很难在精神文化方面融入城市。城市管理和基础设施都不完善,有交通拥堵、就业紧张、环境破坏等问题。被动迁移型城市化是因自然或经济因素将农民迁到城市,政府的并村建中心镇可以节约资源,大学城的建设会让农民集中安置到城市居住区。不同国家的农村城市化的机制不同,需要以市场为主导、政府引导,破除城乡二元结构。中国城乡关系应该尽快实现一体化,要缩小城乡居民收入差距。城乡收入差距不可能完全消除,只是要尽力达到自然差距。中国城乡收入差距很大,是长期城乡隔离造成的,也说明居民的消费能力不高,是偏向城市的制度和政策导致的。

---

① 武力:《城市化:中国实现全面小康社会的必由之路——评朱铁臻先生的＜城市现代化研究＞》,载《经济研究》,2003 年第 6 期。

(三)城乡产业结构日益合理

工业化的不同阶段有着不同的工业结构。工业化初期主要是轻工业,工业化中期主要是重工业,工业化晚期主要是技术工业。工业化中期又可分为原材料加工阶段和重工业高度加工阶段。"当重工业产出超过轻工业产出时,就进入重工业阶段,当重化工业超过原材料产出时,就进入高度加工阶段。"①当高技术产业产值比重达到30%以上时,就进入技术集约化阶段。中国工业结构受到政府优先发展重工业的影响,重工业超过了轻工业产值。经过改革开放的调整,到20世纪90年代初期基本形成了原材料工业的发展阶段,并进入重加工的高度加工时期,但工业技术仍相对落后,缺乏自主创新的工业装备,制约了工业的深度加工。到2004年,重工业产值已经是轻工业产值的2倍多,但重工业产值只比原材料工业产业多一倍,因此,中国仍处于重化工业化阶段。经济水平、非农产业比重、工业结构水平反映了工业化进程。"中国工业化目前处于工业化中期,即处于重化工业化时期的高加工度化时期。"②中国非农产值偏低,反映中国仍存在明显的二元结构。

当代中国城市化的现状是较快速的发展。在市场经济模式推动下,中国城镇人口每年都以3%以上的速度增加,每年增加1000万以上的城市人口,城市化水平每年都能提高1.5以上的百分点。随着经济的发展,城镇规模和体系也在调整,促进大城市的规模聚集效应更加显现,政策推动城市规模也在升级。"城镇化发展、政府行为等缩小城乡消费差距,经济开放水平和城乡收入差距等拉大城乡消费差距。"③中国的特大城市和大城市在逐步增多,大城市人口比重增加,小城市却没有增加多少,需要提高小城市的人口比重。中国城市化发展速度高于世界平均水平,但城市化率远低于世界平均水平。发达国家已经进入城市化发展晚期,城市人口增长缓慢,城市化水平达到饱和,而中国城市化速度不断提高。但中国城市化率是以常住人口计算的,真实的城市化水平实际很低,还需要大力提升城市化率,才能追赶上世界水平。中国的毛城市化率已经达到50%,每年仍将提升几个百分点。中国仍需大力鼓励城市化发展,在立足国情的基础上,达到较高的城市化水平,不必对城市化过剩产生过分的担忧。中国必须用30几年的时间将城市化水平提高到70%。中国城市发展质量、劳动力转移、人口流动等方面都

---

① 吕政等:《中国工业化、城市化的进程与问题》,载《中国工业经济》,2005年第12期。

② 刘树铎:《工业化进入中期阶段六大矛盾待解》,载《中国经济时报》,2005年12月30日。

③ 徐敏、姜勇:《中国产业结构升级能缩小城乡消费差距吗?》,载《数量经济技术经济研究》,2015年第1期。

得到提升。全球化、信息化也提高了环境保护的压力,让中国城市化面临挑战。中国城市化需要巩固发展成果,进一步促进产业结构、生活方式、思维观念的转变,改变居民生活状况,促进城市化健康发展。中国正处于城市化高速发展时期,引起社会巨大变迁,引导社会由农业社会转变为市民社会,引起文化和管理理念的变化。中国的中小城市和乡镇需要先进的经验和技术。城市化也为居民提供了发展自己的机遇。改革开放初到如今,国家从限制城市规模到宏观考虑城市体系建构再到城乡统筹发展,日益意识到城乡一体化的重要性。

城乡产业协调是城乡各个产业要素的融合,建立经济、资本、人口、资源相互协调的复杂系统。"城乡产业协调发展需要评价体系。"①城乡产业协调发展的评价体系要有利于城乡产业发展,有利于发现城乡产业问题,认清城乡产业发展轨迹,了解不同区域的产业发展差异。城镇化水平影响城乡产业协调水平。城镇化是农村人口向城镇转移的过程,需要为农民提供就业岗位,让农民进入现代文明。城乡产业水平较协调的地区是东部沿海发达地区的城市,而中西部地区城镇化水平高于产业协调水平。城乡产业协作要倡导以人为本,把居民利益作为出发点和立足点,提高居民收入,保障农民的各项权利,尊重农民的首创精神,还要坚持平等互惠原则,发挥城乡各自优势,确保城乡地位、机会均等,重视发挥农业的作用,取消居民身份差别,保证城乡居民获得均等的地位和待遇,协调城乡产业区位优势,推动经济整体发展。城乡产业协作还要坚持制度创新原则,改变偏向城市的制度,建立城乡一体化体制,消除二元体制壁垒,改革户籍、土地、就业、财政、金融等一系列制度。城乡产业合作还要坚持市场主导,政府引导的原则。城乡产业合作初期,政府发挥调控作用是必不可少的,政府能够制定产业政策、产业规划、公共产品服务均等,市场能配置资源,激发市场主体积极性,市场要发挥基础作用。城乡产业协作还要坚持系统协作原则,综合协调人口、资源、空间、资本等多种生产要素,把城乡产业当作一个整体系统,统筹考虑城乡内部的各个要素,实现整体利益最大化,把劳动力、资本、科技等要素的优势发挥出来,实现城乡产业效益的提升。城乡产业合作要在市场和政府的推动下,让三大产业协调发展,优势互补,实现一体化发展,需要逐步完成,把远景目标和近期目标结合起来。

城乡产业协作的近期目标是提高农村产业的组织能力,提高城乡产业水平,让城乡产业尽快处于同一水平,才能有融合的需求和动力。中国的大部分农村,农业仍极其落后,乡镇企业也不发达,要推动农业工业化,促进城市生产要素流向农村,推动农业产业化,提高农村教育、医疗、卫生等公共事业。农村改革的目标

---

① 李存贵:《中国省域城乡产业协调发展综合评价》,载《统计与决策》,2016 年第 9 期。

是建立新农村,建立现代农业,提升农业技术水平,提高农业竞争力,促进农民需求,保证农民权利,实现城乡公共服务一体化。城乡产业协作的远期目标是,实现城乡地位均等,实现城乡居民政治、经济、文化等方面的平等,也都有平等的发展权利、机会,有平等的财产、就业、福利等个人基本权利,要消除城乡二元隔离状态,建立一体化的体制环境,开放城乡市场交流,进行合理的产业分工,实现城乡产业的融合发展、三大产业一体化格局,农村发展第一产业,小城镇发展第二产业,城市发展第三产业,实现城乡共同进步。

工业化之前,乡村产业推动城市产业;工业化初中期,城乡产业分离、对峙;工业化后期,城乡互动;后工业化时期,城乡产业高度融合。中国已经进入工业化中期,需要考虑城市反哺农业问题,需要解决城乡产业矛盾,消除城乡产业差距。知识密集型产业应该更多布局在城市,劳动密集型产业应该更多布局在农村,以形成合理的产业布局,城市近郊区发展都市农业,中郊区发展现代农业,远郊发展生态旅游业。城乡产业协作互动是城乡产业合作的动力。城乡产业要以产品、服务、要素等加强技术、经济、空间依赖,达到互利共赢。"城乡产业合作的纽带是生产要素在城乡的自由流动。"①长期以来,都是农村要素流向城市,削弱了农村产业发展能力,加剧了城乡产业失衡。城乡产业合作需要以小城镇的经济实力为载体,小城镇是城市工业的延伸,是乡村工业的聚集,以劳动加工业为主导能吸纳很多农村剩余劳动力。城乡产业协调标准需要静态和动态评价体系,城乡产业协调水平存在地区差异性,与城镇化水平也是正相关。中国城乡产业协调水平日益提高,三大产业协作能力不断增强,农业产业化经营模式不断推广。产业化协调需要继续完善市场、合同机制,提高合约执行力,提高农村工业化进程,将总部设在城市,利用辐射能力,进行产业转移,让城市工业和服务业延伸到农村地区。城乡产业合作需要发挥市场和政府的联合作用,根据城乡空间特色,建立城乡产业合理布局,发挥区域中心城市辐射作用,让中心城镇成为劳动加工业中心,促进农村现代化。完善的基础设施是城乡产业合作的驱动力量,有利于人力、土地、金融、科技、信息等要素的城乡流动,需要加快小城镇发展,消除行政壁垒,要建立企业、订单、合作经济组织、农户的联合模式,建立农村期货市场,引导城市工业和服务业延伸到农村地区。城市产业空间圈要有三个层次:第一圈,区域中心城市发展知识型产业;第二圈,中心城镇发展成劳动密集型的加工业中心;第三圈,乡村发展现代农产品加工业。城乡产业发展是动态过程,需要合理分工、结构优化、产业

---

① 佟光霁、李存贵:《产业合作的机制构建:基于城乡一体化的视角》,载《学习与探索》,2012年第2期。

转移等。

三、城乡各种事业得到提升

（一）城市吸纳非农人口的能力增强

当代中国城市化发展速度快,规模较大,这是因为中国人口基数大,城乡人口流动规模大,每年新增城市人口多,城市化率每提高一个百分点,就会增加很多城市人口。改革开放为经济发展提供了较强的动力,提高了城市化的发展速度,但城市化质量和效益仍有待提高,须解决城乡差距、公共服务落后等问题。城市化能促进经济持续发展,推动城乡问题解决,促进现代化和小康社会的实现。城市化是人类生产、生活方式向城市社会转变,是居住、出行、消费、就业、文化等的转型。中国城市人口已经超过农村人口,正经历壮观的城市化过程。国家政策、制度战略、经济思想等造成了中国城市化的徘徊不前,到改革开放时只有 17% 的城市化水平。改革开放后,政策转变,实行承包制、鼓励乡镇企业发展等,促进了沿海沿江开发区的设立,推动了城市化加快发展,城镇数量增多,大城市增加。中国城市化仍落后于欧美国家,甚至低于很多不发达国家,每年仍需要推进 1000 万以上的农村人口转化为城市人口。

改革开放初期,家庭联产承包制让农村劳动力从土地解放出来,产生了民工潮。1992 年实行市场经济后,城市化持续高速增长。中国城市化处于中期发展阶段,城市化速度明显加快,呈现了中国城市化的当前特征。城市人口规模不断扩大,逐步发展为大城市。中国出现了较多的大城市。大城市是区域发展中心,是地区人才、资金、技术等要素的聚集地,是外资的集中地,具有较强的辐射能力,促进了产业结构升级和高新技术产业发展,是外资了解中国的窗口,是改革开放的桥头堡。城市发展地域差距缩小,分布日益合理,引起经济发展日益平衡。"东部地区大中城市较多,中西部城市数量较少。"①城市主要分布在交通便利的地区,是区域的政治、经济中心。大城市一般都处于自然地理条件较好的地区,具有良好的自然资源,长三角、珠三角、环渤海的城市群已经具有一定规模,但中国城市仍需要合理的规划。中国城市化推动经济和社会发展是通过多种路径的:其一,城市化速度加快,提高了固定资本投资需求,推动国民经济发展;其二,城市化推动了工业化发展,提供了工业化需要的土地、资金和公共服务设施,还提供了就业机会。城市化水平体现一个国家的发展程度和工业化水平。中国城市化一直在

---

① 韩建民:《中国东西部地区发展差距拉大的原因分析》,载《科学经济社会》,2008 年第 1 期。

加快进行,预计这种加快趋势会延续到21世纪中叶。经济发展速度和产业结构变动频率决定了城市化速度,第三产业比重越高,非农业就业弹性越大,越有利于劳动力转移和农业现代化。人口老龄化导致劳动力需求增加也会促进人口城市化。

城市化是农业人口向城市人口的转变,是一个国家实现人口、资源、技术聚集的过程,是城市文明传播的扩散历程,是内向和外向的综合过程,推动经济增长方式、国民生活方式、文化观念的转变,是城市功能、环境、文化、经济的发展。城市化的最大值由本地资源和经济水平制约,包括自然资源、基础服务、人力、技术、政治等。自然资源包括土地、矿产、粮食等。基础设施包括交通、通信、教育、医疗、供水等。政治资源包括法律、政策、政府效率、廉洁程度等。人力资源指劳动力的数量、素质、价格等,包括教师、医生等职业。技术资源是技术和知识的总量。经济发展水平越高,提供的就业岗位越多,吸纳的劳动力越多,对资源的利用越充分。城市化需要提高利用资源的能力,要协调城市内部关系,提高运行能力,协调城市居民的利益。城市成员内部要互补,各类型城市要增强联系,提高协同能力,共同发展。城市群中的各成员要形成互补的联系网络,加强横向、纵向的分工协作,发挥各自的区位优势,不断技术创新。发达地区的技术需要溢出,推动落后地区创新管理方式、降低生产成本,也要保护知识产权,防止区域内技术溢出的负面效应,以保护区域内技术创新的积极性。要提高区域创新人才的培养,吸引创新人才来到城市定居。要加强与外部的信息交流,保持区域创新能力,提高农民技术水平。

中国城市化需要行业改革,需要生产大量公共产品满足居民需求。大量农民工进城,失地农民、失业居民不断上升,给城市教育、医疗等公共需求带来压力,城市公共建设和产品没有满足流动人口的需求,更排除了农民工的需求。很多城市用水、用电都出现短缺。公共产品在城乡的分配也失衡,不同地区、不同社区都失衡,影响社会公平,扩大了贫富和基层分化,影响社会稳定。城乡居民收入差距加大,出现两极分化,农民为城市化提供资本、人力,却得到的工业化成果很少。城市化夺去了农民土地,补偿却很少,农民收入低,难以负担教育、医疗费用,城乡社会保障制度也不公平。农民不得不进城务工,导致土地抛荒,影响粮食安全。城市化中外来人口和城市居民也有矛盾。企业搬到郊区也导致污染,影响居民生活。

(二)城乡居民生活水平提高

当城市化达到30%以后,就会城市人口大量增加,城市规模不断扩大,城市经济快速增长。其一,中国城市化水平一直高速增长,并将在以后较长的时间内保持快增长,直到达到70%以上才缓慢下来。其二,农村人口大量进入城市务工。农村劳动力提供了城市化需要的人力资源,城乡流动人口不断增加,既推动了城市经济发展,又凸显了城乡矛盾,需要推动户籍制度改革。其三,城市固定资产不断增加。城市固定资本主要呈现在房地产投资的增加,成为推动经济发展的关键动力。公共服务设施的投资增加,提高了服务水平和城市绿化。

城市化是进入现代社会的载体,推动经济发展。城市化通过聚集资源、市场作用、拉动消费、产业结构等推动经济发展,促进内需。"当前中国提高福祉改善民生更注重以人为本、改善经济增长结构、提高居民收入水平和降低居民生活成本双管齐下的惠民政策,体现了中国发展的新特点。"①城市投资是社会投资的组成部分,是投资拉动经济的体现,让城市发挥区域带动作用。城市产业结构的优化,促进了城市化质量的提高,让城市产业值比重增加。城市化拉动了乡村经济的发展,推动土地集约化利用,提高了农业技术和现代化,实现了农业规模化生产。中国农村有庞大的剩余劳动力,这些劳动力离开土地,才能实现农业的规模化经营。城市化能够促进居民消费需求,开拓农村市场,将农民转化为市民,推动了消费方式转变。

国家开始采取统筹城乡建设的思路,不断进行"城中村"改造,进行行政区划调整,形成了城市群、都市圈、城市带等。国家开始采用新型城市化,主张低碳生态可持续发展,努力推动城乡一体化。"各地方政府认真按照党中央提出的科学发展观、努力构建社会主义和谐社会等战略思想的要求,努力采取有力措施,切实落实各项方针政策,城乡居民生活水平进一步提高,生活质量进一步改善,为全面实现小康社会奠定了坚实基础。"②改革开放后,城市人口比重提升,几百万知青返城,进行四化建设和经济体制革新,推动了国力提升,促进了农村生产方式转变。中国城市化与经济发展没有紧密联系,而与国家战略相连,优先发展重工业导致农业利益受损。乡镇企业发展,促进了劳动力流动。国家基本实行小城镇政策,推动城市空间结构重组,要提高农民经济承受力,维护社会稳定,促进农民就业,避免拉美国家的"城中村",给农民购买租赁房屋的正常渠道,让他们享受社区服务,促进成为新市民。政府要推动城市房地产业的平稳发展,建立公平的市场,促进劳动力流动和劳动力市场形成。建立与户籍改革相配套的制度,提供公平的教育、医疗条件;土地制度改革也要创新方式,促进城镇和农村两个地区的土地市

---

① 唐红丽、牛冬杰:《城乡居民生活水平差距逐渐缩小》,载《中国社会科学报》,2015年12月28日。

② 洪东:《我国城乡居民生活明显改善》,载《中国信息报》,2007年10月11日。

场的交流,促进土地使用权流转,规范房地产业,为农民在城镇购买房屋提供条件,促进房地产企业聚集,促进房地产企业经营、投资的自主权,提高房屋市场化水平。政府要做好引导,不能控制土地的出售,而要交给市场,要为开发商提供公平环境,引导投资合理流入房地产。政府出让土地要规范,要尊重法律。

城市化是提高居民生活质量的手段,需要政府引导城市化走科学发展道路。城市化引起人口膨胀、工人贫困、生态失衡、卫生糟糕、交通拥堵等问题,需要政府改变城市管理理念,主动参加城市建设,处处为人民生活考虑。政府要调节可控因素,如法律、政策、基础设施等,不可控因素如自然资源、文化、地理,政府也可做一定调节。政府要制定公平合理的法律制度,建立高效廉洁的制度,促进企业有序竞争,维护弱势群体利益。政府要创新制度,但制度创新不能由政府完成,而应由公民投票完成。政府可以制订城市化的长期规划,提高政府工作的效率和透明度。政府应该大力引导投资建设基础设施,拓展筹措资金渠道。政府对不可控因素不能短时间改变,但可制定规划,引导不可控因素逐步改变,要制定吸引优秀人才的政策,加大教育投入,扩大开放,吸引技术、资本,完善市场体系,形成良好社会氛围。城乡发展要兼顾国家和农民利益,协调三大产业关系。中国已经进入城市化快速发展时期,农业也应进入新阶段,农民更多收入来自非农产业,农业产值比重下降。农业技术有所提高,但工业化仍不能取代农业,仍需要农业原料。中国农业处于基础地位,但农产品供求仍不充裕,需要进口大量农产品;农业基础设施较滞后,农业技术还很不足;农民负担有所减轻,农业生产的成本较高,农业生产效益不断下降。农业生产方式、流通方式仍很落后,小农经济组织化、专业化程度低,信息不对称让农民只能获取微薄利润,抑制了农业生产和农民积极性。农业抗风险能力不高,很难抵御较大的自然灾害。

(三)乡镇经济不断发展

改革开放后,乡镇企业发展,允许农民流动,让农民可以居住在城市,改变了他们的一些观念。"改革开放以来,我国的经济建设取得了快速的发展,乡镇企业在国家宏观政策的大力推动下,也取得了令人可喜的改革成果。"①个体经济和私营经济获得了法律承认,导致居民身份体系有所弱化,让个人更加追求自由、平等,但身份体系并未消失,农民工仍处于尴尬地位,是城市的外来人口,不能在城市立足,在农村却脱离了农业生产,成为城乡的边缘人。农民工的边缘身份主要是制度造成的,农民无法获得城市户籍,只是暂居人口,还因为农民自身的小农意识,让其只能从事一些低级的加工业,不能成为城市的主流群体。农民在工作中

---

① 张军:《如何促进乡镇经济发展》,载《现代经济信息》,2013年第6期。

已经分化为从事农业的、乡镇企业手工劳作的、进城务工经商的三类。改革给社会带来巨大变化,但中国仍是很传统的农业社会,农民依旧是改革的主力。

　　城市化给农民带来了机遇和挑战,形成了新的价值理念、思维模式和生活方式,消解了小农意识,能够促进农村社会的变革。"2002年中共十六大以后,国家开始实施工业反哺农业、城市支持乡村的统筹城乡发展政策,使得城乡关系进入了一个新的历史阶段。"①城市化让农村社会呈现出复杂态势,带来了一些改变。第一,城市化冲击了农民的传统思想和生活方式。中国农村社会是典型的熟人社会差序结构,以自我为中心,按照血缘关系远近向外扩展关系网,如同石头激起的波纹四处扩散。生育和婚姻构成关系的中心,地域和血缘构成关系的基础。党的关系、村民关系都按照家庭关系向外延伸。农村城市化让农民的自由度有所增加,亲缘和地缘关系都得到了扩展,在经济资本化的推动下,农民的生活方式逐步向城市过渡。人需要先解决温饱问题,再考虑内涵发展。随着城市化的发展,农民不再只追求吃饱、穿暖、少生病,也追求自我价值和精神生活。第二,城市化推动了农村经济的发展。经济需要一定的积累才能腾飞,农村城市化能够促进农村经济腾飞,血缘和地缘关系一定意义上也能提高农民生产的积极性,能够让资本和资源聚集起来,节约生产成本。农业社会、熟人社会向工业社会、契约社会的转变,能够为农村剩余劳动力提供就业机会,创造更多手工作坊和企业工作,得到更多收入。第三,城市化能够推动中小城镇的兴起。中华人民共和国成立之后,政府重点发展重工业,实行工业主导的政策,形成了城乡二元结构。中小城市缺少吸引力,人口都分布在大城市和农村,人口过分聚集于大城市,给城市造成了很大压力,必须发展中小城镇,缩短地域差距。实行市场经济以来,农村人口向小城镇迁移,有规模地向沿海发达地区打工。乡镇企业的发展带动了一批中小城镇的兴起,带动了区域发展,完善了城乡交通,农产品进入城市,工业产品运输到农村,提高了区域生活水平。第四,城市化推动了城乡共生模式。长期的户籍管制,让城市人对农民有偏见,认为农民给城市带来混乱,农民抢占了城市人的就业机会,农民工素质低,容易犯罪等。实际上,农民工有权利迁移,有权利融入城市社会,应该尊重和感谢农民工为城市的付出,帮助农民尽快地适应城市生活,从身份型社会过渡到契约社会,尊重每个个体的自由选择,让城市属于每个人。

---

　　①　武力:《论改革开放以来中国城乡关系的两次转变》,载《教学与研究》,2008年第10期。

第二节　中国特色城市化道路的经验教训

一、城市化动力的非经济性

（一）市场机制的作用需要进一步完善

中国城市化同政治、经济有密切联系。政治稳定、经济发展有利于城市化推进，动荡的政治环境会阻碍城市化。"政府行政干预的过程中，由于行政人员与管理的漏洞，会出现寻租行为，从而造成政府失灵，其制定的各种经济政策也会出现不确定性。"①改革开放前的一段时间，中国城市化停滞不前，城市人口不升反降。改革开放后，政治宽松、经济变革，让城市化重新走上健康道路。中国城市化过程中呈现出城乡产业结构升级，农业产值在下降，工业产值在上升，但城乡差距仍存在，甚至不断扩大。中国城市化起步晚，用严格户籍制度限制了居民身份。城市集中了大量教育、医疗、就业、保障等福利资源，有城市户口才能享受这些待遇。城乡户籍制度、保障制度仍改革甚微，限制公民流动，让城乡二元结构长期存在，需要强大的民营企业，建立很多大城市。中国一直控制大城市发展，发展中小城市，政府一直发布各种文件控制大城市人口，限制了城市化发展，需要发挥大城市辐射作用。

改革开放前，政府还制定了人口迁移的管理政策，限制农民在城镇落户，形成城乡二元格局。政府自上而下主导了城市化，制定了城市化战略方针，为了避免大城市病，严格控制城市规模，只发展小城镇。改革开放后，市场经济推动政府放宽政策，允许农民进城，科学规划城市，推动城市化多元发展。中国城乡一体化发展面临很多障碍。长期城乡资源配置失衡，市场发挥作用难，加剧了三农问题。中国城市化模式存在很多问题：其一，土地制度和土地资源利用不合理。城市建设重复，占用耕地，土地征用制度损害了农民利益，征地补偿低，征地不规范，农村集体用地制度落后，无法推行市场机制。农民土地承包经营权不完善，农村土地登记体系不健全；其二，公共产品投入不足，存在结构性失衡，公共服务质量差，各项投入都不够；城乡公共服务也失衡，农村教育水平低，社会保障难。城乡二元分割严重，难以交流沟通，农民工只是短期打工，难以融入城市。其三，社会保障存在问题。农村保障落后，失地农民没有保障，农村一些基本的保障制度缺乏，征地

---

① 顾晶晶：《政府的行政干预与政府失灵》，载《经济导刊》，2010 年第 8 期。

安置措施让农民利益受损,农村社会保障体系不合理,执行效果差,手续不合法、不安全。其四,区域发展失衡,城市布局不合理,省与省之间差别大,城乡二元问题仍严重。城乡二元体制损害了社会公平,阻碍了要素流通,拉大了城乡差距,影响了社会安定。

政府通过计划经济模式发展工业生产,用户籍制度、人口政策、就业政策等干预城市化发展,牢牢掌握了城市发展的主导权。改革开放后,市场机制开始发挥作用,但政府仍起决定作用。政治型城市则遏制了城市的活力和激情。计划经济思维模式会阻碍城市经济发展,会阻截城市化的动力——工业化。战争思维和苏联模式的影响,让国家把资源聚集到重工业,并以军事和国防工业为核心建立起工业体系。计划经济控制了生产、流通和消费,阻碍了城市的自由竞争和自然发展,不利于城市的和谐发展,甚至会造成城市化的倒退。长三角地区在中华人民共和国成立前就获得了较大发展,但新中国的计划经济体制让长三角的城市化长期停滞,城市格局一直没有变化。长三角地区被一次次的意识形态运动培育成计划经济体制深厚根基的地区,让目前由计划到市场的转型有较多困难。计划经济体制让城市经济远离世界经济体系的生产环节,特色的户籍制度也阻碍了城乡人口流动,将农民长期限制在土地上,甚至驱赶城市人口到乡村。"城市人口的增长、农村人口的减少是城市化的基本特征。"①新中国采取配额制限制人口流动,用限制办法解决城市经济衰退和总人口膨胀的矛盾。宪法取消了公民自由迁徙权利,用制度加强人口控制,不断压缩农转非的指标。不发达的城市难以容纳较多农业人口,而城市化的停滞影响了社会的可持续发展。

政府和市场的关系尚待理清。"政府和市场关系理论认识上的变化,也是人类社会经济发展不同时期实践的理论反映。"②城市化主要不是靠市场驱动的,而是靠政府调控推动的。例如,房地产业获益最大的不是房地产商,而是各级地方政府。房地产成了一些地方政府最依赖的财政收入。今后,政府应该充分发挥市场配置空间资源的积极作用,以实现城市空间资源优化配置的目的。"政府依靠土地垄断取得了城市化的主导权,导致我国的土地城市化快于人口城市化;地方政府公共品提供的地区差异,在一定程度上能够解释我国地区间城乡收入差距。"③空间异化批判包括三种主题:对空间生产本身的批判;对空间生产内部的物质生产实践的批判;以空间为载体的文化意识形态生产的批判。

---

① 顾宝昌:《人口城市化与城市体系》,载《光明日报》,2006 年 9 月 11 日。
② 张旭:《政府和市场的关系:一个经济学说史的考察》,载《理论学刊》,2014 年第 11 期。
③ 曾艳:《政府主导城市化与城乡收入差距的实证》,载《求索》,2015 年第 12 期。

改革开放前,中国城市化缺少持续性动力。只注重城区规模的扩大,而不重视市区基础设施、城市环境改造,导致城市发展没有后劲和活力。中国城市化还存在人口与资源矛盾,城市用地规模不断扩大,不断占用和破坏农业耕地。中国城市建设雷同,缺少科学规划导致城市发展失控,破坏了历史文化特色,缺少内在魅力。城镇主要沿交通干线发展,难以发挥中心辐射作用,没有形成统一市场、区域发展不平衡、城市建设没有形成良性机制,只是从经济效益出发,区域城市体系不完善,东中西三个地区城市数量失衡。城市没有自己的特色产业,导致产业结构趋同,城市之间产业互补性不强,综合效益不高。城市缺水问题严重,中国水资源缺乏,人水矛盾突出,很多城市尤其是北方城市出现水危机,水污染也加重了水短缺,制约城市生产、生活和城市化质量。城市出现很多社会问题,随着农业生产效率提高,大量农村剩余劳动力涌进城市打工。城市也出现很多失业问题,大量劳动力需要安置,加大了就业压力和贫富差距。

中国城市化大多是政府主导的行为。"政府要更加尊重市场规律,不违反价值规律,不违反供求规律,不违反竞争规律;要改革审批制,减少审批事项,改审批制为核准制或备案制。"①政府需要尊重空间运行规律。城市化生产是空间主体关照自身的镜子,又是现实能够反观生活。城市化的失衡机制实质是资本统治的空间延伸。城市空间作为资本的生产要素和消费对象,与不同社会主体构成了不同的关系。城市空间的不同形式体现的是身份和地位、权力和意识。城市空间实现了权力和空间的联合,确认了空间权利差异。人们的意识就是其空间状态的表达。城市空间基于土地的所有权,强化着社会等级和意识。空间对人也有人格化意义,空间会人格化为空间占有者。

(二)政府的引导作用需要加强

与发达国家不同的是,中国城市化中是政府起了决定性的作用。这是我国政治体制决定的,中国共产党在决策中居于领导地位。改革开放前,中国城市化奉行三大战略:城乡二元分离、限制大城市规模、政府生产型等。改革开放后,决策者认识到城市化对工业化也有推动作用,于是选择限制大城市、积极发展小城市的策略,放松了对人口的管制,实行市管县制度,修改了城市标准,撤销人民公社建立乡镇,进行户籍改革,实行分税制,允许土地有偿使用等。但我国仍延续了城乡二元分离体制,沿袭不同的社会管理体制和财政管理体制。管理体制上,城市街道办事处管理非农居民,乡镇政府管理村民。财政体制上,城市街道办事处有

---

① 成思危:《深化经济体制改革处理好政府和市场的关系》,载《中国流通经济》,2013年第4期。

公共财政做支撑,乡镇政府经费主要取自农民。城乡机构编制按照户籍登记户数来核定,实行公共财政的分灶吃饭。

改革开放后,中国城市化的政府干预方式发生了很大变化,不再只依靠计划体制和策略实施,不再牢牢控制城市土地和人口。"造成我国城市化落后的原因是多方面的,除工业化滞后、经济发展水平滞后等之外,目前政府主导的'块块矛盾'和'条条分割'也为其发展造成一些不利影响。"①改革开放后的战略方向已经由管制向推动转变,手段也由行政向多元化发展,增加了法律和经济手段。城市化的依赖力量由公有制和计划经济转变为多元经济和市场经济,政府干预也逐步尊重工业化、城市化规律,让城市化发展更趋向于市场经济。政治制度更体现经济规律,从阻力变为动力,推动城市化由长期停滞到加快发展。政府认可城市化的经济因素,但政府作用在用新的形式强化,兴起了制定城市化发展战略的浪潮,提出大中小城市统筹发展、可持续发展等长远规划。在一定时段内,政府干预城市化要比市场经济取得的绩效要高,这是政府选择干预经济发展的重要动因。在政府主导下,中国城市人口不断增加,短时间内就获得了发达国家上百年才取得的成绩。中国仍然是农业大国,农村有大量剩余劳动力。土地、户籍、社会保障等制度的改革都是深层次问题,政府逐步有了成熟政策。

政府主导城市化是政府通过制定政策解决城市化问题的模式,构成了中国城市化模式的核心部分。"中国的城市化绝非简单的人口空间转移,处处布满政府意志的表达;意志导向何处,运动轨迹就会偏向何方。"②政府具有制定城市化战略和政策的决策权,对企业决策也产生很大引导作用,以制定产业政策和经济计划为导向,以财政金融为手段。中国的政府主导是共产党领导的,不是经济利益互动的结果,而是执政党理性选择的结果。政策直接是党领导制定的,党有强大的政治资源和组织优势,能够有很高的效率,不会受其他政治势力的牵制。中国公有化程度高,不仅可以直接动用宏观经济计划、财政税收政策手段,而且能够凭借掌握土地资源实现战略目标。中国政府干预的对象是高度组织化的,各级事业单位、企业等都存在党组织。政府主导的方向影响干预的结果,要符合社会期望和事物发展规律。政府主导城市化取得了很大成绩。

二、城乡发展不均衡、不充分

经过改革开放近40年的快速发展,中国城市化率由改革开放初期的17.9%

① 钱静:《农村城市化进程中的政府主导和政府创新》,载《理论导刊》,2005年第3期。
② 侯新烁、杨汝岱:《政府城市发展意志与中国区域城市化空间推进》,载《社会科学文摘》,2017年第1期。

提高到 2012 年的 52.57%。人才、资源流向城市,城市吸收了农村的资本、劳动力。当代中国城市化已经显著发展,但在快速发展的同时,也出现了一些矛盾,呈现出城乡地区发展的不平衡性,需要认清这些矛盾和不平衡性,促进城市化的规范发展。

(一)城乡发展不均衡不利于生产要素的流动

城乡发展不均衡与二元经济结构有一定的关系。中国二元经济结构的形成是有历史原因的,有着几千年的历史根源。"中国社会的特殊发展道路产生了来自国外的工业文明与市场经济的冲击、中国计划经济体制的固化、前改革时代'级差式'和'分离化'改革措施的加速、后改革时代国有企业战略重组的助推等四大外部推力。"①鸦片战争前,中国城乡共存,农村是经济根本,城市依赖乡村。鸦片战争后,中国自然经济开始瓦解,民族工业有所发展,带动城市经济发展,城乡经济逐步分离,形成工农、城乡二元经济形态。中华人民共和国成立之后,一系列政策推动二元经济的形成。改革开放前后两个阶段,二元经济是不同的。改革开放初期,农业改革推动二元经济特征减弱。1985 年后,国家重点发展城市,城乡差距加大,1993 年开始,国家调整城乡关系;1997 年后,国家再次强化二元经济;2004年后,国家实行了一些惠农政策,城乡关系较好。中国城乡二元经济是制度性的,是受计划和市场双重影响的。改革开放推动了城市建设,推动工业文明扩张,缓解了城乡失衡。城市化需要各方面的统筹发展,需要建立新型乡镇。中国有太多的农民,城乡二元结构仍很严重,需要改变社会结构,让农民享受现代工业文明。中国人多地少制约了农村发展,土地资源短缺促进土地所有权分散,导致所有权和使用权分离,导致高地租,引起层层转租。制度只是资源等条件的派生。在资源短缺的国家,实现工业化就要政府主导,发挥有限资源的最大作用。工业社会推动城乡二元结构形成。基本国情和城乡二元体制制约了农村制度变迁。"新中国城乡二元结构的形成和发展,一方面离不开人类社会城乡二元结构发展普遍规律的支配,另一方面也不可避免地表现出其特殊性来。"②在人多地少的形势下,人们只能争夺内部资源。维护农民地权,国家政权就稳定。拉美国家大量失地农民进入城市,产生犯罪问题。中国社会较稳定,能吸引外资。土地承包制度维护了国家安全,但限制了土地规模经营,农业没有规模效应。农村金融制度需要改革,城乡二元结构仍将长期存在,对农民的金融服务仍很困难。小农经济无法应

①　白永秀:《城乡二元结构的中国视角:形成、拓展、路径》,载《学术月刊》,2012 年第 5 期。
②　乔耀章、巩建青:《我国城乡二元结构的生成、固化与缓解——以城市、乡村、市场与政府互动为视角》,载《上海行政学院学报》,2014 年第 7 期。

付巨额贷款,正规金融在农村让位于高利贷,农村需要互助金融协作。

改革开放前,中国的二元经济结构比较显著,有浓重的计划经济烙印。城乡生产力和生产关系都不同步。改革开放后,政府逐步放开了小城镇落户条件,不断完善城乡治理体系,实行了一系列惠农政策,缩短了城乡居民收入差距,有效提高了城乡居民生活水平。政府在施政过程更加尊重市场经济原则,服务于城乡居民,为农民市民化提供了更多服务,为居民迁徙提供了更多便利条件。国家大力进行城乡础设施建设,完善交通体系,促进了城乡生产要素的流动。

(二)城乡空间发展仍有失衡的情况

中国城市化已经取得了巨大进步,城乡各项事业都得到了发展,但仍存在城乡关系不合谐的地方。"城乡关系是广泛存在于城市和乡村之间的相互作用、相互影响、相互制约的普遍联系与互动关系。"①不合理的工业化生产加剧了城乡对立。未来理想社会当然要实现城乡和谐发展。中国城镇化是历史的过程。中国城市化打破了乡村的封闭状态,是一种历史进步。城镇化是以城市为中心的,它加剧了城乡矛盾,虽然打破了计划经济体制束缚,但过程是艰辛的。

中国农业人口多、土地资源少是现实国情。城镇化不仅是空间城镇化,体现为城市建筑和城市区域扩大,而且是人口城镇化,体现着农村人口向城市转移。城镇化发达的国家和地区都是经济、文化、生活质量高的地方。随着城镇化的高速进行,人口流动更加频繁,每年都有 600 万—800 万的流动人口,从乡村外出到城市,农村土地大量闲置,导致农业发展举步维艰、农业技术长期得不到提高。大量农业人口涌入城市就业,而城市接纳能力不足,导致交通阻塞、人口拥挤。城镇化高速进行,高楼拔地而起,农村被推倒,土地资源被占用。城镇化是乡村空间向城市空间形态的转变,是空间生产资本化和消费化的趋势,是空间产品的不断产出。中国农村问题很早就吸引了人们的关注目光。他们思考了农村城镇化和农业机械化的路径。中国农业人口多、可供利用的土地资源相对少,这是现实国情。工业化生产和城市空间生产都需要资本。城市因为聚集了大量资本,而变成空间生产的支配力量。政府鼓励特大企业发展,造成资金和资源的流通不足,减缓了城市化进程,阻止了农村居民的自由迁徙。随着城市空间生产的高速进行,中国的一些地方也出现城市和乡村混同的现象。"城市规划中并不存在完全的正义,应该做的只能是寻求空间正义,寻求使城市更加正义的方式。"②农民想在城市寻

---

① 李泉:《中外城乡关系问题研究综述》,载《甘肃社会科学》,2005 年第 4 期。

② 上官燕:《巴黎神话与空间非正义:从本雅明、哈维到索亚》,载《三峡大学学报(人文社会科学版)》,2016 年第 4 期。

求更好生活,实现个人利益。农民的梦想就是过上城市生活。城市的空间聚集效应让周边乡村获得发展,但阻碍了人类生存环境的优化,破坏了自然系统。当然,这些都是因为中国城市空间生产尚处于初步阶段的缘故。总之,当前中国城市化主要就是政府干预太多。

进入 21 世纪,中国城市空间生产仍在飞速发展,但户籍制度、不合理的规划已经成了制约城市空间生产发展的重要因素。"始终延续的城乡二元思维、二元制度乃至二元规划,导致都市边缘区城乡一体化发展的结构性失衡。"①政府决策和制度由于历史原因将长期影响中国的城市化,但是市场主导城市化是先进文明的趋势。市场化改革需要与全球化、城市化、自由、民主结合起来,向西方发达国家学习。低端的城市化水平,引起了一系列的经济、政治、生态问题。要解决城市化问题,需要从多方面着手。长期以来,我国劳动生产率低,曾经获得了经济发展。政府通过超发货币、银行贷款等获得了土地,于是,城市建设在政绩工程的驱使下,大肆破坏生态平衡。城市化建设需要合理的体制。政治民主化的目的是让居民生活得更好,政府的设立是为了居民服务。政府一直在加强对城市化的行政干预,从历史上看,中国一直是封建色彩很重的国家,长期以来,实行人治,缺少法治精神,造成官本位思想极其严重,全体居民都需要为官员腐败买单。压缩权利,才能释放市场,才能更好地促进城市化。说到底,城市化问题实质是腐败问题。效率要靠公平来保证。地方政府越是进行城市建设,发展房地产业,房价越高,老百姓越买不起房。房地产绑架经济的现象,必须改变。实现"中国梦"也需要建构生态文明。加快建立生态环境保护制度,必须建立完善、科学、高效的制度体制。但要看到,单纯建立经济制度是不能建立生态文明的。环境保护也不能单靠监管、处罚和税收,必须唤起人们的真正重视,加强居民的生态伦理意识,形成良好的环保意识。

中国城市化引起了城乡空间不平衡发展,社会分工模式的不同让城市在与乡村的对比中更占优势。"传统城镇化偏重城市空间发展,推动乡村空间向城市空间的急速转换,导致乡村空间被剥夺、边缘化和遭隔离,使城乡空间失衡,损害空间正义。"②城镇化快速推进,人口迁徙权利与社会福利却没有同步进行,导致农民工无法在大城市落户。城镇化消解了农村的小农经济,引起了农村文化制度的

---

① 杨浩等:《从二元到三元:城乡统筹视角下的都市区空间重构》,载《国际城市规划》,2014年第 4 期。

② 史云波、刘广跃:《基于空间正义原则的我国乡镇空间重构》,载《江苏师范大学学报(哲学社会科学版)》,2015 年第 4 期。

变革和社会关系的变化,但让乡村日益空心化,大批农村青壮年外出打工,农村人口减少,出现大量空房,一些土地被抛荒,引起乡村社会家庭意识淡化,恋土情结变淡。留在农村的大都是儿童和老人。儿童得不到照料,生活没有保障;老人得不到赡养,处于悲惨境地。城镇化还导致乡村社会失序,原本的生活准则和稳定状态被打破,伦理道德被冲散,血缘意识被淡化,利益本位导致伦理危机。城镇化拆迁也引发了官民矛盾,暴力事件不断发生。我国长期实行二元分离的户籍制度,严重限制了人口迁移,是制约城镇化发展的体制屏障。在此过程中,城市的发展只是城里人的发展,而不是农村人的发展,引起贫富差距越来越大。这虽然是城镇化进程中不可避免的现象,但只有推动城乡一体化发展,才能维护社会公平。我们应该以加快农村发展为基础,大力推动农民市民化,改革二元对立的户籍制度,建构和谐的城乡关系。

（三）城乡民生领域还有一些短板

快速城市化也伴随着一些民生问题和心理焦虑。"我国社会当前正处在从传统社会向现代社会快速转型过程之中,也是社会矛盾、社会问题集中多发的时期。"[1]其一,城市化引起生活方式的转变,导致人们的不适应。农民由农村社会进入城市社会会经历困扰,让原本紧密的熟人社会关系变得疏远,市场经济原则取代官本位和血缘关系,让社会失去礼俗。农村社会,血缘关系维系着人们的交往,同一家族有着相同利益和目的,农民对家族内部和蔼友善,对外排斥。而都市社会,血缘关系淡漠,不必因为血缘关系而与周围人搞好关系,人与人之间比较孤立。农村是礼俗社会,是利益整体,城市是法理社会,是资本主导的,发达的劳动分工导致金钱在城市生活中很重要。都市社会环境复杂、节奏较快、组织严密,居民善于抓住主要事情,对他人和他事采取冷漠态度,人与人的关系越来越疏离、异化和非人格化,形成单向度的人。人与人只有明显的利益关系,减少了赤裸裸的争斗,却日益孤独。其二,城市化导致社会生活呈现出一些问题。城市化加剧了劳动分工,引起一些新的社会问题,导致交通拥挤、住房紧张、生态破坏等城市病,让人们向往城市又渴望逃离城市,城市人没有了乡村生活的宁静、清幽,却承受着很多压力。人们虽居住在城市,却不开心,城市的离心力越来越大,引起逆城市化现象。

城乡居民的生活质量仍有提升的空间。"中国高速发展的城市化是一种典型的社会转型过程,在这一转型中出现了前所未有的城市社会问题,而有些问题具

---

① 郑杭生、李迎生:《我国社会转型加速期与城市社会问题》,载《东岳论丛》,1996 年第 6 期。

有'合法化危机'的社会特征。"①城市化首先是人口向城市的聚集、资源向城市的汇聚、城市空间规模的不断膨胀,是从分散到集中的过程。但中国城市化是在多元背景和社会分化情景下进行的,是计划经济解体后的不平衡造成的。社会分化在城市化中更明显地表现出来,城市化非但没有消解社会分化,反而加重了社会分化,并且把分化的矛盾集中于狭小的城市空间。城市化让少数精英掌握了大量资源,多数市民却走向贫困;城市化吸引了大批农民工,却只给农民工很少的工资,让他们与市民有着贫富差距。社会分化导致社会差别,让人们在比较中更觉得自己的困苦,穷人和富人距离拉近了,收入差距却扩大了。城市化带来了文明,却因为让各类人都聚集于城市空间,而产生了社会风险。不同群体无法完全融合,随时会爆发冲突。城市是过密社会,需要建立公民社会,应对体制带来的风险。城市化把社会差别集中展示出来,在有限的城市空间里展示了社会矛盾,让社会风险有爆发的可能性。网络技术引起了多元化思潮,产生了社会认同危机,全球化使世界更加集中,但让矛盾也更加集中。社会认同的分化让人们反对全球化运动。全球化和城市化都是从分散到集中的过程,都是网络通信技术推动的。物质利益、身份地位、价值理念都是导致社会分化的因素,人们因为利益冲突和价值判断而不断分化。利益冲突起于主观认同,与人们的价值取向、社会认同相关。市场经济推动人们更关心物质利益,对财富充满欲望,为市场经济提供了动力,但也有人漠视物质利益,沉迷于宗教信仰,导致经济冲动和宗教信仰的冲突。网络技术促进了社会分化,让城市中的分化更严重,导致社会风险。中国的城市化是粗放增长的,导致资源短缺、环境污染、土地不足,制约了城市化发展。城市人口规模增多,社会风险也随之加重。

严格的户籍制度不利于城乡融合。城市人和农村人一出生就因为不同的户籍而有不同的命运和前途,让身份决定了地位,而不是个人努力和才智决定前途。户籍制度阻碍了农村人口的流动和自由选择,已经成为中国社会进步的严重阻碍。放开户籍制度,允许农民进城并不会带来犯罪率增多,因为农民并不比城里人素质低下。看低农民是封建社会的等级思想,是对农民创造力的贬低。一些不合理的户籍限制已经弊大于利,需要废除,而不是小修小补的完善。中国应尽快推动一元化的户籍制度。中国滞后城市化带来了一些社会风险。其一,带来社会稳定风险。虚假城市化将农民土地征收,却没有让农民市民化,让一些农民失去生活资料,破坏了社会和谐。"城市化占用了大量土地,农民只得到微薄补偿,一

---

① 张鸿雁:《城市化进程中的社会问题治理与控制论——城市管治与客户服务型城市政府的理论与行为创新》,载《南京社会科学》,2010 年第 1 期。

些农民成为没有土地、工作、社会保障的三无农民。"①中国失地农民已经达到几千万,很多失地农民生活清苦,只能进城打工,但很难获得城市居住条件,城市失业问题也很严重,金融危机影响了中国低端劳动密集型出口业,导致很多农民失业。农民流入城市,却不能在城市体面生活,又无法回到农村,处于艰难境地。城乡差距和贫富差距加大,两极分化造成社会不满情绪增加,导致社会震荡,影响社会稳定。其二,资源风险增多。城市人口聚集过多导致资源危机,城市生活需要消耗大量资源,需要充足的能源。西方国家城市化建立在全球资源基础上,国家间资源争夺更加激烈。中国尚不能获取全球资源,但对外资源依存度已经很高。中国要继续发展工业化、城市化需要大量资源,让经济发展担负资源风险。其三,城市化风险增多、规模效应增大。"我国城市社会的特殊性,决定着城市社会问题的特殊性,有城市滞涨、城市冲突、城市惰性等现象和形成原因。"②随着城市化加速,中国由传统农业社会向现代城市社会转变,导致社会风险增多,不仅有传统社会的自然灾害等非人为风险,也有工业化、市场化、全球化带来的很多人为、制度的风险,风险数量、种类都增加了,出现金融危机、道德危机、生态危机、流动人口、恐怖主义、传染病等很多社会风险。城市规模扩大,让小规模事件可以成为社会大事件,加剧了社会分化,心理失衡,导致恐慌心理,群体事件扩大,加大了社会风险的不确定性。"快速城市化阶段往往伴随着种种复杂的城市经济与社会问题。能否解决好这些问题,决定着城市发展的前景是迈入现代化的殿堂还是陷入'拉美化'的陷阱。"③其四,潜在的战争风险在增加。我国城市化发达的地区是东部沿海,聚集了大量城市人口,聚集了大量经济资源,但国际政治经济格局都在变化,导致深层次矛盾增加,加剧了世界的经济争夺,导致局部冲突增加,挑战了我国核心利益,东部地区过多的城市人口加剧了战争风险。

当代中国的城市化飞速发展,引起了文化变迁,让农民不得不抛弃乡村文化而接受城市文化,引起了城乡文化冲突。城市化就是将人不断从乡镇聚集到城市的过程。人向城市聚集既是人的自愿选择,也是资源和利益的驱动。城市化是空间布局变化,我国城市化仍需要巨大的空间变化,是巨大的政治、经济、文化的变迁从乡镇文化变为城市文化,需要农民进入城市生活,成为市民。城市化给农民带来了巨大的心理冲击,农民努力成为城市人,但担心城市的歧视。城市化也会改变习俗,让古老烦琐的习俗变得现代。人们不再纯粹消磨时间,休闲品位会提

---

① 彭人哲:《中国城市化进程和潜在风险分析》,载《开发研究》,2010 年第 5 期。
② 杨张乔:《我国的城市化与城市社会问题》,载《浙江学刊》,1988 年第 5 期。
③ 何志扬:《城市的经济社会问题与城市化战略的调整》,载《城市问题》,2009 年第 3 期。

高。城市化会让信仰变得简单,信仰将更加文明。随着人们收入的增加,城市化带来了产业结构和就业结构的变化,让农业人口不断减少,制造业人口减少,服务业人数增加。城市化是生产要素、资源、人口向城市聚集的过程,凭借空间聚集效应推动经济增长。城市化和产业结构、就业结构是同步进行、互相影响的。

城市在改造过程中,引起了一些草根的不适应。城市改造中,破坏了老建筑。"城市社会问题是指在城市社区中社会关系或社会环境失调,从而影响到全体城市居民或部分居民的共同生活,破坏社会正常活动,妨碍社会协调发展的社会现象。"①改革开放后,加大了对城市的改造,一些原来居住在城市中心的人不得不到城市边缘居住。1998 年后,国家放开了土地流转的严厉控制,实行住房货币化和税收制度。受传统和思想的影响,人们更愿意在交通便利的市中心买房。由于城市改造不得不离开城市中心区域,使一些居居产生了不满。草根的抗争是分散的,没有统一领导。"近年来,由于城市人口的迅速膨胀,与现代社会相伴的城市贫困化程度的加深,已成为我国社会经济生活中不和谐的因素和不安全的隐患,社会利益分化冲突进入了新的活跃期和多发期。"②城市化带来了生活方式、思维方式和价值观念的改变。城市化应该提高居民的人居环境质量,实现区域内生产要素的优化组合。城市化让乡村聚落形态发生变化,让乡村产业结构发生变化,让人口流动加速。中国城市化经历了缓慢发展、动荡发展、稳定发展、快速发展等时期。城市空间具有地域、产业、户籍和生活方式特征,是社会文化的缩影。我国形成了城乡二元结构和严格的户籍制度。农民带有小农色彩,城市化会带来他们的思想观念转变。城市化是职业和工作方式的转变,是农业现代化的过程,是建设新农村的需要。城市化能够促进农民发展,形成新的城市文化。中国城市化需要创新城市管理模式,补齐城乡民生领域的短板。

三、城市化进程存在不协调因素

中国城市化水平与世界城市化水平仍有一定的差距,也呈现了一些问题。其一,城市化总体水平仍较低。中国城市化水平滞后于经济发展水平和工业化水平。其二,城市化发展存在地区差异。东南沿海和中西部的城市化存在明显差异,呈现阶梯分布,城市化发展差异大。其三,城市化与现代化没有很好地衔接。城市建设中更注重住房等硬件建设,而不是文化等软件建设,高楼不断涌现,但城市管理较落后、法规不完善。城市化注重了城市人口的增加,而没有提升人口质

---

① 文军、杜玉华:《市场经济下我国城市面临的社会问题》,载《城市问题》,1995 年第 3 期。
② 王东:《重视我国城市贫困群体与社会问题》,载《中国城市经济》,2010 年第 1 期。

量。城市规划不合理,大量耕地被征用,环境保护不得力,出现热岛效应。

（一）城市化滞后于工业化

中国城市化按户籍也已经超过 30%,正处于飞速发展时期。中国城市化起步晚,发展快,但中国城市化水平统计是有水分的——2 亿多的农村户籍的居民也被算成城市人口,他们只是在城市务工,购买不起城市房子,在农村还有宅基地。城市化滞后已经严重阻碍中国现代化进程,需要制定长效的机制促进城市化发展。中国城市化随着现代化进程不断加快,城镇人口比重不断加大,城市化水平不断提升。中国的科技水平、劳动制造业水平已经达到世界平均水平,但城市化水平只相当于发达国家 100 年前的水平。发达国家城市化水平都早已超过 75%,大部分发展中国家也已超过 50%,反映了中国城市化的滞后。城市化滞后不利于农业现代化,影响经济发展和居民生活水平的提高。走中国特色的城市化道路刻不容缓,需要促进社会分工,促进农民市民化。

中国城市化发展水平仍较低,而且存在失衡。"城市化与工业化在一定阶段内的不平衡发展与中国城市部门侧重于资本密集型产业的投资倾向有关。"①中国城市化取得了较大进步,但城乡人均收入仍没达到中等收入国家水平。中国城市化率在全球 190 多个国家和地区中,仍居于 110 多位,远低于发达工业国家的水平。② 1998 年东南亚金融危机促使中国实行以消费拉动经济的方式,随之,教育、医疗、住房都实行市场化,推动经济继续繁荣,房地产成为支柱产业。一方面,房价仍在高涨,另一方面,很多普通居民仍然买不起房。这显示中国城市化有了长足发展,但城市化层次仍较低。高房价是各种因素酝酿出的结果,是逆市场潮流而动,需要巩固市场的主导地位,让房价回落到正常水平。

城市化滞后已经影响中国经济发展,影响经济体制改革。城市化发展方针的偏差让中国城市化经历了曲折。国家为了维护社会稳定,曾经限制城市的规模,实施控制大城市发展的方针。中华人民共和国成立初期,中国仍是非常落后的农业国,首要任务就是实现现代化,但限于国力和国防需要,国家把资源更多投在了重工业,忽视了城市公共服务设施建设,引起城市生活设施不足,不得不通过上山下乡来暂缓危机。改革开放后,经济逐步恢复,农村劳动力向城市转移,但国家仍不断控制大城市的人口规模,而着重发展小城镇,发展农村经济。

---

① 沈可、章元:《中国的城市化为什么长期滞后于工业化? ——资本密集型投资倾向视角的解释》,载《金融研究》,2013 年第 1 期。

② 孙全胜:《马克思主义社会空间现象批判伦理的出场形态》,载《内蒙古社会科学》,2014 年第 2 期。

　　中国城市化过程中存在一些认识误区。20 世纪 80 年代,小城镇曾获得较大发展,但随着市场经济的确立,小城镇也有过停滞不前的时期,乡镇企业也相对萎缩。其一,中国城市化与工业化没有协调进行。"在工业和城市化的共同进步方面,我们存在着工业一马当先,城市化特别是小城镇化则相对滞后的缺陷。"①城市化应该是工业化的结果。工业城市的产生消解了农业生产,让生产和生活向城市聚集。城市人口增多促进了消费需求,促进了城市基础设施的完善,为工业化生产提供了劳动力和市场。城市化和工业化应该互相促进,但中国城市化限制大城市发展,抑制了城市聚集效应,中小城市因为体量小而难以发挥规模效应,让农民很难市民化,阻碍了工业文明。其二,过于重视城市规模而忽视城市质量。城市化是乡村人口向城市人口转化,是城市地域的扩大和基础设施的完善。城市化不仅是数量增加、人口增多,还是城市质量的提高、城乡协调发展。城市化不注重质量就会难以发挥聚集效应,陷入城市病,阻碍城市化发展。城市化并不能仅以人口规模为标准,过分注重人口规模会让城市陷入行政化,导致摊大饼发展,让城市停滞在传统产业阶段,无法实现农村人口的真正城市化。其三,一直限制大城市的规模。城市的规模需要符合资源、环境、区域条件,有合理的限度,但城市化规模不是确定的,能够在发展中不断达到均衡状态。城市规模由自身的条件和周边的环境等决定,不能人为规定。中国严格控制大城市的策略让一些大城市的发展受到束缚,没有发挥出自身的优势,中等城市的发展也充满困难,经济效益不好的城市更发展不起来。中小城市数量增多,但里面的人口规模不大,需要促进中小城市人口规模,提高城市化率。其四,是将乡镇改制也当成城市化的一部分。城镇是区域概念,但错误的观念认知让政府盲目撤乡并镇,大力设立建制镇,认为这样能够减少农村剩余劳动力,出现了盲目地通过设立乡镇的方式增加小城镇数量,通过县改区的方式扩大城区面积,这是行政对城市化的过度干预,没有提供更多就业机会,导致资源浪费。先有城市,后有城市化。"城市化滞后于工业化,在导致城乡差别不断拉大的同时,也加大着城市化自身的难度。"②农业分散经营不利于城市化出现,而工业化是城市化的动力。农业积累了,出现了剩余,才有城市化。土地能够买卖,农业出现很多剩余财富只是城市化的前提条件,而城市化本身是工业化的一部分。城市建设就是工业生产过程。中国城市化从土地有偿使用才大规模开始,住房货币化也促进了城市化。中国的土地制度限制了土地交易,但也降低了土地交易的环节和成本,土地融资推动了土地财政,相对也降低了

　　① 赵力:《不可忽视城市化滞后于工业化的现象》,载《经济问题》,2000 年第 8 期。
　　② 王春光:《城市化:越滞后越艰难》,载《中国教育报》,2010 年 2 月 28 日。

融资成本。

(二)城市化水平的地区不平衡

中国城市化呈现出地区不平衡,呈现为东中西三个地带的差异性。东部地区城市密度高,中西部地区城市密度低,东中西地区的城市化水平也存在明显差异。各个地区内部城市化水平也存在差异,直辖市、省会城市城市化发展水平较高,一般的地区性城市发展水平较低,中小城市仍较少。中国城市化发展速度较快,但城市管理水平仍较低,城市化质量仍有待提高。① 城市化不仅需要城市和人口数量,也需要城市化质量和城市管理水平,优化城市空间和功能。一些地区的城市只注重面积的扩大和人口的增加,不注重城市内在质量的提高,导致基础设施落后、交通拥堵、社区服务不完善等问题,没有发挥人口的聚集优势。

中国城市化存在显著的地区差异。其一,不同省份城市化水平不同。上海、北京、天津三个直辖市很早就让城市化率达到了70%,已经进入城市化发展晚期阶段。城市化水平接近60%的是东北三省、广东、江苏、浙江、福建、内蒙古和重庆。城市化低于40%的是河南、广西、甘肃、云南和贵州。全国只有西藏自治区城市化率仍低于30%。其二,不同区域城市化水平不同。从空间分布看,城市化存在地区失衡,东中西部发展水平不平衡,中西部城市化水平偏低,加大了区域差距。城市建设达到了生态承受能力,大规模建设破坏了环境。"我国东部、中部、西部区域城镇化的发展水平也是很不平衡的,突出的是中西部地区城镇化水平还明显偏低,城镇化发展比较滞后。"②从城市形态看,同规模、层级的城市发展不协调,东部几大城市群经济实力较强,但很多城市都只是城镇化初级阶段,吸纳能力不足。

中国城市化中存在人口聚集与区域分布矛盾。"如果分地区来看,我国东部地区的城镇化水平为56.96%,中部地区的城镇化水平为44.68%,西部地区的城镇化水平为38.44%。"③中国改革开放是从两条战线上展开的:农村实行的家庭联产承包责任制,打破了计划经济体制大锅饭,激发了农民的劳动热情,促进了农业生产效率的提高,使农村出现大量剩余劳力,为城市的制造业和城市空间生产提供了人力资源;城市实行的政企分开和国企改革,解放了生产关系,调动了职工的生产积极性。正是优先发展东部沿海的政策,引导人口向制造业发达的东部城

① 孔凡文:《中国城镇化发展速度与质量问题研究》,东北大学学报2006年版,第34页。

② 龙婉:《中国城镇化进程中突出问题研究》,载《城市建设理论研究》,2012年第24期。

③ 李强等:《多元城镇化与中国发展战略及推进模式研究》,社会科学文献出版社2013年版,第12页。

市聚集,造成人口集聚与区域空间分布矛盾。中西部农村剩余劳动力向东部沿海城市聚集,既促进东部沿海制造业经济的蓬勃发展,也加剧东部沿海和中西部的贫富分化,延缓中西部的工业化进程,造成东部沿海和中西部内陆的二元对立空间结构。"北京、上海、香港等大城市已经步入后工业空间,东部沿海城市已经步入工业空间,而中西部内部地区有的还处于农业空间,造成农业、工业、后工业三重空间在中国并存。"①人口聚集空间不平衡的形成和解决都是历史的过程。只有中国东部沿海的制造业继续保持发展势头,并促进城镇化,才能为人口布局分散化提供物质条件,才能让人口布局趋于合理,缩小东西部存在的经济、政治、文化差距。

新中国的城镇化发展基本上是以沿海沿江发展模式为主,利用西方技术和资本,主张现代化和工业化。但中华人民共和国成立初的 30 年,在计划经济模式下,以发展重工业为基础,采用空间均衡策略,企图实现共同富裕。新中国建立初期,政府改变了工业沿海沿江分布的格局,将工业布局在内地新建的城镇,以就近获取工业原料。这种布局也是处于国防的考虑,避免帝国主义的进攻,这种布局让沿海的技术人员不得不迁往内地,虽然沿海城市化近乎停滞,但促进了中国内陆城镇化的均衡发展。政府还对大城市进行社会主义改造,减少城市的消费功能,而加大城市的工业生产功能,让城市承担生产功能,并下放干部和知识青年,企图缓解城市的供应压力,并让城乡关系有所缓解。在国家控制下,中国的城市化率在 30 年中一直停滞不前,并多次出现逆城市化现象。改革开放后,政府改变了策略,城市化有了较快发展,但地区差距也在加大。中国城市化各地发展很不平衡,东部沿海地区大多已经超过 50%,而中西部很多地区只有 30% 左右,上海、北京等大城市已经超过 70%;东部沿海地区城市数量较多,城市人口比重较大,城市化水平较高。中西部地区城市化有所发展,城市人口比重有所上升,但城市发展速度较慢、城市化水平仍相对落后。因此,不同地区的城市化规模、发展速度等存在很大差距。

东中西地区不同的环境导致城市竞争力不同。中西部很多城市的兴起是因为矿产资源,面临资源危机,产业需要转型到劳动和技术密集型。产业结构升级推动第三产业发展,推动工业结构转向资金、技术密集型,推动东部制造业向西部转移,但中西部劳动力向东部的迁移减缓了东部地区产业转移,西部乡镇企业仍缺乏资金、技术,缺乏市场竞争力。不同地区的城市化水平不同。东部城市吸纳人口的能力更强,大批中西部农民到东部沿海打工。东部非农产值比重更高,城

---

① 孙全胜:《城市空间生产:性质、逻辑和意义》,载《城市发展研究》,2014 年第 5 期。

市数目更多。东中西三个地区的城市规模存在差距。

(三)城市化经济结构有待优化调整

中国一直是农业大国,缺乏工业革命那样的生产突破,而且一直有阻碍城市化的政策和体制,严重限制了城市的发展。"城市经济结构是指生产要素(量和质)在城市产业结构、基础结构、空间结构之间及其各自内部的配置比例关系、运行的机制和效率。"①中国日益融入世界城市化的主流,兴起了一些大都市和城市群。改革开放意味着中国现代化的新纪元,也是城市化摆脱体制束缚走向现代发展的号角。改革开放之前,中国城市化经历了曲折道路,其一,城市化水平低。中华人民共和国成立初期,中国城市化远远落后于世界平均值,与发达国家的水平有巨大差距。其二,道路反复曲折。改革开放前30年,中国城市化几乎停滞不前,城市人口没有增长多少。而发达国家在此时,由城市化进入都市化时代,形成了大规模的城市群,形成了世界性的大都市。新中国处于复杂的政治环境,不得不大力发展重工业和国防,导致城市化发展缓慢,甚至出现逆城市化和反城市化。"一五"计划时期,有较多农民流入城市,但1959年开始,政府强制城市迁出2000万人口,此后更是通过上山下乡和干部下放了更多城市人口,从而遏制了城市化的自然发展,反映了传统农业国的艰难转型。影响中国城市化的自然和历史因素很多,但政治是主导中国城市化的主要因素。政治主导城市化,让城市建设服务于政治,形成稳定压倒一切的城市格局,让城市规划具有高度军事化和意识形态化。中国城市化的政治主导是受传统历史的影响,政治型城市主要功能是控制社会资料和物质财富,为了稳定秩序还要限制经济规模,而不是通过聚集资源扩大生产规模,创造更多物质财富。中外城市化道路是不同的,西方国家城市因为商品交换而兴起,是为了满足城市居民的物质和精神需求。中国城市为着政治稳定,为统治阶级利益服务。城市的文化、经济职能被强大的政治职能压制,城市充满等级和宰制。城市规划中把官员、平民、商人分开了,统治阶级和市民居住在不同区域。战争经验、冷战、苏联模式影响了新中国的政治型城市。新中国的最重要任务是维护政权的稳定,发展现代工业、恢复国民经济、恢复被战争破坏的生活环境都是手段。巩固新兴的无产阶级政权是新中国出台经济政策、调整城市布局、压缩城市商业规模的主要动因。这巩固了人民民主政权,但也阻断了近代以来城市化发展进程,加大了中西城市化差距。城市具有较多的人口和物质财富,体现了人口、生产资料、资金和需求的聚集,是多元的文化和人群,有着创造的激情,乡村则是分散和孤立的。

---

① 贾云江、杨明远:《试论城市经济结构》,载《学术交流》,1988年第6期。

中国城市化是政府主导的,产生了滞后于工业化、城乡二元结构、城市规模不合理扩张等问题。"城市经济结构演变的最重要的趋势是服务业特别是生产者服务业的增长。"①中国现在的城市化水平仍落后于工业化,而且各个区域差异很大,一些省份出现了过度城市化;中国城市化受二元体制的制约,农民因为户籍不能享受市民待遇,影响了城乡人口流动,阻碍了生产率提高和劳动力转移,让农民利益受损。"在社会主义社会,经济结构是否合理,直接关系到全体劳动者经济利益是否能够较好地实现。"②中国城市化不是复制发达国家模式,而是有自己的模式。庞大的人口流动构成了中国城市化的独特景观,人地矛盾、利益复杂、法制观念淡薄影响中国城市化进程,需要建构完善的制度。城市化需要经济发展到一定程度,是工业化和人类社会发展的必然趋势,是世界性的潮流。经济体制改革和市场经济确立,促进了城市化水平,促进了现代化进程。城市应该是居民的,服务于日常生活。中国城市化有历史文化背景的特色,需要借鉴西方话语体系,以提高对城市化的认识。改革开放以来,很多地方撤地建市,但城市级别明显。中国城市不完善,缺少城市性。城市具有内在特性,是陌生社会而不是乡村的熟人社会,但中国城市也有人情规则,弱化了城市的自治性,加强了城市行政性。中国主流文化排斥城市性,仍是乡村人格,有着强烈的人情世故性。市场机制促进了城市要素流动,建立起一些人文精神。中国城市的流动只是外来人口向城市流入,而城市资源难以流出,城市难以发挥带动作用。城市受外力牵制,具有寄生性。城市因为动力机制等问题而与周边地区脱离,受政府计划安排影响,不能扶助农村,而是不断掠夺周边资源。

中国城市化存在劳动和资本的相对过剩、乡镇企业发展受阻、农民失地、流动人口等问题。中国城市化是二元经济的,存在传统劳动生产和现代机械生产,应该促进现代生产扩张、传统生产缩小。"中小城市要在现代社会和经济的发展大潮中发挥并保持其基础地位,就必须伴随宏观经济结构的新趋势进行相应的调整,以形成先进的生产力,推进跨越式发展。"③城市现代部门吸纳了剩余资本,让传统农业部门的剩余劳动力转移到工资高的现代工业部门,促进二元经济向一元经济转变。现代工业部门工资的提高,将人口从农业中解放出来,加速了资本积累,促进了投资需求。发展中国家劳动和资本的相对过剩限制了现代工业部门对

① 刘志彪、欧阳良钻:《当代城市经济结构变动的趋势、动因和挑战》,载《当代财经》,2011年第8期。

② 王永江:《论城市经济结构》,载《经济问题探索》,1988年第5期。

③ 梁尚敏等:《我国中小城市经济结构战略性调整的新思路》,载《中央财经大学学报》,2003年第1期。

剩余劳动力的吸收，这是就业不充分、需求不足造成大量生产闲置导致的。剩余劳动是一个部门不必依赖的劳动力，抽出这部分劳动，生产总量不会受影响。中国也存在劳动与资本的双重过剩。中国农村出现了较多的农村剩余劳动，出现了数量可观的剩余劳动力。中国有大量的农民，而目前的农业生产只需2亿左右的农民就足够了。中国城市中有较多的人处于失业状态，说明城市提供就业岗位的能力不足。居民更多习惯于存款，而不是消费，没有健全的投资渠道，一些电力、电器企业由于缺少消费需求而处于亏损状态。中国城市化的资本过剩不是产能绝对过剩，而是由于需求不足的相对过剩，是结构性的。农业仍是简单粗放的生产，没有存在资本过剩，而工业和服务业由于流通不畅而存在结构性过剩。

中国劳动力和资本相对过剩下的人口流动有很多阻碍。其一，乡镇企业提供的就业机会不足。"乡镇企业吸纳农村剩余劳动力的能力不足。"①这是因为乡镇企业的融资能力提高，不再需要简单的劳动加工，而扩大了机械设备的使用，让劳动力资本降低；中国加入世贸组织后，乡镇企业面临国际竞争的压力，很多乡镇企业因为税收政策和自身技术遭到淘汰；乡镇企业长期受制于农村人文环境，市场不足，限制了对劳动力的吸纳。其二，中国城镇对劳动力吸纳的动力不足。中国经济高速增长，但就业率不高。城市经济增长对就业拉动的作用不明显，国有企业和外资企业并没有带动太多就业，主要是因为中国企业正由劳动密集型转向资本技术型；中国产业结构与就业结构也有所偏离，经济成分多元化，非正规就业日益增多，第三产业比重增加不多，但吸纳了很多就业人口；农民被征地，却难以在城市就业，仅得到少量货币。

中国人口流动日益增多，主要是农民到城市打工，已经达到上亿的规模。"在城市层面上，应强调要素的空间集聚，坚持空间紧凑式发展模式，而在全国或省域层面上，则应更多地发展多中心城市网络，以形成分布合理的城市体系。"②农民进城主要从事较简单的制造业和服务业，很少能进入事业单位和金融业等；农民进城多从事非正规的工作，签订劳动合同的较少，没有社会保险等；农民工就业时限短，收入低；农民工务工以个体为主，候鸟式的迁徙，女性家庭成员一般仍留在原籍；农民工进城务工，仍在农忙时回家种地，造成农民工退出农业难。乡镇企业让我国的城镇化只是半城镇化。我们需要提高资本利用效率，将闲置资本用于扩

---

① 黄天柱、刘文娟:《现阶段我国乡镇企业吸收农村剩余劳动力不足的分析》，载《安徽农业科学》，2012年第2期。

② 刘修岩等:《城市空间结构与地区经济效率——兼论中国城镇化发展道路的模式选择》，载《管理世界》，2017年第1期。

大生产,刺激需求,增加劳动力就业。城市化需要建立统一的评价体系,分析政策阻碍,变主要依靠出口为主要依靠国内消费需求,让市场主导需求,增加居民收入,稳固城市化质量。经济增长没有促进就业增长,应该调整产业政策和产业结构,促进劳动力需求,用市场调节需求和供给结构,让两者良性互动。国家以初级产品为出口的契机促进了产业结构升级,也导致收入差距、需求不足、就业率不高等。吸纳劳动力需要资本积累和技术创新。产业结构调整要促进就业,促进技术研发。城市化要协调好拉力和推力,农业是城市化的基础,需要就业政策促进城市化,需要扩大土地市场,发展农业技术,推进户籍制度改革,促进人口转移。应该把失地农民纳入社会保障体系,为失地农民的进城生活、就业提供良好的公共服务设施。要完善人口迁移制度,实现农民市民化。产业结构调整能为城市化提供巨大动力。"现代社会经济发展的主线,其实是产业结构、城市化两者不断调整升级并相互推动的过程,在此过程中,任何一方的显著进步都会同样明显反作用于其他一方的发展。"①经济繁荣时也不忘抑制通货膨胀,采用灵活的财政政策,防止经济结构失衡,带动现代产业部门升级,活跃资本和金融市场,利用全球化,促进就业和金融安全。城市化提供了很多就业机会,但也会因为外资依存度高而产生失业问题,要建立健全的社会保障体系。地方政府发展经济的动力要大于提高城市化水平。政府的绩效考核让政府更重视政绩指标,政府用控的手段调节本地经济。分税制让政府难以调节居民收入,政府社会支出较少,造成城市基础建设落后,难以容纳更多人口,难以启动消费需求。大城市住房政策都只针对城市有户籍的市民,外来人口较少受到保障。

四、城市基础设施水平低、公共服务体系有待完善

(一)大城市病日益严重

当代中国城市化由于基础设施不足,大城市病日益严重。"当前城镇化进程中出现了城市人口膨胀、交通拥挤、房价高企、城市就业难、教育医疗贵、城市环境污染等问题形成的'城市病'现象。"②城市化的发展让城市中心聚集了过多人口,导致交通拥堵、环境污染等问题,降低了居民生活质量,让劳动力不足、老龄化加快,也导致各阶层利益失衡,引起群体冲突事件。城市化存在空气质量差、水资源不足、废弃物排放、城市环境破坏、人地矛盾突出等忧患,影响了城市的后续发展,

---

① 姬晓利:《产业结构调整对我国城市化进程的影响》,载《统计与管理》,2017 年第 2 期。
② 向春玲:《中国城镇化进程中的"城市病"及其治理》,载《新疆师范大学学报(哲学社会科学版)》,2014 年第 1 期。

要提升经济发展质量,大力发展第三产业,促进产业结构调整和提升。城市化应该鼓励大城市的发展,盲目发展中小城市会造成"鬼城"。行政为了区域平衡而调配资源会造成大量浪费,人口聚集才能形成产业优势。大城市的资源是有限的,但资源也可以再生,养活更多人口。

改革开放给中国城市化带来历史机遇,但仍有很多挑战,有限的城市空间与庞大的人口规模仍存在矛盾。"城市病的主要类型有:城市经济病、城市社会病、城市生态病以及非典型城市病等。"①其一,人口流动为核心的城市社会问题是中国城市化的主要矛盾。城市化需要一定的人口,才能形成聚集群落。但城市空间是有限的,只能容纳一定的人口。工业革命后,交通、商品贸易的发展推动城市吸引了很多人口。城市原住民淹没在外来移民中,冲击了原有的邻里关系。城市中人口的扩张也引起公共服务的紧张、交通拥挤、犯罪增加、环境污染等。人口流动不足制约了城市化速度,人口过多也面临住房不足、垃圾增加、土地紧张等问题。大城市普遍存在城市病,打破了传统的乡村生活,出现交通、居住、公共服务等亚健康状态。其二,城市物质和精神建设不平衡,造成经济型城市。早期城市主要依靠物质和政治,而今的城市依靠精神文明和生态文明,当代城市物质奢靡、精神空虚,人口膨胀削弱了中国城市化的物质条件,精神文化恶化则牵制了城市生产的主体动力,从主客两方面阻碍了城市持续发展,导致城市病和城市危机。大城市中心地区的拥挤,导致人口向郊区流动,出现逆城市化。都市化过程中,人口、资源向大都市的快速聚集,导致社会文化问题。"城市病的产生有客观必然性,也有发展方式和规划、建设、管理方面的原因。"②较低的城市化水平和较高的发展速度让很多城市处于超负荷运转,呈现在城市规划、交通、居住、教育、医疗等很多方面,让人们感到异化和压力。城市新旧居民未能得到切实优惠,而受到传统乡村中国的制约。城市化产生了很多痛苦,但城市经济是社会的支撑,因此,需要继续大力发展城市化。都市化是当代世界城市化的主流,中国城市化也需要以大都市和城市群为推动力。大都市和城市群能够聚集较多的资源和生产要素,提高国家经济竞争力,促进社会后续发展。中国进出口贸易额不断增加,提高了综合国力。都市化培育了先进的生产关系,转变了粗放型增长方式,引领城市转变发展模式,能降低产能消耗,促进了新兴文化产业的兴起。大都市以高新技术、金融、

① 焦晓云:《城镇化进程中"城市病"问题研究:含义、类型及治理机制》,载《经济问题》,2015年第 7 期。

② 王格芳:《我国快速城镇化中的"城市病"及其防治》,载《中共中央党校学报》,2012 年第 5期。

信息、文化等产业为主，制造了比传统制造业更多的财富，让城市有能力采取环保技术。都市化促进了文化繁荣，促进了建设文化城市，汇集了大量艺术人才，巩固了核心价值观。中国的大都市和城市群仍发展不足，需要提高都市经济在区域的比重，促进城市发展的生态转型。中国城市化以工业化为主体模式导致经济结构扭曲，导致城市文化建设不平衡，没有促进人们素质、修养的提高，处于低级的享乐，需要发挥都市人的主体意志和审美意识，让生活更美好。中国需要几十年才能达到中等国家水平，需要促进现代化的飞跃，解决农业问题和生态问题，提高科技水平，促进都市化的科学发展。城市化的加快发展，促进了大都市和城市群的崛起，大都市对经济增长、吸纳人口具有很大作用。

　　不均衡的城市化影响了社会稳定，出现了贫富差距、行政化等很多社会问题。"空间规划的不合理、短期市场的影响、政府失灵以及垄断集权的体制环境等，都是造成大城市病的重要原因。"①城市的吸纳能力不够，有效需求不足。城市化仍延续"大跃进"模式，盲目拆迁损害了部分居民利益，补偿不合理，威胁了社会稳定。城市化中存在高房价，影响了民生，多重因素导致房价不合理，给居民造成了沉重负担，让农民工和农村大学生很难在城市生存，加剧了贫富分化。高房价不仅是经济问题，也是政治问题，需要关注各层次民众的生活。城市化应该注重公平，解决社会矛盾，消除城市病。现代化有巨大成就，也有很多不和谐现象，要防范不利影响。城乡收入差距不断扩大，导致不同群体矛盾冲突，影响了消费水平，导致消费需求不足、社会秩序混乱，危害了人民生命财产安全。城乡分割模式限制了农民权利，导致不公平，积累了社会矛盾。城市化质量不高，资源配置效率低，不利于可持续发展。城市化中的农民工难以融入城市，却是城市化的中坚力量，但背井离乡，由于受户籍制度限制，没有完善的社会保障体系。政府强制征收土地用于房地产开发，失地农民没有保障。城市缺少基础设施，土地规划不合理。资源利用低效率，破坏了环境，粗放经营方式让能源消耗不断增长，水资源短缺，很多城市只能大量开采地下水。经济结构不合理让资源得以滥用，导致大气、水等污染。政府主导的城市化出现了盲目扩张的情形，导致城市建设无序，形成土地财政和政绩工程。土地城市化快于人口城市化，出现了一些"鬼城"，是虚假的城市化，城市人口增长受限制。政府配置资源导致城市化低效率扩张，规划布局不合理，超过了环境承载力。中国有各种行政级别的市，从直辖市到县级市，行政干预让资源流向更大的城市，导致大城市膨胀，中小城市发展不足，规模和数量都不够，小城市偏多，本身能力较弱，辐射作用不够，各类型城市协调能力不够，城市

---

　　① 王桂新：《中国"大城市病"预防及其治理》，载《南京社会科学》，2011 年第 12 期。

体系不合理。城市建设重复,缺乏个性,公共管理服务不到位。

城市化需要优化路径选择,进行制度革新,促进人口合理分布,消除城市病。"'城市病'有其'发病'的制度性根源,预防和治理'城市病'需要不断进行制度创新和制度供给。"①城市化也没有带来就业率的提高,失业率问题仍严重,城乡居民消费水平仍较低。城市建设消耗了大量能源,资源利用粗放。中国城市化需要保障进城农民工权益,完善公共服务,推动农民市民化,发挥人口红利。户籍制度隔离了城乡,限制了农民进城落户,限制了自由迁徙。户籍制度是严格的,有其历史形成过程。农村土地制度权属不清,阻碍了土地规模化经营,将农民限制在土地上,损害了农民耕种热情,使土地流转不顺利。就业制度不公平,对农民有歧视,农民工只能从事粗重体力工作。"进城农民工的低收入低职业地位也必然造成他们的低心理位置和低心理行为,这是农民工市民化的重要壁垒,是当前经济社会发展的隐患,并会减缓农村城市化的进程。"②社会保障制度存在薄弱环节,农民没有社会保障。粗放型增长制约了城市化质量,各项城市指标都较低,城乡一体化程度低,居民收入差异大。政府政策偏离了城市化现实路径,导致土地城市化过速、人口城市化过慢。城市建设用地不断增多,空间迅速扩张,占用了农业用地。城市建设重视规模不重质量,让环境遭到破坏。城市基础设施不足,出现住房紧张,出现水灾、火灾、交通事故等灾害,让居民失去安全感,幸福感不强。

城市病的形成受经济、政策、文化等方面的影响。首先,在经济方面,城市规模的扩大,增加了经济效应,但超过了城市的原本承载能力,导致生态破坏、住房紧张、失业问题严重等。城市病会抵消城市的聚集效应,降低居民生活质量。"一方面,城市化已经达到一定水平;另一方面,由于城市和国家经济实力不雄厚,市政建设、住宅建设、环境建设不完善,与城市化水平不同步。"③城市病的解决,需要加强城市基础设施建设,实行人性化管理。城市基础设施和公共服务的加强,能增强城市聚集性,但新的聚集性也会吸引更多人口,并加大城乡差距。其次,政府的某些政策也会加重城市病。政府在投资、社会保障、福利等方面偏向大城市,会增加大城市的吸引力,导致大量外来人口涌入。城市化高速发展过程中最易爆发城市病。一些城市不可避免地要走向大型化,成为本区域的经济、政治、文化中

---

① 焦晓云:《城镇化进程中"城市病"问题研究:含义、类型及治理机制》,载《经济问题》,2005年第7期。

② 钱一舟:《"收入—成本"对进城务工农民市民化的壁垒影响》,载《现代经济探讨》,2008年第2期。

③ 宋利芳:《发展中国家城市化进程的特点、问题及其治理》,载《中国人民大学学报》,2000年第5期。

心。最后,文化因素也会加剧城市病。大城市在发展过程中,涌入大量人口。这些人口具有不同的文化、宗教背景,可能会导致种族、文化、宗教等方面的冲突。大城市崇尚高节奏的生活、快餐文化,也会导致一些人出现心理疾病,甚至因为压抑而自杀。

城市病呈现着多种形式。首先,城市就业问题。大城市的发展吸引了大批求职者前来,但大城市的就业机会存在不足,劳动力供给远远大于职位需求,加重了大城市的就业压力。政府采取的限制人口涌入的政策,反而拉大了城乡差距,让更多人涌入大城市。城乡差距让一人进城引起连锁反应,引起全家进城,但又找不到工作,只能游荡在城市中。城市的大量闲置劳动力造成了失业的持续性,不利于城市的健康发展。其次,城市生态环境问题。大城市的无序发展,导致交通拥堵、大量排放污染气体,加大了城市环境治理的成本。城市的生态环境破坏速度要快于城市经济发展速度,引起城市居民生活质量的不断下降。中国处于城市化和工业化快速发展阶段,引起的生态破坏更加严重。城市化过程中,产生了大量废弃物,环境污染对人的身体伤害很大。中国城市化需要大力采用新技术,完善基础设施。城市化中,穷人比富人受到的危害更大。因为穷人大都物质条件很差,没有好的医疗条件,抵御疾病的能力低,很多城市贫民无法获得清洁的水源和较好的医疗设施。最后,城市安全问题。简单的生活,单纯的意识就是幸福,可资本运作下的劳动不再简单,而是相当复杂和细化,这让一些弱势群体难以把握,产生了被操弄的感觉。很多人为了满足欲望不得不从事自己毫无兴趣的职业,一些人在工作中感到的也是被奴役和盘剥,而不是付出的愉快和满足。不平衡感让一些弱势群体产生了报复社会的心理,极易产生安全问题。

城市化不断挤压自然空间,不断用社会关系的抽象空间代替差异多元的具体空间。城市化具有社会维度,是人对空间生产的意识构成,是构想的艺术层面,对应的是认知,是人们生活和居住的空间,属于日常生活层面,充满欲望和差异。恐惧社会的特性凭借文字的书写展示出来。文字书写是人类社会文明的技术奠基。科技的进步让文字书写上升为上层建筑。文字书写以文本呈现,进入日常生活经验,凭借象征意义代替感性经验,变成具有指称意义的元语言;凭借技术理性制造符号,让日常生活变得多元。城市病的消除需要祛除技术理性,对城市生活进行艺术化变革。

(二)城乡公共基础设施和服务仍需完善

城市化关系着经济水平、人的发展。中国城市化获得了较长足的发展,完善了城市基础设施,便利了居民生活,但政府过于强调城市对工业化的促进作用,导致城市化发展缓慢。城市化吸引了生产要素大规模向城市的聚集,促进了产业结构优化,将有利于改变粗放的城市化模式,提升城市的文化内涵和品质。中国的城市化率按户籍计算实际只有35%左右,这反映了户籍制度对我国城市化的限制。中国城市规划缺乏科学合理的布局,导致资源大量浪费。一些城市的基础设施相当不完善,体现不出聚集效应。

城市化在快速发展过程中,也遇到了人口膨胀、交通拥堵、生态破坏等问题。"改革开放30年来,在经济增长的同时,中国农民阶层在社会地位上始终处在不利位置,这集中表现为城乡居民享受公共服务的不均等。"①在中国城市化进程中,需要合理解决农民工问题,不得不面临三农问题。改革开放以后,中国制造业需要大量劳动力,农民工进城务工为中国经济发展提供了动力。家庭联产承包责任制和身份证制度的实行,有利于农村劳动力流动。农民工进城务工增加了自己的收入,促进了城市经济的发展,影响了他们的生活方式和观念,但也形成留守儿童等问题。

科技革命促进了城市化进程,需要改造城市景观美学。城市化的初级阶段就是乡村的城镇化。中国的一些农村城镇化,政府起很大主导作用,是低水平粗放的。地方政府在城市化中起了经济人的角色。城市化是世界性的大趋势,但我国农业水平低,限制了城市化发展。地方政府利用城市化获取经济利益。地方政府应该服务于城市化,而不是不断加强管理,应该退出市场博弈,不与居民、商人争夺利益。

城市空间变化是政治经济综合作用的结果,要质量结合,平衡地方政府、商业经营者、民众的利益。中国的改革始于农村,起初大城市并没有成为亮点。不合理的城市规划布局让中心城区的拥堵始终无法解决。改革开放以来,我国城镇人口较快增加,城市数量增多,城市规模不断扩大。"在经济全球化、快速工业化和城市化的推动下,中国大城市内部空间结构发生急剧变化。"②大城市人口增多主要是迁移造成的。城市化中,充满旧城改造和郊区建设,其中,政府、民众、商人作为利益主体进行了激烈博弈。城市化需要解决"三农"问题,解决农民工的离乡不离土问题。中国城市化牵动了社会结构的变化,引导人们从乡村伦理走向城市伦理。城市化满足了人的自身生存与发展的需要,能够实现社会和人的现代化,促进市民社会的形成。

---

① 王谦:《城乡公共服务非均等:原因分析与政策取向》,载《经济理论与政策研究》,2008年第1期。

② 王春兰、杨上广:《大城市人口空间演变及管理转型响应研究——基于上海的实证分析》,载《社会科学》,2012年第12期。

中国城市化水平较低,产业结构不合理,第三产业水平低,仍落后于世界平均水平。农村劳动力持续增加,但城市吸纳能力不足,经济增长粗放,技术水平低,导致就业问题突出。一些地方政府过多干预城市化,对城市建设调控不力,盲目追求大项目;城市之间联系不强,城市规模体系不合理,城市职能不协调,基础设施不完善。大城市过度膨胀、小城市发展无序,应该用市场促进城市群形成,推动工业化和城市化协调发展。"我国长期以工业和城市为中心的发展战略以及城乡二元分割的经济体制,造成我国农业和农村的发展远远落后于工业和城市。"①造成中国城市化水平低的原因是农业基础差,城乡差别大,农业集约化、规模化程度低;工业结构失调,资本投资不合理,限制了农村劳动力转移;第三产业长期不足,影响了城市辐射力和吸引力,让城市公共服务不完全;区域经济发展失衡导致不同地区城市化水平不同;一些地方政府对城市化有片面理解,一直限制城市化规模,让市场机制缺乏;一直忽视城市化形式的多样性,用户籍做为单一指标,造成城市化盲目、片面、浪费;城市化中一直重数量轻质量,城市体系很不完善,对流动人口服务不够,不断限制农民的发展;城市基础设施和公共服务薄弱,城市建设有些只是政绩工程。

中国城市化模式经历由抑制城市化到发展小城镇再到以大城市为主导等模式的演变。"城乡基本公共服务非均等化的症结在于城乡二元体制。"②计划经济时期,人为地抑制城市化发展,政府干预城市数量、规模、人口,让城市化一直徘徊不前。改革开放后,乡镇企业发展推动了城市化,但乡镇企业技术低、环保差,规模小,导致小城镇发展不足。20 世纪 90 年代后,市场经济推动了产业规模化、专业化,生产资料向大城市聚集,带动了大城市为主的城市群发展。城市化关系到经济繁荣、民族复兴,需要提高技术水平。中国城市化在高速发展过程中不可避免会出现很多问题,表现为城市化水平滞后、规划不合理、管理不科学等。中国产业结构不合理,缺乏持续动力,产业规模化不强、粗放经营,无法适应市场变化,技术水平低,劳动者素质低,管理层次低。政府仍然限制农民进城,农民在城市没有归属感,农村土地集约化程度低;城市化还存在制度障碍,户籍制度分割了居民,限制了农民进城,阻碍了农民提高收入。土地制度不完善,没有形成完善的土地市场,征地制度不规范,土地产权转移不合理,农村土地低效利用,土地使用权流

---

① 刘长久、周建波:《我国城乡基本公共服务均等化问题探析》,载《理论月刊》,2010 年第 11 期。

② 徐越倩:《城乡统筹的新型城市化与基本公共服务均等化》,载《中共浙江省委党校学报》,2011 年第 1 期。

转难;资源利用效率低导致能源短缺,能源消费结构单一,威胁了经济持续发展,工业排放污染严重,导致环境问题严重,空气中有大量颗粒物质,水中有大量废物;城市空间资源利用不合理,缺乏公众参与,没有合理规划做保障。"当前,中国城乡公共服务的供给模式、生产模式和分配模式还存在着诸多缺陷,城乡公共服务由传统形态向现代形态转换还需要很长时间。"①政府主导城市规划,让规划部门依附于行政力量,导致规划随领导意志改变,脱离公民生活的实际,导致环境问题突出。城市盲目扩大规模,搞政绩工程,盲目开发建设,节约意识不够,基础设施投资不够;城市管理水平低,管理理念落后,管理方法不科学,政府轻视服务,没有发挥好基本职能,没有促进公平,市场机制不完善,更多是应急机制,没有长效机制。一些地方政府管理体制落后,缺乏整体协调机制,机构臃肿,执法不人性,部门职责不清,管理涣散。

(三)农村城镇化层次较低,农民生活水平仍需提高

改革开放后,国家放松了人口管制,允许农民工进城务工,人口流动规模日益扩大,跨省流动增多。农村剩余劳动力选择外出打工,规模越来越大,大多是农村青壮年,主要流向广东、福建、浙江等东南沿海发达地区。近年来,由于劳动加工业的产业转移,流动人口有所回流,而中西部由于工业不发达,是人口的输出地。中国小城镇不断增多,转移了大量农村人口,一些城市也放开了户籍政策,促进了人口流动,但中国城市化仍相对滞后。中国城市化滞后世界平均水平10多个百分点,也滞后于经济发展水平。经济全球化促进了中国大都市和城市群的发展,需要大力发展中小城镇。中国城市化的显著表现是乡村中国上崛起一批大城市和城市群,而广大农村和中西部仍较落后。中国城市化速度是罕见的,用短短几十年就完成了发达国家几百年才达到的城市化水平,这促进了农村结构转型,也为世界发展做出了贡献。

发达国家已出现逆城市化,中国城市化却远落后于发达国家。"农村城镇化关系到我国社会主义现代化建设的大局,是一个具有重大现实意义的课题。"②进城的农民工不能享受城市现代文明。乡镇企业发展不足,缺少技术、制度革新,农村人口城市化速度很慢。农村产业规模化不够,农民收入低。城镇空间结构需要调整,城镇布局不合理,乡镇企业分散破坏了环境。乡村需要大量人口转移,但城市吸纳能力不足。小城镇经济结构不合理,第三产业落后,规模不大,没有发挥规

---

① 陆道平:《我国城乡公共服务均等化:问题与对策》,载《江汉论坛》,2013年第12期。

② 颜廷平:《近十年来我国农村城镇化若干问题研究综述》,载《理论与当代》,2011年第1期。

模聚集效应,无法更快推动农村城市化。小城镇发展需要人才、资本、技术等,但难以吸引优秀人才、资本、技术,导致竞争力不强。一些小城镇建设规划不合理,处于无序发展,污染重,导致资源浪费。

城市化进程中,需要强化农村教育。城市化是农村发展到一定程度的必然产物。良好的农村教育可以使农民更加适应产业结构调整,更加适应城市生活。传统的农村教育过于重视升学,城乡二元结构的存在,让农村孩子渴望改变自己的农村身份,变成城市人。城乡的悬殊差别,让农村教育脱离实际。农村人才不断流失,农民不得不离开农业,去外地务工。城市化应突破二元分割的僵化体制,破除城乡二元社会。"城镇化需要统筹城乡文化发展,推动农村网络化、信息化。"①城市化发展过程中,要维护政治稳定,努力化解各种矛盾。城市化有利于破解农业问题,促进城乡融合,但也充满矛盾,加剧了城乡文化冲突。城市化中的政治稳定,宏观上涉及城市化的指导思想、价值取向和制度安排等,微观上涉及城市化的分配机制、保障机制、流动机制、文化机制、利益诉求机制、应急机制等。中国城市化面临西方价值观的冲击。政治稳定不仅是和谐社会的需要,也是经济转型和城市化的需要。城镇化相对于城市化是突出了小城镇在城市化中的作用。城市化是城乡资源、要素、文化、生活方式的融合。限制大城市发展影响城市化进程,发展小城镇的政策也没让小城镇的吸纳能力变强,小城镇仍缺乏产业支撑,第三产业很少,没有能力吸纳农村剩余劳动力。小城镇的发展推动了中国城市化发展,但小城镇较分散、规模过小,效益低,城乡二元体制一时难以破除。

城市化涉及产业结构的协调,涉及城乡居民生活的改善。"中国目前的农村城镇化基本上是在维护现有制度的前提下进行的,要加快中国农村城镇化的进程,使农村城镇化走向健康发展的道路,就必须进行制度创新。"②城市化要解决农民的收入和土地问题。城市化是权力和资本的盛宴,要消除政府权力干预。城市化要实现国家导向和社会导向的结合。中国城市化质量有待提高,需要以人为本,以农村人口迁移为重点,而不是以圈地建设为重点。城乡二元经济结构、对农村投入不足、城乡教育差别等造成了城乡收入差距,是不合理的分配制度造成的。城乡在户籍、就业、教育等方面都存在巨大差距。实现城乡一体化发展,需要解决三农问题、就业问题、教育均衡问题等。城市化是农业向工业和服务业的转变,会提供更多就业机会。城乡一体化会缩短城乡差距,促进城乡协同发展。城乡一体

---

① 陆益民:《加快农业农村信息化建设促进城乡统筹发展》,载《学习时报》,2011 年 11 月 4 日。

② 孙正林等:《中国农村城镇化的体制性障碍及对策》,载《学习与探索》,2005 年第 9 期。

化就是城乡居民平等地参与城市化,共享现代化成果,自由迁移到城乡各地。城市化不仅靠政策,更要靠自然资源和经济发展。农民工至今无法融入城市,只是半城市状态。城市化和现代化是相伴相生的,是衡量现代化的标志之一。中国是传统的农业大国,但掀起了城市化的高潮。农民工给城市化带来了劳动力,促进了中国制造业的发展。体制障碍让农民得不到城市身份认同,带来了城乡道德冲突。

第三节　中国特色城市化道路的成因分析

中国城市化问题的成因是多方面的,既有市场作用发挥不充分的原因,也有经济发展模式和宏观经济政策的原因,还有深层次指导思想的原因。其一,存在城乡、工农隔离的状况,导致城乡二元格局、虚假城市化等。城乡二元分离的思维模式导致忽视农村,没有推动农业现代化、工业化,让农村长期得不到发展,城市占用了农村资源,城市吸纳农村劳动力不足。其二,放任资本、市场在城市化中发挥主导作用导致城市畸形扩张,空间结构失控。资本在城市化中追求剩余价值,引起房地产等的垄断,将空间作为价值扩张方式,要求获得垄断利润。20 世纪 90 年代以来,市场经济在城市化中的作用越来越大,不完善的市场机制让资本盲目征地,盲目城市建设破坏了历史文化特色,不断占有空间。资本掌握城市化让城市建设失去合理规划,导致城市化非人本化、非理性化、生态破坏等不良结果。其三,经济粗放增长方式和宏观政策影响,导致过度城市化,地方政府依靠土地获得主要财政收入。1994 年以来的分税制改革让一些地方政府有了从土地获取财政收入的冲动,通过土地出让增值收益和建筑业营业税获得地方税收。市场化改革并没有缩小城乡收入差距,消费品及内需仍然严重不足,经济积累仍依赖出口。经济粗放方式让低端制造业生产了大量廉价商品,换得了短期贸易高增长,却付出了技术低级、产业难以升级、环境破坏的代价。

一、城市化发展模式需要改进

（一）城市化集群效应不明显

城市化需要在市场主导下,打破城乡隔离格局,推动区域平衡发展。"中国城市化发展过程中,形成了一些大城市群,如长江三角洲城市群、珠江三角洲城市群、环渤海城市群等。"①城市化是巨大的人口移动,要求城市功能完善和基础设施配套。农业劳动力转移到工业和服务业是城市化的必然趋势。城市化和产业革命是能够相互促进的。大城市化能够产生更高的聚集效应,让生产效率更高。中国也应该发展大都市群,突破行政区划壁垒。改革开放前,中国一直努力实现工业化,但政策一直竭力维持农业固有生产格局,导致城乡二元格局长期存在。政府长期奉行优先发展重工业的政策,导致利润低下,不断用农业补贴工业利润,不断将城市人口下放到农村,以减轻城市负担,实行农村工业化,导致经济粗放式增长。行政区划的分割导致各个城市联系不紧密,行政配置资源阻碍了城市群发展,不利于物流、人口的流通。我们要强化城市群的联系,加快交通体系的完善,利用便利的交通完善卫星城的建设。城市化需要市民社会的支撑,创立合理的适应工业经济、信息时代的社会机制。经济全球化时代,大城市在国际竞争中有重要地位。我们不能一味走小城镇发展道路,应该推动各类型城市的协调发展。

中国城市化组团发展趋势越来越明显,城市体系不断完善,促进了各类型城市的协调发展,让大城市更加发挥中心聚集作用,繁荣了区域的金融、贸易、信息、科技文化等产业。"城市集群在集群程度较低地区增长效应高于集群程度较高的地区,在落后的边缘地区的增长效应明显高于发达的核心地区,在中西部地区的增长效应明显高于东部地区,总体上,城市群对各类地区具有一致的正向作用。"②城市群成为近年来中国城市化的重要形态,城市群主要集中于区位优越、经济发达的东部地区,主要有长三角、珠三角、京津冀、辽中南、山东半岛、闽东南、中原、江汉平原、成渝、湘中、关中等。这些城市群产业协作能力强,聚集效应明显,集中了大量人口,对经济的贡献很大。市场因素日益在城市化中显示更重要作用。改革开放前,行政力量绝对支配着城市化发展;改革开放后,市场体制不健全,行政力量仍起主导作用,但随着体制改革,市场逐渐起一定的作用。城市经济不断发展,必定会突破行政界线,引起区划调整,推动区域内城乡一体化。行政区划调整可以缓解城市经济发展的制度束缚,近几年的合并区划,有利于城市化向郊区扩展。城市化仍受制度限制,需要改革户籍制度和社会保障制度,推动农民在城市生活、就业,实现城乡居民在教育、医疗、住房等的相同待遇。城市群在城市化中的主体作用日益显现。长江中游城市群以武汉为中心推动了长江经济带的发展,推动了中国城市化空间格局的合理分布。国家也发布了一系列规划,推动城市空间开发的高效、合理。政府将城市区分为不同级别:国家级中心、区域中

---

① 黄金川、陈守强:《中国城市群等级类型综合划分》,载《地理科学进展》,2015 年第 2 期。

② 原倩:《城市群是否能够促进城市发展》,载《世界经济》,2016 年第 9 期。

心等,试图用行政力量推动城市群发展。政府放宽了外贸限制,给予经济特区以对外贸易宽松政策,并允许外资进入投资设厂。对个别城市的计划体制、价格体制、就业体制、企业行政机制做了一些改革,开放了一批沿海港口城市。21 世纪,中国城市化由单体城市向大都市和城市群发展,建立城市新区,崛起了一批城市群。经济特区、沿海开放城市、城市群对经济发展功不可没。

改革开放始于思想解放,新时期的城市化也始于思想观念的转变,理论界开始了城镇化还是城市化的讨论,限制城市发展的政策有所松动。改革开放推动了中国城市快速发展,城镇人口不断增加,城市人口比重不断加大,城市产业结构中第二、三产业扩大,转移了大量劳动力,一些农民进城居住,未来中国城市化仍将快速发展。城市化是人口、资源向城市的聚集,是不同类型城市的流动和迁移。中国已经有一些特大城市,也兴起了一定规模的城市群,让城市化成为推动经济发展的重要力量。中国城市化经历各种曲折、沉浮,有的城市迅速壮大,有的城市却因为资源枯竭而衰落,但大部分城市都实现了跨越发展。"中国城市化长期实行严格控制大城市,合理发展中等城市,积极发展小城市的政策。"①2000 年后,大城市和城市群发展起来,提高了城市群的竞争力。城市化水平与经济水平也不匹配,经济飞速发展,城市化却滞后,大城市又出现了过度城市化,导致人口膨胀,人口失业率较高,外来人口难以融入城市。

中国城市化发展不充分,一些城市没有较好的基础设施,商业、航运业发展不充分,长期受政策影响,城乡二元体制导致外来人口不能获得户籍,享受不到城市的教育、医疗、福利等待遇,更多是半城市化。国家实行住房改革,开放土地市场,极大地刺激了房地产业的发展,也导致房地产泡沫。城市化是城市布局、空间内部结构调整。农民失去土地却不能成为市民。城市建设无序,二元结构导致三大产业结构不合理,需要统筹城乡空间布局,加速"城中村"改造,要坚持城区和市郊共同发展,统一规划土地利用,调控城市规模。城乡结构合理化是产业结构和人口、空间等的匹配,建立合理的户籍制度和土地制度。中国城市化需要推动城乡区域内生产要素的自由流动、平等流动和交换,推动农民市民化。农民市民化的滞后严重制约中国城市化发展,需要为农民市民化提供有利条件,政府要发挥引导作用,建立良好的公共服务体系,需要建立完善的土地市场,实行城乡一体化的产权制度、土地交易模式,要建立城乡土地的同价同权制度,允许农村土地买卖、租赁,鼓励农民以转让、出租等多种方式促进土地集约化经营,推动农村宅基地确权,促进宅基地的自由出让。

---

① 刘传江:《论中国城市化发展的制度创新》,载《理论与改革》,2001 年第 5 期。

　　城市体现了现代文明,是工业化发达的表现,推动了非农活动、人口、资本、技术等要素的聚集,推动了社会结构、思想文化的转变,需要平稳发展。"产业集聚与城市化存在相互促进关系,产业集聚通过要素集聚、产业结构优化升级、城市化成本降低、城市竞争力提升等途径促进城市化发展。"①改革开放前,优化发展重工业,导致城市化缓慢,乡镇没有成为农村城市化的基地。城市化完全由政府主导,城市化吸纳农村劳动力能力很低,受计划经济制约,城市运行是非商品化的,形成了二元结构,政府统包统制居民生活日用品,阻碍了农村人口进城。城市化滞后保证了高积累工业体系的尽快建成,成为改革开放后工业发展的起点条件。改革开放后,农村改革推进了农业和非农产业发展,为城市化提供了劳动力,政策放松推动了农民进城打工。但限于财力,政府仍限制大城市发展,仍是自上而下的城市化。国家对于城市规模发生了争论,担心大城市会引起贫民窟,基于中国存在大量农业人口,仍倾向于重点发展小城镇。大城市有资源、能源、城市基础设施、吸纳人口能力等效率,对经济有很大带动作用,需要建立大都市圈,增加成本收益。小城镇是城乡分割体制的产物,很难吸纳更多农民,过度发展小城镇会得农村病。城乡之间要素的流动还有障碍,由于地缘关系和产业结构,还得发展小城镇。大城市已经出现城市病,但不能因此限制农民进入,需要提高企业效率。中国一些人倾向于发展中等城市,认为中等城市有一定辐射力,可以联系城乡要素。不需要人为限制城市化模式。需要市场机制自己选择,要走多元化模式,中国存在地域差异,工商业不同,需要从实际出发,兼顾近长期利益,多元发展,综合考虑各种情况。

　　中国城市化应该提高大城市辐射能力,促进乡镇集中发展,推动城乡一体化。"城市化是产业结构升级的主要动力,城市化的健康发展可以为产业结构升级和调整提供有力的支撑并创造良好的环境。"②中国特色城市化强调市场的重要性,但也需要政府引导和规划,发挥要素流动的最大效益。城市化要遵循市场原则和城市化规律,考虑后代利益,推动新型工业化、自主创新、农业现代化。特色政治管理要统筹经济发展、劳动力就业、环境保护的关系,要保障进城农民的教育、医疗等生活条件。城市化需要与信息化、全球化结合,要科学规划,完善公共服务,推动城市化向质量转型。城市化要实现经济增长,增加就业,缓解资源短缺,平衡

---

①　陆根尧、盛龙:《产业集聚与城市化互动发展机制研究:理论与实证》,载《发展研究》,2012年第10期。

②　欧阳峣、生延超:《城市化水平与产业结构调整的内在互动机制》,载《广州大学学报(社会科学版)》,2006年第11期。

地区差异,促进集约发展。

中国城市化水平已经快速提升,城市之间的联系不断加强,形成较大的城市群。"只有建立和发展合理的城市产业结构,才能使城市聚集经济效益得以实现。"①中国城市化的公共设施和服务能力不断增强,吸引外资能力增强,但城市化存在虚假,过度依赖土地财政,危害经济实体,发展不平衡等。城市化不断聚集和扩散,发挥吸引生产要素功能,优化资源空间配置。城市化要发挥规模效应和递减规律,城市规模要适度,达到最低成本和最大效益,不是每个城市都需要发展为大城市,要达到最佳规模效应。要增加教育、绿地、交通、大学生比重等,提高能源利用效率,提高非农就业人口比重,引导城市人口增加,发挥城市化对经济的拉动作用。城市化是生产力进步引起的生产、生活、居住方式的变革,是城市人口增长,是机械增长和人口增长的综合,是城市用地规模扩大,是工业化程度提高、居民收入提高,是城市基础服务水平提升,居民生活层次提高,城市生活方式渗透。城市化不只是人口、地区的转变,也是生产方式和生活方式的转变,是经济现象组合,农业人口聚集为城市,城市价值文化扩散推广,城市居民生活提高,推动区域经济平衡,促进城市人口平衡分布,实行城市化道路战略转移。城市化需要建立大都市群,推动城市化模式整合,促进各区域经济带的协作。

中国城市化带来工业的升级发展,促使更多劳动力从事第三产业,为居民提供了更多实在的服务。中国高等教育不断发展,为工业提供了大量知识型人才。政府根据我国经济建设中存在的现实问题,积极推进产业结构优化升级,形成以通信技术产业为先导、房地产业和劳动加工业为基础、休闲产业迅速提升的产业格局。国家积极倡导科教兴国战略,坚持科技是第一生产力,不断提升劳动力的技能水平,推动工业化技术层次。国家推动城市化、技术化、工业化的紧密结合,统筹各地区发展,坚持和谐、生态发展。国家积极稳妥地推进城市化,抛弃原先的高能耗的城市化道路,不断进行体制创新。政府坚持城市发展政策以人为本,实现统一的城乡人口管理。国家大力发展现代农业,提升工业化水平,提高城市经济聚集效应。"城市尤其是大城市的劳动力将主要从事第三产业,研发、营销、金融、保险、交通、商贸、物流、通讯、房地产、旅游、中介服务等成为后工业时代推动城市发展的主要动力。"②

城市化能促进人口和生产资料的空间集中,对经济、社会、文化产生聚集效应。"聚集经济又称聚集经济利益或聚集经济效益,一般指因企业、居民的空间集

---

① 张凯:《城市聚集效应与城市化战略研究》,载《前沿》,2006 年第 4 期。

② 艾文:《房地产:中国城市革命生力军?》,载《证券日报》,2005 年 10 月 20 日。

中而带来的经济利益或成本节约。聚集不经济是由聚集成本的存在而造成的。"①城市聚集效应会吸引人口、资源,促进工业和城市发展。城市聚集会有双重效应,不经济的聚集会让城市交通拥堵,产生额外的成本,产生城市病。制约城市聚集效应的因素有人口的构成、自然资源、区位条件、资本、制度条件、公共设施和公共服务等。各项因素组合起来的优越条件,会促进城市聚集。企业的聚集与资本家的行为选择有很大关系,资本家总是追求利益最大化,总是仔细考量各项生产要素的最佳组合,他们更倾向于选择那些市场完善、交通便利、劳动力成本低的地方设厂。城市聚集能为居民提供更便利的生活条件,促进更合理的分工,提供更多的服务。

低效率的农业和低成本的工业化的产业发展途径,让产业弱质。城市化产业要素的实现需要调整产业结构。"城市化不仅是农村人口及其他经济要素进入城市创造并分享城市文明的过程,更是城市文明向农村扩散并改造传统文明的过程。"②城市化的集中过程与扩散过程是互动关系,只注重经济要素向城市聚集而忽略现代文明向乡村扩散只会影响城市化发展速度。城市经济聚集效应受到资源、生产效率、市场规模和消费需求等的制约。扩展市场是经济发展的重要途径。"如果没有城市化和分工的深化、没有创新和新的产业出现,生产迂回度没有延长,市场规模是不会真正扩大的。"③中国农业就业比重呈现逐步下降的趋势,反映了中国产业结构的升级。城市化促进了中国现代化水平,推动了城乡产业结构协调,提高了农业现代化水平和农民收入。城市化拉动了内需,是经济发展的动力源。但我国农村居民的消费仍落后于城市居民。产业聚集和发展为城市化提供了直接动力。"城市的聚集效应使工厂和客户集中,以及交通的便利减少了结构的运输成本。"④产业聚集和发展主要是通过工业的聚集、规模效益、速度、结构演变等方面推动城市化的。市场经济为城市化提供制度前提,第三产业为城市化提供重要动力,农业发展为城市化提供基本条件。

(二)城镇建设需要加强科学性

一些地方政府为了政绩盲目扩张,盲目上大项目,浪费了资源和人力,城市建设效率低下。"目前我国智慧城市建设存在'千城一面,缺乏特色','重项目、轻规划','重建设、轻应用','重模仿、轻研发',资源整合难度大等问题。"⑤一些地

---

① 何诚颖、章涛:《城市化的制度变迁与资本市场创新》,载《南开经济研究》,2001 年第 6 期。
② 孟祥林:《我国城市化进程中的小城镇发展选择》,载《城市》,2006 年第 4 期。
③ 邓进:《城市化滞后:中部崛起的瓶颈》,载《价格月刊》,2006 年第 5 期。
④ 刘明松:《试论城市化过程中环境的可持续发展》,载《沿海企业与科技》,2001 年第 6 期。
⑤ 辜胜阻等:《当前我国智慧城市建设中的问题与对策》,载《中国软科学》,2013 年第 1 期。

方政府重视发挥经济管理功能,而忽视社会服务功能,对流动人口缺少服务、引导,对贫富差距关注不够,生态污染没有解决。城市空间布局不合理,吸纳能力不够。一些地方的城市化发展粗放,土地利用效率不高,没有集约规模化,利用资源效率低,导致环境恶化,片面追求经济增长,影响了社会持续发展。一些地方的中国城市化忽视软件建设和人口质量,出现很多城市病。城市建设质量会影响国民经济发展。"在城市发展不断取得巨大成就的同时,也暴露出了很多问题。这些问题时时刻刻在影响着城市的建设,给城市建设的提高带来了许多麻烦。"①城市病是结构性的体制问题,是户籍、就业制度、产业结构等造成的,不是短期能解决的。一些地方政府对大规模人口流动有恐惧,不断用政策限制人口迁徙,不把外来人口纳入服务范围。为了解决交通拥堵,很多城市发展地下空间,修建了地铁。全球化冲击了中国城市建设,让城市雷同,老城区不断改造,破坏了古建筑,需要建构城市独特地方特色。城市规划应该加强生态建设,解决城市病,建立持续发展的和谐城市,使用清洁能源,发展公共交通,提高能源技术,加强绿化建设,建设都市化田园小城镇。"城市建设工作中的短期行为和浮躁之风相当严重,应当引起人们的高度重视。"②城市病是城市建设不协调引起的。中国工业化发展水平较低,居住环境需要改善,存在低水平建设,安全度低,吸纳能力低,人口分布不合理,生态破坏日益严重,城市心理疾病突出等问题。

城市经济体现先进生产力,需要为居民服务。"我们的城市建设要依靠一系列的规划、模型;我们的家庭布置要根据一定的样板;甚至于我们的人际关系也要根据大众传媒所提供给我们的一些模型。"③城市化是现代化事业的一部分,是经济增长的重要环节,需要推动就业、工业、教育、环保水平提高。中国城市化不应限于争论先发展那种类型城市,而要合理规划,把大中小城市和小城镇结合。中国人口多、土地少,需要发挥大城市的规模、聚集、辐射功能,发挥大城市对国民经济的引导作用。大城市就业机会多,更节约土地成本,在资本、技术、市场、交通、管理等方面具有很大优势。农民进入小城镇,只是初级的城市化,需要改变传统产业,提高城市发展质量,推进现代化。大城市是国民经济主动力,并非一定产生大城市病,城市病是人导致的,是管理失误,需要积极完善大城市职能,提高现代化层次,转移传统产业,推进技术产业革新,培育有竞争力的产业体系,调整城市

① 俸云玲:《城市建设存在的问题及建议》,载《城市建筑》,2014 年第 6 期。
② 王申成、宫希魁:《中国城市建设和管理若干疑难问题研究》,载《经济问题探索》,2009 年第 6 期。
③ [法]让·鲍德里亚:《消费社会》,刘成富等译,南京大学出版社 2005 年版,第 88 页。

布局,促进小城市集中。中小城市能够联系大城市和小城镇,避免大城市的交通拥堵、住房紧张,技术又超过小城镇,可以缓解大城市压力,促进小城镇发展。中小城市处于城市化中部,数量很多,能够吸纳很多人口,有一定产业基础和公共设施,能发展为区域工商业中心,协调城乡关系,但中小城市聚集能力较弱,也会产生浪费,破坏生态。由于同一的历史、政治、文化因素,城市及其周边地区可以组成互补的城市体系,加强区域联系。

科技水平的进步,让城市高层建筑异军突起。"随着我国城市建设步伐的加快和城市人口的急剧膨胀,各种公共安全事故发生的频度和程度迅速增加,使得城市的可持续发展受到严重威胁,城市公共安全面临空前的挑战。"[1]城市生产和交换都是以符号媒介为中介的,彰显符号的重要社会意义。符号的能指和所指相互联结构成整体系统的社会。整个社会都建立在物的体系中,制造出令人心动的景观符号。消费是对符号的不断占有,这种占有不是为了肉体的生存需要,而是为了展现身份和地位的优越性,表明人类已经摆脱了单靠食物活着的低级阶段,而更多追求精神的愉悦。都市空间作为人类社会实践活动的主要场所,已经引起很多学者关注。工业革命和科技的进步也影响了城市空间规划和空间生产。城市空间生产导致国际大都市的产生,人口向郊区迁移也导致城市中心衰落。工业化生产不是人类社会的目标,而只是为都市社会做准备。城市已经成为当代社会生产的中心,权力矛盾、贫富差距、技术冲突也主要表现在城市中。技术理性已经充满城市规划和建设,围绕城市权力的技术斗争已经成为城市革命的核心问题。城市是生活的聚集地,受国家权力控制,集体消费体现人民和国家的关系。

(三)城市化增长方式需要转变

城市化是包括多种要素的动态过程,受自然地理、人口、制度等因素的影响。城市化瓦解、馈补、改变了农村,需要改变粗放的城市增长方式,采用多元模式。中华人民共和国成立后的城市化以小城镇为主。中国城市化既要发展大城市,也要发展小城镇。城市化要有理性和长远眼光,不能只发展房地产业。作为政治的空间生产在空间系统上制造出中心和边缘的空间等级结构,建立起资本霸权,引起生态破坏。社会主义空间生产应当消解资本主义抽象空间生产,建立和谐有序、公平正义的空间生产模式。随着工业革命的进行,资本主义空间生产造成空间的同质性和碎片性,引起一系列空间矛盾。

资本主义制造了大量社会财富,也引起生活物化,必然会导致城市生产矛盾,引起空间同质化,造成全球空间一体化。空间生产规划要避免空间生产错位和空

---

[1] 刘浪、何寿奎:《城市建设中的公共安全规划问题探讨》,载《生态经济》,2008 年第 8 期。

间生产冲突,设计师要弄清社会空间的意义,调整空间生产的总体目标,顺应资本流通趋势和人们利益需求。资本增值逻辑日益影响并控制着城市空间生产,但资本推动的空间生产碎片化仍侵占着城市空间。资本增值最大化导致的空间生产同质化,应当被控制在一定程度内。资本积累的全球布展带来空间不平衡发展,引起民族国家的独立要求,打破了世界经济不平衡发展,强化了人们的地理空间意识。我们需要从总体性视角分析城市空间结构问题。资本主义空间问题是资本积累造成的,是资本主义的空间修复,不仅表现在全球空间和个体感知空间,而且表现在国家空间和城市空间。城市中的物化表现得很明显,因为城市空间是资本运作的集中场所。城市问题引起了空间正义诉求,要求空间平等分配、空间居住权平等。一些人致力于把马克思主义和地理学结合,以推动人们采用宏大视角关注空间问题。日常生活已经被空间生产架空,不仅是资本增值和社会关系的结果,而且是资本增值的前提条件和基础。空间生产资本化就呈现为固定资本投资在空间的规模,就是凭借资本规则占有和生产空间,呈现为投入空间生产的资本不断增多。

中国科技取得了较大进步,但还不足以让城镇化完全按照生态化的模式进行。中国城市化很大程度上仍是靠过度开发自然资源进行的,仍存在大量低端的加工制造业。这种生产方式是短视的,让人们在急功近利的目的下生活。中国城市化水平仍然很低,面临着尽快实现农村现代化的巨大压力,但不能为了实现农村现代化,就再走西方那种圈地运动和殖民掠夺的方式,就破坏自然空间资源。"中国过度依赖煤炭作为能源,导致排放了大量 CO_2、NO_2、CH_4 等温室气体和工业废物,让空气失去透明,让河流变得污浊。"[1]中国历经 30 多年的现代化建设,经济总量已经大为提升,成为第二大经济体。列斐伏尔等人对资本主义空间生产的分析和批判,显示了发达工业社会空间生产模式的弊端,并启示我们,只有将先进技术和中国现实国情相结合,才能实现中国城市化的科学发展。我们必须弄清城镇化和生态问题的关系,努力达到人在城市空间的诗意生活。

粗放式的城市空间生产方式导致一些环境问题。"我国传统经济增长方式属于粗放经营型,投入高、消耗高、污染大、效益低。"[2]在城市空间生产进程中,自然资源被掠夺,生态环境被破坏,而随着世贸组织的加入,这种粗放的增长方式无以为继,中国人口众多,一旦廉价劳动力资源的优势减弱,就要求我们必须走科学发

---

[1] 孙全胜:《城市空间生产:性质、逻辑和意义》,载《城市发展研究》,2014 年第 5 期。

[2] 陈栋生:《从粗放到集约:经济增长方式的根本转变》,载《内蒙古财经学院学报》,1996 年第 2 期。

展的道路。科学发展需要先进技术的支撑,而目前,中国生产技术相对落后,严重制约了中国城市化进程。中国当然不能再走西方那种圈地运动和海外殖民的方式,而要吸取资本主义的教训,走科学发展道路。低端的城市化水平,引起了一系列伦理问题。资源紧张和生态恶化为核心的环境问题影响城市化可持续发展。城市化的根本动力是工业化,大部分城市也选择了工业城市模式,虽提高了城市经济发展水平,但始终停留在粗放增长模式,不断上项目、铺摊子,忽视了技术创新,一直低水平建设,引起产能过剩和结构失调,忽视了市场需求,让产品缺乏市场竞争力,难以满足居民多元化需求。城市化和资源环境形成恶性循环,出现能源危机。这种高投入、高消耗、低产出的道路无以为继,形成畸形的城市产业结构,限制了第一产业和第三产业发展,造成了消费和生产的对立,造成服务业萎缩,影响国民经济发展。这种城市化方式抑制了经济长远发展,重工业需要投入大量资金,而自身积累很差,不利于吸纳剩余劳动力。强调城市是工业基地,造成城市结构单一、功能趋同,不能发挥市场作用。城市环境问题主要原因在于城市空间的膨胀和城市人口的爆炸,而根源是低端的生产力和生产方式。

二、城市空间规划理念仍显滞后

(一)城市规划理念需要提升

改革开放之后,中央政府曾经下放给地方政府一些财政预算权力,让地方政府独立决策力增强,变成城市空间生产的主力,并努力吸引外资,以拉动 GDP 增长,而房地产成了地方财政的主要来源。因此,占有和使用土地成了各方博弈的焦点。土地规划和资本投资成为地方政府工作的核心思路,并大力推进各类开发区建设,造成环境破坏、社会矛盾增多。城市空间聚集了大量人口、资源和技术,既是居民生产和生活的地理空间,又是居民精神文化交往的精神空间和社会空间。城市化具有多重维度:人口城市化是城市化的核心,经济城市化是城市化的推动力量,地理空间城市化是城市化的基础条件,文化城市化是城市化的追求目标。城市化应当是城市空间结构由简单到复杂、由必然到自由的可持续过程,应当节制人类对自然空间的开发、利用,让空间资源能够可持续利用。

1. 城市空间规划充满资本理念和中心秩序

人在都市社会里,基本的行为是消费和娱乐。"禁闭已经成为各种滥用权力因素的大杂烩。"①都市空间的市场化又不断巩固着资本政治权力。城市空间规

---

① 〔法〕米歇尔·福柯:《疯癫与文明:理性时代的疯癫史》,刘北成等译,生活·读书·新知三联书店 1999 年版,第 41 页。

划充满中心性和同时性的资本逻辑纠结。人们针对城市空间生产对城邑的破坏而提出"都市"范畴。都市空间是生产关系的集合营地。城市空间规划让不同空间要素重新排列组合,引起城市空间中的中心性和同时性特质不断纠缠在一起产生新的空间结构和空间系统,是精神性和社会性的结合,其社会性展示为城市空间的社会意识化和资源聚集化,其精神性呈现为城市空间的符号视觉化和生殖化。

资本逻辑推动的空间生产让都市空间变成一个物化空间,呈现为空间的同质化和市场资本化。城市空间生产在提供物质财富的同时,也引起了大量的否定因素。否定因素不是来自边缘空间或下层群体力斗争,而是源自其核心部门或上层阶层的资本扩张需求。"这种破坏并不只是由公然宣称的暴力所造成。"[1]休闲空间的使用功能被交换功能遮蔽。人与人的关系被异化为物的关系。休闲空间和都市空间并非完全对立、不可交融的。其一,都市空间是休闲空间形成和发展的前提。随着技术理性的渗透,都市空间不断被人改造为休闲空间。休闲空间对都市空间的影响也越来越大,让纯粹的自然空间在消逝。其二,都市空间在转化为休闲空间中延续了自己的形态和结构。休闲空间在侵占都市空间领地的同时,也不可避免地更加认识社会,参与整个社会的生产运行机制当中。都市空间虽然在消逝,但休闲空间始终是都市空间的产物,始终在都市空间的基础上才能发展。

当代发达工业社会空间生产集中展示在都市空间的膨胀。都市空间规划是资本逻辑高度组织起来的,将社会矛盾和空间矛盾混淆。都市空间规划是人类工业文明进步的产物,承载着生产交换、实践活动和社会关系,是社会有机体的重要组成部分。都市空间规划激发了商业活动,促进了技术进步和贸易活动,让工业生产更加兴盛。城市支配了农村的政治、经济及文化心理,让城市空间中的生产更加资本化了。城市空间中生产关系的主导力量是资本,城市化也是资本积累过程。都市空间是区域性的居住点,是等级化的空间结构,总是围绕一个主导型的大都市,形成相对稠密的聚集地。都市空间具有吸引力,是聚集和弥散的结合,能够用数字解码城市空间的起源和历史轨迹。后现代都市是去工业化和重新工业化的,兴起高技术的服务业,让劳动力市场两极化趋势更加明显。后现代都市也是空间碎片化和两极化过程,城市中有不同阶级,贫富差距加大。

都市空间规划中的资本逻辑让休闲空间成了稀缺商品。空间中心化是都市社会形成和发展的必要条件。都市社会遵循着中心性逻辑。中心是虚无的,需要

---

[1] H. Lefebvre, *The Survival of Capitalism*, *Reproduction of the relations of Production*, London:Club Ball Press,1978,pp. 8—10.

内容填充。这种静止的中心性被一些学者称作"中心化"。都市空间的中心化体现政治意识形态。空间生产的同质性否定多元和差异,让空间能够任意被切割。中心化让中心和边缘的都市空间对立更加明显。城邑到都市形态的转换是充满矛盾的大规模过程。都市空间规划中的资本逻辑让都市空间动态化。在资本运作的早期阶段,钢铁等原材料要比土地更重要,人们更热衷于金融业而不是建筑业。随着资本运作模式的转换,土地也被当作资本增值工具,让城市空间生产进入土地动产化阶段。土地是房地产业不可缺少的基础材料,是可以交换的商品,成了城市空间生产的起点和产物,"在一些国家中,比如西班牙和希腊,房地产部门已经成为由相当熟悉的政府干预形式所构成的经济的一个必不可少的组成部分。在其他国家,比如日本,求助于房地产部门来弥补通常的生产——消费循环带来的困境并增加利润,这已是稀松平常之事:甚至对房地产部门进行事先预测和规划"①。都市空间资本化让一切空间形态都成了具有交换价值的社会产品。

2. 城市空间规划满足于视觉效果和消费理念,让城市生活符号化

都市空间规划中的资本逻辑让城市空间变成抽象空间形态,趋向视觉化。都市空间的建筑实践体现着空间的可视化特征。"城市化是对现代性空间化以及对日常生活的战略性'规划'的概括性比喻,而正是这一切才使得资本主义得以延续,得以成功地再生产其基本的生产关系。"②技术理性让都市成为商业娱乐的集中地,制造了大量符号信息,让人们处于商业文化的包围之中,刺激着人的消费欲望,给人虚假的幸福许诺,失去了反思和批判社会的能力。技术化并没有使人完全摆脱恐惧、建立自主意识,并没有完全将人从愚昧中解放出来,也带来蒙蔽和异化,既扩展了人的理性,促进了人的主体意识,又用技术理性强化了意识形态,用机器取代了人的主体劳动,强化了人对自然的支配,也加强了对人的控制。技术理性既束缚了人的自由选择意志,又限制了人的主观创新能力。

政治权力操控的空间生产控制了都市空间生活。都市理性是技术和政治权力合谋的结果。都市空间规划中的资本逻辑还服务于消费。都市生活如同荒原,没有高尚的价值和原则,甚至不如迪士尼乐园真实,到处充满种族歧视、平庸的市侩和冰冷的人际关系。都市空间生产中财富的增长要快得多,这也带来更多的不平衡。城市空间生产中的人们需求的是抽象符号意义,而不是商品的使用价值。都市空间生产的逻辑是符号编码的意义,而不是商品的使用价值。都市空间的使

---

① H. Lefebvre, *Reflections on the Politics of Space*, Minneapolis: University of Minnesota Press, 2009, p. 177.

② 包亚明:《现代性与空间生产》,上海教育出版社 2003 年版,第 77 页。

用价值已经隐形,而其符号价值获得了人们的极大推崇。城市空间生产的符号意义只是对平等和幸福等价值的虚幻建构。

符号消费迷惑了世人,遮蔽了真相,让都市生活成为一片空虚的沙漠。消费社会是视觉文化发达的社会空间形态。人们凭借象征意义表现自己。符号时代让幻觉占据人的头脑,建构了社会空间的内在线索。鲍德里亚等人试图揭示出消费社会的符号奴役:物关系被异化成消费关系。符号谋杀了人的本心。消费社会中的一切都成了符号,真实被虚拟代替。媒介用电视广告制造审美幻觉。媒介广告在生产时代的目的是展示商品的使用价值,在符号时代则是为了激发消费者的购买欲望。消费社会将身体变成审美的符号幻觉。都市消费让资本变成图像、商品成为符号。符号和图像在媒体中不断循环,让人与现实隔离,形成独自运行的体系,变成机械麻木的动物。

(二)城市空间规划受资本支配

资本主义都市空间规划与资本逻辑是互动关系:都市空间规划中始终渗透着资本逻辑,资本逻辑也制约着都市空间规划。"城市规划行政管理部门怎样才能在资本支配的市场经济环境中把握好城市规划原则是值得我们所有人思考的问题。"①都市空间规划过程是由资本逻辑推动的,体现着中心性与同时性的工具理性纠结。都市空间规划中的技术理性给人类制造了一个技术化的抽象性都市空间生存状态。这种都市空间生存状态是视觉化、中心化和消费化的生存形式。基于这种资本化的都市空间生存形式之上的人类思维模式与实践方式,都发生了很多新的空间现象。为了消除这种都市空间规划引起的资本化现象,需要倡导都市空间变革和日常生活革命。"二战"后,随着城市空间生产的高速进行,都市空间规划问题日益受到人们重视。所谓资本逻辑就是生产或生活活动按照资本规则展开,采用资本方式进行。都市空间规划中的资本逻辑就是都市规划活动受制于资本规则,按照资本方式展开,使都市空间规划走向中心化、视觉化和消费化,显示着技术理性对日常生活空间的干预和操控。资本主义都市空间凭借技术理性实现了新扩张。于是,资本批判就需要转向都市空间规划工具理性方面。对都市空间规划的资本逻辑进行审视,是为了克服都市空间规划问题,以复归真正的城市空间权利。

随着科技的进步,人类进入都市化时代,让消费占据城市生活中心,给社会带来现代性的空间焦虑,引发学者对空间生产政治性、空间伦理和空间物化的关注。后现代城市空间消费文化让大众过着以休闲娱乐为主的游牧生活,宁愿在无边无

---

① 杜嘉诚:《城市规划中存在的问题及解决方法分析》,载《建筑知识》,2016 年第 8 期。

际的游荡中死去,而不愿追求永恒目标,人们走上无方向的林中路,进行漫无目的自由探索。都市空间矛盾是资本增值带来的,技术理性起了推波助澜的作用。城市空间的设计、利用无不与技术理性紧密相连,彰显资本统治权力的力量。科技进步既促进了都市规划,又让都市规划资本化不断加深,都市空间的矛盾和对立正是空间生产技术化的展示形式。随着都市化的高速进行,资本法则深入空间生产。资本操控的空间生产成为政治统治的主要策略。政府掌控土地,并力图从土地买卖中获利。城市将统治阶级的利益强加给民众,加剧了市民和政府的矛盾,让地方政府陷入危机。城市危机是由于地方政府对市民的支配引起的,城镇化捆绑了市民利益,让市民无法监督城市行政人员,而城市行政人员凭借市政机构实现着私人利益。政治意识形态渗透进空间生产,引起城市空间的等级化,加剧了中心和边缘地区的对立。城市规划集中展现了空间生产的意识形态性,既体现着国家的权力意志,又彰显着阶层意识和种族差别。资本主义城市高唱民主、自由、平等的口号,却将不同阶层分割在城市空间的不同区域,让富裕阶层大多居住在环境优美的区域,将工农阶层大多限制在脏、乱、差的贫民窟,固化了阶层差别意识形态。城市空间生产和政治意识是互动关系,让发达工业社会空间生产集中展示为大都市空间规模的迅速膨胀。列斐伏尔以都市空间规划过程为考察对象,阐释了资本主义都市空间的矛盾和运作逻辑,并分析了都市空间的阶级性,从而提出差异空间的变革方案。只有实现日常生活艺术化,才能将都市空间变成适合于人类生存的美丽家园。

都市空间规划延续着资本增值逻辑,成了都市空间的突出问题。都市空间规划具有资本性、过程性、复杂动态性,让空间资本、空间政治、空间行动有了出场理由。都市空间规划是不断演进的过程,具有历史形式,蕴含了普遍的异化现实和日常生活。城市空间生产凭借政治意识形态将不同空间区域、空间系统结合起来,让不同主体都参与空间生产,成了工具理性支配的客观对象。城市空间规模不断膨胀,让城市规划决策者没有时间进行实地考察,而只能对数字材料、申报项目进行盲目的审核预定。城市空间规划是由政治权利主导的,强制措施经常参与进来,这种强制手段打着集体的名义实际上只代表少部分人的政治经济利益。于是,城市空间规划促进了国家政权的稳定。各种权利主体也推动了政治意识形态对城市规划的渗透,参与了城市空间生产的资本化过程,并被技术理性和资本增值逻辑支配。

都市空间规划被资本逻辑绑架,让人们开始反思都市空间中的"价值",以挽救都市时代生活的衰落。都市化变革了资本主义的社会关系。技术理性支配下的城市规划让文化遗产保护遭到了前所未有的冲击。快速的城市化遭到了环境保护运动的抵制,人们更加重视文化遗产的保护,用立法形式保护文物。人们已经用文化遗产称呼文物。城市规划仍存在很多问题。首先,城市规划仍坚持由内而外的等级模式,导致单一城市空间中心格局,引起出行、环境、居住等问题。城市建筑挤占了绿化面积,城市热岛效应也在加剧。规模效应追求快速建设,造成城市千篇一律,计划经济的思维模式和等级秩序造成城市规划僵化冒进,导致房地产不断破坏老城区,用旧城改造的名义赚取利润。传统民居不适合现代人居住,但现代建筑也有问题,不能以保护的名义破坏。政府的政绩工程等短期行为加剧了城市规划的短平快,让很多城市规划缺少文化内涵。其次,城市规划缺乏特色,雷同现象严重。城市规划盲目追求规模,不断地拆迁改造让市民无心打理自己的房屋,造成传统建筑年久失修,危旧房屋不断增加政府的错位开发,导致人们把文化遗产当成赚钱工具,有些人还盗窃文化遗产。最后,应对城市危旧房屋缺乏科技手段和资金。政府投资无法避免文化遗产破坏。城市规划应该体现城市历史变迁承载的文化传统,应该保护老城,避开老城建设新区。在城市规划中应自觉考虑文化遗产的保护,注重细微的个人利益保护,发扬城市原有的特色。

都市空间生产及其规划变成维护资本生产方式的主要手段。正是凭借都市空间规划,资本统治得以继续存在和发展。都市空间规划与资本增值结合在一起,让社会空间充满矛盾和冲突。"城市权的解释,具体化为要求基本的人权,把这种权利呈现在特定的城市空间语境和因果性中,这已经激发了多种规模的政治运动。"①都市空间规划不是静止的虚空,而是被有计划制造的,具有政治性、文化意识形态性。都市空间规划与全球化、信息化、日常生活有密切联系,不仅是受时空限制的物质生产过程,而且是不断突破地理限制的自我生产过程。都市空间批判是对都市空间异化造成的人的价值缺失的反思。都市空间由交换的空间结构网络、空间资源和空间设施构成。每个社会结构都有自己的都市空间形态,不同的都市空间形态可以相互侵入,因此,应该被当成一个总体加以阐释,防止空间分离和碎片化。

城市空间规划展示了异化消费需求,目的就是根除历史真实信息,不仅体现资本利益,而且体现卑鄙的政治目的。"我国城市总体规划实践中存在的诸多悖论,造成这些悖论的成因是外部因素的影响和规划制度自身的不合理。"②城市空

---

① B. Warf, and Santa Arias (ed.), *The Spatial Turn: Interdisciplinary Perspectives*, Routledge: London and New York, 2009, p. 32.

② 赵民、郝晋伟:《城市总体规划实践中的悖论及对策探讨》,载《城市规划学刊》,2012 年第 3 期。

间规划参与社会历史的创造,与政治紧密相关,让城市空间中充满阶级斗争,变成利益争夺地。城市空间规划既是权力运作机制的结果,又是权力运转的"场域",制造了虚假的世界,让人们依靠幻想生活。消费遮蔽了艺术,突显了符号意义。色情文化是身体本能的重要体现。人们的冲动只是购买物品的冲动。消费文化不是来自传统文化,而是来自消费社会符号系统。消费社会是奴化机构,具有世俗性,是为了满足社会交往,而不仅是生理欲望。人们对现实和未来充满绝望,呈现在人们面前的都是虚假的影像,拟真制造出比真实还要真实的"超真实"。媒介与权力相连,让真实缺场,让身体成为神话,让欲望取代了灵魂,导致人追求身体欲望的放纵。消费社会助长了人的消费需求,混淆了价值与理性。当代发达工业社会的生产就是符号生产,体现了社会秩序的意义,让符号的意义建立在范畴之上。人们凭借媒介制造符号,消费符号体现象征意义,并通过符号展示自己的存在。例如,广告呈现的意义展示了社会关系,潜移默化地影响着人们。社会的符号化让人们迷失本心。消费不是真实的需求,而是虚假的满足。城市是社会生产方式界定的,本质是劳动力生产的基本单位,是方便集体消费的空间。城市代表较高的技术水平和劳动力聚集规模,是农业生产过剩的结果,集中了政治、经济和宗教,具备较大规模人口、一定阶层体系、政治运作系统、商品交换体系,是生产活动和政治统治中心。城市因为政治体系而成为有边界的社会系统。通信技术的发展促进了人类大规模的城市化浪潮。财富、权利、知识聚集于大都市,集中了最好的教育、医疗条件。西方国家的社会保障和福利事业发展迅速,城市改造加快,让旧城消失。集体消费是城市单元的物质前提,让城市不断改造。个体消费和集体消费是国家权力主导区分的,两者也可转化。个体消费与生产方式分离,是个体主导的,通过货币进行。集体消费则是公共社会化的,由国家垄断生产和消费,通过集体实现,是为了维护政权稳定,不受市场调节。集体消费是历史遗留问题,导致结构性差异,让国家资本介入经济活动,无法实现自由流通,但也能提高市民生活和福利。集体消费让国家管理功能最大化,强化了行政手段对生活的干预,让生活泛政治化,让统治阶级有可能利用资本获取利益,牺牲公民利益,导致经济倒退。集体消费不能解决资本运作矛盾,反而因为权力介入而导致市民生活危机。

(三)城市规划公众参与程度低

生产力进步让社会由工业时代转向都市时代。"未来的社会,将不再是'工业社会',而是'都市社会'。"①空间生产在都市化进程中体现得最明显,消除了自然

---

① H. Lefebvre, *The Production of Space*, Oxford UK: Basil Blackwell Press, 1991, p. 89.

的丰富多样和城市的差异与特色。城市规划体现的是政治意图,让政治权力渗透进城市景观,布满着社会交往和利益冲突。空间生产需要具体场所,而具体场所总是与封闭、扩张、开放有关,这就把空间分化成主要空间与从属性空间。这主要是因为特定生产模式需要特点场所,新生产方式的产生需要制造新的空间。而新的空间不仅布满社会关系,还产生新的社会关系。因此,空间具有生产社会关系的能力。列斐伏尔根据空间的生成机制对当代发达工业社会的城市规划作了批判。城市空间,尤其是城市居住空间,既是一种独特的生产要素和对象,又是日常生活的消费对象和目标,体现着资本的增值要求。列斐伏尔把社会形态分为农业时代、工业时代、城市时代三个发展阶段。在城市时代,空间是资本运转的主要策略。生产要素掌控了日常生活空间,资本运转到日常生活空间的最细微领域,"商品、市场和货币,以它们无可替代的逻辑抓住了日常生活。资本主义的扩张无所不用其极地触伸到了日常生活哪怕是最细微的角落"①。资本意识形态建构的世界控制着实在的世界。当代发达工业社会已经由商品生产为中心转向了以消费为中心,于是对消费环节的考察成了列斐伏尔对日常生活空间批判的重点。他认为,资本主义社会关系已经成为新空间产生的绊脚石,要生产新空间就必须打碎旧的资本主义社会关系,革新的重点在于使城市生活空间挣脱资本生产关系的纠缠,由全体市民来制定空间规划以及空间生产。城市空间作为资本主义生产的主要场所,不仅蕴含资本的扩张本性,而且体现资本主义意识形态的生产及再生产。城市空间的再生产采取三种策略:生育、劳动力和社会关系。这三种再生产的实现路径都是城市空间实践。城市空间实践就是按照城市功能而进行的规划活动,尤其是在早期商业社会,城市人口都聚集于城市中心,于是城市规划也围绕中心而展开,但随着物品的丰富和人们生活水平的提高,城市中心的功能发生分化,导致与和谐生活之间的背道而驰。

　　城市空间规划影响人们的生产、生活,必须在法治体系和制度框架内进行,以保证居民的空间权利。在城市空间规划过程中,既要保证市民的空间权益,又要关注农民的空间利益,努力协调城乡关系。城市空间规划是各种空间利益纠缠在一起的过程。"中国的城市空间规划大多是政府主导的,市民很少参与,即使参与也只是被动参与,也只是初级的征询意见。"②城市空间规划制定、许可、评估不仅缺乏公众监督,更缺乏公众参与。城市空间规划有时处于不透明、不民主、不平等的状态。城市空间规划的市民参与,就是切实让市民参与到城市空间规划的制度

---

①　H. Lefebvre, *The Production of Space*, Oxford UK: Basil Blackwell Press, 1991, p. 192.

②　孙全胜:《城市空间生产:性质、逻辑和意义》,载《城市发展研究》,2014 年第 5 期。

设计和有效运行当中。因此,城市空间规划应该加强科学性、应用性和总体性,有效合理地布局城市各个区域的发展规模,统筹各项城市建设。

城镇体系是以一个都市为中心的几个城市据点的政治系统,是一种互相联系的文化认同,是动态性的空间联合体,表示居住空间等级化区域的形成,这种空间聚集让世界有些地区发展迅速。"我国城市规划参与主体的主要特征是成熟度不足、成熟度空间分异。因此,要根据不同公众的成熟度特征选择合适的公众参与方式。"①空间生产要求权力的集中,促进了资本主义社会进步。空间要素的集中和分配,既是工业生产对空间的社会化改造,又是资本社会关系对空间的社会化建构。工厂的空间组织、空间劳动的粗暴形式、空间生产工人的异化,都表征了工人苦难与空间异化的关联。空间生产造成严重贫富分化。社会空间秩序来自空间生产,空间的物理性和社会性也是交融的。因此,我们不需要将空间批判仅仅限定在"空间生产",也不需要做一堆无人可以理解的空洞研究,这才能拓展"空间生产"理论的创新能力。异化劳动——消费符号政治经济学——日常生活异化现象——空间异化现象——空间政治学成为"空间生产"批判理论的逻辑进路。空间是日常存在,没有形状色彩,却时刻与人们的存在联系,是多重的范畴。空间在当代社会日益重要,是事件发生的载体,超越了物理、自然的意义,让自然逐步逝去,成为生产的工具。

马克思对城市的考察坚持的是社会历史角度,展示的是人类社会由乡村转向城市的必然趋势;列斐伏尔对城市空间的研究坚持的是日常生活领域的视角,呈现的是建筑规划对城市日常生活空间生产的直接影响。列斐伏尔界定了商业化与都市化进程,呈现了真实城市生活空间的价值,提出批判发达工业社会中的城市异化,通过新的空间生活实践获得对等的空间权利。城市空间具有自然、历史和社会三重属性,也是发达工业社会生产力发展到一定阶段的结果,展示着资本的扩张本性,又影响着社会关系的生产。城市空间生产让静止商品动态化,通过房地产加大了剥削力度,将空间完全商品化了,让自然空间变成稀缺的商品。城市空间随着社会的进步也在转换形态,形成了不同的城市类型。城市类型变化的动力是资本空间生产实践。随着生产力的不断进步,城市的功能分区已经发生了很大变化,导致日常生活也随之改变。然而,城市中心功能区的丧失也导致城市空间恶性膨胀,在不断扩展的同时,也造成大片的贫民区。城乡对立在不断消除的同时,贫富差距却在增长。人类生活从城市空间的复杂特殊性上发源,应当用

---

① 莫文竞、夏南凯:《基于参与主体成熟度的城市规划公众参与方式选择》,载《城市规划学刊》,2012 年第 4 期。

当代眼光增强对城市空间生产实践的理解。人类都市生活从史前就开始了。城市空间聚集产生了巨大生产力和需求,推动了经济进步,是社会发展之母,酝酿了各类产业。发达工业社会的各类矛盾也集中展现在城市空间规划中。

都市空间规划中的技术理性构成统治日常生活的强大力量,让一切都成为消费符号,具有交换功能。都市空间规划的技术理性是一种被动地看与观看。"城市规划仅仅局限于利益集体的游说、政府领导的决定与规划设计师的设计是不健全的。"①赤裸裸的欲望和庸俗,早已成为消费时代的潮流。这里的消费欲望是虚假的、转瞬即逝的。只有将空间生产与日常生活空间、都市空间和意识形态结合起来思考,才能认清都市空间规划中的技术理性弊端。都市空间探究需要从历史革命过渡到空间政治变革。可以说,都市空间革命是共产主义解放的空间化呈现。只有进行都市空间革命,城空间权利斗争、都市空间利益才会实现。"正如日常生活所表现的那样,经济和意识形态只有在发生革命危机的时刻才能提高到政治意识的水平。"②科技进步让资本主义整体由工业时代进入都市时代。工业化不断塑造城市空间形态,而城市化是资本统治的必然选择。因为人是空间生产的主体,是社会空间存在物,人的空间在场是空间生产属人性的证明。人身体的空间在场构成空间生产的起点。人在场的空间才是充满生气的空间。回归真实日常生活空间必须让身体在空间出场。因此,都市空间革命不仅是外在形态和内在结构的变化,而且是身体空间在场的改变。都市空间革命依赖于身体空间的改变,关注身体空间即关注空间异化及人的解放。都市空间资本逻辑批判就是要挖掘身体空间的潜力,以消除资本对人的奴役。

三、城乡二元体制改革仍需加快

(一)城乡二元经济结构的不对称性

中国城乡经济结构的不对称性主要是指城乡二元经济结构。城乡二元经济结构也是发展中国家普遍存在的经济形态。城市经济取得了很大发展,但户籍制度仍很难改革,城乡二元结构造成了庞大的农业人口和有限的城市发展,城市用户籍限制外来的移民大军,只能用吸引人才的方式安置一些移民,吸引优秀的人力资源以支撑城市发展。发展中国家的城市经济对应工业文明,农村经济对应农业文明,形成二元结构。农业经济的低工资和城市经济的高工资,是劳动力从农

---

①　张志斌、宋瑜:《我国城市规划与管理相关问题透视》,载《西北师大学报(社会科学版)》,2005 年第 6 期。

②　H. Lefebvre, *Critique of Everyday Life*, London:John Moore Press,1991,p. 66.

村流向城市的驱动力量。城市化是随着工业化而发展的。城市化能够促进地区经济一体化。城市化的主导者可以是市场或政府。政府需要制定科学的城市规划,加强劳动力培训。

中国城市化起步较晚,竞争力弱,整体处于较低级水平,需要消除制度障碍,发挥市场作用。中国城市化不断波动,需要加快农村劳动力转移,发挥政府协调作用,促进区域协调发展。中国城市化率较低,受户籍、土地制度制约,规划冒进,成本高昂,行政化严重,城乡充满鸿沟,城市吸纳能力低。"中国城市化滞后于经济发展水平,产业结构不合理,城市地区发展失衡,第三产业比重不高。"①户籍制度导致严重的城乡分离,限制了人口流动,控制了城市规模。户籍制度分为农村和城市户口,城乡居民差距越来越大,制约了现代化进程。改革开放后,东部沿海地区首先发展,导致地区不平衡,加剧了城乡差距。土地制度也有弊端,土地产权不明确导致农民只有使用权,土地产权按行政意志支配而不是按市场原则流转,30年的土地使用权仍让农民没有稳定感,且政策落实不到位。政府管理农村土地不规范。

城市化中人口流动加快,但二元格局导致利益固化,户籍、土地、行政管理、社会福利等都需要改革。城乡关系仍没有改变,仍限制农村人口进城,利用剪刀差为工业积累剩余,工农产值差距扩大。重工业的产业结构没有吸纳多少劳动力,农业生产力,尤其是粮食问题制约着城市化。中国城市化的主要特征就是城乡、工农二元结构。"城乡二元结构不仅是造成国家权力对农民权利忽视和对农民权利保障的法律救济不力的社会制度根源,而且是造成农民的权利意识薄弱和农民维权组织失声的重要因素。"②实行工业优先、城市优先、区域不平衡政策,促进了工业产值上升,但仍不能消除二元体制。现行户籍制度发挥了社会管理功能,维护了社会秩序,为工业建设提供了统计资料;具有限制功能,阻止了人口流动,加强了社会治安,实行了严格户籍迁移登记制度,不断限制人口迁移到城市,严格控制农转非指标,强化了居民对地区的依附关系;固化了分配功能,区别了农村人和城市人,形成了农业户口和非农业户口,导致差别的待遇和福利制度。中国城市化发展模式仍存在很多矛盾,发展战略存在问题。优先发展重工业加大了城乡差距,市场机制不健全加剧了城乡分化,让农民更加贫困,阻碍了劳动力转移。

中国城市化60多年的历程,跌宕起伏,需要综合人口、用地、产业结构等分

---

① 孔凡文:《中国城镇化发展速度与质量问题研究》,东北大学出版社2006年版,第25页。
② 张等文、陈佳:《城乡二元结构下农民的权利贫困及其救济策略》,载《东北师大学报(哲学社会科学版)》,2014年第3期。

析。城乡二元结构的形成有演变过程:中国城市化与政治、经济联系紧密,受高度集权的计划体制制约,导致大起大落。城市人口更多向城市迁移,大城市获得更多发展,城市规模更加合理。中华人民共和国成立之后,中国城市化经过了波折,奠定了工业化基础,设立了严格的户籍管理制度,将社会分为两种阶层。政府的城市化政策没有协调好城乡、工农、区域关系。政府一直鼓励农村城镇化,而不是大城市发展,导致乡镇产业结构升级难,农民收入难以提高。中国城市化需要理性发展,促进城乡协调,创新城市体制。计划体制导致优先发展工业,让农业为工业服务,城市只有生产功能。城市建设更多是为了工业生产,政治中心获得了更多资源。改革开放后,政府重新制定城市政策,户籍放松,人员更容易流动,东部沿海优先发展起来,推动了农村现代化,提高了教育水平、居民素质、经济增长。中国乡镇企业和传统农业构成新的二元结构,存在农业、农村工业、城市部门三元经济,城市部门有工业和服务业。

（二）城乡政治制度发展的不平衡性

城乡政治制度发展的不平衡性增加了政治制度的运行成本,不利于城乡的进一步融合。现代化需要人口迁移和城市化,计划体制和工业赶超战略巩固了二元经济,导致城市人口增长落后于工业化。改革开放推动了现代化进程,推动二元结构向现代一元结构转变。中国是农业大国,要推动农业人口向非农产业转移。工业革命促进了人口向城市大规模迁移。中华人民共和国成立初期,农村人口剧增,土地不足,工业化召唤了大批人口进入城市,推动了城市人口增加。工业化大规模开展,城市工业需要劳动力,农村人口迁移到城市,政府允许城乡人口自由流动。社会主义计划体制确立后,割断了城乡商品流通,城乡社区被隔离。城市缺少就业岗位和生活用品,难以容纳大量农村人口,政府用户籍制度等严格限制人口迁移,发布了一系列人口管理条例,把户口分为两部分。农业人口只有通过考大学、征兵、当干部等才能转为城市户口,城乡身份固化,造成市民社会和农民社会的二元结构,人口只是计划型的迁移。西方的人口自由迁移也导致农民破产、城市膨胀。中国限制人口迁移避免了这些问题,维持了高积累、高投资的工业化模式。人口迁移过慢阻碍了农村现代化,不利于资金、人才、技术、信息的有效流动,阻碍了农村剩余劳动力外出,制约了农业生产效率提高,不利于农民改变观念。"大跃进"和自然灾害导致严重的农业危机,国家不得不压缩城市人口,农业人口比重大幅提高,建制镇减少,城镇经济走向萧条。中国城市化遭遇挫折,"文革"更影响了国民经济发展、城市经济停滞、工商业倒退、大学停招,政府只能号召知识青年下乡、干部下放,让城市人口逆向流动。改革开放前,中国城市人口增长非常缓慢,反映了中国城市化路径存在问题。

城市化能够消除城乡二元分割,需要选择正确的路径。"由于目标价值的不一致,国家与地方展开了三重逻辑的博弈,出现城乡统筹过程中公益目标的偏移,消解了国家为协调城乡发展做出的努力。"①其一,城市化速度问题。有些城市居民认为,民工大量涌入城市导致交通拥挤、教育、医疗资源紧张、导致治安问题。一些保守学者也认为,城市人口过多会导致粮食供应紧张,导致城市的贫民窟,影响城市运行。一些人则认为,中国城市化过慢,一些官员也依靠土地财政获得政绩,用行政手段驱动农民城市化。要消除城乡二元结构、提高农民生活水平、扩大消费需求都要加快城市化。只有城市化才能促进农业现代化、提高农民收入。其二,城市化应该是一元还是多元主要涉及土地产权制度、户籍制度等是否加快改革的问题。一些利益集团反对改革户籍,认为户口放开会导致城市人口过多,危害社会稳定,降低城市市民生活水平,影响粮食供应。更多的人则强烈渴望改革户籍,打破城乡二元格局,统一国民待遇,实行小产权房合法化,打破既得利益集团的利益,打破政府的土地垄断,保障居民基本权利。其三,城市化应该是政府主导还是民间自发。城市化需要市场的引导,尊重居民的理性选择,政府不能过多干预,政府干预应该合理有效。

中国城市化遗留问题很多,阻碍了城乡一体化。改革开放加速了城市化,但仍存在城乡二元分割结构,严重依赖政府路径。农民工在城市难免与城市原住民产生矛盾,需要公平地处理各类问题。政府要提高自己的责任,维护农民工人格和利益,提高他们的素质,促进他们融入城市。城市化要实行人的城市化,把人作为发展目标,转移农村剩余劳动力,增加社会福利。城市化滞后加大了城乡差距,需要促进城乡协同发展,增加对三农的投资,避免房地产过热,让城市化回归理性。城市化率一般用城市人口比重衡量。中国城市人口增加快速,已经进入加速发展时期。农民向城市流动推动了城市化,市场体制推动了农民迁移,但乡镇企业发展持续力不够,吸纳的农村人口越来越少,需要促进农民市民化,更加融入城市生活。中国城市化侵占了很多农用土地,发生了一些暴力拆迁行为,激发了社会矛盾,一些农民工在城市只是边缘人,不能真正融入城市,没有应有的尊重。一些农民工一直得不到保障,可能形成一批贫民阶层。城市化人口结构变动跟不上土地城市化,地方政府积极推动城市化源于极度依赖土地财政。城市环境不断恶化,大城市环境恶化严重。城市化要提高内在质量,满足人的需求,增加就业机会,建立完善的社会保障体系,要以人为本,促进人的城市化,提高居民消费水平,

---

① 黄世界、程兆豪:《试论城乡统筹背景下国家与地方博弈的三重逻辑》,载《东南学术》,2012 年第 4 期。

促进生态经济模式,维护社会稳定和公平,促进社会和谐。实现人的城市化需要树立以人为本的理念,发展生态经济,改善居住环境,提高幸福感。人的城市化要保护农民利益,维护失地农民利益,建立与城市化配套的公共设施,防止城市病,要深化户籍制度改革,消除体制障碍,提高劳动者技能。城市化的本质就是人的城市化。

政府要推动农村转制,实施"三变一化",促进向城市管理模式转变。政府要促进村民变为市民、推动村庄变社区、促进农民变股民,实现城乡公共服务一体化。其一,在管理体制上,推动村民自治体制转向城市社区自治体制。其二,在土地和户籍制度上,推动村庄集体土地转为居民个人土地和公有土地,村民由农业人员转为非农人员。政府要合理布局村域用地,做好产业发展规划,做好观光农业发展规划。地方特色保护与发展,展现地方特色和风土人情。新农村建设可以采用绿色生态经济型、承接城市部分职能型、工业和服务业带动型和人力资源输出型等多种模式。中国城市化推进模式有着行政管理的优势,也有着制度的灵活性,是市场不充分的暂时之举。政府主导能在短期内聚集大量人力、物力,短期内实现城镇化,但动力不足、无法持久,需要尊重市场规律,不能单独追求指标。中国城市化,政府是第一动力,市场作用发挥不明显。城镇化应该发挥民间力量的作用,应该变被动城镇化为主动城镇化,充分发挥居民个人的力量。

城市化是中国经济发展的动力,需要减少农业人口,消除城乡二元结构,提倡城市生活和风气。中国城市化发展较快,引起了城乡关系变化,但没有解决人地矛盾,没有平衡区域发展,制度问题、生态破坏仍很严重。中国城市规划仍有不合理的地方,没有科学合理的政策,导致城市病。城乡基础设施不完善,无法提高人们生活,影响了城市化进程。中国城市发展缺少灵活的机制,管理存在很多漏洞。城市化的有效进行,才能促进经济发展。

(三)城乡公共服务失衡

中国很久以来都是农业大国,工商业不发达,市场机制不完善。"全国和省际层面的非农部门配置了过多资本和过少劳动力,农业部门则配置了过多劳动力和过少资本,城乡要素错配显著阻碍了中国城乡二元经济结构转化。"[①]中华人民共和国成立时,工业基础很薄弱,远落后于欧美国家。农业生产仍然是个体的家庭经营,工业主要集中于东部沿海地区,农村贸易额较少,市场发育程度低,而且很不均衡,存在外资企业、民营企业、官办企业等多元化的经济制度。"日益突出的

---

① 王颂吉、白永秀:《城乡要素错配与中国二元经济结构转化滞后:理论与实证研究》,载《中国工业经济》,2013 年第 7 期。

城乡二元结构的矛盾,已经成为国民经济协调发展的一大障碍。"①中华人民共和国成立后,工业部门大多集中于东部沿海,农村仍处于自然经济。资本主义发展不充分,国家推行计划经济顺心顺意,导致对计划体制弊端认识不足。国家确立了工业赶超战略,在经济起点低、帝国主义封锁、苏联模式影响下优先发展重工业,试图通过优先发展重工业,尽快实现工业化,但面临资本积累不足的困难。

城乡一体化还要平衡公共服务资源,建立城乡联动发展机制,让利益共享,既发挥城市辐射能力,又要对农村进行扶持,提高农村基础设施和公共服务能力,要统筹城乡社区建设,推动资源和基础设施向农村转移,推动教育、医疗、通信等基础设施建设,城乡政府合理分工,努力缩小城乡居民收入差距。"城乡失衡有深刻的历史根源,但是,改革开放的各项农村政策没有及时调整,尤其是宏观调控政策有失偏颇,不利于农村经济的长远发展。"②城乡一体化还要完善城乡财政体系,建立多层次的保障体系,加强中央财政对农村公共服务的投入,发挥财政的引导作用,形成对农业的长期扶持机制,综合运用财政的杠杆作用。城乡服务失衡突出表现在农民工问题上。农民工进城主要是为了获得收入,城市的生活、收入吸引农民进城,但农民工生活没有保障,农民工找工作耗时多,经常被拖欠工资,情感没有归属,工资待遇低。农民工参加社会保障少,用工不规范,很少参与工会组织。农民工职业培训机会少。城市基础设施有限,难以承载更多农民工。城市产业结构不合理限制了农民工就业,城市发展水平影响农民工市民化。要提高农村劳动力的教育水平,推动劳动力的有效转移。产业结构升级也需要提高基础教育水平,积累科技和人力资源,促进人口流动和社会分层。调整教育的财政投入结构,增加教育财政投入,向农村教育倾斜。农村人口越多,越限制农民进城,形成恶性循环。计划生育让城市人口自然增长率下降,但农村人口自然增长率仍较高,要取消城乡分治。城市化能够降低人口出生率,改变生育观念,良好的城市社会保障可以改变农民的养儿防老观念,城市管理、服务水平高,能杜绝非计划生育,农村执行粗暴,计生工作不到位。需要解决人口老龄化、人口性别比失衡,科学理解人口与城市化的关系。人口密度高的地方,才能更促进城市化。城市规模大了,能提高效率。经济全球化促进了劳动力快速转移,促进了制造业向发展中国家转移,为中国城市化提供了机遇和动力。城市用工倾向于青年人,只有青年人才有能力走出农村,农民工40岁后难找到工作,出现农民工40岁现象,但一些

①　李学:《城乡二元结构问题的制度分析与对策反思》,载《公共管理学报》,2006年第4期。
②　黄衍电:《我国城乡失衡的政策分析与破解之道》,载《福建论坛(人文社会科学版)》,2005年第10期。

地方也出现了民工荒。要推动劳务国际输出,顺应全球劳务输出趋势,推动劳动力市场化,培育具有全球视野的民工。

　　城乡一体化要把工农、城乡等作为整体规划,凭借体制改革实现城乡全面、协调、可持续发展。"改革开放以后,二元体制的影响在转轨时期并没有完全消除,公共产品供给城乡失衡现象十分严重。"①现实的城乡巨大差距需要体制革新,让城乡互动,让社会更高效合理,改变重城市、轻农村的观念,打破城乡交流的壁垒。城市化的关键问题是三农问题,城乡一体化需要随着经济环境而变化。当代中国仍处于小农时代,城市化的重点仍是如何发展农村,需要建立世界性和国家级的城市群,需要以大都市治理为主线发展城市新空间,需要实施共有权利、规则、法规和文化等,实现区域规划统一、基础设施共用、市场完全开放、经济文化一体等举措。城乡一体化要破除城乡二元结构,是中国城市化的必然要求,重点在于推动农业现代化,推动新农村建设。农业是国民经济基础,城市要扶持农村,重视农民利益,建立城乡和谐关系。新中国建立后,城乡关系一直处于分离状态。农村经济不发展,工业化就失去基础,和谐社会也无从谈起。农村城市化要发展现代农业,促进农村经济发展,提高农民收入。

四、城市化超出资源环境承载能力

（一）城乡资源利用存在问题

　　中国城市化快速发展,让房地产日益膨胀,造成生态破坏,因此,政府需要立足国情,不能片面追求经济效益,也要重视环境平衡、资源循环利用。"城市在能源消耗和温室气体排放中占有举足轻重的地位,节能减排的重心应放在城市。"②政府需要根据城市发展现状提出城市建设可行性措施。制度革新促进了经济发展,提高了效率,解放了农村剩余劳动力,提高了城市化水平。城市建设与自然环境有密切关系,需要实现生态、经济、社会效益的统一。"种植单一草坪、铺设硬化路面、修建水泥河道会对城市生态、环境和人民健康带来多方面的负面影响。"③城市化结构、发展速度和其他产业要协调发展,土地要循环利用,推动产业结构优化,改善城市生态环境。城市化要用经济因素、人口因素、资源因素、环境因素等指标评价。原材料价格上涨、消费不足、资本市场不足导致房地产市场发展不平

①　王士海、李先德:《中国城乡公共产品供给失衡的制度性因素剖析》,载《经济管理》,2009年第9期。

②　程开明:《城市化与能源消耗:一个文献综述》,载《财贸研究》,2016年第1期。

③　李皓:《治理环境应避免破坏城市生态》,载《城市管理与科技》,1999年第3期。

稳。人口流入增加了城市建设压力,需要提高人口身体素质和精神素质。土地资源稀缺,导致城市用地不足。城市建设要遵循可持续发展、尊重生活社区、改善生活条件、保护空间多样性、保持在环境承载力之内、促进生活习惯改变、与环境协调等原则。政府应该合理布局产业,合理分配投资,避免房地产泡沫,稳定土地价格,合理布局人口分布,引进外来优秀人才,提高人口的身体、文化素质。城市建设要完善土地开发体系,合理利用土地资源,遵循生态经济模式,建立足够的绿化区域。

中国城市化也存在空间无序蔓延、人口规模大引起的城市病,需要提高城市紧凑性,集约利用土地资源,发展低碳城市群。粗放利用模式,加剧了环境代价,缺失了人本尺度,过度依赖于石油和煤炭。城市用地超过了人口增速,城市人口密度降低,需要合理规划,发展低碳城市。避免城市的过度蔓延,用公共交通导向取代土地郊区蔓延模式,建立友好环境,防止城市无序建设,减少私家车,提高公共交通比例,发展节能环保能源,倡导紧凑型的城市形态,降低城市用地需求、基础设施建设成本、交通需求,解决能源消费和气候变化问题,减少高碳能源利用,实现绿色城市和经济,注重发展建筑、能源、交通等不同层面的绿色科技,采用系统解决方案和强有力的政策支持。城市有严重的生态污染,交通拥堵,城市发展的资源基础下降,城市高碳特征明显。新城市主义要调整城市形态,发展多中心城市结构。城市形态有集中的同心圆紧凑型、沿交通轴线带状扩展型、跳跃式组团扩展型、低密度无序蔓延型等形态。不同发展阶段,城市形态不同。集中城市化阶段,城市凝聚力大于离心力,呈现为集中状态,展示为圈层式结构。城市离心力促进城市周边形成一些新城镇,让城市职能分散成多中心城市,用地形态呈现团状和组团式结构。跳跃式城市扩展方式形成分散的多中心城市空间形态,促进城市功能分散,改变单一土地利用方式,发展立体型交通。连续扩展模式适合城市聚集高的区域,跳跃式发展模式适合于网络时代。目前,很多发达国家处于郊区化阶段,让城市形态更分散,也更集中。影响城市形态的主要因素有交通方式、人口密度和城市规划。紧凑城市模式无以为继,城市形态走向分散。"要通过规划引导城市发展,提高城市发展紧凑度,形成合理的城市形态。"①交通要以人为本,提高非机动化出行率,引导城市低碳、多样化发展。要根据国情集中利用土地资源,促进城市功能整合,合理改造老城,体现公交优先原则。在区域层面协调低碳行动,建立多元、协调发展的低碳城市群,加强区域基础设施、土地利用等方面的协调,建立开放空间体系,要推动土地利用和交通规划的整合,要整合已有的低

---

① 刘长松:《新城市主义与中国低碳城镇化路径》,载《城市发展研究》,2015 年第 9 期。

碳策略。

中国城市化水平仍没有超过世界平均水平,但一些城市的人均碳排放量已经超过发达国家,呈现出高碳排放的特征。城市化的高碳排放来自城市建设泡沫,大规模的城市基础设施建设超过了实际需求,城市用地快速扩张,交通基础设施过度超前建设且不均衡。城市建设促进了高耗能产业,消耗了大量资源。城市建设也影响了居民生活方式,使用能源的方式粗放简单,城市住宅密度大,增加了交通压力,私家车过多。城市空间不断扩张,但文化不断式微,房地产加重了政绩工程,城市特色消失,城市文化碎片化,重视经济,轻视精神文化,大量传统建筑被拆除,配套建设不完善。城市共同体消解,城市文化消散,单位人成为社会人让社会更加松散,人们退回私人空间,对城市缺乏认同感和归属感,城市生活陌生化、原子化,走向个人主义。消费主义文化盛行,传统价值失落,人们更多追求享乐,高消费操纵着人们的欲望,个人更加自由,掠夺了自然资源。现代文明不断普及,让传统文化碎片化,城市成为文化沙漠。经济发展消耗了很多能源,有交通拥堵、生态恶化等问题。在经济起飞阶段,环境污染必然恶化,滥用资源,破坏了环境,不能持续发展,碳排放量很多。改革开放后,国民生产总值不断增加,三大产业不断调整,大城市数目不断增多,提高了经济活力。城市化消耗了很多能源,过度依赖煤炭和石油,导致城市空气质量降低,造成很大的环境压力,工业污染对城市及周边地区产生很大影响,需要发展低碳经济,要利用低碳经济促进城市持续发展能力,要减少温室气体排放,提高城市国际竞争力。发展低碳经济面临的困境主要在于中国工业化仍要大力发展,仍要消耗大量资源,城市化也要索取资源,人均碳排放量不断增速,低碳环保技术发展不足。市民低碳环保意识不强,存在很多不良习惯,需要加大引导力度。

中国城市化面临着资源利用和环境保护失调的客观现实,破坏了生态环境。中国农村环境存在生活垃圾增多、城市垃圾转嫁到农村、农药的污染、化肥的污染、白色污染、秸秆焚烧的污染、畜禽养殖的污染、乡镇企业污染、城市工业污染向农村转移等问题。我国农村环境问题的根源包括法律法规缺失,环境监管体系不健全,农村环境污染防治责任主体不明确,农业发展模式不完善,农民环保意识薄弱。要推动经济可持续增长和资源节约环境保护型的生产方式,要解决全球变暖、水资源、粮食危机,减少碳排放,改变粗放经济增长方式,不能再走先污染后治理的模式。政府要促进低碳经济发展,以市场为导向,减少能源密集型产业,提高能源利用率。政府要提高经济承受力,实行碳税,促进能源结构调整,实现低碳城市和低碳经济,减少能源消耗,走新型环境友好型路线。中国很多城市都是高碳城市:能源强度高、能源结构不合理、环境污染严重。中国城市化有很多能源需求,以煤炭为主的能源结构很难改变。实现低碳城市要建立完善的城市评价系统,做到有针对性,要制定低碳城市指标;要完善配套制度,完善碳交易市场制度,要实现低碳生产,加大低碳技术开发,发展低碳交通,开发再生能源,增加绿化面积,提高节能技术。发展支撑产业,加大高新技术产业的比重,使城市化符合经济发展水平,淘汰落后技术,治理污染企业,制定合理的考核指标,把环境保护落到实处,治理空气污染、水污染、生活垃圾污染,遏制生态污染加重。政府要大力发展循环经济,促进产业结构调整,规范垃圾处理,及时进行城市环境清理,加大城市卫生宣传,加大监督处罚力度。政府要加强生态文明建设,保护环境,避免城市化弊端,提高居住环境,发展绿色科技,建设低碳城市,避免大拆大建,避免摊大饼模式。使用节能绿色建筑材料,推行绿色出行消费理念,预留城市发展空间,加大城市生态文明监管力度。

(二)城市化引起生态问题

城市化导致社会转型,对社会发生多元影响,促进了外来文明传入,带来人的孤独寂寞,节奏加快、竞争激烈让人身心疲惫,不得不寻找信仰。"城市本身不是天然的生态系统而是人工创造物,城市,如同其他人工产品例如工业品和文化出版产品一样,是非天然的,非生态的。"①城市化导致社会结构变化,提升了人的素质,职业变得多样,思想更自由,生活丰富化,有了更多精神需求。中国城市化是急剧发展的,城市人口不断增加,各地政府把房地产作为主导产业。中国城市化总体上仍是粗放建设的,产业化低,科技应用少,成本高,规划不合理,生态破坏大,不适应社会进步。城市化吸纳大量外来人口,需要住房、企业等解决生活、就业问题,城市化也占用了耕地,污染环境,加剧社会矛盾。改革开放前后两个阶段的城市化不同,改革开放前,城市化受政府主导、非经济因素,改革开放后,市场发挥作用,区域交流加强。城市化不断发展,但生态保护力度不够,导致城市生态问题累加。城市空气污染、大量污水排放、城市供水不足,大量开采地下水,破坏了自然生态系统,自然景观消失,只有水泥路面。中国城市化采用粗放方式,破坏了生态环境。

中国经济高速发展,推动城市化进步。中国人口流动规模大,粗放型模式占用很多耕地,土地价格、房价过高。"中国处于工业化中期,农用地转化为工业用地使自然环境遭到破坏,环保部门对城市化过程中所造成的环境破坏也采取了为

---

① 伯克:《破坏城市生态,人类只是毁了自己》,载《中华建筑报》,2009 年 12 月 26 日。

经济发展让路的默认政策。"①中国城市化需要可持续发展,提高居民生活质量。可持续发展有发展、协同、公平三大原则。人口基数大、资源不合理利用、生态失衡、城市化不合理、区域失衡、贫富差距、技术不高是中国可持续发展的挑战。房地产也要可持续发展,减少泡沫,增加需求,提高城市化水平、居住水平、生产质量。中国居民居住面积不够,需要大力建设公共住房,解决拆迁户和政府的冲突,维护居民个人利益。资源压力要求改变土地利用模式,提高生产效率。

生态系统也需要城市建设提高技术水平。中国城市建设消耗了大量资源,但很多居民居住条件仍很差,需要加快城市化,但要走可持续的生态道路。城市建设要满足居民需求,保持产业升级,可持续利用资源,保持市场机制合理,政府调控合理。城市化具有周期性,要处理不同阶段特点,不能只管眼前利益,应该统筹规划,区域平衡,因地制宜。城市化要适度消费,用市场配置资源,防止盲目扩张,合理利用能源。城市化还需要与社会协调,为的是改变居民居住条件,促进消费和整体水平,应该适应人的需求。房价要合理,不能超过居民承受力,要降低成本,增加技术含量。城市化还要与环境协调,降低对自然的索取,降低废物排放,维持生态系统平衡。城市化需要与资源协调,物质生活丰富不能过度消耗资源,要适度消费。

城市化还要与经济协调发展,房地产是支柱产业,但不能违背经济规律,要确保可持续发展,解决社会、资源、生态问题。"快速城市化背景下,城市环境遭到严重破坏,决定城市生态系统稳定的生物多样性境遇每况愈下,阻碍了城市的可持续发展。"②城市化不能只为了经济发展,也要为了社会公平,为了环境生态和后代生存。城市化依附于经济系统而存在,与社会、经济、生态等互相影响,需要促进整个社会系统的可持续发展。城市化周期长,需要长远规划,为居民提供服务,提高技术含量,节能少排放污染,需要落实到详细发展指标。城市化规划需要土地规划、国土规划、区域规划、城市建设规划等。国土规划是对国土进行配置的规划,是摸清国土资源的方法。区域规划是协调东中西地区城市化平衡的方法。城市规划是城市建设的依据,能防止房地产偏差,需要利用法律、财政、金融、财税等引导城市建设,进行城市管理,提高土地利用效率。城市规划需要优化土地利用结构,适当提高建设密度,提高土地利用强度,合理布局交通规划,建立各种交通

---

① 梁玉磊、胡雪萍:《城市化对我国区域生态足迹的影响研究》,载《上海经济研究》,2015 年第 3 期。

② 曲艺、陆明:《生物多样性保护视角下的城市生态安全格局构建研究》,载《城市发展研究》,2017 年第 4 期。

类型体系,大力发展公共交通,适当限制私家车。要保证小区建设的环境质量,建立清洁的城市环境,建立完善的人居环境、减少噪音,提高资源利用率,提高物资回收利用。增加城市绿化,维持城市生态平衡,为人们提供绿色环境。城市的实体是房地产,城市繁荣通过房地产体现出来,高层建筑是城市的象征,房地产对人们很重要,需要制定长期规划。城市化需要技术创新,使用先进工艺,减少能耗,改变短期经济行为,做到融资创新,提高房地产竞争力,建立鼓励创新的体制环境。需要改进城市建设规划、改进技术设计,小区设计更加合理,房屋功能更加齐全,房屋结构更加多元。设计需要开放的思想,采用新材料、新方法,避免重复。

城市建设需要节能、节水,建立良好的排水、排污系统,建筑要环保,提高城市建设技术含量。要大力发展经济适用房和低价商品房,合理抑制房价,保证低收入群体居住权利,对低收入者购房进行补贴,降低地价,完善土地市场、房地产市场。规范企业的土地开发行为,鼓励大型企业开发经济适用房。房地产需要产业化,采用市场方式,不能让政府支配,采用现代技术、管理让住宅产业化,保证住宅建设不断完善,服务居民。房地产产业化需要提高建设效率,替代传统建设工艺,采用机械化生产,吸取发达国家经验,提高城市建设的综合效益,要采用环保技术,降低能耗,普及空调。房地产产业化需要提高房屋价值,降低成本,完善住房功能。政府需要改变粗放型的城市建设,提高技术应用,提高住宅建设工业化程度,降低建筑成本,提高建筑劳动生产率,提高资源集约化利用,采用再生技术,促进循环利用。政府要提高房地产的规模化程度,实现行业集中,发挥规模效应,扩大开发商的市场份额,提高抗风险能力。政府需要为城市建设提供技术、资金支持,建立完善评价体系,促进市场、企业参与,提高房地产业集中度。产业化才能推动技术创新,提高融资程度。规模经营才能大力建设经济适用房,降低房屋价格。城市化是复杂系统,居民仍需要大力建设住宅,需要继续发挥房地产拉动作用,粗放型的城市建设给资源、环境造成了很大压力,需要改善居民居住环境,克服生态污染,实行可持续发展,提高居住面积,关注低收入者居住条件。

城市建设要坚持马克思的生态理念。在马克思看来,人的能动性可以让人延伸到自然,让自然成为人的隐形身体,但是,归根结底人只是自然的构成要素。人应该抛弃人类中心主义的等级理念,谦卑地与其他自然存在物和谐共存,互相学习,自觉维护生态系统的平衡,尊重一切存在物的生存权利。自然既提供了人满足本能欲望的各类资源,又是工人劳动所需的劳动资料的来源。个人的自主意识也是受自然制约的。个人不能仅凭自己就能确证存在,还需要外在事物的承载。人的劳动要产出物品,也需要凭借自然及其万事万物。工人在自然界中来展开他的劳动行为,利用自然来产出劳动产品。自然给人类提供了劳动所需的一切。在劳动过程中,自然留下人的痕迹,变得适合人生存,人的自由意志在外在对象上得到确认,人在劳动过程中也能得到肉体净化、精神升华,人凭借体力和智力不断挣脱各类束缚,由盲目变得越来越智慧。人们理当用谦卑的态度对待自然及万事万物,顺服客观规律,自觉与自然达成和解,以德行的言行对待自然,变更自文艺复兴以来对自然的征服心理,不用等级的思维模式看待自然及万事万物,而要将自然及其规律看成人必须遵从的对象。人要感恩自然,因为是自然赐予了人一切。人要认识自然的博大,认清人在自然中的渺小地位,懂得人只是一种卑微的生命存在,担负起一些责任。人与动物的盲从自然不同,随着科技的发展,人可以将整个地球当作自己的生产基地。因此,我们要尊重和重视维护生态系统的自我修复能力。地球的许多资源是利用后就无法再生的,人口愈来愈多,地球却没有扩大。脆弱的人类要维护自己的长远存在,就不能不考虑环境的承载能力,就不能打破生态平衡,而必须对自然的利用和开发有所限制,保持生态系统的自我更新能力,真正尊重自然及其万事万物。城市建设要倍加小心,谨慎地对待自然事物,抛弃陈旧的人类中心主义观念,放弃自高自大的心理,在人类经济发展和科技进步的同时,也要如履薄冰地开发城市,保持人的生活富裕和生态平衡的协同发展,不断减少人类对自然资源和矿产能源的损耗,降低人对生态系统的损害。

五、政府主导城市化发展

（一）政府自上而下主导城市化发展

改革开放前,中国城市化受高度计划经济体制影响,发展缓慢,政府包办城市资源分配,是自上而下的城市化,让农民固定在土地上,游离于工业化,不能进入城市。中国城市化模式是政府主导的,与西方道路有所不同。"自上而下城市化和自下而上城市化分别是中国计划经济条件下和市场导向改革时期出现的两种城市化模式,均具有显著的中国特色。"[①]空间生产的程度表明了生产力的水平,体现着物质生产的扩大,既是扩大再生产的条件,又凭借压缩时间提升着生产效率。资本主义是不断扩张的,让日常生活陷入资本逻辑。资本灵活积累让审美实践对于空间体验特别敏感,用空间体验来建构空间。资本灵活积累更加突出了当代生活的灵活性、偶然性和新颖性,让空间碎片化引起文化危机。地球村的出现,让信息存在成了全部。空间生产是资本克服自身危机的手段,是资本积累的重要要素。社会关系总是处于一定空间架构中,社会制度是持久性的空间,想象能激

---

① 杨虹、刘传江:《中国自上而下城市化与自下而上城市化制度安排比较》,载《华中理工大学学报(社会科学版)》,2000年第2期。

发空间活力,需要将空间补充进马克思理论,要在具体的历史地理中寻求人类解放道路,用空间建构代替革命。空间生产是多方面社会因素的产物,与社会生产力具有同步性,是生产力进步的呈现和路径。人类社会实践在对空间的改造中,让物理空间带上人类思想、社会活动的烙印,让空间成为社会化存在。

改革开放依赖政府政策让城市化进入新的发展时期,让城市规模结构更加优化,城市体系更加完善,让城市基础设施和城市功能得到加强,让城市发展更加聚集,出现大的城市群,让城市化动力主体更加多元化,推动了农村人口的就地城镇化。"改革不仅从体制的薄弱环节、也是原有体制束缚最大、生活最困难的农业和农民开始的。"①政府和市场发挥了联合作用,过度小城镇化会产生农村病。我国城市化政策仍有计划经济痕迹,促进生产要素自由流动,要寻找城市化的新动力,促进城市化转型。城市化是利于社会发展和提高居民生活的,普通居民也希望城市化发展,从中得到物质和精神好处。但在中国有很多学者、民众对城市化有忧虑,担心城市化不会发挥更多作用。农民担心城市化损害自己利益,失去土地,没有生活保障,害怕自己的宅基地被政府征收,抵触政府的征地、拆迁。中国城市用地规模和城市人口增长也不符合。

一些地方政府的强制干预,让土地与住房问题很严重。经济快速发展推动了城市化发展。城市化也被当成促进经济发展、解决城市就业的途径,国家不断出台政策推动城市化。城市化是受多重因素影响的,一些因素制约了城市化发展。中华人民共和国成立之后,城市化就出现了很多曲折,"大跃进"和自然灾害让大批城市人口下放。如今,农民工进城仍有很多限制,只能从事劳动加工业,是外向型经济,依赖国外市场。国外发生金融危机必然影响国内实体经济,需要拉动内需,提高抵御风险的能力。

中国城市化起步于重点发展重工业的战略,没有吸纳很多劳动力就业,对第三产业重视不够,城市容纳人口的能力不足。"改革开放以前农民收入增长过慢和收入水平太低,主要原因不是剪刀差,而是国家限制了农民的农业生产自主权和发展非农产业。"②改革开放后,产业结构升级,工业化和服务业得到发展,重工业有所减少,让城市化和非农化、工业化差距缩小。中国城市化随着经济一直波动。国民生产总值下降时,城市化也会停滞。政府主导着城市化,一直是计划经济的集权管理,为领导人意志所左右,在赶超的目标下,不断让资源流向发达地区的企业,是自上而下的发展模式。

---

① 武力:《"双轮驱动":中国经济体制改革的最大成就》,载《中国经济史》,2013 年第 3 期。
② 武力:《1949—1978 年中国"剪刀差"差额辨正》,载《中国经济史》,2001 年第 4 期。

城市化过程中,要培育政府服务理念。政府私利导致政治改革缓慢,弱化了其权威,阻碍了服务型理念的形成,需要树立人民群众服务观。城市化需要强有力的政府领导,保持政府权威,增强服务理念,建立公共服务型政府。政府的首要职能是服务,建立服务型政府。政府要为居民提供基本的公共产品,满足居民需求,要做好制度设计,解决社会矛盾,做好社会服务职能。城市化需要树立政府权威,满足人们多元的需求,提供好的社会保障。传统中国,君王治理一切,有严重的等级意识,儒家思想注重教化,节制人的欲望,形成以血缘为纽带的宗法制社会,个体需要服从群体,专制主义不尊重个人利益,人民没有基本的权利。只有中华人民共和国成立后,人民才当家做主。城市化中政府服务理念的培育需要提高政府领导能力,推动行政体制改革。要加强政府的公共利益导向,努力体现人民利益,使用好人民赋予的权力,体现公民本位,遵循群众史观,要明确政府责任,政府决策要正确,不能侵害公民利益,公务人员要有基本的道德良知,体现服务人民的自觉性。要积极推动政府公共参与,让更多公民参与公共事物,加强政府与群众的联系,建立多元的非政府组织,缓解社会矛盾。

政府在城市化中有制定城市化战略、城市规划、城市基础设施建设、城市功能完善等工作,各级城市都热衷于城市建设,但需要从计划体制转向市场思维。城市化需要建立有效的创新模式,完善创新体系,发挥政府、科研机构等创新主体的能动性,完善政策、法律、制度等支撑体系,充实内外两个平台体系。

在市场体制下,政府要为城市化创造公平的环境,维护市场机制的正常运行,避免市场的盲目性。政府要用行政、法律、财政等手段调节市场,保障土地资源的正常供给。"加快人口城市化进程有效路径是提高农村人力资本投入、推进欠发达地区工业化和创新相关制度。"①政府主导的城市化改革的核心是市场化,最终让市场来配置城市空间资源。政府和市场的联合作用能降低交易成本,减少市场风险,推动城市化的快速进行。

(二)政府机制与市场机制的有效结合

政府利用所在城市的行政中心职能,聚集了大量资源,形成政治、经济二位一体的城市网络。"中央政府重点发展直辖市,省政府发展省会城市,市政府主要发展所在政府驻地。"②进入 21 世纪后,市场经济越来越发展,但中国城市化中,政

---

① 胡西春:《欠发达地区农村劳动力转移的制度障碍及对策分析》,载《经济研究导刊》,2012年第 11 期。

② 付春:《社会主义计划体制下中国政府主导型城市化特点研究》,载《经营管理者》,2009年 23 期。

府仍起着至关重要的作用。政府大力推动市场经济发展,不断提高城镇居民生活水平,制定的城市化政策更加科学透明。政府遵循城市化中的产业转移规律,放开小城镇落户条件,促进了城乡居民流动。政府制定了很多政策引导城市发展,用科学合理的政策推动城市高速建设,直接用决策合理控制大城市的人口规模。中国城市化中,政府并不排斥市场和民间力量,而是充分调动各方的力量进行城市建设。政府顺应城市化规律,不断增加城市数量,提高城市规模效应,让城市文明扩散到乡村地区,努力发挥市场、民间资本作用。改革开放以后,民营资本推动的自下而上的城市化发展模式也在进行,着力以小城镇为中心发展城市化,需要发挥市场机制对农村现代化的推动,需要推动自上而下和自下而上的结合,发挥市场和政府的联合作用。政府要更新城市化规划模式,理顺制度本位、革新权力结构、构建开放的对话机制、促进多元参与。政府和市场要联合发挥作用,实行以人为本,促进农业人口转移,避免地方保护主义,打造中国经济升级版。

中国城市化要建立现代性的金融体系,发展世界性城市。中国城市化要鼓励大城市的有序发展,革新城乡管理制度,改善居民生活、工作环境。要避免城市建设的盲目扩张,走多中心城市化模式,科学规划,防止大城市病,不断提高基础设施承载力,加强管理方法革新,预留大城市发展空间。城市规划要以人为本,尊重群众的自由发展,推动群众的自由选择活动,体现群众的时代发展需求,多层次进行城市规划,协调不同空间利益主体,树立以人为本的城市发展观,提供和谐、舒适的城市环境。中国城市化要合理发挥市场经济的作用。市场经济能够促进人口和生产资料的自由流动,充分发挥群众的生产自主性,但市场经济也有盲目性等弊端,需要政府的有效调控。中国城市化需要全社会全方位地参与,更新规划中的话语结构,畅通话语参与渠道。中国城市化需要产业结构调整、人口居住变化、社会结构、生产生活方式的深层次变化,政府要引导合理规划、科学发展,尊重经济发展规律,让规划权和社会权利互动。城市化需要促进经济发展,促进城市规模升级。城市经济具有聚集效应,需要产业结构升级,带动就业增长,降低居民生活成本,加快标准化生产,促进行业流动和城市群发展。

中国城市化需要政府和市场联合解决三农问题。三农问题需要在工业化、城市化、市场化、全球化中去解决,需要稳定合理的制度体系,实现公共服务一体化,实现农业现代化,建立一批中小城镇体系,建立现代农业体系,转移农村剩余人口,促进农民工市民化。政府要促进城市工商资本下乡,促进城乡要素流动,促进社会公平,确保教育、社会保障、就业的城乡平等,建立完善的城乡保险,实现全国统筹。新型城市化需要新的内涵,根据区位条件合理发展,避免传统城市化的污染道路。城市化应该是以人为本的城市化,实现人口向城市聚集,形成合理的人口布局,提高居民素质,提高居民幸福感和获得感。

中国的城市化正是由于中国共产党的坚强领导,才取得了举世瞩目的成就。新中国成立后,在中国共产党的领导下,社会主义制度在中国得以确立,人民当家作主,城乡各方面都取得了巨大成就。改革开放后,中国实行社会主义市场经济制度,城乡居民生活水平得到大幅度提高。2012年以来,在以习近平为核心的党中央的领导下,中国城乡经济日益繁荣,民族日益振兴,人民日益幸福,国家走上了富强的道路。中国进入了新时代,中国人从来没有像今天这样如此更加接近"中国梦"的理想。中国共产党领导城乡居民走向美好生活,但中国的发展仍是不平衡和不充分的。市场经济促进了城乡居民权利关系变化和互动,但城乡二元结构仍旧存在。中国的改革开放已经到了关键转型期,暴露出了一些政治、经济、文化问题。环境污染、能源消耗、贫富差距等问题使城乡居民时常感到焦虑、紧张。物质文明建设成就卓著,精神文明建设却未能同步;经济改革成果颇丰,政治、文化改革却需要进一步深入。这一矛盾现象与我们实现"中华民族伟大复兴"的目的有偏差,与一个全面发展的大国形象是不相称的。在社会转型的关键时期,针对城市化当中的一些问题,我们应该坚定地团结在以习近平为核心的党中央周围,用习近平新时代特色社会主义思想指导城市化建设。

本章小结

中国城市化取得了很大成就,也出现了一些问题。城市建设的导向有偏差,基础设施落后、区域发展失衡,各城市发展不协调,被行政区划分为不同市场,小城镇发展缺乏活力,重城市规模而不重视质量,存在城乡二元结构,城乡差距加大。中国城市化质量较低,出现城市病,城市化存在地区差异,市场作用不充分。中国城市化滞后的原因是农业基础薄弱、工业化弱质、城乡二元结构、第二产业薄弱、长期的城市化错误认识等。中国城市化仍滞后于工业化、非农化。改革开放后,商品经济发展,工业化和市场化不断融合,但城市化仍不完全符合市场机制,国家仍重点发展小城镇,不断压制大城市规模,仍落后于世界平均水平,但已经进入高速发展时期。

中国城市化的市场机制动力日益发挥作用,驱动城乡一体化的传统动力在减少,推动经济在加速,实体经济兴盛。中国城市化的内在制约因素在减少,三农问题在解决,农业技术提升,农业发展后劲充足,农民进城更加容易,更有从事非农产业的能力,农业效率提高,但存在小农经济、土地流转难以实现等问题。农民工文化、技能普遍不高,只能从事劳动密集型岗位,大多从事建筑业、制造业和服务业。体制性障碍也阻碍了农民工进城。中国城市化的外部制约因素也难以消除。

外在体制因素导致封闭的城乡空间,让城市难以带动农村发展,城乡要素的流动、交换是不平等的,难以形成合理的市场,城乡经济难以融合,城乡流动受到行政力量的干预,城市和乡村的经济体系是各自孤立的,具体体现在户籍制度、土地制度、社会保障制度、财政体制、金融制度、服务体系等的分离和不平等上。行政力量让资源在城乡不平衡配置,让城乡存在二元管理制度,农村公共资源严重短缺,农村基础设施严重落后,城乡居民享受的公共服务严重不对等,农村工业较落后,技术低,农业产业化难以启动。政府的管理体制以城市为核心,对农村缺少扶持,乡镇政府效率低,加剧了城乡分割。城市群建设也有很多不协调的地方,产业一体化、公共服务一体化都没有完全实现,大城市聚集了过多资源,但没有很强的辐射作用。城市化推动了人口的大规模流动。城市化对农村的收入结构产生了影响,能让农民各项收入都得到不同程度的提高。农民的工资性收入、经营性收入、财产性收入等都有所增加,能够促进农民收入结构更加合理。城市是区域中心,有更多就业机会、良好社会环境,呈现出巨大吸引力,推动劳动力和人才资源大规模向城市聚集,让农村人口减少,缓解了人地矛盾,能够促进土地规模化经营,有利于促进消费需求。中国城市化相对滞后,城乡人口比例失调,要理顺市场、工业化、城市化的关系,充分发挥剩余农业劳动力的转移作用。

总之,中国城市化取得了举世瞩目的成就,城乡居民的生活质量取得了巨大的提高,城乡各项事业获得了飞速发展,但仍存在城乡发展不均衡、不充分的问题,我们需要在习近平新时代中国特色社会主义思想的指导下,推进城乡融合,解决城乡人口贫困问题,补齐城乡居民生活领域中的短板,为实现中华民族伟大复兴的"中国梦"不断奋斗!

百家文库

孙全胜 著

中国特色城市化道路
的历史透视和现实选择（下册）

ZhongGuo TeSe ChengShiHua DaoLu De LiShi TouShi He XianShi XuanZe

中国书籍出版社
China Book Press

第四章

中国特色城市化道路的动力机制选择

　　城市化是复杂的系统工程,是区域经济发展的火车头,是现代化的标志和动力。工业化和城市化是相互促进的,但中国城市化滞后于工业化,需要调整城市化认识和战略,提升产业结构,解决制度障碍。解决城市环境问题,提高城市管理水平,变革经济结构,促进健康的城市化。城市化需要不断推动人口城市化,提高城市人口比重,需要促进非农产业集中,大力发展第三产业,促进农民就业问题,推动居民生活空间转化,需要推动农民转变观念意识,提高人的素质,推动无形城市化的发展,推动城市生活方式扩散。

　　中国城市化取得了很高成绩,已经成为经济发展的重要动力,城乡差距不断缩小、吸纳了更多劳动力,大中小城市越来越协调,但也存在一些问题:城乡关系不协调、城镇化与经济发展水平不符合、城市群联系不紧密、产业结构单一、城镇基础设施薄弱、居民幸福感不强、生态环境破坏等。改革开放前,城市建设中政治挂帅,国家经常停止城市规划,只有工矿规划,导致城市基础设施不足。改革开放后,城市是经济挂帅,掀起大规模的城市建设,城市规划重新启动,不断整顿城市。但政府主导也让城市化有政绩工程、土地财政等问题。城市建设缺乏制约机制,盲目建设、无序发展,很多城市大规模进行开发,导致很多社会问题。中国要走新型城镇化道路,促进城市化以人为本,建立生态、文化城市。中国城市化规模大,已经基本掌握了城市化规律,努力促进城乡一体化,推动农村人口转移,消除城乡二元结构,提高城市化质量。

第一节　中国城市化面临的机遇与挑战

一、中国城市化道路引起全球关注

中国作为发展中国家,现实国情和社会制度影响着城市化方式。中国城市化日益融进全球化进程,让中国城市空间生产与全球空间生产相互交融,并在中国土地上并肩而行,但中国城市化方式也展示出自己的特点。

(一)中国城市化积极参与全球化进程

全球化是中国城市化的新动力。中国城市化总体健康,基本遵行阶段性规律,进入高速发展时期,但也出现了一些问题,让城市化也有亚健康状态。"城市化是社会变迁的重要环节,也是现代化的必然过程。"①中国城市化不应依赖数据计算、消耗能源等,而要走主动城市化道路,建设社会主义新农村,推动城市经济市场化。中国城市化与工业化、经济发展水平不适应,城市公共服务能力不强,超过了环境承载力,存在很多失业人口,没有带动农村发展。中国城市化道路随着政府政策一直改变,由"一五"时期的自由发展到"二五"时期的无序扩张,到"三五""四五"的停滞不前,再到"五五"恢复发展,再到"六五"控制大城市,到"七五""八五"大中小城市多元化发展,到"九五""十五"大中小城市并举,到"十一五"中国特色城市化道路。中国城市化历经曲折,但正朝多元化、和谐健康道路迈进,已经进入高速发展时期,未来会有更大发展,但短期内仍无法追赶上欧美国家水平。"在城市化道路选择上,中央政府实施的是稳健政策,地方政府实施的是激进政策。"②中国做了多次人口普查,但人口统计标准一直变化,现实非农业人口统计采用常住人口标准,加入了大量在城市流动的农民工,导致城市化偏高。2000多万的农民工被定为城市人口,成了数字的城市化。中国城市化与世界城市化差距很大,在数量、规模仍比不上欧美发达国家,需要健康发展。中国城市的大拆大建导致城市化无序,满足了部分人利益,损害了居民利益。城市拆迁不规范,背离了以人为本。中国城市化面临严重资源生态问题,消耗的能源不断增长,导致水资源、石油资源危机。中国城市化粗放增长、污染重,破坏了生态系统。城乡二元结构、优先发展工业、先沿海的策略等导致城市化不平衡。由于地区经济发展水平差异导致城市化地区不平衡,东部沿海有较多城市和城市群。城乡二元体制制约了城市化进程,严格的户籍制度限制了农民工进城,不能享受城市市民待遇,农民工子女无法到城市接受正规教育,城市政策也限制了外来人口经商,农村缺少社会保障体系。新中国优先发展重工业,导致工农剪刀差,剥夺了农业,导致就业结构、消费结构不合理。城市化需要改革户籍制度,给予居民国民待遇,优化产业结构,提高就业率,推动居民生产、生活方式改变,推动第三产业发展,要转变

---

① 林星:《关于中国城市化道路的思考》,载《中共福建省委党校学报》,2005年第12期。

② 张曙光:《中国城市化道路的是非功过——兼评贺雪峰的<城市化的中国道路>》,载《学术月刊》,2015年第7期。

政府职能,发挥市场作用,提高资源利用效率,提高行政效率。中国城市化道路应该促进经济发展,提高人民生活水平,提高城市竞争力,维护生态平衡。户籍制度有长期的形成过程,不可能短期消除,应该逐步改革。中国城市化速度应该与经济发展水平相适应,要顺其自然发展小城镇,提高小城镇基础设施水平,加大城市建设财政支出,多方筹措资金。

改革开放后,城市辐射能力增强,小城镇得到发展,产业结构更加合理。但中国城市化仍存在区域失衡,城乡差距加大、规划不合理、流通不畅等问题。"新中国形成的基本制度安排既是改革开放取得伟大成就的重要基础,又是中国走出中等收入国家陷阱、由世界体系的边缘国家进入中心国家的制度红利。"①城市群内部产业规划不合理,片面追求规模和速度,导致城市化质量不高;占用了耕地,破坏了历史建筑,导致交通拥堵、基础设施不全等问题。城市功能需要进一步完善,提高大城市的国际竞争力,提高城市群的辐射能力,提高小城镇吸纳能力。城市化要采用清洁技术,降低环境污染,改变粗放方式,提高居民生活质量。"城市化要大力提高城市绿化,维护城市生态系统。"②政府要加强城市治理能力,发挥政府协调功能,提高服务能力,维护市场秩序,完善金融财政体系。推进城市化要立足国情,发挥市场主导作用,促进城市健康持续发展,推动城乡共同进步,推行资源节约型生产方式,推动物质、精神、政治、生态文明协同进步。政府要推动科学规划,尊重城市承载能力,科学界定人口、用地、环境、速度、产业结构和容量,立足本地文化特色,统一城乡规划,加强基础设施共享,推动全体居民参与规划。政府要依托大城市发展区域经济增长极,走多元化、高效率城市化道路。东部地区要加大城市群建设,发挥集中优势,提高竞争力,提高城市潜力,大力发展现代加工业、服务业,促进分工协作。国家推进新农村建设,提高了农村现代化水平,加强了农村基础服务,加大了财政支持力度,将城市文明延伸到农村,缩小了城乡差距。政府不断提高城市治理水平,增强服务意识,完善服务功能,改革户籍制度,放宽进城落户条件,完善就业制度,维护农民工权益,解决外来人口教育、医疗难等问题。

改革开放后,中国走新型城市化道路,政府发挥了很大作用,促进了社会和谐,推动了经济转型;促进了产业结构调整,改善了居民生活;扩大了内需,为经济发展提供了持续动力,提高劳动效率,刺激消费潜能;吸引外资,推动了全球经济

① 贺雪峰:《论中国式城市化与现代化道路》,载《中国农村观察》,2014 年第 1 期。

② 辽宁省人民政府:《坚持生态立区实现和谐发展——和平区加快推进生态城区建设》,载《辽宁省人民政府公报》,2008 年第 14 期。

增长。"中国的城市化到了由排斥性演进向包容性发展转变的时代,促进新型城市化道路的包容性发展成为中国城市化道路的战略选择。"①中国城市化和世界城市化一样具有阶段性,需要促进农业向第二、三产业转移,提高产业、就业、产品质量,需要推动生产要素变化和流动,形成新的产业结构,需要解决单一的产业机构问题。城市化要稳步前进,完善各项配套制度。城市化需要健康的体制和机制,要发挥政府的推手作用,让市场和政府相互配合,促进资源优化配置,优化选择多元化道路。城市是商品生产、交换之地,很早就存在,需要立足于农业发展和劳动分工。市场是城市化的最优路径,能够促进产业、人口聚集、增加投资,也要建立合理的制度安排,促进城市空间、人口城市化都有制度保障,维护以人为核心、以土地为突破口的城市化。城市化是经济行为,需要市场力量,也是政府行为,需要行政力量,达到市场机制和行政体制的结合,要强化市场功能,促进机制和体制形成合力。"中国特色城市化是内生型现代化道路的根本标志;是党的四代领导集体从国情出发科学发展的战略决策;是社会主义初级阶段和必经阶段以及第三步发展战略的科学选择。"②中国城市化要坚持市场为主、政府为辅,尊重城市化内在规律,培育城市化内在动力,加强制度设计,完善公共政策,避免过多行政干预;要促进城市转型,推动产业、人口、资本、技术聚集,优化资源利用;城市化速度要与工业化、经济发展水平相适应,激活城市化活力;要推动城市化与产业发展水平、生态承载力相适应;合理布局城市体系,建立城市民生系统,促进可持续发展。中国城市化面临有利的国际机遇,信息革命仍在推进,跨国公司推动的经济全球化蓬勃进行。经济全球化推动资本、资源、信息等要素在全球内流动,促进生产分工、细化,需要研发自主技术,培养技术工人,改变在经济全球化中的地位,改变廉价劳动力出口产业,提升产业优势,培养支柱产业,合理布局城市空间,促进城乡信息交流,加强信息产业。政府要改造城市化中的高污染产业,减少生态破坏,利用技术开发环保产业,推动循环生态经济,建设优美的城市环境。中国城市化面临世界性的能源短缺、环境污染等问题影响中国。中国是农业大国,三农问题突出,有大量农村剩余劳动力需要转移。全球化推动资源流向发达国家,中国必须发展新型能源,建构节约资源、环境友好社会,迎接全球化、信息化挑战。

中国在全球化过程中,积极参与国际竞争,促进了产业结构调整。一方面,生产、消费、资金、信息继续向大城市聚集,提升了城市群的竞争力;另一方面,劳动

---

① 张明斗、王雅莉:《中国新型城市化道路的包容性发展研究》,载《城市发展研究》,2012 年第 10 期。

② 高新才等:《走中国特色城市化道路的历史必然性》,载《生产力研究》,2010 年第 1 期。

密集型产业向技术产业升级转换,提高了中国经济的聚集效应。外资推动中国产业合理化,提供了更多就业机会,影响着城市的功能定位。全球化给中国城市化带来挑战,制约着城市的经济结构。"世界的大部分经济活动将掌握在少数的核心地区和各国的首都、大城市以及与之密切相关的次级中心,全球城市不再以其规模或在国家中的地位而定,而是以其在全球城市体系中的专长和角色定位。"[1]全球空间生产主要呈现为空间膨胀、空间组织臃肿、都市化加快、空间权力集中等多方面。首先,全球空间虽然蕴含社会意义、人的精神意识,但不是虚拟意识,而是实在的物质。当全球空间生产变成政治统治工具,资本主义抽象空间和社会主义差异空间的政治目标也截然不同。物质生产是为了满足公民的生活需求,空间生产当然也不会例外。因此,社会主义空间必将是消解工具理性操控和日常生活异化的艺术空间。其次,全球空间样态呈现流动性,既具有绝对性,呈现在强制性的符号意义和暴力统治,又具有相对性,呈现为差异的解放因素和诗性实践构造的多元空间形态。空间样态的流动性让人们分不清真像和假象,让居民被驱赶到边缘地区。最后,全球空间中始终充满着政治关系。政治空间结构和系统相互联结,具有精神性的神秘化色彩和能够被感知的物质性。当代社会,女性仍受不平等对待,有些女性仍被局限于家庭,处于从属地位,让女权主义运动兴起。20世纪90年代以来,一些西方学者提出了第三条道路,这源于"二战"前的民主社会主义理念,既反对资本运作,又反感苏联体制,主张建立新的政治中心,打破制度的僵硬划分,建立包容性空间,尊重每个个体,在个体基础上建立共同体意识,协调公民各类关系,实行平衡政策,建立福利国家等。

　　中国城市化要警惕资本主义全球化引起的空间失衡。资本主义全球化使城市空间产生同质和断裂,同质空间造成了资本全球霸权,断裂空间加大了世界内的贫富差距。全球化对空间秩序的打造,束缚了主体的自由创造能力。当下的社会空间中的实体消费与虚拟消费正走向统一,但虚拟的思想意识空间与实体社会空间仍有着明显差别。全球空间扩张导致不平衡地理发展。国际货币体系也不利于不发达国家,是为发达国家利益服务的,是不平衡的体系,加剧了经济波动。收入差距是必然的,但过大的差距会威胁全球化的稳定,一大批跨国公司获得了巨大利润,但发展中国家处于边缘地位。城邑到都市形态的转换过程带来社会矛盾和冲突,消解了社会意义的生动性,造成了空间权力压迫。后现代意识形态看似多元和宽容,实际僵化顽固,是资本主义第三阶段的文化,导致消费主义泛滥,

---

[1]　张婷麟、孙斌栋:《全球城市的制造业企业部门布局及其启示——纽约、伦敦、东京和上海》,载《城市发展研究》,2014年第4期。

让地方文化消失,需要对全球化意识形态进行批判。生产方式在晚期资本主义仍是主导的,历史是永恒的,是总体化的,不可能凭空消失。空间批判需要利用政治学的理论框架,消除时间对空间生产实践的制约。后现代空间表明了资本积累体制的转换,需要探索新空间结构,以恢复主体的空间美学体验。后现代的时空逻辑是空间支配时间,是特定的空间转换,让空间逻辑支配着社会,将一切思维、存在都空间化了。后现代建筑和艺术是超空间的,与技术进步有密切关系,特别是信息技术对空间有着强大的同化能力,但让空间充满不平衡和差异性。历史哲学也在复兴,两次世界大战和自然科学的飞速发展,让人重新思考历史,涌现了一批提出新历史理论的学者。文化空间是历史的基本现象,具有不可逆的宿命,无法重新复制,文明是文化的必然结果。人的意识需要以语言为中介,而语言是语音中心主义的产物,是霸权的呈现。我们必须摆脱传统专制制度,解除僵化的思维模式,提高空间的文化地位,压制政治霸权,建立一种以空间为核心的新政治文化模式,需要对后现代空间进行认知测绘。

全球化和国际组织的目的是向世界扩展发达工业社会的资本法则,并将资本的价值理念强行推广到其他国家。苦难的刺激也能推动文明产生。文明的生成和衰落都与自决能力有关,始终没有一个中心,而是多元发展。东西方文明具有同等地位,西方文明也有危机。文化是人类意欲的样法,不应该拘泥于一条发展道路。女性争取权利比共产主义运动更加长久,应该取消一切因为差异而带来的歧视。男女本不应相互仇视,而应互惠,而应让女性取得前所未有的地位。"二战"后,资本主义已经逐渐取消了殖民地,但它们凭借资本输出推行了新殖民主义,造成了垄断和非正当竞争,成为国家和地区冲突的根源。资本积累推动世界各国处于利益争夺状态,导致几大经济体在激烈竞争。国家间的争夺呈现白热化状态,经济危机蔓延到每个国家,并导致区域政治斗争。当资本主义不能用经济手段解决危机时,就必定寻求武力和战争。而资本主义对落后地区的欺压和剥削,也会引起落后国家的民众采取极端措施报复资本主义,恐怖主义很大程度上就是由帝国主义的剥削引起的。因此,要消除恐怖主义,除了要坚决打击,也要反思资本主义以往的行为。全球政治仍有固定格局,带有后殖民主义特色,让个人觉得自己格格不入,是局外人。文化活动和殖民主义有密切关系。殖民主义也压制了女性话语,让空间充满权力。全球空间有不公正的情景,如同性恋空间、女性空间等,要关注区域空间的个性,让空间权力对象化,引导空间实践的新气象,重新解释城市权利,清除地理压迫。

全球范围内的空间资源争夺促进了金融资本的垄断地位,让资本增值日益集中于金融业。当代发达工业社会已经不是产业资本占据经济主导地位,而是金融资本占主导地位。资本主义不断的"时空修复"，让社会矛盾不断呈现新的形式，也让资本积累的弊端更加明显。首先，社会矛盾呈现为金融资本垄断生产和消费品相对过剩的冲突。资本主义社会经济取得了很大发展，但其发展是以不发达国家严重的贫富分化、普遍贫穷为基础的，这也导致世界范围内的消费需求缺乏。其次，资本主义的矛盾还呈现在实体经济被金融资本挟持而日益虚拟化的状态。当代发达工业社会发展的很大特点是金融资本日益占据中心地位。金融资本是银行信贷体系成熟化的结果，表明实体资本和虚拟资本的结合。银行信贷体系将产业资本和商业资本置于自己的操控之下。再次，资本主义的矛盾还展现在发达国家的高度组织性、国际组织的集中性与全球化空间生产的无序状态的矛盾。全球化让经济活动突破了一国范围，消解了单一国家对全球经济的操控，让市场也时常陷于无政府状态，造成市场经济的弊端更加明显。最后，资本主义的矛盾还彰显在发达国家与不发达国家的空间利益竞争。全球化为资本增值提供了新的运作动力和机制，是矛盾的体系，充满不正当利益竞争和不公平分配关系。全球化促进了国际经济协调组织的形成和发展，但让发达国家的资本家利益绑架了公众利益。空间也需要节俭使用、谨慎管理以获取较高价值回报。资本主义抽象空间是现实的实然空间，社会主义差异空间则是需要建构的理想。

(二)城市化成为经济发展的推动器

城市化推动了经济持续发展，是经济支柱，能够推动小康社会实现，提高现代化水平。"中国城市化与经济增长的关系为二次多项式关系，且不同城市化时期城市经济增长分布特征不同。随着城市化阶段上升，城市经济增长的稳定性出现先上升后下降趋势。"①城市化、工业化、现代化是不可分割的。城市化能够扩大内需，完善公共服务，提高产业支撑，吸引资本、人才。推动小城镇发展适应了中国国情，但小城镇规模小，辐射能力不强。城市化需要注重维护生态平衡，提高规划和建筑的技术性。政府要形成城市化共识，让决策更符合现实。改革开放后，城市化快速发展，城市人口才大幅提高。城市化被政府掌握，自上而下的模式带来很多问题，需要运用市场继续大力推进城市化。中国城市用地规模大于人口增长，政府依赖土地财政和房地产税收。人口大量流向东部沿海，导致大城市病。中国错失工业革命，工业化带动城市化能力不强。城市需要新鲜人口为动力，人口聚集才能产生需求，转移农村人口能够促进城市化。主动城市化是多元的，是人的城市化，是为了居民生活，被动城市化是人为的，政府支配的，是物的城市化，

---

① 王稳琴等：《中国城市化与经济增长关系研究》，载《山西大学学报(哲学社会科学版)》，2011年第2期。

是为了政绩。

中国城市化已经进入新常态,需要走创新、节约、和谐、生态之路。工业化、信息化、全球化蓬勃发展,中国城市化需要追赶世界潮流。"中国城市化和经济增长之间存在长期均衡关系,具体表现为城市化指标每增加1%,经济增长指标增加7.35%。"①中国经济取得了巨大进步,已经成为第二大经济体。中国工业化、城市化、信息化基本是协调的,但有地区差异。城市化的动力仍是工业化、产业升级和资源聚集,要因地制宜,走科学发展之路。新常态下中国城市化要符合国情,合理利用资源,立足社会主义初级阶段,要创新效益,治理污染,要尊重城市化规律,带动区域发展,分散大城市的功能、人口。发展和谐城市,建立平衡的城市生态环境,要开发潜力,提高承载力,合理利用土地,合理布局城市。城市化应该循序渐进,发展美丽、低碳城市,科学管理。

中国城市化应该建立分享型经济,采用以人为本、科学发展的理念,建立公平正义、有幸福感的城市。"中国经济增长轴心发生转移,形成了城市化推动型经济增长。"②新型城市化能承载分享型经济,提高人口红利,促进绿色、均衡、协同的城市化,提高公共服务覆盖范围,改善城市环境,建立合理劳动力市场。城市化涉及社会很多问题,需要认清中国城市化现状。东部沿海土地少,却聚集了最多的城市群和城市人口。中国城市化存在公共服务水平低、发展失衡等问题,需要形成文化内涵,提供土地、水、能源、生态资源做保障,促进资源可持续利用。中国城市化与资本主义发展轨迹不同,各方面都要提升。东中西差异很大,省与省之间也很不平衡,主要是东部地区发展水平较高。城市管理水平低,政府协调服务能力不强,管理服务法规不完善,缺少现代化管理方法。城市总体规划不合理,领导意志制约城市建设正常进行。政府公共服务水平低,不适应多元消费主体需求,市场服务意识不强。城市化要促进区域城市群的形成,提高整体竞争力,加强区域城市交通联系,提升总体经济实力。政府要提高城市现代化水平,分阶段实现城市化,发挥后发优势,应对农村人口迁移,完善城市治理模式,提高城乡融合。要消除计划经济体制和城乡二元结构带来的体制障碍,提高非农产业比重,减少农村数量和农村人口,增加城市数量。城乡结构失衡是因为"冒进"的工业化模式,不考虑人口结构和消费需求,单纯为了数字指标。政府一直希望农民就地城

---

① 彭鑫、管卫华:《中国城市化与经济增长关系研究——基于向量自回归模型》,载《南京师大学报(自然科学版)》,2016年第1期。

② 周振华:《增长轴心转移:中国进入城市化推动型经济增长阶段》,载《经济研究》,1995年第1期。

镇化,担心人口流动影响社会稳定。城市化应该是多元的,多个中心城市,发挥大城市规模效应,提高大城市容纳力,但仅靠大城市是不行的。大城市能够为居民提供便利生活,但生活压力大、生活成本高。普通农民根本无法承担高生活成本,不如小城市更吸引农民。吸纳农村人口主要靠中小城镇,但小城镇的城市化需要较高成本,改善基础设施费用高,城市功能不完善,难以有更大吸引力。小城镇需要消耗大量能源,占用很多土地,浪费严重,需要大中小城市协同发展,走系统城市体系之路,形成多个中心城市的互补的城市网络体系。城市体系有利于吸纳更多人口,能消除大城市病和小城镇弊端,实现效率最大化和持续发展,有利于人本主义实现,为居民提供各类型城市,方便居民自由选择。

　　城市化是不能逾越的阶段,能够推动国民经济持续发展。"虽然和中国整体呈现的发展形态不一致,却均处于上升趋势。同时,经济增长对城市化水平的作用呈线性关系,且方向为正。"①中国城市化滞后的深层原因是计划经济体制、城乡分割和工业化赶超战略,压制了农村消费需求,扩大了贫富差距,制约了现代化。只有加快城市化才能促进第三产业的发展,才能开拓国内市场,增加消费需求,带动经济发展,才能缩小工农、城乡差距,才能促进节约资源,维护生态,实现持续发展,提高乡镇企业规模和竞争能力,减少废物排放。户籍制度等导致在城市有大量从事非农产业的农业人口,非农人口就业比重大于城市化水平。新型城市化道路是各类型城市协同发展,让大中小城市一起发挥作用。中华人民共和国成立之后,政府一直控制大城市,违背了市场经济原则,需要吸取教训,走多元化道路,有重点地发展一批城市,强化城市服务功能。中国小城镇面临粗放增长等问题,需要破除制度障碍,提供公平的人文环境。户籍制度、土地制度、财税制度、政府体制都制约小城镇发展。小城镇提供的就业、服务不足,乡镇企业竞争力差,文教水平低,影响了小城镇继续发展。农产品供给不平衡也制约了小城镇发展。

　　中国城市化能够拓展农村市场,促进居民需求。城市化需要刺激消费,拉动经济持续发展。"国家政策的空前重视、消费结构升级、城市化进程加快、人口老龄化引起的'银发经济'构成了中国未来扩大消费需求的四大有利因素。"②城市化能够刺激农民消费,缩小城乡消费差距,能够推动城乡融合、交流,为农村输送技术、资金、人力和产品。城市化能够推动农村基础设施完善,为农民提供好的居住环境。改革开放后,农村基础设施提升,但大部分农村仍很落后,抑制了农村消费需求,压制了农村市场发展,需要加大农村基础设施建设,为农村发展提供后

---

① 张明斗:《城市化水平与经济增长的内生性研究》,载《宏观经济研究》,2013 年第 10 期。
② 汪伟:《经济新常态下如何扩大消费需求?》,载《人文杂志》,2016 年第 4 期。

劲。城市化有利于乡镇企业发展,增加就业机会,能刺激农民购买力,开拓农村市场。乡镇企业的发展能提高农民就业水平,需要推动乡镇企业能力提升,促进小城镇建设。城市化能够促进农民生活方式、消费结构改变,接受市场体系,改变消费观念。推进工业化也需要加快城市化进程,城市化会促进经济发展。工业化和城市化能够互相推动,产业结构转变也是城市化的表现,需要大力发展工业和服务业。第三产业发展也需要以城市为依托。城市化还有利于促进农业现代化,推动农业规模经营。中国人的矛盾突出,有很多剩余劳动力需要到城市就业,但中国城市第三产业不发达,没有提供很多就业岗位。城市化能提高土地利用效率,有效利用现有耕地,减少农村住房对土地的占用,减少农村居民点,实现复耕。城市化有利于提高整体经济效益,采用先进技术提高经济潜力,孕育知识和人才,发展知识经济。

(三)和谐理念造就中国城市化模式

进入 21 世纪后,面对国内国际的新任务和新挑战,党中央明确提出了构建社会主义和谐社会的战略任务。"构建社会主义和谐社会"是当下学术界出现频率很高的一个词语,对它的讨论不计其数。但正如哲学大师黑格尔所言,熟知并非真知。对于和谐社会的理论解读当然十分必要,但倘若止步于此,则恰恰忽视了构建社会主义和谐社会本身即现实问题的思考,它源自中国人的生活实践本身,是我们党根据时代要求,为探寻中华民族安身立命之本而提出的。社会主义和谐社会的实现不可能一蹴而就,需要真实的实践与努力。构建社会主义和谐社会这一命题的提出既有时代现实的因素,又深深植根于中华文明的沃土之中,需要思入时代深处,立足于中国化马克思主义理论,深刻理解和把握和谐社会的实践。

通过马克思的著作,我们了解到了通常所说的"共产主义"。但是共产主义本身不是一种空谈的理论,更不是一种被悬置起来的空中楼阁。马克思指出:"我们所称为共产主义的是那种消灭现存状况的现实的远动。"①可见,共产主义是一种社会现实运动,它不是一种应然性的存在,它就在当下,就在活生生的现实中。面对全球化的大趋势,中国共产党人,立足于自身的社会现实并提出了构建社会主义和谐社会的命题。在一定程度上说,全球化是资本的全球化。资本的天性是满足自身的增值,而为了这个目的,资本会不择手段。正如马克思指出的,"创造世界市场的趋势已经直接包含在资本的概念本身中。任何界限都表现为必须克服的限制"②。资本在带来巨大财富的同时,也把我们纳入了一种"需求的强制"与

① 马克思:《1844 年经济学哲学手稿》,人民出版社 2000 年版,第 87 页。
② 《马克思恩格斯全集》第 46 卷(上),人民出版社 1979 年版,第 391 页。

"进步的强制"。因此,在改革开放初期,邓小平就提出了"两手抓,两手都要硬"的重要思想,认为物质文明建设与精神文明建设要同步进行。我们取得了巨大的经济成就,但是资本本身并没有从我们这个社会中消失。伴随资本而来的是一系列社会问题,这些社会问题本身就是社会现实。如贫穷与富有的对立,其背后隐藏的就是我们这个时代文明的危机,被资本异化的危机。可以说,种种时代困境令和谐社会的呼声变得更响,构建社会主义和谐社会这一命题的提出,本身就是在时代现实的召唤下应运而生的。

在不同的时代背景下,中国共产党人始终沿着马克思主义的轨迹,针对社会现实,探索一条走出现代文明困境的道路。发展和贡献表现为在马克思主义创始人去世的一个多世纪后,在资本依然存在的今天,中国共产党人始终坚持马克思主义的基本原理,不断寻求适合中国国情的现实性道路。最重要的是,在中国落地生根的马克思主义不同于当今世界上的任何所谓的马克思主义,因为马克思主义要在中国立足必然会和中国传统文明相交融,这种交融不是简单的拿来主义,也不是简单的加减乘除。它是一种文明与另一种文明间的贯通,但绝不是等同。市场经济诞生于西方,市场经济追逐的是利益的最大化,这是资本的本性,来源于西方人对理性"绝对主体"的痴迷,并将它作为了社会存在本身,从而使自身头足颠倒。而我们提出构建社会主义和谐社会,正是对此的纠正。经济的发展依靠的是人们的物质生活本身,和谐社会突出"以人为本",就是证明。这里的人当然不是抽象的人,而是活生生的现实的个人。

"民主法治""公平正义"和"诚信友爱"这些字眼一同出现在我们党所要构建的和谐社会的目标中。而在今天,"诚信友爱"不是西方式的"民主法治",而是对传统"德治"的追求。法是对社会事实的规范,但是它本身来源于社会事实本身,所以,相对于社会事实本身而言,法总是落后于事实本身,这表现为法律法规必须不断修改,没有一部法律胆敢断言自身是完美无瑕的。这样,针对法律的这种滞后性,"德治"恰恰表现为它作为人的内在性的觉醒,它本身就是生活,它要求的是人对生活的实践态度。它不像法律是一些概念和逻辑推理的沉积,带着永恒面具的"虚伪性"和不可避免的强制性。当然,法律并非一无是处,法律的大用之处就是它的不断变化与完善,以期适应社会的进一步发展。可见,我们仅仅停留于法律层面是不够的,正如中国共产党人所坚持的,和谐社会应该是"民主法治"和"诚信友爱"共存的社会。

人们都期冀美好生活,对于和谐社会的呼声也从未停止,但现实往往与人们的愿望相背。资本在不同时代有不同表现形式,今天的资本不再如资本原始时期:只知道血淋淋的掠夺与扩张。现时代,资本把自己隐藏得更好,几乎让人忘记了它的本质。处在技术化、信息化、网络化的生存边缘，我们现实的生存境遇一次次遭受拷问，人与自然的矛盾、人与社会的疏远、人与自身的背离，无一不在指正一种破坏和谐的生活态度。自然、社会、精神理应是相互联系、互生共长地作为人的生存环境，与人建立和谐统一的关系。

　　人与自然的矛盾加剧，尤其是近代以来，科学技术的迅猛发展极大增强了人对自然的作用能力，各种各样的环境问题席卷而来，惊慌失措之中我们饱尝大自然震怒的报复。马克思在他的时代就已指出："人和人之间的社会关系可以说是颠倒地表现出来的，就是说，表现为物和物之间的社会关系。"①人与人之间的交流，借助于电视、电话、电脑组成的数字信息与符号传输，结果是当地球成为村时，天涯咫尺又成了咫尺天涯。人的命运取决于他们的劳动创造的物能否卖出、能否卖好，以至于人对商品无限崇拜，商品仿佛具有支配人们生命的神力。商品拜物教、符号拜物教的人，较量到最后只剩赤裸裸的金钱关系、契约关系。最后，直接呈现在我们面前的是单子式、原子式的个人与物的关系，人被迫切断了社会联系，舍弃了那个安身立命的"家"。

　　此外，人与自身也不断背离。如果说现实社会的诸多矛盾有悖于和谐社会的蓝图，那么，和谐社会正是为了消除这些矛盾而提出的。值得注意的是，除了这些可见的现实的社会矛盾之外，还藏着更深的悖谬。人们在各自精神领域内的自我背叛，一种受制于资本、理性、科技的异化状态。正如人们切身感受到的，在这个物质生活越来越丰富的时代里，人们却不可避免地遭遇了无家可归的命运。毋庸置疑，我们的国家正走在一条快速追求现代化的道路，改革开放历时几十年，我们在充分享受现代化成果之时，也遭受到了现代性带来的种种磨难，资本主义社会的"物化"也随之侵入。"物化"的泛滥导致消费主义的流行，大量社会资源浪费。

　　和谐城市的建构要努力克服异化问题。我们追问处在异化世界之中的人的最终归宿是什么？生活于其间的人也无处呐喊。"是置现代化带来的种种负面效应于不顾，把西方的现代性观念和现代化道路照搬过来，让中国这块古老的大地彻底经历一次西方式的现代性洗礼，还是干脆放弃对现代性的追求，使中国成为一块置身于世界之外的非现代性化的圣地？"②庆幸的是，人始终不忘质问自身，并在质问之时学着重思，探寻异化扬弃的出路。马克思早就为我们找到了出路，即共产主义。这里的共产主义是人类历史发展的一个过程，而不是过程的每一个

---

① 《马克思恩格斯全集》第46卷（上），人民出版社1979年版，第108页。

② 陈学明、王凤才：《西方马克思主义前沿问题二十讲》，复旦大学出版社2008年版，第121页。

阶段。正是在对共产主义的论证中,找到了人与自然、人与社会、人与自身关系异化的真正解决。科技不好,被它创造出来的物更不好,就干脆统统扔掉?不行,抛弃不能解决问题,只能让我们陷入无限倒退的境地。所有问题的解决,只有通过实践去"改变世界"才能完成,直面现实生活中的困惑。面对全球化趋势加强的今天,走在改革开放道路上的我们需要辩证地看问题。我们所处的时代不同于马克思本人的时代,我们所走的道路也是不同于西方马克思主义的。民主政治建设,贫富差距缩小、司法建设公正、义务教育公平……凡此种种,正是和谐社会所追求的。可以说,和谐城市的建构绝不是一种理论空谈,其本身就是现实的实践。当我们努力地超越生存困境之时,也就是朝着和谐社会的目标迈进了一步。我们党提出的构建和谐社会的思想同马克思本人提出共产主义思想一样,不是抽象空洞的空谈,而是立足社会现实本身的。

中国城市化实行可持续发展,用最少的资源发展经济,避免生态破坏,尊重地方特色,促进乡村工业发展。浙江、温州乡镇企业的发展模式能为小城镇发展提供借鉴。要调整城市体系,培育区域性中心城市,扩大小城镇规模,推动城乡一体化。要科学规划,完善城市空间结构,调整不同地区城市布局,拓展投资渠道。"城市化要加大对城市基础设施的投入,吸引民间资本。"①政府要深化户籍、土地、社会保障等制度改革,打破城乡分离,为农民就业、进城提供保障。城市化受比较优势、聚集效应、扩散效应影响。中国城乡体制固化,形成二元体制,不利于农村城市化、现代化等,需要推进农业发展,解决农业病。中国过度发展小城镇,对城市化推动作用不大。城市建设采取简单的摊大饼模式,导致生产成本费用高。城市功能不完善,竞争力、吸纳人口能力不强,难以转移更多农业人口,延缓了城市化,制约了经济发展。

中国城市化面临劳动就业人口多、资源利用不合理、基础设施不完善、信息化不强等压力,需要推动城市化的和谐进行。"中国城市化应与建构和谐社会相协调,应从完善制度入手,既要不断完善体现权利公平、机会公平、规则公平、分配公平的基本制度,又要努力清除部分非正式制度对和谐城市化造成的障碍。"②中国城市化率偏低,城乡有巨大鸿沟,需要推动农民享有与城市居民同等的待遇。城市分布失衡,城市结构不平衡,城市产业结构不完善。户籍制度、土地制度等是城市化滞后的体制根源,需要破除身份户口的限制,扩大就业途径。政府要完善土

---

① 欧阳洪琴:《江西省城市基础设施建设投资渠道拓展路径》,载《城乡建设》,2015 年第 4 期。

② 言平:《中国城市化应与建构和谐社会相协调》,载《社会科学报》,2007 年 5 月 24 日。

地流转制度,形成完善的土地市场,让土地使用权自由流动,维护失地农民利益,保障其基本农田。优先发展重工业的产业政策是城市化滞后的政策根源,抑制了轻工业和服务业发展,抑制了城市吸纳能力,要加大产业结构调整,缓解就业压力。粗放型工业化是城市化滞后的经济根源,需要促进民营企业发展,发挥企业规模效应。中国城市化发展不协调,二元经济长期存在,需要调整城乡结构,推动城市化、工业化、农业现代化协同进步,采用多元城市化模式,推动人口、资源自由流动。政府要合理调控,尊重市场规则,统筹规划城乡发展,发展循环工业体系。要完善法治,建立完善的配套设施和服务,普及教育、职业技能培训,提高工人、农民技能素质,发展创新产业,提高总体就业水平。中国城市化要加快发展第三产业,推动落后地区配套设施建设,发展农业机械化。政府要维护劳动者权益,完善软硬件设施,提高转移劳动力的能力。政府要消除制度障碍,特别是户籍制度限制,促进城乡各项服务的均等化。政府要加强对农民的职业培训,推动农民转变为市民,更好融入城市。

二、改革开放催生城市化多元模式

（一）各类型城市协调发展模式

中国城市化需要以大城市带动城市群的发展,重点提高几大城市群的竞争力。"中国城市群是伴随国家新型工业化、城镇化、信息化和农业现代化(新'四化')发展到较高阶段的必然产物,城市群'四化'协调、同步发展应是未来中国推进新型城镇化的主体和'新常态'。"[①]中国城市化需要推动中等城市扩大容量,减轻大城市压力,发挥小城镇潜力,开发中心镇,增强综合功能。尊重东中西地区差异,发展省会之外的城市,加快建制镇的开发,用财政扶持农村经济。大城市数量要增多,小城镇要提高质量,扩大城市地域、人口规模,发展小城镇就地转移农村人口。发达地区要继续保持优势,发展规模大的城市带、城市群,促进多类型城市体系形成。合理规划城市化前景,改变城市化发展战略,促进大中小城市体系协同发展。发挥大城市规模优势,促进中等城市发展为大城市,推动城乡一体化。加快区域城市化进程,加快政策调整,采用新技术、新管理。

小城镇发展战略不利于真正的城市化,乡镇不是真正的城市,无法吸引更多农村剩余劳动力,无法更好地推动农村人口向城市迁移,还能阻碍真正的城市化进程,阻碍产业升级和产业聚集。小城镇建设要合理布局,扩大规模,利用自然地

---

① 潘竟虎、胡艳兴:《中国城市群"四化"协调发展效率测度》,载《中国人口·资源与环境》,2015 年第 8 期。

理条件,促进农业现代化,让农民就近享受城市文明,合理布局小城镇的人口规模。小城镇要坚持制度革新,改变社区治理模式,避免政府过多干预,发挥市场作用,利用本地资源优势,改革户籍制度、土地制度、社会保障制度,促进城乡自由流通。要改变融资制度,吸引更多投资,建立多元投资主体,吸引农民建设自己的城镇。需要促进农村工业化进程,合理布局乡镇企业,推动乡镇企业集中到小城镇,发挥规模效应,提高小城镇企业环境。城市化需要时间和空间的统一,促进持续发展,解决污染问题,提高生态文明。保护城市各自特色,促进分工协作,找准城市的优势和定位。城市布局要促进缩小地区差距,合理布局城市规模。城市化需要提高城市基础设施,提高城市承载力,增加城市活力、吸引力和辐射力,吸引更多人口、资金、技术,要让市场发挥主导基础建设作用,而不是政府人为干预建设,导致效率低下、入不敷出。让城市生活在市场调解下达到供求平衡,用科技提高城市创新能力,形成市场竞争力,维护公平的竞争环境、和谐的城市文化氛围,减少权力对市民生活的干预。土地开发要依靠市场机制,盘活现有土地资源,提高建筑容积率,发展多元化的交通,解决拥堵问题。城市管理要理性,促进人的发展,提升城市软硬环境,改变户籍、住房、就业、教育、保障、婚姻等制度,让城市生活更美好。政府要建立合理的城市评价体系,综合发展城市的各方面,提高城市居民生活品位。

中国城市化要把一般规律和本国国情结合,坚持共性和个性统一,制定因地制宜的城市化方案,在市场基础上加大政府引导作用,集中发展中小城市。"政府从加强不同地域和层次的规划协调工作,研究制定以规划为依据的空间政策,以及健全完善有关法规和法制建设等几个方面来加强对区域和城市发展的规划指导与宏观调控作用。"①大城市产业结构更完善,市场更完全,基础设施和公共服务更完善,具有更高的聚集、规模效应,吸引周边的资源、人口进入;不能以重工业损害其他产业,以高消耗工业破坏生态,而要采用知识经济,利用资本发展协调的产业结构。城市化道路应该多元化,让各种类型城市协调发展。城市化模式要集中和分散结合,注重内涵和外延结合,据点和网络式结合、政府和民间结合,发挥各主体的力量,发挥政府、企业、个人的力量,体现全民参与原则,尊重个人空间利益。开发区建设要有序合理,不能只凭大项目的急功近利,避免城市化的负面影响,加强基础设施,提高城市承载力,普及城市文明。经济发展与城市化互相促进,城市化随着经济产值增高而提高,随着经济发展阶段而呈现阶段性特点,经过发生、发展、成熟等阶段。经济发展不平衡导致大城市优先发展,中国城市化呈现

---

①　胡序威:《加强对区域和城市发展的规划与调控》,载《城市规划》,1994 年第 2 期。

大城市数量增多、大城市人口增多、城市群兴起等。城市群以大城市为中心,不断延伸的城市地域,产生巨大规模效应,担当人力分配、基础服务、信息交流的中心功能。城市化应该循序渐进,而不是滞后或超前,或走先破坏后治理的旧道路。

城市规模要根据本地的经济、政治、资源、生态合理规定,发挥最大效益。"空间发展协调、经济运行协调、社会组织协调、公共设施协调和生态环境协调五个方面体现了我国城市群协调发展模式的特色。"①城市化有郊区化、逆城市化、再城市化等发展周期,经历从集中到分散再到融合的阶段。城市化要达成经济、生态、文化的协调发展,避免污染的老路,不能片面追求经济发展,片面扩大城市规模,导致生态恶化等问题。中国城市化要选择正确路径,提高基础设施和住房水平,发挥辐射作用和吸引能力,完善城市体系和布局,提高城市化水平。中国城市化应该尊重世界城市化的一般规律,吸取发达国家城市化经验教训,立足国情,消除经济发展失衡,发展城市规模经济,提高城市竞争力,吸纳农村剩余劳动力,走多元化道路,尊重地区差异,建立特大城市、大城市、中等城市、小城市组成的互补城市体系。

（二）市场和政府联合作用的城市化多元机制

城市化过程中要规范乡镇政府职能,明确乡镇政府定位。"中国正处在一个转型与变革的时期,城市化作为这一时期最瞩目的一种发展力量,在新的时代背景下有着新的动力机制。"②乡镇政府是最基层的政府,管理着广大农村和农民,能协调农村经济建设,需要精简乡镇结构和人员,强化乡镇政府职能,推动善治和以人为本,建立公共服务型政府。推动城镇化要靠市场机制,也要调动居民积极性,发挥政府管理服务功能,实现城乡协作。三农问题的解决要科学理性,整体规划城乡产业,让城乡互动。城市化可以促进农民从传统农业部门转移到现代工业部门,能创造更多就业机会,推动生产、生活方式多元化,迎接全球化挑战。政府要善治,采用新的公共管理模式,科学行政,推行公共服务,坚持效率优先,建立新型政策框架,减少对企业的干预,创新管理方法,实行分权管理。

要建构服务型的乡镇政府,让政府和民众关系更加融洽,推动农民观念转变,推动政府职能分工,为城乡居民服务。服务型政府可以以乡镇政府为试点。政府要突出服务理念,为城乡居民提供切实的服务,切实担负起自己的责任,增加自己的合法性。公务人员的根本伦理就是为居民服务,要不断提高服务质量,扮演好

---

① 熊雪如、覃成林:《我国城市群协调发展模式分析——基于长三角、珠三角和长株潭城市群》,载《学习与实践》,2013 年第 3 期。
② 宁登:《21 世纪中国城市化机制研究》,载《城市规划汇刊》,2000 年第 3 期。

自己的服务角色,要做好组织者、倾听者、阐释者、仲裁者、行动者等;要不断寻求新的服务方法,改变工作思路,提供政策、信息、技术、法律、就业、环境、资金等服务;要改变管理方式,健全制度体系,规范领导方式,更加科学理性,采用多样性的服务形式,促进干群关系和谐,改变人治的随意性,坚持依法行政,提高干部素质,不断对干部进行培训,健全干部评价体系,改变工作态度和作风,主动为群众服务。政府要推动农产品走向市场,完善农村土地流转制度,深化货币流通机制,因地制宜发展特色农业,加强对农业的社会化服务,做好农业技术服务。要科学规划工业园区,推动工业企业聚集。

城市化过程中,要调整行政区划,形成统一的市场。"城市化推进是其运行中各要素之间相互作用、相互影响的过程,这些要素之间的关系构成了城市化的动力机制、传导机制、调节机制。"①政府要完善行政管理,调整区域规划结构,形成城市化与行政区划调整的互动。城市化需要突破行政科层而具有更多自治,让城市发挥更多的自身潜力。城市化呈现空间布局的递减性,与经济发展相关,与行政区划相关,有地区的差异性。行政区划模式应该破除计划经济思维,更好地服务于城乡经济,让工业、人口聚集于大城市,推动区域规划多样性,让城市化、工业化、行政区划协同进步,促进城市群发展,让各个行政区联合。城市化为行政区划调整提供了动力和集发力,促进地区因利益而变化区划,城乡二元结构调整也会推动城乡社会结构转换。行政区划调整是城市化的助推器,合理的市镇规划能促进城市化平稳发展。

历史和现实的一些不和谐因素,导致中国城市化与行政区划没有形成良好的互动,让行政区划改革缓慢。政府职能要顺应城市化需求,积极稳步提高城市人口比重,顺应市场经济需求,更好地兼顾城乡居民利益,运用先进管理方法,提高管理的科学性,推动政府职能不断规范化、专业化和民主化。改变城市发展传统模式,提高城市居住性、竞争性。要采用民主的层级制管理,采取分区管理,扩大城市管理自治权,转向有限有效治理。解决政府管理的历史遗留问题,改革落后的政治体制,提高政府指导性,顺应新的时代潮流,尊重市场因素。政府职能还存在很多弊端,如政企不分导致管理分工不合理、计划体制导致权力过度集中、导致政府职能层次不合理等。

经济全球化和经济转型推动了中国城市管理机制变革。"中国城市化进入快速发展阶段,经济全球化和经济转型深刻地影响到城市化机制。"②农村人口进入

---

① 魏中海:《城市化机制问题的理性思考》,载《中共济南市委党校》,2003 年第 3 期。

② 路永忠、陈波翀:《中国城市化快速发展的机制研究》,载《经济地理》,2005 年第 7 期。

城市,导致城市管理危机,政府需要处理好重大危机事件,解决好非传统安全,解决突发性的灾害事件。中国城市危机是因为城市规模扩大、出现了大城市病、政府应对危机能力不够、政府危机决策能力不强、应对危机效率低下,经济与社会发展失衡、全球化带来的潜在风险等问题。西方国家城市危机管理都是分权的,有明确的机制。中国城市危机管理应该向战略性、灵活性、合作性、准确性、全面性方向发展。

中国城市行政体制改革要建立双层管理体制,要不断深化小城镇行政体制改革,加强小城镇政权建设,及时设立和调整城市规模,推动地方政府治理转型。"中国城市化动力机制要从生产要素市场建设、外向型机制、产业基础、对外贸易,及经济全球化时代中国城市化的制约机制等着手。"①中国城市化快速发展,城市人口不断增加,需要统筹城乡发展,解决城乡二元结构。城市化和政府治理转型可以相互促进、互为目标,需要完善农村各项制度,保证城乡居民就业,推动产业现代化,维护居民权利。城市化要求政府治理更加现代化,促进资源合理配置,推动空间、人口城市化。政府治理转型才能更快地促进城市化,政府要创新治理机制,开展治理新思路,推动产业结构优化、专业化,提高技术创新。

城市化政策关系着国计民生,需要科学制定。改革开放后,城市化的发展分为恢复发展、稳步发展、全面推进、加速发展等阶段。城市化对经济起着举足轻重的作用,如果滞后就会导致城乡关系不协调,需要引导城市建设科学发展。城市化需要市场机制作为内在动力,政府要做好管理者和引导者,服务好经济发展,政府要适当放权,为市场经济提供安定环境,政府不能过分干预,要发挥引导作用,为城市化提供动力机制,组织和发动城市建设。城市化没有固定模式,要因地制宜。政府的行为应该稳定,提高服务质量。政府行为具有公共性,面向全社会,具有强制约束力。政府要制定正确的城市化战略、合理进行城市规划、加强基础建设、加强管理。政府要强化干预的积极效果,推动城市化进程。

(三)制度变迁推动作用加强

改革开放后,城市化重新走上正轨,进入快速发展新时期。城市化动力变得多元,市场机制越来越发挥作用,政府管制越来越人性化,政策更有正效应,更注重居民利益。政府要规范自己对城市化的调控行为,完善城市功能。城市在早期主要是政治、贸易、文化中心,工业革命后,迅速成为工业生产和经济中心,聚集了大量服务业。城市化过程中应该让市场和政府发挥互补作用,让各种生产要素自

---

① 吴莉娅:《全球化视角下城市化动力机制研究进展初探》,载《苏州大学学报(哲学社会科学版)》,2008 年第 3 期。

由流动,让城市成为要素市场和交易中心,为工商业聚集创造条件,促进企业合理分工,让城市产业协同发展,进一步形成各类型城市的协同分工,促进城市群的合理结构。城市化问题的解决需要政府作为,提升能力,需要适应时代,为城市化提供新动力;要强化市场机制对城市分工的引导,建立有效的城市结构;要推动财税金融体制改革,推动多元化用地制度,让房价稳步下滑,增加土地供应,推动全国一体化的户籍、社会保障等体制。政府政策对城市化具有目标导向、制约控制、利益分配、社会发展等功能。政府政策受经济、政治、文化、国际环境等影响,需要合理发挥政府职能,提高政府执行能力。

改革开放之前,政策直接决定城市化的规模,不断制定政策控制城市发展,限制人口流动,造成城市发展波动很大。改革开放后,政府改变了重工业化路线,但城市和乡村居民利益仍不同。政府鼓励农村工业化,促进农民就地城镇化,乡镇企业吸纳了很多人口。"农村家庭、中央政府、地方政府等构成家庭农场制度变迁主体,农村家庭追求外部利润是家庭农场制度变迁的外在动因。"①国家加快农业发展,制定城市建设规划,主张小城镇建设要因地制宜、依靠集体力量,推行市管县体制和科技创新。经济发展要求改变户籍制度的限制,国家为此放松了户籍管理,放松了农转非限制,但中国土地城市化仍快于人口城市化,体制创新仍显得滞后。市场和消费推动了城市人口增加,城市空间扩张,城市人口密度提高,但城市化动力不足,城市基础设施落后,没有完全以人为本。城乡发展战略也在转变,现行户籍制度的功能在调整:限制功能减弱,逐步放开中小城市的落户条件;社会管理功能逐步完善。随着城乡人口的流动,传统静态管理制度存在弊端,导致人户分离。政府采用以人为主的证件化管理,建立常住户口、暂住户口、寄住户口等户口登记制度;户口显性分配功能逐步消失。市场经济促进了消费品丰富,消除了短缺经济,政府放开对生活必需品的计划分配,让市场分配资源,户口与生活必需品脱钩。国家推动经济建设和现代化,推动市场机制,鼓励私营经济发展,加快住房建设,努力为城市化提供良好的经济、社会环境,促进人口自由流动,形成民工潮。这一时期,国家控制大城市,扶持乡镇企业发展,推动了小城镇发展,一些农民实现就地城镇化,转移了农村劳动力。国家开辟经济特区带动了沿海地区发展,很多科技人才、商业精英等下海经商,孔雀东南飞。社会主义市场经济,推动了城市化的市场化改革。

改革开放后,城市体系日益合理,城市基础设施日益完善,城市化集群发展,出现大的城市带,城市化动力多元化,加快了农村人口就地城镇化。"制度变迁是

---

① 伍开群:《制度变迁:从家庭承包到家庭农场》,载《当代经济研究》,2014 年第 1 期。

由占据不同利益的个人和群体之间相互作用而推动和约束的,而不同群体和个人的行为受其所处场域的制度逻辑制约。"①过度小城镇化也导致农村病。改革开放前的城市化政策是计划体制的,就地转移农村剩余劳动力。新型城镇化道路需要转变理念,顺应市场,统筹发展,走低碳、绿色、集约道路。政府要实现公共服务均等化,推动农村人口市民化。城市发展政策要以人为本,让政策更加人性化,推动城乡一体的人口管理制度,取消城乡差别的户口登记制度,要建立保障失地农民利益的长效机制,提高征地补偿标准,建立合理安置体系。政府要完善社会保障制度,多方面完善融资渠道,发挥政府、市场、社会等多元力量,规避政策的负效应,政府要从管制思维到服务思维。城市化能够促进国家安定和进步,推动城乡一体化,推动协调发展、持续发展。城市化体现经济水平,需要科学发展。"对于中等发达地区而言,制度变迁对经济增长质量具有显著的正向影响;对于欠发达地区和发达地区而言,制度变迁与经济增长质量呈负相关,制度变迁并不利于经济增长质量的提高。"②城市中心对周边地区有带动作用,吸纳农民进城,是人口聚集过程。要形成合理的城镇体系,推动区域经济发展。中国城市自身经济较弱,城乡差距很大,需要发展集约型经济。城市化需要合理有序,推动经济循环发展,提高国际竞争力,激发经济活力。

中国城市化发展的各个时期,政策都起了很大作用。新中国选择了计划经济体制,优先发展重工业,形成了城乡二元结构,限制了农民进城,形成了制度、观念、政策壁垒。小城镇发展战略,让农村人口转移缓慢,乡镇企业吸纳能力不足,产业结构仍不合理。农民工生活在城市边缘,需要为农民工进城生活提供便利条件。城市化就是农村劳动力向城市转移的过程,是人口聚集导致产业升级的自然过程,农民工问题的出现和解决需要在城市化背景中考虑,要找到合适的城市化道路。产业升级方向和人口流动方向存在矛盾,政府对农民工服务不到位,更多农村人口需要通过城市化转移。城市化的推进和农民工问题的解决要形成互动,让城市化和工业化保持同步。"中国一直奉行消灭工农、城乡和体力劳动、脑力劳动三大差别的政治概念,所以为了保持城市和农村地区的平衡,实现空间上平衡而分散的城市发展,曾一度抑制了沿海大城市的发展,可以说当时中国走的是一

---

① 周雪光、艾云:《多重逻辑下的制度变迁:一个分析框架》,载《中国社会科学》,2010年第4期。
② 李强、魏巍:《制度变迁对中国经济增长质量的非线性效应分析》,载《经济与管理研究》,2015年第11期。

条逆城市化之路。"①中国当时的重工业化是一个不顾经营成本的工业化模式。优先发展重工业在当时是很难改变的,因为当时中国已形成城乡对立格局,在缺乏相关法律法规和制约机制的配合之时,只能继续巩固这一工业化方针。

中国城市化受到户籍制度的严重制约,户籍制度阻碍了城乡人口迁移,让城乡劳动力市场处于隔离状态。农民到城市就业仍受到一些限制。政府主导经济发展,对中国城市化起着制约作用。政府主导在选择城市化实现途径上发挥了很大作用。中国一直倡导"控制大城市,发展小城镇"的方针,一直寄希望于就地转移农村人口,没有形成契约关系,仍存在城乡隔绝状态。离土不离乡的就地城镇化对中国城市化做出了很大贡献,但乡镇企业聚集效应低,不利于城市水平的提升。"城市化发展受到自然、社会、经济和政治等诸多因素的影响,因而在东西部地区城市化战略选择时,应该分析本地区的具体情况来选择适合城市化战略。"②

中国城市化已经经历五个阶段,需要政府和市场联合,以农村剩余劳动力转移为城市人口来源,增大城市用地面积,提高城市人口比重,维护良好的城市生态,加强城乡融合。经济体制改革需要在农村突破,解决三农问题。加速农村城市化能够促进国民经济发展,提高产业集约化程度,能够拉动农村消费需求,能够推动西部大开发,推动中西部城市化,提高经济规模。科学规定城市化的统计口径,加快户籍制度改革为核心的公共管理体系改革,推动公共产品供给的多元化,取消户口带来的身份和地位差异,确保城乡教育、就业、社会保障、公共产品供给的公平。政府可以保障大型公共产品供给,其他公共产品应该由市场提供。政府要引导生产出多元的需求,推动工业对农业的反哺,加大对农村建设的投资,保护耕地,补贴农民生产,取消各种税赋。国家应该立法加强环境保护,推广环保技术,治理污染,淘汰落后企业,提高生态意识,科学规划城市空间,化解各阶层矛盾。要提高政府执行力,建立高效、廉洁、透明政府。中国城市化快速提高,促进了居民生活水平改善,但仍有很多问题。中国城市化与发达国家不同,受不同因素制约,城市化中城乡有不同发展规律,要实现城市化健康发展。政府能为市场的运行提供条件,对城市化起引导作用。政治经济制度影响国民经济,影响产业和消费结构,制约城市化发展,需要政府适度的干预,有效的制度安排。越来越宽松的政策促进了农村人口向城市迁移。

中国城市化动力机制是自上而下的,是政府有计划投资建设的,政府是城市

---

① 卢汉龙:《社会政策转型从消除不平等到生产性的要素》,载《中国浦东干部学院学报》,2010 年第 6 期。

② 汪千郡:《东、西部地区城市化战略的比较》,载《当代建设》,2003 年第 6 期。

建设投资的主体,用户籍制度等造成城乡隔离,防止了贫民窟和大量失业人口的出现。中国城市化是计划性的,但政策的变动性,让城市化不稳定,经常波动。城市化不能持续发展,而经常是短暂的快速发展后长期的停滞不前。中国城市人口主要是自然增长,而不是外来迁移,政府限制了农民市民化。行政中心城市发展较快,城乡的城市化各自为政,缺少交流。城市地域分布不合理,等级规模不协调,大城市过度膨胀,城市大多分布于东部沿海,西部国土面积大,人口却较少。城市经济有深层次的问题,是发展重工业导致的。城市化和工业化的差距不断加大,直到改革开放后才有所缩小。改革开放后,政府放松了管控,促进了城乡发展,允许农民进城务工,推动城乡人口流动。家庭联产承包责任制提高了生产力,让剩余劳动力增加,乡镇企业缓解了一部分劳动力,允许农民进城但把农民工统计为城市人口导致当时的城市化统计水平过低。进城务工的农民主要从事简单的制造业、加工业,没有城市待遇,根本不是城市市民,需要大力发展个体经济,提高农村工业化,加快乡村城镇化。改革开放后,大城市才获得发展,中小城市也因为政治稳定取得进步。城市化水平较高的主要是东部沿海的省份,这是自然、经济、政治、历史等因素长期综合作用的结果。"城市化省际差异的主要原因是工业化、人口密度等。"①东北、西北、华北部分省份人口少,城市化提高快,需要合理布局工业生产,放松对城市非农业人口的控制。改革开放后,政府放松人口管控,让中西部人口大量迁徙到东部沿海,让东部沿海地区城市化提高更快。

三、中国城市化道路面临的挑战

(一)较边缘的全球化地位

当代中国城市化呈现了由农业社会逐步过渡到工业社会的历程。鸦片战争之后,西方先进的科技、政治模式和价值观念开始在中国传播,成为中国社会变迁的新动力。城市承载了新的文明和经济体制,让行政和农业主导的乡镇有所瓦解。中国城市化存在区域差异,不同地区的水平不同,东部沿海发达地区的城镇化水平相对更高一点,逆城市化现象也在这些地区最先出现痕迹。根据国际经验,城镇化发展有三个阶段:城镇化进程的初级阶段,城市化水平只是25%—30%,城镇发展缓慢,城市功能区分不明显;城镇化加速阶段,城镇化水平为30%—70%,城市发展增速,出现了交通拥堵、生态恶化、住房紧张等城市病;城镇化后期阶段,城镇化水平达到70%以上,城镇发展放缓,出现大城市空心化、逆城

---

① 曹广忠、刘涛:《中国省区城镇化的核心驱动力演变与过程模型》,载《中国软科学》,2010年第9期。

市化等现象。当代中国城市化仍处于第二阶段,需要调整经济结构,让民间资本充当经济的重要力量。

中国城市化面临严峻的国际形势。中国的城市化率远低于发达工业国家的水平,仅和世界平均水平持平。而城市化率低的国家,大多都是非洲小国。因此,中国城市化仍任重道远。中国的城市化不仅层次较低,而且地区发展差异大。"如果分地区来看,我国东部地区的城镇化水平为56.96%,中部地区的城镇化水平为44.68%,西部地区的城镇化水平为38.44%。"①西方国家通过开拓海外市场,发展了资本主义,大力推进了城市化。全球化是发达工业国家担当主角的,中国处于劣势。全球化让中国经济日益融入世界经济体系,也让西方国家的金融危机波及中国民营经济,造成失业率增加。因此,中国面对全球化的挑战,必须激发民间资本的活力。

全球化导致的核心和边缘的空间结构、资本增值逻辑都深刻影响着中国城市化的进程,中国既需要借鉴西方发达国家的城市化经验,又要避免走西方殖民的道路,我们要立足于社会主义国情,力主建立和谐、公正的城市空间。中国城市化需要跃升到全球产业链的顶端,不断消解空间异化,不断创新空间生产方式,努力为人类的发展做出贡献。因此,中国城市化必须打破中心和边缘对立的全球空间等级体系,促进中国和发达国家在空间地位上的平等,合理布局中国在全球的空间生产格局。全球通信技术的快速进步,呈现在中国城市化中就是通信技术专家都聚集在了城市中心。这些专家凭借高价值的服务和制造能力将他们对市场的控制权力扩散到更多城市空间。"所有专家必须在建立在空间中的分类对象的限制系统中内部工作。"②一些专家在城市空间生产中获得了大量财富,搬离了原本与大众混住的社区,与人群分离,孤独住在高档社区。投资者只会选择利润高和消费者青睐的行业,这也加剧居住空间的隔离与分化。空间投资者把目标放在信息技术便利、富裕阶层愿意入住的社区,而对其他边缘社区关注甚少。高端服务业也着眼于为高收入人群提供服务,这加剧了围绕富人而进行的空间生产投资。后现代工业文明虽然为大多数人提供了便利,可仍存在富人特权。地方政府的财政收入依靠空间生产,但不能进行短视的城市投资建设。

中国的城市化面临着严峻的国际形势和时代挑战。全球化仍是世界政治经济的主导趋势,并制造了不平衡的地理格局。全球化不代表发达工业社会阶级矛

---

① 李强等:《多元城镇化与中国发展战略及推进模式研究》,社会科学文献出版社2013年版,第12—14页。

② H. Lefebvre,*The Production of Space*,Oxford:Wiley—Blackwell Press,1991,p.107.

盾的终结和经济危机的消除,而是表征着贫富差距的加大和资本增值的全球扩张。全球化凭借掠夺维系自身,也凭借制造矛盾瓦解自身。全球空间是等级性和割裂性的,就是打破地理壁垒而自我复制的过程。为了解决经济危机,发达国家纷纷加强宏观调控,并促进金融业的自由发展,用时间修复缓解生产过剩和消费需求不足的矛盾。资本主义利用金融经济暂时缓解了生产过剩,但没有消除生产过剩的根源,反而导致实体经济退步、符号经济异军突起。全球化让资本增值从发达国家扩展到所有国家,导致全球生产的过剩,资本主义只能采用各种方法刺激居民消费,加大了世界各国的经济差距。全球的消费力是不均衡的,贫穷国家的消费力受制于发达国家的生产和消费。世界各国的贸易以不平衡的生产关系为基础,发达国家的资本积累速度超过了市场承受能力,资本生产不断扩张,但市场是有限的,二者发生尖锐矛盾。资本在全球空间范围内进行生产,不断扩大积累,跨越国界,将资本流通、生产、交换扩展到全球空间,实现了国内外市场的互动,确保了资本空间生产获得最大利益。资本主义转嫁矛盾的外部空间越来越少,这是由于不发达国家的经济日益发展,贫困人口日益减少,它们不需要外资也能发展经济。全球化把资本主义私有制的危机扩展到世界各地,将资本积累的弊端散布到全球。全球空间是物质空间和精神空间的融合,是多样性和多边性的,需要多种视角理解,需要用不同方式思考空间关系。

全球空间生产在资本增值推动下引起了空间地理失衡、空间等级秩序、空间分化等现象。全球空间的等级秩序、全球空间内部的分裂、全球空间内部中心和边缘的对立等非正义现象的解决最终需要无产阶级生产出差异空间才能解决。资本主义政治霸权消解着空间界限,威胁着国家领土安全,消解着空间原有格局,让空间关系变得混乱。全球空间生产和资本流动让弱势空间缺乏资金。因此,空间变革是拒斥资本全球空间霸权的路径。空间生产引发了全球空间的利益失衡,应处理好不发达国家与发达国家的关系。全球空间生产造成了霸权政治秩序,让民族国家不可避免地衰落了,最终也不利于发达国家的空间利益。帝国没有边界,没有中心,却不断加强对全球的控制。"当代世界秩序不再是某个国家控制的,而是有具体的国际法律,是全新的权力和生产方式。"①全球空间无边、分离,有正义战胜的复活迹象。全球空间系统有等级结构,充满国际警察和普遍规则。政治权力呈现常态化,变成消费控制社会。庞大的金融生态政治团体是全球空间生产的主体。霸权干涉已经成了意识形态和法律干涉,形成全球空间生产的政治

---

① 孙全胜:《列斐伏尔"空间生产"的政治批判性研究》,载《集美大学学报(社会科学版)》,2017 年第 1 期。

机制。无产阶级的反抗推动了全球霸权的加强,无产阶级试图摧毁所有国家体系,却导致更加残酷的斗争。反全球化生产着霸权又消解着霸权。后现代的空间是开放的,空间中处处存在权力,没有消除等级和排斥。反对霸权的力量也在增长,出逃、离弃、游离成为对抗霸权的方式,大量的移民逃离民族霸权。资本不断突破空间边界,不断把外部空间变为内部空间。技术和信息进步加强了人类联系,促进了全球交流。全球化市场缺乏法制,没有充分的道义基础,无法预知具体国家损益,造成一些国家利益受损,破坏文化和生态,跨国公司侵害劳工利益,产业结构调整让大量工人失业。全球化追求差异,加剧贫富差距,也促进民族主义,稳固国家边界。全球化促进经济贸易和全球金融体系的建立,加强各个国家文化的融合,让国家之间依赖加强,国家交往和移民日益增多。反全球化运动开始于20世纪90年代,主要表现于抗议活动,是新左派理念,反对只顾利润的资本运作,代表发展中国家和发达国家弱势群体的利益,展现穷人呼声。网络科技和非政府组织也推动反全球化,能让反全球化组织联合,提供教育培训,生态环保组织、动物权利组织、女权主义组织也加入反全球化队伍。全球化是西方体制的全球扩展,仍是帝国主义模式,让东方更加边缘化,需要建构面向未来的民族文化意识。

　　全球空间集中呈现各种政治意识形态争夺和权力斗争。"生产力和技术干涉了各种层级的空间:局部的,区域的,国家的,全球的。"[1]空间生产由一国范围内拓展到全球,金融资本主导的全球化将世界瓜分为原料供应地。全球化的内在动力机制是资本逻辑,是资本内在本性决定的,导致西方支配东方的国际空间格局。随着技术进步,全球化、城市化、网络化不断发展,引起人类生活空间变化,日益渗透进政治权力,让日常生活空间政治化和物化。空间在资本和贸易的推动下重组,打破了空间自身障碍,形成巨大网络体系。区域空间与全球空间联系越来越紧密,各个国家日益依赖,也发生一体化和破碎化的矛盾。当代政治运动是空间审判,政治能力取决于它对空间的吸纳、组织能力。全球化是空间生产的条件和基础,是发达工业社会摆脱经济危机的主要手段,争取空间是资本斗争的重点。科技、商业资本、交通信息工具、市场对空间生产起着关键作用。空间生产的生态破坏与科技有关,需要反思科技的价值。空间生产与工业生产相关,工业生产是经济过程,不能用工业生产取代空间生产。空间生产不断延伸,被无限建构,建构起神秘意义,形成拜物教。列斐伏尔认为:资本的运作周转显示了空间生产的经济价值,也在客观上为无产阶级的联合提供了经济条件。后现代工业社会已经由物质资料生产转为金融资本增值。空间生产伴随着市场扩展和自由经济。资本

---

①　H. Lefebvre, *The Production of Space*, Oxford:Wiley—Blackwell Press,1991,p. 90.

逻辑在资本主义中居于主导地位。交通技术促进了空间内部的重组和部署。世界历史就是人们以区域国家为生活空间的历史。

全球化是资本逻辑主导的不平衡空间生产过程，是资本对空间的征服和空间对时间的压制，消灭了个性和差异。"世界市场使商业、航海业和陆路交通得到了巨大的发展。"①我们不仅要关注个体的空间际遇，也要关注空间政治模式布展。资本具有分割、改造空间的能力。列斐伏尔认为，共产主义的实现需要无产阶级在全球展开空间斗争，让无产阶级意识形态布满全球。全球工人的联合是有一定意义的，但要把工人阶级联合起来需要克服巨大的文化、心理、宗教等差异。社会主义的实现需要靠地理运动，阶级斗争本身也离不开地理环境。资本主义把个人身体空间异化了，需要利用艺术性方式恢复身体空间的能动性。资本凭借空间重组缓解了自身的困境。资本需要长期投资加速周转，但长期投资有时又会延缓周转时间，这种矛盾呈现在货币和金融资本之间。固定空间生产能够消除所有空间障碍。历史不可能不在当下现实中再次呈现。金融资本支配了全球化经济，获得了巨额利润，消解了区域化，不断放弃特定生产，导致某些区域的贫困化，抹平了地理差异，却没抹平贫富差距。后现代文化指导了全球化经济，瓦解了以往的时空体验，是全球化经济扩张的表现。全球空间建构了后现代经济的基础，渗透到了一切区域，让文化和资本结合，实现资本的瞬间转移，冲破一切壁垒，消解了中心和边缘的界限，带来压抑和开放，是多层次的空间，让个人没有方向和定位能力。"它变得更容易产生某种循环的时间的意义。"②后现代文化表现在建筑上，让建筑更加注重符号修饰，不注重精英文化和乌托邦艺术，为世俗辩护，体现大众和地方特色，与周围环境更加融合，消解了高雅和世俗的界限，没有了批判，强化了空间分离，呈现了平淡感和淡薄感，体现了技术理性对人的改变，让人茫然无措，失去主体自由判断能力。城市建筑体现了后现代空间和文化逻辑，渗透进日常生活领域，让我们有了超感官的体验。后现代的空间形态是超空间，是资本狂欢的舞台，是奇异性的，呈现出多元化的面貌，显得混沌不明，人们难以描述。空间认知测绘美学是空间的再现，是政治策略，不存在个人风格，让机构取代了个人，是暂时的偶然作品，是为了消费。主体死亡也给新的主体带来机会。后现代奇异美学是科学家不能解释的反常现象，是在智力上和邪恶上超过人的机器物种，是后人类现象，有政治、社会内涵，不遵循常规，让人意想不到，是空间统治时

---

① 《马克思恩格斯全集》第 46 卷（下），人民出版社 1979 年版，第 247 页。
② 〔美〕大维·哈维：《后现代的状况——对文化变迁之缘起的探究》，阎嘉译，商务印书馆 2004 年版，第 319 页。

间的结果。

　　全球化通过资本扩张让大量利润流向西方,不是利益均等的,而是让西方成了赢家。西方国家的少数跨国公司控制了世界贸易,成为全球化的主导力量,是新经济殖民主义。全球化造成了经济两极化,让高消费和贫困并存,造成了巨大的贫富差距,在一体化趋势下是无数的灾难和穷困。全球化让市场突破地理,造成经济自由主义,引起民主消减,可能导致民主法西斯主义,绞杀了真正的民主和自由。全球化也引起了一些全球性问题,导致全球性压迫和剥削,让恐怖主义也获得了养分。反全球化反对的只是全球化的背离趋势和理念,并不是反对全球化本身。全球化的产业结构调整是不断进行的,网络技术和各国经济体制改革也推动了全球化。全球化形成了统一的世界市场,但矛盾和斗争性也加剧了。美国很大程度上主导了全球化,宣传了美国的意识形态。全球化加强了身份认同,区分了自我与他人,导致文化帝国主义,引起文化模拟增多。城市空间批判分析和预测在全球城市化趋势中已充分展现:全球空间生产模式走向一致。这一切都从反面显示了"空间生产"的积极价值。

　　发达工业社会的经济扩张就表现为全球化。空间生产凭借便利的通信条件形成全球化趋势,达成了飞速的城市化运动。发达国家和落后国家因为资源的争夺,处于矛盾之中。空间爆炸同工业化过程、城市化发展的过程密切相关。城市空间虽然是物质存在,但更蕴含社会意义。全球化帮助资本主义形成世界市场,在全球范围内生产、消费,以实现资本积累。资本不断突破空间界限,将资本投放在全球,在世界范围内流通,让资本关系扩散到全球,打通国内外市场,确保资本在全球空间实现最大增值。资本不断打破空间壁垒,形成世界市场。全球空间生产在最大程度上促进了资本主义生产力和生产关系发展。全球空间生产是当代发达工业社会的主导生产模式,为城市空间生产提供了基础条件。全球空间生产实质是资本规则向全球的拓展,是资本越过国家边界延伸至全球空间,在全球范围塑造等级性的空间系统。

　　快速的世界化、交通的便利,让地球成为一个巨大的村落。空间生产还存在全球、国家、都市三个空间支架。空间生产在资本推动下不断制造中心和边缘、全球和区域的差异。加速进行的物质生产和技术革新,让人们建立便捷的通信。随着接触和交流形式的不断多元化,让"交流空间"也越来越大,区域交流逐渐超越了边界,最终发展成为一个"世界历史"。"换言之,我们关心的是逻辑—认识论的空间,社会实践的空间,感觉现象所占有的空间,包括想象的产物,如规划与设计、象征、乌托邦等。"①因此,资本主义社会空间中的生产关系和社会关系,产生了诸多剧烈变化。所有这些空间变化都无非是特定的社会生产的表现罢了。全球空间生产是出于巩固资本主义政治意识形态的现实选择,集中展示着权力斗争。

全球化过程带来了技术进步,加强了商品交流,降低了成本,消解了金融管制。全球化仍有一些矛盾,让劳动组织化,但劳动力的联合仍然很难;迁徙更加容易,但移民问题也产生了;国家政权会阻碍自由化经济;市场的介入让文化失去纯粹性等。全球化让时代发生了重大变化,但资本主义的生产方式并没有根本变革,地理仍然存在不均衡,反对资本主义的力量不断被消解,社会主义举步维艰。空间生产是人类科技、社会关系模式、政治意识形态斗争的综合产物。不同的地理环境造就了不同的空间生产方式差异。全球空间生产并非生产了一切,仍充满着资本主义全球化运动的冲突,蕴含着反对资本主义的萌芽,也激发了普遍性的政治要求。资本控制下的工业化和城市化日益改变着全球空间格局。发达国家的空间生产和发展中国家的空间生产在全球化空间系统中碰撞交融和激烈争斗。工业革命推动了资本主义由农业文明转向工业文明,并逐步由商品生产实体经济转向虚拟消费经济。发展中国家的城市空间生产是不平衡过程,特大城市与周边落后地区形成鲜明对比。空间生产政治化建立在等级空间秩序上,并导致世界政治发展不平衡。空间生产既导致发达国家对发展中国家的空间剥削,又导致城市空间生产的地理不均衡。接受资本主义政治模式的国家就不会被边缘化,让全体国家不得不屈服于资本政治统治。全球空间生产是资本主义政治权力推动的空间压缩过程。

（二）经济转型的压力

中国城市化已经进入快速发展时期,导致区域结构、人口结构、心理文化结构都在发生变化,但中国城市化的水平低、问题多、动力不足,这主要是市场配置资源的作用不明显、行政干预过多导致的。地方政府和资本结成的联盟垄断了土地开发。以房地产业为例,导致高房价的因素是多方面的:开发商为了实现最大利润,采用各种手段炒高房价;投资者为了增值,抢购房子。于是导致地方政府变着花招卖地,开发商千方百计夺地,投资者连夜排队买房,郊区房屋无人居住的现象。要解决以高房价为代表的城市化问题,既要也要从经济增长方式着手,也要从制度上着手。

中国城市化是全球化、工业化、现代化共同推动的结果。中国城市化是在全球化背景下进行的,仍受发达工业社会的剥削、掠夺和压制。处于全球化市场经

---

①　包亚明:《现代性与空间的生产》,上海教育出版社 2003 年版,第 57 页。

济的境遇中,中国的空间生产仍是资本增值逻辑推动的。全球资本政治霸权、空间不平衡发展、发达工业社会对中国的敌视,都是中国城市化需要面临的挑战。中国作为发展中国家,现实国情影响着空间生产方式。城市运动、生态危机和基础设施老化呈现着区域空间生产的矛盾和危机,也让人们更加积极争取自由、城市权利、社会福利等。我国仍是世界上人口最多的国家,这一优势必须利用,必须发挥第二次人口红利作用。第一次人口红利是劳动力资源丰富和公民储蓄率高,主要是利用农村廉价的剩余劳动力发展制造业。农民转向非农产业,虽然变化了职业和身份,但消费模式和地位没变,所以,必须促动他们的消费需求,以促进城市服务业和居住设施改善。应该推动农民市民化和服务业的均等化,以继续发掘第一次人口红利。"第二次人口红利"就要充分发掘非城市人口的消费,以推动内需和经济转型,也推动城市和区域发展的内生模式完善。中国空间生产问题的解决,需要立足我国国情,提升我国在全球空间生产格局中的地位,让社会空间达到自然规律和精神价值的结合,保障空间正义。

　　全球化演化成西方发达工业社会对落后国家的压榨。西方国家占得了空间生产先机,凭借技术吸引大量空间资源和要素,取得了经济飞速发展,也改善了生态和居住环境。发达工业社会把污染重的企业转移到落后国家,加剧了地理不平衡。空间生产拉大了温带和热带的发展差距。社会的空间化是空间生产对社会的彰显和回应。社会关系不停凝结在空间中,是空间的社会实践建构。空间生产是空间主体按照资本原则对社会空间的实践性建构,是用断裂、分割等形式对社会空间的结构、价值、意义、体系等进行规定的。聚集于一定空间的人,也是体现了空间聚集效应。空间意识和资本逻辑让居住区严格分离。空间生产等级性是资本剥削机制建立的壁垒。马克思处在资本主义的早期阶段,他力图揭示资本主义造成的阶级矛盾,期望通过暴力革命,摧毁现存的一切社会制度。空间异化批判指出了资本的运作已经由生产为线索转向以消费为线索。马克思关注商品的生产领域,倡导经济政治的斗争,争取平等自由的权利。世界市场是地理意义的空间,体现政治内容,资本让其不断分化和重组,导致时间对空间的压制,空间形态在资本积累过程中扩张,让城市支配农村、西方支配了东方。空间是资本活动的场域、资本获得剩余价值的工具、资本政治统治的现实条件。空间生产资本化加深了人对物化空间的依赖,需要扬弃物化空间,建立自由差异的全面空间。全球化成了空间剥削和反剥削的斗争。资本家不断控制重要空间资源来达到垄断目的,让空间具有同质性和复制性,否定空间的差异,去除空间的自然、历史、身体、年龄、性别等导致的差异。抽象空间依赖于金融机构、商业交换、交通通信等组成的巨大网络空间中心,让资本积累、历史主体集中在城市空间,将一切都被用来生产剩余价值,显示其强迫性,抛弃了抽象时间。空间和生产直接关联,成了经济生产的中心,体现为都市建造、城市规划和城市设计。房地产发展也是空间规划的体现,被权力分割为不同间隔,是行政管制的警察空间。历史在全球空间层次上展开,形成统一的国家联盟和国际空间,让空间有着内在矛盾,导致空间的均匀化和重复策略,让空间内在多样性长期被压抑。当代中国虽然已经具有空间异化的元素,但在总体上来说仍是一个经济不发达国家,推动经济发展,提高公民生活,仍是主要任务。

中国城市化主要是靠粗放式方式取得的,即使想重走资本主义道路,也已没有历史条件。"中国经济的结构性改革面对如下几个方面的重大任务。一是推进供给侧结构性改革,关键在于充分释放市场的活力与空间。二是以优化企业发展环境为重点的结构性政策调整与结构性改革。三是以监管转型为重点的简政放权与结构性改革。"①长期以来,我国劳动生产率较低,但凭借劳动力成本较低的优势,获得了巨大的城市化成就。这种劳动力优势,有逐渐被东南亚国家取代的趋势。中国的城市化中城乡矛盾始终存在。社会主义新农村建设,不应是对农民的又一次掠夺。中国的城市化中,政府和市场的矛盾始终存在,市场的作用没有充分发挥。地方政府不是为了公民的利益去推动城市化,而是为了从城市空间生产中获得财政收入。行政干预本质上是一种人治,既缺乏效率,又造成混乱。严重的官本位思想,让市场主体竭力去依附权利,而不是去进行技术革新和市场化改革。

改革开放后,中国城市化仍然滞后于工业化,第三产业滞后也导致产业结构不合理,需要政府发挥引导作用,推动产业结构升级。"随着中国经济向后转型时期的迈进,原来被推迟、忽略、潜伏的矛盾日益显现,经济转型成本激升成为目前不得不关注和需要着力解决的重要命题。"②城市的兴建比工业化要早,但只有到工业化时代,城市才依靠聚集效应快速发展。城市聚集了大量的第二产业和第三产业,提高了工业和整体经济效益,第三产业对城市化的作用越来越大。城市化是由传统农业文明向现代文明的转变,是产业结构的变化,使经济更快增长。

城市是社会生产方式界定的,是劳动力生产的基本单位,是方便集体消费的空间。"主导国家发展命运的决定性因素是社会生产力发展和劳动生产率提高,

---

① 迟福林:《"十三五":以经济转型为主线的结构性改革》,载《上海大学学报(社会科学版)》,2016 年第 2 期。

② 陈丹丹:《中国经济转型成本的测度:1978—2007 年》,载《数量经济技术经济研究》,2010 年第 2 期。

因此提高生产率才是政府推进经济转型升级的政策目标和依据。"①城市代表较高的技术水平和劳动力聚集规模,是农业生产过剩的结果,集中了政治、经济和宗教,具备较大规模人口、一定阶层体系、政治系统、商品交换体系,是生产活动中心、政治统治中心。城市因为政治体系而成为有边界的社会系统。通信技术的发展促进了人类大规模的城市化浪潮。财富、权利、知识聚集于大都市,集中了最好的教育、医疗条件。西方国家的社会保障和福利事业发展迅速,城市改造加快,让旧城消失。集体消费是城市单元的物质前提,让城市不断改造。个体消费和集体消费是国家权力主导区分的,两者也可转化。个体消费与生产方式分离,是个体主导的,通过货币进行。集体消费则是公共社会化的,由国家垄断生产和消费,通过集体实现,是为了维护政权稳定,不受市场调节。集体消费是历史遗留问题,导致结构性差异,让国家资本介入资本运作,无法实现自由流通,但也能提高了市民生活和福利。集体消费让国家管理功能最大化,强化了行政手段对生活的干预,让生活泛政治化,让统治阶级有可能利用资本获取利益,牺牲公民利益,导致经济倒退。集体消费不能解决资本运作矛盾,反而因为权力介入而导致市民生活危机。中国城市化仍存在弱质工业化现象,有大量的资金密集型企业,有城乡二元结构的阻隔。城市化滞后让大量农村剩余人口不能进入城市,阻碍了农村商品市场的进步,导致需求不足,不利于国民经济健康发展。"当前农业和农村发展仍然处在艰难的爬坡阶段,农业基础设施脆弱、农村社会事业发展滞后、城乡居民收入差距扩大的矛盾依然突出。"②

中国城市化产业要素的实现途径,可以从宏观的城市化进程和微观的城市发展两个层面进行。新中国的城市化和产业结构的关系经历了一系列演变过程。改节开放后,中国产业结构调整,城市化处于恢复性发展时期,产业结构变得合理。"国家推行低碳管理和运营城市的经济发展模式,在保证人民生活水平不断提高,社会不断发展的前提下,改变传统的高碳城市化模式,最大限度地减少二氧化碳的排放,努力构建资源节约型、环境友好型以及可持续发展的城市发展体系。"③国家优化产业结构,促进产业升级,推行新能源,制定相应的法律和财税措施,还建立低碳环保型的公共交通系统,推行绿色出行。

---

① 刘志彪:《提升生产率:新常态下经济转型升级的目标与关键措施》,载《审计与经济研究》,2015 年第 6 期。
② 刘连馥:《绿色农业:立足国情的农业发展新模式》,载《中国报道》,2007 年第 9 期。
③ 潘增辉、陶田:《低碳时代下的我国城市化发展新路径》,载《经济研究导刊》,2010 年第 23 期。

(三)生态保护的压力

人的自然属性是人的本质规定性中不可缺少的部分。自然界是人类生存和发展所必不可少的自然物质前提,人类要生存和发展就一刻也离不开自然界。人的衣、食、住、行所需要的原料无一不来源于自然界,即使人类活动的对象和用来改造自然的劳动工具,都是来源于自然界的,要承认自然的先在性。人是一种与动物有着本质区别的存在物。动物的生命活动只是一种生存的本能,只能消极的适应环境。人把自然作为生命活动的对象。人的实践活动之所以是自由自觉的、有创造性的,是因为人在实践的过程中包含意识的作用在内。然而,改造世界的前提是要先认识世界。

社会就是一切个人活动的总和,人只有在社会中才能存在。反之,社会是由个人构成的,离开了每个个人,社会也就不复存在。人首先是一个自然存在物,具有自然属性,受自然界限制,但人不仅仅是自然存在物,还是有意识的类存在物,作为有意识的存在物。人作为自然存在物,其本质就在于实践性。人的本质是自然性和社会性的统一,即人的本质在于社会实践性,也就是马克思所说的自由自觉的创造性活动。但人的实践活动不能超出自然的承载能力。

城市化引起生态资源短缺、环境破坏,让生态危机变成一个全球性的问题,引发了环境保护运动,兴起了很多民间环保组织。"由于技术,空间的支配似乎变得完全可以支配的。"①生态危机让人们不得不反思人对自然的开发,促进了世界性的生态主义思潮。流动空间实现了不同地域的一致性,让财富、信息快速流通,但大部分都生活在具体空间。空间生态运动需要强调各个层面的空间,特别是网络空间和地方空间,需要挑战具体空间和抽象化空间,实行地方的小型政府,强调社区自治,落实最基层民主,促进人们综合考虑空间权利、区域自治和环境保护。生态主义需要消除技术理性,提高对多元环境和文化的认同,制约民族国家权力,建构全球性的统一生态系统,让各种生物自由流动,形成复合的一体。生态主义提高了人们的生物性认同,需要信息技术扩大民众对环境保护的理解和行动。自然包括空气、资源、动植物等,自然伦理是对人与自然关系的伦理规定,人与自然组成有机的生态系统。人的劳动具有高度计划性,并让自然涂抹上意识色彩。人对于自然的改造蕴含局部和整体(空间)的伦理悖论、单一和多元(认识)、当前和长远(时间)的伦理悖论。"自然和土地的有限性因此有权力质疑在抽象的无限的权力上的盲目信念,还有人类思维和技术,政治权力和权力产生和命令的空间。"②

---

① H. Lefebvre, *The Production of Space*, Oxford: Wiley—Blackwell Press, 1991, p. 64.

② H. Lefebvre, *The Production of Space*, Oxford: Wiley—Blackwell Press, 1991, p. 330.

空间生态伦理主张伦理范式转型,而不是在哲学意义上考察自然生态、人类社会、世界本质,竭力消解自然和伦理的二元对立。空间伦理产生于人类文明遭遇的二元论冲突,消解了传统伦理对人类认识和空间活动二元的设定,消除了空间和伦理的分离状态,反思了传统的公平正义范畴。人的主体性不能片面消解,而要全面认识,达到主体性升华。人不是伦理价值的唯一体现者,要不断提高自律,全面发挥人性光辉。空间伦理之所以被遵循是因为它关系人的空间发展,需要将空间问题界定为科技问题,努力改善人与空间的关系。空间既是人存在的基础载体,又是人精神意识来源和精神家园。人是有限的存在主体,不能超出自然规律。人要发挥智慧,既要建立和谐的空间关系,让人自觉联合,又要让人与空间自觉融合,从而建构一体的和谐空间,关注人的全面发展和未来命运。人类的命运已经与日益糟糕的空间生态问题连接在一起。"目前,我国生态环境状况依然不容乐观,国家生态安全令人担忧,未来几年,要认真抓好生态保护基础性工作。"①建立生态城市是城市规划的目标。空间伦理生发出自然与伦理联结起来的环境伦理视域,代表了伦理价值观的转变、文明的演化过程和伦理学的前进方向。环境生态问题引发伦理思索,伦理能够进入环境是由于人具有恻隐之心,能够考虑自然利益。道德多元化和选择多样性是生态伦理出场的必备条件,也促进了环保运动、生态权利的制定。

城市空间生态伦理需要重拾"敬畏"。宗教世俗化模式为重构这种"人类精神"提供了有益的尝试。"自然自发地发展本身就是正确的,符合道德的,我们不要干预它,而要与它合作,要遵循或模仿大自然。"②不管哪种模式也好,其目的都是为了能够建立起一种普世伦理能够使人们重拾那种"原精神",以一颗敬畏之心去对待自然空间,去按照内心的信仰生活。这种关怀如果要想重新获得,就必须重塑人们对道德的敬畏之心。"敬畏"被当作神圣的词语来用,并且与人的生活方式、生活信念有直接关系。现代人面临着深刻的危机,而与此同时,伦理学也面临着多元化的发展方向,面临着更大的挑战。空间生产给人类带来的物质上的收益无疑是巨大的,也是人们可以看到的。过分强调理性使人丧失了判断能力,形成了理性危机。这种理性是机械的、片面的,导致人对现实世界无所适从,使人越来越多地限于科技的控制之下。理性似乎拓展了道德的领域,因为在表面看来,人可以依靠理性自由地行事,而实质上却是造成了不好结果。人在破除掉宗教的束缚之后,便只有依靠理性,对人类以前坚信的正确道路却愈来愈偏离。古人还心

①　王冬梅:《必须遏制新的人为生态破坏》,载《工人日报》,2003 年 10 月 26 日。
②　〔美〕威廉·K. 弗兰克纳:《伦理学与环境》,杨通进译,载《哲学译丛》,1994 年第 5 期。

怀畏惧,现在的人们则在理性的光环下迷失了自己,导致自身的理想化和狂热化。人们自以为自己是理性的,可以和自然和谐相处。传统伦理背景的缺失,让人们处于道德危机之中,却意识不到它的存在。当今伦理学界面对这一道德危机,提出了建立普世伦理以解决这一危机。究竟这种普世伦理能否实现,我们现在无从知晓。而道德作为对人们对自身价值信仰的体现,凭借着这种对道德的敬畏感,实现着自身宗教情感的升华。而社会空间的转换,即以城市化运动为代表的近代工业革命,使得我们所处的伦理学背景也发生了转换。人们进入了现代伦理学背景的视野,促成了道德敬畏之心的逐步丧失,也成为现代信仰危机的根源。而在传统伦理背景之下,当我们还保持着对道德的敬畏之心的时候,这些问题是不会凸显出来的。

　　城市空间生态伦理消解了传统伦理范式在维护自然生态平衡中的缺场,将维护生态平衡不仅体现在理论上,也落实到人对自然的改造活动中。"只有革命性的(总体性的)实践才能重建真正的统一体:被重新揭示、控制、认识和恢复的自然。"①空间生态伦理顺应人对自己的自然行为的反思而来,是一种革新性的伦理思想,是基于传统伦理范式的缺失产生的。传统伦理范式缺失自然关怀导致很多生态问题。空间生态伦理彰显了人类希望用新的伦理体系调节人与自然的关系。空间生态伦理的基本内容包括其追求目标、现实依据、内部构成和当代意义,涉及的基本问题是人的生存,为人类生存提供新的阐释方式和思维模式。研究人与空间的伦理关系既是人类生存的需要,也是发展伦理学的需要。空间生态伦理起始于人的实践行为的消极后果。环境保护制度要公开、透明、民主,也要保护人权,要让人类在文化关怀中达成良心自律和关怀自然,实现人的自律自为。人要变成生动丰富的主体存在,要发挥人的主动性和人文关怀。传统伦理范式主要关注人与人、人与社会的伦理关系,主张让伦理成为社会关系的律法,倡导伦理是完全为人服务的,局限在人类社会中,而排除了自然和其他生物,从而割裂了人与自然伦理关系的异质性,因为没有形成对空间的成熟伦理观念,而无法解决空间生态问题,也无法为人类可持续发展提供正当依据。功利和伦理不同,伦理和利益不平行。人要提升伦理素养,培养全面的人才,提升伦理能力和伦理创造。空间伦理包括机制、方法和生态,要向道、求真、批判,要立足人的需要。自然伦理蕴含着对传统伦理对象和方法的批判,其生成并非只是理论逻辑,也与时代有关,倡导伦理的真理性和功用性,建立更完整的伦理发展目标、评价机制和发展战略。空间伦理精神涉及人与社会、空间等的伦理关系,是空间存在的伦理关系的价值反映。

---

　　①　包亚明:《现代性与空间的生产》,上海教育出版社 2003 年版,第 4 页。

科技与经济存在伦理悖论,导致组织伦理缺失,引起能源供需短缺、能源结构不合理。

马克思认为,人的一切生活都无法脱离自然界,人最根本上只是一种自然形式的存在。"不仅要改善人类的生产方式和生活方式,而且还要改变人们的价值观念,改变人类对自然界轻率态度的人类中心主义思想。"①自然如同人的外在身体,是人无法脱离的东西,不仅承载着人的肉体存在,也承载着人的精神生活,人应该像养护自己的肉体一样小心地呵护自然生态系统,使人一切活动的源头永不干枯。在消灭私有制的纯粹共产主义社会里,由于消除了个人的自我异化,异化劳动也消除了,个人可以在集体里充分发挥自己的自由意志,自然能够充分被开发和利用,可以完全改变自然的原本样貌,让自然处处是人的痕迹,成为被生产实践改造过的自然。所以,共产主义是人和自然矛盾的完全和解,是人的自然性、社会性及精神性的完全结合。

人类在改造自然中创造了很多文明,如古埃及文明、古巴比伦文明、玛雅文明,这些文明灿烂无比,代表了人类智慧,至今仍令人惊叹。可它们都只是昙花一现,很快消失在时间的洪流中。人类通过改造自然创造了灿烂文明,也通过毁灭生态平衡让文明毁灭。科技让人类由愚昧、混乱的原始状态走向文明、理性的社会秩序。文明的更替既能够促进社会变革,推动社会进步,推动人类居住方式改革,又带来更多失范和迷茫。自然环境没有必要也没有义务为人类改变,人类只能改变自己的生产方式和生活方式。人类在对自然的实践活动中,要平衡自然和人类的利益,尊重自然的权利和价值,用伦理准则和伦理规范约束人的实践行为。人们必须按照生态伦理方式改造自然,才能诗意地栖居在大地上。

第二节 中国特色城市化道路的影响因素与动力机制

城市化的主导力量有市场和政府,动力机制有拉力、推力、内生力和外生力。中国城市化的动力机制是随着历史条件变化的,有其特殊性。首先,产业结构调整能转换为城市化的动力。城市化的基本动力是产业聚集,是工业化规模影响城市化进程。城市化是由传统的自然经济和乡村社会过渡到商品经济和城市社会的过程。农业的发展促进了劳动分工才产生了城市化的最初动力。"资本、人力、

---

① 石磊、崔晓天、王忠:《哲学新概念词典》,黑龙江人民出版社 1988 年版,第73—74 页。

技术的空间聚集促进了城市规模的扩张。"①第三产业正成为城市产业的支柱,大城市已经出现工业化后期特征。其次,科技创新也是城市化的重要动力。科技创新会推动经济增长,促进产业结构调整,是城市化的原动力。机器的发明、运输业的便捷、通信技术的应用促进了城市化的发展,积极引进国外先进技术可以促进我国城市化的发展。再次,合理的国家调控也能对城市化进程产生积极影响。在中央集权领导的体制下,国家政策对城市化的作用更大,新中国的户籍制度和城市设置政策限制了人口流动,出现了虚假的城市化水平,导致城市化标准不一,重点项目的投资促进了城市的形成,吸引了剩余劳动力。改革开放的吸引外资政策促进了沿海城市的发展。最后,城乡间的相互作用也促进了城市化发展。农村剩余劳动力的转移和城市技术、人才的下乡促进了城乡发展。民工潮成为城市发展的重大推动力,乡镇企业的发展也促进了农民的就地城镇化。

一、城市化与资本增值

(一)城市化中资本逻辑的矛盾

中国城市化的社会主义性质与资本逻辑存在矛盾。国际资本、民族资本和政治权力存在复杂关系,并呈现在城镇生产和消费活动中。资本和政治权力结合能够提升中国在全球空间格局中的地位,加快空间结构重组,促进生产力进步,让中国经济具备全球空间意义,使中国现代化成为世界文明进程的重要一环。城镇化盲目发展引起城乡对立,加剧区域不平衡,导致空间资源流通中的矛盾和分配不公,还破坏实体经济。空间矛盾不利于社会和谐稳定,成了学者关注的焦点。

中国城市化立足于解放和发展生产力,以实现城乡共同富裕。中国城市化实质是探索特色社会主义道路的路径,尤其是特区城市和城市特区的设立,更是探索全球化背景下中国特色社会主义城镇化道路的试验田,是探索适合社会主义制度的城市空间生产模式。"社会主义这种社会的转变,预设了空间的拥有和集体管理,被利害相关的各方不断干预,即使他们有着多重的利益。"②中国城市化既要维护社会主义性质的空间生产方式,又要体现社会主义初级阶段的空间正义需求。城镇化矛盾彰显在两方面:其一,从单个城市空间的静态角度看,大城市内部正产生严重的分化现象,既有高耸入云的摩天大楼、美轮美奂的别墅花园,又有垃圾遍地的贫民区、没有收入来源的流浪乞讨者、拥挤不堪的低收入家庭,社会主义城镇化应该消除城市内部的二元对立现象。其二,从单个城市空间的动态角度

---

① 王卫东:《长三角城市群协同创新发展机制研究》,载《企业经济》,2011 年第 11 期。

② H. Lefebvre, *Rhythmanalysis*, London and New York:Continuum Press, 2004,p. 58.

看,全球化时代信息通信技术的不平衡发展和应用加速了城市空间的二元对立,推动着全球制造业的地理空间转移,信息技术和资本增值结成坚固同盟,让服务业兴旺发达起来,而低端制造业遭受败落、零散的命运。全球化让中国进入全球空间生产系统之中,在工业化、现代化的推动下,中国成为制造业中心,城镇化也高速发展。中国是发展中国家,依靠制造业取得了巨大经济成就,但制造业的衰落也呈现在城镇化中。制造业纷纷从城市中心搬到城市边缘地区,而信息、金融、保险等服务业占据了城市中心。城市空间功能在制造业转移中得到转换。城市功能转换是凭借商业化模式实现的,引导投资者纷纷将资本投在餐饮、房地产、保险、信息等服务业,这让城市中心地段的地租水涨船高,让原本居住于哪里的市民被驱赶到城市空间边缘地区。

城市化让城市空间价值凸显。城市是历史文明的沉淀和现实空间要素的聚集,为人类追求理想生活提供条件,社会关系也在城市空间进一步展开。城镇化打破原本自给自足的农村空间及生活,让一部分农民从土地中解放出来,投入多元的生产和生活。城市空间聚集了社会组织,扩大了人的交往范围,也改变着人的思想意识和伦理道德,让人作为空间生产主体和空间实践产生互动机制。城市空间充满创造活力,能为人的自由发展提供前提条件。"国家和城市建设的问题也在增多,使得空间逐渐成为一个国家政治、经济和文化力量交汇的地方。"[1]中国城市化是在全球化背景下进行的,无法避免发达工业社会的空间掠夺,不仅落后的生产力和生产技术制约了城镇化,现实的生产关系也存在和市场经济不匹配的问题。大量制造企业和工人只能在全球化空间生产中得到残羹剩汤,充当发达工业社会资本增值的工具。发达工业社会空间生产已经和金融业紧密结合,让空间矛盾与金融危机纠缠在一起。"资本主义的生存及其富有特色的空间性的生产,仰仗于将占有的空间区分为过分发展和欠发展的区域。"[2]资本主义城市空间生产就是资本转移过剩危机、实现不断扩张的过程,既让空间生产不断资本化,又促进了技术革新。空间生产与技术革新密切联系,一定意义上,技术革新是空间生产的一部分,既让技术革新在更加广泛、全面的意义上进行,又让资本获得了更加灵活的增值方式。空间是主动参与实践的主体性对象,强化了等级秩序,形成了空间"区分机制"。[3] 空间生产既是社会生产力发展到一定阶段的产物,又能对物质资料的生产及再生产发生影响。

---

[1]　孙全胜:《马克思主义社会空间生产批判的伦理形态》,载《天府新论》,2014年第6期。
[2]　〔美〕爱德华·W. 苏贾:《后现代地理学》,王文斌译,商务印书馆2004年版,第159页。
[3]　H. Lefebvre, *The Production of Space*, Oxford: Wiley—Blackwell Press, 1991, p. 129.

城市化批判也从《资本论》的行文逻辑中寻找到了批判思路,尤其关注资本运转方式日益呈现为时间消灭空间的趋势。随着时间的推移、资金的流动,资本家尽可能缩短空间生产流程,以获得更多资本利益。发达工业社会城市空间生产的危机是资本经济在走下坡路,是政治、文化、生态各方面的颓败,是"公然宣称的暴力所造成的"。① 城市空间的无限扩张和自我突破可暂时缓解资本主义危机,但不能改变资本主义基本矛盾。以资本增值为目的城市空间生产,让空间生产的主体由"自然人"变为"资本人",让城市空间生产追求最大利润,而不是人的自由发展。城市空间生产更突出生产的经济效益,而不是为人提供更好的空间生存和发展条件。资本增值逻辑让城市空间生产在终极价值目标上背离人的发展需求,让空间摆脱了物质资料生产对象的地位,直接与资本增值挂钩,与资本存在方式直接相连,成为资本主义生产的主导模式。城市空间生产引起了空间的等级化和碎片化,导致生产模式僵化。资本主义私有制加剧了空间矛盾,让资本主义国家利用空间生产制造了等级性警察空间。资本主义抽象空间消除了一切地域和民族特色。空间生产是集约化的逻辑过程,是资本逻辑在社会空间的拓展,既存在农业、工业、后工业三种等级性空间系统,表征着农业、工业、后工业三种生产形态;又存在城市、乡村二元化空间等级体系。

资本增值逻辑既为城镇化提供动力,又让城镇化呈现物化趋势,背离居民利益需求。我们需要以城市实践为基础,克服全球化空间景观的资本逻辑,用辩证乌托邦积极建构未来。城镇化中资本化的消极后果应当引起学者重视。城镇化资本化的消极后果主要呈现在:其一,过度的城镇化。过度城镇化表现为对空间资源的过度开发和利用,导致空间的拥堵和空间资源的浪费,引起生态环境破坏。其二,城镇化的意识形态化。城镇化完全按照资本增值和资本统治需求进行,让空间呈现政治性。其三,城镇化呈现物化,遮蔽人的价值追求。城镇化主体的力量被转换成物的力量,被资本捆绑,让人变成手段和工具。地方政府靠各种开发区,吸引虚拟资本,进行城市建设。没有公平、透明的体制环境,吸引不了海外资本。中国不能让房地产绑架经济,要依靠人口优势,促进农民市民化。中国现代化的实现需要依靠城市空间生产,解决剩余劳动力就业问题也需要城市空间生产。随着技术革新,中国空间生产方式也在升级,逐步形成了有中国特色的空间生产模式,由粗放型转变为低碳环保型。如果政府死守计划经济思维模式,不是为了市民的利益去推动城市化,而是为了方便管理,甚至只为了从城市化中获取

① H. Lefebvre, *The Survival of Capitalism*, *Reproduction of the relations of Production*, London: Club Ball Press, 1978, p. 8.

财政税收,也会导致错位。空间生产主体包括管理者、生产者、消费者等不同群体,政府要协调这三者的利益,这是促进城市化高速进行、协调城市生活的必然选择。政府还要调节城市市民居住利益、农民土地利益和外来移民利益等关系。一些城市空间到处都是建设工地,这大都是政府凭借动员开发商投资热情进行的。城市空间生产过程中导致一些弱势群体和失地农民。城市的外来移民也无法对空间生产形成抗争,很多人在空间生产中成为房子、孩子等的奴仆。只有压缩权利,才能释放市场,才能更好地促进城市化。

资本增值让我国城市化出现了一些异化问题。其一,以物为本的城市化。城市越来越成为以钢筋混凝土建筑为标志的人工改造物,没有文化奠基的城市或者脱离文化规定性的城市是没有未来的。正义也要承认有差别。其二,生态理性缺乏的城市化。城市化是第二自然,是人自身建构的宜居生存环境。生态理性是对经济理性和工具理性的制约和超越。城市房地产开发对土地自然资源的无节制的占用。其三,日常生活异化的城市化。人类聚集于城市是为了生活。

城市化、资本化必然导致空间结构和空间生产方式的改变,促进空间政治崛起。资本支配的空间生产也是政治空间的生产过程。空间生产并非客观独立和中性的,而是具有等级秩序和意识形态等政治性。空间生产是阶级斗争的焦点,潜藏着压迫和反压迫的斗争,需要建立一种总体性的空间意识,消解空间的神秘性,建立差异空间。差异空间将消除僵化和封闭,让空间导向开放和无限可能。人们激烈争夺空间资源和空间利益,过着异化的日常生活。空间生产是政治现象。空间生产和政治构成相互依存的关系:空间生产依靠政治力量获得了快速扩张,持续走向全球化和城市化;政治凭借空间生产不断得到巩固,走向空间化和一体化。

晚期资本主义的空间生产不仅打破了原本的自然生态平衡,而且导致社会矛盾的激化。于是,科技在消除空间壁垒的同时,造成了新的空间不平等。新自由主义试图用市场经济实现理想幸福的生活,早被证明是痴人说梦。人们的日常生活模式、思维方式也发生了空间形式的转向。空间生产也表明社会分配方式的变化,造成贫富差距的进一步扩大。市场竞争,让空间生产主体必须协调社会关系和制定社会秩序,追求规模效应,让空间要素不断聚集,推动资本不断流通,从而吸引投资汇集到空间系统中,并凭借空间结构调整,产生空间聚集效应。社会空间是消费的产品,是行为的场地和载体,叠加着社会关系、历史文化,是类似商品生产的模型。空间生产的基本矛盾集中表现为各个阶层在空间资源上的激烈争夺。资本要赚取更多的剩余价值,就必须加快资本的运转速度,清除资本运作的空间壁垒,击碎过去的时空格局,这既间接地促进了不发达国家和地区的文明开化进程,又毁灭了那里的生态平衡。因此,空间生产让资本主义的衰败日益加剧。城市空间生产是受制于大机器工业的强制力量,来自社会政治体制的分离。社会集权化和个体封闭化,作为发达工业社会的两极,造成了城市和个人的对立、群体和个体的对立。发达工业国家城市空间生产在增加财富之时,经济危机也与日俱增。为了防止个体被社会压制,人只能封闭自己,在孤独空间保护自由不受侵犯。社会生产力的巨大进步还是不能消除城市空间生产危机。城市空间生产制造了幻境,混淆了真伪,撕裂了现实世界,把反对的声音——清除,只允许赞扬和称颂。普遍化的秘密是城市空间生产的主导因素,不容置疑的谎言让真理成为假设,让现实成为幻想。资本在全球空间的流通,是资本增值本性的必然产物。空间生产制造了多种空间形态,还与社会关系紧密相关。城市空间的研究需要回归到身体空间,才能得以科学的解释。身体空间是空间生产与政治权力运行的中心。

(二)资本增值支配城市化

城市化促进了全球政治经济一体化,加剧了国家之间的政治、经济差距。城市空间生产过程集中表现在政治斗争上,让空间具有意识形态意义。哈维等人声称马克思社会批判理论缺乏空间视角。马克思极其关切宏观历史维度对社会生活的作用,而忽略了不断的空间变革在社会演变进程中的价值,忽视了资本增值在空间生产中对历史的影响,"马克思经常在自己的作品里接受空间和位置的重要性……但是地理的变化被视为具有'不必要的复杂性'而被排除在外。"①马克思社会批判体系中并不是没有空间维度。

马克思对"空间生产"的论述零星地散布于他对资本主义的批判中,一系列空间论述组合成了马克思"空间生产"批判思想的"要素"。马克思的空间思想对理解当代发达工业社会的资本空间重组有重要启示。在马克思主义经典文本中,包含了一些"空间生产"的观点。马克思将研究对象聚焦于受一定空间和时间限制的工业化生产,工业社会的生产通过突破空间壁垒而达到拓展空间范围的目的。社会形态改变了,空间形式及其社会关系也会随之改变。马克思从资本增值逻辑和世界历史意义上考察空间结构重组问题,从宏观和微观两个角度考察了资本主义的"空间生产"。这对于变革传统的生产关系有积极意义。空间是社会历史变革的载体。尽管空间生产一直在不断发展,但在资本主义生产方式建立前,空间生产一直处于很低水平:人们的空间活动范围狭小,空间生产规模很小,空间生产技术水平很低,不能对自然产生很大的影响。在这种空间生产水平下,人们被限

---

① 〔美〕戴维·哈维:《后现代的状况——对文化变迁之缘起的研究》,阎嘉译,商务印书馆2003年版,第43页。

制在狭小的空间范围内,交通极其不便,不同地区的人们很难交流。空间生产水平在资本主义社会之后取得了飞速提升。因此,资本既让空间生产水平提高,又让城市生活空间形态改变。如今是时空已经模糊的时代。在以光速运动的宇宙中,空间简直可以在一秒的时间中穿越;地理的距离已经大大减少了。空间仍具有重大意义,对人的行动产生约束。资本已经变成征服空间的工具。日常生活的解放就要打破技术的限制。因此,空间生产历史也是人的解放发展过程。空间生产能提高生产力和社会财富,为人的解放提供条件。资本主义社会由工业社会转向都市社会。都市化是资本空间生产的必然要求和结果。

城市空间生产和再生产过程有静态和动态两个维度:所谓静态维度是指从一个特定的时间和空间角度研究物质材料的生产和再生产过程;所谓动态维度是指把工业化空间生产看作是一个资本增值逻辑推动下的空间扩张过程。生产技术水平的提高,让土地在资本空间生产中日益起着重要作用。"在这里,要考察两个要素:一方面,土地为了再生产或采掘的目的而被利用;另一方面,空间是一切生产和一切人类活动所需要的要素。从这两个方面,土地所有权都要求得到它的贡赋。"①资本配合劳动成为生产过程的重要媒介,可以看出,城市空间生产在工业社会中,将起着日益重要的作用。城市空间生产对缓解资本主义的经济危机发挥着作用。

发达工业国家凭借先进技术操控了全球工业化,既促进了落后国家的城市化和工业化,又加剧了不同国家的发展差距。资本是瓦解工业社会及其一切异化现象的主要力量。资本制造了消灭自己的利器,让空间生产的否定力量在潜滋暗长,"在产品从一个生产场所运到另一个生产场所以后,接着还有完成的产品从生产领域运到消费领域。"②随着空间壁垒的消除,产品的运输时间日益缩短。资本的增值既需要流通时间的缩短,也需要空间范围的扩大。资本家要消灭的空间主要是指地理空间,资本主义空间生产力求消除资本流动的障碍,在加快资本流通时间中体现得最明显。城市化运用技术手段消除资本流通障碍,以实现缩短空间生产时间的目的。随着流通时间的缩短,资金周转、资本规划的速度在不断加快。"美洲的发现、绕过非洲的航行,给新兴的资产阶级开辟了新的活动场所。"③因此,需要从资本增值的角度考察空间生产的运行机制和全球化空间生产的动力和原因,即资本运作的问题和方式。

---

① 《马克思恩格斯选集》第2卷,人民出版社1995年版,第573页。
② 《马克思恩格斯选集》第2卷,人民出版社1995年版,第307页。
③ 《马克思恩格斯选集》第1卷,人民出版社1995年版,第240页。

　　资本的扩张和全球空间生产中始终伴随着技术的革新。"它们被新的工业排挤掉了,新的工业的建立已经成为一切文明民族的生命攸关的问题;这些工业所加工的,已经不是本地的原料,而是来自极其遥远的地区的原料;它们的产品不仅供本国消费,而且同时供世界各地消费。"①马克思对这个问题进行了深入探讨,并指出,由于空间生产的普遍化,让人们的社会通信更加快捷方便。资本交易将消除任何地区的共产主义萌芽。因此,他得出结论:全世界无产者必须联合起来。总之,马克思从地理空间的角度解读了资本的扩张模式,为革命作了理论准备。空间生产为资本流通提供基础条件。随着生产力的发展,空间生产资本化也不断呈现出新的形态,并展示在城市化、区域化、全球化过程中。

　　城市化是资本增值的总体性拓展,呈现为空间运行机制的单调性,不断占有空间资源以实现最大利润就是其根本目标。空间生产是资本增值的器皿和前提条件,是为社会生活资料生产提供服务,为资本增值提供动力源泉。资本推动了空间生产,但不能推动空间生产产生质的改变。空间生产与资本增值紧密结合之时,空间生产资本化便形成了。空间生产资本化的直接动因是缓解资本主义经济危机,是增值冲动让空间不断扩张。空间生产资本化让空间产品带有更多功利色彩,造成了抽象空间。差异、多元、个性的空间成为追求,要求生产出非富多彩的空间产品,以满足公民需要。自然资源的短缺和生产成本的提高让资本不得不由空间中的生产转向空间生产。空间生产是为了获得最大利润。随着资本全球化,空间矛盾也蔓延到全球,让金融危机和政治危机在世界范围内呈现。空间生产资本化导致全球性的环境问题、经济政治危机,让人们反思空间生产的替代方案。空间资本不可分割的联系体,也加速了全球化。全球化的表征就是空间与资本的结合。城市空间生产不仅是消费主义的必然结果,而且造就了单调平庸的城市空间形态,消解了地域性的历史文化。城市空间承载着资本主义生产力和生产关系,展现着整个资本运作方式。后现代都市既是领土化过程,个人被城市权力阻隔在城市孤岛,被监督和管辖,反映了地方空间权利的加强和社区自主意识的弱化,又是拟像化过程,导致千篇一律的城市建筑,带来心理对空间的不适感。人的主体性不等于人的主观愿望。因此,空间生产不全是人的主观愿望的呈现,单纯从主观愿望是无法阐释空间生产过程的。空间生产改造着历史,影响了人们的生活,让人们无处藏身,只能与之同流合污。空间生产完成了消费的现代性,实现了商品对社会的全面统治,让文化发生了质的断裂,把我们推入无知麻木的暗域。空间生产凭借媒介生产了符号世界,凭借虚拟的符号占据生活舞台,让人们的需

---

　　① 《马克思恩格斯选集》第 1 卷,人民出版社 1995 年版,第 276 页。

求从实物转向符号意义。

城市化中"在场"与"不在场"混淆了社会实在与虚幻差异。城市化利用幻觉掩饰真相,闯入社会各个角落,使日常生活成为幻觉,使人陷入泥潭。它与具体叙事脱节,遮蔽真实,制造显著诱惑效果。实现诱惑必须形成秘密和错觉。秘密能掩盖真相,错觉能消解动力与能量。空间拜物教实质是空间符号编码构筑的产物。人类崇拜空间,非因其本身功能,而因其呈现出象征价值。当代发达工业社会将人类崇拜对象转变为空间,而空间不过是社会关系与秩序的展示。资本凭借空间生产延续生命。空间生产即社会空间化过程,创造社会关系又被社会关系制约。资本依照自己的法则向全球扩张,形成宏观抽象空间,是被有计划建立的,让日常生活归入资本生产和消费体系中,变成呈现资本运行机制的镜子。资本逻辑让空间形成密集的网络,让市场向文化领域扩展,制造了都市空间的艺术文化。社会空间的主体就是空间生产的主导者,需要关注差异,在分裂和多元中新生。资本凭借时间空间化加速了社会发展,推动了多元和差异,提高了人的解放程度,要用历史地理唯物主义分析资本主义空间变迁。空间生产标示资本主义政治利益成为资本展示场域。社会空间虽保留物理形态,但更多是社会生产实践结果。如何在全球空间生产中寻求有利地位,是亟待解决的问题。同时,进一步整合哈维与福柯理论也是需要延伸的话题。社会活动仅是占有与使用空间。城市化取代工业化成为资本增值主要手段,应尊重空间差异,包容多元。

空间生产发端于不平等的资本增值,又导致新的社会不平等。列斐伏尔批判空间生产的三种非正义情形:首先,空间生产的扩张性让资本法则不断扩散。随着社会的进步,资本主义采用灵活积累获得更高利润。资本主义竭力消除一切空间界限,不断加速时间和扩展空间。其次,空间生产具有同质化倾向,让资本主义各个空间都变成同一模式,人们处于同一政治经济模式下,城市空间成了资本积累和阶级矛盾的聚集点,是生产、消费、交换的控制点。最后,空间生产造成了地理空间和社会空间的碎片化。资本主义发展是深刻的地理事件,不断消除空间障碍,转移了资本过剩的危机,强化了区域差异性和资本逻辑。资本在空间生产中不断变动和不稳定,让地理景观一直不平衡,处于流动化、信息化、全球化过程中,暂时转移了矛盾,不断地空间重组。不平衡地理发展呈现为不同规模的空间生产差异和不同区域的空间生产差异,迎合了资本积累需要。资本制度下的不断斗争,让地理不断不平衡发展。城市空间生产用自己的法则向日常生活投下巨大的帷幕,其不合理之处就是社会整个机体的支离破碎。后现代社会空间的破碎性早已掺杂进日常生活的角落,其具体展现为:空间与真实生活远离。空间生产形成欲望河流,造成一个伪存在世界,是资本塑造的地理环境,让人成为被操纵的木偶。空间原本便内化在语言中,空间里布满各种类型的社会关系,不仅被生产关系支撑,而且支撑各类生产关系,导致空间的层级化。空间呈现出全球、虚拟、商品的特征。社会空间有其经济基础,各种物质资料及生产组织,也有其社会结构,各类政治制度和意识形态。空间提供了阐述生产关系的新视域,是严重欺骗人的现象。空间生产既增强区域间的交流,又造成全球地理空间同质化趋势。

空间生产取代平等、民主等价值观念,成为社会危机缓和器。空间意识形态功能与现实无关,却强制而有效,引领空间异化时代到来。空间异化渗透进日常生活,转化为空间拜物教。空间矛盾促使新空间形态生成。空间生产仅破坏空间并制造空间循环过程,引起精神文化问题。总之,空间生产价值指向与资本价值指向不同:前者指向人类生存和发展,为理想社会实现创造物质条件;后者则指向剩余价值,极易导致人的空间异化生存状态。尽管空间生产与资本具有一致性,但二者在价值指向上不同。资本也使空间生产日益偏离人类真实需求。资本推动空间生产呈现过度化趋势,导致空间资源破坏、生态系统失衡等。

（三）城市化成了资本增值的工具

空间生产资本化建立在社会劳动生产率的提升上。自然资源的短缺和生产成本的提高让资本不得不由空间中的生产转向空间生产。空间生产是为了获得最大利润。随着资本全球化,空间矛盾也蔓延到全球,让经融危机和政治危机在世界范围内呈现,反而制约了空间生产。"由于这种转换,劳动产品成了商品,成了可感觉而又超感觉的物或社会的物。"①空间生产资本化导致全球性的环境问题、经济政治危机。空间生产的成果与问题并存,让人们反思空间生产的替代方案。

城市空间不再只是生活场地,还是生产对象和增值工具。这是当代发达工业社会扩张方式的转化。工业化导致的资本流通、积累、循环让空间生产始终受制于资本主义经济和政治,导致空间剥削关系。资本的天然逻辑就是冲破空间壁垒,不断在空间中增殖。空间生产逻辑和资本增值逻辑虽然亲密结合,但并不完全相同。空间生产顺应和促进了资本逻辑。资本增值要求生产的扩大,必然导致空间生产的扩展。资本增值的主要路径就是扩大生产规模和缩短流通周期。空间生产对资本逻辑的顺应就是创造新的社会空间形态。城市空间生产按照资本规则向城市和全球扩展。空间生产就是资本逻辑向全球扩展的形成世界历史过程。世界历史的形成是空间生产的同质化过程,形成同一的历史生产模式。随着空间生产,资本主义的统治方式也由固定的国家领土的有形空间转向全球化网络

---

① 《马克思恩格斯选集》第 1 卷,人民出版社 1995 年版,第 138 页。

的隐形空间,从而由宏观的政治统治转向对公民日常生活的道德心理的控制,就是不断突破空间界限的生产过程。正是空间生产资本化让资本主义获得了持续的生存和发展空间。空间矛盾即是空间生产资本化的前提,也是其必然结果。空间生产直接充当资本积累的工具,直接是资本流通的载体,为资本增值服务,加剧了资本与劳动的对立。资本的空间生产与技术、通信、交通运输和其他方面的发展密切相关。第二次世界大战之后,发达工业社会,无论在科学技术,还是在公民的生活水平,都获得了普遍的提高,尤其是资本驱动的全球化交流更是以前所未有的面貌展示出来。

工业化、城市化需要大量资本,让资本运作方式空间化了,让空间成为资本积累的重要手段。"资本主义在空间上的扩张产生了某些新的矛盾,这些矛盾迅速产生了普遍化的表达。"①全球化更是加快了空间的社会化过程,导致领土争端加剧。在地球资源瓜分完毕后,人们又开始争夺月球等太空资源。资本文化更是不断殖民,冲击着不发达地区的社会秩序。空间生产既是经济活动,又是超经济活动。"空间生产"批判理论需要考察当代发达工业社会空间生产过程,这既是对资本主义工业化生产趋势的顺应,又是对全球化资本扩张的抵抗。要理解发达工业社会的空间生产过程,还必须深刻领悟列斐伏尔阐释的社会空间三元辩证法。资本的空间生产与技术、通信、交通运输和其他方面的发展密切相关。第二次世界大战之后,发达工业社会,无论在科技技术,还是在公民的生活水平,都获得了普遍的提高,尤其是资本驱动的全球化交流更是以前所未有的面貌展示出来。空间生产是具体历史的社会关系,是资本的空间化存在形态,是资本意志在空间中的体现。人创造了社会空间及其关系,只有人才能确定空间生产的起点和终点。身体在空间的生产方式、生活方式对空间生产有重要作用,居于空间生产的核心位置,形成了身体空间的微观政治学。空间存在论就是要揭示人是空间存在。人有实现自我、全面提升自己素质的需求,而良好社会空间是个人实现自我的前提条件。列斐伏尔在青年时期非常重视对日常生活的研究,晚年则转向对空间生产的政治经济学分析,并始终保持对道德问题的关注。他以存在主义伦理思想为武器,猛烈地抨击空间生产引起的异化现象,在致力于空间生产的考察时,始终不忘对日常生活空间伦理问题的批判。空间体现着象征文化意义。人与地方空间是混沌、自足、自在的关系。外来文化冲击着封闭的地方空间,让社会阶层趋于消融,让居民更加富裕。随着科技日益影响生活,生态问题越来越被人们关注。

城市空间生产体现资本主义社会的荣辱兴衰,既不属于均匀的材质,也不属

---

① H. Lefebvre, *The Production of Space*, Oxford: Wiley—Blackwell Press, 1991, p. 329.

于纯粹天然的客观要素。"它是一种完全充斥着意识形态的表现。"①空间生产让城市支配乡村。城市支配乡村，源于城乡的两次分离。由于农业和手工业、物质劳动和精神劳动的分离，产生了城乡第一次分离。城市的政治、军事都优于乡村，让乡村逐渐依附于城市。但城市的生产和消费都还依赖于农业。随着工业革命和资本主义的发展，城乡产生了第二次分离，主要表现在快速的城市化。科技进步让传统手工业发展为机器大工业，形成一系列商业中心和金融中心。大工业让乡村纳入资本主义的生产体系。资本主义让城市不仅在政治经济层面优于乡村，而且在文化意识层面也处于优势。城市空间生产是资本化过程基于资本主义历史，就是资本增值和积累过程。科技的进步和工业生产推动城市中资本主义生产关系发展。空间生产的主导力量是资本、社会关系和社会矛盾。国家对空间重组做了干预和平衡，一直努力进行总体控制。私人资本并不能完全熟悉城市环境，因此不愿进行长期投资，需要国家通过税收、金融政策等引导私人资本进入空间投资。国家需要介入公共服务设施建设。空间压缩和空间修复是空间生产全球化的重要推动力量。在集体消费领域，国家同样是空间生产的推动力量，因为私人资本会因为公共领域利润少而不愿投资。国家干预能够提供再生产的劳动力、缓和阶级矛盾、提供投资的稳定环境、促进消费需求、防止生产过剩、保证私人资本在非盈利部门获利。政府能对城市资源进行分配，也加大了阶层分化，引发各类矛盾。

　　"空间修复"包括三种呈现方式。其一，资本流通伴随着空间位置的变动，空间位置的变动时常受到距离的阻隔。交通运输技术的进步也很大程度上改善了空间条件，缩短了运输距离，便利了资本流通，对资本主义空间生产起了很大的推动作用，资本流通的便利和交通运输条件的改善，源于资本获取剩余价值的本性。其二，空间的聚集效应让空间资源转移到有优势区位的地区。资本不断把触角延伸到新的地区，不断在新的地区获得赢利机会。资本增值不仅需要便利的交通运输条件，也需要区位优势的作用。资本主义不断占据战略要地和资源充足的地区，以获得更多利润，资本主义凭借区位优势实现空间资源垄断，实现着资本的政治经济全球霸权，是资本空间聚集的集中体现。其三，国家权力和政治组织，是资本增值的助推器。空间生产让政治占据着日常生活空间，清除了空间生产壁垒，让世界变得破碎。国际贸易组织、区域合作组织、地方政府等对空间生产都有重要影响。"空间修复"主要凭借全球空间生产来呈现，本质上是把国内矛盾转嫁到国外的手段，是资本流通的自我调节，是为了维护资本主义统治，却破坏了社会的

---

① ［法］亨利·勒菲弗：《空间与政治》，李春译，上海人民出版社 2008 年版，第 46 页。

稳定,造成资本积累危机的爆发周期缩短,始终沿着暂时缓解矛盾而又导致更大矛盾的道路前进,引发更严重的金融危机。要克服金融危机,就需要实现社会主义的空间革命。

建筑规划中越来越体现人的空间体验,带来更多视觉感受。资本发展的不同阶段有不同的空间形态。后现代空间是资本的进一步扩张。空间生产是复杂和微妙的,体现资本占有方式,反映了政治势力的强弱,表达了社会机制生产模式。空间生产通过社会关系结构在生活中发挥功效,呈现出生产的自然地理性。社会批判的空间转向是快速发展的城市化推动的。资本主义社会各种机制运作的逻辑就是资本增值,没有满足普通公民的生活需求。货币没有出现之前,人的生产是特定的地域性空间活动。货币的出现让人的生产突破地域限制,生产空间大大扩展。货币流通到更广的空间,和空间结合为空间生产力,起着空间聚集作用,使得空间生产更加有序。货币和空间结合打破了生产交换的地理束缚,让货币生产是为了货币本身。商业生产在时间和空间上分离,资本家和工人都是为了获得货币,两者为了货币发生冲突。货币通过社会关系的物化拓展生产空间,让工人和资本家各自的空间断裂。

随着资本的流动与扩张,空间被转化为商品。资本的空间聚集导致大批城市拔地而起,城市化又促进了资本、劳动力等生产要素的空间聚集。资本主义凭借空间生产维系国家对地方的严密控制、表面的和谐稳定、警察的严密管控、阶级对立和种族歧视。空间代表了存在,布满了权力和知识,表面是客观的,实际上是特殊的社会生产机制。空间正义也是有历史性的,资本主义空间正义仍服从于资本运作和资产阶级的经济利益。城市空间不同于一般的空间。阶级斗争的目标就是拒斥空间的同质化,让空间走向差异和个性。差异空间是生活模式,就是要祛除空间剥削。

城市化与资本流通和循环有密切关系。空间生产呈现为快速的城市化,使得空间研究的对象就是资本和城市。城市空间规划始终有权力斗争运作其中,这招致了诸多的批评,而"这种批评本身是政治性的"。① 城市是资本操纵的结果,剥夺了一部分公民的空间权益,要求空间正义和平等使用空间的权利。城市空间生产带来了就业、住房、交通、环境等众多社会问题,与经济异化、空间拜物教、资本横行霸道有关。城市空间看似是空间的物化展现,其实也改变着城市空间形态及周边地区。城市空间具有巨大同化力量,塑造了同质化的空间形态,让空间呈现等级化。在资本的驱使下,城市化聚集了大量资源,打破了乡村的社会关系,让乡

---

① ［法］亨利·勒菲弗:《空间与政治》,李春译,上海人民出版社 2008 年版,第 49 页。

村依附城市,加剧了城乡矛盾。城乡矛盾是人类社会进步的结果,也是任何时代都要面对的。不同历史阶段,城乡矛盾表现不同,集中反映在城市空间。城市化带来了空间的生产和再生产。资本联合权力对城市居民作了剥夺,也掠夺了农村资源,列斐伏尔从现代性层面考察了城市空间权利,倡导将社会、时间、空间结合起来认识空间生产。城市空间生产是场域、历史和精神互动的韵律过程。

城市化让伦理机制失去作用。资本主义表面宣扬民主、自由、善良,实则推崇垄断和霸权。城市空间生产带来的平等和民主只是形式和表面的,而没有实质内容。这种形式的民主将日常生活中的不平等现象隐藏了起来。这种隐藏与早期资本主义的残酷镇压不同,但仍是隐秘的专制手段。资本主义社会进步了,民主观念却停滞不前。空间生产过度追求国民生产总值,而不计其他后果,造成唯经济论的神话。空间生产还导致浪费。传统社会对浪费是持道德批评态度的,并与浪费现象展开了斗争。而在当代发达工业社会中,传统道德不起监督作用了,浪费反而被当成了社会进步的积极力量,被认为具有推动生产力发展的积极价值。资本输出的已经不是实体工业资本,而是金融虚拟资本。金融虚拟资本的频繁流动,既为资本主义掠夺创造了条件,又导致各类社会危机。随着城市空间生产的加快进行,都市规划越来越受到重视,但资本增值使都市规划走向视觉化和生殖化。城市空间的统治重点已经不是工业生产领域,而是消费活动领域。在晚期资本主义中,空间生产变作了符号操控的工具,成了一种自恋的意识形态。城市空间成了资本剥削的首要地理位置,资本利用集体消费控制了城市生活,监视了公民生活,让政治权力渗透进城市空间的每个角落。在反资本主义中必须让社区组织、行业协会、工会组织也发挥作用,依靠集体消费和都市社会运动获得空间权利。城市空间生产对社会的全面控制,制造了恐怖氛围,让人们处于茫然无知的境地,承受着巨大压力。

随着资本增值逻辑的演化,技术理性愈加扩张,符号的指称意义与实际的物品发生分离。语言符号原本是以具体的指称物为根据的,但媒介技术冲击了现实世界,符号成了现实被抽象后的碎片,是日常生活的断裂,让物理空间被遮蔽。在媒介影像的包围下,客观事物变成符号,展示为一系列的影像,并取代了真实的自然世界。符号的指称是内在的含义,是真实意义的微妙表达。符号的能指遮蔽了现实,又构造了现实。符号的能指作为后现代发达工业社会的运行机制,凭借构造象征意义操控了现实,让世界成为一团理不清的迷雾,由此,符号占据了社会的主体地位,让生活成为抽象的存在,语言变成自己的指称物,成为自己生产自己的元语言。随着科技浪潮的兴起、生产工具的改进,资本主义的生产方式已经发生了质的变化,已经不是用耕牛为工具犁地的农民的身体,而是资本控制的身体。

身体空间变成了最主要的商品,商品的异化转化为身体空间的异化,即身体创造了空间,而空间却作为一种异己的存在物压抑、规训着身体。消费文化中最推崇的美丽东西是人的肉体。人们关注肉体欲望,主张身体的彻底解放,身体代替灵魂起着政治意识形态作用。消费破坏了传统文化的和谐,破坏了等级秩序的稳定,让身体成为社会关系的一部分。人的身体被当作资本,被当作崇拜的对象,被纳入符号体系,让色欲成为社会运作的重要因素。由此,身体、性、政治权力构成复杂关系。统治阶级善于将政治意图渗透进流行文化中,渗透进人的身体需求中,让权力成为游戏规则。人的身体已经贯穿于社会各领域,成为社会文化的基本单位。政治对于身体的控制,已经不是赤裸裸的惩罚和规训,而是利用道德和规则让肉体欲望符合社会规范。消费文化让身体和性的美学大大流行。色情是道德范畴,是诱发情欲的道德现象,有很大的主观性,体现人的精神面貌。艺术中的色情符合艺术自由原则,应该用艺术规则约束,而不是现实道德。艺术应抛弃道德,不能用传统禁锢最多的性来制定道德原则。艺术的肉体表演,也是为了反对陈旧的道德枷锁,以呈现一种不受限制的时空。因此,空间上要进行都市革命,即在城市中心生产出适合人类生存的总体性空间。

符号能够控制日常生活,并引导欲望,从而实现对消费的掌控。交际、文化、生态等空间也起着意识形态国家机器的功能。列斐伏尔认为,城市空间生产是地方政府控制消费的等级式体制性生产。地方政府通过控制消费,控制了居民生活,消解着个人的自由意志和创造性。资本主义早期,消费文化是上层文化的对立面;如今,资本主义政治意识形态利用消费文化加强了统治,加重了大众文化的技术化、商业化和全球化。消费文化的理性已不是能够判断客观真理的理性,也不是启蒙运动依赖的主张人的解放的功利化理性,而是技术支配的工具化理性。人在消费文化中陷入了高度的游戏中,成了资本运作的工具,被动的承担责任。消费社会消解了艺术性,让符号的作用突显,让生活更加抽象。消费社会凭借享乐原则占有了人的身体,迷失了人的自主意识。消费文化具有垄断和强制推销性,明显的追求商业利润,让消费者被动接受、无从选择。消费文化让人们无法认清真实的生活世界,注定无法获取自由,只感到现实的无奈、生命的无常。

二、城市化与产业结构

(一)城市化与产业要素的流动

城市化伴随着产业要素的聚集和流动,产业结构调整必然引起空间结构变化,引起地理空间转移,促进城乡产业整合。生产要素的流动是城市化的直接动力。劳动力流动是工业化和市场经济发展的表现,人口由贫穷地区流向发达地区,由农村向城市流动,推动劳动力资源的合理配置。城乡分工和经济融合促进了城乡劳动力流动,有利于优化城乡资源配置,带动农村现代化。城市提供了更多就业机会,提高了消费需求,促进第三产业的提升,增加城市供应能力。外来劳动力进入城市不同行业,制造了新的生产力,繁荣了城市经济。农民工进城提高了城市化速度和质量。农民追求自身利益,能够权衡成本和收益,不同地域的利益影响了农民进城意愿。人地矛盾和城乡差距强化了农民的进城意愿。城市化进程也受到资金流动的巨大影响。城市化的进行需要充裕的资金流入,一定程度上,城市化就是资金催动的。城市化的资金来源有政府拨款、城市自身积累的资金、农业剩余转化为城市资本等。资本流动是资本增值本性支配的,不断追求高回报,流向发达地区。资本流动受地理区位、交通、投资环境等的影响,流向制度建设好的地方。

城市化是产业非农化推动的,是政府、企业和个人等主体从事的活动,是市场和制度促进了资源聚集。城市化是经济结构的反映,是经济增长的体现,经济增长促进居民收入水平,促进生产、消费结构的改变,让生产要素聚集于城市。经济增长表现出地域性,反映了不同地区的城市化水平和城市的不同辐射能力。"因此,经济增长是城市化的宏观动力。"①城市化是经济、文化、生活方式等的城市化,是城市经济活动扩增。城市化是分散的个体生产到社会化生产,取代了原先的生产、生活方式,是空间地域变化,人口身份向市民转化。城市化是第一产业比重下降,第二、三产业比重上升,实现产业结构、城乡人口结构转换,城市文明取代农业文明,科技、资本、人口的空间重组。"产业结构的调整和升级是提升我国产业竞争力的重要途径,在这一过程中,必须伴有相应城市化的发展,产业结构的调整和升级需要依托城市化。"②城市化不仅要发展城市,也要发展乡镇。城市化是动态转化过程,反映在生产、生活各方面,需要生产方式做根本动力,引起城市人口、城市规模、城市居民转变。城市化是经济结构变革、城市空间扩大,城市人口比重提升,产业结构升级,居民消费水平提高,城市文明渗透进农村,居民整体素质提高,农民市民化和农村现代化,是空间结构变化,推动生产要素加快流动。工业革命让机器代替手工生产,吸引生产要素向城市聚集,让城乡对立,出现城市病。城市化是经济结构、空间结构、社会关系结构、人口结构、生活结构、文明结构

---

① 王小侠、刘杰:《中国城市化的动力机制初探》,载《沈阳师范大学学报(社会科学版)》,2005年第3期。

② 干春晖、余典范:《城市化与产业结构的战略性调整和升级》,载《上海财经大学学报》,2003年第4期。

等的转变。城市化随着经济、社会发展而不断变化内涵,是农业人口减少,城市人口比重增加。城市化内涵既有地域外在形式,又有文化等内在形式,是城市数量和城市文明质量的结合。城市化是城市体系网络化,城市经济现代化,农村生产、生活与城市接轨,实现一体化的综合发展。

中华人民共和国成立初期,我国经济发展缺少资金、出口率低、产业剩余少。而重工业需要大量资金、回报少、建设规模大,假如采用市场机制,资金是无法流入重工业的。国家只能探索社会主义的工业化模式,采用了计划经济体制。改革开放后,国家重新发展商品经济,并最终建立了市场经济体制。中国城市化应该以构建社会主义和谐社会为前提,保障失地农民权益。中国城市化道路的经济支撑是工业化,产业结构的调整又将引起就业结构的变动。城市产业可以分为基础产业和服务性产业两部分。基础产业是城市经济的主要部分,是城市经济发展的基础。城市经济相互竞争能够促进分工,提高生产效率。城市能够凭借通信提供更多交易机会。交通的建设程度对城市发展有很大影响。新一轮的国际分工促进了城市进步。人口迁移促进了城市扩张。城市经济中有形因素和无形因素会制约城市发展,特别是社会阶层结构、空间结构、人口结构、心理层次等会影响城市经济发展。城市化的发展能提高农民收入,推动市场经济进步,吸纳大量农村剩余人口,促进农业产业化经营。城市化是经济发展和社会进步的标志之一。"推进城市化进程,不仅能够实现二元经济向一元经济的转化,而且对解决三农问题、促进区域协调发展都有着积极的促进作用。"①农业和工业的进步能推动城市化进程。农业发展将很多农民从土地上解放出来,工业的进步也需要更多的劳动力参加工业生产,两者共同推动了城市的扩展。社会的进步必然要求城市化的发展,经济的发展必然客观上推动城市扩张。

(二)三大产业对城市化的推动作用

不同产业从不同方面促进了城市化,农业、工业、服务业都不同程度地促进城市化。农业是城市化的基础动力,为城市化提供资金、劳动力、原材料、市场。城市化就是将农业人口转化为市民的过程,农业为城市输送了剩余劳动力,为城市居民提供生活材料,提供土地和粮食,还为工业提供市场,农民也是基本的消费者,需要农用资料和生活资料。工业是城市化的根本动力,城市化是工业化的必然产物,主导着城市化进程。机械技术的采用不仅促进工业生产效率,也提高农业生产效率,引起剩余劳动力增多,让农村剩余劳动力有时间进城务工,增加了城

---

① 李明超:《我国城市化进程中的小城镇研究回顾与分析》,载《当代经济管理》,2012 年第 3 期。

市人口,让城市产业结构发生变化,推动城市变成区域中心,推动周边城镇化发展。良好的工业布局需要根据市场、区位、资源等条件来选择,要建立完善的配套设施,才能聚集更多人口。工业的发展也需要电信、交通、环保等产业的支撑。工业生产不只是为了提供生产力水平,更主要的是提高个人的生活质量,人们的生活需求推动城市化发展。工业经济规律引起人口集中、产业聚集、工业体系完善,工业化和城市化是相互促进的,是现代化的一体两面。

农村城镇化依赖于农业发展,但中国农村结构制约着小城镇发展。"制约着农业发展的因素有很多,但其核心就是农业结构不合理,而农业结构不合理则集中体现在农业生产技术、农产品供求和农民文化素质这三个方面。"[1]中国农业生产技术仍较低,农业科技水平不够,高效农业更少,导致农产品竞争力不强。中国农民技术技能较低,制约了工业升级。乡镇企业面临升级压力,农村劳动力素质更需提高,需要对农民进行职业技能培训。改革开放后,农业产量大力提升,农产品出现供过于求,甚至出现很多剩余。但是,中国消费结构已经出现变化,居民对农产品的需求更加多样,农业无法满足居民的多样需求。供需性的结构矛盾阻碍了农业的进一步发展。"只有积极调整农业结构,加速农村和农业的发展,才能使小城镇更好地实现依托当地农业,促进农业产业化。"[2]

中国城市化需要农业市场化,提高农业规模化经营,提高农产品的商业化、农业生产要素的市场化,推动农业生产的主体和客体更加适应市场运行机制。城市化要努力促进城乡一体化的实现,消除二元经济,改变传统农耕方式,让城乡协作互动,转变农民身份。城市化是人口结构转变,城市地域空间扩大,非农经济比重增多,是生产力和生产关系的转变,是各要素聚集的过程。在城市化道路上,有发展大城市和小城镇的争论。有些人认为,应该优先发展小城镇,实现农民向工人的身份转化,凭借发展乡镇企业、让农民离土不离乡的方式降低城市化成本,实现就地城镇化;而另外有些人则认为,发展小城镇忽视了城市的规模效应,需要利用大城市的规模经济,带动周边地区发展;也有的人主张,发展各类型城市,采用多元化城市化道路。

中国城市化的三种路径各有其特点。"中国城市化有三种类型:征地吸入型、农民工外流型、乡村工业化型。"[3]其一,征地吸入型。这是一种传统的城市化路

---

① 张小力、夏显力:《我国西部地区小城镇发展的调控对策分析》,载《现代城市研究》,2013年第5期。

② 吴喜荣、周立:《积极调整农业结构促进农村经济发展》,载《农村·农业·农民》,2000年第9期。

③ 周艳:《我国三种城市化路径比较研究》,载《当代经济》,2009年第15期。

径,通过征收城市周边的土地将郊区人口转变为城市人口,城市对于周边地区处于主动地位,失地农民成为城市市民,但他们的生产、生活方式也面临转化,出现农业文明和工业文明的冲撞,需要做好失地农民的社会保障,让他们真正享受城市化的成果。这是普遍化的城市化发展路径,是很多国家都不可避免使用的城市扩张模式,城市建设需要征收周边土地,英国就有著名的圈地运动,通过掠夺农民土地获得了工业用地。其二,农民工外流型。农民工进城是我国城市化过程中的特殊道路,农民工外流型是农民要积极融入城市文明,改变自己的观念和生活方式,但在二元体制下,农民工被边缘化、农村空心化,失地农民没有保障。农民进城务工促进了农村剩余劳动力转移,也为城市建设提供了建设力量。但大部分农民工都没有被纳入城市户籍,最终还得回到农村居住,在现行户籍制度下,他们仍是农民。城乡二元结构仍然存在,农民工只能处在城市的边缘地位,需要促进农民工具有市民待遇,保障农民工及其子女的教育、医疗权利。"到 2008 年 12 月 31日,全国农民工总量已经有 22542 万人。其中到本乡镇以外的地方就业的农民工数量达到 14041 万人,占农民工总量的 62.3%。"[1]农民工进城务工,有一部分就获得了城市户籍,变成市民。农民工进城不断受城市制度、规则、习俗等的影响,也能将城市文明带入乡村。世界城市化也存在农民转变为市民的过程,西方国家的圈地远动导致大量农民破产,引起了工人的暴力革命。中国城市化的农民工进城是逐步让农民变为市民,是中国特色的城市化道路。其三,乡村工业化型。这是内生型的城镇化路径,需要推动乡村工业企业的发展,推动生产模式、生活理念的提升。乡镇工业化不必完全依赖城市,能够让农民就地转移,农民不用承受城市边缘化的压力,能平稳过渡,但这种城市化水平较低,不能短期快速提高城市化。中国城市化要因地制宜,采用多元化道路,实现城乡一体化,促进现代文明的普及。中国城市化已经进入加速发展时期,未来将有更多农村人口进入城市,需要创新发展道路和模式。中国城市化需要发展小城镇道路,小城镇规模小,但能促进乡镇工业化,推动乡镇企业发展。"小城镇的发展需要本地工业的支撑,让乡镇企业成为小城镇发展的支柱。"[2]

工业化是城市化的基本推动力,带动城市规模和数目的增多,第三产业促进城市公共服务设施的完善。农业为城市化提供的是基础动力,城市化是在农业发展出现剩余产品才出现的,农业发展促进了城乡分离和劳动分工,让人们能够脱离农业生产从事工商文化活动,农业发展为城市化提供了剩余劳动力,农村也为

---

① 冯云廷:《中国城市化的发展历程》,载《经济地理》,2005 年第 5 期。
② 周艳:《我国三种城市化路径比较研究》,载《当代经济》,2009 年第 15 期。

工业提供了市场和土地。交通区位、劳动力资源让工业化产生地区差异,这些条件形成的利益高位地区就是城市化发端地区。工业化需要依托规模化、机械化,规模化和专业化的工业追求让城市聚集效应显现,有工业基础的城市更有发展机会。工业化的产业链也能推动机器使用,改变生产方式,促进第三产业发展。资本的循环积累,让工业生产成为互相影响的因素,累积成城市化的动力。工业化模式影响城市化模式。城市化的聚集效应促进工业化发展。第三产业是城市化的后续动力。工业化后期,第三产业占据主导地位,推动城市公共服务设施进一步完善,推动就业结构变化,吸纳剩余劳动力就业,完成逆城市化。

工业化是城市化的主要推动力量。近代城市化的发展就与工业革命有直接关联,因此,可以说,工业化是城市化的直接原因。城市化是工业聚集的产物,是工业为了节约成本,将人口、资本等要素聚集起来的结果。城市化就是为了追求最经济的聚集效应,同时尽量避免不经济的聚集效应。城市化和工业化是互为循环的,工业化和城市规模也在这一过程中不断发展。工业生产可以不断加速度,引起城市化不断加快。大城市在区域经济发展中是增长极,对本地区资源有很强吸收作用,也有很强的辐射、扩散作用,将自身的资本、技术向周边地区扩散。过度城市化会导致劳动力供应过剩,存在过多的潜在失业问题,会引起城市贫民窟。政府主导城市化会让资源配置不合理,引起过度城市化。中国城市化是工业化推动的,需要追赶世界信息化潮流,促进工业升级转化。中国工业化需要从土地利用效率、生产效率、服务业的提升、经济一体化等方面着手。城市化是空间聚集过程,空间聚集程度越高,城市经济效益越高。不同城市的空间效益是不同的,要追求空间的均衡发展。发展中国家的城市化追求的是发展效率,工业发展是跳跃的,往往选择大城市发展模式。这不同于欧洲发达国家是先发展中小城市,工业由农业的发展到纺织业再到机械工业的发展。发展中国家的农村人口大量涌入大城市,参与各项产业。中国也需要选择大城市的发展模式,尽快提高经济效益。城市经济应该大力发展服务业,大城市人口众多,需要服务业提供各种门类的服务。工业化需要城市的服务,需要有较好的基础设施、区位条件、劳动力资源,需要产业聚集。"只有大城市才能具备与世界进行分工交流所需要的完善的基础设施;只有大城市才能有足够的产业集聚和经济规模参与全球性的城市间竞争。"①

城乡产业一体化要合理布局城乡空间,推动城乡基础设施建设、社会保障和生态保护发展,统筹城乡产业结构,既要加强城市工商业建设,又要推动农业现代化,让三大产业联动发展,更加融合。农村土地的集体性质仍不能改变,需要节约

---

① 周牧之:《中国需要大城市圈发展战略》,载《经济工作导刊》,2002 年第 3 期。

土地,实行农业规模经营,将承包土地和宅基地分开、居民迁徙和土地流转分开,以土地承包权入股,用宅基地换货币或住房,集中居住。政府要改变土地使用制度,推动就业、保障、户籍、金融、服务、规划等改革,户籍制度改革是破解城乡二元体系的关键,要实行城乡统一的户口迁徙、登记制度,取消农业和非农户口等等级制度,积极引导农民转变生产、生活方式,为农民进城提供制度保障,为农村发展提供机遇。公共资源要偏向农村,建立全民统一的身份、统一的社会保障,不能牺牲农民利益,要发展集约化的生态农业。政府要合理布局城乡产业结构,提高中小企业吸纳剩余劳动力的能力,发挥市场主导作用,进行制度变革,加大投资,做好产业一体化的各项工作。城乡一体化关键在于制度革新,废除不合理的等级制度。城乡一体化是工业化、城市化发展到一定阶段的必然需求,让城乡关系由不平衡走向平衡,需要立足我国实际,发挥政府引导作用,让市场机制合理配置资源。城市化会推动城乡关系走向合理,消解高度集权的计划经济体制,破除二元户籍制度,让农民自愿选择迁入城市,在开放和平等的前提下,双向选择更高品质的生活。居民会自己计算进入城市的收益,不用国家强制迁徙,促进人口的合理布局。

产业结构是经济结构和劳动分工水平的反映。随着改革开放,中国第三产业有了较快的增长,但较低的工业化和服务业水平表明中国正处于工业化中期。"第三产业就业变动的驱动最为强劲,但从长期看,产业—就业结构变动对城市化驱动力逐渐弱化。"[1]投资结构也反映经济结构的变化,外资的增多反映了全球化对中国经济的影响。经济全球化导致中国城市化动力主体的多元化,不仅包括政府和市场,还来自企业和个人。外资企业和民营企业的发展,让市场也成为城市化的重要推动力。外资企业推动了乡镇经济的发展,企业已经是由国企、民企、外企组成的多元主体。中国城市化的动力机制是失衡的,表现在东中西地区城市化水平的不平衡。东部沿海城市群发展较成熟,已经成为区域经济的重要拉动力量。外资空间分布也不均衡,东部沿海吸引了更多外资,兴建了较多的开发区,形成了有竞争力的投资环境,开办了很多跨国公司,消解了自然经济,让地区经济更加融合。中国各个地区仍有壁垒,形成了地方性的独立工业体系,结构雷同,缺少区域合作,制约了统一市场的形成。在初期,跨国公司主要来自日本和港台,主要从事简单的劳动加工业,没有提高中国的资本积累和技术水平。随着全球化格局变化,外资很多已经流向东南亚。当前,外资已经转变为独资企业,更多是技术和

---

[1]　何景熙、何懿:《产业——就业结构变动与中国城市化发展趋势》,载《中国人口·资源与环境》,2013 年第 6 期。

管理,能够降低风险,但加剧了我国市场竞争,引起中国城市化动力不足。经济全球化促进了中国劳动分工,提高了中国城市化水平和贸易交易效率。跨国公司通过多种途径影响了中国劳动专业化水平。跨国公司通过转让技术、工艺直接加快了中国劳动专业化水平,推动了中国技术进步,也提高了与之合作的中国研究机构、企业、技术人员的专业技术水平。跨国公司的市场化运作促进中国企业改变管理方式,改变管理理念,促进了企业的成长和国际经营水平。经济全球化提高了中国贸易水平,促使政府制定相关法规,降低了交易成本,在参与国际竞争中,进行了制度创新,提高了透明度,减少了审批,慢慢进入法制化轨道。经济全球化带来了先进的通信技术、电子商务,促进了贸易交流,提高了整个市场体系的交易水平和贸易率,降低了交易地理壁垒。经济全球化提高了中国教育水平,带来了新知识和理念,让中国技术、管理等职业教育提升,提高了人力资源的素质。

三、城市化与市场行为主体

城市化的市场行为主体有政府、企业、个人等,多元的动力机制让城市体系日益完善。中国城市化动力机制可分为国家政策自上而下的投资和个人自下而上的投资两种,自上而下的类型一直主导中国城市化进程。政治条件只允许发展公有经济,让农村发展集体的乡镇企业,这限制了外资企业和个人企业。工业化为城市化提供动力,但中国计划经济模式仍很明显,市场经济仍不完善,导致个人和企业受政府限制。外来务工人员对城市化作用重大,国家、民间、外资推动城市化模式多元,大城市带动作用日益显著,城市群形成。西方国家政府很少干预经济发展,资本按照市场原则活动,自然形成城市化动力,政府只会调节资本和城市的过分膨胀。中国实行计划经济体制,中央政府想用集中财力的办法尽快改变国家的贫困情形,想以大项目的办法带动国民经济发展。改革开放初期,地方政府可以自主吸引外资,也可以一定范围内自筹资金,促进了地方经济的发展。地方政府将资本投资在开发区,而不是企业,扩大了城市规模。

(一)市场是城市化的直接动力

计划经济模式下,国有企业是附属于政府的,上级部门掌控了企业的生产、销售、人事,企业没有自主经营权。外资企业带来了管理体制的改变,让国内企业也扩大了自主经营权,让企业投资在中国城市化中的作用更大。外资企业推动了中国经济发展,推动了开发区和乡镇企业的发展。国有企业的改革也为城市化带来了一些动力,扩大了资本和技术的流散能力,让产业结构调整带动了郊区发展。乡镇依靠外资建开发区推动了城市化,让乡村脱离传统模式,带来了社会进步。改革开放恢复了个体经济,私营经济出现在沿海城市,农民可以进城经商。"私营经济在城市化中的作用越来越大。"①农业人口无法取得城市居住权,随着土地制度和私营经济发展,农业人口购房才有所放松。随着住房由分配过渡到商业购买,城市居民也能在郊区买房,带动了郊区城市化。政府、企业和外商仍在投资中占有重要地位,国有企业是政府投资掌控的。北京、天津国有资产比重大,江苏、广东乡镇企业发达,大城市外商资本也占有一定比例,不同的投资主体促进了城市化发展。资本流向回报率高的沿海地区,让珠江三角洲等地区的城市化率更高。资本的控制中心在国外和港台,让城市沿交通线分布。跨国公司的投资让东部沿海地区的城市众多,公共服务设施良好,形成了以中心城市为基地的城市体系。上海、北京汇集了多家跨国公司。

市场应该是城市化的主导机制。城市化是资源的优化配置,而市场能更好配置资源,能直接推动城市化发展。市场机制能够实现城市资源的流动和整合,促进劳动力的自由流动,让城市化所需的要素聚集。市场机制促进工业化进程,让城市产业自主选择,为城市化提供产业基础,自主调节生产和交换活动。市场机制能够选择适合城市发展的良好区位,竞争机制可以发挥不同城市的潜能,让区位互补,形成城市群内部的良性循环。市场机制能够促进信息自由流通,能让决策更加合理,决策者能够了解更多信息做出准确判断,比政府依靠搜集信息而做出决断要合理得多。只有市场机制才能让资源聚集更加合理,而计划机制只能短期内实现资源聚集,不能达到长期的综合优势。城市化的制度前提是市场经济,市场机制具有配置资源的高效率,激发出产业结构调整效应,发挥不同区域的优势。政府能在城市化中发挥协调功能,维护市场的调节机制。市场也有缺陷,并不能总让经济效益最大化。政府可以协调各个市场主体的利益,降低市场成本,促进资本积累。市场有效地调节了价格,用利益机制聚集了生产要素,提高了生产效率。政府可以引导制度革新,让市场制度发挥更大作用,用制度保障市场机制发挥作用。

工业化、经济发展推动了资源重新配置,推动了城市化进程。"城市化有多种形成机制,主要的是市场利益驱动的,也受政府规划的引导。"②市场经济的健全,让市场、价格、竞争成为资源配置的基本动力,利用利益机制调节生产和消费活动。不同规模的城市迁入的成本不同,农民会用成本利益衡量。大城市迁入的收益大于成本,很多人都想迁入。追求更高效益是生产者的本能,需要引导资本、劳

---

① 杨慧、夏凡:《论民营经济在城镇化进程中的作用与发展》,载《企业研究》,2011 年第 16 期。

② 倪鹏飞:《新型城镇化的基本模式、具体路径与推进对策》,载《江海学刊》,2013 年第 1 期。

动力、技术流入获利高的部门，让城市化获得更多动力。城市化也需要改变引导方式，可以制定总体规划，用法律手段服务城市化，充分尊重民众利益，在民主讨论的前提下引导资源配置。制度因素可以促进或阻碍城市化建设。政府通过制定政策来协调利益，影响市场，消除阻碍市场的障碍，提高城市辐射能力。不同的区位、地理条件对农村城市化的影响不同，东部沿海地区要好于中西部地区，更利于城市化。良好的自然资源条件也有利于城市化进行。政府凭借经济、法律和行政等手段对城市化产生影响，经济手段主要是税收、价格、信贷等；行政手段主要是政策、规定等。城市化的初期阶段，政府调控会起很大作用，政府可以通过财政、金融帮助不发达地区获得经济发展的基础。在城市化后期，政府可以引导城镇规划，优化民间资本，促进产业结构调整，完善社会保障。城市的基础设施包括交通、水利、通信等人们生活必备的硬件设施。基础设施和城市化是互相促进的关系。城市化前期，良好的基础设施能够促进产业聚集，吸引更多人口和资金，为城市化提供基本条件。完善的基础设施是工业化、现代化的需求，是促进经济发展的关键环节。交通便利的地区更利于吸引人才、投资，从而推动城市化发展。城市化后期，基础设施主要是为了提高居民的生活水平，服务业能够吸纳剩余劳动力，为居民的生活提供保障，能够进一步完善城市化。

政府应该培育良好的市场机制，应该在市场机制的调配作用下积极引导城乡产业合理有序地升级。统一性和开放性是市场体系的本质要求。改革开放前，政府用高度计划经济体制人为限制农村人口流出，限制城市化发展要素流动，导致城乡隔离，形成工业、农业各自封闭发展，导致城市化停滞。大城市的发展不是靠控制就行的，需要遵循市场规律，需要大中小城市协调发展。我们应该加强市场制度法规的建设，协调各方面的利益关系，充分发挥竞争机制的作用，发展新型工业化带动城市化发展。中国城市化应该要发挥政府和市场的联合作用，让城市化符合市场规律，发挥市场基础配置作用，合理规划，协作分工，调节居民收入，提高基础设施和公共服务水平。政府要促进外资引入，实现城市化良性发展，避免政府的机会主义、寻租行为，避免过多的行政干预和政绩工程。

（二）市场行为主体对城市化的引导作用

市场经济是商品经济的高级阶段，讲究价值规律、竞争规律，让工业按照市场需求生产，不断创新技术，提高劳动效率，不断节约成本，带动产业结构、就业结构变化，让生产要素不断优化组合，让农村的人力、物力由潜在生产力转化为现实生产力。"至于市场，它的碎片，与其十分的相似，也是它的概念的一部分：存在着商品市场（马克思理论的一种解释）、资本市场、劳动力市场、土地市场（建筑、住房——也是空间），还有艺术市场、符号市场、知识市场等。"①市场调配让农村剩余劳动力进入城市就业。土地市场让城乡土地资源利用开发更合理，聚集更多人口，促进交通发展。产品市场让贸易在更大范围内进行，出现全国性的贸易城市，促进商品贸易快速发展。

城市化不是简单地修大路、盖高楼，将农民迁入城市，而是建立良好的配套设施吸引人口，解决人口就业问题，需要合理的产业和职能定位。"面对现今市场运作过程中市场行为主体严重受到抑制而使诚实信用原则遭受重创的不合理，要通过诚信原则介入调整市场行为、规范市场运作的成因及其必然性论及道德、法律、市场行为具有共通性的规律。"②城市要形成自己特有的产业优势，积极吸引外资，发展对外贸易，加强与世界的交流。不同城市要根据自己的区位发展不同产业，或高技术产业，或加工产业，或旅游业。城市化初期，由于缺少资金，只能集中建设几个区位较好的地区，然后经济得到一定发展后，再沿交通线展开，形成密集产业群，最后形成发达的城市化网络体系。中国地区差异大，应根据不同的自然条件和经济水平采取多元化城市化方针。东部沿海已经形成较密集的城市发展格局，形成了一定规模的城市群，而中西部城市密度低，只是据点型城市，应该点线面结合，协调区域差异，大中小城市结合，确保城市化协调发展。

中国城市化应发挥人口多的优势，推动技术、产业、经济革命，优化就业、消费结构。政府一直限制大城市规模，应该鼓励包括大城市在内的各类城市的发展。中国大城市仍较少，需要提高各类城市规模，发挥城市经济效益。小城镇目前增加了很多，大城市人口比重仍较少。限制大城市发展，一是因为计划经济体制下，难以拿出更多资金投资在大城市建设，二是为了避免大城市导致的贫困、犯罪问题。城市化发展需要以大城市为中心，能够解决城市病。中国剩余劳动力多，需要发挥大城市的吸纳能力。大城市能增强国力、提高产业竞争力。信息时代要求发展大城市，聚集更多人口和经济，推动信息更新。大城市能更好地促进就业，节约土地、资金、人才等资源，提高市场效率。城市应该达到百万人口，重在结构质量。大城市能为产业升级、技术革新提供条件，但大城市国有企业多、旧体制遗存、利益格局固定，活力缺乏。中小城市，市场经济较活跃，国有企业少，但规模小，难以有规模效应。农村人口进入小城镇只是城市化初级阶段，需要让城市化摆脱小而散的状况，需要大城市的支撑作用，需要完善大城市结构。

发展大城市要综合考虑水、交通、市场、产业等因素，合理布局城市结构。城

---

① H. Lefebvre, *The Production of Space*, Oxford: Wiley—Blackwell Press, 1991, p. 307.

② 王海峰：《诚实信用原则与市场行为》，载《甘肃农业》，2003 年第 7 期。

市都有一定辐射半径,能影响周边地区的城市不多,一般每个省都是省会城市独大,需要省会城市和其他城市均衡发展。中等城市能联系大城市和小城镇,能缓解大城市人口和承载压力,引领小城镇发展。要适当推进小城镇发展,中国人多地少不能盲目发展城市化,农村剩余劳动力大多是就近转移,小城镇发挥了很多优势。但小城镇是自发的,资金少,占用耕地,粗放经营,破坏了生态环境。要繁荣小城镇经济,大力推动农村人口转移,大力提供就业机会。城市化是经济行为,有盲目性和自发性,带来了一些问题,导致与经济发展不符合,应发挥社会主义计划调节。政府要调节城市化速度,合理布局城市空间,调控城市建设速度。大力加快产业发展,推动工业技术进步,加大消费需求,快速转移农村人口,加大市政建设。政府要调整产业结构,增加居民就业,增加城市容量,发挥聚集规模效应,提高城市质量和效益,建立国际大都市,发展一批重点镇。城市化需要农业产业化、现代化,需要增加农副产品供应,保障粮食安全。

好的管理水平、文化软环境等有利于促进城市化可持续发展。"新时代呼唤新商人社会主义市场经济体制改革,一方面使人们的利益关系逐步公开化,另一方面市场利益关系日益呈现多变、复合和交织的情况,又使人们难以捉摸。"①劳动者的教育水平和城市化也是相关的,城市化前期对劳动者教育水平要求较低,一般要求体力劳动者。城市化后期,劳动者的高素质能提升城市化质量。合理的产业结构能为城市化提供物质环境,要处理好农业、工业和第三产业的关系,需要稳固农业的基础作用。

城市是人的聚集地,体现着文化的积淀。"城市的发展必须以满足人的需要为根本前提,尊重人,就是尊重人的历史;尊重人,就是尊重人的生存空间;尊重人,才能创造多姿多彩的生活空间。"②在城市化进程中,应该合理改造旧城市,注重城市的历史传统,尊重本地区位特色和风俗习惯,为居民提供宜人环境,保护风景名胜。人是城市化的主体,应该发挥人的能动性。我们要提升精神文明层次,提高居民各方面的素质,培育新型居民,为城市化提供主体条件。城市化的目的就是为了满足居民的物质和精神需求。城市化要转变经济增长方式,坚持为群众利益服务,提高居民的消费水平。人是市场的主体,需要把人的需求与城市发展结合起来。城市扩展了人的工具理性,也增加了人的需求。"城市基本功能包括养育功能、教育功能、生产功能、娱乐功能、管理功能和记忆功能等,乡村是城市以

① 周万钧:《析社会主义市场主体的利益观——兼论文明商人的市场行为》,载《商业经济研究》,1997 年第 9 期。

② 李玉:《以人为本:智慧城市的核心理念》,载《中国社会科学报》,2016 年 5 月 13 日。

外地区的以农业人口为基础和主体的,人口、经济、政治、教育、文化、卫生相对聚集的社会物质系统。"①城市居民大多从事工业和服务业,因此城市休闲娱乐场所更多。城市体现着人的自我创造能力,是面向未来的开放系统。城市化展现了人的关系,体现人生存的矛盾状态。人的需求决定和促进了城市发展,城市制造着人的需求,引导人的发展。城市的使命就是促进人的全面发展,为人的发展提供强有力的支撑。产业是城市实力之本、就业之源。

四、城市化与技术创新

(一)技术创新推动城市化

生产力的不断进步让技术成了控制社会的新形式,不再仅是影响社会的工具,而是社会结构的构成要素,成了生产方式,标志机器时代的社会关系组织方式和思维支配形式。"受技术差距、消化吸收能力等因素的影响,技术引进对经济增长方式转变的作用较为复杂。"②以往的社会依靠暴力和恐惧来维护统治,而当代社会利用技术理性来制服人心。高度压抑的技术社会造就了新型的集权,消除了一切反对派,让人们丧失批判精神,放弃历史选择能力,一味满足于盲从。技术理性成了统治社会的政治意识形态,成了压制人的管理工具。技术理性制造了新的控制方式。生活机械化压抑了个性,消除了自由竞争。自由、平等、权利都屈从于社会机制,被政治模式化了,不再单独发挥作用。低级阶段的自由丧失批判功能,而且消解了对立意识。企业的自由竞争并不能带来全民福利,让技术理性压制了个人能量的释放,集中控制了个体意志。

我们还是要大力增加社会财富。发展生产力不仅要靠技术,而且要靠思想力量,抛弃专制主义和殖民主义。"从时间趋势上看,技术创新对提高我国区域碳生产率的作用在逐步增强,但在不同区域表现有所不同。"③技术理性造成了福利和战争相融合的国家。福利国家提高了政府效率,缓和了贫富差距,减少了腐败,但仍不自由。后现代社会增加了对异化的需求,遏制了越轨力量。福利国家不太重视自由,是保守的社会,对内外都遏制批判力量。多元化形式促进了官方的一体化,如果没有外部威胁就会一直发展下去。整体的疯狂让个体自由思想反而成为不正常,充满利益计算,让人数的多少成为决策依据,可以为了所谓公共利益而伤

---

① 纪晓岚:《论城市的基本功能》,载《现代城市研究》,2004 年第 9 期。
② 唐未兵等:《技术创新、技术引进与经济增长方式转变》,载《经济研究》,2014 年第 7 期。
③ 林善浪等:《技术创新、空间集聚与区域碳生产率》,载《中国人口·资源与环境》,2013 年第 5 期。

害大众。个人被有组织的整体控制了,让专制取代民主,达成表面的和谐。技术理性消除了痛苦意识,不断增长的技术生产力促进了政治经济一体化,让高级文化失效。文化中的否定因素被清除了,大规模制造着肯定、赞美文化,凝聚了社会力量。高尚的口号成了无意义的噪音,人们不再按秩序生活,让人们盲目快乐,倒退到孩童的幼稚状态,不断减少对民主的理解。技术减弱了爱欲的能量,让爱欲不再升华,制造了一个非敌意的世界,让性自由成为工具,提供了生理需求的便利性。技术助长了身体机能主义,性被融进公共关系,更容易得到满足。凭借鼓励顺从、减少反抗来实现生理需求。快乐原则导致服从。

中国城市化需要从政治工具型城市过渡到经济工具型城市,合理利用工具理性,让城市找回本真。"对于发展中国家的政策制定者而言,识别本国不同行业的技术结构——包括本国行业与发达国家的技术差距、本国行业内部的技术差异——是制定促进技术创新的知识产权保护政策的前提。"①中华人民共和国成立初期的几年,受工业化和社会主义改造影响,很多农村劳动力进城,增加了城市人口。但"大跃进"和自然灾害破坏了经济,国家加强了户籍控制,强化了户口管理功能。国家又下放干部和知识青年、进行三线建设等,导致逆城市化。改革开放后,经济实用和效率逻辑对意识形态有所消解,城乡限制被打破,户籍制度放松。经济转型促进了工业化、市场化、全球化,方便了农村人口进入城市,从事非农产业,经济考量促进了城市空间扩张。城市化有冒进趋势,城市建设大肆扩张,破坏了环境,需要注重城市内涵、价值理性。城市化是最重要的经济战略,需要解决农村生活问题,实现农民提升。中国粗放的城市化模式导致产业升级慢、生态破坏,矛盾增多。新型城市化要以人为本,优化产业布局,采用环保方式,注重文化形态多样性,分类发展。

城市化与科技创新有关联性。城市化也是科技推动的,要优化空间格局,提高城市承载力,要推动主体功能完善,推动市场主体更加创新。技术和城市化是互动机制。技术对城市化市场、政治和社会具有很大影响。城市化是构成科技创新的原因。城市化机理能够推动社会分工,有利于相关产品的研发。城市化的内涵主要有人口城市化和空间城市化。空间城市化是城市经济总量和质量的提升,城市产业结构的全面升级,城市体系不断地完善,城市建设与城市环境逐步提高。要发挥科技创新促进城市化发展:需要进一步改革教育体制,大力发展本土教育;需要大力吸收和引进国外一些优秀人才;需要鼓励部分创新型人才全方位综合发

---

① 贺贵才、于永达:《知识产权保护与技术创新关系的理论分析》,载《科研管理》,2011年第11期。

展,丰富创新人才队伍的层次;需要继续加大科研经费投入,增加科研活动的财政拨款,建立更多更完善的科技信息平台,加强科研机构、高校和企业之间的信息交流。

城市化能够促进技术革命,对社会机制产生影响,促进职业分工。市民化上,城邦创造市民化的途径,市民化促进了解放生产力。新经济关系的渗透与技术联系了。资本主义企业对技术有刺激。机器技术大大加快了城市化进程。人口集中的技术条件就是人口集中程度高,速度逐步降低,集中系数变化较低。技术发展驱动人口集中,增强了城市的聚集效应。城市化促进了技术的革新,让技术渗透进市民生活的方方面面。技术现代性的谋划激起了人们对无限制进步的期待。"标准化从属于技术理性,源自政治上的一致性,个性化源自技术应用层面。"[1]技术的发展能改变城市制度,促进市民对自由、民主的追求。技术的作用不仅是直接的,而且能间接促进公共服务水平的提升,会提高公共行政变革的要求。"技术引发城市化的复杂性,让城市制度呈现出动态性和多样性。"[2]城市化演变的路径沿着市场化、专业化、社会化的方向延伸。现代技术的成长与现代城市化水平有直接关系。

(二)城市化与信息化

城市化涉及国民经济的许多方面,需要构建新型城市化模式,尊重城市发展规律。"中国信息化与新型工业化系统整体上处于中低耦合阶段,东部省、直辖市(北京、天津)的耦合度、协调度相对较高,西北、西南省级单元则相对较低。"[3]中国城市用地不断扩展,既改善了居民生活,又占用了土地,城市化过分注重规模和速度,导致质量不高。中国城市化逐年增长,但土地资源有限,城市规划不合理,且不断变化规划,大量人口涌入超过城市承载力,粗放方式导致恶劣环境,城乡关系不和谐。新型城市化道路要不断创新,节约资源利用模式,提高城市质量和效益,消除城乡二元结构,推动城市生态建设,集中紧凑发展,引导城市形成合理规模,防止城市盲目建设,发展公共文化。城市发展是有承载力的,环境容量有限,要统筹全国城市规划,发展低碳城市和经济。改革开放后,城市人口恢复性增长,但城乡二元结构仍然存在。中国国内生产总值不断增长,需要协调经济、人口、环

---

① 于文轩、许成委:《中国智慧城市建设的技术理性与政治理性——基于 147 个城市的实证分析》,载《公共管理学报》,2016 年第 10 期。

② 郭太禄:《企业调适、产业更新和区域绩效的协同演化——以技术变迁为线索》,载《内蒙古社会科学》,2015 年第 5 期。

③ 王瑜炜、秦辉:《中国信息化与新型工业化耦合格局及其变化机制分析》,载《经济地理》,2014 年第 2 期。

境。中国城市化规模和速度都是前所未有的,较短时间内提高了城市化率。中国城市化整体发展很快,但土地利用率低,城市规划不科学,城市环境质量低,要走资源节约道路,统筹规划各类城市发展,提高公共服务质量,推动农业现代化,尊重城市容量,让城市功能布局更加合理。促进城市治理现代化,推动社区建设,提高农村治理水平。政府角色是集约化城市的建设者,要统筹规划城市规模、优化城市空间布局,强化土地高效利用,避免政府在城市化中的越位、缺位、移位等定位偏差。

当代网络技术让空间生产问题从城市问题过渡到流动空间问题。"中国信息化发展水平差异显著,自东向西呈阶梯状分布,中西部地区信息化发展较快,区域之间数字鸿沟有所缩小。"①网络社会是流动空间,时间和空间成了社会生产形式,利用信息技术发展自己,重新组合社会空间,让日常生活日益网络化、信息化、流动化。网络社会通过不断流动组织社会生活,展现了社会面貌的巨大变迁,将空间从文化、历史、地理意义中抽脱出来,建构进网络拟象体系中,用流动空间取代区域空间,让一切都组合在信息体系中,让时间消失,形成了虚拟文化空间。"城市信息化是国家信息化的重要组成部分,也是城市化与信息化协调发展的理想模式。"②流动空间是通过流动而获得时间存在的实践组织,连接了不同空间,是信息社会中起支配作用的物质形式,包括现实的属人空间和非现实的符号空间,是通过媒介获得空间认同感的。流动空间中物质运动按照电子指令运行,对信息流发生了反作用。流动空间有三个物质支撑层面:物质性的电子交换的信息回路是空间形式;信息终端和网络中心是很多网络节点的控制中枢;管理网络精英的空间组织是技术金融管理精英们的特定空间。流动空间借助科技而将一切物质都转化为信息符号,降低了时空距离对人们的制约,方便了信息传输,将现实空间景观转化为虚拟世界。

技术让城市空间变成流动空间。流动空间是全球性的,也有地方空间反对其流动,以对抗全球性。"中国工业化与信息化的融合度越来越高,但是融合效率却越来越低,融合'大而不强,多而不精'的现象十分明显。"③流动空间利用信息技术跨越了时间,让全球资源共享,而具有共有性和分享性,具有非物质形态的抽象意义,为更多人享有,不会因为阶级、种族而被歧视。网络流动空间不需要真实场

---

① 宋周莺、刘卫东:《中国信息化发展进程及其时空格局分析》,载《地理科学》,2012 年第 11 期。

② 姜爱林:《城市信息化:城市化与信息化协调发展的有机范式》,载《南方经济》,2003 年第 1 期。

③ 张轶龙、崔强:《中国工业化与信息化融合评价研究》,载《科研管理》,2013 年第 4 期。

景和现实人,不需要清晰界限,只需要电子信息设备传递电子信息资料,可以覆盖一切地方而不受时空限制,有利于公共事务的快速处理,实现信息资源共享。流动空间利用网络设备实现信息传播的高效快捷,消解全球差别,有利于政治的民主透明,让人们交往更加便捷。流动空间是不断变动跳跃的,表现出一体性、层次性和秩序性,产生整合效益。流动空间是高度灵活、相互交融、高度包容的动态空间,实行分散化管理,满足多层次需求。流动空间不断提升信息系统集成功能,利用大城市发挥最大网络信息功效,用全球政治经济力量,消解民族国家的固定组织形式,对日常生活产生深远影响。"城市化和信息化是两个性质不同但又密切联系的社会发展过程,城市化是整个社会信息化的基础,信息化是城市现代化的重要组成部分。"①我们需要保卫马克思的科学性,批判对马克思主义的教条化和肢解化。社会空间技术变革塑造城市空间,缩短人们的交往距离,造成时空压缩,主要是为了资本增值,但资本过度积累导致不平衡地理等危机,资本主义凭借时空转移和修复来缓解危机。城市空间生产社会关系,是空间生产水平获得巨大进步的前提。获得剩余价值是资本的内在冲动,这就需要打破地理壁垒,不断开拓市场。于是,不断开拓就成为空间生产的主要特征,这必然引起空间生产在全球的拓展,不断把资本法则散播到世界各地。

　　流动空间需要以现实空间为建构基础,是现实空间的延伸,形成了通信、网络、计算机组成的电子世界,又推动现实空间的发展,促进决策透明,减少空间对社会的制约,对现实空间做了多元建构,影响了现实空间权力分配。流动空间实行决策活动的全球化、组织形式的信息化、工作的个人化、媒体的多样化。民族国家的强势群体压制了弱势群体,引起反抗,威胁民族国家的整体认同。民族国家由于地域分割,与公民社会形成了复杂结构。地方政府联系了国家权力和公民社会,在区域空间中权钱交易,威胁了国民利益。民族国家权力再也不能有效解决国际问题,导致非政府组织的建立,引起民众认同。流动空间制约了社会权力,消解了民族国家权威,让政治权力失去了可靠的基础,弱化了对公民的控制。科技和工业生产让空间的指称脱离能指和所指,改变了符号的现象形态,让符号意义和现实物品发生断裂。作为元语言的文字书写消解了能指和所指,让关系展示为混乱情形。当代科技的分工日益细化,使生产和劳动日益分层。科技是社会分层的基础,而文字书写则为后现代工业社会提供规则,让空间生产有效进行。工具理性和文字书写对符号生产有重要意义。语言随意组合意义,让能指和所指产生隔阂,但能指和所指也能互相影响,共同构造出虚假的世界。总之,符号让元语言

---

① 安筱鹏:《论中国的城市化与信息化》,载《地域研究与开发》,2003 年第 5 期。

塑造社会组织和关系,制造了等级和差别,让人们误以为差异就是进步。符号的变动只是幻觉,实际仍按照旧有的模式运行。符号的意义呈现出对个体的关怀,渗透着资本的意识形态,展示着处于异化当中的人的冷漠和麻木。符号让物品脱离其实际功能,变成了虚假满足目标。物品不需要实用功能来展示,只需要符号。只有遮蔽物品,符号的意义才能呈现。物品越多,需求越少。消费社会制造的需求不是人的真实需求。它用符号来否定真相,用虚像来遮蔽真实的历史,用美学影像替代日常的现实。消费是当代社会的自我展示,是符号编码生成的意义的系统体系,人们在消费中获得的只是幻觉,消费利用符号掩盖真相,媒介制造的符号造成了虚假的世界。广告激发消费的欲望,让欲望变成后现代社会的主导力量。

网络技术让各国民众价值趋于一致,民主、自由、平等等理念在全球普及,限制了专制政治。流动空间深刻影响了现实世界,推动了文化繁荣,也削弱了群体组织的权威,加速了社会空间组织重组。"只有用信息化带动工业化,才能充分发挥后发优势。"①一些社会组织激烈反抗空间一体化,产生了一些恐怖主义组织、邪教团体对全球化的抵抗。他们借助网络技术,采取暴力形式逼迫政府,反对全球秩序,以获取自身利益。人类进入信息时代,各个国家日益联系紧密,成为地球村,也有反全球化、多元认同的消极影响,消解了民族国家主权、行政管理等,让他们采用暴力反抗一体化。"城市发展已进入全球化、城市化、市场化、信息化共存的时。"②网络技术让世界在空间生产下产生了压缩,形成了互相联系的世界,导致跨国组织的建立。网络空间在信息技术的参与下,与政治形成了互动,制约着社会空间结构分配,产生了信息化政治。媒介代表了民众利益,弱化了国家权力对民众的控制,影响了政治,但不是决定性影响。"空间生产"在对资本主义空间生产做分析的过程中始终不能离开马克思的社会生产关系思想。列斐伏尔一再表明其思想不断吸取了马克思的经验教训,他运用马克思主义分析方法与历史唯物主义视角考察空间生产。

信息技术影响了城市阶层结构,能促进新阶层的产生。"随着信息化和经济全球化的迅速发展,以知识为基础的新型经济形态在发达国家兴起,城市的结构和功能发生了深刻的变革。许多国家的大城市如纽约、伦敦、东京等全球城市日益发展成为协调全球生产的信息中心和管理控制中心。"③信息化推动了城市功

---

① 张文斌:《以信息化带动工业化推动城市化进程》,载《现代情报》,2006 年第 8 期。
② 杨馨亦:《城市发展的理论思考——全球化、城市化、市场化、信息化对中国城市发展之影响及相关战略研究》,载《中外建筑》,2003 年第 8 期。
③ 张诗雨:《发达国家城市化发展特征及面临的重大问题——国外城市治理经验研究之二》,载《中国发展观察》,2015 年第 3 期。

能转变,让大城市变成信息中心。信息化推动全球市场重新组合,让人类进入信息社会。"信息社会必然也将给目前的城市发展带来革命性的变革。"①城市信息化要推动城市管理和服务的信息化,采用电子信息管理,建立公共信息平台。信息化让人们的空间距离缩短,交流更加方便。信息经济能产生更大经济效益,具有更大的优势。信息化对城市化产生了重要影响,改变了传统工业化的模式。技术革命推动服务方式转变,让大都市变成区域经济中心。大都市带的社会效益更高。

信息技术推动中国城市化呈现出新特征。中国城市化存在区域差异、技术信息化滞后,需要技术进步,产业结构演变,促进资源共享,提升服务质量。中国经济城市化质量不高表现在第三产业比例不高。中国社会城市化质量不高呈现在社会保障不足和基础设施滞后。中国空间城市化质量不高,呈现在生态环境恶化和建设用地规划不合理上。城市化的动力包括信息化因素,能发生内生作用。信息化有助于促进中国城市化质量提高,有助于中国城市数字化。我国城市化的信息化存在地区差异,需要为城市化提供合理政策。技术滞后影响了城市化。信息化需要从信息技术的革新、信息产业的升级和信息资源的共享等方面入手。城市化不仅要增加城市人口,更要提高居民生活质量。城市化要发挥多元动力,促进生产要素流动。城市化是工业革命引起的特殊社会现象,有着人口学、地理学、社会学、经济学等含义,是乡村人口向城市聚集,是城市空间的聚集和扩散,有聚集效应和辐射效应,是居民享受现代文明,还是劳动力转移。"城市化是人口、经济结构、生活方式的改变,需要促进新型城市化。"②城市化动力有宏观和微观,宏观动力有工业化、外部规模经济、劳动力和交通等,微观动力有生产要素的流动、专业化分工和交易成本、市场、土地等要素。

信息化对城市化动力的影响表现在:信息技术进步改变了城市管理和监控方式,提高了决策的科学性,促进了城市职能转变;信息产业发展带动了新产业,改变着城市空间结构;信息资源传播改善了知识水平。但也有不好的影响,如生产力水平导致区域城市化差异较大,导致经济发展不均衡;区域信息化差距大,存在数字鸿沟,减少了培训机会,是区域间信息技术使用差距、区域间信息资源拥有差距等导致的;市民化率低是户籍制度造成的,导致城乡分割,阻止了农民工进城,加剧了资源分配失衡。技术落后和产业结构的不合理让中国城市化进程存在信息技术和信息资源分布的不均衡。中国城市化动力源系统具有多元化、相关性和

① 邓静、孟庆民:《新城市发展理论评述》,载《城市发展研究》,2001 年第 1 期。
② 张岩松:《统筹城乡发展和城乡发展一体化》,载《中国发展观察》,2013 年第 3 期。

整体性。城市化动力源系统是推动城市化的信息化要素和非信息化要素的互动作用,传统非信息化要素有技术层面、经济层面和社会层面。技术进步通过经济增长来促进中国城市化进程,通过改变经济结构促进中国城市化进程。在信息化蓬勃发展的今天,我们要大力提升城市的信息化水平。

(三)技术理性引起城市异化

生产力的不断进步让技术成了控制社会的新形式,不再仅是影响社会的工具,而且是社会结构的构成要素,成了生产方式。"城市规划编制技术理性的两个特征:一是'有限理性'特征,即编制过程并非追求最优,而是寻找满意;二是'政策实施工具的理性'特征,即通过编制过程的一系列操作,维护、服从、实施政府的政策目标。"[1]技术理性强制渗透进劳动时间,强制渗透于思想文化,形成经济——技术协调机制。"数字城市建设是目前国家信息化建设的重点。在建设过程中由于对数字城市建设定位以及对战略意义的认识不足,导致技术理性主导数字城市化建设工作的现象突出,带来较大的社会影响。"[2]资本主义政府需要用技术理性维护自己,把自己凌驾于个体利益之上,让技术成了有效的统治工具。当代社会已经不再用政治、经济和精神自由来诠释自由社会,而是用技术理性。要恢复被媒介同化的个人思想,恢复人的历史需求。虚假需求是社会利益强加给个人的,让人得到不幸的生活。个体利益由外部力量控制,是靠统治和压制维护的。社会布满无知和失败,让人满足低级需求后停滞了。虚假需求在矛盾的规定中确定,而不是个人决定的。个人被灌输,不能自主,只能听凭社会利益摆布。资本主义社会的压制成了合理的,管制了个人,将技术理性强加给社会,让虚假代替真实,压制了要求解放的需求,压倒了一切需求和信息,维持一些表面的自由。我们有时高估了媒介的灌输,同化不表明阶层矛盾的消失。个人需求是社会需求的移植,人们很难分清大众和个体利益。发达工业社会呈现的合理是不合理,充满被人忽视的消费异化。社会是技术控制的,充满司法管制,控制已经侵袭到微观生活,侵占了私人地盘,模仿了社会一体化过程,是复杂的科技管制的产物。资本主义社会统一化,让异化加剧,政治意识形态并没有终结,欺骗着整个社会大众,让同化成为一种生产方式。人们凭借经验对待思维概念,制造了同一的思维方式,让言行符合社会要求,将人的自由思想封闭在社会体系中,把强权当作合理的。政府凭借媒介信息,制造了无数的假设,这些假设垄断了人的思想,限制了人的自

---

① 张兵:《城市规划编制的技术理性之评析》,载《城市规划汇刊》,1998 年第 1 期。

② 刘仲蓓:《数字城市建设中的技术理性问题研究》,载《浙江大学学报(人文社会科学版)》,2003 年第 2 期。

由,利用公共利益的名义不断侵占个人利益。

发达工业社会趋于技术合理性,和制度联合在一起遏制了文明内在矛盾的外在显现。"过度的技术理性对城市景观设计有一些负面影响,表现在'炫技'、无趣和设计过度上,发达的技术本应使城市景观变得更美好。"①工业化发展快于人的发展,让异己力量采用操作原则使世界一体化,制造了一个集权社会。技术理性让政治领域封闭,发达国家是福利和战争的结合,消除了污点和分裂,让阶层同化。资本主义政党为了反对共产主义,达成了和谐,纲领趋于一致,大力解决了工人的物质生活。资本家和工人的利益趋于一致,两者达成和解。工会与公司共同协作,制造了美好幻境。政党不断调整纲领,不断变得温和,采用更柔和的方式统治,不断放弃激进政策,更加人道,也麻痹了人的斗志。社会冲突在技术进步中得到缓解,冲淡了阶级斗争,维持着高标准的物质生活,控制了萧条,抑制了社会变革。技术增加了社会进步,有一定合理性,提升了劳动工具水平。社会禁止革命意识,禁止主体单独发挥能动作用,遏制了人的想象力。机械化让劳动强度降低,让工人的处境日益改善,异化劳动越来越少,不用反抗现存体制就能看到公平的曙光。资本主义仍有剥削,但科技改善了劳动工人的处境,虽然劳动仍是奴役的,但比以前改善了。劳动的奴役与其他奴役并没多大差别,让职业界限消融了,人们从事统一的劳动节奏,灭绝着人的肉体和精神。人们的性欲用机器代替了。蓝领和白领的劳动量趋于相同,让工人切实感到自己的地位在提升。自动化意味着人负担的减轻,意味着工业化的全面建立。人不再被限定在特定职业上,能互相交流。劳动生产方式的改变,改变了工人的态度,自觉依附于资本家。工人习惯了劳动关系,能够享受各种福利。工人相信社会体制能够维护自己的利益,相信能够和资本家共赢。新技术让工人的批判立场日益削弱,自觉听命于行政管理,让剥削的社会根源逐步消失,但工人实质上仍被奴役,处于纯粹工具的地位,是作为工具的物品,牢固维系了奴隶和主人的循环体系。技术专家已经掌握了决策权,让社会按技术的规定前行。物质财富增长了,压抑也增长了,需要对未来进行规划,思考现实的忧虑。资本主义生产力不断增长,一体化程度提高。

科技加重了污染,产生了生态马克思主义。科技推动生产不断发展,但没有推动生产条件同时进步,导致过度生产和消费,引起自然的新陈代谢失调,呈现为生态危机,需要推行生态社会主义的政治、经济、文化模式。资本主义进入了"阶

---

① 李照云:《技术理性对城市景观设计的影响》,载《科技信息(科学教研)》,2007 年第 11 期。

级分化与利益分化的风险社会"①。我们需要赋予自然以历史文化意义,并以历史文化来改造马克思的生产力、生产关系范畴,重新阐释自然、文化、劳动的关系,重构马克思历史唯物主义。生态问题是资本主义制度矛盾的集中展现,是粗放方式导致的。人类历史和自然历史是辩证互动的,资本运作具有反生态特点,需要建立生态规则。人类以往的劳动形式造成了不同的环境问题,人类历史与劳动紧密相关。

当代消费文化与身体空间、性的流行文化紧密相关,适应了人的身体空间要求解放的需求。人的身体空间离不开精神生活,不仅创造了精神产品,也享受着精神产品。人的身体空间是肉体生活和精神生活的载体,具有自然性、社会性和精神性。人的身体空间显示的是模糊状态,不仅担负精神价值,也具有象征符号价值,是具有鲜活生命力的形体。消费文化是阳具中心主义和女性身体主义。阳具中心主义在男女身体中特别强调男性身体的中心地位,构成了传统语音中心主义和逻格斯中心主义的一部分。人的身体受制于人的理性,真正存在的不是肉体,而是被理性逻辑规则和语音中心主义规定的身体的替身。真正的身体空间和欲望到达不了文化符号体系中。我们批判传统的阳具中心主义,不是为了颠覆男女对立的叙事结构,而是为了让真正的身体空间呈现于生活中,排除理性和道德对身体的干预。传统文化中,女性的身体器官是从属于男性的,是为了符合男性的欲望和利益,男权思想渗透进社会生活各个角落。资本主义让女性身体与科技结合,又与自由平等等权利相关,更严格地从社会文化规范方面制约女性身体,造成了对女性身体的全面管束,让女性在社会生活各方面都承受了压力,迫使自己按消费娱乐的规则约束身体。后现代号召女性以高度的自由和游戏对抗资本规则,主张将女性身体重新拉回混沌模糊的状态,打破主客体界限,实现完全的游戏状态。消费文化是对男性霸权的反叛,是作为文化资本身体的显现。

自然具有本真的自主运转性和终极目的性,缺乏这些特性就会导致理论的生态缺位,需要将生态上升为文化主题。"中国当前的快速城市化过程,正处在从建筑都市主义向绿色都市主义的转变过程中。"②文化也是生产力和生产关系,是劳动者群体文化的集中体现。社会劳动是在各种关系中获得特性的。社会劳动需要以自然为基础,需要自然系统的调节,因此呈现出自然的客观规律性。社会劳动也是文化的建构过程,在生产和消费时都需要文化作为中介,因此呈现出文化

① 许纪霖、罗岗:《启蒙的自我瓦解》,吉林出版集团有限责任公司 2007 年版,第 194 页。
② 李睿煊等:《从绿色城市主义到景观都市主义——技术理性指导下的欧洲城市建设变迁及其启示》,载《建筑与文化》,2015 年第 8 期。

特性。劳动产品具有文化意义,让劳动与文化、自然有紧密关系。劳动协作模式和历史变迁有密切关系。协作包括人与自然和人与人两种。协作是尊重彼此,独立自主的关系,其中自然和文化也起着建构作用。资本生产相对过剩导致的经济危机要求资本主义不断调整经济运作模式。资本主义剩余价值生产充满危机,积累了资本,需要生态社会主义。资本主义积累引起生态危机,生态危机引发经济危机和环境运动,要求人们抵抗技术理性,重新思考技术进步。可持续发展包括生态发展,但资本运作方式是反生态的,因为资本有追求利润的本性。资本主义将自然看作开发的对象,不尊重生态规律,导致生态危机,破坏了资本运作的条件,引起资本主义发展的相对过剩和实际不足。生态社会主义是公正的社会,能与自然平等相处。生态运动和资本主义矛盾为生态社会主义提供了条件。

第三节　建构中国城市化道路的多元动力机制

城市化需要推动户籍改革,解决城乡分割,提高农村教育、医疗等条件,要推动户籍改革、实现城乡教育均等化,建立幸福城市,打造城市个性,塑造城市文明形象,建立城市生态文明。城乡一体化取得了进步,但土地流失、环境破坏,需要顺应全球化背景,立足国情,达到工业化、城市化、经济发展的同步,顺应经济新常态,推动城市化稳定模式,选择多元化道路,平息小城镇、大城市、中等城市发展的争论,大力发展乡镇企业的规模,推动中小城市提升,发挥大城市带动作用,推动各类城市发展,调整城市化既定方针,尊重空间差异性,组建多元城市体系。

一、发挥产业结构转换的促进作用

（一）传统产业的衰落和新兴产业的兴起

中国是发展中国家,经济仍不发达,决定了中国要走多元化城市化道路。"城市产业的选择应根据国际产业分工的新规律来加以抉择,特别是在经济发达的长三角区域,城市经济的发展应根据各地的优势条件,以产业链分工为基础构建新型产业分工体系。"①城市空间结构要多元,就要集约高效发展大城市,也要促进中小城市产业结构升级发展,推动建制镇发展,形成合理的城市体系;城市形态要多元,集中与分散结合,内涵与外延结合,据点与网络结合。东部地区要加强城市

---

① 韩坚:《全球化背景下新型产业分工与城市经济发展研究——兼论长三角区域城市产业发展》,载《城市发展研究》,2008 年第 12 期。

网布局,形成协同的城市群,中部地区要推动中小城市发展,提高城市功能,完善城市结构体系,西部地区要发展各类城市,推动产业结构趋于合理;城市主体要多元,让政府、企业、个人都发挥作用,允许民间资本投入城市建设,加快企业改革,加大引进外资,推动住房、户籍制度改革,动员全社会力量发展城市。要完善政府对城市化的引导机制,完善政府制定政策程序,调整政府对城市化的干预机制,完善经济和法律手段。推动城市化、工业化、农村现代化的协同进步,调整工业结构,推动农业国向工业国转变。基于农业人口太多的现实,政府一直鼓励发展小城镇,希望就地安置农民,但抑制了大城市发展,强化了城乡二元体制。发展小城镇会出现一些问题,计划体制、赶超战略、优先发展重工业促进了经济高速增长,但农业生产率长期很低,农业剩余被工业剥夺,导致城乡差距加大。

改革开放后,由于城乡差距,大量农村人口进入到城市打工,农业投资持续减少,政府继续用户籍制度限制居民身份,巩固了城乡二元结构,在城乡树立了壁垒。"发展生态文化产业是新型工业化城市实现经济结构调整、产业转型升级的重要选择。"①改革开放前,人民公社体制帮助国家控制了农村经济和农业剩余,把农民稳定在土地上,减少了工业发展的不稳定因素,政府鼓励公社发展工业、学校,防止了农村人口向城市流动,可实际上人民公社更多是国家统购统销的粮店,而没有其他商业,甚至集市贸易都被取消了。国家把社队企业作为解决三农问题的路径,但社队企业没有发展起来。改革开放后,农村改革解放了农村经济,农民获得了土地经营权,农业生产效率提高,大量剩余劳动力显现出来。国企改革也造成了失业人口,乡镇企业吸纳了部分劳动力。小城镇有利于乡镇企业的聚集,促进了乡镇企业转变经营方式,改变城乡人口流动的错位。乡镇企业促进了农村人口向小城镇聚集,为小城镇建设积累了资金,加快了小城镇基础设施建设,提高了小城镇人口素质和科技管理水平。改革开放推动了经济快速发展,但限于财力,大力发展大城市仍不现实,而小城镇可以提高城市化水平,推动经济发展。发展小城镇具有阶段性战略意义,可以吸收农村剩余劳动力,需要提高农业发展水平。

工业化更多采用机器生产,使制造业更加发达。工业化和城市化能够相互促进,共同为居民需求服务。市场经济因素的介入促进了城乡资源的优化配置。工人的专业化水平促进了工业产量的提高。"发达国家的工业化历来与城市化之间

---

①　梁敬升:《新型工业化城市生态文化产业的发展——以东营市为例》,载《中国石油大学学报(社会科学版)》,2016 年第 6 期。

关系密切,二者相辅相成共同发展。"①城市化进程是一个动态流的表现形态,最终归结为城市的数量扩张和规模膨胀。"中国经济的增长,吸引了大量外资的流入,其中相当一部分流入到了城市非农产业,为中国创造了更多的就业机会。"②改革开放促进了中国经济增长,让中国社会从封闭走向开放。城市化利用国内外两个市场,获得了快速发展。

(二)促进产业结构的升级改造

中国有大量农村剩余劳动力需要转移,农民负担不起大城市的生活成本,短时期内也没有力量建造大城市吸纳剩余劳动力。"作为一类朝阳型产业,创意产业已然成为知识经济时代国际产业发展的新生点和新趋势。"③发展小城镇能够推动农村经济发展,促进农村产业结构调整,开拓农村消费需求和市场,能够带动回乡农民创业,推动农业产业化、现代化,能够缩小城乡差别。政府要支援中西部发展,完善市场经济,推动国企改革,调整国家发展战略和经济增长模式。产业升级需要放松大城市人口限制,提高大城市吸纳农村剩余劳动力的能力,提高大城市规模、聚集、辐射效应。遵从信息化、经济全球化、区域一体化趋势,加强城市之间、城乡之间协调,提高城市群国际竞争力,把小城市扩张、大中城市发展、城市群、都市圈结合起来,依托大城市的带动作用,建立卫星城。政府和市场要联合发挥作用,规范政府调控行为,降低生产运营成本。

改革开放前后,城市化政策经历了变迁,户籍政策松动,城市设置标准发生了变化,建立了很多县级市,增加了户口指标。城市建设方针逐步放开大城市限制,发展小城镇和中等城市,促进城市化多元化展开,自上而下和自下而上结合。大城市不一定产生城市病,城市化需要与工业化协调,促进城市化更快发展。城市化与工业化不协调等影响了农村城市化。中国工业化没有遵循一般规律:农业——工业——服务业的发展。国家改变了优先发展重工业的策略,大力发展了城乡服务业,推动了乡镇企业发展。农村改革推动了城市化发展,促进了市场经济模式普及。国家提高城市管理水平,消除"左"的影响,提高农村基础设施、发展农村工业、发展农村小城镇,就近方便农民生活,鼓励农民从事工商业。社会主义城市化,要消除资本的不良影响,消除农村小城镇乌托邦的认识,大力发展大中城市。逆城市化是城市化发达的表现,要为农村剩余劳动力转移创造条件。中国不

① 路永忠、陈波翀:《中国城市化快速发展的机制研究》,载《经济地理》,2005 年第 4 期。

② 赵世勇:《产权变革、外资流入与中国经济增长——基于中国省际面板数据的实证研究(1978—2008)》,载《经济与管理评论》,2012 年第 1 期。

③ 王胜楠、侯建明:《创意产业发展趋势及我国新型城市建设》,载《商业经济》,2010 年第 1 期。

是一定要发展小城镇而控制大城市,要破除计划思维模式,不要恐惧城市病,放开大城市发展,更好地认识城乡经济发展规律和趋势。小城镇的发展并不是城市化的唯一道路,只发展小城镇也会导致城市体系不合理,工业化层次不高,产生城市乡村化,占用耕地,城市产业功能降低。城市化能促进城市现代化,促进城市改造和绿化建设。政府要推动农村工业化提升,放开民间投资,提升城乡公共设施和服务。中国城市化需要借鉴国外教训,但不一定就非要采取农村城市化模式,要根据人口密度、土地、区位条件等发展不同城市,应该让更多人聚集于大城市,尊重各地区差异而消除城乡差距。

中国城市化滞后主要是与发达国家经验教训及同等发展水平国家发展实践比较而言的。"城市化滞后与我国曾经选择的重工业道路、城市偏向的制度安排、不合理的轻重工业技术结构、区域经济发展不平衡等因素息息相关。"①城市化因为产业结构升级而成为必然。城市化让工业生产要素在空间聚集,让资本家获得更多利益,不断减少成本,促进劳动分工和社会协作。不同规模的城市有不同的空间结构。经济活动的集聚和资源的聚集是城市化的重要组成部分。城市化的实质是社会经济结构的转变。产业结构的转换能够为城市化扩大销售市场。因此,工业化是城市化的核心动力,能产生比较利益特性、规模化与专业化特性、初始利益棘轮效应。第三产业是城市化的后续动力,能够为城市提供更强的吸引力,增加就业弹性。

(三)发挥产业的驱动机制作用

城市化有阶段性,需要厘清经济、体制、政策根源,推动城乡一体化战略。城市化是经济发展的表现,机遇和挑战并存。城市化要符合经济发展水平,不能过度、滞后,而要同步。城市化巨大发展后才会产生逆城市化。中国城市现有管理体制、基础设施、公共事业存在不合理的地方,要吸取拉美国家的贫民窟、犯罪问题等教训。小城镇是农村政治、经济、文化中心,能连接城乡。要集中力量建设国际性大都市,使其发挥带动作用,要推动城市纵横联合,建立城市带,使其成为区域发展核心,大力发展各类型城市,形成合理的城市网络。要发展以大城市为核心的都市圈,促进经济转型,推动区域经济发展。

改革开放后,中国城市化快速发展,市场改革推动民间资本、社区力量自下而上的城市化,城乡隔离有所打破,生产要素在城乡流动。农村经济发展促进了乡镇企业崛起,大量农村劳动力从土地中解脱出来,进入城市非农产业,推动了以大城市为中心的城市体系形成。中国城市化刚进入快速发展时期,需要推动经济市

---

① 胡玮:《我国城市化滞后于工业化的原因及对策研究》,载《现代商业》,2013 年第 26 期。

场化、现代化,让城市化与世界接轨,走符合国情的道路。长期的小城镇发展战略阻碍了城市化更高层次发展,存在地区差异、滞后于工业化、城市容纳能力不足等问题。中国城市化受制于政策限制等,发展层次低,主要是政府推动的,没有完全市场化,要用市场降低运行成本。

城市化需要用制度激励技术革新,提高农业生产效率,吸纳更多农村人口,促进经济要素流动,推动产业聚集,形成规模效应。"随着新型城镇化战略的提出,中国的城镇化进程将进一步释放巨大的消费潜力。"①全球化能为农村城市化提供契机,大型跨国公司促进了产业结构升级,促进传统农业向现代工业发展,促进农业机械化。要推动农业的规模化经营,运用先进技术手段推动农业组织化、市场化,完善农业的资金渠道。中国城乡一体化需要加强产业合作。政府采取工业和城市优先发展的导向,通过税收、金融机构等把农产品征收到城市,通过户籍制度导致对农民的就业等歧视,阻碍农村人口流向城市。政府偏向城市的政策,让农村产业落后,经济增长缓慢,城乡差距加大,城乡产业关系恶化。要统筹城乡产业结构,大力发展农村工业和服务业,推动技术、资本流向农村。工业需要反哺农业,从产业升级着手解决三农问题。城乡产业是由对立到互动的过程,中国工业已经有能力反哺农业,需要消除城乡二元格局,缩小城乡居民收入差距。城乡产业协同需要合理的产业布局,知识技术型产业应该布局在城市,劳动密集型产业应该布局在中小城镇。城乡产业的紧密合作是城乡产业合作的推动力。城乡产业合作需要以产品、服务和要素为纽带,让城乡产业互利,达到双赢。城乡产业合作需要以中小城镇的经济实力为载体,尽力吸纳更多农村剩余劳动力。城乡产业需要协调发展,消除地区差异性。城乡产业合作需要加强三大产业合作,提高农业产业化经营的效益,在城市设立企业总部,在农村建立生产基地,引导城市产业向农村延伸和转移。

城乡产业合作是城乡一体化的特定手段,是促进产业协调的具体方法。产业布局不合理会导致城乡发展失衡。产业合理布局就是根据产业特点和城乡区位优势,推动形成互补协作的产业格局。产业聚集和分散都根据产业特点和城乡优势决定。城市聚集了较多的高校,有较多的人力资源,也有较好的公共服务设施、便利的交通,适合发展知识密集型产业及相关产业。农村应该发展土地密集型和劳动密集型产业。中小城镇的经济发展是产业合作的载体。城乡产业合作要加强三大产业的协作,促进农业产业化经营,突破城乡行政壁垒,沟通三大产业的内

---

① 朱聪聪:《城镇化发展与产业结构变迁的经济增长效应》,载《统计与管理》,2017 年第 7
期。

在联系。城乡产业合作要利用合作经济组织把分散的农户组织起来,改变农户的不平等地位,保护农户的切身利益,增加与企业的合作能力,增强签约、履约能力。合作组织对农户和企业是约束和维护的关系,推动合同的有效执行,能推动农户之间相互监督,约束农户的诚信,提高订单的签订,培养农户和企业的稳定关系,可以推动农业产业化经营,形成标准化、品牌化农产品,促进农户合作。城乡产业合作还要引入农产品期货市场以缩小市场价格和合约价格的差距,降低农业和企业的价格风险,让企业和农户长期合作。

工业经济从农业向非农产业,从制造业向技术产业的发展,促进了产业经济层次的提升,推动社会由二元向一元过渡。国家大力提升第三产业的比重,促进了城乡居民生活水平提高。"城市是社会经济发展到一定阶段的必然产物,它具有集聚效应、规模效应、组织效应和辐射效应等特性,能够吸引人口、产业等要素到此集聚。"①城市化意味着效益的集约,需要认可工业在城市化中的作用。"市场经济是推进城市化的制度前提,第三产业的发展是推进城市化的重要动力。"②农业产业化能够推动农村现代化水平,但是,中国的工业化是以牺牲农业为代价的,这背离了城市化的基本规律。

要从城乡分治走向城乡一体化,形成城市化、工业化、农业现代化、市场化协调发展的机制。"我国城乡就业一体化需要转化路径、优化方法。"③金融危机加剧了中国城乡就业矛盾。工业生产方式取代小生产方式,推动了生产方式变革,促进了分工协作,普及了机器大工业,推广了雇佣劳动就业方式。工业化让国民经济的决定性地位由农业转换为工业,开启了城市化进程。工业革命促进了近代城市发展,现代工业需要大量产业工人,促进了农村剩余劳动力转移。资本推动工业化牺牲了农民利益,不能完全消除城乡对立,反而可能会加剧城乡矛盾。中国需要推动城乡就业一体化,改变城乡分离,扩大事业单位招工自主权,促进城乡劳动力自由流通,打破计划经济体制思维。政府控制劳动力资源,确保了重工业对人力资源的需求,但不可避免地导致社会经济危机,形成城市严重的待业危机、农村严重的饥荒。

改革开放后,政府实行的一系列农业政策,刺激了农民积极性,发掘了农业潜

---

① 杜学锋:《加快推进结构转换型城市化——奉贤新型城市化的战略目标与策略》,载《上海农村经济》,2011 年第 4 期。

② 张锐:《中国城市土地集约利用与城市化协调发展评价研究》,载《西安财经学院学报》,2011 年第 3 期。

③ 李保民:《我国城乡就业一体化的路径转换及其优化方向》,载《当代经济研究》,2009 年第 7 期。

力,发展了非农产业,促进了农民就业。国家废除了统购统销政策,扩大了企业自主权,发挥了市场配置劳动力的作用。国家开始统筹城乡就业,但仍用行政手段强化对农村流动人口的就业控制,仍用指标限制农民落户城市。政府开始建构现代市场性的就业机制,推行劳动合同制,促进城乡劳动力市场一体化,加快城乡分离的户籍制度改革,逐步取消对农民的就业歧视和不合理限制,促进城乡劳动力平等就业的立法工作,完善《劳动合同法》。要促进农业现代化,为城乡就业一体化提供基础,要建构城市化、工业化、现代化、市场化的协调机制,为城乡就业一体化提供路径任务。要保障劳动者权益,为城乡就业一体化提供价值取向。中国城市化面临机遇与挑战,需要推动社会结构转型,建立和谐文明城市生态,迎接国际化挑战。要加快城市化,正视风险,解决人口多、资源超常规利用、城市环境、城市基础设施、区域差异大、创新和竞争力不高等问题,发展现代技术和交通通信,推动产业革命,推动城市全面建设和转型。中国需要加快城市化,推动城市文明普及,处理好农村人口和城市化的关系,理清城市化、城镇化、现代化的关系,抓住历史机遇,增强城市功能,提高城市化的社会效益。选择中国特色城市化道路,多途径推动城镇化发展,推动乡镇企业向城镇集中,提高农村经济产业化程度。

改革开放后,城市化与商品经济、市场经济同步发展。中国城市体系仍不完善,城乡仍然分治,仍主要是就地消化农民,仍有很严重户口限制,需要推动城市化动力机制多元化,发挥农业工业化、规模效益驱动、农业剩余贡献、制度革新等动力机制。世界城市化走向网络化、生态化、逆城市化、多元化、国际化、集群化,中国城市化的趋势是加快发展,需要发挥集散功能,合理规划城市定位和功能,促进社会结构变迁;要建立城市化与工业化的互动机制,推动经济社会持续发展,调整产业结构,推动新型工业化,加快劳务市场建设,建立现代市场经济。"工业化为城市化提供经济支持,城市化为工业化提供空间依托。"[①]制度创新能促进生产要素聚集,为城市化提供动力;要发展现代装备产业,引领产业机构转变,拉动消费需求。政府要建立加快城市化进程的政策制度保障机制,消除封堵农民进城的政策,提高就业竞争,提高城市福利;要完善制度改革,发挥市场配置资源作用,促进小城镇升格为城市,培育新型城市,鼓励地方政府发展公共产品,统筹城乡资源,加快建设国际性大都市,提高城市创新能力,培育创新中心。政府要抓住机遇解决三农问题,促进劳动力市场形成,转变体制,保护进城农民利益。产业升级要做好企业的适度规模经营,促进企业的技术进步,加快发展技术装备产业,奠定工业技术升级基础。产业政策的倾斜是发展装备制造业的外部必要条件。企业发

---

① 滕威:《谈城市化与工业化关系》,载《大庆社会科学》,2011 年第 3 期。

展做到技术进步与规模经营同步,企业生产效率与劳动者工资的同步提高,带动相关产业与增加就业的结合。城市应发挥科技优势,形成门类齐全、分工协作的发展格局。

二、发挥制度变迁的引导作用

（一）打破城乡分割的制度约束

改革开放后,二元经济结构松动。家庭联产承包责任制让农业发展,城乡差距有所缩小。"中国城乡二元分割制度背景下的城市化是世界城市化进程中的一种特殊类型,其突出特征是需要制度转型。"①城市改革促进城乡关系调整,国家进行经济治理,调节城乡矛盾。市场经济体制建立后,国民经济发展,非农产业发展,三大产业结构调整。中国二元经济结构的特征是就业结构滞后、非农产业吸纳劳动力低;第三产业严重滞后,制约了就业和消费;农村劳动力转移困难,非农产业比重低,城市人口比重低。

城市发展要走"政府引导,市场主导型"的道路,发挥企业、个人的力量。"政府引导,市场主导型"城市化的实现需要政府合理调控,需要尊重市场规律。转换城乡二元结构需要推动工业化、城市化、现代化协同发展,让城市化与第三产业的比重、规模正相关。城市化才能推动农村经济发展,实现土地规模经营,解决更多农村劳动力就业问题,才能推动农业产业化,解决三农问题,有利于推动农村消费需求,促进农业结构调整,推动消费结构、消费理念转变。中国特色城市化道路要走多元化道路,提高国民生产总值,增加居民收入。政府要根据不同的生产力发挥地区优势,尊重各地区的需求差异,满足居民的多元化需求。政府要推动大城市强化功能,发展城市群,积极发展中小城市,推动小城镇扩大规模,维护城市生态平衡,推动小城镇完善公共设施和服务,加强财政投入。

城乡一体化要促进居民权利和社会公平正义。城乡二元体制制约了农民获得国民待遇,限制了人口城市化流动。人口流动才能促进城市化发展,才能改变制度困境,为城市化发展寻找路径。人口流动会因为政策变量而受阻碍。阶层应该不断变动,精英、弱势、中产不应是固化的,应让大部分人成为中产阶级。不同的阶层有很大发展差距,对社会影响不同,对社会问题的看法和认知很不同。公平竞争规则能过滤不同人群,让个人为自己负责,不用受制度限制。社会阶层具有稳定性,但应保持阶层的开放性和流动性,促进个人努力进取,通过奋斗改变自

---

① 谢志岿:《村落如何终结? ——中国农村城市化的制度研究》,载《城市发展研究》,2005年第9期。

己的发展困境。高效的制度能让个人充满希望,获得期待的结果。个人努力奋斗提升自己,努力改变自己的困境,促进了阶层流动,推动了国家持续发展。国家富强是个人努力的制度化成果。非正义的社会一般都极其稳定和惰性,社会阶层固化,不能对人产生制度激励,而正义的社会能不断调适阶层,清楚个人发展的体制壁垒,消解社会冲突,降低社会发展的成本。人们渴望民主制度,是因为民主凭借讨论达成共识来建构制度和治理国家,尊重大多数国民的意见,能够阻止损害大多数国民利益的政策出现,能达成社会的基本公平,能让大多数居民有发展机遇和权利,阻止少数人对公众的无理剥夺,阻止少数人决定公共政策,阻止资源和利益流向少数权贵,让大部分国民都能参与公共治理,让大部分人都有发展权利,让贫困、痛苦、无奈远离大部分人。计划经济体制造成城乡二元体制,将农民束缚在农村和土地,产生三农问题。

　　新型城镇化要保障基层充分自治,实行土地产权化,推动农业现代化程度,减少农业人口,建立农民个人承包土地流转市场,提高农业经济效率,实行土地集约化经营。要建立农村集体土地的交易机制,保障农民宅基地使用权;要通过农村工业聚集促进农村工业化,推动乡镇企业集中发展,改变粗放经营方式,推动乡村工业可持续发展能力;要调整农村工业结构,与城市工业加强联系,建立集中的工业园区,节约城乡建设用地。城市化要实现人口、土地、工业的协同发展,避免为了土地财政导致土地城镇化膨胀,而基础设施滞后;要改革当前以户籍为基础的财权事权体制,改革分税制,加强地方财政自主权,改变过度依赖土地财政的状况,地方政府要提供更多公共产品和服务;要改变 GDP 至上的经济发展模式;要以提高居民生活水平为目标,不能牺牲居民生活质量,要以人为本,体现人文关怀。新型城镇化要注重发展劳动密集型产业,为农民工提供更多就业岗位,增加公共设施财政投入,实现公共服务均等化。政府要建立全面发展的城镇化,综合区位条件,发展各类城市,实现区域一体化发展。大城市应该发挥人才、技术优势,将制造业转移到周边地区,提高自身辐射能力;中小城市应该积极发展现代工业和服务业,改变粗放增长方式,实现土地节约利用,加强人口和产业聚集,承担大城市的产业转移,沟通大城市和小城镇,解决产业空心化问题,增强消费能力,加大公共设施和服务建设。"小城镇是城市和农村的中间地带,小城镇建设是立足于农村的,能带动农村地区资金、技术、人口聚集。"①政府要发展现代农业加工业,促进农村经济转型,实现农业现代化,更好地服务于农民需求。

　　城乡一体化要破解中国城镇化的发展难题,提高农村基础设施水平,制定合

---

① 　喻国华:《农村小城镇发展与农业现代化建设》,载《农业现代化研究》,1996 年第 1 期。

理政策。中央政府已经关注城镇化问题,努力促进城乡区域发展协调性,提高了城市人口比重,促进了城市群发展,但区域、城乡差距依然很大。政府要完善社会主义市场体制,促进经济增长方式转变,促进城乡协调发展,放松人口限制,解决经济结构性问题,促进工农互补、城乡要素合理流动,建立新型工农、城乡关系。政府要消除城乡二元结构,健全城乡发展机制,推进新农村建设,发挥城市优势,促进技术创新,提高基础设施水平。政府要促进人的城市化,推动农业人口市民化,加快户籍制度改革,推动各类城市协调发展,让公共服务更加普及,建立完善的城乡社会保障体系,尊重市场选择,畅通城乡交流的渠道,完善城乡软硬件条件,方便农民工进城,完善土地市场,改革户籍制度,改善农村生活条件。国家要适度调控城市规模,有序放开落户限制,维护社会稳定,促进城市体系分工协作的格局。

国家推行优先发展重工业的策略,采取粮食统购统销政策为工业提供积累,实行人民公社严格控制农民流入城市,采用户籍制度将居民身份隔离,造成严重的城乡二元结构。在这种隔离的政策下,农民得不到应有的权利和待遇,不能进入城市务工。"城乡二元结构造成的社会问题,如贫富差距拉大、地区发展不平衡、城乡文化素质差距扩大等,已经成为影响和制约中国国民经济及现代化发展的障碍。"①城市化存在制度障碍,最明显的表现是户籍制度障碍,导致农民成为二等公民。21 世纪后,国家采取了统筹城乡发展的策略,缩小了城乡居民收入差距。

城市化能够促进城乡贫富差距缩小。城市起源于人类社会的劳动分工。城市化是经济要素的聚集,是农村劳动力、产业结构的转移。城市化人口空间布局的变迁,是生活方式转变,进展到现代文明。专业分工促进了经济要素的流动与集聚。改革开放前,国家用严格的户籍制度维护城乡秩序,为经济建设提供了基本的保障,但城乡二元结构的固化也阻碍了城乡资源的流通。国家推行"自力更生"的建设方针,保证了我国的独立自主,维护了国家主权,但也不利于引进外资和先进的技术,一定程度上阻碍了城市化的展开。改革开放后,国家积极开展对外交流活动,吸收西方城市化建设的经验教训,推动了中国城市化的高速发展。政府反思小城镇发展战略,让广大农民亲身体验了城镇化的魅力。政府为未来的进一步城市化积蓄了力量。中小城市必须围绕中心城市,在城市带的整体框架内协调发展。

---

① 戴磊、赵娴:《我国城市化发展水平综合评价研究》,载《商业研究》,2012 年第 7 期。

（二）促进城乡治理体系现代化

随着改革开放的日渐深入，政治体制改革日益提上日程。全面深化改革的目的是坚持社会主义制度，推进无产阶级专政制度下治理体系的完善和治理制度的现代化。这是推进社会主义制度走进新时期的必然要求，也是实现中国梦的应有条件。推进城乡治理体系现代化既需要巩固社会主义核心价值观的主导地位，构建适应新形势的马克思主义信仰体系，又需要发挥传统文化的作用，利用传统文化精华建构意识形态的钢铁长城。"推进城乡治理体系和治理能力现代化，核心是要推进国家城乡治理法治化。坚持和实行依法治国，可以从宪法、法治、立法、依法执政等多方面推进城乡治理体系现代化和法治化。"①我们需要巩固马克思主义的主导地位，夯实社会主义核心价值观的群众基础，把意识形态工作提高到维护共产党统治、实现"中国梦"的战略高度。积极建构社会主义核心价值观对促进城乡治理体系现代化、维护无产阶级意识形态有重要意义。

改革开放近40年，中国城乡治理模式仍需要提升。中国城乡治理模式是一种沿袭自传统，而又符合国家新的时代潮流的统治模式。这种模式保证了中国的长期和谐和较快的经济增长速度。中国城乡治理既取得了很大成绩，也存在一些问题。中国凭借吸引国外资金拉动的社会进步是短期就飞速完成的，也存在不能持久的问题。中国政治系统依然按照传统的运作模式正常运转，与过去较大不同的是，市场体制推动了中央政府结构改革，推动了地方自主权的扩大。在全球化不断推进的进程中，传统城乡治理模式逐步落后于时代，被公民舍弃。多数国家不再执着于领土和贸易，而是钻研知识和技术。虽然国家之间仍有诸多界限，但虚体国家和虚拟公司日益增多。国际交流的加强，让国家政治冲突和意识形态斗争有所减少。全球化加强了国家之间的联系，也让我们的意识形态工作受到了冲击。国家依赖程度的加强，让任何一个国家都不可能坚持一种意识形态。国家将是为公民服务的福利国家，而不再仅是统治工具。在这种新形势下，我们要修直社会主义道路，就必须秉持马克思主义思想，坚守社会主义核心价值观。世界主义和民族主义都不能满足居民的需求，应该推行积极的民族主义，不是只考虑本民族利益，而是坚持普世价值，尊重各国人民利益，在发展本国经济的同时，决不能损害其他国家的利益。

全面深化改革的目标是维护马克思主义主流意识形态，在推进政治体制改革中促进城乡治理体系现代化。城乡治理体系现代化是新时期中国共产党的治国纲领和行动指南，又是实现"中国梦"的前提条件，还是中华民族走向世界的必备

---

① 李林：《依法治国与推进城乡治理体系现代化》，载《法学研究》，2014年第5期。

条件。国家从产生起,就有很多政治问题,政府在治理国家时一直面临着各种阶级矛盾。国家意味着利益冲突已经到了临界点,产生了经济利益相互冲突的阶级,这时出现了一种凌驾于社会之上的力量,这种力量把各种社会冲突限制在"秩序"范围内。城乡治理理论的兴起反映了当代社会和经济发展的重大转折,是指国家弥补市场失灵的各种机制,是作为社会控制系统体系的治理。城乡治理体系现代化的方向是市场体制的引入,采用商业管理的技术,提高政府公共服务水平,走入一种政府、市场和公民相结合的管理模式。城乡治理是政府通过公民赋予的公权力,管理社会的公共事务,以尽可能最大限度地保护每个公民的利益。城乡治理是政府统治的一部分,它的治理主体有政府、社会组织和公民个人,治理方式已经从自上而下变成多元主体的互动,治理目标已经不是消灭对立阶级,而是变成合作共赢,治理模式逐步从严格的管制走向金融调控。社会主义城乡治理应该坚持中国共产党领导,以人民群众根本利益为准绳,采用合理、有序的执政制度来管理国家,逐步实现国家现代化。

中国现代化走的是与西方不同的道路,是先有政党,后有国家和社会。"城乡治理体系现代化是国家现代化的重要组成部分,城乡治理体系现代化的水平直接决定了国家现代化的路径和可能。"①在这个现代化过程中,政党起着决定性作用,国家是政党建立的,市场是由政党支配的,不断调整政党、国家、市场、个人的关系,就是城乡治理走向现代化的过程。要促进这四者的整合,推动社会的运转高效而规范,构建市场和企业新型协同互动关系。城乡治理是一种庞大的系统工程,需要从市场治理、意识形态治理、公民整治治理、环境污染治理等诸多方面展开,应从国情出发推进城乡治理体系现代化。

城乡治理还需要借鉴国外有益经验。西方国家的市场经济已经实行了较长时间,有较成熟的运行机制和运作模式,我们的市场经济建设完全有必要吸取它们的成功经验,需要发挥市场对资源的调配,促进城乡治理体系制度化。国家现代化的体现不仅是经济总量的增长,而且是政治制度具有合理有效性,具体就体现在政府工作人员的高效和合法。城乡治理体系现代化要求政府运用合理的法律手段来调整市场活动,主张政府消除各类关税壁垒,推动自由竞争。在这样的自由制度之下,政府扮演的角色应是尽量不干涉市场调节活动,尽力维护社会公正和经济秩序。政府对经济的干预、调控都要在法律范围内,意味着法律地位的提高、政治制度化的不断完善。城乡治理体系现代化需要保障每个公民的政治权

---

① 胡鞍钢:《中国城乡治理体系现代化的特征与方向》,载《国家行政学院学报》,2014 年第 3 期。

利,实现公民对政治的广泛参与,这并不意味着社会走向混乱、政治秩序趋向不稳定。政治稳定和公民参与是能够达到平衡的,这就需要增加政治透明度、增强政府执政水平。要让法律取代道德、制度取代人事,减少人为原因造成的政治悲剧。制度化的形成主要在于政党,一个开放的政党才能消解一切反对力量,让社会处于相对和谐状态。随着改革开放的深入,中国的阶层和利益主体不断多元化,为主流意识形态带来了冲击,需要借鉴西方城乡治理的先进经验,维护国家稳定,这就需要通过一些制度化建设和思想改造不断激活政党的生命力。

城乡治理体系现代化要建构政府、市场和公民社会的协同管理系统。"推进城乡治理体系现代化,要求同步推进政府治理现代化,这是政府科学有效地履行职能的必然要求。"①城乡治理的行为主体是多元的,既包括内部的行为主体,如政府、市场和社会,也包括外部的行为主体,如外国政府、跨国公司、国际组织等,它们之间进行着互动和博弈。城乡治理模式的制度结构是一种政府制度、市场制度和公民社会互惠共生而形成的多元结构模式。构建政府、市场和社会新型协同互动关系需要尊重市场主体的多元性,尊重社区的自治能力,要不断创新自治模式。自治模式既有成本低的优势,又有高效低廉的优点,还具有存续时间更长的优势,这表现为信息的优质与低价、监督成本的降低与监督执行的高效、制度产生成本的降低、制度执行成本的降低与执行的高效。自治制度是可以"进化"的制度,它具有良好的自我适应性,足以应对未来的种种变化,另外,自治制度的产生过程也决定了它更易于被相关利益者接受。一个阻力更小的制度,寿命也将更长,政府行政风险也会降低。集权下的制度无法及时解决制度执行过程中产生的利益冲突与矛盾,而积累的冲突与矛盾又极易造成群体性事件。相反,在自治制度中,利益冲突与矛盾在群体内部便得以消化,能够和平的推进治理制度的演化。

城乡治理要坚持公平正义等价值原则。公平表现在政治、经济、文化、社会等诸多方面,对于公民个人来说,是权利公平、资源分配公平、机会均等和规则公平。城乡治理上的公平就是用政治公平推动公民在经济、文化等一切社会生活上公平,这也是运用公平制度和规则谋求资源配置均等的政治活动。城乡治理坚持的公平正义,就是将公平正义作为城乡治理的基本价值理念,在处理公共事务时不偏袒任何一方,平等地对待所有社会成员,让资源和利益在公民之间均衡划分。公平正义需要政府的引领,凭借制度推动经济资源的平等分配。改革开放带来的矛盾,也需要我们坚持公平正义。推进城乡治理体系现代化,就要坚持城乡治理的公平正义维度,需要将以人为本的原则贯彻到实现"中国梦"的过程中,把人民

---

① 薄贵利:《推进政府治理现代化》,载《中国行政管理》,2014 年第 5 期。

群众的根本利益当作处理一切公共事务的立足点,发挥人民群众的历史创造作用,真正维护群众利益,保障改革的成果让一切人民共享。公平正义是坚持中国特色社会主义道路的基本要求,是激活人民群众努力奋斗精神的原动力,促进社会各种保障机制体系的建立,营造公平的社会氛围,保证人民拥有各项权利。

城乡治理体系现代化需要坚持分配公平。我们需要坚持社会主义经济分配体制,合理分配公共资源,高效调节市场资源,解决收入差距矛盾。"政府治理现代化是现代化整体性变迁进程的一个重要组成部分,同时又是现代化的重要推动力量。"①推进城乡治理体系现代化,要提高党的执政能力,不断促进执政的科学化、民主化、法制化。要不断促进执政的公平性,就是要为人民群众的利益服务,引导执政者成为公平正义的实施者。经济方面,要推进市场经济的效率、公平和持续发展;政治方面,要推动政府施政公平、提高服务意识。这需要强化市场的配置资源功能,限制政府的调控能力,建立全民服务型政府,为公民提供公平合理的公共环境,提倡公平正义为主的社会价值。我们需要强化民生建设,竭力保障公民的公共生活,促进制度公平,保障公民福祉,让更多经济成果惠及人民,需要在政治、经济、文化等各方面都实行公平的制度、规则,借鉴人类社会文明中的优秀成果,对于促进当代中国的政治文化转型有着重要意义。当代政治文化的转型要体现公民文化、法治文化、契约文化和生态文化。"将改变价值观和态度的因素纳入发展政策、安排和规划,是一种很有意义的办法,会确保今后50年中世界不再经历多数穷国和不幸民族群体过去50年来所陷于其中的贫困和非正义。"②城乡治理研究应该明确国家中各个阶层在国家从弱小走向强盛、从混乱走向稳定的过程中应当担负的责任,界定政府、公民等的责任。国家的富强繁荣不在于公民善恶,而在于政府的执政力。政府首脑对国家荣辱起着关键作用,要善于用人,主动需求人才,公民要支持政府,知识分子要提供理论。国家要完善法律,建立完善体制,治理不靠仁义,而靠法制。法制力度决定国家的强弱,平等运用法制。国家法律要赏罚严明,要不断革新制度,建立责任制度和意识。

城乡治理体系现代化要加强制度化建设,关键是转变政府职能,向市场经济靠拢,真正尊重市场主导地位,建立公民满意的政府。国家治理现代化首先要理清政府和市场的关系,以让市场发挥主导作用为主线,让政府服务于市场。其次,要以人民群众的根本利益为准绳,提高政府服务群众的各项能力,切实建设为人

---

① 何增科:《政府治理现代化与政府治理改革》,载《行政科学论坛》,2014年第4期。
② 〔美〕塞缪尔·亨廷顿、劳伦斯·哈里森:《文化的重要作用——价值观如何影响人类进步》,程克雄译,新华出版社2010年版,第24页。

民服务的廉洁性政府。最后,需要强化政府治理的革新应变能力,不断提高政府公共服务的科学水平,提高法制治理和人才队伍建设能力。其中民主和法治具有突出地位,是应对当前国家治理面临的危机与挑战的根本途径。应该以民主建设作为国家建构的基本目标,同时以法律和制度建设规范权力,明确权力的边界,让权力为公共事业服务,受人民的监督。法治能避免人治社会因个人意志导致的动乱。城乡治理现代化的目标是建构一种能够促进社会经济持续发展的秩序结构,这里不仅包括经济增长,还包括经济结构的改善、社会收入分配的公平、公民参与社会经济事务的权利拓展等。一是,城乡治理的重要功能就是协调社会成员的行动,提供有效的激励约束机制,促进合作秩序的形成等。二是,参与城乡治理的多元行为主体,它们包括内部的行为主体,如政府主体、市场主体和社会主体。三是,诚心想治理模式的制度结构就是政府制度、市场制度和公民社会互惠共生形成的多元结构模式。在一次次渐进式的改革中使得政府的目标、角色、职能与行为方式都发生了深刻变化,促进经济的长期稳定增长。立足于此目的,需要建立起法制型的服务政府,把高效市场经济体制和完善公共服务体系结合起来,即要把政府、市场和公民个人三者结合起来共同治理城市。

改革开放冲击了城乡二元结构,引起社会变迁,让社会从封闭走向开放,增加了社会成员自由选择度,让社会资源更加合理的配置。土地承包制让农民有更多选择权,发展了乡镇企业,推动农村产业结构转变,促进人口流动。农村改革加快了社会分化,松动了社会身份,社会阶层和角色多样化,让城市居民身份也多元,让社会变得多彩,人员流动频繁。农民离土不离乡,在城市打工而不能生活。农村人口流动规模不断扩大,农民工大量流向东部沿海。民工潮冲击了城乡社会结构,推动了现代化和经济发展。但户籍制度壁垒仍没有根本打破,农民工受制于身份不能享受城市待遇,只能干沉重体力活,还遭受偏见。农民的流动受政策影响很不稳定,人口城市化较慢。

当代中国城市化需要良好政策的支持。其一,推动城乡一体化发展。首先在城市区域内解决城乡差距问题,先在经济发达地区的城市周边推动农民市民化。其二,综合解决跨地区人口流动问题。行政区域限制和地区发展差异,让单凭政府无法解决跨区人口流动问题,还需要中央政府统筹协调,建立社会保障体系,放松户口管控。其三,要优化空间资源配置,增加城市凝聚力,产生规模和聚集效应,促进城市群发展。其四,促进城市的可持续发展。中国城市化正处于转型时期,需要统筹发展,协调城市、社会和环境的关系;要加快技术创新,推动产业结构升级,促进生态化发展,大力倡导绿色、低碳、循环经济,推广环保的生活方式,建立绿化,推广绿色环保的基础设施,提升城市生活舒适度。

本章小结

中国城市化明显滞后于发达国家,有多元的动力机制。城市化的根本动力是社会分工和生产力发展;城市化的主要动力是经济增长、产业结构转变;城市化的重要动力是市场机制、政策机制。中国的工业化、城市化与国际道路若即若离,有着自己的动力机制。中国城市化的动力机制演变分为中华人民共和国成立前、改革开放前和改革开放后三阶段。中华人民共和国成立前,国共内战,城市化是基于战争准备。改革开放前,政治因素也很重要;改革开放后,市场因素越来越重要,利益驱动、体制改革越来越起作用。中国不同地区城市化的动力机制也不同,东部地区,市场更重要,第三产业发达,中西部城乡分割仍严重,政策起决定作用。中国城市化的特殊推进模式是由特殊的基础条件决定的。中国农业人口很多,城市化规模大,需要大规模的人口移动和产业调整。城市是经济、政治、文化、科技中心,日益影响社会发展,需要科技创新,增加资金投入,推动技术产业化。城市化与科技创新之间存在正相关,有直接和间接效应,需要创新城市化动力机制,推动城市内涵发展。

城市化动力主体有人口、市场、政府三个驱动子系统。"从系统运行角度可将城市创新系统的动力机制划分为生成机制、发展机制和演进机制。"①其一,人口驱动力,也就是农村人口兴办企业变成城镇人口或外出打工进入非农产业就业。农村人口中有很多亦工亦农,促进了乡镇的发展。政府投资很大程度上决定着城市的产业布局,深刻影响农村剩余劳动力的转移。其二,政府驱动力是政府凭借制定政策、法规、体制等推动城市化发展,呈现为政府直接投资城镇的产业项目、调整市区规划、配置生产要素和引导人口迁移等。制度安排对城市化起推动和阻碍作用。政府应该提升市场力量,增加城市基础设施,不断调整政策,为市场提供宪法秩序、制度安排,引导劳动力和人口流动,加大投资,发挥自上而下和自下而上的联合力量。政府对城市化的干预有很大调控作用,需要促进制度创新,改革户口、土地、社会保障、就业、行政管理、金融、财税等制度,促进法律制度的进化,激励民间融资制度。其三,市场驱动力。改革开放后,市场体制逐步确立和完善,产业结构升级、生产要素流动促进了城市化,也就是企业驱动型,形成温州、东莞、金华、苏州等城市产业发展模式。国家最先放开资本要素,吸引了外资,促进了东部沿海工业、服务业发展,吸纳了很多农村剩余劳动力,发展了各类开发区。自然资源和地理区位也对城市化有很大影响,丰富的矿产资源能够促进城市的形成。

---

① 张省、顾新:《城市创新系统动力机制研究》,载《科技进步与对策》,2012年第5期。

"市场体制的建立,决定了资源、劳动力、资本和信息等生产要素都需要市场调配。"①东部沿海比中西部地区更具有市场优势,外资、技术、民间资本、政府决策、制度安排等为城市化提供了多元动力。中西部地区需要加大财政补助,提高工业化水平。产业结构演化能够促进工业化,而工业化是城市化的直接动力之一,21世纪的信息产业、知识经济、第三产业推动了城市化。城市化建设需要进行产业园区创新,促进土地制度、行政改革,需要尊重地区差异,发挥多元动力机制的作用,需要加快信息化建设。

---

① 马仁锋、沈玉芳、刘曙华:《1949年以来工业化与城市化动力机制研究进展》,载《中国人口·资源与环境》,2010年第5期。

第五章

中国特色城市化道路的模式选择

　　城市化不仅是复杂的社会经济转换过程,而且是推动国民经济的重要手段。中国城市化的道路模式、发展路径有自己特色,也有体制性壁垒。城市化承载着实现现代化的使命,需要改变自上而下的体制,改变粗放增长模式,消除二元结构,协调区域发展。城市化能够拉动内需,增加农民收入。身份限制了农民进城,需要变革户籍制度、土地制度、社会保障制度等,消除城市对农民的就业、教育、福利待遇等歧视,让农民转变生活方式,真正融入城市。中国城市化既需要植根于中国现实土壤,又需要借鉴发达国家城市化经验;既需要建立城乡统一的劳动力市场,打破户籍带来的身份歧视,又需要完善土地产权制度,保护失地农民权益;既需要推动区域协调发展,完善公共基础设施和服务,提高政府办事效率,又需要统一城乡社保体系,完善农村养老保险制度。

　　城市化需要合理的空间结构、有效的人口布局、生态环保的运作。中国城市化存在东中西区域性差异,需要推动区域一体化发展。城市化能摆脱经济落后的状态,是时代进步的表现。欧美国家城市化处于高级阶段,已经完成城市化,城乡高度融合,中国城市化则水平较低,质量不高,需要改变城市道路,协调城市化各类关系。城市化关系着国家发展,需要促进多种要素转变。中国城市化不是工业化发展的结果,而是政府强制推动的,导致二元结构、城乡发展失衡、粗放增长等问题。中国经济存在结构性矛盾,城乡发展失衡,农民工居住条件差,受到城市排挤。城市化的两大主题是人口和产业,需要关注农村劳动力进城难、城乡收入水平差距大等问题。城市化是工业化引起的人口空间变迁,第三产业对城市化水平很重要,企业也自然选择在人口聚集的地方设立,饱和后会出现逆城市化,人口向郊区迁移。中国城市化需要全面发展各类型城市,需要不同产业支撑,需要农村劳动力补给,解决农业无法吸纳的剩余人口,农民工基本是离土不离乡的异地转移。"城市化研究需要规范分析与实证分析结合,定性与定量分析结合。"①

第一节　新型城镇化道路

城市是区域经济增长极,主导着地区的经济发展和文明进程,是由工业化和现代化推动的,是生产力进步的体现,需要面向全球,走新型城市化道路。城市化对于经济转型和社会治理有重要意义,需要有效的城市化发展模式。

一、要积极稳妥地推进城镇化

改革开放后,城市经济日益占据主导地位,大城市作用日益突出,城市公共基础服务提高,城市居民生活水平提升,城市群形成,城市化引领作用加强。"新型城市化道路的基本内涵是:走城乡一体化发展路子,增强产业集聚功能,形成结构合理的城市体系,实现集约化和内涵式发展,增强城市自主创新能力。"②但中国城市化是粗放不可持续的,过度消耗土地、能源,排放了大量废物,城市建设重复,缺乏科学管理和规划,需要人与自然和谐的科学发展,坚持总体战略。中国特色城市化道路应该坚持城乡一体化发展,合理布局城市空间和城市体系,推动城市化和工业化协调发展,注重城市化发展质量,促进城市化平稳发展,防止片面追求城市建设规模,要坚持各类城市的协调发展。要推动城乡协调发展,加快农业现代化,推动农村工业化,提升农村产业结构,加强农村基础设施和服务,加大对农业的投资,协调好工农关系。新型城镇化需要以市场为基础,以政府为引导,让市场和计划更好地结合,促进资源配置的高效率,调动各方面积极性,避免过度或滞后的城市化,要促进社会和谐,生态平衡。

(一)推进城镇化是实现个人全面发展的需要

中国特色城市化道路需要以土地制度、户籍制度的改革为基础。城市化的一些问题是制度不合理引起的,是计划经济思维模式导致的,需要大胆改革,敢于触动集团利益,打破二元经济。土地制度改革要提高土地利用率,打破政府对土地的垄断,形成合理的土地价格,引入土地市场机制,建立配套的金融财政体制。户籍制度改革能促进人力资源自由流动,改变城乡分割,促进城乡就业均等、福利待

①　梁艳菊等:《重庆市产业结构与就业结构的变动趋势研究》,载《科技和产业》,2006 年第10 期。

②　杨继瑞:《中国新型城市化道路的探索与思考》,载《高校理论战线》,2006 年第 11 期。

遇平等。特色城市化道路需要以政府职能转变为保障,推动市场决定、政府引导的模式。政府过多干预压制了市场配置资源,让资源利用低效率,产生了一些风险,需要处理好市场和政府关系,改变政府对土地财政的依赖,建立市场化的财税体制。政府要努力为农民市民化创造有利环境,努力提高城市人口比重,推动农民身份转变,要发展各类培训,提高农民素质和劳动技能,改变农村的习惯,让农民掌握一技之长,让农民具有可持续发展能力。政府要调整产业结构,发展劳动密集型和服务产业,要发挥人口优势,发展民营经济,吸纳农村剩余劳动力就业,促进城市聚集效应。完善住房、教育、医疗、养老、失业等社会保障,允许农民购买城市住房,放宽住房公积金申请条件,给予农民住房补贴,建立城乡统一的医疗、养老、失业救助制度,让农民享受基本的养老、就业保障,让农民子女也能在城市受教育,满足农民工子女教育需求。政府要建立合理的城市体系,合理发挥大城市作用,尊重城市承载和吸纳能力,促进人口流动,合理布局产业,调整空间格局,发展特色产业。政府要建设特色城市,防止千城一面,培育地方特色的产业结构,提升城市品质,建设生态绿色城市,加强各类城市的分工协作,发挥大城市辐射作用,打造城市精神文明特色,转变城市管理理念和方法。政府需要维护农民在城市化的主体地位,用市场引导农民进城,破除行政手段的强制迁移,依法尊重农民的居民权利和意愿。城市化模式需要多元化,要实现发展目标和现实路径的统一,达到政治、经济、文化、生态的统一,转变发展理念、道路、模式等。城市化可以减少农民数量,缓解人地矛盾,将农民从土地中解放出来,为进城农民提供更多就业机会,带动第三产业发展,改变农民身份。城市化能够提高农民生活质量,改变农民生活方式,自觉接受市场经济,提高消费需求。城市化道路能够实现农业现代化,实现农业人口转移,缓解剩余人口压力,提高农业技术和产业化水平。

中华人民共和国的成立使人民群众从封建等级制度中获得解放。怀着宏大理想的毛泽东,渴望中国人民尽快富裕起来,为把我国建成一个现代化的工业国家,他倡导继续革命的思想,以革命促生产,为社会的发展准备政治、经济条件。他特别强调政治的重要性,认为政治能够促进经济,并且只有加强领导,才能集中力量办大事。他要求人人都要进行思想改造,把全国人民都改造到正确的思想上来,以统一思想的方式加强领导,以高度的集体领导实现社会发展。思想上和政治上都要不断革命,成为无产阶级式的战士。总之,个人的发展要建立在集体主义的基础上,人只有通过劳动才能实现自身发展。人要把自己的劳动和集体利益结合起来,自觉将个体利益融入集体的创造活动中,让自然规律服务于群众的劳动。个体需要自由,但个体的自由需要以集体利益为基础,只有在群体中,人才能获得自由发展,进入自由王国。毛泽东对斗争的推崇,让他不断以斗争去获得自由。

　　毛泽东认为，在没有认识必然性之前，人必定受必然性的支配，这时，人不懂得客观必然性的作用，必然会做出一些愚蠢、盲目的事情来，此时，人处于不自由的状态。人要能动地改造世界，必须认清世界的客观规律，即世界的必然性。"到那个时候，我们就比较主动了、比较自由了。"①认识世界必然性是为了更好地改造世界。如果只是获得正确的认识，人仍不可能获得完全的自由，只有把认识世界和改造世界结合起来，才能获得自由。人的自由发展是在认识世界和改造世界的过程中逐步实现的，"一个马克思主义者如果不懂得从改造世界中认识世界，又从认识世界中去改造世界，就不是一个好的马克思主义者。"②人在实践中要把认识世界和改造世界结合起来，让两者紧密相连，才能获得自由发展。人的认识是随着实践不断加深的，人的认识越深刻越有利于人的实践的展开。认识和实践是相互促进的，人类需要在实践过程中，不断加深认识，不断把外在的必然转化为内在的深刻认识，以便为人的全面自由发展创造条件。人类要获得必然性的认识，就需要不断地改造世界，通过革命获得真理性认识。"人们为着要在社会上得到自由，就要用社会科学来了解社会，改造社会，进行社会革命。"③

　　以人为本更主要的意思是以群众的利益为本。这与孟子的以民为本具有相通性。联系改革开放的实际，从历史唯物主义的高度解读以人为本的科学内涵，可以看出坚持以人为本最主要的就是巩固群众在改革开放事业中的主体地位。发展的主要目的就是为了群众的利益。人不可能完全不损害他人的自由，但人与人之间可以不表现为赤裸裸的残酷斗争，可以用契约限制各自的自由。任何一个人的自由选择都可能涉及整体。有时，个人的选择就是所有人的选择。人在巨大压力下仍能是自由的。人可以选择屈服和不屈服。自由人应该完全承担自己的责任，展示自己的真实人性，从不后悔自己的选择，从不逃避选择的责任。

　　随着经济的发展，人们的闲暇时间越来越多，闲暇成为现实生活中一个重要的组成部分。马克思认为，作为人类较高的生活追求，闲暇与劳动既对立又统一。劳动创造闲暇生活的空间和物质基础，闲暇反过来创造新的劳动生活，两者以不同的比重存在于各个时代之中。有了充足的闲暇时间，人们才能更好地发展兴趣、获取知识、拓宽视野，从而走向全面发展。依照马克思的闲暇思想，合理安排闲暇时间，努力发展休闲产业，不仅能够缓解个人工作压力，而且能够促进经济发

---

① 毛泽东：《毛泽东著作选读》下册，人民出版 1986 年版，第 833 页。
② 毛泽东：《毛泽东著作选读》下册，人民出版 1986 年版，第 485 页。
③ 《毛泽东文集》第 2 卷，人民出版社 1996 年版，第 269 页。

展,有助于和谐社会的构建。按照马克思的观点,劳动和闲暇都是人类最基本的生存方式。劳动创造了人本身,人又通过劳动来满足生存需要,离开了劳动,人类生活就没有物质保障。而闲暇是人类较高的生活追求,是劳动创造的目的和归宿,离开了闲暇,人类就是在为劳动而劳动,生活就会显得盲目而滑稽。从人类社会发展的历史来看,劳动和闲暇一直紧密相连。在任何时代的社会生活中,都存在着劳动和闲暇,只是两者所占据的时间比重有所不同。

首先,在人的依赖性社会,即原始社会,闲暇与劳动相统一。劳动和闲暇呈现简单化、朴素化的形态。那时的闲暇对于人们而言,通常就是用来补充体力,从而满足再生产。其次,在物的依赖性社会,即生产力发展却又发展不足的社会,闲暇与劳动相对立。由于社会分工和私有制的出现,财富越来越集中在少数不劳动的人手里。剩余产品的出现激发了人们的占有欲,但剩余产品的不足又导致上层社会不断压榨劳动力,逼迫劳动者不停地工作,从而生产出更多的剩余产品,满足他们享受奢侈生活的需要。于是就产生了两大对立阶级:剥削阶级和被剥削阶级,前者即“有闲阶级”,只顾休闲,获而不劳;后者即“劳动阶级”,拼死劳动,少有休息。在这样的社会里,劳动和闲暇被割裂为两种对立的社会现象。最后,在人获得全面发展的社会,即共产主义社会,闲暇与劳动再次相统一。按照马克思的设想,在未来的共产主义社会,生产力高度发达,物质财富充足,人们不再需要为了生存而拼命劳动,相反,闲暇时间将会大大增加,闲暇将成为生活的主要方式。到那时,在本质上劳动和闲暇的界限已经泯灭,闲暇即劳动,劳动即闲暇。

可见,闲暇与劳动两者密不可分,闲暇作为人类的一种生活方式,与劳动相辅相成。如果说劳动创造了物质财富,满足了人们的基本生存需要,那么闲暇则是从外在必然摆脱出来的一种相对自由的实践活动。人类一直在寻求对自我的认识,而“休闲,从根本上说,是对生命之意义和快乐的探索。”[1]因此,闲暇不失为人类认识自身、审视生命的一个绝好途径。自由是人的本质,而闲暇的本质即是生命的自由。人类自诞生以来从没有停止过寻求自由的脚步,自由被视为人的基本生存价值之一,是人的本质的体现。为满足交往、公平、尊重、安全等需要,人们渴望获得自由,没有自由的生活就不是真正的人的生活,自由被剥夺也就意味着人的本质的丧失。

人类作为有限的存在在现实世界中难以摆脱不自由的困境,但闲暇状态给人提供了获得自由的平台。人的自由可以看作是人在活动中通过认识和利用自然表现出来的一种自觉、自为、自主的活动。闲暇在某种程度上恰恰表现出自觉、自

---

[1]　〔美〕杰弗瑞·戈比:《你生命中的休闲》,康筝译,云南人民出版社2000年版,第20页。

为、自主的特点。可以说,走向闲暇就是走向生命的自由。闲暇是生活态度的一种自觉。只有闲暇才能使人从浑浑噩噩中清醒过来。人是社会关系的总和,在现实中,无论愿意与否,人都必须扮演亲人、邻居、同事、朋友等不同的角色,必须穿梭于人际关系的缝隙之中,只有在闲暇的时候,人才能从社会压力中解脱出来,才有可能回归本我的状态。因此,闲暇是人的内心世界的一种追求。

真正的闲暇是寻找心灵的平静与安详,让生命多一份闲适、少一份牵挂。闲暇不是一味地吃喝玩乐,更多的是表达自由,在自由之中,人们的情感得到释放,多元的个性得以展示,生命也因此趋于饱满。面对社会的种种纷扰和诱惑,人们开始寻求内心的平静,渴望过上轻松、闲暇的生活。安贫乐道的生活态度,返璞归真的生活状态越来越为人所称道,人们开始在闲暇生活中寻求生命的复归。为了更好地理解闲暇对人的意义,我们可以从马克思关于"自由时间"的论述中获得启发。马克思认为,自由时间是不受社会制度强制的、人们可以自由选择自己行为的时间。"整个人类的发展,就其超出对人的自然存在直接需要的发展来说,无非是对这种自由时间的运用,并且整个人类发展的前提就是把这种自由时间的运用作为必要的基础。"①

资本家为了追求剩余价值,不断地迫使工人劳动,力图把劳动者的全部生存时间都转化为劳动时间。于是,工人成了劳动机器、工作机器,被剥夺了能力发展的可能性。在马克思看来,自由时间不仅对于工人阶级的健康和体力是必需的,而且对于工人发展智力,进行社交活动和政治活动,都是必需的。如果工人的自由时间因为强制劳动而被侵占,那么工人就丧失了精神发展所必需的空间。在这里,马克思充分肯定了自由时间与人的发展的内在联系,把自由时间看作是人的发展空间。有了自由时间,个人分享人类文化成果、发展自由个性就有了保证。事实证明,许多思想家、科学家、艺术家都是在闲暇中获得灵感,创作出杰出作品的。马克思和恩格斯两人也都曾阅读过不少经典的文学作品,并从中获得经济、历史、政治等方面的启示,从而对他们的思想著作产生深远影响。可见,闲暇不仅能够放松身体,更能丰富人的精神,激发人的创造力。然而,需要指出的是:自由时间只是人的全面发展的可能空间。也就是说,人们获得了自由时间,并不意味着就必然能够全面发展,而只是获得了自由全面发展的可能性,这个可能性能否实现,关键还要看人们是如何利用自由时间的。

城市化要促进人的自由发展就要保证人有充足的自由时间。在探讨自由时间问题的时候,马克思曾将自由时间区分为"闲暇时间"和"从事较高级活动的时

---

① 《马克思恩格斯全集》第 47 卷,人民出版社 1979 年版,第 216 页。

间",在他看来,"如果音乐好听,听者也懂音乐,那么消费音乐就比消费香槟酒高尚"①。在必需的休息放松的基础之上,我们应该更好地把握闲暇时间,从事一些富有意义、能提高自身能力和素质的活动,创造积极向上的闲暇生活,而不是花大把时间在吃喝玩乐、游手好闲上。如果一个人能科学、合理地安排闲暇时间,那么就等于获得了比别人多的知识、情感、技能,就不会在"闲"面前感到寂寞、空虚。因此,那些健康、积极的休闲活动,如运动、旅游、阅读等,以及接受艺术熏陶,自主学习给自己"充电"这类高质量的休闲方式,才能最大限度地发展个人的能力和个性,让人走向全面发展。进一步而言,个人的充分发展又能作为最大的生产力反作用于劳动生产力,实际上是一笔巨大的社会资源和社会财富。只有在共产主义社会中,人们的个性才能得到全面发展,那时,"由于给所有的人腾出了时间和创造了手段,个人会在艺术、科学等等方面得到发展"②。也就是说,未来的社会将是给所有人提供充裕的物质生活和闲暇时间,从而让所有人都享有充分发展自己一切爱好、兴趣和才能的广阔空间。那时,在闲暇的生活中,人们关注的是自身本质的实现,而追求自我实现的这种人生信仰使人对当下的生活状况抱有一种超越意识,令人始终保持创造的张力,于是,人的自我发展走向无限。人在获得全面自由发展之前,能够运用身体机能感知空间。而人在借助身体机能获得全面自由发展之后,身体与空间仍在互动,仍能建构有利于人全面发展的身体空间。

(二)推进城镇化是推动国民经济高速发展的需要

中国特色城市化道路加快了城乡建设,促进了经济社会协调进步,推动了城市基础设施完善,居住条件改善,让房地产业大力发展,促进了国内消费需求,刺激了多行业的发展,创造了更多就业机会。中国特色城市化道路开拓了国内外市场,增加了商品消费需求,推动农村剩余劳动力涌入城市,增加了农民收入,推动了城乡互动,提高了农民自身素质,改变了原先的生活、消费方式。中国特色城市化道路是转移农村劳动力、协调城乡发展的必然选择,有利于消除二元结构,促进人口自由流动。中国特色城市化道路有利于平衡城乡教育水平,提高农村教育设施,让人民生活舒心、有安全感。中国特色城市化道路有利于推动农村产业结构升级,农民工进城会接受新技术,增加资本投资能力,从而改善农村产业结构,转变生活理念。特色城市化道路有利于提高农业竞争力,农业人口减少有利于土地流转,促进农业集中经营,扩大农业规模,提高农业机械化、专业化、技术化水平,建立现代农业。特色城市化道路有利于产业优化布局,提高乡镇企业效益,推动

---

① 《马克思恩格斯全集》第 26 卷,人民出版社 1972 年版,第 312 页。
② 《马克思恩格斯全集》第 26 卷,人民出版社 1972 年版,第 312 页。

城乡协调发展。农民能自愿从事城市居民不愿从事的高强度工作,对工资要求不高,方便了市民生活。农民工进城成为城市消费群体,有衣食住行需求,拉动城市餐饮、交通、房地产等的发展。城市化推动农民改变生育观念,促进少生优生,让人口自然生产率下降,减轻人口压力。城市教育文化事业高于农村,能提高进城农民工素质。

人作为认识和改造世界的主体,既是指个体主体,也是指群体主体和社会主体。个体主体全面发展就是德、智、体、美等素质不断全面提升,认识和改造世界的能力不断增强,也是要成为德才兼备的人才。个体主体素质提高了,就为群体主体和社会主体素质的提高夯实了基础。当前主要问题是居民权利发展过于滞后于经济结构的发展,或者说是居民权利不平等成为经济社会发展的障碍性要素,也是当前社会群体事件产生的重要原因之一。"一切群众的实际生活问题,都是我们应当注意的问题。"①总体上来看,国家政策的城市偏向,造成"三农"问题日益严重。农民工已经不同于20多年前的农民工。这种矛盾成为社会病态或者不稳定的重要根源。推动城乡居民权利平等化,需要调整经济结构,消除城乡二元分割体制,建立宪政民主,实行民选政府,提高居民权利意识,加强社会保障制度。我们要突出强调人民群众在城乡治理中的主体地位,让人民群众在政治、经济、文化、生态当中都起着主导作用,切实保障群众的历史创造作用。

历史辩证法是个人为了生存对技能的发挥。人类社会依赖于自然环境,不同的地理环境造成了人种的差别,决定了不同文明的孕育。尽管马克思只选择生产方式作为社会的决定因素,但其实地理环境也决定人类社会发展。人口生产也是社会历史的前提,决定着社会发展。社会中仍存在对农民的歧视。农民落后的生产方式不符合现代化模式,农民"私有"心理和集体主义原则相冲突。政策仍偏向城市和城市辐射影响力仍需要加强,农民制度性参与仍缺失。这些因素都对城乡居民权利平等化发展起着或大或小的阻碍。同时,中国共产党和政府提出了社会建设的目标,包括小康社会、和谐社会、社会主义新农村、城乡公共服务均衡化发展等等都必将在城乡居民权利平等基础上才能实现。推进城乡居民权利关系平等化发展,要真正赋权于民,发展民主,不断推进城乡政治文明共同发展。一是转变政府职能,缩小城乡差别,实现城乡政策一体化。二是关注弱势群体,增加农村社会保障投入,完善城乡社会保障事业。这是构建和谐社会的需要,是实现现代化的基本要求,也是历史发展的必然趋势。

城市让人类有了更多闲暇时间。闲暇对于整个人类和经济社会的发展都具

---

① 《毛泽东选集》第1卷,人民出版社1991年版,第137页。

有广泛而深远的影响,闲暇为个人的自由发展提供了空间,于精神文明建设和人的素养的提高具有重要意义,因此,把握好休闲的"度",合理安排好闲暇时间,对于推动我国构建和谐社会无疑具有重要作用。要保证每周五天,每天八小时的工作制得到有力实行,让人们拥有相对充足的闲暇时间。相比以前生产力不发达的时代,现在人们所拥有的闲暇时间已经大幅增加,从单休日过渡到双休日,从原先较长的工作时间到每天八小时工作制的确立,这些都给予了人们更多可以自由支配的时间,让人们过上相对休闲的生活。我们可以预见,随着生产水平的进一步提高,工作时间定会进一步缩短,留给我们自由支配的闲暇时间将会越来越多。然而,工作与闲暇之间的"恶战"仍然摆在我们面前。尽管闲暇时间从整体上来说增加了,但很多人的闲暇时间还是受到了工作的挤压,白领、蓝领、农民工等诸多群体全都加入了超负荷工作的队伍,时不时就要加班加点。很多工人都得在流水线上机械操作十多个小时,上厕所用跑的,吃个饭用吞的,再累也不能随便停下,不然整个流水操作都要出问题。很多白领则是坐在办公桌前处理着一堆文件、数据,过着朝九晚"无"的生活,华灯初上,别人下班了,而他们的工作日却才过去了一半。这两年,"过劳模"这个全新的词语开始进入人们的视线,"过劳模"平均工作10小时以上,睡眠不足,三餐不定,基本没有休息日,工作强度比起传统意义上的"劳模"可谓有过之而无不及。"年轻时用命换钱,年老时用钱换命。"这句话用在他们身上再合适不过。

虽然人们对过度加班问题的关注是越来越多了,但如何解决这一问题却着实不太好办。解决过度加班的关键除了立法,还在于执法。许多员工迫于竞争压力,不敢拿《劳动法》这个武器来捍卫自己的权力,断送自己的前程。这时,就需要劳动部门主动出击,控制好劳动强度,对违规加班的企业给予重罚,做到严格执法。至于破解"过劳死"这个难题,国外早已明确地将"过劳死"纳入法律范畴。比如在日本,如果发生了员工"过劳死",老板将受到严厉的处罚。而我国目前缺乏这方面的法律,政府应当尽早将"过劳死"纳入法律范畴,制定相应的惩处措施。因此,立法和执法部门必须相互合作,让法律对劳动者的保护具有强有力的可操作性,在现阶段努力保证每周五天,每天八小时的工作制得到有效实行,使人们能够有相对充足的闲暇时间去休息,去调节自我,从而达到身心的平衡。在闲暇时间有所保障的基础上,进一步充实人们的闲暇时间,引导人们采用积极的休闲方式。客观上,政府有必要增加休闲设施,提供更多休闲场所,改善休闲环境。经济的发展,人们生活水平的提高,必然带来休闲要求的日益强烈,但如果没有相应的休闲设施,缺少良好的休闲环境,那人们就会无处可去,只能在闲暇时间窝在家里看电视、聊天、打麻将。

城市的休闲形式和休闲设施是相互作用的。随着社会的发展,休闲形式越来越多,普通百姓喜欢下棋、聊天、打牌等,学生和白领喜欢上网、旅行、K歌等,一时间茶室、网吧、KTV等休闲场所到处可见,成了人们闲暇时常会光顾的地方。而影院、剧院、博物馆、科技馆等休闲场所的建立和休闲设施的完善,又引起看话剧、听歌剧,了解接触历史文化和新兴科技的热潮,促进了现代化的休闲形式的形成。因此,政府应当引导企业和社会增加休闲设施投入,多开辟和建设文化含量高、适应民众需求的休闲场所,改善休闲环境,发展休闲产业,繁荣人们的休闲生活。主观上,政府有必要引导人们积极休闲,促进居民休闲意识的觉醒。拼命工作,挤压休闲时间,这无疑对个人的身心健康不利,也会让整个社会处在压抑之中;有适当的闲暇时间,但只是一味地打打麻将、花天酒地,这不仅对人的发展无益,也会让社会变得混乱。在闲暇之时读书、旅行,进行音乐、工艺方面的创作,参观艺术馆、展览馆和各种历史人文景观,这样的休闲就显得很有"文化",对于个人发展提升和社会文明进步都有积极作用。因此,进行适当的休闲教育,宣传文化精神层面的休闲方式尤为重要。多办些艺术、科学知识讲座,对带有艺术、科学色彩的休闲场所实行适当的优惠政策并予以积极地推广,同时充分发挥社区优势,积极开展社区活动,这些都将引领人们在休闲中步入艺术、科学的殿堂,提高人们的休闲品位,从而使人得到精神的愉悦和自我的完善,进而促使整个社会更加文明、更为和谐。

二、坚持城市空间发展的以人为本

城市空间价值和人的价值是能够结合起来的。空间生产与人的关系应该秉持公平正义,空间生产与自然的关系应该秉持生态正义,空间生产与社会的关系应该秉持社会正义。空间生产中以人为本的实现需要满足空间生产主体的多元化利益需求,不只满足人的基本生存需求,还要满足人的精神需求。空间生产还要突破人类中心主义,兼顾其他生物的空间权利和利益需求。人文性是可以判断是非的准则,是合理社会空间秩序的基石。空间生产破坏自然,引起生态危机,让人类自食恶果。空间人文性作为当事人意志的空间呈现,其正义性源自当事人自由选择行为是否符合生产方式。空间生产渗入日常生活,让日常生活日益客体化,失去了主体活力。社会空间是主体制造的隐含主体意志的内在结构。

(一)建立宜居的城市空间环境

地方政府是新型城镇化的指导者和规范者,需要大力发挥自己的职能,推动城市化可持续发展。"宜居城市需要在城市人居环境总宜居度、人文环境宜居度、自然环境宜居度及环境宜居度协调性上得分较好。"①城市化需要政府权责明确、改革创新、合理决策。新型城镇化要坚持以人为本,推动人口城市化,要遵循统筹兼顾的原则,推动特色产业的特色城镇的发展,避免土地资源浪费,要倡导绿色环保的产业,科学布局城市规划和规模,节能减排,发展低碳能源。

地方政府在新型城市化当中出现了职能偏差,主要是土地城镇化现象严重,房地产商联合政府大拆大建;城镇化缺乏完善的配套设施,户籍制度、土地制度、社保制度都比较滞后;城镇化缺乏科学指导,水平偏低,面子工程、政绩工程突出,城市建设盲目跟风,导致资源浪费;城镇化的二元结构突出,需要城乡互动,促进产业结构升级。

新型城镇化中,地方政府应该做好决策者、管理者,提高执政水平,要变主导为引导,推动市场活动,协调政府和市场的关系,引导企业创新,增加财政支出。"建设生态宜居城市,给人类营造健康、舒适的生存环境,符合科学发展观,对人类发展具有重大意义。"②城市化要科学规划城镇体系,注重城市化发展的科学性,合理布局产业结构,注重生态文明,激活城市发展活力。要建立城市化的预警机制,规范城市管理。政府要提高公共服务水平,提高服务意识,政府要优化公务员队伍,关注居民权益,提高办事效率,打造特色园区,强化基础设施建设。政府要坚持以人为本,推动城市化可持续发展,在尊重国情基础上,推动区域协调发展,大中小城市形成互动,土地、人口城市化同步进行,为居民提供良好居住环境,为农村人口提供完善的配套设施,提高城市承载能力。

建立宜居的城市环境需要中央政府高瞻远瞩、地方政府积极配合,注意工作方法,利用区位、生态、交通等优势,发展绿色低碳的新型城市化道路。有条件的地方的农民可以首先进城,不断增加农民收入,提供就业岗位。要保护当地生态环境,采用低碳环保技术,治理污染企业,打造旅游休闲城市。要创新体制,促进城乡融合发展,建立城乡综合配套改革示范区,要整合资源,用城市带动乡村,建立绿色项目,打破行政限制,形成城乡产业互动。要深化改革,推动城乡一体化的保障制度,推行一元化户籍制度,配套相关公共设施,建立人力资源服务市场和平台。

建立高效的城市空间结构,发展绿色产业,体现城市的经济、文化、社会属性,

---

① 王坤鹏:《城市人居环境宜居度评价——来自我国四大直辖市的对比与分析》,载《经济地理》,2010 年第 12 期。

② 王小双等:《天津市生态宜居城市建设指标与评价研究》,载《中国人口·资源与环境》,2013 年第 6 期。

让全民参与城市建设,建立多样性的城市系统,让城市系统发挥高效作用,使城市空间紧凑和分散结合,尊重城市系统的属性。精益城市化是注重效率的全局性创新,需要价值和需求的结合,需要不断流动,追求完美,不断创造市民需求的价值。中国城市化需要每个公民的努力,需要城市的精益建设、管理、布局。城市化是人的文明进步,是人口集约化,需要解决人口分布问题。中国城市规模需要精益结构,需要解决人口过多带来的城市病,建立精益的城市规模,需要新型城市化的战略创新,是思想观念转向科学理性,不断创新。精益城市化包括经济、人口、空间各方面的精益化。发挥最大经济效益、降低成本,追求利润最大化;促进人口聚集,满足居民物质、精神需求,促进生产、生活方式、文化理念改变;城市旧城区需要升级改造,建立多样化的生态空间,建立和谐系统。

城市建设需要合理的规划,建设宜居的环境,合理引导人口结构、人口布局、人口流动,改变户籍制度,增加城市吸纳能力。"建设和谐宜居城市已成为现阶段我国城市发展的重要目标,对提升城市居民生活质量、完善城市功能和提高城市运行效率具有重要意义。"①城市系统具有整体性、动态性、协同性等特点,要加强生产要素联系,用市场机制推动区域平衡,扩大地方财权,发展现代服务业,采用高新技术促进产业布局合理。城市建设需要尊重生态平衡,维护生态多样性,对土地进行生态规划。提升公共交通的协作能力,发展清洁能源,资源循环利用,构建绿化体系。精益城市需要合理的评价体系,需要协同、共识、沟通、全民参与等,需要人文多元氛围、生态系统平衡、合理的空间结构、高效的经济发展,需要高效的团队、美好的愿景、切实的行动。公务员团队要专业、协作,机构简化。要低成本生产,实现公平持续,形成良好人文氛围,达成共识,从粗放型向精益型转变。城市化需要推动工业化、信息化、城市化、农业现代化的互动和协调发展,以保护生态为前提,推动城乡和谐发展。政府要提升城市化质量,克服经济危机和二元结构,促进城乡产业互动,明确城市规划,促进农民工享受到城市居民权利,完善各类社会保障。优化城乡空间布局,协调环境保护、自然、社会的关系。中国东部地区城市化最先发展,然后扩展到中西部地区。城市便利的基础设施、服务吸引农民进城,需要开发中国特色城镇,改善城乡环境。城乡需要融合发展,消除城乡分离,实现循环经济,需要推动农民工进城,促使经济持续发展,转移剩余劳动力。

新型城市化要注重质量,注重生态文明,体现人本特征。我国城市人口大幅增加,不断向资源节约、注重内涵的道路转变,发展了特色产业,推动绿色发展,建

---

①　张文忠:《中国宜居城市建设的理论研究及实践思考》,载《国际城市规划》,2016 年第 10 期。

立美丽城市。城市化中的生态文明是以人为本的文明,注重人生活质量的提高,完善软硬件设施,引领生活、消费理念改变。农村也建立生态型社区,实现经济循环发展,控制污染,保持生态平衡。粗放型增长方式导致很多生态问题,自然生态急需治理维护,急需减少排放,需要提高经济发展持续性,提高产业承载力,要科学规划城镇,提升居住生态,缓解城市病,也要维护农村生态。

工业文明给人类带来大量物质财富的同时,也让人类处于空前的生态危机中。城市化是传统农村居住环境向现代城市居住环境的转变,让人类生活方式发生了根本性变革。在城市空间中,人的社会结构发生重大变化。宜人的居住环境应该包括完善的产业服务、不断提高的消费水平、居民素质的提升和文明生活方式的扩散。城市化最初是工业文明推动的,继而是社会和经济协同发展,最后是采用可持续发展模式。城市在不断发展时,引起了环境恶化,导致居民生存环境的恶化。城市化资源利用粗放,产生了大量废弃物,产生热岛效应,使植被被破坏。城市规划简单粗暴,公众难以参与,城市盲目发展、盲目扩张趋势有所加剧,盲目攀比,搞不切实际的"形象工程""政绩工程"。城市管理水平低下,管理的目标与方法不科学;管理体制滞后,缺乏整体协调。中国城市化目前处于由量的增长向质的提升的阶段转化过程中。中国城市化需要建立现代管理系统,提高人居环境水平,采用科学发展的评价体系。城市居住环境是遗留自历史的,具有较长的使用寿命,需要有序的扩展,消除历史积累的问题,促进城市资源的流动性。城市是生产要素流动的实体,满足了居民的物质需求。城市要提高经济生产的环境水准,降低生产成本,采用循环绿色经济,协调各种工业部门,达到资源利用的最优,加强社会凝聚力,发展环保和高新技术产业,完善交通规划,倡导绿色消费,实施长期战略。城市居住环境建设要追求其自然潜力,建立绿色花园城市,合理利用土地资源,提高社区的人文环境,树立公民的责任意识,尊重生态规律,促进城市功能协调,追求高质量的城市经济。

(二)平等分配城乡空间资源

城乡空间资源分配的不平等现象是空间生产资本化达到一定程度的结果。"文明每前进一步,不平等也同时前进一步。随着文明而产生的社会为自己所建立的一切机构,都转变为它们原来的目的反面。"①资本推动的空间生产不断建构社会空间关系,不断变革社会空间形态。空间生产对社会空间形态的改造呈现在社会空间制度的建立和空间生产方式的演变过程中。空间的平等性能够消除少数人对空间的霸占,防止空间让一个阶层独占,让各个阶层的空间能够自由的流

---

① 《马克思恩格斯选集》第 3 卷,人民出版社 1995 年版,第 483 页。

通,增进各个空间的交融。空间的平等性能够协调空间生产主体的利益冲突,为空间生产的高效进行提供主体条件和伦理支持,能够促进人和空间的和谐关系,促进形成积极向上、活力十足、生气勃勃的空间生产状态。马克思指出:"平等,作为共产主义的基础,是共产主义的政治的论据。"①空间的平等性就是要竭力促成适合人生存的空间形态的生成,让空间生产主体在各方面都能感受到平等的氛围,激发主体的创造力和能动性。空间的平等性是指正义要在一切空间生产主体中都得到平等贯彻,不得因为年龄、身份、地位而让空间生产主体得到不同待遇。任何空间生产主体都应该平等的遵循空间正义原则,不能违背空间平等原则。任何空间生产主体都要对一切伦理法则给予平等的认同,遵循伦理原则平等地对待一切空间生产主体。

马克思倡导空间利益的均等性。"公正是最主要的,它比星辰更加光辉。"②空间伦理的基本要求就是平等性。空间生产引起的全球地理不平衡发展是生产力进步的必然结果。其中,空间伦理的平等性就是消除等级秩序和僵化模式,实现空间分配的公开透明,坚持空间和谐发展。空间伦理的平等性应维护好以下关系:一要理清公平和效率的关系。效率属于工具理性,公平属于伦理诉求。实质上,空间生产的效率为的是实现公平;二要理清代内与代际的关系。空间伦理的平等性需要统筹安排、可持续发展,不能目光短视,空间生产的平等性要求将社会空间建成包含差异的公平空间,用人际公平解决人与人之间的矛盾,用社会公平廓清人在社会的位置。

空间平等性是对空间生产运行中实现公平与正义的追求,其使命就是引导空间生产走向规范之路,包括空间资源分配公平、空间权利平等、空间利益公平。马克思"空间生产"研究对象是社会空间内部的资本生产,而小是社会空间本身及其生产。"资本主义社会的经济结构是从封建社会的经济结构中产生的。"③可持续发展是全体人类的职责,但西方发达国家需要承担更多责任。空间平等关键是空间生产过程公平及机会公平。空间资源的多少是影响空间平等的重要因素。空间生产只能达成相对平等,绝对平等只是理想,是无限接近、但不可能立即实现的。城市空间权利的平等要把当代人的空间权利和后代人的空间权利有机结合起来。空间平等原则能够缓解空间生产的失衡,但要彻底解决空间问题需要的是

---

① 《马克思恩格斯全集》第3卷,人民出版社2002年版,第347页。
② 亚里士多德:《亚里士多德选集》伦理学卷,苗力田编,中国人民大学出版社1999年版,第103页。
③ 《马克思恩格斯文集》第5卷,人民出版社2009年版,第822页。

所有制革命。"伴随着资本增值逻辑在全球空间的布展,世界地理发生了诸多本质性的空间革命。"①政府引导空间生产的目的不应是利益而应是居民权利,要消除影响空间平等的霸权力量。要允许空间差异存在,但要消除空间中镶嵌的不平等和结构性失衡。不合理制度才是造成空间不平等的主因,需要看到空间失衡背后的深层次结构性力量,采取彻底的抗争策略,而不是摇摆于革命和改革之间,试图通过毁灭旧的空间实现新的空间均衡。空间平等要调节空间资源分配,对人的空间行为起引导作用。

平等分配空间资源,需要统筹城乡资源。统筹城乡资源就是要解决三农问题,统筹城乡的物质、政治、精神和生态建设,消除城乡界限,实现自由优化配置。"重商主义体系在某种程度上还具有某种纯朴的天主教的坦率精神,它丝毫不隐瞒商业的不道德的本质。"②城乡一体化需要凭借市场机制、政府引导、财政收入等推动城乡生产要素的合理配置,加强城市对农村的扶持作用,缩小工农差距,实现城乡经济的良性互动,促进工农、城乡协作发展,把城乡、工农当作一个整体考虑,消除制度枷锁。城乡统筹发展是站在国民经济的全局,努力挖掘农业和工业各自的潜力,增加农村就业,引导农村劳动力转移,把建设新型乡村和城市化进程结合起来,发挥政府调节功能。城乡统筹要平衡城乡政策和制度,统筹市民和农民的政治权利,实现居民身份平等,寻求市民和农民利益的均衡,城乡空间优势互补。城乡统筹和城乡一体化都是为了克服重城市、轻农村的传统做法,强调城乡是一个整体;都是为了推动城乡互动关系形成,关键在于使城乡居民获得平等的权利,共享改革的成果。城乡统筹是手段、方法、思路、实践,城乡一体化是目的、结果和导向。

城市化需要建立合理的空间生产伦理。空间生产伦理研究需要考察其研究的必要性,因此必须对空间生产与伦理的内在联系做准确分析。空间生产蕴含着社会存在关系,呈现着显著的伦理性,伦理又离不开空间,两者能发生相互作用,呈现一种互动关系:空间生产需要伦理的指引和评价,伦理能促进理想空间形态的实现,维护人的空间权益;伦理又具有普遍的空间性,其形成和发展都受空间生产影响。唯有将空间生产和伦理结合起来,才能催动空间生产实践的高效进行。"正是通过这种空间的震动和冲击,才使得它在今天保持着一种教育的本体,同时

---

① 孙全胜:《城市空间生产批判及其对中国城市化的启示》,载《上海财经大学学报》,2016年第 6 期。

② 《马克思恩格斯文集》第 1 卷,人民出版社 2009 年版,第 61 页。

在一种保守的教育系统中有极大的困难。"①空间生产伦理是当代社会的核心存在、规范理想和热点问题。空间生产日益走进人们的视野,道德哲学要保持活力,就必须关注空间矛盾。道德哲学如果在空间问题上失语,就不能切实走入日常生活。在这样的背景下,空间生产的道德哲学研究对于道德哲学的当代出场有重要意义,也与道德哲学进程相关。空间伦理就是要关涉每个个体与空间的伦理关系,要关注空间环境的内在价值和终极目的。伦理具有评价导向,人们有时会以伦理为基础评价空间生产问题,还对空间生产具有规范作用,能用伦理原则纠正空间生产的偏差。空间生产主体主要是有着伦理意识的人,需要伦理制约。空间伦理蕴含着对自由、公正、和谐的追求,引导空间生产向着规范、合理的方向发展。空间生产的呈现方式是多样的,既能呈现为实在的能够直接感知的物理空间生产,又能呈现为虚拟的想象的精神文化空间生产。伦理的引入,能够消解对空间生产的僵化理解,激活空间生产活力,消除空间生产的矛盾和弊端。伦理有抽象化的危险,并有时会落后于时代,也需要空间维度。伦理依赖于空间,不能脱离空间而独自呈现。建立空间伦理制度和空间伦理秩序,是克服空间生产问题的基本措施。空间生产也脱离不了空间生产主体的伦理化。

空间生产伦理需要立足于现实空间条件下,尊重空间形态的多样性和空间文化的多样化。凭借教育、法制建设促进公民的伦理素养,能为空间生产的运行、空间权利的保障、空间结构的改善提供主体条件。空间伦理风险是人的伦理关系的积极效应或消极效应等不确定因素。空间伦理负效应对自然系统产生灾难后果。空间伦理风险是客观的,能够测量,空间效应可以分为高低,可以被权衡。空间伦理学说又有赖于前人空间学说的总结和调和。空间伦理与政治变成个人身份的象征,需要意志自由和交往实践,建构空间关系共同体,实现伦理自由。伦理对合理空间形态的建构只有辅助作用,为空间正义提供条件。都市革命需要更加缜密、细致的城市规划,将城市建立在风景优美的地区,让城市空间结构布局更加合理和谐、层次分明、具有美感。

多元空间矛盾的解决需要伦理规范,引导着伦理形态走向多元。空间是人的伦理意识形成和发展的基本场域。人类的空间存在包括自然追问:我是谁? 来自哪里? 又有伦理的追问:人应该如何生活? 还有教化的追问:如何在一起? 还有道德追问:能否在一起? 人类首先诞生的是个体的人。伦理世界是社会的初始阶段和个体的婴儿时期。人类时常受到良知的拷问,伦理事件不断发生,需要用伦理守望生命。空间形态的统一性、空间与人的普遍联系、空间的基本规律,决定了

---

① H. Lefebvre, *The Production of Space*, Oxford:Wiley—Blackwell Press,1991,p. 25.

人们在伦理观上的统一性。"人类从根本上来说是空间性的存在者,总是忙于进行空间与场所、疆域与区域、环境和居所的生产。"①空间形态的差异性、生态空间的多样性、不同社会空间的特殊性、空间运行规律的复杂性,决定着人们在伦理观上的多元性。空间生产既影响着伦理形态的转换,又制约着新伦理形态的形成和发展。空间生产及其矛盾既呈现出共通性,又体现差异性和异质性。人的伦理价值同样既呈现相通性,又体现多元性和差异性。伦理不仅需要空间作为存在和发展的基础条件,其范式变革又受着空间生产方式的制约。因此,空间生产及其矛盾的多样性主导着伦理价值的多元性。如果空间生产封闭、僵化,也会导致空间伦理的一元论和中心论。

空间生产伦理不仅是空间生产应该遵循什么伦理的问题,而且是空间生产主体应该如何成为伦理人的问题。新型空间生产伦理形态的建构有利于实现空间生产理论和伦理学的融合。空间生产伦理是空间生产主体自觉、自由、自主、自愿的活动,而不是盲目行动、被迫选择、强加意志。因此,空间生产伦理就是在空间生产实践中产生并用以协调和制约空间生产主体行为及其空间关系的伦理理念的总和,既是协调空间利益的伦理原则,又是空间生产主体把握空间生活的道德活动。空间生产伦理蕴含微观个体空间伦理、中观企业等空间组织伦理、宏观国家空间伦理等层次,是特殊的社会资源。空间伦理问题渐次成为社会科学关注的焦点,作为始终走在时代前沿的伦理学,自然不能对社会科学的空间转向视而不见。实践是建构空间生产伦理形态的重要维度。空间生产实践制造了适合于人类生存的空间形态,是有着伦理意识的人主导的,也形塑了人的伦理关系及其伦理意识。"真的,自然是有抵抗性的东西,在它的深度上是无限的,但是它已经被打败了,而且现在等待它的是终极的遗忘和毁灭。"②空间生产伦理不能忽视空间生产利益的伦理悖论,要从空间生产的内在运作机制入手,不应是思考的结果,而是在观察了空间生产的实际运作过程后概括总结的。空间生产伦理在空间生产中起着重要作用,本质上是从空间生产自身的运行机制来讨论空间与伦理的关系。空间生产伦理需要奠定在空间生产主体相互关系上,包括表达空间生产自身运行机制的实在性伦理意蕴、处理空间生产主体利益冲突的陈述性伦理规则和评价空间生产主体行为效果的评价性伦理规范等原则。空间生产伦理的建构有其出场的必然条件。空间伦理秩序是空间生产及其关系中隐含的伦理秩序。人能自由地建立新空间伦理秩序。空间正义的建构要建立差异空间,并为解决空间矛

---

① 〔美〕迪尔:《后现代都市状况》,李小科等译,上海教育出版社2004年版,第5页。

② H. Lefebvre, *The Production of Space*, Oxford: Wiley—Blackwell Press, 1991, p. 31.

盾提供人道主义方法。空间生产伦理也暗含着人类解放之路,仍然是对人的本质的关注,伦理学理论由此有了空间批判向度。空间生产伦理的目的就是建构与空间生产活动相适应的伦理规范,从而推动空间生产实践的有效进行。

建构新型空间生产伦理形态,需要遵循道德哲学基本原则。在道德哲学视阈中考察空间生产过程既是可能的又是必需的,这是空间生产伦理暗含的前提。空间生产的道德哲学研究可以从空间生产与伦理的关系、道德哲学视野中空间生产运作模式、当代空间伦理视角中资本批判等方面论述,这也组成了空间生产伦理的基本框架。空间生产研究已经获得了一些理论成果,但空间生产的道德哲学研究基本处于停滞状态。空间生产伦理应该在整体理论逻辑上保持道德哲学的理论模式和原则要求。这一前提为空间生产的伦理研究提供理论依据和现实意义。因此,在阐明空间生产伦理研究逻辑前先要阐明其可能性和必要性。伦理学视阈中的空间生产研究既是当代空间生产的时代伦理责任又是道德哲学当代出场的需要。空间成了各方利益激烈争夺的焦点,需要道德哲学的审理,这也是空间生产道德哲学研究的基本前提。道德哲学对生活现象和时代问题有独特的价值。空间生产的道德哲学研究就是用伦理学的视角去考察空间生产过程及产生的问题,不仅是因为空间生产及其空间问题,还是因为道德哲学本身的理论向度;既是道德哲学理论逻辑本身发展的必然要求,又是反思传统道德哲学缺失的工具。道德哲学是关于道德的理论,在城市化高速运行的背景下,强调空间维度也成为道德哲学的应然逻辑。因此,外在的空间生产实践和内在的理论逻辑让空间生产的道德哲学研究显得很有必要。其一,从内容上看,空间生产的道德哲学研究的对象是空间生产中的道德问题。空间生产蕴含着伦理问题,必定会成为道德哲学的研究对象。其二,从理论目标来看,空间生产的道德哲学研究是用伦理学视角审视空间生产现象,阐释空间向度对伦理学的发展有一定意义。其三,从分析图式来看,空间生产的道德哲学研究是以伦理学的基本原则分析空间生产及其问题。伦理学不仅具有历史性的维度,也应有共时性的空间维度。道德哲学在论述社会现象时并没有完全丢失空间维度,只是空间维度没有得到详细阐述。空间生产的道德哲学研究是对道德哲学理论的拓展,突出了伦理学的空间维度,补充了传统伦理学的不足。

空间生产和伦理的关系是当前社会空间呈现出的关键问题,两者存在矛盾,但都具有价值,应该成为研究当下社会的视角。"人们在空间中看到了社会活动的展开。"①空间生产研究缺乏伦理学维度就不能深入走向现实,而伦理学唯有增

---

① 〔美〕迪尔:《后现代都市状况》,李小科等译,上海教育出版社2004年版,第57页。

加空间向度才能更深入地走进生活。没有空间维度的伦理学必然走向虚无主义，而离开伦理指导的空间研究也必定走向盲目。在不断的形态转换中，空间生产和伦理的互动机制组成多元的空间生产伦理形态，并展示出过程性、实践性和人文性等多种特征。空间生产与伦理都已经参与现实，产生了一定的价值。空间生产伦理研究对于中国空间生产和生态文明建设也具有极强启示意义。目前国内空间生产的伦理化仍显不足，需要消除空间同质化，促进空间生产中多种力量的协同。

（三）空间生产方式的人本性

城市化是现实存在的，人的实践行为也是在空间进行的。权力无处不在，也存在于空间中。空间是政治权力控制的，有不同等级。资本运作和空间生产紧密结合。社会空间生产提供了政治结构，实现了意识形态空间的生产。政治关系深入日常生活空间的各个方面，让空间生产走向政治化，让空间政治矛盾突显。空间生产祛除了城市规划的中性观念，集中体现为阶级性。社会空间按照阶级划分，富人和穷人占有的空间数量不同，各个阶级都努力支配更多空间，空间的控制和反控制成了阶级斗争的重点。人们用权力在空间中宣示力量，不断驯服空间，空间中充满各种势力的较量，剥削和反抗同时进行。空间可以呈现人的心理效应而成为心理空间。空间生产日益扩张，让决策集中，也让落后地区更加边缘化。空间被划分为全球、都市、国家等形态。全球空间的历史性、国际性让其充满冲突，使其不断空间重组。全球空间是空间不平衡发展的结果，是资本延续生命的法宝，打破了血缘、种族、观念、宗教等界限，打破了一切空间壁垒，获得了更大的利润空间。

学者要激发空间的多元性，让时代成为空间的时代。马克思对社会学的考察遵循时间的轨迹，只是一种线性的历史，用时间的差异性取代空间的差异性。空间生产让以国家为主导的经济模式越来越普遍。空间批判理论由全球空间转向国家空间，指向了对国家权力机制的批判。"全球化过程中的核心问题是空间重组。"①空间生产在等级化支撑下不断重新让空间区域化，也压制了差异，让各种矛盾纠缠于空间，需要加强区域空间的独立和自主。

日常生活空间生产的变革包含三个维度：开放的元空间、无限的可能、另类的空间。日常生活就要生产出亲历性空间、能够被人们感知的空间。亲历空间是建构性力量。人类也一直渴望建立公平正义、差异多元的社会空间形态。"我们需

---

① 〔美〕大卫·哈维：《大卫·哈维：全球化与"空间修复"》，载《国外理论动态》，2001 年第 5 期。

要经由知识达到智慧。"①都市空间是日常生活的集中地,展开着政治斗争。空间不仅生产,而且被生产。城市空间生产并非没有意义,也能让日常生活、政治经济学都有新的阐释和发展,重点关注空间政治的本质和空间生产过程。空间生产有其思想基础和现实原因。社会主义也有自己的空间形态及空间生产模式。

列斐伏尔的空间生产批判理论是城市学空间转向的发轫者,并推动了人文地理学、城市社会学、经济地理学的发展,也促进了人们空间意识的觉醒。它以人文思维,拓展了马克思历史辩证法,为社会批判理论补充了空间维度,将空间生产批判与政治经济学批判联系,让空间成为考察资本主义生产体系的重要切入点,有着很大的理论意义。空间政治权利应该是艺术风格的,改造日常生活的性质和形式。在空间政治的改造过程中,需要把空间变革和艺术结合起来,以创造新型的差异空间政治模式。空间生产既把自然整合为空间一体,又让自然空间破碎,从而不断打破空间生态平衡。资本增值要求对自然空间进行掠夺,公众要求维护自然空间的平衡,这产生激烈冲突。自然空间的失衡呈现为空间同质化和市场资本化等。空间生产中的矛盾是人与自然矛盾的呈现。空间生态失衡是人无节制侵入自然空间造成的。人文性是可以判断是非的准则,是合理社会空间秩序的基石。空间生产引起生态危机,让人类自食恶果。空间人文性作为当事人意志的空间呈现,其正义性源自当事人自由选择行为是否符合生产方式。"这个内容,只要与生产方式相适应,相一致,就是正义的。"②空间生产渗入日常生活,失去了主体活力。社会空间是主体制造的隐含主体意志的内在结构。

人的存在是伦理价值产生的根源和目的,是伦理主体能够产生的前提。只有维护了人的主体存在才能保证人的伦理实践活动。"善与恶的知识不是其他东西,只是我们所意识到的快乐与痛苦的情感。"③各种空间生产问题都直接指向人的生存和生活伦理。"同时,总体的人是通向无限的一个界限。"④资本消解了封建霸权,但用利益控制了空间,引起了空间的破碎化。未来的空间不应该是同一和破碎的,而应该是差异的、多样的、生态的和属人的。城市空间危机显示了不正义的地理已经侵蚀了居民的城市生活,是政治权力的剥夺,将个人排除出都市文明,建立了中心和边缘的空间格局,隔离了不同阶级,是资本权谋。个人有进入都

---

① 孙全胜:《论〈1844 年经济学哲学手稿〉的"转识成智"》,载《湖南工业大学学报(社会科学版)》,2011 年第 3 期。
② 《马克思恩格斯文集》第 7 卷,人民出版社 2009 年版,第 379 页。
③ [荷]斯宾诺莎:《伦理学》,李健译,陕西人民出版社 2007 年版,第 193 页。
④ [法]亨利·列斐伏尔:《辩证唯物主义》,郭小磊译,安徽文艺出版社 1998 年版,第 100 页。

市的权利,需要打破政治权力对都市空间的压制。城市权不仅是占有和参与都市空间的权利,也是实现都市公平正义的权利。空间正义不仅是经济政治权力的结果,也是空间的产物,需要理顺市县关系,变革户籍制度,让每个公民都拥有城市生活和消费的权利。城市运动包括争取城市权利斗争、减少空间分配不公的努力、促进世界正义的运动、保护生态的正义运动,促进了市民的空间视野。空间正义表达了人们的空间理想,成为人们对抗空间不公的价值理念,担负了人们的空间实践目标,是反对空间霸权的努力,激起了草根结盟,为城市权利一起努力。空间正义需要激起边缘群体的斗志,改善政治制度缺失,建立差异性和多元化空间。空间伦理学是从理论到实践的自足理论体系:"实事求是"的伦理实体的理念、"为人服务"的建构伦理世界的体系安排,基本意向是实践优先,将多元作为德行的最高境界,形成建设、拓展、开放的三期发展。

空间的人文价值和伦理意蕴是引出空间生产政治学研究的基础,需要致力于使日常生活革命化,强调并运用唯物史观研究空间生产过程,而不是用抽象的伦理原则分析空间生产中的异化现象。社会空间形态的发展是一个自然过程,在阐释空间生产进程时,也包含着对资本增值的道德控诉。伦理学研究要立足于人类社会实践、政治经济状况。自由与解放是空间生产伦理的主旨,消解了等级制度,清除思想控制。空间生产的无限扩展和空间资源的私人占有存在冲突,带来了不公和异化,必须消除资本主义私有制。空间伦理是关于人与空间关系的伦理理念、伦理态度和实践规则的话语体系,是关于空间权利和空间价值的新伦理范式,倡导人对空间的伦理责任,倡导人对空间的行为符合伦理规范,关注空间生态危机。空间伦理的核心是确立空间的价值和权利。

空间生产实践需要伦理指引,伦理也需要空间生产提供条件。人的空间生产实践要有清醒认识和计划预见性,让人类空间活动限制在合理范围,达成空间主体的全面发展。要为后人创造合理的分配制度,既满足当代人利益,又为未来社会提供正义的蓝本。空间生产伦理是实践哲学,当然是随着人类社会实践不断发展。空间生产本身是一个社会学概念,但它又是人本身的再生产,空间不是"为物"的空间,而是"为人"的空间,它不可能不涉及伦理问题。空间和伦理的结合能为空间生产道德哲学研究做必要的理论基础。伦理意识是社会空间的产物,是从社会空间投射出来的,不能脱离特定的社会空间条件。个人隶属于特定空间,空间圈定了不同阶级,形成了不同的自由。只有在差异空间中,个人才能感受到多元的氛围,发展自由的个性。人的生存样态是与空间生产方式同步的,空间生产什么,人就处于怎样的社会空间形态。人对于空间的认知与实践行为相关。空间有自身的主体、价值和轨迹。伦理要在空间中起作用,否则,人对空间将肆无忌惮。科技推动了社会进步、文化发展、经济腾飞、生活提升,具有很强的应用性,体现时代精神。空间生产伦理就是导向协同发展,弘扬空间平衡,强化空间主体伦理责任。人与空间是内在的关系,应激活人的伦理意识,不应冷漠对待空间。

空间生产伦理的实现需要人的实践行动,能对空间生产主体行为产生伦理效应。"任何普遍的社会正义原则,它的应用必然伴随着某种不公正。"①对空间生产主体的利己主义,不能只从道德上做批判,还要认清根源,生产出新空间形态。伦理不能立即解决空间生产矛盾,而只能规范空间生产主体的行为。自然空间生态是一个和谐的系统,人要改变占有和冷漠心态,要联合和遵从规律,要顺应绿色生态运动,建立更好的生活、生产方式。空间伦理在本体论、认识论和方法论都有理论基础,要警惕现代工业革命的消极后果,提高伦理素养。伦理不是随便就进入空间领域的,而是基于人类利益。个人的利益是最宝贵的,人本是孤立的存在。西方工业文明发端于现代性的伦理精神,虽然有问题,但也为生态文明创造了条件。生态伦理让哲学理念转变,消解人类中心论的狂妄自大,建立平和宽容之伦理观,促进道德实践之改变。空间伦理要解决空间理论和实践上的两难困境,要明确界定范畴和论域,与现实伦理经验契合,消解传统道德观念,建构与现实文明的对话。

人作为"空间存在物"始终依赖于空间环境,要将"差异空间"作为克服空间异化的路径,找到克服空间生产弊端的伦理途径。所有的道德准则都是空间的,需要拒斥任何超空间的伦理原则,揭露资本主义伦理范畴的虚假性。伦理价值作为普世原则,往往也是人的行为规则。空间伦理不是来自先天的经验,要培育人们的善良意志,形成良好的品质和素养。当代发达工业社会的生产对象已经从生活资料扩展到空间及其关系。空间伦理产生于对空间的新认识和新理念,既能清除现代文明的弊端,又倡导创新和多元精神,消解了现代性的僵化、二元和功利。空间伦理倡导尊重、理解和自由,表达着对技术的不满,关切着人的生存。人要向自然学习创造,不应肆意而为,而要有序建构。创造的主体不是天才,而是大众,要开拓新的思维模式和理论方法。工业生产损害着自然生态,自然被当成外在对象。人不能破坏自然,要消除个人独裁和霸权,要尊重自然权利。人既是关系存在,更是个体存在,不能以虚幻空洞的理想架空个人利益。人不能离开空间而存在。

空间生产塑造着人的价值观、伦理观。"资本条件下的居住空间区隔过程就

---

① 〔美〕戴维·哈维:《正义、自然和差异地理学》,胡大平译,上海人民出版社2010年版,第399页。

是按照资本占有量展开的社会阶级和社会阶层分化过程,就是资本关系的建构和强化过程。"①空间实践只有符合大多数公民利益时,才是正当的,否则就是异化的。空间伦理是为着公民的普遍利益,其道德目的并不是普世的人权,而是运用空间三元辩证法实现空间变革。通过阐述"社会空间"及其"差异正义""身体空间"等范畴的伦理价值,可以将其被遮蔽的伦理批判彰显出来。"空间生产"与资本批判的纠缠自空间理论诞生之后就从未停止。空间伦理就是人在对空间的生产实践活动中形成的伦理关系规范和行为准则,赋予空间生产以人道主义基础。人的空间实践活动中一切关涉人与空间伦理关系的方面,都是空间伦理的内容。空间伦理要求人们的空间活动遵循伦理准则、合理支配空间资源、加强空间生态保护中的伦理责任。空间伦理的宗旨是维护人的空间存在和发展、保护空间生态平衡,需要放弃以自身价值为中心,但人与空间的关系是在人的意义上才有道德属性。空间伦理就是在伦理学的视域下,探讨人类与空间的相处之道,是在空间生产实践中增加伦理维度,以当代社会严重的空间生态危机为解决对象。人与空间和谐相处就是伦理的善,人破坏空间生态平衡就是伦理的恶。

空间政治是政府的治理行动,体现权力关系,需要多样化的艺术管理方式,要减少社会财富分配的政治性和政治权力分配的社会性。空间政治通过世俗化,让现实主义乌托邦消除,宣告哲学和政治的共同终结。空间政治在民主中完成了,当代民主已经突破了古老框架,实现了去政治化。空间政治是政府治安运作和粗暴干预,需要公民资格,应该由自由的主体按照合理模式付诸行动。空间政治的本质就是纷争,应该借由民众意见展现现实体制,更加良善。空间政治是对纷争的重新建构,民主则是没有权力的人拥有的悖论性权力。平等是消解秩序的自然性,失去类别化,需要去除资本统治。民主是杂乱的集市,包含不同的体制,是多元制度的融合,需要有序的政府,不断改变运作模式。空间政治的普遍性就是平等,平等是预设的价值。民主是空间政治自身的机制,界定特殊主体的关联形式。民主的原则是公民的自由,也是政治美学,是诗意的话语存在,是建构主体化的过程,需要独立的公民主体。乌托邦宣告结束了贫富斗争,让人产生虚假的激情。平等运作就是差异的运作,排除了等级,需要预设的需求和辩证的行动。空间伦理是对多的体验,是社会的象征性结构,是去身份化,去同一性,是"美学的事物";相应地,审美之中也存在着对感性经验进行支配的"政治"。因此,空间政治与审美之间的关系是要在空间政治与美学的融通之中开创政治美学研究新景象。

---

① 孙江:《"空间生产"——从马克思到当代》,人民出版社 2008 年版,第 155 页。

三、实现统一的城乡人口管理

（一）完善户口迁移政策，解决身份问题

加快中国城市化要深化改革，促进人口、要素流动。"随着市场经济的兴起，各地不断推出户口迁移新政，大批农村人口得以迁入城市。"①中国城市化不仅低于其他国家的城市化水平，而且低于工业化水平和收入水平。农业生产水平是制约我国农村剩余劳动力转移的重要因素。我国农村人口的基数大、农村生育率高、农村人口自然增长快，农业存在大量剩余劳动力，但国家利用政策、户籍、战略等限制了农村劳动力转移。政府需要消除农民工进城的体制障碍，促进农村劳动力有序流动。要改革户口登记方法，赋予农民同等的市民待遇，完善各种社会保障制度；要加大第三产业发展，扶持支柱产业，加强城市基础设施，提高就业吸纳能力；需要转变城市化理念，转变政府职能，加强经营城市理念，增强城市磁性，采用多元投资机制，引入合理的规划体制，采用企业化的管理方法；要建立城市群协作的共同市场，推动区域经济发展，促进郊区城市化，带动周边地区城市化，提高居民生活质量。

中国城市化转型需要全方位变革，加快制度变迁，让居民自由发展。中国是农业大国，更多是城镇化而不是城市化，需要解决三农问题。中国人口流动规模大，二元结构明显，需要解决农民工就业问题，实行均衡政策，走自己的特色之路。乡镇产业化低，需要发展乡镇企业，就近吸引农村剩余劳动力转移。县级政府驻地以上才有城市化因素，因此需要提升乡镇的城市化水平。城市化中，农民进城的梦想难以实现，要推动农民市民化，满足农民诉求，让农民工进城自由选择就业，推动农村现代化、市场化，减少农民数量，发挥制度红利。中国城市化因为封建专制相对外封闭而长期停滞，错过了工业革命，需要提高非农产业比重。快速的经济发展带动了城乡制度转变，需要市场配置资源而不是政府强制，尊重居民的基本权益，实现城市结构变迁。要采用新型工业化，促进城乡二元结构向一元结构转变，优化人口结构，提高人口素质，发挥人口优势，让农民接受现代城市文明。大城市会导致城市病，中国自然需要发展中小城市作为主导战略。要简化行政管理级别，提高政府效率，增加公共投资。发展县级中小城市有利于加快城市化进程，能够减轻大城市压力，提高城市的包容性。

中国城市化需要制度创新，让居民都享有平等的国民待遇，促进人口流动，突破农民发展困境。政府要建立公平正义的制度，消除阶层不平等。"户籍制度改

---

① 赵文远：《现代中国户口迁移制度变迁的经济因素》，载《史学月刊》，2012 年第 5 期。

革无法惠及所有人群,需要利用公共服务的全覆盖来弥补政策的不足。"①政府要消除高度集权设定的二元结构对农民的剥夺,增加阶层流动性和开放性,尊重居民权利,制定良好的制度安排,让居民幸福生活,确立人本主义文明理念,实现制度现代化。消除半城市化现象,提升产业发展质量、人口发展质量。发挥城市化对社会发展的动力作用,支撑经济发展,迎接国际挑战,度过金融危机,促进经济国际化,提高国际竞争力。中国农民多,城市化是个巨大工程,任重道远。工业聚集能促进人口向城市集中,工业规模扩大能节约成本,提高工业生产速度,推动工业结构演变;市场经济能更快地推动城市化,推动经济、人口要素快速流动,导致资本、物资的快速流动。市场配置比政府更有效率。第三产业也是城市化的重要动力,吸引更多劳动力就业,带动配套产业发展,提高城市基础服务;农业劳动生产效率提高能提高农业现代化、技术化水平,为工业化、城市化提供基本条件。中国城市化要发挥大城市带动作用、规模聚集效应,但小城镇也有作用,能增加城市数量,吸纳农业人口,增加就业,要提高小城镇的规模,发挥总体经济效益。

长期二元分离的户籍制度阻碍了城市化进程,制约了城乡资源流动。城市要有便利的管理服务,也要有良好的经营理念。理想状态的城市社会应该是集约型的城市经济、自由流动的人口迁徙和各方面的科学发展。城市应该有历史文化为魂,提高城市文化竞争力,注重文化建设,采用循环经济发展模式的思路,加强全方位的服务。要深化户籍改革,完善居住地户口登记制度,尊重市场体制对人口的调配作用,促进人力资源有序流动。加快农村剩余劳动力转移需要良好的工业基础、农产品的丰富和城乡差距扩大导致的吸引。城市化对乡镇企业有重要作用,表现在两点:其一,城市化有利于焕发乡镇企业活力,迎来乡镇企业"第二春"。加快城市化发展能够促进农业生产率的提高,能够加快农业技术更新、推广和应用。其二,加快城市化有利于提高农民非农收入。城市化还有助于开拓农村市场,改变农民的消费习惯,提高收入的边际消费效应。

新型城镇化建设要促进人口、经济、生态协调发展,实现农村资产确权化、全面的均等化。改革开放后,政府推动了很多制度改革,让城市化水平提高。传统的粗放资源消耗模式越来越不适应新时期的发展,需要集中利用土地,推动经济社会转型。中国城市化主要是乡村城镇化,需要大力发展城市化,提高城市规模,吸纳更多农村人口,也要通过发展乡村工业化,提高小城镇经济聚集能力,就地转移农村剩余劳动力。21世纪后,各地政府积极统筹城乡发展,进行土地确权,推动人口、土地、工业的城镇化,努力协调工农、市民和农民的利益。政府要促进土地

---

① 侯亚杰:《户口迁移与户籍人口城镇化》,载《人口研究》,2017年第3期。

流转,实现土地规模化经营,促进农民向集镇集中,节省农村建设用地。政府要建立基层治理体系,促进政治、经济、社会全位改革,实行社区治理完善化。在统筹城乡发展中要实现政经分开,为农民市民化提供制度保障,推动村民自治转化为社区管理模式,推动城乡管理一体化。通过农村合作社实现土地集中,实现规模化经营,把农业工业化纳入城市工业化体系,保障农民土地、宅基地权利。中国的能源结构、生态、粮食安全制约着城镇化,需要促进乡村工业化,推动集镇建设,用工业化带动城市化,推动城市化和农村城镇化齐头并进。城市需要相关的产业来支撑,需要通过工业聚集、土地确权促进生产要素流通,吸纳更多农民进城,促进人口城市化。人口城镇化可以通过建立农村新型社区、完善各种公共服务来推动,也可以通过城市扩张实现农村人口向城市转移。

(二)完善户口登记制度,解决福利待遇问题

城市化需要培育劳动力市场,解除城乡人口流动限制,放开户口限制,消除政策壁垒。"改革开放以来,我国社会经济逐步向市场经济方向转型,人口和劳动力流动活跃,原有户口迁移制度日益不适应社会经济发展的需要,改革势在必行。"①城市化需要打破城乡分离的户籍制度,统一城乡居民户口登记制度,以居住地登记户口,弹性户口管理。实现城乡居民的平等就业,保障农民工的就业机会,深化用人制度改革,促进人才流动。政府要改革土地产权制度,促进土地流转,按市场机制推动土地集约利用,完善社会保障体系,保障农民工的基本生活权益。户籍管理制度限制了居民身份和人口迁移,不利于人力资源的合理配置。改革开放后,放松了城市户口指标控制,放松户口迁入条件,实行蓝印户口等户口准入制度。国务院和公安部推出小城镇户籍改革,对中小城市落户提供了宽松条件,住房和职业成为户口准入条件。户籍制度是按照住户逐人登记居民身份及其迁徙变动的一系列法规,户口有家庭户和集体户。户籍管理不规范,存在错报、漏报等问题。现行户籍制度是利益的延伸,与子女教育、就业优先权、医疗、社会保障等紧密相关。城市户口是有价格的,可以被当成商品买卖,可以通过缴纳城市增容费、政府出售户籍、投资入户、购买住所、蓝印户口等形式获得落户。户口还具有继承性,子女可以继承。

现行户籍制度改革已经有了一定可行性,因为理论界普遍觉得有问题,很多学者都探讨了改革的路径,主张放松户籍限制,因为已经有各地户籍改革的具体实践,户籍改革试点取得了一定成效,各地政府也出台了一些法规,大多已经取消农业和非农户口区别。"转型期间快速的城市化和住房的市场化导致大量人口的

---

① 伍先江:《试论社会经济转型时期的户口迁移制度改革》,载《人口研究》,1998年第4期。

迁移迁居,使原来相对均质的单位社区转变为多元的、异质的城市空间,各种新型社区如破旧的移民社区和富有的门禁社区也都应运而生。"①中国工业化正飞速发展,涌起民工潮,需要大量劳动力,农村剩余劳动力也需要转移,需要减少就业、生产成本;新农村建设已经全面展开,中央政府也很重视三农问题,发布了惠农政策,增加了对三农的财政投入。

户籍制度改革要借鉴境外户籍经验,包括港台经验。国外大多实行出生、死亡或人事登记,公民可以自由迁移,不用登记;台湾则是"户籍分离",分为共同生活、共同事业、单独生活户等,实行一人一籍,有完善的登记程序,可以及时更正,只保留户籍的人口管理和统计功能,只登记人口基本信息,没有其他社会功能,不限制公民职业、迁徙。户籍改革要顺应城市化需求,缩小城乡差距。城市化与户籍制度改革是可以互动的:城市化推动农村发展,提高城市承载力,缩小城乡距离,为户籍改革提供前提条件;户籍制度改革为城市化提供制度保障,促进统一的劳动力、资本市场建立,促进人口自由流动,推动城市化稳定顺利进行,清除城乡隔离,推动城市化与工业化同步进行。户籍制度改革要加快农村经济发展,提高城市吸纳劳动力的能力,完善土地制度改革,建立统一的社会保障体系,引导劳动力自由转移,强化政府的服务功能。

中国城市化需要提高城市承载力,吸纳更多农村剩余劳动力,增加城市基础设施和就业岗位,提高城市生活供应。"全国和各地推出了许多打破迁移进城落户限制的举措,取得了巨大的历史性进步,但仍没有从根本上解决户口迁移难的问题。"②乡镇企业给农民带来了选择的希望。农民可以集资兴建小城镇,吸纳农村人口。乡镇企业促进了小城镇发展,一些小城镇的公共设施和服务和中等城市已经一样,成了农副产品集散地,功能发生变化。国家允许农民到小城镇落户,促进了建制镇的发展,推动了城乡一体化的社会结构。城市化必然要求户籍改革,市场经济会推动户籍宽松,人口自由流动。全面小康社会需要提高城市人口比重,缩小城乡、工农差别,需要改变与人们生活息息相关的户籍制度,计划体制产生的户籍制度已经不适应时代发展。市场经济的不断推进必然与计划经济条件的户籍制度冲突,推动政府放松户口管制。户籍制度改革始于20世纪80年代中期,政府允许有能力的人员进城落户。政府积极吸引资金建设建制镇,聚集了大量人口、资金、技术推动经济发展。国家允许农民投资就可以落户,户口被当成商

---

① 黄友琴、易成栋:《户口、迁移与居住分异——以武汉为例的实证研究》,载《城市发展研究》,2009年第6期。

② 万川:《迁移进城落户制度的回顾与思考》,载《北京人民警察学院学报》,2012年第4期。

品出售。20世纪90年代后,上海、深圳实行蓝印户口,只要投资达到一定额度或购买一定面积的房屋就能拥有蓝印户口,经过一定时间,达到条件就能转为正式户口。国家也逐步实行身份登记制度和暂住证制度。中央放开了粮油价格,取消了粮票,增加了城市户口指标。户籍制度本应服务居民,但一定时间内却严格限制了居民的流动,造成了夫妻分居,子女不能入学等问题。在群众的要求下,政府放松了子女随父母落户、在城市购买商品房就能落户等政策,缓解了一定社会问题。"城镇化带来的生态问题对人的可持续发展产生健康损害,城镇化进程中农民土地权益受侵导致人的可持续发展经济能力减弱,解决的路径在于做好城镇化的科学合理规划和优化户籍制度、土地制度等一系列制度设计。"[1]21世纪后,政府全面放开了小城镇落户,继续放松户口迁移限制。户籍改革要促进农村经济发展,推动城市化进程,引导农村劳动力合理流动。户籍制度改革要综合各方面因素,稳步推行,给进城农民更多方便。户籍制度改革要和土地制度改革结合,促进农业土地规模化经营,提高农业竞争力。户籍制度改革也要和社会保障体制结合,提高社会保障普及率,建立完善的体系。户籍制度改革要促进生态保护,推动退耕还林。户籍制度改革无法一蹴而就,需要分步进行,逐步取消城乡户口差别,形成一体化的居民身份。政府要大力促进农转非,提高城市人口比重,促进发达地区率先完成城市化。政府要建立统一的户口登记,取消各类户口分类,消除户口区别,完善户籍制度。户籍制度改革要保障自由、平等,给居民平等的机会,真正以人为本,实现居民的自由迁徙,保障居民基本的迁移权利。

户籍制度改革能够促进生产要素流动,提高生产效率。"我国户籍制度改革是渐进式的制度变迁过程,政府、农村居民和既得利益集团的行为和相互作用是主要影响因素。"[2]户籍制度制约农业人口转移,需要城乡统一的居民身份,让户籍制度恢复服务功能,破除户籍带来的等级身份,放开城市户籍落户,促进城乡人口自由迁徙;要变革就业制度,让居民有平等就业机会,建立公平、竞争、公开的就业制度,提高企业竞争意识,提高农民技能,以适应各种工作,引导农民接受信息时代的职业介绍中介;要完善土地使用制度,促进土地经营权流转,政府要协调土地流转过程,完善土地置换制度,土地征用行为要规范,不能损害居民利益,建立完善的土地市场,让更多人参与城市建设;要完善社会保障制度,保障农民工利益,政府要尊重农民意愿,引导农民参与社会保障,对已取得城市户籍的新移民、长期在城镇居住工作的农民工都应提供社会保障,建立农民工工伤制度,维护农

---

① 胡雪萍:《中国新型城镇化应注重人的可持续发展》,载《改革与战略》,2015年第1期。

② 袁媛:《我国户籍制度改革中的路径依赖研究》,载《农村经济》,2015年第1期。

民工身体安全;要完善城市基础建设投资机制,允许民间资本参与城市建设,消除政府公有企业的独大,政府投资也要采用市场竞争机制,可以发行债券,做到权责明确,让国企、民企共同竞争,分担投资风险。

城市化要促进社会保障适度性,与经济水平相适应,推动可持续发展,完善社会保障体系,解决老龄化问题。中国城市化有放缓的趋势,需要改变户籍制度,转移农村剩余劳动力,提高城市化率,完善劳动力市场,解决民工荒,消除二元经济,增加非农就业机会,要提高农村劳动力转移速率,缩小城乡差别。城市化扩散带来了需求增加,户籍制度仍限制着中国城市化,农民转移到非农产业仍有困难,要提高农民工工资。劳动力成本提高会倒逼企业提升产业结构,促进经济增长方式转型。政府要推进小城镇建设,调整城市化发展路径,注重各类型城市的协同进步,推动城乡一体化。要加大财政扶持力度,加强小城镇经济基础,合理进行旧城改造,合理进行城镇空间规划,要创新融资渠道,吸收民间资本和外资,实行股权参与,要改进建设方式,统一规划,综合开发,市场调整、政府引导、降低成本、财政补助。乡镇企业促进了劳动力转移,让城乡经济融合,国家把小城镇当成国家战略,需要提高农村发展基础。农村城市化是农民转向非农产业,生活、理念发生改变,走向城乡融合、一体化。农村城市化是城市数量增加、城市密度提高、城市水平提高、城市人口增加。我国如今的农村城市化仍表现出人口、数量较少,但城乡二元体制有所消解,农村城市化仍滞后于农村经济发展。农村城市化仍存在认识误区:把城市化混同于城市建设;单纯把生产、生活方式转变看成农村城市化。农村城市化整体水平仍较低,规划不科学,热衷于政绩工程,城镇建设没有特色,规划缺乏系统性。我国农村城市化要走出理论误区,明确城市化目标,制定科学的发展规划,要改革现行的土地制度、户籍制度,改变财政体制,建立多元的金融融资制度。

四、建立长效服务机制,保障居民利益

(一)充分发挥政府行政职能优势

中国特色城市化道路需要借鉴世界城市化的有益经验,促进社会现代化。工业革命之后,城市化推动了人类生产、生活方式的改变,推动传统自然经济的乡村社会向工业化城市社会转变,推动人口向城市聚集,产业由农业向工业、服务业转变。"党的十八大以来,党中央和国务院对推进政府职能根本转变做出了具有全局性、根本性、整体性、综合性和递进性的改革部署,富有显示度的成效正在通过

各级党委和政府的落实不断展现出来。"①不同国家城市化模式不同,城市化中也出现了很多问题,计划经济的城市化逐渐式微,新型工业化道路兴起。欧美模式利用工业化大生产提高了城市化水平,先污染后治理。拉美模式工业基础薄弱,经济水平低,主要是第三产业过度发展,采用自愿模式出现很多贫民窟。苏联模式采用计划经济,采用不均衡的工业化策略和赶超模式,压制了农业和第三产业的发展,导致经济结构失调,城乡、工农关系失衡。新型工业化模式以大城市高速增长为基础,提升工业化和技术水平,促进了城乡融合。城市化模式应该立足国情和发展环境,各国不同国情和环境决定其采用不同模式。欧美国家,自由市场经济发展,一般通过自由贸易和海外拓展获取资本积累,实现城市化。拉美国家被殖民历史长,工业滞后,殖民时期建立的中心城市吸引了很多人口聚集,城市化迅速增长超过经济水平。苏联采用政府主导的自上而下模式,导致城乡二元结构。东南亚国家利用国家资本,形成了城乡部分的新型城市化。城市化要着力解决城乡关系,要大力发展工业,推动农业规模化经营和第三产业蓬勃发展,促进工农协调,不能牺牲农业和农民利益,提高农业市场竞争力。城市化让农村面临留守问题,让城市拥挤,出现安全和环境问题。城市化需要政府调控,需要公共财政支持的服务体系。

1. 政府要协调各类矛盾和异化问题

正确处理人民内部矛盾、确保社会政治稳定,是构建和谐社会的内在要求和必经途径。"推动治理方法和工具的应用创新是提高政府治理效能的重要路径,在选择实现既定治理目标的工具时,应主要考虑这种工具在实现既定目标上的最大绩效。"②目前,我国社会总体上是和谐的。但是,空前的社会变革必然带来这样那样的矛盾和问题,主要可以分为以下几种类型。第一、经济领域中的矛盾。主要表现为关系群众切身利益的问题比较突出。随着市场经济体制的初步确立,经济利益纷争增多。第二、政治领域中的矛盾。在实际生活中,个别干部不办实事、作风粗暴、欺压百姓,主观主义严重。第三、思想文化领域中的矛盾。突出的展示在社会主义指导思想与各种腐朽思想之间的冲突、反映新时期的思想与传统体制下的旧思想之间的冲突。这些冲突所呈现的主流与非主流、高尚与落后、保守与革新相互制约和影响的形势,进而造成了主流思想信仰和各种非主流信仰的

① 石亚军:《当前推进政府职能根本转变亟需解决的若干深层问题》,载《中国行政管理》,2015 年第 6 期。

② 薛澜、李宇环:《走向城乡治理体系现代化的政府职能转变:系统思维与改革取向》,载《政治学研究》,2014 年第 5 期。

冲突。这样就引起精神多元化和主流思想一元化的冲突。解决这个主要矛盾的根本办法就是发展。

政府要如何消除城市中的异化呢？人总是同物质生产活动联系在一块。这些个人创造着历史。资本主义生产方式具有很大破坏性，将技术工具强加给大众，以提高劳动生产率，让工人和资本家成为生产的联合体，但也存在离心倾向，人们对技术理性有所抵制。自动化成了社会进步的动力，让劳动力与个人分离。工人有理由反对自动化，反对技术进步，但他们更应反对资本和阶层差别。技术理性消解了政治强权，消解了矛盾和对抗，不断同化，失去双面性，让一切事物都趋于一个维度。资本主义实现了政治各阶层的一体化，清除了各种对立派别，让社会没有了反对派，高度丰富的物质财富让资本主义具有包容一切的可能。科技制造了新的生活方式，让那些热衷于反抗的人也感到生活在改善，自觉认可现实制度，让人与社会制度实现了一体化。人因为切身利益与工业化生产融合为一体，自觉维护现实制度，自觉非政治化。技术理性让社会和国家一体化了，引起政治膨胀，政治行为渗透进一切社会领域，政治领域划分更加精细，国家和社会更加融合。技术理性也让个人与社会更加一体化，个人为了虚假需求自觉服从社会，社会凭借技术进步满足个人需求来达到控制个人的目的。社会需求与个人欲望达成一致，促进人自觉认同社会规则。

异化劳动的出现尽管有历史必然性，但它并非永远存在的。消费是社会的控制力量，让符号变成控制社会的有利因素。拟真已经深入社会，造成了社会的虚拟化。拟像的图片尽管不真实，但仍像幽灵一样占据人们的头脑。这表明仿真不是存在的实体，而是源于实在的模型。凭借全球化，空间生产不仅获得了正当性基础，而且掩盖了日常生活底层和边缘空间的诉求。"人们的生活模式又确证了空间异化存在的正当性。"①社会异化导致人的不自由和人性异化。社会的科层结构、消费机制都是异化的，让人与他人、人与自己都产生了异化。网络及技术降低了个人对国家和民族的认同，既引起民族国家加强专制统治，又让中央政府不得不放权，让民众增强了对地方的认同，导致民众离心于中央政府。资本运作仍然依靠着人的拜物教情结，用商品拜物教取代了人们对偶像和物的崇拜。这虽然比原始社会进步，但仍然是幻象的延续，仍然继续掩盖着人的社会关系。随着商品社会的发展，符号化渗透进社会生活，消解了传统等级秩序，但加重了人的商品化。逃避自由是个人逃避精神上的孤独，人在社会压力下产生了焦虑，不断怀疑

---

① 孙全胜：《论"空间异化"批判主题的逻辑关系》，载《广州社会主义学院学报》，2014 年第 4 期。

自己,感到个体的无力和无意义。全球化的空间分布及其矛盾,改变着全球地理布局。发达工业社会的政治扩张就表现为全球化。马克思把这种思想的实现诉诸异化劳动和私有财产的积极扬弃,要求实现人的本质的复归。同时,马克思又指出,人向自身本质的复归,不仅仅是对私有财产的简单扬弃,而是对私有财产的积极扬弃。人性异化的现象将不复存在。

2. 政府要以人为本,保障群众各项利益

未来的理想社会解决了个人与生态的隔离状态,自然及其万事万物重新成为全人类的共同财产,人人不用花费代价就可以使用任何事物。那时,没有个人,只有集体中的人,自然消除了个人对集体的对抗。人们在集体主义劳动中,创造着自己和他人,让所有人都结成个大联盟。"我们已经看到,在被积极扬弃的私有财产的前提下,人如何生产人——他自己和别人。"①在未来的理想社会里,不再是只有少数人高高在上、众人膜拜,而是所有人都能发挥自己的才能,不再有个人英雄主义,而只有集体主义的英雄。没有了为个人利益而引起的纷争、相互残害。处于共产主义的大集体中,不允许一个人掉队,每个人都必须追求进步,把他人的发展当成自己的责任,人与人互为目的和手段,个人的生活需要他人确证,他人成为个人生活的必要充分条件。坚持以人为本就是坚持人民在社会主义建设事业的主导地位。

和谐社会需要实现人及其内心的全面提升。马克思认为,资本运作过程中的人的发展是不完整的,并主张通过"消除私有产权"的途径实现人的全面提升。消除异化劳动的途径最主要的就是消除私有制、建立公有制。在实现"中国梦"的形势下,梳理异化劳动论的时代价值,对于人的全面提升有积极意义。人的全面提升就要消除异化,完成对异化劳动的克服。异化劳动是集体的人实现全面提升的障碍。异化劳动的逐步消除和集体"人"的不断提升是同步的。集体中的人要提升自己就要提高自主意识,变得更有主体性。集体意味着统一、简单、易于把握,个人意味着分化、多元、不易控制,集体和个人是经常发生冲突的。自身局限性让人有时觉得在集体里更有安全感。异化劳动和人的自由意志是冲突的,但是两者在一定条件下又是可以捆绑在一起的,异化劳动既带来了很多异化现象,又产生了消除异化现象的要求和条件。消除异化的过程也是人不断实现提升的过程。人的提升和异化是相伴相随的,人不可能提升到一点异化也没有,因为历史总是矛盾的。异化是资本对人的强迫,是人迷失自由意志强迫自己劳动而带来的产物,而劳动是生产力提升很关键的要素,所以,异化劳动也具有一定的社会进步效

---

① 　马克思:《1844 年经济学哲学手稿》,人民出版社 2002 年版,第 78 页。

应。异化劳动的进步效应能为私有制的消除和人的全面提升提供物质前提。人在劳动过程中产出了物质产品,也产出了各类社会关系,人的全面提升是需要以不断劳动为前提的。正如马克思指出的"个人怎样表现自己的生活,他们自己就是怎样"①。因此,生产力的发展程度对人们的发展有普遍的很大影响。生产力发展到完全消除异化的程度就能为人的全面发展创造物质条件。有时,私有制带来了个人的片面自私,不利于发挥自由意志。资本主义社会大大提升了生产力,为人的提升提供了物质保障,但私有制和分工的仍然存在导致异化现象很普遍,在这样的条件下,人是无法得到全面提升的。只有消除了私有制、实现共产主义,才能让个人实现自我的全面和谐,达到个人与自然、个人与社会的平衡。那时人们将全面认识客观规律,自觉按规律处理人与自然的关系,对自然的开发将变得很有节制。在共产主义社会里,科学技术高度发达,人与人消除了差别,分工不再存在,人们的一切活动都将完全按照共同的自由意志进行,人们的各种潜能将充分发挥,那时,人们实现了对私有制的超越和各项素质的全面提升。

和谐社会需要达成社会关系的全面和解。工人在异化劳动中不仅制造了人所需要的劳动产品,而且间接制造了个人与他人之间的各类社会关系。人的劳动过程是需要众人参与的,这种众人参与的集体劳动不是单个人所能完成的,单个人无法凭借自己的思考来确证自由意志,而唯有在集体的劳动中实现。"私有制作为社会的、集体的所有制的对立物,只是在劳动资料和劳动的外部条件属于私人的地方才存在。"②在目前的社会,劳动仍是达成社会和谐的前提,仍是各类社会关系的关键环节。这种集体主义劳动能够确证人的存在。个人的劳动不只是满足自己的生存需要,也间接的能够满足他人的需要,能为他人自由意志的实现提供物质条件。在个人与他人紧密联系的关系型社会,个人与他人必须互为目的、互为手段才能实现和谐。只有人与人结成联盟关系,才能维持政权较长时间的稳定与和谐。

(二)促进城乡公共服务均等化

城市化能够推动现代化,促进小康社会的实现,落实科学发展观。"城市化是工业化的必然结果,有阶段性特征。"③中国城市化仍有很大潜力,需要加快发展,仍有4亿多农民需要转移,必须减少农业人口比重,促进工业化、生产、生活方式转型。国企因为不适应市场导致下岗人数增多,加重了失业压力,需要解决城市

---

① 《马克思恩格斯选集》第1卷,人民出版社1995年版,第67—68页。
② 《马克思恩格斯选集》第2卷,人民出版社1995年版,第267页。
③ 姜爱林:《论城镇化与工业化的关系》,载《社会科学研究》,2002年第6期。

失业人口和农村剩余劳动力的就业问题。中国就业问题已经很严重。中国各个地区城市化和产业不同,需要制定适应地区的城市化战略。城市化战略要大城市和小城镇战略结合,逐步消除二元经济结构,促进城乡劳动力自由流动,平衡城乡收入差距,解决高失业率。建制式城市化是不能持久的,需要产业推动的城市化,需要制度变革,推行市场经济逻辑。大城市战略能够发挥聚集效应,带动周边地区发展;小城镇战略能够就近转移农村人口,需要财力低,可以利用乡镇企业稳妥推进城市化。

城市带内需要合理的产业布局,形成功能互补的结构,要发挥第三产业吸纳就业的能力,大力发展制造业和服务业,避免粗放型增长,提高城市承载人口的能力,大力发展现代工业文明,改变高度集权计划经济对城市化的制约,变革落后的制度。要增强自主创新能力,提高产业市场竞争力,发展本国核心技术,推动产业更新换代,实行集约化规模效应,推动区域经济发展,积极应对国际产业转移压力,合理引进外资,提高民营资本力量,需要大力进行体制改革,解决农民社会保障问题。政府要大力提升农民收入,解决民工荒,提高产品竞争力,改善城市管理水平和方法,完善城市功能结构,提高城市产业竞争力,加快第三产业发展,协调三大产业关系,建立完善的配套设施,保障企业发展的制度环境、技术环境。

城乡一体化是城乡公共服务的均等、农村向城市靠近,城乡居民都能享受同等的公共服务权利。城乡居民流动日益频繁,但城乡差距仍较严重。中国城市化差距不仅存在城乡之间,也存在城市之间,城市化发达的省份,城乡差距更小,城乡公共服务越接近一体化。很多地区的城乡收入都维持在高位阶段,而且在不断扩大,城乡的经济、社会等仍存在隔离,农村资源向城市单向流动,农村公共设施仍很落后,城市生产要素向农村流动很少,需要提高城市反哺农村的能力,加强城乡生产要素流动,改善农村公共服务设施,促进城乡融合。城乡一体化要推动行政管理的一体化,让农村能承载现代文明,发展新型农村社区,推动农村治理体制的变革,协调城乡各级政府的责任,合理分配政府预算,明确乡镇政府的财政职责。改变城乡分割的治理体制,统筹城乡规划,合理布局城乡空间,提高城乡空间承载力和凝聚力。

统筹城乡发展要发挥农村对城市的支持,建立市场体制下的和谐城乡关系。统筹城乡发展才能建立新农村,需要将农民工看作与城市居民有一样发展权利、机会的人,为农民市民化提供体制环境,让农民自愿、自由选择是否进城,保持开放心态,所有人一起携手建构美好未来。人要利他和利己结合,需要尊重他人的自由选择。中国城市化的出路在于解构高度集权的计划体制,废除城乡歧视和体制束缚,让一切居民都有发展机会和获得幸福的权利,需要人的自由选择,需要制度创新,顺应全球化趋势。人口流动推动人口发展,促进社会转型,首先就要赋予居民更多选择的自由,实现大众发展诉求,实现制度现代化。国民现代化和制度现代化才能促进农业、工业、科技等的现代化。

解决城市化的制度因素,需要合理界定政府功能。政府应该催动市场力量,为市场机制运行提供政治保障,不断进行体制改革,发挥市场基础作用,防止市场失效。政府要主动退出一些领域,与市场分工协作,在市场失灵的地方发挥作用,弥补市场机制缺陷,不能放任市场,更不能严格计划控制。市场主导城市化要通过各项制度和政策、法规来保障。市场主导城市化是让市场引导资源自由流动,需要消除抑制城市化的制度障碍,改变计划经济沿用下的户籍、人事制度,让人从户口、档案中解放出来。要加快城市改革开放速度,破除农民进入城市的制度障碍,调整社会结构,引导新的产业,增加就业人口,完善社会保障,建立开放、自由的意识。政府要积极吸引移民,发挥移民的带动作用,让人口有序进入城市,因地制宜制定不同政策,尊重地方特色和市场机制,制定激励性的产业政策。产业政策是为了弥补市场缺陷,能够吸引外资,改善投资环境,促进三大产业协调发展,促进产业结构升级,培育有竞争力的企业,提高工业化质量,引导产业技术改造,完善配套产业。产业政策要根据地区特点制定,避免产业趋同化。

促进农民工市民化要完善农村土地权利保障制度,消除土地制度的二元格局,深化户籍制度立法,保证居民自由迁徙权利写入《宪法》,制定《户籍法》,完善相关配套法律。政府要重新定位户籍制度的功能,要建立一元化的户籍制度,推动人口的城乡自由流动,推动户籍管理机关改进工作方法,建立城乡一致的用工标准,增加劳动力需求,让社会保障机制覆盖到农民工,实现全国范围的社会统筹,改革筹资模式和管理方式,将农民工纳入城市医疗保险,建立农民工养老保险制度,建立多层次的住房体系,满足农民工住房需求,用人单位要为农民工提供良好的住宿条件,政府要大力推行廉租房,加大住房补贴,提供低价的商品住房。

(三)推动城乡居民权利平等

中华人民共和国成立后的一段时间内,农民不能享受到应有的经济和社会权益,农村只是城市的附庸,没有发展机会和福利保障,让城乡差距难以扭转,损害了社会秩序。以重工业为重心的产业政策,让城乡居民权利关系得不到更多改善。重工业和军事工业优先发展造成了国家对农民权益的剥夺,加剧了城乡差别,拉大了城乡居民权利差距。改革开放以来,城乡居民权利逐步走向平等化,这主要是政府和市场的联合作用造成的。商品经济、城市化发展、企业改制等社会变革对居民权利意识的觉醒有积极意义,促进了城乡居民权利的平等。

1. 当代中国城乡居民权利的历史沿革

在西方理论家看来,公民权是普遍的价值,是与生俱来天赋的,任何人和团体都不能压制。居民权利是天赋权利和自然权利,与阶级斗争没有必然关系,可以超越特定的社会历史环境,不会因为制度和阶级而消除,不会因为经济利益而不同,不是统治阶级才有的特权。公民需要自己去争取普选、言论自由等基本人权,不必依靠任何阶级。公民权需要人权支撑,需要消除官僚政治,去除泛政治化,不得因为生产力、生产关系而被压制,不得因为经济结构而减少。居民权利需要科技进步提供技术保障,需要提升居民权利意识,扩大居民权利范围,破除守旧文化传统。居民权利的主体是不断扩大的,从贵族扩大到中产阶级到市民再到不同种族、性别的所有公民。"公民权研究的根本宗旨不在于著书撰文,而是要直面和处理许多人群所遭受的不公正,使这些不公正现形于公共领域之中,从而带来根本性的变革。"[1]产业结构变化能推动居民权利发展,尤其是服务业的发展能为公民利益提供更多保证。马克思劳动价值论尊重了产业工人的利益,有利于促进公民内部的一体化,不是要取消劳动差别,而是要给不同劳动以平等地位,要保证公民的消费需求,降低农业比重,让农民成为市民,这需要提高农业技术。

社会主义制度促进了居民权利,推动了公民追求民主、科学、自由的需求,让城乡居民差距缩小,用一系列制度稳定了公民身份和地位,让城乡居民的法定权利和实然权利都有所提高,但在个别地区存在城乡居民权利不平等的情况,这些不平等是社会二元结构造成的,是法律不健全和制度不完善导致的。计划经济时期,国家通过向农民征粮等来满足城市居民的需求,实行人民公社制度也是一定程度上降低了农民的生产积极性。当时国家处于帝国主义封锁中,为了快速发展经济,政府不得不采用计划体制,限制商品经济发展,导致对居民权利有所忽视,造成农民工在一些领域受到了不公正待遇。为了保卫封锁中的共和国,需要维护城乡二元结构,以社会结构的稳固实现经济的快速发展。那时,国家用政治性的人民概念代替公民,用马克思的阶级斗争观念理解人民内部的关系,用阶级分析方法研究人民的权利,并认为公民的人权是资本主义的,而且将权利泛政治化,不太注重法制精神。"权利决不能超出社会的经济结构以及由经济结构制约的社会的文化发展。"[2]中国居民权利研究只处于初级阶段,对居民权利概念和外延都没有搞清楚,居民权利意识淡薄,仍受传统思维模式束缚,不断压制个人权益,制度

① 〔英〕恩靳·伊辛、布雷恩·特纳:《公民权研究手册》,王小章译,浙江人民出版社 2007 年版,第 4 页。
② 《马克思恩格斯选集》第 3 卷,人民出版社 1995 年版,第 305 页。

保障也不多,缺乏地方自治和社会保障制度,公民缺乏一些最基本的人权。国家利用户籍制度限制农民工进城,造成城乡居民权利不平等,城乡收入差距日益加大。在这种体制下,农民是二等公民,被限制在土地上,无法自由迁徙。

中华人民共和国成立之后,城市化的发展消除了城乡的一些差别,但仍存在较严重的城乡二元结构,存在着传统的农业和现代的工业二元经济。传统农业是因循守旧的,以土地和劳动力为主,不要求技术革新;现代工业是先进的、资本的,要求雇佣关系,要求技术革新。"劳动力以无限供给的弹性,从传统部门向现代部门转移,现代部门扩张的潜在速度取决于仍留在传统部门的劳动力的数量。"①公民最早获得的是自由权利和经营权利,是在与封建等级斗争中获取的,源自城市和城邦国家。居民权利是一国公民追求各种自身权益的自由,是受《宪法》保护的。居民权利不受政治权力制约,不受经济地位影响,不受社会制度胁迫。城乡等级体现在政治、经济、社会、文化等多方面,造成了城乡居民的差别待遇。城乡二元结构本是生产力进步的体现,但生产力的进一步发展要求打破这种城乡分离,建立一体化的经济结构,消除户籍政策、分割歧视等人为制造的城乡等级体系,以开拓市场、方便社会交流。

伴随着城乡二元结构形成、固化、松动和一体化发展,中国城乡居民权利关系也从差距形成、固化和平等化方向发展,表现出一致性。"计划经济时期,城乡二元结构是城乡居民权利关系失衡的基础,城乡居民权利关系失衡也是城乡二元结构的重要构成要素,两者相互作用、相互影响。"②城乡二元结构还是通过压制市场经济和民营企业的发展实现的。中华人民共和国成立之后,新生政权让劳动人民翻了身,让人民获得了更高的权利和地位,国家也打击了一批阶级敌人和犯罪分子,促进了城乡居民权利的平等。"一旦参加城邦政体,享有了政治权利,他们就是公民了。"③新中国给社会带来了新的风气,让群众有了当家做主的意识,由臣民变为人民,开始追求个人权利。但在中国,居民权利仍然缺乏基础,缺乏文化意识支撑,居民权利发展缓慢,仍处于强大的集体主义思维模式中。公民仍是逆来顺受,没有享有应当的权利。城乡居民权利意识差别较大,农村人仍具有浓厚的宗族思想。城乡居民权利存在地区差异,东部地区的农村条件更好一点。城乡居民享有的具体权利差别也很大,农村居民仍享受不到应有的很多权益,一些农

---

① 〔美〕阿瑟·刘易斯:《二元经济论》,施炜等译,北京经济学院出版社,1989 年版,第 156 页。

② 桂家友:《中国城乡居民权利平等化研究》,上海人民出版社 2013 年版,第 123 页。

③ 〔古希腊〕亚里士多德:《政治学》,中国人民大学出版社 2003 年版,第 115 页。

民失去土地,只有少数农民能够参与政治,宪法等法律规定的居民权利被束之高阁。"在西方之外,从来就不存在城市公民的概念。"①居民权利范围萎缩,居民权利差距加大,农民被户籍制度限制在土地上,没有迁徙自由权利。

二元分割体制加重了城乡居民权利差距。"城乡二元分割体制造成了城乡居民权利不平等格局。"②重工业需要较多的资金,但其产品不能直接满足公民消费需求,政府只能倡导公民节衣缩食,让农民更加边缘化和底层化,更别提基本的权益。政府用法律法规强化城乡居民权利差距,把公民分为不同的阶层,让农民服从市民、城市领导农村、工业支配农业,是政治意志在城乡关系上的反映。二元体制下的农民生活真苦,时常处于贫困之中。生产力的低下让政府无力顾及农民的困苦。二元分割城乡结构加大了城乡居民选举权、结社权、迁徙居住权、劳动权、财产权、社会保障权、有产者权等的差距。城乡居民权利差距是制度和政策造成的,同时又巩固了这些制度和政策。二元城乡分割体制不断得到固化,让城乡居民权利不平等格局日益稳固,把居民分割为两个世界。滞后的经济结构和文化意识决定了城乡居民权利差异。中国浓厚的封建传统让因循守旧的思想大行其道,让小团体主义盛行。没有个人利益的支撑,集体就不会存在。个体主义张扬个人利益,推崇公民个人权利,小团体主义压抑个体利益,是压迫人的工具,牺牲了一些公民的个人权利。小团体主义是集权统治的帮凶,是专制集团压迫公民的工具,是牵制个人自由思想的强制策略。人民公社没有消除对农民的歧视,没有发挥农民的自由选择权,不断对农民进行思想灌输,不断用群众运动加强社会秩序。城乡二元体制也分化了思想,形成表面集体主义和实际个人主义的对立。政府不断加强思想教育,用优惠政策吸引农民,用理想口号激发农民的斗志,用树立典型和反面典型的方法,不断开展批判斗争,让农民服从国家总体战略。集体主义思想教育保证了政府政策的执行,让农民自觉进行劳动生产,自觉压制个人权利。小团体主义是危害居民权利的毒瘤,让公民不敢争取自己的权利,失去自由,成为国家意志的一部分。

总之,中华人民共和国成立后,逐步建立了城乡二元格局,导致城乡居民权利不平等发展。优先发展重工业、人民公社制度、统购统销制度就是这些政策的典型。其中,优先发展重工业是城乡居民权利差距的根源,没有促进人们的自由、平

---

① 〔德〕马克斯·韦伯:《新教伦理与资本主义精神》,彭强、黄小京译,陕西师范大学出版社2002年版,第22页。

② 陆学艺、杨桂宏:《破除城乡二元结构体制是解决"三农"问题的根本途径》,载《中国农业大学学报(社会科学版)》,2013年第4期。

等理念。"公社化真正好,集体劳动是个宝;就是干部乱指挥,还怪农民没搞好;广播电话排生产,实际工作是瞎搞。"①城乡二元结构是政府强制推行的,是国家政策指定的,虽然保证了在较短时间内就能建立一个完善的工业体系,但也损害了农民的利益。国家更注重国防军事等工业的发展,阻碍了城乡消费经济的形成,政策大多偏向城市居民,让农业长期得不到发展,导致城乡居民权利关系没有得到改善。

2. 当代中国城乡居民权利的实现路径

改革开放以来,受到国内外形势的影响,国家逐步放松了一些行政政策。资本主义国家在科技的推动下,进行产业转移。国家逐步抛开计划经济思维模式,不断允许商品经济发展,大力接受外资,引进外国企业,维护了政权稳定。公民为了平等的权利而斗争,居民权利意识开始萌发,要求实现城乡居民权利平等。平等是基本的原则,也是基本的权利,是政治、经济、社会各方面权利的平等。居民权利平等先要实现城乡居民权利的平等。西方居民权利理论推动了中国居民权利平等意识和斗争,让国家逐步尊重公民权益。市场经济能推动个体追求自身利益,推动居民权利理念产生和发展。个人利益是居民权利的基础,是推动居民权利平等的动力。居民权利无法靠政府提供,需要公民自己争取,需要限制政府权力,实行民选政府,打破官府对社会财富的控制。城市化发展能消解城乡居民权利差距。政治体制改革就要消除小团体特权对个人权利的压制。

改革开放初期,国家仍保留计划经济思维模式,实行有计划的商品经济,仍用政府指令引导经济发展。计划经济造成了低效率、不平衡的经济结构,社会的全面不平衡,影响到了公民日常生活,浪费了资源和人力。计划经济导致经济结构的僵化,压制了商品经济的发展,束缚了国民经济发展和社会进步。不切实际的高目标导致国民经济比例失调,压制了农业,降低了农民积极性。统购统销制度和人民公社制度更是束缚了农业发展。优先发展重工业更是限制了国家发展,用指令性计划造成了经济结构的不平衡发展。工业化能解决农村剩余劳动力的就业问题,需要将城乡二元经济结构发展为一元经济结构,需要推行市场经济以激活经济活力。西方国家的稳定、世界处于和平时期为改革开放提供了前提。中西的巨大差距,让中国不得不允许商品经济的发展,从封闭走向开放。美国等西方帝国主义国家对中国的制裁,要求我们必须扩大内需,大力发展商品经济。改革开放初期,实行家庭联产承包责任制,允许发展农村经济,让农业和乡镇企业有了一定的发展。中国需要实现现代化,但不能以牺牲农村资源为代价发展重工业,

① 罗平汉:《农村人民公社史》,福建人民出版社 2006 年版,第 199 页。

需要市场调节的现代化。乡镇企业的发展,有利于打破城乡二元结构。只要允许农民自由生产,农业经济就能获得快速发展,阻碍农村经济发展的敌人就是不合理的生产机制。乡镇企业的发展是家庭联产承包责任制等经济体制改革的结果,增加了农民的非农收入,为农村劳动力提供了更多就业机会,促进了我国经济的发展。农村经济的发展有利于促进经济结构调整,增加了社会物质产品,提高了群众的生活水平,推动了经济转型,松动了城乡二元结构,有利于城乡居民权利差距的缩小。

打破城乡二元结构需要循序渐进,因为社会仍存在较多历史和现实的桎梏。随着全球化的推进,国家放松了各项行政管制措施,实行社会主义市场经济,实现市场调配和劳动力剩余转移的结合,农民工大规模外出务工,城市市民也获得权利发展,出现双向性互动特征。国家在市场经济的推动下快速繁荣富强,经济总量直逼最发达的资本主义国家。市场经济以平等主体为前提,要求公平正义,促进了公民主体对平等、自由的追求。计划经济由于缺乏效率必然被市场经济代替。我国市场经济的发展仍是任重道远的,需要改革政治体制,消除旧的行政思维模式,消除官本位思想,促进企业和事业单位去行政化,吸收外国先进的管理理念。经济全球化推动了世界市场的形成,让全球经济向一体化发展,还推动了资金、技术的全球流动。全球化让发达国家的制造业向中国等发展中国家转移,促进了中国制造业发展,但也冲击了农业发展,一些农民被迫外出务工。计划经济向市场经济转变,促进了中国向现代社会转变,消除了一部分城乡偏见,但仍不能消除日益扩大的城乡差距。市场经济改善了城乡二元经济结构,加强了农业的基础地位,增强了城乡市场要素的流动性,促进了农村劳动力向城市流动,让更多农民进城,也改善了城市劳动用工制度,让户籍制度有所松动。市场经济疏通了城乡贸易流通,沟通了城乡市场流通,还加快了城市化进程,促进城乡二元结构向好的方面发展,但中国人口城市化率仍很低,错综复杂的城乡矛盾也让市场调节难以发挥作用。政府干预也没有让城乡差距有缩小的趋势。城乡差距表现在居民收入、消费水平、财产数量、财政投资、资源流入数量等方面的差距。

经济体制改革推进了城乡居民权利变化。中国市场经济仍不健全,让很多要素不能有效发挥作用。市场经济是自由竞争的,让不同的市场主体在表达自己利益和获得利益方面有很大差异,也可能会加大贫富差距。失灵的市场更会造成城乡差距加大,无法促进各主体的平等,不能保障权利和义务一致。健全的市场才能提高对个人利益的关注,为居民权利提供社会保障。我国的农民工支撑了我国经济发展,是城乡收入差距吸引了他们进入城市务工。中国城乡建设仍是政府主导的,市场仍不能有效发挥作用。政府主导的市场更有利于城市市民,而可能剥夺了农村居民。旧的城乡二元制度仍在发挥作用,维护了既得利益者,让个别团体利用制度的漏洞谋取了不当利益。城乡二元体制严重阻碍城乡居民权利平等发展,导致侵权和维权的斗争日益激烈。城乡居民权利平等发展要靠农民自己,也要靠制度完善。当前,城乡居民选举权差距在减小,但仍存在不平等;被选举权差距有减小趋势,但户籍制度严仍把公民分为两个阶层;劳动权差距在减小,但农民仍承担沉重的体力劳动,只能干脏乱苦累的工作。城乡居民的受教育权在加大差距,农民工子女无法在城市受教育,子女教育条件差;城乡社会保障体系也存在差距,农民工没有完善的社会保障,得不到城市人享有的社会福利。

市场经济让城乡居民权利平等化趋势增强,但中国城乡二元分割格局仍然存在,这种体制也阻碍了市场经济发展。只有继续健全市场经济才能推动城乡二元结构变革。市场经济能够促进城乡公共服务协调发展,引导公共资源流向农村,推动农村社会向消费型转变,加强农村政治文明建设,促进以人为本和个人产权制度的建立,有利于普及自由、平等、民主理念。市场经济促进了文化多元化发展,促进了居民权利意识。全球化和新科技革命也带来了不同文化的交流,让西方先进理念传入中国,冲击了农村的宗族思想和血缘关系,让个人主义、自由主义萌发。传统的乡土宗族思想严重阻碍了市场经济发展,以家族利益压制了个人利益。城乡居民权利平等化必须打破宗族主义的枷锁,大力推行个人权利意识。要提高农民文化素质,方便农民外出务工经商,提高农村现代信息传播水平。当前,全社会形成了提高居民权利的共识,不能再用过多的行政干预压制个人权利。城乡要统筹发展,瓦解城乡分割的基础,大力发展现代服务业,让市场配置资源,为民族资本积累创造条件。"公民应当享有的居住和迁徙自由权还没有得到应有的保障。"①

21世纪以来,中央政府提出统筹城乡来解决三农问题,增加了农民收入。改革开放促进了经济发展,但农业仍承担着为工业提供原料和劳动力的重任。市场经济条件下,城乡二元分割体制造成了很多问题,让政治权力不断侵蚀居民权利,让农民负担越来越重,农民在就业、工资、保障等方面仍受到不公正待遇,让农业发展受阻,造成东西地区差距,让西部地区三农问题特别突出。对农村多给予少索取,才能促进社会结构的协调。农村发展要靠市场,也要靠社会主义新农村建设。新农村建设中要尊重农民私人产权,维护农村正常秩序。市场经济让城乡居民权利平等化发展趋势增强,主要表现在城乡居民选举权和被选举权的平等化趋势;城乡结社自由权利平等化趋势;城乡迁徙自由权平等化趋势,用居住证取代暂

---

① 张英洪:《农民权利论》,中国经济出版社2007年版,第103页。

居证;城乡知情权利平等化趋势;城乡劳动权利平等化趋势;城乡收益权利的平等化趋势;城乡财产权利平等化趋势;受教育权利的平等化趋势,加大了对农村教育的投入;城乡养老保障权利的平等化趋势;城乡医疗健康权利的平等化趋势;城乡生育保障权利的平等化趋势。新农村建设取得了很大成绩,但城乡收入、教育、医疗、消费仍存在一定鸿沟。

中国居民权利发展模式主要是在政府强制政策引导下发展的。国家逐步尊重私人产权,淡化阶级意识,改革户籍制度等促进了居民权利的实现。政府维护社会稳定为居民权利提供了环境保证,用法律保障公民生命为居民权利提供了法治保障。改革开放前,中国居民权利差距主要呈现在城乡之间,公民资格以身份划分,居民权利严重受制于政府政策和经济结构,居民权利没有法律保障,即使有法律也难以实施,居民权利受制度制约,受一些黑恶势力的迫害。中国居民权利扩展顺序、公民资格扩展顺序、居民权利影响因素都与西方不同。中国居民权利发展模式主要是为了国家稳定,维护群众利益,需要大力发展现代化,用现代化促进多元化和政治民主。现代化和社会稳定是相辅相成的,需要共同维护。

居民权利发展和城乡居民权利关系变化是多重要素合力作用的结果,其中经济社会结构是决定居民权利发展的主要因素,经济结构和文化发展水平起最根本性和决定性的作用。居民权利需要立足于一定的社会基础,不会超出现有经济结构和思想结构,要符合社会现有结构,让权利和义务平衡。居民权利与生产力、生产关系、经济结构有密切关系,需要现存生产力和交往形式的支撑,反映着个人与社会的关系。社会结构会影响城乡居民权利。居民权利起源于城市公民社会,摆脱了官僚体制控制,让个人获得政治自由。宗教改革让平等理念深入人心。居民权利包括自由、要求、支配、豁免等权利,可以分为个人、政治、社会权利,对应公民的个人市民、政治、社会身份,需要法院、议会、社会服务体系做保障。资本主义让公民获得社会、文化、性别等权利,但城乡居民权利走向一体化还要很长的道路。城乡居民权利主要涉及市民公民权、农民公民权和城乡居民权力关系三个方面,并且一般是从市民权利、政治权力、社会权利依次发展的。居民权利分多数原则和全体原则,一般都是从多数公民进展到全体公民都享有权利。居民权利还需要自治的城市,需要城市化做支撑。社会通过政治体制、文化力量和历史传统维护着公民身份,让公民自由采取行动,并为行动负责。全球化时代,福利国家提升了居民权利,先进的通讯、市场强化了公民利益,让个人成为世界公民。

总之,中国城乡居民权利关系变化有着自己的逻辑,计划经济时期,优先发展重工业是导致城乡居民权利关系失衡的主要根源;为保障重工业优先发展战略实施的各项制度构成了城乡二元结构分割的体制,也形成了城乡居民权利关系不平等的框架；随着重工业基础完成，城乡经济社会朝着一体化发展，城乡居民权利不平等关系的基础也逐步瓦解，在国家解决各种社会问题的大背景下，城乡居民权利关系必然朝向平等化发展。当代中国居民权利发展最基本的特征是城乡居民权利关系从不平等逐步向平等化趋势进展。居民权利是自然权利，但与社会经济因素也有必然关系。"一旦社会的经济进步，把摆脱封建桎梏和通过消除不平等来确立权利平等的要求提到日程上来……这种要求就很自然地被宣布为人权"。① 中国不同地区，公民享有的权利有所不同，东部沿海比西部要好一点，要继续扩大公民身份，解放妇女等弱势群体。城乡居民权利要从法律权利到实然权利，消除二元格局和小团体对居民权利的破坏，消除封建等级思想及其对农民的歧视，避免公民利益带有太多政治性，转变政府职能，实现城乡居民自由迁徙，从而最终实现城乡居民权利一体化。

第二节　大中小城市协调发展的道路

城市化道路的选择应该综合考虑人口、产业结构、区位条件、城市发展潜力和区域平衡等因素，尤其要考虑城市的资源条件、区位面积、文化传统、交通信息条件等。"随着改革的深入，应该实行大中城市和小城镇共举的发展方针，以适应中国人口太多和资源短缺的国情。"②中国城市化要发挥大城市、中等城市、小城镇等的作用，促进各种类型城市的协调发展。

一、发挥大城市作用

新型城市化道路要发挥各类城市的作用，要走统筹城乡发展、共同繁荣的道路，要走符合国情、多元化的城市化模式，因地制宜推动城市建设，要走经济、社会、生态效益相结合的发展道路，推行可持续发展战略，坚持以人为本。政府要尊重居民意愿，实现人的全面发展，注重城市建设品质，集约、高效、智能、绿色、低碳发展，要促进各方面协调发展。政府要统筹城市格局，制定科学的城市规划，城市规划要个性化、持续性、协调性。政府要优化产业结构，促进四化融合，实现农业现代化。政府要促进体制革新，消除城市化制度障碍，改变户籍、土地、社会保障、就业制度。政府要创新发展模式，发挥企业的力量，激活民间资本的活力，发挥政

---

① 《马克思恩格斯选集》第 3 卷，人民出版社 1995 年版，第 145 页。
② 武力：《1978—2000 年中国城市化进程研究》，载《中国经济史研究》，2002 年第 3 期。

治职能,体现市场机制作用。工农、城乡关系不协调导致城乡差距加大。城市长期被定义为生产基地而不是消费基地,导致城市商贸、服务少,没有发挥消费对生产的拉动作用,需要拉动居民消费能力,让生产和消费关系协调。城市化不能一味限制规模,城市功能需要规模效应,有很多人口聚集才能节约生活成本,需要放开城市户口,鼓励农民进城。发挥大城市的经济推动作用和辐射作用,城市规模要适应区域发展需要,不能过度县改市,要顺应城市化自然规律,而不是用行政力量人为地拔高。

(一)大城市在城市化中的引领作用

大城市要大力发展城市副中心,合理规划功能分区,建立新的功能区,促进母城和新功能区协同发展。城市化能够节约土地促进空间聚集,导致非农人口增加,促进生产、生活方式向集约化、市场化、生态化、法治化发展。城市基础设施不断强化,城市人口结构发生变化,非农人口变多,城市文明不断普及,城市文化取代乡村文化。加快城市化能促进农业社会转向现代社会,扩大内需,满足居民消费需求,提高人均消费水平,改变农村发展模式。城市化能够促进产业结构优化,提高农业工业化水平,完善各类市场体系,推动第三产业发展,提高市场规模。城市化能够促进可持续发展,解决人口、资源、生态的矛盾。建设新功能区能促进城市化发展,要尊重城市化的自然发展规律,建立卫星城,形成城市群,要将新功能区纳入城市总体规划,合理规划开发区,完善城市总体布局,促进工业转移。新功能区要有效安置农村剩余劳动力,提高农民素质,完善社会保障体系。新功能区要加大吸引国际资本,创设制度环境。新功能区要提高自身功能,促进生产要素聚集,理顺管理体制,完善公共服务体系,推动信息化建设。新型功能区需要建构产业优势和功能优势,加快持续发展。中小城市发展空间不足,需要合理定位,要推动城市向多中心发展,需要打破行政界限,带动区域经济发展。小城市没有基础,但能重新开始,需要构建主导产业。加强大中城市与周边地区的经济联系,刺激周边地区发展,促进产业结构多元化,提高技术含量。大中城市发展要采用多元模式。要合理规划,注重公共基础设施编制,要培育主导产业,立足核心产业优势,提高城市发展潜力。大城市要发展低碳经济,提高工业生产、居民消费、能源利用、交通等方面的低碳性。高碳生产破坏了地球生态,需要发挥低碳经济的经济、社会、生态效益,应对气候变化、解决能源危机、实行可持续发展,建立低碳社会,推动低碳消费模式。农民生活日益城市化和现代化,但农村污染也日益严重。农村经济产生大量垃圾,能源利用率低,粗放增长模式没有根本改变。环境恶化已经危害到农民的健康,饮用水不安全,农产品污染加重,卫生条件日益恶劣,制约了农村经济发展。我国农村低碳建设经费不足,村民低碳意识很少,低碳专门人才缺乏。农业低碳化需要发展生态农业,调整农业内部结构,废弃物再利用和资源化。乡镇企业低碳化要提高技术,加强监管,采用绿色能源,淘汰落后企业和技术。居民要倡导绿色消费,低碳出行,建立低碳建筑。要采用生物、太阳、风、水能等清洁能源,使用高性能建筑材料。政府要推动交通运输低碳化,采用节能技术,提高性能,促进生物多样性,避免滥砍滥伐,乱排放,避免过度开发。

大城市是国家的经济、技术、金融中心,具有集约规模效应,能够促进合理分工,提高国家竞争力。中国大城市的毛病不是规模造成的,而是不合理规划和管理模式导致的。中国大城市与国际大都市仍有差距,需要加强大城市规划,让大城市更加和谐开放,提高承载能力。发展大城市是中国城市化的必然选择。大城市化是市场经济推动的,不能再抑制大城市的规模,需要让工业化、市场化与城市化达到融合。现代意义的城市化是大城市化,而不是小城镇化。小城镇化只是城市化的原始阶段,需要向大城市化进展。大城市化时代,小城镇仍然存在,但是被纳入大都市群,受大城市的影响,城市间的联系更紧密。中国没必要遵循小城镇到大城市的发展道路,而要采用先进的规划理念、先进的治理理念,推动产业集约化,利用大城市的聚集效应,节约土地、保护环境。世界城市化的趋势就是发展大城市,是经济密集型的,融合了其他功能,而不是传统政治型城市。城市的联系主要是经济联系,形成了都市群、城市带。大城市发挥经济影响力,发挥规模带动和科技中心作用。城市群内部是相互联系的体系。大城市化需要一定的人口规模、城市开放度、公共服务能力。发达国家城市化继续朝着大城市化发展,中国城市化也应走这种道路,要在市场机制下促进人口自由流动。

大城市具有人口聚集、同业聚集、系统聚集等经济效益,聚集了大量人口,带来了消费需求,为企业带来了技术人才。大城市聚集了很多同类型的企业,能降低流通成本。企业聚集增加了经济效益,可以就近获得生产原料和消费市场,促进专业化生产,促进城市基础设施完善,引导金融市场形成,形成科技、教育单位聚集,产生规模联合效应。城市因为自然、交通等条件而具有区位优势,城市需要凭借改善交通等增加吸引力。城市对外的职能表现在是区域经济中心、由国民经济主导。城市是区域商品、金融、交通等流通中心,商业发达,有充足的资金、现代化的交通运输。大城市是区域工业中心,集中着先进技术、设备,是区域服务中心,城市是区域科技、文教、信息中心,能发展先进技术、培育优秀人才。城市化促进农业产值下降、工业产值上升,为国民经济提供技术设备,能够加强各产业的联系,促进商品交换,是经济杠杆。城市经济具有较强的吸引力和辐射力,能吸纳周围地区的人力、资金、技术,又把城市文明扩散到周边。城市高度发达的工业体系、便利商品交流体系、雄厚的科技文化实力能为周边地区服务,促进周边工业、服务业发展。城市经济实力决定了城市吸引、辐射能力,大中小城市作为区域经济中心,辐射能力不同。

(二)提高大城市辐射作用

城市化要做强大城市。大城市具有人口多、产业集中等特点,能产生强大的聚集效应,促进专业化生产,有效利用各种资源,建立更完善的公共服务。"大城市的密集经济为有效地利用土地资源、金融资本、自然资源、信息资源和公共服务设施等奠定了基础。"①中国大城市发展过程中存在污染严重、交通拥堵、聚集效应下降等问题。大城市要合理发展生产力,不断调整经济结构,大力发展第三产业,形成大城市为中心的都市群,加强环境治理和科学发展。大城市要采用集中城市化模式,让经济活动在空间上聚集,促进生活方式多样化,加强城市人口密度,节约生活成本,发挥大城市的示范带动作用。

城市化有重要战略意义,要促进城镇集中,发挥大城市龙头作用,促进形成结构合理的城市群,促进城市协调发展。发展都市圈,发展大都市带,聚集若干大城市,发展便利的交通,促进大都市人口扩散,带动周边地区城市发展。东中西要根据自己的特点促进城市化。都市圈能促进社会经济发展,提高国家竞争力,消除城乡差距,促进城市化发展,消除不完全城市化。改革开放后,中国控制大城市,积极发展小城镇,人口持续流动,反而是大城市不断扩大了规模。大城市具有更高的规模效应,能更促进居民生活,便于建立统一的基础设施,成为人才、信息、资源中心。大城市发展的新阶段是都市圈、城市群、城市带,需要提高工业化效率。大都市群需要以一个或几个大城市为中心,形成城市集群,依托行政中心创造巨大生产力,突破行政区划问题,强化城市群的内外联系。城市群滞后会阻碍经济发展,需要调整空间结构。大城市才具有较大产业聚集,有竞争力的基础设施和人力资源,促进竞争和合作,调整人口、土地利用政策,促进城乡协调发展。大城市圈内部包括多层次城市,能促进城市带形成,构成城市体系骨架。

中国一直奉行压制大城市规模、发展小城镇的方针,让大城市吸纳能力不足,需要提高城市基础设施和公共服务水平,发达国家的人口普遍居住在大城市,一些小国也出现了人口千万的大都市。发达国家的几大都市圈,经济占了全国的很大分量。全球千万以上人口的大城市也越来越多。城市功能不断延伸,城乡界限不再明显,需要发展大都市区。大城市是摆脱传统政治、思想束缚的理性选择。大城市技术、资金、人力、服务、交通更好,企业家也更愿意把企业设立在大城市,

---

① 李蓉军:《加快实施城市化战略的对策探析》,载《西南师范大学(人文社会科学版)》,2003年第6期。

让企业获得更多利润。大城市的就业机会更多、工资待遇更好,能让个人有更多发展机会。大城市聚集了优质的资源、更完善的基础设施和服务水平,聚集了大量产业,有发达的工业和服务业,是区域经济中心、市场体系的中心环节。大城市的现代化程度最高,能辐射周边地区,具有多样的生态,吸纳更多农村剩余劳动力。大城市结构、功能都具有优势,具有聚集、规模效应,生态、人口、服务都具有综合效益。大城市的资源更加集约化,具有高效率,能集中利用资源,当今的逆城市化恰是大城市的继续发展,仍以大城市为枢纽,受到大城市辐射。政府需要及时更新城市治理理念,避免拉美城市化的贫民窟等问题。大城市人口多,必然会产生治安、养老、失业等问题,需要合理规划、统筹考虑,提高管理服务水平。现代化需要大城市化的支撑。

(三)合理调控大城市规模

市场体制推动了大城市发展,但一些学者仍反对大城市化。其一,大城市难以管理,危害社会稳定。各类城市都存在管理绩效问题,城市管理在于理念和方法,而不在于规模和人口,要进行管理技术创新。农民工并不是城市秩序的破坏者,驱赶和排斥农民工是计划经济思维管理模式,需要提高管理质量,实行国民待遇,加强服务。其二,政府财政有限,难以提供社会保险。认为政府和大城市承载不了大量的外来人口。其实,外来人口进入不仅提高了城市建设的人力,而且节省了公共服务成本。政府应该提供多样化的社会保险,满足不同居民的需求。其三,大城市会产生两极分化,出现贫民窟。社会分化是正常的。大城市化不一定产生两极分化,政府可以用税收等手段调节收入。大城市有更多产业和就业机会,能提供更多住房,不一定产生贫民窟。政府要提供廉租房。区域差距不是大城市化的结果,而是因为劳动人口不能自由流动。其四,大城市会产生严重的城市病,导致生态问题。大城市不一定排放大量有害气体,国际大都市一般环境较好。城市病是不合理规划、管理造成的,与城市规模没有必然联系,需要提高城市基础设施和服务,发展低碳生态产业,发展公共交通。

中国长期抑制大城市发展,引起了一些不好后果。其一,让大量农村剩余劳动力滞留在农村土地上,让小农经济停滞,三农问题严重,阻碍了农村现代化,延误了农村工业化,导致农村经济落后。其二,城乡二元结构长期存在,农民工权益得不到保障,不能融入城市社会,城乡隔离,城乡经济无法协调,改革困难,农民工产生认同危机,与市民有冲突。其三,工业化缺乏大城市依托,城乡工业各自为政,缺少联系。其四,小城镇的发展没有得到大城市的引领,缺乏发展后劲。乡村工业是被农村包围的孤岛,受不到大城市辐射,现代化不高。需要发展大城市,破解城乡二元化、三农问题。政府一直抑制大城市化,导致城市化发展缓慢。中国城市化率包含大量农民工和郊区农民,实际只有30%,需要提供良好社会制度环境。中国产业结构和市场环境已经具备一定条件,需要继续推动产业升级,发展第三产业,提供更多就业机会,吸纳更多农村人口。城市人口规模越大,第三产业越发达。中国市场机制不断完善,国内外市场联系加强,需要发展大城市。中国流动的民工高达几亿规模,大量民工迁入城市,发展大城市的人口基础已经具备。很多人认为,小城镇基础设施差,不愿意选择小城镇,而更愿意去大城市。应该促进小城镇提高规模,发展为大城市。应该有更多的人口成为城市居民,促进形成紧密联系的都市圈。大城市化能促进经济、社会转型,有利于公共服务提升,有利于改革开放深化,发挥枢纽地位,提供高质量服务,推动计划体制向市场体制转变,促进制度创新。大城市化有利于消除城乡二元社会,推动城乡一体化。不能再限制大城市发展,推动以大城市为核心的城市群发展,推动城市体系合理布局。要推动新型工业化道路,促进城市化持续发展,改变城市治理方式,加强制度创新,推动传统社会向现代社会过渡。城市化是工业化引起的人口向城市聚集的过程,工业化引起产业结构变化,形成人口聚集和消费需求,促进了城市经济发展。城市化能够解决三农问题,加速经济发展。改革前的中国城市化受计划体制制约,优先发展重工业,城市化低效率,形成工农剪刀差,形成城乡二元制度。

大城市能孵化新技术、新产业,起辐射带动作用。城市产业要形成配套,形成产业链,促进技术转移,合理规划公共基础设施和服务。城市要素要合理配置,提升传统产业技术性,形成产业集群,提供更多就业机会,增加交易效率,促进分工协作。政府要让企业技术转化为现实生产力,解决制度问题,提高市场化,保护知识产权,建立金融机制。政府要大力发展第三产业,促进消费水平提高,增加更多就业机会,提高居民收入。政府要通过改革所有制成分提高第三产业效率,发挥市场机制作用,促进公平竞争环境的形成,提高经营效率,启动民间投资,减少民营企业的制度限制,增加外商投资。城市化需要农业基础,需要提高农业产业化,转移农村剩余劳动力,提高农产品商品化,改进农业技术,发展生态农业。在城市化的不同阶段,农业作用不同。要加强农业基础地位,做好农业市场的政策安排。我国一直通过工农剪刀差获取工业积累,超出了农民承载力,导致农业发展缓慢。改革开放后,家庭联产承包责任制提高了农业产量,工业更加发展,需要扩大内需,解决失业问题,提高农民消费需求和购买力,对农业加大财政投入。

合理调控大城市规模要促进农业工业化转变为新型工业化,消除城乡分离体制,提高农村工业经济规模,提高农业技术化,加大重点镇发展,促进乡镇企业和城市大工业联系,提高企业规模经济,带动非农产业比重。要从乡村城镇化转变为城乡一体化,破除严格的户籍制度和分割的行政区划,避免过度城市化,发挥大城市辐射作用,利用信息、金融、技术缩小城乡差距。城乡一体化需要配套的制度安排,发挥市场经济作用、促进不同产业有序流动,创造公平竞争环境,保护城乡生态系统,缩小城乡教育、文化水平,让城市文明更加扩散。政府要更新大城市治理理念和方式,促进城市合理体系形成,形成产业聚集,要降低房地产价格,促进卫星城发展,促进技术分化,形成城市层级结构。政府推动城市规模扩大,形成体系化分工,放松控制、加强服务,增加生活安全感,协调城乡体系,统筹城乡发展,缩小贫富差距,实行以人为本,发展社区文化,提高农民业务能力;要借鉴西方城市治理经验,加强制度建设,约束政府权力,采用市场化管理模式,提高法律地位,促进公共资源的利用。城市化是传统农业社会向现代都市社会过渡的过程,要创新制度,采用城市化代替路径,发展新型工业化,用新的理念治理城市,让技术和劳动结合,促进竞争氛围,让城市化、工业化、市场化良性互动,发展现代生态农业,建立现代都市文明。

二、促进中小城市发展

（一）中小城市在城市化中的作用

中国特色城市化需要实现土地、劳动力、资本的合理配置,维护农民切身利益,推动农民自由迁移和社会全面转变,加大对农村经济的扶持。中国需要继续推动人口城市化,改变滞后于工业化的情形,增加工业产值,缩小人口城市化的区域差异,促进东中西城市化平衡发展,保障城乡流动人口的权益、解决暂住人口的就业等问题。城市化不仅是人口聚集,更是文明的提升,不仅要增加城市人口,更要提高城市人口的生活质量。中国城市化水平较低,仍需要很多年才能追赶上中等国家水平,要认清现实,不能盲目乐观,要根据不同地区特点发展不同类型城市。城市化要依靠政府和市场的联合作用解决工业结构不合理、居民就业问题。城市化需要全方面政策协调,不能过分干预,要完善配套设施,提高公共事业管理水平。乡镇企业在小城镇导致生态破坏,没有节约土地,没有产生聚集效应,公共设施层次低,没有适应知识经济需求,没有促进乡村社会向城市社会的完全转型。

中国城市化要分阶段实现目标,不能一蹴而就。城市化要适应国家发展战略,达到经济结构完善。城市化能够推动现代化实现,达到中等收入国家水平,推动国家三步战略的实现,推动城乡资源共享,让社会更加民主、法治、公平。中国城市化的基本方针应该是大中小城市协调发展,需要实现自然、社会、人的和谐发展,要与产业发展相符合,发展特色农产品加工业。要合理布局城市空间和体系,统筹不同地区城乡发展。城市化发展要尊重每个地区的特色,重点发展区域中心城市,推动农村区域发展,发展国际性大都市。中等城市具有一定的规模效应,能提供较完善的基础设施,吸引企业聚集。而小城镇分散、规模较小,难以吸引更多企业,城市吸纳农业人口能力不足,需要加快制度改革,发挥市场作用,促进各类城市发展,用城市化促进经济水平。

　　城市化要发展壮大中小城市,缓解大城市人口压力,弥补小城镇的潜力不足问题。中小城市有一定的经济基础,有一定的企业规模、公共设施,能发展工业和服务业,继续提高聚集效应,扩大就业总量。中小城市要合理规划,为未来发展留下充足的余地。中小城市要大力提升自己的潜力,才能克服农村病和城市病,克服重复建设,促进各类城市的均衡发展。"中国巨大的农村人口,实现城市化的目标,需要大中小城市和小城镇共同分流,大中小城市都应放开,在实践中大中小城市应当共同发展,共同前进。"①

　　中小城市在我国城市系统中占据了重要的位置,能带动周围地区经济发展。中国中小城市城市化推动因素有:农业发展提供了中小城市城市化初始动力,第二产业推动了中小城市城市化进程,政策对中小城市城市化进程影响明显。中小城市城市化约束因素:城市土地利用、水资源、能源和环境污染问题。城市土地利用问题有:城市化发展对土地的需求、土地利用的供需矛盾、土地利用过程中存在的问题、水资源利用的供需矛盾。能源问题有:城市化发展对能源的需求、能源的供需矛盾、能源利用过程中存在的问题。城市经济发展方式粗放导致很多环境污染问题。中小城市要促进产业结构升级,动态调整政策。新型城市化发展模式构建要去除粗放型发展,达到集约型发展模式,避免资源浪费,实现持续发展,促进动力模式、组织模式、协调模式及创新模式有效结合。城市化有内生动力和外生动力,要运用政策促进生产要素流动。城市有各类社会组织和商业组织,需要建立高效自治组织,促进各组织的协同运作。

　　(二)中小城市的提升路径

　　中国城市化需要做好区域规划,优化空间格局,摆脱旧的思维。中国城市化有着庞大的农业人口群体,将改变全球人口格局,促进全球生产、生活方式改变。中国城市化需要加快农村剩余劳动力转移,调整城乡经济结构,转变经济增长方式,促进城市化和谐发展,缩小农民进城成本,促进城乡共同进步。

　　中国城市化要加快发展中小城市的加工业,缓解城市就业压力,调整城市产业结构,缩小二元经济差距,需要加快转移农村剩余劳动力,提高各类城市的吸纳人口能力,避免大城市过度拥挤。发达国家早已出现逆城市化,人口、产业不断向

---

① 许经勇:《我国城镇化体系中的小城镇建设问题》,载《吉首大学学报(社会科学版)》,2011年第1期。

郊区迁移,形成人口、产业空心化。发达国家城乡一体化程度已经很高,形成了大的城市群。目前,中国大城市有严重的城市病,导致一些年轻人逃离北上广,劳动力结构、产业结构都不合理,城市建设盲目求大求全,仍存在二元经济。城市化要聚集优质人力资源和生产要素,提高国家竞争力,提升农业结构,解决三农问题,逐步消灭城乡差别。中国城市化进程不断加快,农业加工业不断提升。中国城市化也要发展低碳模式,避免城市建设泡沫,把生态理念融合进城市规划和城市建设中。

中国存在半城市化现象,需要促进中小城市的农民工市民化。工业化支持了城市化,需要推动城市化持续发展。农民缺少市民权,阻碍了第三产业发展,制约了产业结构升级,不利于劳动力转移,阻碍了经济增长。政府要尊重农民的理性选择,提高农民收入。国际上通用城市化,而不是城镇化,需要让农村文明转变为现代文明。农民工缺乏很多福利,需要界定统计路径。政府要消除城乡二元结构,促进三农现代化。城市化是城市中心向周边辐射,是城市人口比例增加,社会制度变迁,生活方式、精神面貌改变。工业化是城市化的发展动因,两者可以相互促进,应该同步发展,发展规模经济。我国城市化水平滞后于工业化,需要与经济水平相适应。我国城市人口统计路径是按照常住人口统计的,而不是按户籍,出现了虚假城市化。城市化需要采用符合指标,是经济、人口、空间、生活、生态等的城市化水平。半城市化需要用人口变化、经济变化、社会变化等衡量。半城市化的根本原因是城乡二元户籍制度,重要原因是倾向城市的公共政策,人力资本、社会资本也制约农民工融入城市。政府需要解决用工荒,改革农民生活方式,促进体制改革。城市化是人口结构和社会结构转型,是工业取代农业,工业文明普及。城市化需要从人口迁移、产业结构转变、就业结构改变、土地空间的变化等来理解,最明显的是人口城市化,反映了经济发展程度。城市化需要用城市化率衡量,半城市化是城乡结合区域,是流动人口对城市的疏离。半城市化是人口迁移的不完整状态,表现在农民工不能融入城市。要促进人的发展的新型城市化,我国城市化仍需要大力发展,需要克服半城市化。城市化和工业化能相互推动,但中国城市化市场体制仍需要健全。工业化是国民经济的强大动力,但我国工业化还没有非常发达,非农就业人口比重仍需要提高。工业化能促进产业结构升级,增加国民收入,提高城市化水平。我国城市化与工业化存在偏差,需要实现完全的工业化。

三、加快小城镇发展

(一)加快小城镇发展的意义

新型工业化能形成合理的城市体系,需要创新、绿色、协调的理念。新型城市化要尊重规律,尊重农民意愿,维护粮食安全,要加快农业人口转移,推动房地产平稳发展,加强城市规划和管理,拉动投资和内需,推动生态文明,确保经济持续发展,要科学规划城市群,合理布局城市体系和空间结构。要促进城市空间紧凑布局,减少盲目建设,大力发展公共交通,创造舒适的环境。城市化要与农业变革同步,促进农业技术革新,吸纳农民进城,发展支柱产业,提高土地规模化,推动中心城市发展。

中国特色城市化主要是控制大城市,发展小城镇,推动空间平衡发展。小城镇只是城市化的过渡形式,一般承载能力不够。新型城市化要解决好人口就业问题,推动农业人口转移,提高农民工素质,放开户籍制度,培育新市民。要在不同地区实行不同城市化策略,形成多层次的城市群,促进城市之间的联系,完善城镇体系。要加强顶层制度设计,明确城市化目标和方向,促进城市文明传播。中小城市发展中也存在污染严重、企业布局分散、规划滞后、公共基础设施不完善等问题。中小城市要积极发展各类企业,提高企业规模效应,要扩大资金来源,大力发展基础设施建设,加强城镇规划,治理污染。发展小城镇符合我国的国情。小城镇是各类城市形态的起始状态,对我国城市化的发展做了巨大贡献。小城镇已经有一定的基础,其发展已经有一定经验。发展小城镇能够降低发展成本,促进农村工业和服务业的发展。"走小城镇的道路可以缓解大中城市人口膨胀的压力,缓解当前城市下岗再就业的压力,从而使大量的农民迅速非农化,较快地进入低水平的城市化阶段。"[1]发展小城镇能降低我国资金短缺的压力,降低国家财政投入,能够避免大城市病,连接城乡市场,调动农民的住宅建设投资。

一些小城镇已经成为城乡物资集散地,提高了城乡居民生活水平。中国是一个农业大国,农村人口基数大,面临很大的转移农村剩余劳动力的压力。现代工业部门能吸引农村劳动力,但这是漫长的过程,作为工业化后起国家,中国工业化没有欧美国家发达,假若采用冒进的方法,将会出现很多破产的农民,不利于社会稳定。于是,政府在农村兴办企业,试图就地转移农村剩余劳动力。"这种选择源

---

[1]　国风:《中国农村工业化和劳动力,转移的道路选择》,载《管理世界》,1998 年第 6 期。

于我国城市化起步阶段极其落后的经济基础和当时特定的国际环境。"①中华人民共和国成立之后,我国采用苏联工业化模式,利用计划体制发展重工业。中华人民共和国成立初期的经济政策是较有效的,短时间内就实现了经济的高速增长,但是这一策略没有起到持久的效果。农业积累不断转移到工业,引起农业投资的不足,导致城乡间收入及生活水平差距的扩大,推动了农业劳动力向工业的转移,也必然降低农业积累对工业的贡献。政府在这种情形下,必然采用严格的户籍制度限制农民向城市的迁移,并形成城乡二元结构。户籍制度加上其他一系列制度,让城乡形成坚固的壁垒,城乡的错位让小城镇有了发展余地。

改革开放前,公有制的理念也让政府对城市的贸易嗤之以鼻,不断打击商品经济,不断破坏小城镇经济发展的基础。国家就地消化农民的政策不断强化,试图依靠人民公社吸纳农民。这样做让中国城市没有出现大面积的贫民窟,但造成了城乡居民身份的世袭,固化了等级,造成了不公平的利益分配格局,让城镇居民有了依赖心理,让农民成为最大的弱势群体,影响了农民城市化。政府的财政补贴只是杯水车薪,城市化发展严重缺乏资金,压制了市场机制发挥作用,促进了重工业发展,但造成城乡居民生活提高不大。改革开放后,农村体制改革让农民有了土地经营权,农村手工业重新发展,乡镇集市贸易得到恢复。乡镇企业也在政策鼓励下获得发展,促进了乡镇基础设施建设,国家日益重视小城镇的发展,甚至提高到国家战略高度。"提高城镇化水平,转移农村人口,可以为经济发展提供广阔的市场和持久的动力,是促进国民经济良性循环和社会协调发展的重大措施。"②小城镇的发展依靠粗放式增长方式,导致农村城镇化层次低、破坏了环境,应该建立良性制度为经济运行提供保障。"小城镇的进一步发展,有赖于农村人口和乡镇企业向小城镇的聚集,以及由此而来的社会经济资源的聚集,这是城市和经济发展的必然规律。"③

制度壁垒限制了乡镇企业的进一步发展,阻碍了乡镇企业向小城镇的转移。乡镇企业一般只能在村镇内部得到优惠照顾,如果搬到小城镇,就会面临高额的土地费用、政府征收的各项税费。行政区划也阻碍了乡镇企业转移,地方政府为了政绩不愿意本地企业搬迁到别处。政府难以综合调控本地企业,导致圈地利用等问题。乡镇企业能为农民提供就近的就业机会,但很多乡镇企业只是采用简单

① 李明超:《我国城市化进程中的小城镇研究回顾与分析》,载《当代经济管理》,2012年第3期。

② 陈方潭:《转移农村人口,提高城镇化水平》,载《新农村》,2001年第1期。

③ 张凯:《城市聚集效应与城市化战略研究》,载《前沿》,2006年第4期。

的手工作坊劳作,对农民的身心造成很大伤害。很多小城镇只是农村的放大版,公共设施很不完善,没有发达的第三产业,提供的就业机会不足。农民更愿意去就业机会多的城市,但进入城市的门槛日益升高。小城镇星罗棋布不等于城市供给充足。"在一个区域内由小城镇聚集起来的经济能量和要素,不可能达到该区域所聚集的要素和能量。"①中国的城市化规模也明显偏小。城市的规模收益随着城市规模的扩大而上升,不仅包括城市建设和治理的费用,也包括居民的消费开支。

(二)加快小城镇发展的路径

乡村工业化源于农村集体经济组织,当时只允许发展社队企业。乡镇企业包括由原先的社队企业发展而来的集体所有制企业、农民合伙制企业、私营及个体企业、"三资"企业、不同产权制的联营企业及股份制企业。以前社队企业的资金主要来自农村集体积累,当前乡镇企业发展资金则是多元化的,不仅有银行贷款,还有外资。自上而下城市化是依靠农民力量,促进了当地农民身份转化,也能吸引外来人口。小城镇的动力机制更加多元。工业化是城市化的机制,有不同的资金资源。中国正由计划经济体制向市场经济体制转变,经济运行主体变得多元化,企业、个人、政府都参与了城市化。发达国家采用市场体制,政府很少直接干预,出现大都市化和郊区化。改革开放前,我国实行高度集中的计划体制,集中财力进行经济建设,建立了一些重点项目。改革开放后,中央权力下放,扩大了地方决策权,沿海开放城市吸引了外资,加强了基础设施建设,建立了开发区,多方筹措了资金。计划体制下,国有经济起主导作用,但对城市化促进作用不大。改革开放后,外资促进了市场体制的经营模式,国有企业扩大了自主权,乡镇企业也迅速发展,企业投资促进了农村城市化。外资企业推动了城市化发展,"三资"企业日益增多。资本为纽带的扩散促进了乡村工业化。不少企业迁移到郊区,促进了郊区城市化,企业对城市化的作用加大。个人投资能促进房地产发展,个体经济不断发展,私营企业扩大,对城市化作用加大。私营经济对财政的作用越来越大。土地流转促进了房地产发展,促进了新的城镇人口聚集机制的确立,促进了人口向城镇聚集。城市住房制度改革,促进城市居民在郊区购房,带动了郊区基础设施的完善。

加快小城镇发展需要推动乡村城市化,推动乡村生产方式、生活方式、文明程度的提升,提高农村现代化水平,加快农业产业化经营,发展农村非农产业,加快

---

① 洪银兴、陈雯:《城市化模式的新发展——以江苏为例的分析》,载《经济研究》,2000 年第12 期。

农村科技进步。乡村城市化要加强工业升级,建立新型社区。要发展各类城市,不能把发展小城镇作为城市化的唯一路径。20世纪80年代以后,国家加大了对小城镇的支持力度,制定了各类促进小城镇发展的方针,但没有提升我国城市化的层次。乡村城市化有利于城市聚集效益的发挥。过度发展小城镇不利于我国第三产业的发展,不利于扩大当前国内需求,拉动我国经济增长。

自上而下模式主要推动了工业城市发展,自下而上模式主要促进了小城镇发展,需要政府、个人、企业联合推动各类城市发展。政府推动的城市化,导致资本总是流向收益高的地方,银行贷款主要流向东部沿海。城市化与资金投入方式有关,东部沿海三资企业占了很大比重,开发区带动了城市发展,中心城市集中了很多跨国企业,让外资投资呈现等级性。地方政府掌握土地,更好贷款,促进了开发区建设,简化了办事效率,节约了交易成本,促进了经济集约化,促进了非农产业集中发展,但地方政府盲目发展开发区,也导致产业结构趋同,让有限资源不能有效利用。城市化走向多元,对二元结构有所消解,城市开发更加集中,提高了经济绩效,但内地城市化更多是二元结构,需要发展国际大都市。城市化是人口集中的过程,是非农生产力的提高,非农人口在地理空间的聚集,让城市结构功能更加完善。城市化与工业化息息相关,城市化水平与经济社会发展水平也较一致。中国城市化经历了长达20年的缓慢发展。改革开放后,才快速发展,但城市化仍滞后于工业化。

中国的小城镇建设中存在着一些问题,主要体现在两个方面:其一,小城镇建设缺乏科学规划,空间布局不合理,村镇现代化水平低;其二,城市的各项基础建设滞后,城市休闲娱乐场所不足。乡镇企业的发展存在产业层次低、土地浪费、环境破坏等问题。小城镇过于分散,浪费了耕地,加重了污染,难以形成经济聚集中心。"服务业需要依托一定规模的消费者,城镇太小聚集不起服务业的规模。"①国家有重点地发展小城镇,促进了农村经济繁荣。我国国情决定了发展小城镇战略。"实施小城镇发展战略对农业和农村经济结构进行战略性调整,全面提高农业和农村经济的整体素质和效益,提高农民生活水平,是当前和今后一个时期我国农业和农村工作的首要任务。"②小城镇能够就近转移农村剩余劳动力,促进农业生产效率提高,带动农村产业结构调整。"实施小城镇发展战略是推进农村工

---

① 洪银兴、陈雯:《城市化模式的新发展——以江苏为例的分析》,载《经济研究》,2000年第12期。

② 杨企玉、张路:《积极推进城镇化进程,加快农村富裕型小康社会建设》,载《理论探索》,2002年第1期。

业化的客观要求。"①优先发展重工业的战略牺牲了农业和农民利益,保障了工业不断从农业获取积累。小城镇具有巨大的吸收农村剩余劳动力的能力,在经济建设中有着特殊地位,要推动乡镇企业向小城镇集中,促进乡镇企业的合理空间布局。

小城镇发展要借鉴国内外的经验。"积极引导乡镇工业等非农产业向小城镇集聚,形成小城镇的经济支撑,加大城镇基础建设资金的投入,以及运用市场机制,更多地发挥了民间资金作用。"②市场经济为城市经济提供了公平环境,能够发挥市场主体的积极性。城市建设要合理规划,发展循环经济,注重经济发展的适度性、协调性。"城镇建设规划既要以可持续发展思想为指导,体现地方特色,突出时代感和文化底蕴,有适度的超前性,又要考虑到经济、社会、生态环境的协调。"③小城镇发展要贯彻新的发展理念,建立现代化的经济体系,实施乡村振兴战略,提高居民收入水平。

第三节　低碳理念下的城市化道路

一、城市能源利用、产业结构的低碳化

（一）城市能源利用的低碳化

城市化是推动农村经济、城乡协调发展的路径,能够消解城乡矛盾,需要研究世界城市化道路。世界城市化具有起步、加速、缓慢等阶段性规律,还有聚集和扩散规律,能发挥规模效应,推动城市文明辐射周边地区。城市化还有地区差异规律,不同国家有着不同发展水平。这是根据城市化、工业化、经济发展水平关系界定的。城市化需要以农业发展为基础,不能牺牲农业利益,否则会导致农业长期不能发展,导致城市病。城市化要与工业化同步,而不是过度或滞后,要集中型和分散型城市化相结合,要政府引导和市场主导结合,让城市化有序发展。中国城市化水平低,需要加快城市化,促进城乡互动,选择特色城市化道路。中国特色城市化道路是可持续的,需要尊重生态系统平衡,采用环保技术,协调经济、人口、生

①　张杰庭:《我国小城镇发展的政策研究》,载《管理世界》,2004 年第 9 期。
②　康伟立:《农村城镇化模式与路径研究——以河北省唐山市为例》,载《商业时代》,2013年第 4 期。
③　尹海波:《试论农村城镇化与县域经济的协调发展》,载《北方经济》,2012 年第 22 期。

态、社会关系,注重城市化质量,防止土地浪费,加快生态城市建设,治理各种污染,搞好城市绿化,建立生态田园城市;需要走与新型城市化相适应的城市化道路,发展信息化带动的工业化,提高工业化技术水平,发挥人力资源优势,提高工业生产效率;要走市场化的城市化道路,发挥城市拉力和农村推力,利用市场机制提高工业生产,消除计划经济思维模式,促进人力、资源等要素流动,破除政府包办一切,促进资本长期积累,降低资本运行成本,避免市场失灵;要采取多元化城市化道路,既要发挥大城市规模辐射、聚集扩散作用,又要发挥中小城市吸纳作用,还要加快小城镇发展以促进城市化率,提高小城镇基础设施。

能源利用的低碳化要减少自然资源的损耗,降低环境污染,研发能源利用新技术,控制温室气体排放,提倡资源利用的节约,维护生态系统平衡。"低碳城市强调以低碳理念为指导,以低碳技术和低碳产品为基础,以低碳能源生产和应用为主要对象,通过发展经济和提高人们生活质量从而为全球碳排放的减少做出贡献的城市发展活动。"[1]能源利用的低碳化要推广节能低碳技术,充分发挥低碳技术在节约资源中的作用,改变高污染、高排放的传统工业化模式,促进城市经济转型。低碳理念为城市居民提供更好的人文环境,推动低碳生活方式。要促进传统能源结构向新能源结构的转变。传统化石能源面临枯竭的危机。要降低对传统能源的依赖程度,利用市场优化配置能源,大力开发新能源。"实现低碳能源的利用,首先在起点上实现低碳生产,实行循环经济和清洁生产。"[2]低碳城市化要采取一系列措施,多管齐下,全力促进低碳发展,推行强制性二氧化碳减排计划,重点减少工厂等的碳排放,适当控制和减少民用领域和交通运输领域的碳排放。要提高能源利用效率,多方筹措资金发展低碳技术,提高居民低碳意识,优化产业结构,改变能源消费方式,建筑、交通、生活方式都采用低碳能源。低碳技术革新要将发展重点放在二氧化碳减排技术上,要增加城市的环保水平,促进经济持续发展。

(二)发展旅游业、文化产业等低碳产业

科技促进人类创造了更多物质财富,让全球化和信息化迅速发展,但也加剧了生态失衡,引起人类生存处境的日益困难:温室气体的大量排放导致气候异常,冰川融化导致海平面上升,工业废水的乱排放导致水、土壤污染,过度的开发导致动物灭绝等。生态危机蔓延到全球,危及人类的可持续发展。资本增值本性导致人的空间生产范围不断扩大,引起人与自然的直接对立,导致生态失衡和人们的

---

① 王国平:《杭州如何建设低碳城市》,载《现代城市》,2010 年第 1 期。
② 莫神星:《论低碳经济与低碳能源发展》,载《社会科学》,2012 年第 9 期。

恐慌。生态危机让人们对晚期资本主义的生产持批判态度,兴起环境保护运动。中国之前也在进行大规模的粗放式工业化生产,用牺牲环境的代价换取经济总量高速增长,导致生态系统持续恶化,不利于国家的持续发展,需要建立生态文明,用生态伦理推动美丽中国的建设。"中国城市化需要从排斥走向包容,需要发展主体的全民性、发展内涵的全面性、发展过程的公平性和发展成果的共享性,营造宽松氛围,创造更多机会,发挥政府和市场调节作用,规范管理和服务。"①中国城市化道路艰巨,面临很多挑战,农民工过着候鸟式生活,需要推动城市化机制、方针、城乡关系的多样化。

新型工业化要推动新型产业发展,坚持可持续发展,发展循环经济。新型城市化强调以人为本,推崇生态低碳,采用新型工业化,追求城市化质量,抛弃粗放型增长,推动和谐文化。城市化需要破除旧体制,以改革和技术革新为动力,发挥市场和居民的作用,要建构合理政府预算。中国传统城市化的动力是社会生产方式转化的内生动力和政府调控的外生动力组成,是宏观、中观、微观三个动力。新型城市化是对传统城市化的纠正,是为了更好促进城乡一体化,是历史的必然,传统城镇化主要是土地城镇化,导致城市病。新型城市化要适度地保护传统村落,维护各方利益,保护传统文化的载体,形成特色产业。

新型城镇化要推动工业化、信息化、城市化、现代化的互动,发挥政府引导职能。城市化是工业化、非农产业聚集产生的,中国城市化率和城市人口都有了很大提高,需要以人为本、科学发展,消除二元结构,解决三农问题。城市化是经济由落后到发达,城市生产、生活方式传播到农村地区的过程。中国的落后形势让中国只能用城镇化代替城市化。新型城市化已经成了国家战略,各级政府正努力推动。新型城市化需要发展工业化,增加城市建设资金,集中发展第二、三产业,要大力推动投资、出口和内需,提高居民消费需求,带动农村经济发展。

20世纪后期,全球化和信息化飞速发展,人类利用发达的技术创造了更多的物质财富,但对技术理性的过分迷信,也导致严重的生态危机。发达的媒体促进了消费文化的兴盛,让无形的意识形态控制磨灭了人的自由选择意志,让社会充满了无根的文化,让人们沉迷在物质享受中,失去了对社会的批判能力,加剧了生态问题。人们陷入消费的泥潭而失去理想追求,变成社会的单向度细胞。在这种形势下,城市化需要批判技术理性的弊端,促进生态产业的勃兴。发展生态产业能够避免资本主义生产弊端,从而吸取西方生态保护的经验教训,促进人们更加

---

① 张明斗、王雅莉:《城市化包容性发展的综合测度及驱动因素研究》,载《社会科学研究》,2016年第6期。

重视生态伦理的人文价值,将生态伦理应用到产业发展中,推进"美丽中国"的建设。发展低碳经济是一个长时期、高投入的工程,要发挥经济社区的试点作用,采用合同管理的市场化能源产业。技术理性让人类寻求控制自然,给生态带来很大破坏,也让人们意识到与自然和谐相处的人文价值。人们不应该用技术控制自然,而要采用更先进的技术手段增强环保意识,建立有效的生态保护机制。国家应该大力发展低碳产业,树立公民的生态伦理意识,避免引起生态系统失衡的实践行为,反思人与自然的伦理关系,促进人与自然的一体化平衡发展。生态系统的平衡是人类存在和发展的前提条件,多样性的生态系统能保证社会的稳定。

实现产业结构调整,需要推动高新技术产业的发展。"近几年国家环境保护政策日益严格,排污收费已经日益规范,对高污染排放型企业形成的成本压力日益加大,迫使一批企业不得不考虑进行技术创新和改造,节约成本。"[1]旅游业、休闲产业、绿色工业在城市化当中,是一种能够持续发展的生产模式,体现了低碳经济理念,能够不破坏生态环境,利用自然资源进行产业开发。"绿色产业涵盖国民经济各个部门:一是绿色农业意在生产绿色农产品;二是绿色工业指产品在生产和使用过程中对环境不产生或者很少产生工业有害物质;三是环保工业以废弃物为原料或生产环保设备的工业;四是绿色服务业,提供清洁、环保的服务和产品等。"[2]要推动低碳经济和低碳产业的发展,运用低碳理念调整产业结构,达到一种绿色循环型的效果。低碳经济是综合性、战略性和全球性的,有利于经济模式的转变,需要加强各国之间的交流合作。低碳经济代表人类的普遍利益,需要提高居民素质,建立低碳的经济体系,建立综合协调机制。

(三)城市空间生产的低碳化

城市空间生产与生态环境紧密相连。城市化作为一种生产模式,必然对自然环境造成影响。社会主义空间是空间生产的未来走向。空间生产资本化将社会空间粉碎为可控、抽象、可测量的空间网络体系。空间生产没有让空间消失,并提供了清晰的空间表象。无论是物质空间、精神空间,还是社会空间,都是真实和想象的结合,具体和抽象的产物。空间不再是单纯社会关系器皿和社会行动对象,而是具有社会意义的多维产物。社会空间不是只存在于意识活动的精神形式,而是与自然空间一样是真实存在。社会空间是从具体的空间形态,如建筑、学校、公寓和铁路等场地抽象出来的。社会空间又是抽象和具体的结合,是现实的抽象性

---

① 张艳秋:《发展我国循环经济的思考》,载《商业经济》,2006 年第 8 期。
② 李昌来:《三类市场主体在发展绿色产业中的行为要求》,载《贵州信息与未来》,2011 年第 4 期。

具体。没有孤立存在、不具有能量的空间。社会空间当然充满能量,是社会政治力量的产物。社会空间不指称具体的物质,而是人与人的关系和秩序。社会空间充满的是社会关系,而不是自然关系。空间在人类社会实践的改造下,不是绝对、纯粹的,而是相对、变化的,是生产、消费的主体和对象。城市空间生产存在全球或国家、城市和个人三个层次。城市空间蕴含着复杂的现象和混沌的都市景象。空间生产是自身同构和解构的过程。

城市空间生产的生态意义展示为三个层面。社会实践是人创造空间形态的主导方式,空间的认知水平、空间的组织和使用、空间的产生和毁灭,都与实践有关。空间实践可以直接体验并通过其他的观察和实验手段直接掌握。空间表征是一个充满想象力的空间,是规划人员和其他专家凭借人的自我意识来表达自己想法的范畴空间。表征空间属于日常生活的诸个领域,通过相关的意图和直接使用空间的符号表现出来,是对日常生活空间的被动体验,充满了矛盾和不稳定,是世界的象征,它与前两类空间有很大差别又内蕴于前两类空间,既立足于生活空间,又有着艺术想象的成分。表征空间展示着统治秩序,是现实空间再现的前提,是用显性的空间表达空间知识和空间关系,因此,它是一个空间为主导的空间再现。空间生产也制造着实践关系。人在空间生产中担负主体作用,生产出自己需要的空间形态。空间生产也制约着人的活动,形成人与空间的互动机制,建构出社会空间和自然空间。

低碳城市空间生产就是采用低碳能源,建立低碳经济结构,采用低碳的城市规划。低碳城市空间生产需要发展高循环、低排放、高效率的绿色经济,推动人们消费理念的转变。低碳空间生产受人口数量、产业结构、能源政策等影响。全球化推动了落后国家的文明进程,提高了人们的生活质量,但引起了日益严峻的环境形势。生态危机迫使人类正视人与自然的冲突,努力促进生态和谐稳定。生态伦理(ecological ethics)倡导人类对生态环境的责任和义务,人在日常生活中不仅要满足自己的利益,也要满足自然的需求。人类为了自己的生存必然给予自然更多伦理关怀。生态伦理的主要内容就是人的自然实践活动中的伦理关系,包括自然实践活动的伦理原则、自然资源分配的规则和人在自然活动中体现的伦理意识。生态伦理是为了维护自然生态系统平衡,从而促进人类的可持续发展。生态伦理仍是以人的价值为中心,无法完全消除人类中心主义的影响。当前中国存在资源浪费、能源利用效率低等现象,与发达国家存在很大的差距。低碳城市空间生产要注重城市各要素的合理配置,采用清洁技术,发展低碳经济模式。中国城市化的环境状况不容乐观,要促进能源消费结构合理化,建设光伏建筑。中国走低碳城市化要完善公众监督投诉渠道,加强媒体舆论监督力量,创新低碳技术,提高公民的低碳意识。中国走低碳城市化道路具有较好的后发优势。政府已经提供了优良的制度环境,增加了财政支出。政府要继续建构完善的法规体系,制定相关的激励机制来促进减排。政府要制定相关的法律、政策、计划,推动低碳技术的研发及应用,引导全民参与低碳城市化的建设。"以政策引导为主的发展模式,即在低碳城市化的发展过程中,在减排、开发可替代能源、研发低碳技术等方面都会制定相应的政策,使得各主体都会在政策的引导下进行减排。"①政府要制定财税减免措施和激励政策,开发可替代性新能源。中国低碳城市化,需要利用激励机制促进减排,要推动研发可操作性强的低碳技术。中国产业结构不合理,如果不采用低碳经济发展模式,必然会加重二氧化碳排放。中国城市化滞后才造成农村人口太多,要推动城市化与城乡一体化同时推进,让农民享受现代城市文明,要推动城市化与城市现代化一起进行。要以经济建设为中心,经济社会协调发展。低碳城市空间生产要以人为本,全民参与,推行科学发展观。

二、城市中低碳社区的建设与规划

(一)城市建筑低碳化

新型城市化要推动产业聚集和转型、完善产业体系、优化产业布局、加快生态农业发展。要强化监督体系,优化生态系统,强化环境治理的政府责任,强化法律监督、全面参与的机制,注重城镇建设质量,提升城市生态规划系统,提升社区生态环境水平。政府要营造和谐的文化生态,保护文化遗产,要加强农村生态维护,提高农业生产技术,加强农村基础设施,要推动产业、居住、文化生态化,提高生态理念。

积极发展低碳建筑。低碳建筑要大力推行采用清洁可再生能源,建立低碳住宅社区。中国城市化正处于关键时期,需要立足国情,把握机遇。要解决土地财政问题,突破户籍藩篱,调整利益结构,建立多元投资平台,改革中央和地方的关系,完善政府考核制度,推动城乡一体化。中国实际城市化率很低,三农问题突出,要发展新型城市化,需要打破二元结构,城乡统筹发展,走生态可持续发展道路。城镇化是迫于现实国情才使用的词语,不能与城市化混同,需要集约利用资源。低碳建筑要体现自然历史过程,是物化和人化的过程,是实现生态文明的过程,是市场主导、政府引导的过程。新型城市化要以人为本,走科学发展、和谐的道路,要以新型工业化为动力,推动可持续发展,要坚持城乡统筹发展,发挥政府和市场联合作用。推动新型城市化能够促进经济发展方式转变、扩大内需、推动

---

① 刘胜:《我国低碳技术研发和应用中的困境及对策》,载《财经科学》,2012年第10期。

人口城市化。要吸取公共治理、科学发展观理论,指导城市化。城市建筑低碳化是指在城市建设中少采用化石材料,降低二氧化碳排放,要达到节约能源、降低能耗的要求,不断开发新能源,使用水循环系统,提高节水意识,提高土地利用效率,充分利用空间,使用节能材料。

低碳建筑要采用生态马克思主义的理念。生态马克思主义拓宽了生态伦理学的当代视域,从资本运作导致的生态问题入手,考察了新形势下人与自然的关系问题:人类依赖于自然,需要自然条件为基础才能生存和发展,因此,人和自然关系的基本要求就是尊重自然及其规律,把伦理原则普及到自然实践活动中,应该尊重自然的权利和价值。但是,在当代,人类利用先进的科技破坏了自然系统,危及了人类的发展,需要强化人对自然的伦理义务和责任,重拾对自然的敬畏之情。资本主义过分崇信技术手段,让人的地位下降、物的地位上升,导致人成为资本运作的一部分而呈现物化状态。启蒙思想的日益失落,加剧了技术理性的高涨,导致实用主义盛行。技术理性成为征服自然和控制思想的工具,加强了社会的单向性和自然系统的人化。人在技术理性下,失去健全性,呈现了社会消费对人的全面控制和人精神理性的没落。人应该成为健全的人。资本主义生产力是依靠掠夺自然资源而获得发展的,引起生态系统的破坏和人的生存困境。自然的解放既需要让人自然摆脱人的无节制的欲望冲动,又要使外部自然保持原始状态。技术理性引起的日益严重的生态危机和人的单向度生存状况,让一些学者转向生态问题研究,促进了生态马克思主义的产生。生态马克思主义继承了历史唯物主义的思路和方法,立足于晚期资本主义技术理性导致的新形势,形成了消费社会批判、单向度社会批判、景观社会批判等,将西方马克思主义的研究视域深入到生态领域。

工业革命之前,人类采用手工生产方式对自然的影响很小,生产活动受自然的很大制约;工业革命之后,科技飞速发展。但是,生态危机不是单靠人类的感性意识就能解决的。生态马克思主义立足于现实的生态困境,借助于马克思的批判精神,竭力将生态保护和共产主义实践结合起来。只有进行生产方式变革才能克服生态危机,促进人类持续进步。古代哲学家的生态思想促进了马克思唯物主义的形成,并让其很关注人与自然的关系。人与自然发生了物质断裂,加深了城乡用地矛盾。奥康纳则认为,马克思的生产方式范畴缺少客观的自然维度和主观的文化维度。资本主义经济危机与生态危机有密切关联,是不可避免的,需要生态伦理批判。解决生态危机需要时间层面的生态社会主义运动。生态社会主义按照需求而不是利益来展开生产活动,能把人类需求限制在一定范围内,从而维护生态系统的平衡。费尔巴哈批判了黑格尔为神学辩护的实质,但能把自己的意志外化到自然中,这启发马克思意识到人与自然的物质性并进一步分析了人与自然关系的辩证性。达尔文的进化论、摩尔根的人类学理论也对历史唯物主义有重要影响。科技的进步也导致人与自然的关系发生扭曲。福斯特指出,历史唯物主义中有鲜明的生态意识,需要学者的进一步发掘。社会物质交换吸取了土壤的营养元素,需要重新恢复系统性,但不断的物质变换让土壤成分得不到有效恢复,引起土壤成分的异化,引起了自然和社会物质变换的断裂。物质交换断裂是资本运作方式导致的,资本主义农业和工业生产存在尖锐的冲突。要实现生态文明,就要消除资本主义私有产权制度,建立无产阶级联合的社会。

　　低碳建筑生产方式与文化有密切关联,呈现着客观和主观向度。生产力是由自然供给的生产资料和工具等要素构成,表明了其客观性维度;生产力当中劳动者的协作受到技术水平和文化要素的制约,表明了其主观性维度。生产关系遵循社会经济规律,表明了其客观性维度。生产关系受文化价值理念的制约,表明了其主观性维度。因此,生产方式是主观维度和客观维度的结合,蕴含着文化意义。马克思主要考察的是资本运作模式的弊端及其克服路径,而不太关注经济因素之外的东西。早期资本主义时期,自然条件不仅限制着人的生产方式,而且制约着阶级结构的变革和劳动者的协作关系。社会劳动作为人类和自然的媒介,呈现着自然和文化的双重维度。社会劳动彰显着人类力量和自然力量的对立统一过程,是改造外在世界和调节劳作方式的物质性实践。社会劳动是受文化规范影响的文化实践,彰显自然、劳动和文化的相互作用。奥康纳试图将自然和文化维度补充进历史唯物主义,修正为文化唯物主义,但他仍确信历史唯物主义对人类改造自然和社会的积极价值。资本家的贪欲让资本运作不断扩展到自然领域。自然界慷慨地给予人类生产的条件,但是自然也有自身的运行规律,资本运作的周期与自然运转周期是冲突的,导致对自然条件的损坏。生态危机的解决就要用生态社会主义代替资本主义,实现生产正义。城市的可持续发展要合理控制城市土地,不要超过环境容量。"我们必须把可持续发展的战略思想具体落实到城市化的全过程,在产业布局、生产力发展时必须充分考虑资源的节约利用和保持生态平衡。"①城市可持续发展要建立适宜的人类聚居环境。城市可持续发展要完善城市公共交通。"我国城市化进程已进入高速发展时期,城市化使城市人口增长迅速,人们生活水平提高,出行需求总量快速增长,而道路设施增长速度远低于机

---

① 郑声轩、张卓如:《城市化中可持续发展的若干思考》,载《中国经济快讯》,2001 年第 31 期。

动车的增长速度,造成交通拥挤、污染严重。"①要改变这种状况,就必须促进城市生态文明建设。城市要通过文化交流,为经济的发展创造机会。

(二)城市交通低碳化

当前城镇化面临严重的土地财政依赖、固化的行政制度、难调整的利益结构、问题严重的金融投资平台、不能同步协调的四个现代化等问题。中央和地方在人事、财政关系上混乱,城市管理体制存在缺陷,出现政府职能不清、职权重叠、缺乏民主决策、监督不到位等问题。政府主导城市化导致很多弊端,导致唯经济论,导致管理低效率,要合理界定政府和市场的界限,降低城市化风险。中国城市化有很多制度缺陷:僵化的户籍制度限制了公民自由迁徙,限制了人口迁移的作用,阻碍了经济发展,限制了城乡交流;现行土地制度导致农村土地产权不清,征地补偿太低,征地过程混乱,爆发很多矛盾;城乡社会保障制度不公导致城乡不同的社会保险、不同的社会救助、不同的社会支出结构;政府政绩考核制度导致绩效考核混乱,没有统一标准,片面追求经济发展,粗放式增长;政策偏差导致四化不能协调发展、城市规划缺乏科学性、稳定性,城市建设混乱。

新型城市化需要建立合理的交通体系。合理的交通体系有利于城市功能提升,推动人口结构、产业结构、价值理念等的转变,促进大都市区、城市群等新空间形式。中国城市化面临技术革命、产业调整、就业压力、区域发展失衡等问题,需要解决矛盾。城市化与交通体系应该协调发展。便利的交通体系可以推动聚集经济,经济聚集可以节约成本,转换经济结构,提高循环累积效应。城市化应该与经济发展保持一致,应该具有阶段性,循序渐进推进城市化,促进大城市超前发展,推动城市带的崛起,消除地区发展差异,治理城市病和环境污染,顺应知识经济。便利的交通对城市化有很大推动作用,要集中型和分散型结合,推动经济、社会、生态协调发展。城市交通要采用低碳能源,建立低碳的交通体系,缓解交通拥堵,提高交通能源利用效率。要建立紧凑型城市,提高城市空间密度,形成功能齐全的多组团模式,优化交通体系,大力发展公共交通,采用最环保的交通形式。科学规划交通线路,采用环保交通工具。

自然的扩张无法跟上资本的扩张,资本追求利润的本性引起了生产条件的不足,必然引起生态困境。"物质变换"(Stoffwechsel)本是德国生理学家用来表示人的身体内呼吸导致的物质转换,是生命体为了保持生命体征而必须进行的物质转化。李比希在《农业化学》中,进一步深化了这个范畴,将这个词扩展到自然生命

---

① 肖欣荣、姜国杰:《建立城市大运量快速交通体系的升级战略》,载《城市规划汇刊》,1999年第3期。

体之间的物质交换及有机世界和无机世界的物质转化。李比希用物质交换范畴论述了资本主义农业引起的自然和社会的物质交换。马克思沿袭了李比希的观点,并将之用于人与自然的关系,得出"物质变换断裂"(metabolic rift)范畴。这些论述深化了马克思关于自然异化的观点。马克思的物质变换理论蕴含着自然和文化维度。劳动作为人与自然的媒介,是一种物质性的实践关系,体现了物质交换的自然维度。劳动过程就是人与自然的物质关系。"当他通过这种运动作用于他身外的自然并改变自然时,也就同时改变他自身的自然……劳动过程是人与自然的物质变换的一般条件,是人类生活的永恒的自然条件。"①在劳动过程中,人与自然的物质关系集中体现为人与土地的物质转换。资本运作引起异化的需求关系,导致人的自由等问题,是物质交换的文化维度。物质交换的文化维度是具体劳动组织构成的需求关系总和,这种具体的劳动组织实现了人与自然的物质交换。福斯特在考察了马克思的物质交换理论后,提出了自己对物质交换断裂的理解:社会物质交换有其自身的运行规律,不断掠夺了土壤的营养成分,让土壤成分需要得到系统调整,但物质交换的不断进行让其无法得到恢复,引起土壤成分的异化,导致自然和社会物质交换不能持续,发生断裂。物质交换断裂不是从来就来的,而是随着资本运作而发展的,尤其是人口增长、技术理性引起的。私有产权制度导致自然需求系统的异化,引起财富无限增加和人异化生存的同时存在。这种异化存在遍布于资本主义社会。福斯特认为,物质交换断裂的根源是私有财产制度和不合理的资本生产模式。资本主义农业技术和管理更加先进,但与资本主义制度仍有很大冲突,导致人与地的断裂。资本主义制度让物质交换断裂不断蔓延,需要改变生产方式,实现人的联合生产。

　　资本运作存在双重矛盾:生产力与生产关系的冲突是资本运作的第一重矛盾,呈现的是资本主义社会内部的矛盾;生产方式与生产条件的冲突是资本运作的第二重矛盾,呈现的是资本运作和外部自然的冲突。马克思假定生产条件能无限供给,资本运作只受需求的影响,但实际是资本会受到自然、基础设施等成本增加的影响,成本增加会引发经济危机,资本的无限扩张会导致自然资源短缺,会让生产条件破坏,导致必然的生态危机。生态问题是资本运作机制引起的。资本运作的第二重矛盾显示了资本运作的繁杂生态体系,"资本主义生产不仅以能源为基础,而且也以非常复杂的自然或生态系统为基础"。②奥康纳认为,生产条件是

---

①　《马克思恩格斯全集》第23卷,人民出版社1972年版,第201—202页。

②　〔美〕詹姆斯·奥康纳:《自然的理由——生态学马克思主义研究》,唐正东、臧佩洪译,南京大学出版社2003年版,第196页。

被看作商品实际上不是商品生产出的东西,按照价值规律生产出来却不是实际东西的商品。生产条件可以分为三种:外部的自然条件,包括土地、水源等生活资源和金融、矿产、河流等劳动工具的自然财富两类;劳动者劳动力等生产的个人条件;交通、教育、城市设施等社会生产的公共条件。

马克思把资本主义经济危机的根源归于社会化大生产和私人占有的矛盾。因为生产条件的供给并不是无限的,资本运作还受成本增加的影响。资本扩张的无限性,让其不断掠夺自然资源,导致资本扩张和自然条件供给的冲突。资本扩张导致生态破坏,引起自然条件的成本增加,这样,资本运作就会引导自己走向毁灭之路,越到资本主义晚期,这种矛盾越不能解决。资本运作就是布满各种危机的机制。生态危机与资本运作的紧密联系表现在:首先,经济危机会引起生态危机。资本运作导致无序竞争、迷恋效率、不断降低成本,也压榨了工人的生理和心理,导致成本增加、环境恶化。经济危机也会导致危险技术的应用,让资本家利用高技术产生环境破坏。其次,生态危机也会导致经济危机。资本的不断扩张也损害了资本自身的运行,不利于利润的实现。生态破坏损害了自然的可利用性,拥挤的城市空间增加了资本运输的费用,人们不得不一再发明可替代用品,工业排放增加了垃圾处理难度,不平衡地理加剧了地租。资本积累陷入了恶性循环:资本追求高利润引起高积累,导致需求更多原材料,不断降低生产成本,又引起高利润和高积累。资本的不断积累,损耗了越来越多的资源,导致更多的生态问题。最后,生态危机导致的环境保护运动没有缓解资本主义经济危机。政治运动、政府政策、社会活动都积极干预经济活动和环境保护,但环境保护运动可能会引起资本运作成本的增加,引起资本积累灵活性的降低,从而导致资本积累的不正常,加重经济危机。因此,资本积累、生态困境、经济危机是相互联系的。城市可持续发展体现伦理价值,形成一种和谐的自然关系。城市的人文环境包括城市教育、医疗、制度等,也包括风俗习惯、环境治安等。

(三)市民消费低碳化

中国城市化受赶超性重工业发展战略影响,有计划经济遗留的城乡二元结构体制,导致居民消费水平不高。中国城市化存在历史困境,面临人口多的压力,面临失业的问题,需要技术革新。新型工业化需要新的经济结构框架,需要信息化和工业化互动,发展技术产业,调和实体经济和虚拟经济,维护资源的可持续发展,要发挥人力资源优势。新型工业化让城市化承担人口城市化和农村现代化的任务,引导制造业郊区化,要把传统产业和高新技术产业结合,要应对经济全球化的挑战。新型工业化带来城市结构的优化和城市功能的提升,促进发展更多新型产业带动就业,采用信息化促进城市空间形态的重新组合,让城市的可持续发展能力增强。新型工业化带动城市化有更多动力机制。市民消费低碳化就是提高市民的低碳消费理念,选择地摊的生活方式,出行采用低碳方式,降低私家车能源使用和排放,提倡绿色交通,购买适宜的房子,节约能源需求,消费天然食品。

福斯特号召进行生态革命,将体制革新和伦理建设结合,发挥无产阶级的力量,组建劳动者联合的社会制度。福斯特从马克思的物质交换思想,生发出生态可持续理念。他认为,人们对可持续的发展形成了很多共识,但仍有争论。一些人只是把可持续发展当作经济发展的手段。英国经济学家戴维·皮尔斯(David Pierce)就认为,可持续发展只是生产、消费等经济总量的不断增加。关注地球生态系统平衡的学者则重点思考经济发展和生态保护的关系,认为经济活动向自然索取了太多资源,排放了大量废物,依靠技术实现经济持续增长是不可能的,需要建立新的社会制度和生产模式,促进经济与生态的和谐共生。人类需要反思社会进步的意义,需要意识到经济增长和生态平衡并不是同步的,而是经常发生冲突。我们需要借鉴马克思的生态可持续理念,促进社会制度革新。“即使一个全部的社会,整个民族,或者同时存在的社会综合在一起,它们也不是地球的拥有者,它们仅仅是占有者和受益者,它们必须像一个好家长一样,把经过改善的地球传给后代。”①资本积累的无限扩张本性,让其不断掠夺自然资源,导致生态系统破坏。资本主义与生态是无法和谐共存的,让人们更加没有归属感,产生了不同国家的生态环境状况,让生态和社会公正分离。因此,需要对资本运作模式进行生态伦理批判。

为了克服生态危机,福斯特提出了促进人与自然和谐发展、维护生态系统平衡的策略。其一,福斯特借鉴了马克思生态可持续的观点。马克思认为,解决人地冲突不是依靠简单的扩大生产,扩大农业规模会加重生态问题。物质交换断裂是资本运作导致的自然异化。其二,福斯特认为,生态危机的解决需要伦理理念的革新、土地伦理的建构。自然并不是人类独有的财产,也不单是创新经济利益的商品,而是具有独特的权利和价值,需要提高对地球生态系统的伦理关怀,避免进一步的生态危机。我们需要推动蕴含着生态理念和人文价值的伦理革命,建立人类共同体利益和普通公民利益相结合的土地伦理。土地是人类的共同财产,应该对土地抱有浓厚的伦理之情。土地伦理有利于保护生态共同体的完整、和谐,促进人与自然关系的稳定。其三,福斯特指出,共产主义的自由人联合体才能消除人与自然的物质交换断裂,保障人的可持续发展。资本的扩张本性是自然异化的根源,需要变革资本主义生产方式,建立自由人联合体的社会制度。共产主义

---

① 《马克思恩格斯全集》第 25 卷,人民出版社 1974 年版,第 875 页。

是生态可持续发展的社会,那时,资本形成的世界将瓦解,追求虚假需求的消费经济将消失,生产将真正只为使用而存在,狭隘的工具理性将被抛弃,人类真正创造符合自己需求的生产。

奥康纳则倡导用生态社会主义战胜资本主义,消除生态危机产生的机制。生态社会主义有诸多优越于苏联共产主义的地方。第一,生态社会主义能够实现分配正义。苏联社会主义从分配正义角度批判资本增值的本性。它倡导的分配正义包括经济、生态、社区正义等。经济正义是财富、收入平等地分配给各个生产、消费主体,生态正义是生态资源的平等分配、生态灾害的平等承担,社区正义是资本积累带来的资产、伦理资源、消费品、管制服务要在社区平等分配。"要保证弱势群体的空间利益,不能让弱势群体沦为空间规划和改造的边缘人。"①分配正义是用资本衡量的,依据市场对人的身体做价格评估,以做出奖励和惩罚。如河流上流的污染者要对下游居民做一定的经济赔偿。当下社会,分配正义日益难以实现。汽车排放了尾气,加剧了全球变暖,但如果对汽车拥有者征收税金补偿给没车的人,显然是不合理的。社会化生产、消费机制的转换等,让分配正义日益陷入矛盾。第二,生态社会主义更容易分清各种意识形态。传统社会主义将自己看作民族主义国家,这最终导致一些落后的社会主义国家转向了资本主义体制,社会主义集权体制最终破产,但一些资本主义的国家福利制度也充满缺陷。新自由主义、无政府主义等各种非民族主义急于补充传统社会主义的政治空白。生态社会主义是充分尊重人的需求的社会。马克思认为,资本的利润需求决定了劳动场所、分工协作、土地利用等,空气污染、工业排放、交通拥堵只是市场利润的附属品。奥康纳提出,社会应该实现生产正义,而生产正义只有在生态社会主义才能实现。"生产性正义将需求最小化,或者说,彻底废止分配性正义,因为,分配性正义在一个社会化生产已达到高度发展的世界中是根本不可能实现的。"②生产正义主张消除生产中的消极外化物,让积极的外化物最大地生产为劳动产品,促进人自身的最大发展,排斥一切可能引起生态破坏的生产行为。

福斯特与奥康纳生态伦理存在一些异质性,其切入点和建构目标都不同,但两者也有一些同质性。其一,都考察了人与自然的关系。福斯特和奥康纳都积极吸取了马克思关于人与自然的观点,并以此为基础建构了自己的生态伦理观,都主张要把人的伦理关系扩散到人与自然之中,建立一种维护生态系统平衡的伦理

---

① 孙全胜:《马克思主义社会空间生产批判的伦理形态》,载《天府新论》,2014年第6期。
② 〔美〕詹姆斯·奥康纳:《自然的理由——生态学马克思主义研究》,唐正东、臧佩洪译,南京大学出版社2003年版,第538页。

理念,维护人类的可持续发展,扩展伦理研究范式。重拾对自然生态系统的尊重,让人的自然实践活动有伦理依据,给予自然以最大的伦理关怀,尊重自然本身的权利和价值,建构清晰的自然伦理行为规范,促进自然和社会的协同发展。其二,都用生态伦理考察了资本运作的反生态本质,建构出新的制度体系理念。福斯特和奥康纳都把生态危机的根源归于资本运作机制及其私有财产制度,让其生态伦理都具有鲜明的反资本色彩,都带有明显的社会批判本质。福斯特凭借考察资本运作导致的人与自然、城乡之间的物质断裂,总结出资本主义导致土地退化、生态危机的必然性。奥康纳则考察了资本运作机制的双重矛盾,批判了资本无限扩张本性导致自身的生产不能持续,从而引起生态破坏的必然性。他们的生态伦理都是反对资本运作机制的,显示了其批判态度的独特性。其三,都追求人与自然的和谐共存。福斯特倡导建立自由人联合体的社会制度,呼吁生态运动、妇女运动、绿色和平运动等。奥康纳则倡导生态社会主义,试图用新型的生产正义解决生态危机。

三、建设低碳新城的政策构想

城市化要走可持续发展之路,提高城市化速度,要重视文化内涵,提高城市的生产、生活、生态功能,维护城市的各项系统。促进各项建设都可持续发展。城市化率要适度,要为全民服务,要面向未来,做好城市规划,为农民工就业服务,解决生态问题,尊重历史和面向未来结合,做好城市设计和规划。中国城市化处于转型时期,需要破除制度惯性,继续高速推进,破除计划体制影响,顺应城市化阶段规律。"转型期的城市化是高速城市化、国家主导的城市化、不完全的城市化。"[①]转型期的城市化受经济发展水平、制度、人口等影响,要促进城市化的制度安排,推动体制革新。要推动人口城市化,放松对人口迁移的限制,推动国家和市场两种力量联合,推动城市化健康发展。

（一）注重集约发展,建设低碳新城

建立城市中低碳社区,推动城市建设的低碳化,提高低碳城市的理念,让低碳社区成为城市建设的突破口,使用低碳材料和技术,转变生活方式。低碳化是低碳城市得以实现的重要保障,需建立完善的城市休闲设施,发展创新的文化意识,发展特色文化产业,建立生态社区。新型城市化需要创新发展模式,注重内涵和外延的扩展的结合,降低能耗,绿色发展。促进软硬件城镇化建设,核心是人的城

---

① 李学清、杨超:《四元经济结构视角下的民工荒问题探究》,载《经济问题探索》,2012年第2期。

市化,推动城乡一体化。新型城市化也要有指标要求,提高城乡协调水平,制定合理的评价体系。新型城市化有诸多动力,有内生与外力作用,有核心和辅助机制,有核心动力和直接动力,是政府、市场、居民等推动的,推动各个城市群发展,采用多元化发展模式,发展多种性质的经济。新型城市化需要多元化模式,多种角度切入,促进结构、制度、技术优化,不断改革创新。城市化有区域差异、空间格局、不同尺度。传统城镇化有弊端,需要注重人口、经济、社会、资源、生态的协调发展,更好地满足人的需求,需要科学发展,协调城乡关系。新型城市化面临城乡二元结构的障碍,需要完善城市建设体制。新型城市化可以促进城市化的长远发展,增强社会主义道路自信。

低碳新城需要科学理性,也要符合国情。西方国家的城市化通过圈地运动拉大了城乡差距,城市用地过大浪费了资源。城市化盲目发展破坏了生态环境,引起犯罪,基础设施承载力不够。要避免走城市化的老路。中国城市化也有问题:过分重视物的城市化,导致城市建设盲目重复;城乡关系上,牺牲了农民利益;粗放式增长,缺乏环保意识;城市规划布局不合理,浪费了资源,要更新城市化理念。

低碳新城要以科学发展观为指导,建设社会主义新型农村,推动农业现代化,不是单纯的县改市,而是注重内涵提升。新型城镇化是现代化的重要目标,需要依托大城市,促进各类城市协调发展。新型城市化主要新在为人服务,实现共同富裕,维护农民利益,改变物的城市化,注重以人为本。有四个现代化协调发展的新动力,有倡导生态文明、和谐理念的新方式,有合理规划城市功能的新格局,有注重制度改革的新重点。

低碳新城有利于城乡融合,有利于更好发挥四化、生产力对城市化的动力作用,有利于推动人与自然的和谐,解决污染问题,推动以人为本成为城市化的本质要求,实现社会形态更新,有利于解决三农问题,促进城乡协调发展,促进小康社会的实施和现代化水平,推动现代文明,有利于调整经济结构,转变经济增长方式,提高劳动者素质,有利于解决经济发展中的矛盾,消除二元体制。

低碳新城的目标是以人为本的城市化,注重内涵发展,把物的城市化和人的城市化结合起来,让居民安居乐业,要推动四个现代化,采用统筹兼顾各类关系的发展方法,统筹人与自然、社会、人的关系,统筹各类城市发展,不走城市化老路,避免房地产绑架经济。消除城市化错误思想,根据不同地区采取不同方案,解决农民再就业问题,适度进行村镇合并,规范开发商行为,避免圈地扩城的粗放方式,让人民买得起房,促进和谐社会建设,让人民共同富裕。

低碳新城不是片面追求数量、速度、规模,而是科学、全面、人本、和谐可持续发展,能够不断完善城市功能,摒弃粗放经营,注重优化城市空间结构,促进生产方式转变,需要补充发展动力,坚持多元化发展,充分利用世贸平台。要注重生态文明建设,推动各方面和谐发展,以提高居民生活质量为立足点。新型城市化需要以人的需求为核心,提高城市综合承载能力,推动人口市民化,建设适宜居住的城市环境,提升城市文化品位,有效扩大内在需求。城市化不能牺牲农村利益,不能忽视农民利益,推动农村经济发展,消除城乡二元经济结构,提供给农民更多就业机会,放松户籍管制制度,要避免农村空心化,维护农民土地权利,合理布局大中小城市体系,平衡地区发展水平。要大力促进小城镇工商业发展,促进企业增多,缓解大城市人口过多的压力,在大城市周边大力建设卫星城,消除大城市病。中小城市发展失衡,大城市过大,小城镇严重滞后,需要带动城市周边农村地区的城市化,大力提升小城镇的基础设施带动当地企业和经济发展。培育具有世界竞争力的城市群,发挥城市群对区域经济的带动作用,合理规划工业化、城市体系。城市化要推动东中西地区的协同发展,拓展地区市场。要大力培育城市的主导产业,保证城市特色,推动城市持续发展。中国中小城镇一般都没有特色主导产业,产业结构也不合理。政府要加强城市基础设施,提高现代管理水平,促进居住空间融合,消除社区的身份地位等级,消除空间阶层隔离。市场转型不顺利导致阶层进一步隔离,贫困人口住房、教育、医疗更加困难。政府扶持力度不够,需要科学规划,促进紧凑空间和扩散空间结合,促进城市有规模效应和辐射作用。合理规划城市体系,推动大城市的核心作用,推动区域内城市紧凑发展、协同进步,又要尊重每个城市的特色。中国人口多、地理面貌复杂,需要走多元化城市道路,解决工业化和城市化不协调问题,大力推动农业发展,推动第三产业进步,增加非农就业人口比重。中国城市化地区发展失衡,要缩小地区差距,加快中西部城市化发展,提高城市基础设施,提高城市化质量。农业发展缓慢,农业人口大量涌入城市,出现留守儿童等问题。户籍制度导致城乡隔离,也出现了拆迁问题。仍存在很严重的城乡二元结构,导致农业基础薄弱,农民工权益没有保障,征地、改造、拆迁出现谋私利的现象。我国是社会主义国家,需要共同富裕,避免金融危机,但我国仍处于经济社会发展初级阶段,需要解决三农问题,调整产业结构,因此需要走新型城市化道路。走新型城市化道路能够解决城市化滞后问题,提高城市人口比重,推动农民工就业,解决城乡分离制度,让居民共享城市文明,改变生活理念。要改变粗放式的城市化进程,合理有效利用土地。引导农民合理流向不同城市,缓解大城市压力,为外来人口提供完善的社会保障,发展有竞争力的产业,完善公共服务。

中国发展低碳新城已经有一些有利条件:城市化正处于高速发展时期;已经有较强的产业基础,农业得到发展,第二、三产业获得发展,第三产业从业人口比重提升。新型城市化能够扩大内需，推动经济发展，更好地适应世界市场，推动更多农业人口转移到城市，改变消费理念、消费结构、消费方式等，激发市场、消费潜力；能推动农民转变观念，推动农业现代化，解决生态环境问题；能推动经济结构、转变经济发展方式，促进三大产业结构调整，推动农村剩余劳动力向二、三产业转移，提高公共设施和服务水平，提高资源利用率，提升农民自身素养，推动国家战略的实现；能够解决经济、社会中的矛盾和冲突，促进现代化建设，解决城市化问题，维护城乡居民利益，转移更多农业人口，促进城市化以人为本、可持续发展。

低碳新城需要以人为本，为居民服务，需要打破城乡二元结构，解决土地利用粗放的问题，做好制度设计，制定城镇化的合理标准，大力推行制度改革，调整经济结构，推动城市化永续发展，有序推动农村市民化，推动体制创新，促进生态文明，推动基础设施不断完善，走集约紧凑多元化的城市化道路。中国城市化要吸取发达国家的经验教训，走科学发展之路，促进效益提高，要以农村经济发展为基础，推动农业现代化，要立足国土面积大、人口多、区域发展失衡、农业人口多、农村大量剩余劳动力需要转移、城市失业问题严重、户籍制度不合理、土地制度严格、环境污染严重、土地资源紧张等国情。政府一直控制大城市规模，发展大城市能够有规模效应，提高城市辐射力，但有大城市病，导致城市布局不均衡；发展中等城市可以集中和分散结合，沟通大中城市，减少城市病；发展小城镇可以较适应城乡二元体制。当前国企改革难度大、城市失业问题严重，大城市盲目扩张，贫富差距加大，发展小城镇有一定基础，能节约成本，较好联系城乡两个市场。城市化需要多元发展，让大中小城市合理布局，功能互补，让市场发挥主导作用。

低碳新城要发挥聚集规模效应，合理布局城市结构，让城市分布更加合理。大城市能有较高经济辐射能力，有着国际竞争力。中小城镇能服务农村，促进城乡协调，加快农业劳动力就业。现实国情要求中国发展小城镇，节约土地，降低农民进城成本，减少大城市压力。政府要推动经济文化价值理念转变，解决农村出路问题，减少农民，实现农业规模经营，实行大中小城市并举发展，深化农村改革，促进工业和第三产业聚集，让劳动力就近转移。发挥小城镇的地缘优势，发挥城乡两个市场，带动农村经济发展，降低大城市人口风险。要加快农业产业化发展，理清农业、工业化、城市化的关系，减轻农民耕作压力。农业产业化能够促进农业现代化，推动小城镇发展。加快农业产业化要扩大乡镇企业规模，加大产品市场占有率，深加工农产品，加强科学管理，让农民获得更多收益。要深化改革，为农业产业化提供体制环境，促进农产品市场体系形成，优化配置生产要素，处理好政府、市场、农民等的关系；要优化农村产业结构，发展主导产业，推出特色产品，形成产业链条；要大力推动农业技术创新，加大科技成果应用，提高农民技术素质，提高乡镇企业技术水平;要培育龙头产业,建立大型企业,给予优惠政策。要推动城乡制度革新,主要是户籍制度要取消农业和非农业户口,取消计划进城指标,放松户口迁徙政策。改革大中专学生户口迁移政策,取消种种限制,鼓励投资移民,完善配套设施;要改革社会保障制度,推动城乡社保一体化,完善农村社会保险,提高社会保障覆盖率,稳步推进医疗保险、养老保险等的改革,社保管理现代化、科学化;要改革土地管理制度,合理利用土地资源,允许土地出让,让市场配置土地资源,集中利用土地,加强耕地保护,提高城镇科学规划,实行多样化的土地使用,由市场确定地价,正确处理进城农民的土地和宅基地,允许土地自由流转,集中开发土地和居民住居用地,大力发展商品房。

(二)城市管理、服务的低碳化

低碳城市化要大力推动产业升级,建立低碳社区,提供低碳服务。政府要推动在工业部门中减少碳排放,提升公民低碳环保意识,维护自然系统的原本平衡。需要推动乡镇企业第二次发展,推动农村经济进步,增加农民收入。乡镇企业推动了国民生产总值增加,吸纳了很多劳动力,增加了就业,民间资本弥补了国家资金的不足。乡镇企业推动了农村工业化,促进了城乡产业合理分工,推动了农村产业结构调整。乡镇企业分散、规模小,占用了很多耕地,企业成本高,产出低,缺乏科学规划,无序建设。乡镇企业产权不明晰,体制障碍严重,短期化经营,决策不合理,政府调控不够,技术改造慢,难以协调。要推动乡镇企业向小城镇聚集,明确乡镇企业产权关系,推进乡镇企业技术革新,采用新工艺,推动乡镇企业产业结构升级,加大政府财政对乡镇企业的扶持力度。要大力推动民营企业发展,借助民间资本发展乡镇企业,鼓励居民个人开办企业,需要推动农业现代化、工业化、市场经济、城市化等联动发展。

中国城市化起步晚、水平较低,发展失衡,需要发挥后发优势,推动科学规划、管理。群众利益追求能够促进城市化,需要建立匹配的制度体系。城市化需要为群众谋福利,采用可持续的建构原则,变革生产方式,完善城乡系统体系。城市化要充分调动群众主体性,要发挥各种资源配置方式,尊重不同群体的空间利益需求,保证弱势群体利益。城市化需要合理的制度支撑体系,需要城市协作系统、城乡统筹系统、技术创新系统、城市规划系统、城市建设系统、城市管理系统,需要解决城市化矛盾,提高居民幸福感。城市化需要全方位展开,不能盲目发展,合理控制城市容量,分批引导城市稳步发展,要发展生态农业、集约化、专业化农业,制定城市化总体战略。中国城市化应结合自身的国情国力,降低资源消耗,稳健发展。城市化的动力是工业化,需要工商业发达。城市化要有序和谐发展,合理定位每个城市,避免浪费,促进城市空间发展,促进中心城镇的形成,将城乡、工农、产业、区域发展、科技、外资等作为总体战略发展,加大农村资本投入,避免产业结构趋同,让乡镇企业良性发展。

低碳管理和服务对于低碳城市化有促进作用。制度创新要不断完善碳交易的市场运作机制,快速发展资源流通市场等。"加强低碳金融制度和融资制度创新,各商业银行应该积极参与到减排活动中,制定出符合低碳城市建设的制度,积极创新贷款管理机制,将企业的二氧化碳排放量作为衡量贷款金额的一项重要标准。"①加速低碳城市建设应该以市场导向为主,用市场配置资源,促进产业结构调整,消除地方保护主义,提供合理的城市规划,加速城市基础设施建设和改善环境。

中国特色城市化要结合国情,形成良性互动,推动生态可持续发展,注重以人为本。政府要形塑城市化发展的健康集体,促进城市聚集效应,建立合理的资源配置机制,让市场机制配置资源,促进各类城市互补,区域协调发展。政府要推动经济、社会体制革新,深化户籍改革,废除城乡分离机制,确认土地产权,进行土地制度改革。促进工业化和城市化协调机制,打破身份限制。中国存在低质就业、虚假城市化、低质城市建设等。传统户籍统计难以反映真实城市化,城市化要质量结合。中国乡村人口多,有严重城市病,乡镇企业转型困难,促进经济非农化,要建设社会主义新农村,改善农民生活条件,让公共财政普及农村。国家的城乡政策要全面覆盖,结合内外力推动社区建设。推动小城镇成为社区中心,需要国家发挥引导作用,推动城市向多功能转变,改善乡村交通环境,提高人居环境,改变乡村面貌。政策导向是城市化的强大动力和阻碍。户口联系着很多利益和待遇,限制了交流,导致城乡差别。政府要消除职业壁垒,建立城乡统一的劳务市场,鼓励劳动力自由流动。完善政府官员考核制度和方式,引导官员真正为人民服务,而不只是为了政绩。人口数量和质量对城市化有重要影响,导致农业转移,生活方式改变。改善地理环境和人文环境,促进工商业发展,完善就业结构,推动消费需求。城市管理活动和制度要实行低碳化,创新管理制度,实行科学化和规范化,强化组织领导,用低碳理念进行城市规划,宣传低碳技术,建立合理的低碳评价系统,建立法律保障。建立协同的政策体制,建立公共参与的治理体制。

中国市场经济仍不健全,需要大力提高技术水平。过度利用自然资源必然会引发较严重的生态社会问题,需要促进技术和文化的融合。经济全球化推动中国加入世界市场,不得不融入国际大环境。这要求我们走出小圈子去思考环境问

---

① 雷立钧、张利英:《我国商业银行发展低碳金融的战略选择》,载《内蒙古金融研究》,2010年第8期。

题,借鉴西方生态思想。其一,要实现人与自然的和谐发展。人与自然的关系问题很早就产生了。在生产力低级阶段,人类对自然的影响很小,人受自然的制约,只是自然的附庸。随着生产力的发展,人类加大了对自然的改造,并以自然的主人自居,希望征服自然,在获得巨大物质财富时,也带来了严重的生态危机。"是自然环境孕育了人类的古代文明,同时也是人类亲手毁坏了帮助人类发展文明的自然环境。"[1]古文明的毁灭需要人们反思,让人们意识到人与自然维持平衡的重要意义。人类凭借技术手段对自然资源加大了掠夺,不断控制自然,让自然不断退化。自然成了人类的物质索取对象和排污场地,让人类创造了巨大财富,也埋下了毁灭的萌芽。工业文明中,工业污染、气候变化、滥伐滥砍等也危及了人类生存。工业文明是把双刃剑,人类企图用技术摆脱自然,却陷入了新的生存危机。人类要生存就需要痛苦地抉择,克制自己的贪欲。人是自然的构成部分,人和其他生物应该组成和谐整体,维护生态系统多样性,维护稳定的自然环境,尊重其他生物的利益。伦理要应用到整个生态系统才是完整的,不能忽视各个生物与生态的利害关系,而要在终极性上考虑生态环境的重要性。维护生态系统的平衡符合全人类的利益,是关系人类生死存亡的大事,应该维护人类共有的家园,尊重生命,为后人留下一个可以持续发展的生态系统。其二,促进生态文明建设,达成可持续发展。我国面临着资源短缺、生态恶化、人口膨胀等问题。"我国人均水资源占有量仅为世界平均水平的四分之一,我国人均耕地不到世界水平的二分之一,矿产资源人均占有量只有世界水平的二分之一。"[2]中国人地矛盾非常突出。人口的不合理增长导致很严重的生态问题,导致资源供不应求。中国适于耕作的土地并不多,植被面积减少导致土地质量下降,加剧了耕地面积减少。由于人口增多,地球上的植被面积大量减少,人类也过度开发了煤、石油等资源。中国生态污染不断加重,空气质量、水质量等都出现严重下降,威胁了人们的生命安全,增加了人们患病的几率。中国城市化是粗放式的,加重了生态问题,需要走生态文明的道路。全方位的改革开放促进了经济巨大发展,但也存在一些历史和现实的问题,出现了日益严峻的生态危机。我们需要提高农业技术,发展现代生态农业,合理控制城市化规模,促进和谐的城乡关系,把我国建设成为政治廉洁、经济繁荣、生态平衡的现代国家。

针对生态问题,我党把生态文明纳入社会发展的总体布局,突出了生态发展

---

[1]　雷毅:《生态伦理学》,陕西人民教育出版社2000年版,第78页。

[2]　胡锦涛:《把科学发展观贯穿于发展的全过程,坚持深化改革优化结构提高效益》,载《人民日报》,2004年5月7日。

的重要性,努力建立美丽中国。生态文明关系着民族的发展,需要善待自然和生物,建立高效的低碳社会,发展节能技术,促进人与自然和谐共存。建设生态文明是经济发展到一定阶段的必然要求,也是我们实现现代化的必要保证,应该做到以下各点:首先,引导居民树立生态文明理念。建设美丽中国离不开居民的参与,需要全体居民树立保护环境的意识,引导居民合理的消费方式。生态文明理念要克服生态危机,自觉维护生态系统平衡,倡导对自然的伦理关怀,并不是否定人的自然实践活动,而是要实现利用自然和保护自然的统一,维护生态系统自身平衡,保持生物多样性。其次,要转变经济增长模式,倡导节约资源。中国需要发展经济,但长期的粗放式增长牺牲了自然环境,导致生态持续恶化,不利于经济长远发展。"建设生态文明,是关系人民福祉、关乎民族未来的长远大计。"①资源的不断短缺、环境污染的加重等迫使人们必须树立维护生态平衡的文明理念,需要改变传统的粗放增长方式,坚持资源节约的方针,不断恢复自然生态系统,形成合理的产业结构、生产模式,从源头上治理工业污染,为后人留下一个美丽的家园。最后,要促进生态文明的制度体系建设。新一代党的领导人很重视生态问题,把生态文明作为中国复兴的一部分,多次提出生态文明制度建设的任务。生态保护需要形成倡导资源节约的良好氛围,促进生态保护体制的建立。"建设生态文明,必须建立系统完整的生态文明制度体系,用制度保护生态环境。"②政府要实行生态补偿机制,形成科学合理的生态保护制度,制定完善的生态保护法规,设立环境保护税,合理限制稀缺资源的开发。要加强居民生态保护意识,促进合理消费,维护自然及其各类关系的和谐。

　　资本主义加剧了人与自然关系的恶化,让人面对更严重的生态危机,也让马克思的自然观受到了挑战。福斯特和奥康纳的生态伦理深化了对资本运作机制的批判,不仅为协调人与自然的关系提供了新的视角,而且为中国生态文明建设提供了有益启示。地球资源是有限的,资本在技术的指引下不节制地利用了自然资源,增加了社会的物质财富,却导致生态系统的破坏,危及了人类生存的根基。科技带来了更高的物质文明,却也能毁灭人类,需要节制人类的贪婪,维护地球家园的稳定。地球仍是人类唯一的家园,人类要尊重地球母亲,促进人与自然的协同进化,将伦理关怀扩展到一切生物,尊重生物的权利,将伦理理念落实为现实行

①　习近平:《全面贯彻落实党的十八大精神要突出抓好六个方面的工作》,载《求是》,2013年第1期。

②　习近平:《关于＜中共中央关于全面深化改革若干重大问题的决定＞的说明》,载《人民日报》,2013年11月16日。

动。生态危机的克服需要社会生产方式的变革,促进生态理念的普及,让全体居民自觉维护地球生态系统的美丽和谐。

本章小结

中国城市化需要改进推进模式,建立多元动力机制,限制政府干预,凭借开发区、大学城、旧城改造、乡镇经济产业化等方式推动城市化。投资在城镇的集中、基础设施的完善,推动了中国经济高速发展,推动了农村人口的流动。有科学家认为,中国城市化和美国高科技是 21 世纪的两大趋势。中国城市化是政府主导的,没有形成良性的推进模式,需要建立合理的发展模式。中华人民共和国成立以来,一直限制大城市发展,阻碍了城市群的形成,也阻碍了小城镇的形成。小城镇的数量远比发达国家少。政策的限制反而促进人口聚集在大城市,需要发展中等城市,发展城市群。城市化对扩大内需、转变经济方式、推动城乡一体化发展、促进经济发展有重要意义。中国城市化出现了产业空心化、土地过度浪费、城镇体系不合理等。中国城市化的推进主体是政府,不同于西方国家的市场主导,是自上而下的国家战略;土地是公有制,制约了土地市场的形成,只能采取建新城的方式;民间力量发育不足,市民参与城市化不高,缺乏自治组织。

中国城市化存在的主要问题是生产水平滞后于社会发展。中国城市化已经进入快速发展时期,需要新型城镇化道路,建立生态城市,促进小康社会实现,促进民生幸福,走低碳经济、生态和谐的城乡一体化持续道路。中国特色城市化是农业向工业、计划向市场双重转型过程,城市化需要工业化作动力,要促进农业比重降低,第二、三产业比重上升,解决三农问题,让工农、城乡互动。中国城市化是农村人口向城市聚集,也是农村城市化过程,现实国情让我国不能只靠市场机制,需要促进二元结构向一元转变,需要政府和市场的双重拉动。农民工进城推动了城市化,乡镇企业也推动了农村城市化,转变了农民身份。农民工成为产业工人一部分,促进了农民市民化。中国主要是以小城镇为主的城市化模式,城市化分为政府主导和市场主导,中国城市化的主体是政府而不是民间力量。城市化具有阶段性,需要从据点到网络,逐步推广。中国城市化存在地区差异、生态问题,需要完善市场经济秩序,推动城乡一体化。中国城市化因为经济、文化、历史而表现出很大的地区差异,东部沿海地区明显高于中西部地区。城市的市场化、国际化不强,影响社会动力、制度变迁,要让城市化追赶上工业化水平,提高城市现代部门吸纳劳动力的能力,解决城市贫困人口就业问题,提高城市发展的空间潜力。城市化要建立低碳社区,推动空间生产低碳化,建筑要采用可再生能源,推行低碳、环保的生活理念。

中国城市化是在党的坚强领导下发展的,走出了适合中国国情的特色道路,其特色可以概括为:土地国有、二元体制、政府主导、小城镇发展模式、城市化与工业化不同步进行等。在党的领导下,中国城市化用较短的时间就走过了西方发达国家上百年才走完的历程。中国城市化的独特模式引起了全世界的关注,推动了全球经济的发展,必将为人类的进步事业做出更大的贡献。

第六章

中国特色城市化道路的提升方法

中国城市化有很多困难和阻力,面临人口、就业、资源、环境压力,需要推动经济、产业、技术革命,保障居民消费和生活水平。产业结构不断升级才能为城市化提供持续动力。中国城市化要提高工业化质量,培育民营企业,为城市化提供经济基础。要推动农村产业结构升级,促进各个地区提高国际竞争力,培育新型支柱产业,让各种规模的城市相互搭配,要改变投资渠道,吸引民间资本参与工业建设,要完善投资环境,拓宽资本运作渠道,加大融资力度。要从整体性、协调性出发,处理城市及其周边地区关系,促进合理流动,完善配套设施,加强规划监督,保证规划制定的科学性。

世界城市化是有规律的,早期的城市大多是政治、军事、宗教中心,但规模小、人口少、经济弱。近代城市化是随着工业化兴起的,聚集了大量人口,城乡贫富差距也变大。现代城市化是"二战"后发展的,兴起了城市群。世界城市化的基本特征是:城市数量和城市人口比重迅速增加,城市化发展重心向发展中国家转移,发达国家城市化远远高于发展中国家,过度城市化和滞后城市化同时存在。中国城市化要进行政治体制改革,取消户口附加的其他福利功能,只让户口证明身份,为政府提供规划依据,打破城乡户口不公,剥离行政管理对户口的限制,加大户籍改革力度,全面放开户籍限制,大城市率先全面实现农转非。政府需要革新就业制度和社会保障制度,改革土地利用制度,培育完善的土地市场,完善财政金融制度,加大对农村的财政扶持,投入大量资金补贴农业。

第一节 吸取国外有益经验

一、世界主要国家的城市化发展轨迹

当代世界城市化明显加快,特别是发展中国家的城市化处于高速发展时期,

大都市化趋势明显,出现了城市群等新城市空间形式。计算机更新换代,让人类进入信息时代,出现知识经济。城市化与信息化、数字化密切联系,信息技术变成城市化的基本动力,技术推动工业化时期消耗了大量资源,而信息不会产生生态危机,产生了一些服务、信息、商务中心城市。便利的交通促进城市空间扩展,让城市功能延伸和扩散,引导城市人口、产业疏散,导致城市郊区化。全球化推动一些基础服务好、区位优势明显的城市成为信息传输节点,让这些城市凭借信息交流、技术汇聚产生高效益,吸引了很多跨国公司,吸引周边的城市靠近这些大城市。城市由生产型转向个性化城市,工矿企业被淘汰,生态意识深入人心,人们热衷于建设生态城市。工业化导致城市功能趋同化,消除了城市个性、景观。当代人们追求城市为个人服务,让城市呈现个性化色彩。大城市发展迅速,让大都市化成为世界城市化的主要趋势,出现了很多城市群。城市化还表现出集群化趋势,由中心城市和周边的一些城市组成,能带动地区经济发展。城市群内部的城市呈现一体化发展,形成一些世界性的大都市带。工业革命促进人口向城市聚集,人群的聚集带动了市场、商贸和服务业,让市场化、工业化、信息化、城市化和现代化一同进步。西方国家基本都实现了城市化,后发展的国家城市化周期也在缩短。

世界城市化的新趋势是形成大的都市圈和城市群。"二战"之后,发达国家经济高速发展,城市更加聚集,形成强大竞争力的大城市经济带,完善了大城市的经济职能,让其成为国际性的金融中心。都市圈表明城市化已经发展到一定阶段,先进的科技、人口的高度聚集促进城市空间走向成熟。城市群是城市发展由点到面的结果,增强了区域内各城市的联系,促进更多卫星城出现。城市圈的出现也与世界产业转移有关,18 世纪,产业中心在英国;19 世纪,欧洲大陆经济成为世界重心,形成了经济带。20 世纪后,美国成为经济中心,形成了一些发达的城市群。20 世纪 60 年代后,日本、韩国经济崛起,形成了一批城市群。当前,中国等国家经济迅速发展,兴起一批大城市。20 世纪 70 年代以来,经济全球化和信息时代的到来,推动城市经济更多依赖知识,大城市成为信息节点,发展成为金融、知识创新中心。全球化推动发展中国家城市化发展迅速,工业化发展推动了城市化。信息革命推动发达国家产业调整,给发展中国家带来了制造业机遇,发展中国家的二元结构推动人口、资源向城市转移,大大促进了城市化进程。

综观世界各国城市化发展进程,发达国家城市化取得了很高水平,主要采用三种模式:美国的自由放任、西欧国家的政府参与、拉美等国家的殖民地经济制约等模式。近代城市化兴起于 18 世纪中期的英国工业革命,那时世界城市化的主体在英国,扩展于 19 世纪中叶后的欧洲和北美一些发达国家,加速发展于 20 世纪 50 年代后,世界范围内普遍都在进行城市化,发展中国家也开始了城市化。"到 20 世纪中叶,一些西方国家的城市人口占全部人口比例分别为:美国 72%,英国 87%,联邦德国 79%,荷兰 86%,加拿大 77%,澳大利亚 83%。"①目前,发达国家城市化高于发展中国家,但发展中国家城市化速度快于发达国家,人口聚集于大城市,形成大都市区,城市对经济的推动作用日益重要,城乡经济日益一体化。"世界城市化历经 1760—1850 年的城市化初兴阶段、1851—1950 年的城市化局部发展阶段、1951—2000 年的城市化普及阶段。"②世界城市化速度明显加快,大城市超前发展,发达国家城市化领先,城市带出现。

（一）以美国为代表的自由放任式的城市化

美国等国家的自由放任模式,充分发挥市场机制的作用,引导人口聚集到城市。城市化后期,人口又自动向乡村回迁,是消费型经济导向的城市化。"自由放任式城市化道路模式以美国为代表。这种实现城市化的模式靠充分运用市场机制'看不见的手',引导人们由农村向城市转移。"③美国城市化中,移民起了很大作用,推动了农业现代化,加强了基础设施,推动了产业升级。发达国家通过海外殖民获得了资金,其城市化所需要的资金主要是靠掠夺落后地区获得的。发达国家通过工业化发展推动城市化,依靠农业革命,提高了农业生产率,农业与城市化互相推动,形成良性循环。中国农业仍较落后,生产效率低下,农业生产仍没有取得大的突破,限制了工业和服务业发展,农村日益贫困,城乡差距加大,小农经营成本高,城市也出现交通拥堵等城市病。发达国家城市化动力来自产业结构的革新,外资影响不大,是渐进式的工业化,创造了很多就业机会。

美国等国家的土地私有制让征地比较规范,避免了政府的强取豪夺,能够保护各方利益。城市化要提高农业现代化水平,不能牺牲农民利益,需要保护本国粮食安全,不能通过工农剪刀差掠夺农民,限制农业发展。市场主导城市化也会导致一些新问题:市场会圈定政府职能的界限,城市建设围绕市场进行可能会导致过分商业化。但中国需要加快市场化,提高城市竞争力,促进各类城市的合理分工。发达国家的城市化一般都是从发达的沿海城市开始的,继而扩展到其他地区。城市化初期,以沿岸城市为主,带动这些地区的发展,继而城市网扩展,形成工业基地,生产成本不断降低,吸纳外来移民,崛起一些新兴城市。科技和交通推

---

① 刘传江:《世界城市化发展进程及其机制》,载《世界经济》,1999 年第 12 期。

② 马先标、燕安:《世界城市化历程回顾——兼述英国城市化的特征与启示》,载《中国名城》,2014 年第 11 期。

③ 李枫:《国外城镇化模式及其得失(三)——以美国为代表的自由放任式城镇化》,载《城乡建设》,2005 年第 8 期。

动了城市化,让工业走向集中再走向分散,让农业人口聚集于城市。农业的发展才能推动商品贸易,推动城市经济发展。农业机械化提高了生产效率,农业生产效率提高产生了大量剩余劳动力,为工业生产提供了人力资源。农业为城市化提供了土地和资金,推动手工业转化为工业和服务业。圈地运动、农业技术革命、工业革命推动了发达国家城市化,让工农对立,城乡不均衡发展。城市化继续发展让人口聚集于城市,消除了矛盾和差别,实现了城乡一体化,促进了中小城市发展,兴起了国际性大都市。技术促进了产业结构升级,推动了人口自由流动,促进了工业和服务业发展。西方发达国家更多发展中小城市,在大都市周边兴起众多卫星城,大城市及其周边中小城市形成集合城市,有效发挥了城市的辐射功能。发达国家优先发展了大城市,提高了农业规模化经营。西方国家很早就完成了资本原始积累,调整了三大产业的结构。"二战"后,发达国家经济迅速恢复,很快完成城市化,继而经济放缓,兴起第三次科技革命。城市化是由农村走向大城市的过程,形成几大都市群,推动工业化、城市化同步进行,不断开发落后地区,设立了很多开发区。"地区经济发展失衡导致产业结构不合理、贫富拉大。"①城市化可以在落后地区兴建新城市,设立自由贸易区,通过财政扶持,促进工业和服务业协同发展。市场是推动城市化的主导力量,需要开拓国内外市场。城市化需要人口的自由流动为前提,让农民能够脱离土地,能自主支配自己的劳动。城市化也需要资本、物资的自由流动,在市场机制下推动资源向城市聚集。

美国产业结构演进的规律显示了城市经济的发展。首先,城市医疗水平较高,这主要反映在婴儿死亡率和每千人口拥有医生数这两个指标值上。其次,社会安全度较高,这反映在每万人口刑事案件立案率和每10万人交通事故死亡人数这两个指标的得分值上。再次,经济发展水平较高,人民幸福感较高,这反映在人均GDP、城市居民人均纯收入等指标上。再次,科技发展和教育水平较高,这反映在教育经费占GDP的比重、每万人口专利受理量、大学生占适龄人口比重等指标上。最后,城乡生态环境建设较好,这反映在人均公共绿地面积这项指标上。中国工业化率与城市化率之间的关系不太显著。

目前,美国等发达国家的城市化日益呈现大都市化,出现了一些"世界城市"。从一定意义来讲,"城市世界"已经到来。发达国家已经向生态城市发展,努力建造田园城市。全球化推动了发达国家的城市化,对世界经济产生了重要影响。工业革命促进了城市化进程,也引起了一些环境问题,城市应该回归绿色自然。"进入20世纪中后期,随着城市规模的进一步的扩大,特别是城市蔓延现象的出现,

---

① 刘毅:《经济和谐发展论》,中国农业出版社2010年版,第68页。

侵占了大量本来已十分有限的土地资源,同时也伴随着能源等严重消耗问题。"① 美国等国家的城市化也日益呈现出信息化趋势,交流日益便捷。美国城市化总体 水平继续明显提高,城镇体系格局基本形成,基础设施得到加强,城市化的民主法 制和精神文明建设得到进一步加强。

（二）以西欧、日本为代表的政府调控下的市场主导型城市化

日本等国家的放任和调节相结合模式,先是用市场引导城市人口迁移,当城 市人口过度聚集时,用法律和财税政策调节人口,大力开发中小城镇。这些国家 属于行政导向的市场经济,采用市场和政府共同发挥作用的城市化模式。在城市 化发展过程中,政府努力通过行政手段调控城市的发展,引导人口的平衡分布,这 种国家大多实行社会市场经济。"这种城市化模式首先运用市场机制引导人们向 城市转移,但当人口在市场机制的作用下向城市集中的过程中,出现过度集中的 状况时,城市开始产生严重的'城市病',这时政府开始运用法律和政策手段疏散 人口。这种模式主要以日本为代表。"②发达国家城市化源于资本原始积累的工 业化过程,通过海外殖民、圈地运动实现了资本积累,依靠技术成为世界工厂,很 快实现了城市化。英国工业革命扩散到其他欧美国家,促进它们进行技术革新, 完成工业化和城市化。发达国家城市化依靠长期经济发展作为动力,经济总量不 断增长,非农化率、工业化率促进了城市化率提高。发达国家还依靠产业结构升 级获得不竭动力,产业从劳动密集型发展到技术、知识型,国内发展计算机等高科 技新兴产业,发展电子技术等信息产业。产业结构不断升级让发达国家城市化继 续发展。

近代意义的城市化经历了工业推动的传统城市化、经济和社会共同发展的城 市化、可持续的城市化模式等阶段。城市化起源于英国,城市问题也发端于英国, 伦敦曾经因为人口集中、工业生产而产生环境问题。城市问题是人与自然、社会、 他人的不协调,出现动荡影响城市生活。起初,城市化主要是服务于工业生产和 资本增值,而不是为了提高居民生活质量。人们更注重经济增长和物质财富增 多,促进了城市经济发展,也引起了生态失衡、交通拥堵、资源短缺等生态和社会 问题,降低了人们的生活质量,加速了城市中心经济的没落。城市问题让政府和 居民深思传统的城市化模式,让城市化进入经济和社会共同发展的时期,对城市 中心城区进行改造,通过政策和财政税收刺激城市化再发展,提高居民就业和生 活质量,解决城市生态问题等。这一时期更关注人的空间生存状态,体现人性意

---

① 刘彦随、杨忍:《中国县域城镇化的空间特征与形成机理》,载《地理学报》,2012 年第 8 期。
② 郑宇:《战后日本城市化过程与主要特征》,载《世界地理研究》,2008 年第 6 期。

识,但没有优化生产与生态的关系,没有彻底解决城市病,城市化仍不能可持续发展。城市化随之进入第三个时期,经济、社会和生态能够达到平衡,人们致力于建设生态型、循环性城市,工业的产值下降,第三产业占据主导地位,工业经济转化为知识型、服务型产业,城市化速度下降,但城市化质量不断提升。工业革命也是城市化的发端,让英法等国的城市化快速发展,这是科技推动的结果,也是人类进步的标志。近代以来,城市化才加快进行,促进了世界的交流,推动了经济发展。

发达国家城市化早已超过 70%,城市经济成为世界经济的主导力量。西方国家通过海外殖民夺取了很多资源,开拓了市场,刺激了城市经济。工业革命促进了第二、三产业的发展,加快了城市化。发达国家城市化牺牲了农业,依靠资源发展非农产业,建立了符合资本增值的城市管理体系,通过立法解决了行政区划对经济的制约。发达国家的城市化走过了 200 年的历程,工业化、农业现代化大体同步。城市化先从工业发达的区域开始,农村人口大量向城市迁移,改变了产业结构和城乡结构,逐步实现了城市人口的饱和,最终人口向乡村回流,出现逆城市化时期,城市化进入新的发展阶段。人口迁移满足了发达国家的劳动力需求,交通革命也发挥了作用,促进了落后地区的发展。地方政府的自由管理和规划,推动了城市向外延伸,让城市郊区化。城市郊区化不利于资源聚集,要实行土地经营的紧凑模式,大力发展公共交通。城市化伴随着工业化逐步推进,从农业发展转变为工业和服务业发展,农业劳动力不断转移。城市化后期,人口从都市区向外迁移,经济和科技发挥重要作用。发展中国家短期内实现了城市化的快速增长。科技、工业化、区域位置、外资、分工、市场、贸易都促进了城市化。城市化让经济从制造业向服务业转变。城市人口不再来源于农村,而更多来自城市间的人口流动和外国移民。资源向发达国家聚集,形成纽约、伦敦等世界性经济中心。发达国家的城市化、工业化、市场化是协调的,能够相互促进,政府十坝有法律的规范。

"政府引导、市场主导型"城市化的实现需要两方面的条件。其一,政府的合理引导,打造城市化市场运作的公平机制。政府的主要职能是进一步完善市场经济体制,引导市场配置资源,建立完善的市场体系,形成健全的价格体制。建立完善的资本、技术、信息、房地产市场,促进市场要素的有序流动,突破城乡流动障碍,形成统一的市场。放开中小城市人口迁移制度,促进农业人口的城市聚集,打破限制人口流动的政策,提高人力资源利用效率,维护失地农民利益,对产业、人口布局进行宏观调控,建立城市软环境。其二,城市建设和规划要采用市场机制和资本运作规律来进行,走向服务的企业化经营。城市土地租赁要更多采用公开招标和出让的方式,合理利用土地出让金。"推进城市再生的有形资本的市场化运作,将已建成且可经营的城市道路、桥梁、供水、供电、垃圾场、公交车等设施以托管经营、授权经营、股权转让等形式推向市场,把实物形态转化为价值形态,有效盘活城市存量资产。"①

"政府引导、市场主导型"城市化让城市化的空间不均衡性成为一个普遍现象。"政府引导、市场主导型"城市化呈现着一定的趋势:大城市引领作用强化、城市群崛起、小城市蓬勃发展和城市环境继续美化。日本通过政府引导在大都市周边发展了很多中小城市,这些中小城市有一定规模,布局紧密,城市功能较完善,县域首位镇和中心城市的地位明显,中心城市的聚集效应强,完全具备城市的各种职能。

（三）以拉美国家为代表的发展中国家的城市化

拉美国家在殖民主义的促进下在 20 世纪初开始了城市化,远落后于发达国家,出现过度、虚假、滞后城市化。过度城市化是城市化水平超过工业化、经济发展水平,大量贫民涌入城市,存在大量失业的问题,移民占据大量土地,建立棚户区,让城市化出现了很多问题。

拉美国家存在传统农业部门和现代工业部门二元经济结构,农业部门有大量剩余劳动力,城市工业部门可以以低价吸纳农村剩余劳动力,逐步实现城乡由二元到一元经济。城乡收入差异预期影响农民进城,需要提高就业收入吸引农民进城。农业劳动力向城市转移的前提是农业生产效率提高,需要促进劳动力市场在城市正规部门、非正规部门、农业部门自由流动。

最近几十年,拉美国家城市化水平和速度不断提高,但城市化与经济水平没有形成正相关,表现为城市化超前发展。拉美国家的城市化水平仍将继续提高,但速度会放慢。拉美国家在外来文明的促进下开始了城市化,原本大都是农业大国,工业基础比较薄弱。"二战"之后,发展中国家城市化变成世界城市化的主力,出现了世界性的城市和经济中心,依靠知识和技术发展了城市经济,但一些传统因素仍发挥作用,政府财政能力较低,制约城市经济能力。发展中国家城市起步晚,工业资金主要来自农业,工业化带动了城市化,产业值一般大于就业值,城市化越来越利用技术节约劳动力,工业价格高于农产品价格,第三产业越来越重要,让发展中国家出现超前的城市化。拉美国家城市化水平没有反映真实的经济水平,存在城市化过度问题,这是政府在人口流动方面没有发挥作用、工业基础薄弱、第三产业过度发展导致的。墨西哥等国的城市化超出经济水平,主要是因为第三产业吸收了很多农业人口,但工业发展落后,城市存在贫民窟。发展中国家

---

① 周鑫根:《浙江省城市污水处理与回用战略研究》,载《城市规划汇刊》,2002 年第 1 期。

正在走发达国家走过的路,但也有自己特点。拉美国家错过了两次工业革命,在西方文明的推动下才开始城市化。第二次世界大战后,城市化发展迅速,处于第三次科技革命阶段,工业和第三产业发展较快。中国城市化需要借鉴国外经验,避免大范围贫民窟的出现,要改革土地产权制度,改革治理结构。

拉美国家出现了很严重的城市病,尤其是一些大城市出现了交通拥堵、环境恶化、水资源短缺、社会问题突出、公共安全增加、地面下沉、热岛效应等城市病。这主要是因为城市化发展太快,城市人口涌入过多,但城市管理制度滞后,让城市环境承载力不足,从而产生了一系列影响居民生活的问题。拉美国家的城市病是人口大量聚集而导致城市承载力不足,是城市管理理念滞后和城市功能不完善引起的,影响了城市的可持续发展。"集聚经济的作用使大城市成为城市化和城市发展的必然结果,但大城市未必一定会产生'大城市病'。"①人们生活在城市空间中,主观上感受到的交通拥堵、空气质量差、治安环境不好等与健康成相背离的负面效应,都可以说是城市病。

拉美国家城市化出现了大量社会问题:城市增加了很多贫困人口,出现了很多贫民窟,富人区和贫民窟界限分明。城市贫困人口增加导致城市犯罪率升高,社会治安恶化,出现很多社会矛盾和家庭矛盾。拉美国家城市化不仅引起了碳排放量增加、光污染、地面下沉、强辐射、噪声污染、环境公害等严重的生态环境问题,而且引起了交通拥堵、住房紧张、公共资源挤占等空间紧张问题,还引起了产业结构和就业结构不合理、经济要素聚集效应不明显、城市经济增长无法持续等经济问题。拉美国家的城市化出现了资源短缺和资源浪费等问题,导致城市居民面临失业问题、购房问题、失独问题,引起城市居民心理压抑,产生焦躁、恐惧、无助等心理问题,很容易发生偷盗、抢劫、吸毒、卖淫、自杀等病态行为。

拉美国家的城市病反映了城市管理和服务的低效。拉美国家的城市建设滞后,很多城市的建设只是市场短期非理性行为,发挥了技术理性的负效应,让政府管控失灵。拉美国家的制度设计不完善,发展理念滞后。拉美国家的城市化一味追求人口生活和生产活动向城市地区的集聚,从而改变了大城市原有的自然形态。因此,大规模的集聚应该是拉美国家城市病问题的逻辑起点。拉美国家的大城市作为一个集城市人口、经济、文化、生态及基础设施系统于一体的复杂的大系统,不断吸引外来人口涌入,但不断涌入的人口超过了城市的承载能力。城市人口承载能力受城市空间的地域范围、城市自然环境的生态容量、城市基础设施等要素的支撑能力等的限制。城市承载能力应该在符合历史传统和现实法律准则

---

① 王桂新:《中国"大城市病"预防及其治理》,载《南京社会科学》,2011 年第 12 期。

的基础上,满足居民生产、生活的正常运行,保障居民的生活质量。"城市承载容量有其上限,即满足以上条件或要求的城市人口数量一定有一个容量限制,也即城市人口不能无限制地膨胀。"①合理的城市承载能力是在特定的时空中,人口、资源、环境等的协调发展。拉美国家的大城市面临吸纳新增人口的压力,能提供的新增就业机会不多。城市管理的低效导致产业无序发展,发挥不出城市聚集效应,城市居民生活质量得不到提高。在未来较长一段时期内,拉美国家大范围的城市病仍将继续存在。拉美国家城市化进程的不平衡会在一定程度上影响到城市病的地区差异。

拉美国家城市就业岗位不足,导致城市病。大量外来人口进入大城市,但大城市工业无力承载那么多人口,导致失业率很高,贫富差距很大。当前,拉美国家正发生着深刻的经济转型和社会变革,经济利益格局正在调整,价值理念发生变迁。这种社会变迁必然引起经济、政治领域发生很多新情况,但拉美国家的政府仍停留在旧的管理理念中,社会制度仍较滞后。社会经济中也存在很多物化现象,人们的价值观念趋向功利世俗,导致社会的无序发展。拉美国家城市化增长落后于国民生产总值的增长,滞后于经济发展水平、工业化水平、同等国家的发展水平,需要大力推动城市化。拉美国家城市化带来房价过高,导致经济泡沫、虚拟化,产生城市病,需要协调城市化进程和经济发展水平。城市化推动了经济发展,让经济增长福利惠及各个阶层,促进贫困人口减少。拉美国家城市化加大了贫富差距,剥夺了农民的权益,没有包容性增长。中国需要吸取拉美国家教训,合理引导农民进入城市,加快城市基础设施建设,要避免第三产业过度膨胀,解决流动人口就业,制定人性化城市化政策,不能驱赶农民,限制农民进城,否则农民在农村依然是失业,会变成农村病。

(四)世界城市化发展模式提供借鉴

国外城市化是城市化与工业化、农业现代化共同推进的过程,高度重视城市化建设的立法工作。政府不断加强基础设施建设,给予社区更多自治权力,发展高新技术产业。"纵观国外城市化道路的典型模式和先进经验,给我们的启示是:不能以牺牲农业为代价来发展工业化和城市化;城市化进程应当依托市场,加强调控,确保有序;城市化必须与工业化和经济发展适度同步。"②

---

① 张燕、张喜玲:《城市人口承载力的研究进展与理论前沿》,载《国际城市规划》,2013 年第 1 期。

② 王新文、管锡展:《城市化趋向与我国城市可持续发展的现实选择》,载《中国人口·资源与环境》,2001 年第 2 期。

"二战"后,发达国家城市化呈现出以下特点:城市化进程明显加快,短短几十年,发达国家就进入城市化后期,工业化和市场机制推动了全球城市化进程;发展中国家存在城乡二元结构,城市化也在加快;城市化破坏了生态,出现了城市病,住房拥挤,出现贫民窟。技术革命促进了一些后发国家快速实现了工业化,引起城市化飞速发展。城市化也促进了工业化,使后发国家完成城市化的时间越来越短。中国城市化需要综合考虑本国政治、经济、文化等的影响。发达国家城市化中,政府主要起辅助作用,市场起主导作用。工业革命和科技推动了西方国家城市化,政府的干预只是为了维护市场的主导作用。西方国家城市化是自发的,政府主要是协调利益主体,兴建基础设施,提供交通、水电系统。发达国家的城市化是信息化、工业化、农业现代化的同步前进,没有牺牲农业利益,而是促进农业发展,还高度重视法治建设,用立法保证城市化的健康进行,为城市化提供稳定的环境,还注重根据各地区的优势,有步骤地推进。政府需要加强公共服务设施,加强地区交流,缩小不同城市的差距。发达国家的地方政府有较大自主权,可以根据本地特点制定政策,刺激投资和消费,利用财政政策影响土地开发,用优惠政策吸引外来投资者,给落后地区更多项目审批、企业建设的自由,给予更多税收减免,发挥高科技产业对产业升级的作用,用科技园提升产业层次。城市化进程中不能牺牲农业利益,工业积累不能压榨农业,不能完全凭进口粮食。城市化应该发挥市场调控作用,遵循价值规律,采用各种手段确保城市建设合理有序。城市化需要与工业化、经济发展保持协调,不能过度或滞后,要改变农村落后的经济状况,让农村经济现代化,实现市场发育完全的良性循环。过度城市化会导致城市建设与经济水平脱节,不是工业水平发达的表现,而可能只是第三产业的暂时繁荣,最终导致城市中贫民窟增多。城市化要让各个城市联系更加紧密,要集中型和分散型结合,城市需要聚集一定的人口,但不要过于集中,导致城市病,浪费土地和资源,大中小城市要合理分配。城市化模式需要立足本国国情,消除经济发展不平衡,吸取国外经验,实行可持续发展。

城市化与人口、经济、社会等都有密切关系。城市化的衡量因素也有人口身份在城乡的转化。城市化促进了全球化,大多数国家已经进入城市化后期。发达国家在20世纪50年代,城市化已经进展到临界阶段,已经基本完成。发展中国家大都已经进入快速发展阶段,但与发达国家仍有较大差距。城市化是由工业化推动的。工业生产促进了协作,让城市经济活动扩大,吸纳了很多劳动力,城市人口的增加促进了工业生产,产生了聚集效应,让资本主义国家的城市化迅猛发展。城市能发挥聚集作用,拉动工业生产,带动农业现代化,推动了经济发展。工业化推动近代城市化出现,城市化促进了工业化,工业化后期,劳动加工业对城市化的作用下降,第三产业成为城市经济的主要动力,吸纳了农村人口,让农业产值比进一步下降,城市人口继续增加。城市化中,大城市起着重要作用,支配着国家或地区的经济,在资金、技术、市场等方面有巨大优势,大城市经济结构完善、市场机制成熟、技术更高,能发挥规模和聚集效应。大城市数量和大城市人口不断增加,出现了世界性的超级城市。大城市成了城市化的主导力量,人口进一步向大城市聚集。发达国家形成了大都市区,人口聚集于那里,形成了知名的都市圈,产生了大规模的经济效应。大城市人口聚集是世界城市化的主导趋势,大城市也主导着地区经济的发展。

西方发达国家的城市化起步早,现在领先世界,需要中国学习其经验。当代社会,发达国家的城市化率已经接近100%,而中国城市化率仍较低,一些中国人仍不能享受城市文明。"中国城市化甚至低于很多发展中国家,需要大力加快城市化进程。"[①]拉美国家城市化出现的交通拥堵等城市病,对我们的城市化发展有警示作用。但没必要过分担心城市病,发达国家也经历了城市病,但都很好地治理了。西方国家是市场经济国家,城市化主要依靠市场力量,出现很多分散城市,地方的高度自治让发达国家兴起无数小城镇,接纳了很多移民。因地制宜才能让城市具有活力,需要一定的产业支撑,培育本地主导产业,带动新产业兴起。要建立农工综合体,在农村大力发展非农产业,转移农村劳动力,提高第三产业就业人口比重,兴办产业区,制定完善的法律,为失业者提供培训、社会保障。用财政金融方式支持落后地区发展,促进农业机械化、现代化水平,加大财政对农业的扶持,援助小城镇发展,帮助农民就业。城市化要建立区域协调机制,协调区域内的经济、基础建设、城市规划等,让公民平等参与本地区的城市化发展,弥补地方政府的政策缺陷,要改革行政体制,展开地区联合,发展地区联合体。制定专门法律促进小城镇发展,解决失地农民就业问题,将分散的部门聚集于小城市,大力发展公共事业,完善基础设施,提高居民生活环境,振兴产业基础,保护城市历史文化,打造城市魅力。通过市场机制筹措资本,中央财政偏向小城市,地方政府也有保障小城市发展承担资金的任务。城市化需要制定规划、法律保证、资金扶持等手段。政府要制定合理的城市规划,用法律保证和资本支持让规划顺利实施。征用土地要经过严格手续,必须给予合理补偿,保护农民权益。鼓励民营企业和居民参与城市规划,用健全的法律规范政府的城市化行为。城市化要发挥小城市的综合功能,发展地方特色的产业,建设具有城乡特色的田园城市,为居民提供更多就

---

① 许尔君:《科学发展观视域下城镇化承载力问题探索》,载《城市》,2011年第2期。

业机会。"城市化与经济社会发展水平正相关,经济社会越发达,城市化水平越高。"①城市化要依靠市场的自然推动,而不是政府强制干预。城市化提高了居民的自治意识,让有限政府发育,健全了市场机制,人口聚集到一定规模,城市就可以成为自治市,建立地方自治组织。自由的市场和有限政府,能够提高市场主体积极性,防止犯罪、失业、暴力等社会问题,要强化市场功能,发挥政府引导作用,避免市场混乱和利益纷争。城市化已经变成推动经济社会发展的重要力量,但西方发达国家由于城市病而出现了逆城市化,大城市中心空心化,而人口向郊区迁移。大城市的机会较少时,人们自然会向其他地区淘金,出现具有田园色彩的郊区小城,让资源充足利用,改变就业和交通布局,非政府组织增多。政府能起引导、调控作用,不能强制规划和指手画脚。中国城市化走过了很多弯路,要避免泛政治化、运动式建设,要避免一刀切的建设模式,避免政府瞎指挥,过多行政干预。

二、世界城市化进程的三大基本规律

世界城市化进程有着三大基本规律:大城市优先发展规律、城市化发展阶段性规律和大中小城市协调发展规律。大城市具有更大的经济聚集效应,规模效应能超过外部成本,经济效益较高。大城市也具有较高的扩散效应,能在区域发挥核心引导作用,带动周边城市的发展。因此,城市化过程中都是大城市优先发展;城市化有初期、加速和完成三个阶段。"城市化初级阶段是城市化率在30%以下;加速阶段是城市化率在30%—70%;超过70%是后期阶段,城市体系形成。"②城市化发展到一定阶段,大中小城市就会协调发展,形成城市群。

（一）大城市化优先发展规律

世界城市化中,城市人口的迁移有大城市优先增长的趋势。大城市优先发展主要是大城市的人口规模和人口比重增加更快,并以大城市为中心形成都市群,促进城市化的总体进程。大城市也并不是永远增长的,而是有其边界。中国应该走大城市优先发展的道路。大城市符合世界城市化的总体趋势,中国需要补充大城市的不足。大城市能节约更多土地,缓解人地矛盾。大城市能吸纳更多劳动力,解决更多农民工的就业问题。小城镇的层次较低,只是城市化的初步阶段,只是大城市发展不充分的结果。大城市能吸收大量资金,城市建设有充足的资金保障。大城市第三产业发达,能产生最佳经济效应。中国的现实国情制约了大城市

---

① 张艳阳:《论我国城市化与经济增长的关系》,载《中华建设》,2010 年第 8 期。

② 刘婕、谭华芳:《城市化进程中的热岛效应问题及对策》,载《财经问题研究》,2011 年第 5 期。

发展,仍是以就地城镇化为主。

城市化的根本推动力是人口向城市的聚集,但长期的二元户籍制度阻碍了大城市的发展。市场机制推动中国城市化质量提高,人口城市化素质提升。人口城市化与农村劳动力转移有很大关系,人口转移最初是因为产业聚集,城市有资源优势,通过市场的拉动可以聚集产业需要的人口。人口聚集到一定规模,就会为公共服务业提供需求,促进第三产业吸纳更多就业人口。这一阶段,城市人口会大规模增加,第三产业及其从业人员大量增加。人口的聚集、市区的扩大让城市人口向周边郊区扩散。城市是经济的重要部分,统筹城乡发展能够促进整个经济发展。城市化越发展越有溢出效应,越呈现人口向郊区迁移、核心区人口下降。城市化发展到一定阶段会出现郊区化、去城市化和再城市化。逆城市化后,大城市会继续有新的增长。大城市经过一段时间的人口下降后,当前又出现了回升。城市化发展到晚期,起决定作用的不再是本地资源优势,而是城市聚集资本、人力等要素的能力,需要城市形成有竞争力的产业,能派生其他产业,产业循环推动城市继续发展。中国城市化低于世界平均水平,城市人口主要靠人口的自然增长,农村人口增长速度比城市快。中国农村土地是小规模经营,农业制造业不发达,难以吸纳本地剩余劳动力,阻碍了技术进步和生产效率,公共配套服务落后,服务业不发达,教育精英所学不适应现实生产。很多发展中国家的城市化都处于高水平,城乡差距已经较小,需要把创业作为发展中小城镇的基础,设立卫星城分散大城市的人口压力。东部沿海要利用资源、环境优势,聚集产业,推动经济发展。

改革开放后的高速发展时期,城市化得到恢复,市场推动了城市经济。政府政策和市场机制联合推动了城市化,大规模的工业化推动了城市经济发展;行政中心因为政府的力量而更有发展劲头,产生较强辐射能力;城市化水平仍较低而且存在地区不平衡,东中西城市化不协调;改革开放的政策、经济特区的设立促进了一些新生城市的发展。21世纪后,国家推动城市化的科学发展,寻求城乡一体化,推行人口、资源可持续发展。城市吸纳了农村剩余劳动力,城乡空间布局有所优化,出现城市群,城乡产业结构优化,拉动了经济发展。政府推行新型工业化、信息化、城市化道路,推动城市化和工业化不断互动,注重城市内涵和外延的发展,城市的外延发展是达成城市经济目标,让城市规模和人口扩大,城市的内涵发展是城乡融合,增强区域间的协作,提高居民素质,实现城市生态化发展。城市化推动了社会经济发展,也会带来一些问题。

中国城市化需要制定完善的政策,用法律法规保证城市生态平衡,制定统一规划消除区域经济发展不平衡,支持落后地区发展。大规模城市建设、城市人口大量增加、交通便利,导致城市的郊区化。为了防止大城市的无序建设,需要在大城市周边设立卫星城,编制合理规划积极引导城市化发展,形成合理的城市体系,增强城市间的联系,让城市产业结构相互配合,防止摊大饼式的无序建设。城市化需要避免破坏自然生态系统,制定合理的公共政策和土地制度,防止城市产业的过度郊区化。住房的过度郊区化满足了中产阶级对田园生活的追求,但也需要修建大量交通设施,增加了资本投入,加重了环境承载力,让交通不堪重负,导致公共服务设施的投入减少。过度城市化会引起城市环境问题,导致贫困人口增多和贫富差距拉大,导致阶层分化,让人们心理不平衡,引起社会混乱,甚至黑社会活动。土地稀缺和供求矛盾也会导致房地产泡沫,让房价飙升,产业凋零,爆发经济危机。城市规划不当会影响城市经济,导致城市病,引起社会问题。

大城市的发展要符合产业升级需求,符合工业和服务业的发展需求,提高产业的技术化水平。"城市集聚的规模在城市化的整个进程中越来越大,这是因为城市空间集聚规模的大小很大程度上影响着城市经济的效率和效益。"①中国城市化滞后于世界上大部分国家,是城市化认知偏差、工业化道路缺陷、制度障碍等造成的。中国对西方国家的工业化、城市化有误解,认为西方城市化导致很多问题,实际上,西方的逆城市化是城市发达的表现。大城市人口过多、中心地区地价太高、人们自然向郊区迁移,导致大城市人口外迁,方便了交通。发达国家的逆城市化缓解了大城市压力,是城市化的新阶段,城市生活、文明的扩散,继续提高了城市化率,让居民享受到更好的公共服务。中国对发展中国家的城市化也有误解,认为城市化带来严重的城市病。的确大城市存在一些城市病,有很多人生活在贫民窟。但城市化对人利大于弊,并不一定就导致城市病。城市病也是能消除的。城市人口过多,私有制导致的贫富分化,市场的自由性引起大城市膨胀,政府过度干预城市化,都会导致城市病,需要采取正确的城市化道路。发达国家的城市病已经随城市化发展得到缓解,甚至消除了城乡差别。中国长期否定城市化作用,认为城市化会引起城乡对立,带来城市病。城市化离不开工业化,不能排斥城市化,也不能只依靠农村剩余劳动力的就地转移,要改变对城市化的认知偏差。

(二)城市化发展阶段性规律

城市化的不同阶段有不同规律,有初期、加速、晚期三个阶段,是由农业占主导,农业人口占多数,工业化不发达到农业生产率提高、工业迅速发展、城市人口增加再到第三产业发达、城市化缓慢的过程。在城市化初中期,大城市人口增长快速,远远超过中小城市。城市化晚期,大城市人口增长和中小城市趋于平衡,甚

---

① 白春梅、黄涛珍:《城市规模与聚集效应分析》,载《河海大学学报(哲学社会科学版)》,2005 年第 1 期。

至大城市出现逆城市化。大城市必然聚集更多人口,处于经济中心地位。世界城市化一般都是大城市优先发展,继而各类型城市协调发展。

英国地理学家诺瑟姆在 1979 年凭借考察西方发达工业国家的城市化历程,提出城市化发展阶段的 S 型路线,认为城市化发展历程是有阶段性规律的,城市化水平一般呈现为初期、中期加速、后期完成三个阶段。城市化在不同阶段的动因不同,初级阶段,动因是工业化,依靠企业吸引人口、资本;城市发展阶段,依靠工业服务业,注重城市内涵;城市化晚期,依靠技术和知识经济,发挥市场机制让城市多样化发展。"城市化一般要经历三个阶段:第一阶段为城市化初期阶段,城市人口和经济发展都增长缓慢,当城市人口超过 10% 以后,城市化进程逐渐加快。当城市化水平超过 30% 时进入第二阶段,城市化进程出现加快趋势,这种趋势一直要持续到城市人口超过 70% 以后,才会趋缓。此后为城市化进程第三个阶段,城市化进程停滞或略有下降趋势。"①

具体来说,城市化初期阶段,城市化发展慢,城市人口比重低,城市人口没超过 30%,很多地方仍从事农业;中期,科技进步推动生产效率提高,解放出大量农村剩余劳动力,资本推动工业规模扩大,工业化占主导,城市经济发挥很重要作用,当城市人口超过 30%,是城市化发展的快速阶段,人口和资源快速向城市聚集,城市规模扩大,城市人口大量增加,城市化水平快速提高;后期,城市化基本完成,速度变慢,城市人口增长主要靠自身自然增长,城市经济占绝对主导,城市对区域起很大辐射作用;城市人口超过 70%,是城市化发展的完成和缓慢调整阶段,城市人口增长回归缓慢,二元经济转换为一元经济,出现逆城市化和郊区化,城乡差异基本消除,工业向服务业转换。中国城市人口刚超过 30%,已经达到 36%,已经进入城市化快速发展时期。城市化是受经济结构和政治、文化等因素影响的,对生产生活方式、消费结构、思维方式都产生了影响,改变着国家和民族发展的格局。城市化发展速度是与人均国民生产增值紧密相关的。一般来说,人均收入达到 1000 美元时,城市化率会达到 30%;人均收入达到 3000 美元时,城市化率会达到 50%;人均收入达到 7000 美元时,城市化率会达到 70%。城市化初中期,人口主要向大城市聚集,大城市涵盖了一切功能,也引起了城市病。城市化中后期,中小城市发展,城市分工协作。"城市发展阶段理论不仅有关城市发展、演化和可持续发展研究中重要的思想支撑,也是城市更新、城市转型、城市空间和城市体系等研究领域的重要思想依据。"②城市化过程中,各种类型的城市的发展程度

---

① 赵惠娟:《加快河北省城市化进程若干问题探讨》,载《住宅产业》,2005 年第 9 期。
② 郑国:《城市发展阶段理论研究进展与展望》,载《城市发展研究》,2010 年第 2 期。

是不同的。产业革命在英国兴起,促进英国最先进行城市化,随后欧美其他国家也开始了城市化。到20世纪70年代,西方国家大多已经实现了城市化。

城市问题也有阶段性,城市化初期,城市规模不大,城市病不严重,城市化高速发展时期,城市规模大,出现住房、治安、交通、污染、贫民窟等问题,人口密度大导致交通拥堵、生态污染,出现交通问题,汽车太多,影响城市生活,浪费人们时间。外来人口涌入导致治安问题,城市中心没落,贫富阶层居住分离,民族、宗教问题增多,导致就业、贫困问题。城市化作为城市经济发展过程,有自己的规律,要因地制宜制定城市化政策,吸取发达国家经验教训。中国仍存在封建小农意识,需要用工业化推动小农经济解体,促进城乡经济融合。城市化以工业化为先导,需要依托工业聚集发展城市经济,变革农村经济体制,推动农业现代化,采用开放政策吸引技术、外资。制定产业政策推动城市工业向农村扩散,以大城市为龙头,以城市群为依托,建立合理的城市体系和产业布局。要解决好城市化中的土地问题,确保土地产权,制定法律保证土地的利用和开发,土地开发中要兼顾公共利益和个人利益,抑制地价过高。要创新城市管理体制,加强城市经济联系,突破城市发展的行政区划制约,协调中心城市和小城市的关系,协调城乡经济,完善地方自治制度,实行地方分权,打破行政区划限制,依靠市场竞争机制发展都市群,实现资源共享和利益最大化,统筹城乡经济,实现产业一体化,缩小城乡经济、文化等生产、生活方式的差距,实现一元化经济结构。中国是农业人口占多数,工业基础较差的农业国,需要推动经济转型,促进人口向城市聚集。城乡人口基数大,产业与农村关联不大,小农经济是农村的主体,要取消对人口流动的限制,排除政治因素的干预,让市场发挥主导作用,政府引导人口分布,提高农业劳动力转移,提升居民生活质量。前工业化时期,城市发展缓慢,农业经济占主导,城市只是政治、军事重地,乡村经济完全支撑着城市。城市有一些手工业生产,为农产业集散地,城市规模较小且分散。城乡差别不大,城市主要是消费的。

(三)大中小城市协调发展规律

中国城市化发展需要强化大城市的辐射作用,适当增加大城市数目和比重。"大城市、特大城市的超前发展是世界城市化的一般规律。"[①]大城市具有较高的经济效益和社会效益,能比中小城市产生更大的规模效应。小城镇有两类工业:农副产品加工业,与农业发展有很大关系;承接城市服务活动的产业。"这样,小

---

① 李京文:《21世纪中国城市化对策研究》,载《理论前沿》,2000年第4期。

城镇一头连着农村,另一头连着大中城市,承上启下,促进城乡经济一体化的进程。"①中国城市化发展较慢,民族工业发展缓慢,工业体系较不完善,城市经济需要继续发展。"要加速中西部地区走中国特色城镇化道路进程,关键在于健全城市体系的规模结构,把大城市或特大城市现代化的生产方式和生活方式逐步扩散到中小城市乃至广大的乡村地区,以带动区域经济可持续发展。"②

工业革命后,世界进入近代城市化时期,人口城市化已经蔓延到全球。城市化是人口、经济、社会等转型,是以工业化为动力,推动整个社会经济变迁。大城市占主导地位,多元化推动城市网络体系形成,涌现更多新城市,成为地球村。发展中国家刚进入城市化中期的快速发展阶段。大城市优先发展,出现了空气污染问题、资源匮乏与水污染问题、噪音危害问题、垃圾处理问题、社会治安问题、交通拥堵问题等。扩散式的发达型城市化,产生了"城市郊区化"现象,带动区域聚集效应。世界城市化经历了三个发展时期,工业化促进了城市化。1760—1850年是城市化的发起时期,工业革命促进农业经济向城市经济转变,城市人口比重不断上升,英国等国家的城市人口率先超过农村人口,伦敦、巴黎等城市人口超过百万。1851—1950年,欧美发达国家基本实现了城市化,城市人口飞速发展,城市人口比重上升为60%以上,发展中国家城市化也有了一定的发展。1950年到如今是世界范围内城市化的快速发展时期。欧美国家城市化进入了晚期,出现了逆城市化,亚非拉国家的城市化也普遍进入快速发展阶段,发展速度超过发达国家。

中国城市化要优先发展大城市、积极发展中等城市。中国城市化路径正由保守的就地城镇化转变为更积极的城市化,就地城镇化是以小城镇为主导,逐步改善生活条件的城市化,在东部沿海地区有很多发展,需要尊重农民意愿,集中规划,完善集镇基础设施。激进城市化则是政府主导的,能打破城乡二元结构。改革开放后,苏南地区利用村社组织进行资源、人力聚集,促进了工业化,促进了农村地区的城镇化。费孝通在考察苏南农村城镇化的经验时,提出要重点发展小城镇,以就地解决农村剩余劳动力,维护社会的总体稳定。小城镇理论是就地转移农村人口,离土不离乡,实现工农互补。经济社会的发展推动城市化继续进行,推动郊区城市化,城市建设用地扩大让政府担心过度城市化,出台政策保护耕地,一些地方出现撤村并居。城市化能够推动现代化,需要推动以人为本的新型城镇

---

① 张运生:《小城镇发展在中国城市化道路中的作用与问题》,载《洛阳师范学院学报》,2005年第5期。

② 王成吉:《加快城镇化进程走中国特色的新型城镇化道路》,载《经济研究导刊》,2011年第3期。

化。激进城市化是农民用宅基地、承包地置换商品房为核心。置换农民用地解决了城乡建设用地指标不足的问题。撤村并居解决了住宅用地,推动了人口向城市转移。要推动农民市民化,推动农村现代化。激进城市化是政府主导的,呈现在号召搬迁、统一规划、筹措资金等方面,强制性地搬迁农民,制定补偿标准,主导土地置换工作。村庄规划能促进就地城镇化,实现农户集中居住,促进农民就业结构转变。政府则通过"撤村并居"想加快城市化发展,建立集中居住小区,把村庄分为郊区的控制型、置换型、整治型等。就地城镇化是为了适应工业化,是渐进性的;激进城市化是把分散的居住点集合起来,获取更多土地指标,获得更多土地财政。激进城市化能够促进城乡一体化,推动户籍制度改革,推动农民生产、生活方式转变,促进非农人口增加。但激进城市化也面临资金的持续问题,撤村并居需要拆旧费用、建新费用、土地换社保费用等,需要充足的财政保障。激进城市化不一定尊重农民意愿,会打破固定利益格局,出现土地矛盾,需要解决村庄内部矛盾,解决金融风险带来的失业问题,维护失地农民基本利益。就地城镇化只改变农民生产方式,而激进城市化需要打造社区文化,培育共同体意识,需要打破血缘为基础的乡土文化,建立城市模式的文化。总之,就地城镇化是农村社区主导开发的、以新型农村社区为手段、以适应新型城镇化和促进农村居民生活条件的改善为目的;激进城市化是政府支配的、凭借"撤村并居"等手段迅速地获得了土地和较快实现了一定的城市化指标,也能客观上推动城乡二元结构瓦解,促进农村居民居住环境改善,能从整体上提高农民的生活质量,但也面临不能持续、资金短缺、影响社区稳定等困境。城市化需要制度创新,促进产业结构升级,提高城市建设质量,避免过度城市化。

中国城市化需要城市拉动和农村内发结合,引导农村人口有序进城。政府要合理引导城市规模,推动农业现代化和城市化的结合,促进农村社会保障的完善。要加强文化保护和促进文化发展,注重城市历史积淀,保护文化遗产,提高生活设施,避免文化流失,打击破坏文化古迹行为,提升市民素质。要完善城市基础设施,完善城市功能,解决供水不足、交通拥挤、资金不足、服务水平不高等问题。要建立城乡统一的公共服务体系,消除二元体制,促进农民享受市民待遇,加大城乡统筹力度,建立统一的劳动力市场。要提高城市用地的承载率,缓解耕地不足的矛盾,城市土地开发获得了发展,但城市土地开发大量重复、开发区规划面积过大、很多土地闲置、城市用地结构失衡、城乡结合部土地利用失控,缺乏统一规划。新型城市化需要节约土地,提高城市土地利用率,制定节制土地扩张的法规,做好土地规划,制定耕地红线,促进土地集中利用。要积极发展不同类型的城市群,形成合理城市体系,发挥城市聚集人口作用、形成产业集群,加强生态保护。政府要提升城市管理水平,治理生态污染,维护社会治安,加大改革创新,做好食品安全工作,建立职能城市。

三、吸收世界城市化的经验教训

(一)尊重城市化发展规律,提高中国城市化的发展质量

城市化在中国现代化进程中占有重要地位,需要抛弃计划经济的思路,坚持速度和质量的结合,提升居民的切实利益,完善城市的服务职能,提高城市的文化水平。城市化能够促进现代化,需要避免过去的错误路径,遵守通行的城市化规律,走特色城市化道路。中国城市化需要加快,与经济发展水平相适应。发达国家的城市化已经很高,拉美国家是过度城市化、出现贫民窟。"中国城市化水平仍滞后于工业化,制约了第三产业发展,阻碍了农业规模化经营,扩大了城乡差距,抑制了内需扩大。"①城市化促进了民工潮,需要继续消除城乡二元结构,降低房价,提高居民生活质量。加快城市化并不会影响粮食生产,会释放更多土地,提高居住利用效率,减少农民数量才能促进土地规模化经营,提高土地利用效率。城市化并不一定影响社会稳定,而且农民也有进城的强烈愿望,要引导农民进城而不是堵塞。

城市化需要促进经济社会转型,转变城市化模式,解决城乡二元矛盾,改变动力机制,尊重地区差异,多元动态发展。要提高城市化速度,顺应社会转型,把握城市化内在规律,促进城市化持续发展。促进城市化由粗放型向集约型发展,解决生态环境问题,尊重城市历史特色,让城市生活更美好。中国城乡二元矛盾日益严重,城乡收入差距加大,征地矛盾突出,城乡经济割裂。社会阶层不断分化,少数人迅速致富,地区差异加大,东部沿海城市化更加高,有更多资金技术支持。大中小城市的发展机会不同,大城市吸引了更多人口,社会财富分配也不均衡,引发社会矛盾。城市居民内部差距也在加大。城市化关系着国家发展,需要顺应世界潮流,走符合国情的特色城市化道路,发展知识经济,参与全球竞争,应对信息化、网络化挑战。城市化要数量和质量并重,提高居民生活舒适度。城市化要符合经济发展水平,要协调各类关系,协调城镇结构、城乡关系,要尊重居民意愿,提高居民生活幸福感。城市化的动力机制要由制造业向服务业转变,中国目前的城市化主要是第二产业推动的,但第二产业需要消耗很多空间、资源,出现生态破坏,需要用现代服务业取代制造业,满足居民精神文化需求。城市化要从单独发展到集群发展,让城市之间互利共赢,推动城市群内部相互协作,合理配置区域资

---

① 黄志华、仇荀:《中国城市化:路径检讨与路径选择》,载《理论探讨》,2013 年第 6 期。

源,把城市群作为城市化发展的主要形态,实现城乡互补、联动发展;城乡关系要从单向支持过渡到平等和谐,要统筹城乡发展,发挥市场体制配置城乡资源的作用,形成城乡互动关系,增加农村经济活力,提高农民权益。中国城市化已经到了关键时期,需要创新城市化模式,促进持续健康发展,坚持科学发展观作为理念指导,切实提高城市建设质量,需要因地制宜,协调区域关系。

当前中国城市化模式需要多元化,需要人口、土地、资本等生产要素的协调,促进产业结构升级,注重环境保护,促进农民流入城市,完善城市功能和特色,要促进农民非农化和现代化,推动农民非农就业和转变生活方式。城市化指标是以城市数量、质量、城市人口、非农产业比重等衡量的。城市人口统计应该包括:市镇非农业人口、城市郊区参与城市经济的农业人口、进入城镇长期从事非农产业的农业人口。中国城市人口尽管包括了一些农业人口,但仍然偏低。中国以后每年仍将增加城市人口近千万。城乡统筹发展需要人口空间迁移,改变人口结构,创造更多就业机会。城乡存在体制矛盾,需要功能性城市化,强化城市的市场功能。农民市民化可以增加工业品需求,提高工业和服务业的就业吸纳能力,实现三大产业的良性互动和产业升级,缓解人地矛盾,促进农业规模化经营,提高城市土地利用效率,保障经济高速增长。要实现城市功能的聚集、扩散和均衡,发挥中心城市的辐射作用,促进城乡资源双向流动,推动城市工业向郊区扩散,提高小城镇的聚集、规模效应,提高市场化功能。要利用全球化、信息化、生态化,让城市资源更加聚集,促进城市体系形成,提高交通普及率,发挥价值规律作用。按照经济需求调整经济结构,提供城镇公共服务水平,建立生态城镇。城市化需要要素流动和制度创新,实现人力资源的自由流动、土地资源的自由流转,要变革就业制度、土地制度、城市经营制度等。我国户籍制度严格限制了人口流动,户籍制度与粮油制度、教育制度、医疗制度、卫生制度、社会保障制度等配套,限制了农村剩余劳动力转移,农民处于二等地位。需要给予公民平等的国民待遇,消除城乡土地的二元制度,允许土地自由流转,确保农民的土地产权,完善村民自治和土地收益制度。城市需要经营,促进国家、居民、企业多方参与城市建设,完善市场主体,实现投资多元化,引进民间资本,实行企业化运作。新型城市化不仅需要城市扩张,也需要就地城市化,追求城市质量和效益,发展新型城市化,采用新路径、新格局和新标准。城市化不是消灭农村,而是促进农村城市化,确保大城市的建设品质,吸收国外经验,推动高质量和效益的城市化。新型城市化需要解决三农问题,增加对农业的投入。农村外的移地城市化能扩容城市,提高吸纳农村劳动力的能力,提高城市化率;就地城市化可以刺激消费、扩大内需,规避城市病和户籍难题,能保留农村自然环境,改善农村落后面貌,发展农业规模化经营,提高农民生活水平。城市发展要提升品质,提高城市文化内涵,塑造城市灵魂,发展大城市,利用大城市规模效应。影响城市品质的是城市规划、人的素质等内因,而不是城市规模等外因。大城市建设不仅要扩张,也要兼容并包,实行公共服务均等化。新型城市化需要确立新标准:不损害农民利益,不降低城市居民生活质量,不产生新的城乡差距,不增加新的社会矛盾,不破坏生态环境。

(二)突破制度障碍,推动城乡人口自由流动

城乡要素的流动受制度限制,需要推动城乡一体化进程,实现农村基础设施和公共服务的提升,形成新型的工农关系。政府要推动户籍制度进一步改革,放开小城镇的落户条件,推进农民工在城市落户、享受市民待遇;政府要完善土地制度,促进土地市场的形成,推动土地资源的合理流转,维护失地农民的切身利益;政府要促进农民自由迁移,提高农民教育、医疗水平;要确保农民土地经营权,允许土地自由流转,让房价回到正常水平,刺激内需,进行土地确权;政府要推动房地产市场的完善,建立有效的房屋租赁市场,消除城乡贫富差距。

改革开放后,体制转型困难,延缓了农村劳动力转移,增加了下岗职工。中国正处于经济转型,劳动密集型向资本密集型转变,经济有下滑压力,就业岗位减少,需要发展第三产业,提高就业人口吸纳能力。中国农民为城市化做了很多贡献,但由于制度壁垒而不能享受城市化成果,反而城乡收入差距有所加大。城市化是农村劳动力转移到城市,是农村劳动力进入第二、三产业。中国农村人口在快速减少,但三农问题仍长期存在,需要推进城市化、建立社会主义新农村,移地城市化和就地城市化同时推进,促进城乡统筹发展,建立和谐社会。移地城市化要改革户籍制度,建立城乡一致的户籍登记体制,为农民工提供社会保障、教育医疗,让户口回归本质,要完善社会保障账户管理,为进城农民工建立社会保障账户,筹措更多资金,推动社会保障体系完善,要建立城乡统一的劳动就业制度,建立统一劳动力市场,保障农民工权益;就地城市化是符合中国目前国情的,能够促进建立社会主义新农村。"城市化要加快中心集镇建设,要科学规划、完善基础设施,发展非农产业。"①城市化要加大吸纳农村剩余劳动力的能力,发展民营企业,鼓励劳动力向中心集镇集中。政府要为农民从事第二、三产业创造条件,引导资金流入城市建立企业,提供税收优惠。"要用现代工业理念经营农业,推动农业产业化。"②农村城市化需要走农业产业化道路,提高农业经济效益,扶持农村龙头

① 张颢瀚、章寿荣:《中国城市化道路的两种路径——兼论社会主义新农村建设》,载《学海》,2005 年第 3 期。
② 陈浩然:《用经营理念推进现代农业发展》,载《农村工作通讯》,2008 年第 23 期。

企业,发展特色农业和观光农业,加强对农村劳动力的技能培训,提高劳动者素质,做好义务教育。政府要大力推动农村公共事业发展,完善农村基础设施,保护农村自然环境,统筹城乡教育资源,政府要担负义务教育责任,倡导民主、法治的生活方式,建立新型农村社区。

中国城市化要在市场体制下,推动人口城市化,消除制度障碍。世界城市化仍在发展,需要改革经济体制,推动市场化改革,提升城市治理理念。人口城市化要发挥市场机制作用,引导农村人口向城市迁移,遵循市场规则,消除片面的行政干预。市场是推动城市化的第一动力,人口城市化是不断选择的过程,要尊重市场配置资源作用,培育新兴产业。城市建设要围绕市场经济进行,提高城市综合竞争力,促进资源聚集,提供高质量生活环境,提高容纳人口的能力,吸引更多人才、技术、资金。人口城市化也存在失业、房价、交通、污染等问题。人口城市化是市场经济发展的必然要求,顺应了经济体制转型,能消除城市病,提高城市化效益,更好配置资源,为居民利益服务。城市化需要发挥市场机制作用,尊重价值规律。城市化发展战略要超脱城市规模来制定城市化方向,必须让市场配置资源,协调城市化各个主体的利益。行政城市化有很多弊端,计划经济思维让城市化有很深的制度烙印。城市化的曲折、波动都与制度、政策有关,牺牲了经济的效率,产生城市化泡沫,要深化制度改革,培育市场机制,促进行政城市化向人口城市化转变。发达国家的城市化是人口城市化,中国城市化也要顺应世界潮流,适应知识经济需求,参与全球化竞争。推动人口城市化走出误区,用市场机制调控资源,协调各个利益主体,要促进政府职能转变,适应市场化需求。政府要依法行政,严格按照市场规律办事,建立高效率的政府机制,促进制度创新。政府要用城市市场化推动经济增长,正确把握城市化方向,让市场成为推动城市化的第一动力。"要消除城市化的制度障碍,为市场机制提供发挥空间,促进产业聚集,培育支撑产业。"①改革户籍制度,尊重公民自由迁徙权利,保障公民社会保障福利等。人口城市化不能一刀切,而要采用多样性道路,尊重区域特色。

(三)推动农村基础设施建设,优化城乡空间体系

中国城市化要尽快完善城乡公共交通体系,促进城市群和城乡之间的信息交流。要促进形成城乡结合的空间格局。大城市担负现代服务业和金融功能,中小城市则担负相关的制造业和配套产业。城市化需要建立集群化、网络化的城市空间体系,让交通基础设施全方面提高。政府要实现城乡互补,提高居民生活质量,

---

① 郑慧霞:《我国城市化的新路径——人口城市化》,载《中共郑州市委党校学报》,2005 年第 4 期。

建立现代文明生活方式。城市是工商业聚集之地,是现代生活的主要形式。城市促进了人类文明,也出现了环境恶化等问题,并没有带来理想生活,需要依靠技术发展,提高生活品质。城市要为了更好地生活,更好的聚集资源,建立良好公共秩序,提高管理手段。中国的城市化不仅带来了幸福,也带来了焦虑。城乡差距加大,但大城市并不适合生活,需要城乡互哺,提升城市化品质。城市比乡村具有发展优势,能通过聚集效应节约土地,带动周边地区发展。中心城市要发挥辐射作用,利用经济、社会、科技优势提供完善公共服务,为个人发展提供更好平台、更好消费和社会保障,让农民获得平等教育、医疗服务。乡村为城市化提供农业基础。中国工业化采取城乡隔离政策,导致城乡差别,没有提升城市品质。

城市化包括移地城市化和就地城市化两种路径。从长远看,应该以移地城市化为主,就地城市化只是中国新农村建设的路径,需要提升层次。解决三农问题需要将农村人口转移到城市。中国东部地区的农村已经实现了就地城市化,依托大型企业,让农民就地实现产业转移,过上城市生活。建设社会主义新农村要提高农村工业化。移地式城市化是农村人口离土又离乡的进入城市,实现向非农产业转移,变成城市人口,发生人口的横向迁移,从事二、三产业。这种移地城市化需要城市空间扩张、产业扩散、社会服务能力扩张。就地城市化是农村中心镇的规模扩大化、农民聚集到中心镇生活,也是通过科学规划,将村落建设成为基础设施完善的集镇,农民就地从事非农产业,享受城市生活。就地城市化需要农村经济高度发达、农民能享受类似城市的社会保障和服务、农民生活方式接近城市生活方式,会提升农民素质,农民既能从事非农产业也能从事农业产业化经营,是新农村的建设方式。两种城市化都能促进城乡一体化,加强城乡经济联系,推动农业现代化,增加就业。中国城市化需要把乡镇发展纳入城市发展,提高农村劳动力素质,发展现代化农业,提高城市化层次。大城市发展更多是移地城市化,小城镇发展更多是就地城镇化,需要各类城市协调发展,改变城市化滞后于工业化的情况。移地城市化和就地城市化应该同时推进。长期的错误人口政策导致农村人口就业压力大,企业改制也出现了很多隐形失业人口,产业结构升级也导致一些产业工人失业、城乡收入差距等现实国情,决定也得发展就地城市化。农村仍有很多剩余劳动力需要转移,需要新建很多城市才能吸纳这些人口。中国城市化率统计中包括很多村镇人口,实际城市化率没有那么高。

改革开放后,乡镇企业推动了乡村发展,对城乡二元结构有所缓解,但乡村工业化层次低,没有在文化形态上城市化,东部沿海地区乡镇企业发展迅速,促进了城乡资源流动。城市基础设施没有跟上城市化的快速发展,制度建设也相对滞后,没有完善的公共服务、社会保障体系做配套。城市应该反哺农村,中国城市化掠夺了农村资源、破坏了环境。城市反哺农村应该促进城乡公共服务均等化,不断提高乡村基础设施、交通体系,提高信息化、卫生设施、教育水平。农村优势资源流失,大量农村优秀人才在接受教育后离开农村,渴望获得城市户口,导致农村人口结构劣化。乡村文化可以滋养城市,消解技术文明带来的僵化,需要发展低碳经济,发展特色文化和生活方式。城市应该注重地方文化建设,尊重地方文化特色,吸收外地优秀文化,创新人文建设。城市化品质提升要注重公民文明建设,注重文化软实力建设,提升现代文明程度。公民文明建设要融合东西方文化,吸收传统儒家文明精神,又要结合现代西方的民主、科学理念,避免拜金主义、重塑信仰。城市经济实力能为公民文明建设提供条件,要引导公民建立先进价值观,提高公民自身素质,引导公民生活方式转变,使用更先进的居住、交通、购物方式,消除等级意识,引进新观念,创新生活方式。城市化不应仅注重经济指标,也要注重文化品质,实现城乡一体化,平衡人与自然、科技与社会的矛盾,合理规划城市建设,推动城市化可持续发展。

第二节　城市化的经济发展战略调整

一、城市化与经济发展的匹配类型

城市化与经济发展水平的符合程度,可分为过度、同步、滞后和逆城市化四种,大部分发达国家是同步城市化和逆城市化的,很多不发达国家是过度城市化或滞后城市化的。中国城市化需要吸取西方道路经验,积极融入全球化进程,参与国际分工,也要避免过度城市化。中国城市化需要选择合理的发展模式,促进城市化与工业化同步发展,滞后城市化牺牲农业利益,超前城市化又会阻碍农业现代化。

(一)同步城市化

城市化水平符合工业化水平,城市人口与经济承载能力一致,城市化也符合农业提供剩余农产品的能力,这是较合理的城市化模式,是同步城市化,能推动工业化、经济发展,消除城乡对立和城市病。这一模式能够促进城市化和工业化的互动,城市工业能吸纳更多农村剩余劳动力,提供更多就业机会。

世界城市化因为各国历史、工业化、文化等的不同而不平衡,导致人力、资源、信息、资本流动不同,主要是美欧国家较发达。城市化与经济发展能互相促进,与国民生产总值、工业化水平呈正比,促进了工业生产,推动城市发展为大城市。城市化也推动了经济发展,刺激了消费,促进了农业生产、人口聚集,推动城市基础设施建设,为工业生产提供人力、市场、技术革新等。"城市化和工业化是任何一个国家在经济发展中都必须经历的空间结构变动与产业结构变动的过程。"①城市化是多种因素推动的,其中,产业结构的升级起着主要作用。"工业化是城市的基本动力,城市的发展主要是靠工业企业的扩大再生产所吸引的人口与资本的集中。"②产业结构升级能促进城市化。促进工业化和城市化良性互动既要加速工业化进程,为城市化奠定物质基础,又要完善产业结构,解决产业结构的重要问题,提高整个制造业产品的质量和国际竞争力。尤其要高度重视中小企业的发展。工业化的进步,关键还是要依靠科技的创新。首先要做好传统产业的改造升级工作。要把信息化工作提到重要的议事日程,加大教育的投入力度。大城市要以市政基础设施建设,完善城市基础结构为发展重点。"中国城市化发展的基本目标应当是,以新型工业化发展目标为依据,加快城市化发展速度,使中国的城市化水平达到与中国新型工业化发展相适应的水平。"③

　　城市化是人类经济结构变革的空间呈现非农人口、产业增多,是城乡资源优化配置,城市文明扩散,是农村人口的城市聚集,城市经济、生活方式、思维方式扩大,集中了高密度人口,消解了血缘、地缘关系、小农经济,形成资本利益、就业利益的市场关系价值。城市化不仅使人的现代文明转变、精神面貌改观、社会关系现代化,还使产业结构变化、人口流动加快,使城市环境改善,基础服务变好。中国城市化需要突破传统农业的枷锁,在现代化和工业化的推动下,解放生产力,实现乡村城市化,打破封建保守思想,应对城市化风险,克服城市化压力,提高城市基础服务,实现不同地区城市的共同富裕。城市化需要开拓土地市场,解放劳动力,发挥资本、管理的作用,抓住新机遇。城市化与工业化是互动机制,是推动经济发展的两个基本方面。改革开放前,中国的工业化是非城市化的,重点发展重工业,改革开放后的工业化是弱城市化的,产业结构开始调整,需要形成工业化与城市化的良性互动。城市化长期滞后于工业化,导致产业结构不合理,应该走新型工业化道路,推动服务业发展和劳动力转移,推动就业结构转型,拓展劳务市场,凭借城市化为工业化奠定市场依托。轻工业的发展吸纳了劳动力,第三产业的发展更吸纳了劳动力。城市化需要制度创新,工业化发展水平影响就业机会和

---

① 完世伟:《中部地区工业化与城市化协调发展研究》,载《中州学刊》,2008 年第 5 期。
② 贺琼、朱杰堂:《城市化发展的阶段性及其规律研究》,载《郑州航空工业管理学院学报》,2003 年第 1 期。
③ 罗文章:《工业化与城市化协调互动理性思考》,载《求索》,2005 年第 4 期。

居民收入,影响生产资料向城市的聚集程度。发达国家的空间生产已经不存在制度障碍,而不发达国家,制度创新就是城市化的动力。城市化是农业社会到达工业社会的过程,需要建立现代装备产业,建构耐用消费品产业,引领产业结构转型。深度加工业采用技术能拉动第三产业发展,促进城市化协调发展。

(二)过度城市化

城市化水平超出了工业化和经济发展水平,不是建立在工业化基础的城市化,叫过度城市化。这种城市化没有强大的工业生产基础,而是依赖服务业发展起来的,城市人口膨胀,城市基础设施却非常滞后,不能为居民提供完备的生活条件。大部分发展中国家都出现了过度城市化。市场机制不完善使农村经济凋敝,城市充满吸引力,大批人口迁徙到城市生活,不利于经济持续发展。这种城市化导致严重的城市病,偏向城市的政策让国家陷入持续性贫困,要发展中小城市,形成多中心的城市化。过度城市化是城市化明显超过工业生产水平,超过经济承载能力,会导致城市人口增长过快、失业率增加、生态问题加重,主要在拉美地区国家。

拉美国家城市化需要人力资本,农村地区教育卫生等设施落后,不利于农民提高知识、技能。城市则聚集了资本、技术、信息,利于居民接受新思想,转变观念。大城市能引领精神文明,提高工人效率。中国人力资源丰富,但高素质人力资本缺乏,出现大量低素质劳动力剩余,需要提高农民素质,为农民进城生活提供便利,城市郊区化有利于农民市民化,需要放开户籍限制,提高市场规模,拉动有效需求。扩展市场才能促进劳动分工,增加就业。市场规模扩大需要城市化和分工深化。严格的城乡限制阻碍了农业现代化,限制了内需,需要开拓农村市场,减轻农民负担,提高农业效率。城市化需要让农民离开耕地,从事第二、三产业,在城市生活。世界城市化存在国家差异,目前正在融合。发展中国家出现了很多大城市,发达国家大城市则在人口分流,出现郊区化和大都市化。产业结构、就业结构的变动支撑城市化发展,促进农业比重下降,工业、服务业提升。民营经济仍薄弱,没有很多就业机会,主要依靠外资和农民工发展的,法律不健全、市场不完善造成很多社会问题。西方国家人口基数不大,人口增长和城市化较协调。中国人口基数大,城市基础设施不够,就业岗位不够,导致城市病,计划生育导致老龄社会,加剧经济危机,需要市场主导的城市化,需要改善城市化的资金来源、工业基础、人口环境。

城市化由英国工业革命开始,继而在欧美国家展开,有不同路径。城市化是经济发展和市场主导的,根据市场需求产生聚集作用,资本家也要求土地规模经营,实行圈地运动。贸易增多形成商业中心,开始了城市化。城市化因市场产生聚集作用。缺乏科学规划,城市化会导致严重生态问题,放任城市无限膨胀,也会导致空间结构问题。城市化要政府主导,政府要合理调整,不能盲目发展,需要政府和市场的共同作用,各种类型的城市一视同仁,实现城市化路径的多样化。城市化需要在市场基础上,政府合理调控,制定法规保证协调发展,以市场为主,但政府不能放任不管。政府调控不当会阻碍城市发展,大量人口聚集超出城市承载力会导致城市瘫痪。市场调节城市化会有滞后性,政府应该发挥调控的计划性。城市化要顺应经济规律,提高质量,发挥政府和市场的协同作用。城市化不同阶段有不同的动力机制,要发挥市场的带动力量,大力提升农村经济水平,用工业化推动城市化,也要发挥政府引导作用,制定合理的产业政策,建立便利的交通、发达的教育等支撑,提升产业结构。城市各个要素、系统有最优效率,当其中某个系统出现运转失常时,就会出现城市病。

拉美国家城市化是虚高的城市化,存在区域、城乡差距、产生生态、交通、流动人口等问题。"贫民窟"问题严重,造成了土地利用的不经济,对社会产生了不利影响。"拉美国家混乱的外来人口管理影响了社会治安,居民的社会保障问题增加了社会的不稳定因素。"①恶劣的环境问题影响了城市面貌。城市贫民角色转换困难。城市贫民来自乡下地区,没有了土地,他们已经接受了城市的生活习惯和心理习俗,但不被城市富裕阶层接纳,只能聚集在贫民窟的糟糕环境中。拉美国家的城市化道路没有改变同为国家公民的城市富裕阶层与城市贫民被置于两种完全不同的社会阶层的局面,这种局面不利于农民社会权利、思想观念、行为方式、社会参与等角色的转换。

(三)滞后城市化

城市化滞后于工业化发展程度和经济水平,叫滞后城市化。政府为了防止城市病,限制城市发展,让城市发挥不了聚集效应,背离了世界城市化发展的大趋势。滞后城市化有城乡二元经济、第三产业不发达等特征,主要是中国等发展中国家,城市是工业基地,消费功能不强。"这一模式是一种违背经济发展和工业化趋势的城市化模式,其主要原因是政府为了避免城市病的发生,实施了一系列限制城市化发展的措施。中国改革开放前的城市化就是这一模式的突出代表。"②发展中国家城市化发展过快,大城市迅速膨胀,但工业生产滞后。"市场制度的缺

---

① 王慧:《渭南市"城中村"改造规划研究》,载《西北大学学报(社会科学版)》,2010 年第 3 期。

② 张臻汉、张彦通:《低碳发展与中国城市化发展模式》,载《兰州大学学报(社会科学版)》,2012 年第 1 期。

失是形成城市化落后于工业化的直接原因。"①

　　改革开放前,优先发展重工业的政策,导致国家重点发展城市生产性工业,不利于城市消费水平的提高,引起城市各项生活事业建设滞后。中华人民共和国成立后,为了恢复经济、巩固政权,国家大力优先发展重工业,重工业需要吸纳大量资金、技术,国家只得用计划经济体制在贫困国家配置资源、资金、技术,在强制下建立了工业体制,抑制了农业和城市化发展。政府凭借剪刀差为工业积累资金,把农民限制在土地上,挤占了城市基础设施建设资金,没有拉动消费需求,没有吸纳很多劳动力,限制了城乡人口流动,而且一直有制度限制农民进城。国家制定了户籍制度,把人口分为农业和非农业,造成城乡待遇差别,还制定了城市居民生活品供给制度,一切凭票交易,让农民无法在城市生存;还制定了统包劳动分配制度,农民在城市几乎没有就业机会,居民依赖单位。国家制定的政策都是反城市化的,让社会市场交易萎靡、工商业不发达、劳动专业化不强,是工业农村化道路。中国城市化的综合水平是很落后的,城市吸纳能力不足,城市化虚假导致城市病。中国的计划生育降低了人口增长,加速了城市化。中国农村人口仍很多,但增长速度在放缓,而城市人口在较快增加,人均收入与城市化率相关。产业结构、就业结构与城市化率有相关性,劳动力在三大产业不断变化。城市化要加速非农化,尤其是要加大第三产业比重。

　　中国农村改革严重滞后,城乡差距不断扩大,小城镇发展困难。过低的工业化、现代化水平阻碍了中国城市化发展,根本原因是市场机制不健全。中国市场机制仍存在很多不完善的地方,导致市场不能完全的发挥作用,引起城乡资源配置不合理。政府的过多干预,有时也会引起城乡经济波动和经济总量的失衡。政府引导作用的不规范和市场机制的不健全,让城市化与工业化不是完全协调,产生城市化的滞后现象。滞后城市化让中国进入城市病高发易发期,让城市环境的承载力降低。城市病发生与城市承载能力有关,与城市规模没有必然联系。农村集体土地产权界定不清楚、主体不明晰;承包经营权的内涵不充分、不明确;土地补偿费偏低且分配和使用不合理;形成城乡分割的二元社会体制——城乡分割的户籍管理体制和迁移管理制度;形成城乡社会保障的二元结构体制。农村基层组织职能异化。"由于我国二元经济社会结构的现状以及法律法规不完善,伴随着失地农民土地被征用,附着于土地上的一系列权益也得不到保障。"②保障失地农

---

① 林诗博、王如渊:《我国城市化落后于工业化的原因分析》,载《工业技术经济》,2012年第1期。

② 舒小庆:《论失地农民权利的制度保障》,载《江西社会科学》,2009年第11期。

民权益是推动城市化进程的有效途径。

中国城市化推动经济取得了巨大进步,但城市化的滞后性也对经济发展产生了负面效应,引起城乡经济失衡,影响了城市功能的发挥,阻碍了农民享受国民待遇,在教育、医疗、卫生等社会保障方面存在很大差距。"城市经济面临增长困境。城市病发生与城市大小无关、城市病发生风险长存、城市病发生不具有必然性。"①小城镇发展策略也阻碍了中国城市化层次的提升。"在实践方面,与发达国家相比,我国的工业化和城市化起步都较晚,尤其是城市化。"②中国仍有大量农村剩余劳动力,实现工业化仍是重要的任务。中国居民没有自由迁徙的条件,需要改革制度束缚,提高企业技术水平。

不完全城市化导致农村留守儿童问题,影响农业生产,产生春运、民工荒问题,导致农民新生代问题,不利于启动消费和拉动内需。不完全城市化阻碍了城市化进程,农民会进行利益比较,让农民对城市缺乏归属感,导致进城农民子女读书难,在城市无法解决住房问题。但是我国城市人口统计中包括了城市中的暂居人口、建制镇的亦工亦农人口、镇的农业人口等。要创新机制,推动政府让利,增加农民工工资收入,加大对农业的补贴,改变税费制度,促进经济转型,加快农民市民化。实行农村土地确权,确保宅基地产权,要完善耕地流转制度,多措并举,完善进城农民的住房保障体系,出台促进住房保障工作的政策文件。"在工业园区附近建设适合进城务工农民居住、购买的新市民公寓。建设适合农民工居住、购买的'产权共有房'。"③

中国特色城市化存在的突出问题就是城市化滞后于工业化,人均 GDP 和城市化率不匹配。城市化发展滞后是工业化的结构性弱质导致的,存在大量农村剩余劳动力,农村市场持续低迷。城市化质量不高,城市规模的盲目扩大,城市规划和管理的水平不高,部分城镇的发展缺乏产业支撑,城镇基础设施建设水平低;城市间整体协调性差,普遍存在地方保护主义问题。区域内各城市之间缺乏利益协调机制,导致矛盾频发;城乡二元结构突出,影响了城市化发展速度,城乡分离制度依然存在,城乡发展不协调,农民工的迁徙凸显二元社会结构。政府需要通过技术创新突破城市化发展瓶颈。中国城市化低于世界水平,而且不协调,存在滞后和冒进。改革开放让中国城市化快速发展,但仍有很多经济隐患。世界城市化

---

① 王丽娟:《京津冀区域协同解决北京城市病》,载《中国经济时报》,2017年3月30日。

② 程俐骢、吴光伟:《我国城市化滞后于工业化的成因分析》,载《同济大学学报(社会科学版)》,2005年第1期。

③ 马雪松:《论我国"不完全城市化"困局的破解路径》,载《中国名城》,2012年第9期。

在减速,中国经济发展虚高,影响城市化进程。

中国城市化与工业化、经济发展并不是完全同步的。中国城市化不仅受工业化、经济水平制约,还受政府政策、国内外形势制约,城市化时断时续,经常波动。直到改革开放后,确立市场经济,我国城市化才快速发展。中国城市化仍滞后于经济结构、就业结构。第三产业是城市化的重要拉动力量,需要提高第三产业比重,提高城市公共服务水平,改善城市管理。计划经济导致城乡隔离和二元结构,政府统包城市,统制农村,制造了城乡藩篱,城乡居民受政府高度管控。城市化和工业化不协调,导致很多问题。经济结构失衡导致城乡结构失衡,城市地区差异。城市聚集了大量资源,能对周边地区起带动作用,能起聚集和分散作用。城市化和工业化是正相关的,应该形成互动关系。中国城市化是冒进式的城市化,引起了一些问题。

(四)逆城市化

逆城市化是因为城市病、产业结构调整、郊区交通便利等造成的。逆城市化是城市人口迁移到郊区、城乡差别缩小,城市中心人口较少,城市规模缩小,是城市人口增量减少,城市化发展速度放缓。逆城市化是城市化的高级阶段。"逆城市化又称城市中空化或者称郊区化,这一模式是指大城市人口和经济活动由城市中心向城市外围迁移和扩散,使郊区不断蔓延而城市中心区和中心城市逐步衰退。"①

逆城市化引起城市中心区域出现空心化,这不是大城市的没落,而是城市化总体扩展的新情景,建立在乡村各项基础措施的完善、城乡差距的消失形成的城乡一体化的前提下。大城市日益膨胀、交通日益拥堵,环境却日益糟糕,而乡村通讯日益完善、环境却仍保持自然本色,这让一些城市居民自愿迁移到农村生活。逆城市化现象呈现为大城市的中心区域萎缩、小城镇快速崛起、乡村人口由于城市人口迁入而有所增加。

西方发达国家很早就开始了城市化,他们已经完成了城市化的高度发展,早已出现逆城市化现象。"二战"以后,西方发达国家的大城市过度膨胀、城市资源超出承载能力,各个国家的大城市人口开始了向乡镇转移,政府政策向中小城镇倾斜,修建了更多的城乡交通设施,缓解了城市病,促进了城乡一体化。例如,最早进行工业革命的英国,城市化也最先进行。1851 年,英国的城市人口就超过了农村人口,目前已经快接近100%。英国的大城市比重较大,中小城镇较少。"二战"以后,英国政府适应逆城市化的趋势,对大城市人口实行了分散政策。政府推

---

① 王芳:《国际城市化发展模式与中国城市化进程》,载《求索》,2010 年第 4 期。

动中小城镇发展,让小城镇承担工业生产,富裕阶层也更愿意搬迁到生态适宜的小城镇居住。城市中心的高房价、郊区的低房价也推动人口向边缘地区流动。为了改善大城市的环境和用地紧张,政府也鼓励工厂向外搬迁。乡村的基础设施日益完善、消费功能日益强化、便利的交通都吸引城市人口向乡村迁移。美国在工业革命后,城市化也较快速发展,新型工业城市大规模涌现,形成几大城市群。"二战"后,欧美国家城市化仍快速发展,很快也出现了逆城市化现象,并萌发出兼具城市和乡村优点的田园城市概念。随着交通的发展,大批富裕阶层搬到郊区、乡下居住。大城市保持着繁荣景象,一大批南部的中小城镇也兴盛起来。西方国家基本都解决了大批劳动力的就业问题。人口已经不再大批涌入大城市,城市之间的不平衡被打破,传统城市和新兴城市保持同步发展,形成以大城市为中心的城市群,差不多完成了城乡一体化,抑制了大城市的无限扩展,促进了卫星城的发展,让大城市和小城市形成良好的互补效应。

美国等西方发达国家逆城市化现象集中出现于20世纪70年代,是大城市人口向乡村回流的过程。霍华德写于1898的《明日的田园城市》推动了逆城市化。城市化发展到后期,必然会出现很多城市问题,人们会呼吁城乡一体化的理想社会,以克服城乡二元结构,解决城市拥堵、生态恶化、生活成本高等问题。我们需要把城市和乡村问题统一起来解决。城市应该复归自然,以更符合现实生活的需要。大城市盲目发展会导致死亡之城,需要诗性关怀、有机发展,排斥僵化盲目的发展。大都市不再是人口主体,非都市人口增长更快,让人口布局更加合理。逆城市化不同于人口向郊区迁移的郊区化。郊区化是城市中心的人口、制造业、零售业、办公场地向郊区的迁移。发达国家的城市人口主要是郊区人口。逆城市化是后工业化来临的表现,是人口由都市向乡村搬迁的过程,是非都市人口的增长超过都市人口增长。城市化是以大都市和城市群为中心的,而逆城市化是郊区化的高级阶段,是资源由城市向郊区、中小城镇的转移。中国城市群的发展能够依靠郊区化和逆城市化。城市化必然引起产业结构调整、城市空间结构变迁。都市化和逆城市化是相互促进的,大城市发展接近饱和必然出现逆城市化现象。城市群的形成导致一些工业城市的衰落。逆城市化过程中人口不仅向乡村迁移,也向中小城市和郊区转移,既强化了城市群的竞争,又平衡了城乡之间的差距。中国现代化进程仍较短,城市化还不成熟,在全球化的影响下,也出现了逆城市化的端倪。现代化过程,是科技推动人口、资源由农村向城市的流动,表现为农业剩余劳动力向工业部门的转移,带来第一产业向第二产业、第三产业的调整。科技将劳动力从沉重的农业劳动中解放出来,为工业和服务业提供了人力支持。

逆城市化与城市郊区化有密切关系。大城市中心区人口下降,人口外迁,并不表明城市这一居住形式的衰落,只是表明城市化的稳定,大城市经过产业调整反而重新兴盛。逆城市化可以说是再城市化,是城市化在离心力的影响下回归正常。城市作为区域的向心力核心,能够吸引周边的人口、资源流入。城市化过程中,大城市不断膨胀,推动着城市空间向外扩张,不断把郊区变成城市,城市影响力也不断增强。当代都市化模式是国际化大都市、世界超级城市群的形成,逆城市化的人口外流只是暂时过渡,大城市向横向发展,让更多地区成为城市。20世纪70年代的逆城市化现象只是经济危机的表现,而不是城市化的主流。

改革开放后,城市化与经济、市场联系更加紧密,市场机制作用强化,城市人口有较多的机械增长。我国城市化呈现加速趋势,已经到工业化中期阶段,城市建设在蓬勃展开。人类进入都市时代,中国成为第二大经济体,但城乡差距加大。城市化的两大主题是人口迁移和产业结构升级。逆城市化有萌芽、形成、发展、成熟四个阶段,中国只是萌芽阶段。城市化影响国家经济发展方式,影响农村经济。中国城市化对全球也有影响,需要城乡、工农互动,中国城市人口增长快速,但仍较落后。逆城市化仍是城市化的发展,只是发展放缓。应该加快大都市区发展,促进城乡人口流动。城市是文明的象征,是劳动分工促进的,是非农经济发展,是技术、市场推动的。城市化推动社会发展,对国家有重要影响,需要消除城乡对立、促进农村经济繁荣,解决城市病。城市化动力机制多元化,政府、市场、民间发挥作用,实行科学发展,应该促进工业化、信息化,要尊重城市化规律,政府要适当干预,实现资源配置合理高效。

中国城市化率仍较低,逆城市化现象还不明显,但在一些东部沿海发达地区已经出现迹象。东部一些沿海发达的村落,如华西村,华西村村民各项待遇比一些城市居民的要好,根本不愿意把户口迁到城市,反而有些城市人千方百计想迁到华西村居住。逆城市化现象在珠三角地区最为明显:小城市中的人自愿把户口迁到乡镇的越来越多,"城中村"的居民为了不失去土地也不愿变为城市户口;沪宁杭地区的城乡居民收入差距缩小,甚至农民的居住环境都要比城市好。城乡之间出现了少量的互相流动现象:一些农民在城市买了住房,一些城市人也搬到农村投资农业、办起庄园,大部分时间都生活在农村。一些乡村的产值比城市还高,一些农村社区比城市社区还发达。这些农村社区以优美的环境、便利的交通、低廉的价格吸引了一些城市人购买居住。越是条件好的农民越不愿进城,不愿将农业户口变为城市户口。节假日,城市居民更愿意到乡村的旅游区度假,出现了乡村游等度假方式。这些都是逆城市化的苗头,表明城市居民对乡村生活的青睐,展现了乡村生活条件的改善。

逆城市化是随着大城市人口停止增长而产生,是城市资源再分配。逆城市化主要出现在发达国家和发展中国家的一些发达地区,反映了不同制度差别,体现了不同城市化水平。中国与发达国家出现逆城市化的资源基础、经济基础、发展道路、结果不同。逆城市化主要出现在我国东部沿海经济地区,一些城市居民把户口迁回农村,出现城乡人口双向流动,农转非人数下降,城市居民到乡下体验农业,进行农业旅游。"逆城市化可以缓解城市病,有利于城市持续发展,能够推动城市转变方式,优化产业结构,加快农业现代化。"①农村经济繁荣,能够推动城乡一体化,加快城市化进程。"要科学引导逆城市化,走中国特色城市化道路,建立城乡统一的户籍制度,解除城市化发展的体制束缚,消除城乡二元结构,放开落户限制,维护公共利益。"②政府要完善土地流转,加快农业现代化,推动乡镇企业发展,促进农业规模化经营,加大农业扶持力度,推动农业产业化。

中国逆城市化现象具有自己的特征。第一,中国逆城市化还处于萌芽时期,只是个别地区的个别现象。随着科技水平的提高,城市化水平也越来越高,这时逆城市化自然会出现,这并不是城市化的退步,而是城市化的进一步发展。城市化的高度发展让城乡在产业结构、交通条件等方面都实现一体化,大城市的人口逐步停止增长,人口和资源转向中小城镇,实现城乡可持续发展。中国正处于城市化的发展时期,逆城市化现象还不明显,只是有零星的逆城市化现象。各个大城市仍在快速膨胀,大城市的人口还在快速流入,而不是人口流出。第二,中国逆城市化现象具有地域性。中国逆城市化有明显的地域性,出现的时机还不成熟,暴露了很多社会问题。中国局部地区有逆城市化的原因是:农村户口的利益诱惑;户籍制度阻碍城乡自由流动;产业结构变化;交通通信的快速发展;城市病加重。经济水平和城市化水平决定我国逆城市化现象有区域性特征。第三,逆城市化现象还不明显,还没有出现的充分条件。城市化高度发展时期才会出现逆城市化,即城市化水平应该达到70%以上,可我国目前的城市化水平只有50%左右,仍处于加速发展的时期,是以逆城市化在我国还没有出现成熟的条件,只能出现一些零星的逆城市化萌芽,是不完全的逆城市化现象。第四,个别地方的逆城市化不是城市化发展的结果,而是社会问题导致的。一些农民不愿意搬迁到城市,是因为我国严格的户籍制度造成的。农村进城务工人员长期在城市居住,却无法享受到城市居民应有的社会保障,只能生活在城市底层,被迫迁回农村;"城中村"

---

① 何为:《半城市化:中国城市化进程中的两类异化现象研究》,载《城市规划学刊》,2012 年第 2 期。

② 何为:《半城市化:中国城市化进程中的两类异化现象研究》,载《城市规划学刊》,2012 年第 2 期。

的农民不想变为城市户口,只是因为不想放弃农村户口带来的土地利益。这些逆城市化现象都是制度导致的,并不是真正的逆城市化,恰恰表明我国的城市化水平仍较低,各项制度仍存在缺陷。

中国逆城市化除了是经济发展的结果,更多是社会制度导致的。第一,农民持有农业户口更有保障。随着城市化的发展,用地规模不断扩大,城市周边的农村土地价格上涨,农民不愿放弃原先的农业户口失去土地。农民可根据户口获得土地补偿,甚至通过土地入股的方式获得分红,得到一定面积的宅基地,享受出租土地的经济利益。这让一些农民宁愿享受农村户口的实惠,而不愿得到城市户口的虚名。严格的户籍制度让农民不敢将户口轻易迁移到城市。第二,严格的户籍制度制约了城乡人口流动。城乡二元隔离的户籍制度将公民分为城市户口和农业户口,户口是与社会保障、福利挂钩的,城市户口会得到更多就业、医疗、教育、住房等社会福利,农民进城打工却得不到城市户口、享受不到城市里待遇,这制约了城乡人口迁徙。农民能进城务工,但难以落户,农民在城市的生活得不到保障,只能被边缘化。农民的人户分离现象普遍存在。农民越来越有钱,生活水平日益提高,有经济条件在城市生活,却因为制度会受到一些歧视,于是他们甘愿回到农村,这一定程度上阻碍了城市化和逆城市化。第三,国家的战略布局和经济结构调整也会导致逆城市化现象。走社会主义制度,靠重工业发展起来的城市,第三产业和轻工业长期得不到发展,如今不得不调整产业结构,将污染严重的企业迁往乡村,带动一部分城市人口迁往乡村;与此同时,一些乡村地区发展了高效低耗的产业园,以优惠的政策吸引一部分城市人口去工作,导致出现逆城市化现象。第四,便利的通信条件方便了城乡交流。便利的交通条件消除了城乡居民的隔离,为城乡一体化提供了基本前提。地铁、高速公路、私家车等便利的交通将城市中心和郊区快速连接起来,为城乡人口交流提供了便利。网络技术延伸到乡镇,让乡镇信息化也得到了很大提高,让城乡信息传递更加便捷。便捷的通信条件为城乡产业结构调整提供了基础条件,促进城市的一些传统产业和第三产业转移到成本低廉的乡村地区,出现逆城市化现象;便利的通信条件也缩短了城乡差距,为城里人搬迁到乡村生活准备了条件。第五,大城市人口拥挤、生态环境恶化,出现大城市病,引起部分人口外流。大城市规模不断膨胀,大量外来人口涌入城市,导致大城市的资源、环境、服务设施的承载能力达到极限,很多大城市不可避免地出现大城市病。城市病是由于人口过度集中造成的,包括城市服务设施的落后、公共交通拥堵、生态环境恶化、居住条件变差等,这影响了居民的生活质量,破坏了生活舒服度,导致公民身心健康受损。北京、上海、深圳由于人口过多而出现了大城市病。生活在这些城市的部分居民已经厌倦拥堵、恶劣的生活环境,但外地人还是源源不断地涌入，这些居民既不愿放弃大城市户口，又不愿居住在拥堵的环境中，于是利用节假日千方百计地去乡村体验生活。部分城市居民还千方百计去原生态的西藏、云南等地长居几年。乡村地区各项配套措施的完善，也促进了城里人迁往乡村常住，以享受舒适缓慢的生活节奏。

中国城市化率仍较低，中国的逆城市化现象只是零星的个别现象，仍处于萌芽状态，但仍对现实产生了一定影响。中国的逆城市化现象既促进了城市化发展，又制约了城市化发展。我们需要凭借逆城市化的积极效应促进中国的城市化，又要规避逆城市化的消极影响。中国的逆城市化的主要影响有积极和消极两个方面。第一，有利于缓解大城市病，促进大城市均衡发展。人口过度聚集的大城市最容易引起拥堵等大城市病，城市资源最容易超出承载能力，既需要加强基础设施建设，也需要疏散人口，缓解就业、居住、环境、交通的压力，以减轻大城市的人口负担。逆城市化能够促进大城市人口向外流出，让城市中心人口流向郊区，提高城市资源的人均占有程度，一定意义上能缓解大城市病。没有户口的外地人迁出大城市，对政府降低管理难度也是有好处的，因为一般认为，流动的外来农民工会带来犯罪，不利于城市治安，是城市的不安定因素。因此，外来人口的迁出有利于稳定城市治安环境、促进城市健康和谐发展。第二，有助于促进城市经济转变增长方式。城市人口的迁出必定伴随着企业单元的转移，这能为城市调整产业结构提供机遇。我国发展较快的城市很多都是靠重工业起家的，中心市区布满结构老化、效率低下的工业区，需要转变工业生产方式，以适应信息时代的需要。农村劳动力丰富、土地资源充足，能为城市产业搬迁提供充足空间。逆城市化促进了城市人才向乡村转移，为城市产业搬迁提供了人才资源保障。随着城市生活水平的提高，城区主要发展服务业，劳动密集型产业被迫从城市搬迁到郊区，推动了城市产业结构优化和生态环境改善。第三，推动了农村的城市化进程，加快了乡村经济发展。逆城市化能够为农业现代化提供人才支持。农民进城务工也开阔了视野，增长了见闻，他们回到农村，能为农业生产增加活力；一部分有知识、技术的城里人搬迁到乡村，也能为农业现代化提供技术人才支持。农业现代化需要依靠先进的技术，以改进传统生产方法，提高农业生产率。逆城市化能够为乡镇企业带去技术人员，促进了农业工业化，为农村现代化提供经济保证。逆城市化不仅能够缓解大城市的承载压力，而且能够促进中小城镇发展。逆城市化将人口、物资、产业流向村镇，促进了那里的跨越式发展。城市产业结构调整、转移能够促进乡村产业结构变化，让乡村也有工业企业，能够为剩余劳动力解决就业问题，增加农民非农业收入。农业现代化需要的知识、技术能够由农业工业化本身提供。农业工业化有助于减轻农民沉重的体力劳作，用先进的技术、器具提高农业生产效率,推动农业规模化经营,提高我国农业竞争力。第四,有助于推动城乡一体化建设。逆城市化促进了城乡之间的人口、物资、信息的交流,能够推动乡村现代化,能够缩短城乡差距,为乡村现代化提供机遇,将农村劳动力吸引到工业建设上,而不是无所事事。随着乡镇企业的发展,乡村的基础服务设施不断完善,与城市的服务设施越来越接近。乡镇也为农民提供了越来越多的工作岗位,让农民不再仅依靠种植农作物获取收入,逐步向市民转变,越来越接受城市价值理念,生活方式也向城市看齐,乡村逐步过渡到现代文明。第五,也在一定意义上阻碍了正常的城市化进程。逆城市化中流出的城市人口主要是没有城市户籍的农民工。他们是城市各行业的主力军,为城市的运转提供了人力资源。农民工退出城市会使城市建设缺少劳动力,导致实体经济出现民工荒。一部分高级知识分子不愿忍受城市的糟糕环境,自愿搬迁到乡村。他们的离开让城市流失了高技术人才。大城市昂贵的房价等高生活成本也让一些人才逃离了大城市,导致人才流失。还有一部分人居住在郊区,工作在城市中心,每天需要来回奔波,也增加了城市交通压力。城市化发展到成熟阶段后,城市中心会出现空心化。而中国城市化水平仍较低的情势下,行政手段导致的城市中心空心化会阻碍正常的城市化进程。

中国城市化需要尊重城市化、逆城市化、区域城市群的发展规律,以实现城市现代化。城市化发展到高级阶段,必然会出现人口、产业的郊区转移,引起城市中心区的衰落。中国出现逆城市化端倪的地区主要是城市化发展水平较高的长三角、珠三角城市群。改革开放之后,东部沿海城市经济发展较快,居民生活水平提高。"城中村"和郊区的农民并非都想转为城市户口,有的仍停留在原地,利用先进的技术兴办非农产业,把村镇发展为产业工业园,提高了农业现代化水平。市中心高昂的地价,也让一些城市人去郊区投资兴办产业,在郊区兴建居住区,吸引城里人去购买。逆城市化进一步促进了城市化的完善和发展,但在中国的语境下,逆城市化含义发生了变化,体现了中西城市化含义的异质。

由于政策的影响,中国逆城市化从中华人民共和国成立以来就一直存在。我国的逆城市化更多是反城市化。逆城市化需要放到历史角度考察,与户籍制度、乡愁情绪、乡村落后等相连。中国城市化也出现了一些问题,大城市出现了拥堵等各类病症。城市是复杂的结构,是新的生活方式,裹挟着个体的生命体验,带来愉悦和压力。大城市人口过度聚集导致生活水准下降、地价高昂、交通拥堵等城市病。大城市病是城市发展不充分引起的,需要尊重城市发展趋势,调整产业结构、用市场合理调配资源。城市化是经济发展、工业化等推动的,发展到一定阶段必然会速度放缓,出现城市人口向乡村人口的回流。中国的逆城市化主要是政策、制度导致的，而不是因为城市化发展接近饱和，但在东部沿海发达城市也有零星的出现。随着大城市生活质量的下降，一些大学生也选择"逃离北上广"，自愿到中小城市就业，但逆城市化在中国只是萌芽阶段。逆城市化是城市功能完善、减轻大城市过度膨胀的压力、自我调节城市承载力，是为了更好地生活，是主动的优化过程，而中国的逆城市化是因为生活压力被迫做出的无奈之举。城市聚集资源越多，越会产生分解这些资源的冲动。逆城市化是城乡逐步一体化的过程。大城市过分追求经济效益，或让资源、环境的承载能力过重，出现各种城市病。城市人口向周边迁移，有利于带动周边的现代化，兴起卫星城，带动农村配套设施的完善，缩短城乡距离和差距。逆城市化有利于大城市调控人口，缩小规模，这是生产力提高的必然结果。逆城市化促进了城乡一体化，是城市化的进一步发展。

逆城市化有利于缓解城市压力，促进新农村建设，有利于推动农民收入提高。逆城市化促进了产业专业，吸纳了农村剩余劳动力，提高农业生产力，促进农民技术素质的提升，让农民也成为消费主体。逆城市化有利于农业采用现代科技进行规模化、市场化经营，推动农业现代化进程。逆城市化的人员、技术流动，为农业现代化提供了机遇，有利于乡村利用技术发展现代乡镇企业，有利于破除乡村不好习惯，促进移风易俗，改变农村落后观念，建立现代农村政治文明。逆城市化也冲击了农村的传统文化习惯，破坏了传统的农村人伦关系，还破坏了农村生态环境，让环境污染扩散到农村，让农民沦为资本的工具，可能加大了农民贫富差距。逆城市化是推动农村现代化的巨大力量，农村的发展应该与周边的城市对接，先要发展交通建设。2003年之后，中国大城市房价一路飙升，引起了郊区城市化、伪逆城市化等现象。逆城市化仍是生产要素的调配过程，扩大了城市数量规模，带动了农村发展，是城市化的继续发展，是城市内部要素的优化组合。逆城市化是城市化推动的，只是城市空间资源的重新配置。城市病、乡村基础设施的完善、政府政策都是影响逆城市化的因素，推动了城乡一体化，模糊了城乡界限。我国逆城市化仍是城市化的范围，有利于缓解大城市的资源承载压力，是城乡二元体制造成的，农民无法真正融入城市，只能被迫离开城市，造成了劳动力流失，导致政府不得不放松户籍管制。城市是综合的复杂系统，各个系统时常调整才能保持城市的活力。

二、实行区域性城市化发展战略

城市化的基础是经济发展，工业革命推动了英美国家开始城市化。工业化发展为城市化提供了保证，也需要国家的合理规划，发展都市圈，用大城市带动周边城市发展。但迅速的工业化也导致生态破坏，出现了城市病。中国城市化需要以大都市和城市群为立足点推动现代化全面展开。

(一)加快城市区域协调发展规划,完善区域城市空间结构

城市化发展模式要多元协调,完善大城市功能,积极发展小城镇,推动村镇合并,增加绿地面积。城市化能够让中国摆脱不发达状况,清除计划经济思维,需要城市化发展速度、质量、环境的协调。突破行政区域限制,减少行政审批,建立联席会议制度,推动市场化改革,统筹区域城市建设,强化生态治理。增加技术研发,提高企业技术和水平,推动企业技术升级。提高企业技术装备,制定合理的产业政策,用技术扩大企业规模,提高企业生产效率,带动相关企业发展。完善市场机制,发展市场主导的城市化,明确政府定位,发展公共事业。加快城乡制度改革,健全就业制度,创新社会保障制度,修订城镇建制标准。转变发展观念,强化环境保护,提高城市承载力,建构技术创新体系,促进分工协作的产业格局,提高经济效益。促进市场主导、政府引导的城市化机制,促进资源和要素在城乡自由流动,营造城市化的市场、创新机制,鼓励人口迁移,降低劳动力成本,废除户籍制度,推动人口跨地区流动,进行社会福利的市场化改革,允许土地经营权流转。健全各种法律,解决市场机制的缺陷,解决地区发展失衡,优先发展大城市,让城市群崛起,继续发展中小城市,优化配置城市体系。

中国特色城市化要推动城市结构互补,推动大中小城市统筹发展,推动经济结构变动,提高资源使用效率,发挥市场机制作用,推动生产要素合理配置,需要维护群众利益,采取多元化、开放化的城市化模式,开发多元主体。发挥中心城市的龙头作用,形成城市群体系。政府要重视技术革新,提升城市生态绿化,推动经济结构升级,完善城乡公共配套设施。要探索特色城市化道路,尊重地区的自然资源、人文环境、技术条件等,发挥大城市的辐射作用,推动周边地区城市化,推动城市地域向周边推进,让大城市带动周边农村经济、技术、信息发展。政府要发挥大城市的产业、文化、技术、市场、人才等优势,用城市带动农村发展,形成不同的经济增长极。鼓励小城镇通过自筹资金发展非农活动,变革传统社会结构,改变落后生产、生活方式。推进城市融合扩张,突破行政框架,促进分工协作,形成城市连绵地带,促进人流巨大的城市群。政府需要大力引进外资推动城市化,发展技术密集型工业、竞争力强的第三产业,打造特色产业的专业镇,利用私人资本、民间资本,推动产业结构转换。国民经济持续发展为城市化提供了物质保障,工业化快速发展为城市化提供了源泉动力,中国城市化的现有成就为实现城市化目标奠定了基础。市场经济发展为城市化奠定了制度保障,能消除城乡户籍制度、完善公共产品制度,促进人才社会化。城市化需要经济、思想、制度动力结合起来,个体和共性规律结合。大中小城市协调发展,多样化区域城市化道路,实现城

市集群发展,利用社会资本,实现市场和政府作用的统一。

城市群是以一个或两个大城市为核心,有几个城市紧密组成的城市体系。城市群能够推动区域发展,参与国际竞争,提高城市竞争力。城市群因为历史、区位、资源、政策、战略、管理等有很大差异,需要促进城市化与生态环境协同发展。城市群需要合理定位,重点发展。加快中国特色城市化发展要减少行政干预,推进市场一体化,促进市场要素自由流通。统筹区域内基础设施建设,坚持投资共担、利益均分原则,区域内统筹规划,城市间协调建设。强化生态建设,综合治理区域性污染问题。

中国要走多样化城市化道路,大力发展县域经济。小城镇发展不全面,乡镇企业规模不大,需要强化大中城市辐射能力,建立现代性商务区。城市群是城市化的新趋势,促进了城市经济发展,有助于缓解城乡二元结构的弊端。要促进城乡互动,区域一体化,实现社会公平,促进经济新一轮增长,变革城市化发展战略,促进可持续发展。政府要建立组团式城市群,形成合理的城镇化格局,利用沿海沿江的有利区位条件。农村城市化需要可持续发展路径,用城市化建设带动农村发展,工业化和城市化是现代化的两大动力,需要从指令性经济转向市场经济,从农业社会转向城市工业社会。政府要促进城市化和工业化协调发展。农村城市化是城乡共同发展,是非农产业增加,农业现代化过程。农村工业化担负着农业生产现代化的任务,能提高农业生产效率,发展农村经济。农村城市化能促进新生城市的产生,促进集镇发展,带动农村地区发展,需要加大投资,要加快城市建设,寻找新的增长点。农村城市化要吸收外国城市化经验,促进城市工业向农村地区扩散,刺激农村经济发展,增加农村非农就业机会,增加农民收入,改善农村基础设施条件,实现城乡协同发展。

(二)提升城市群发展水平

地理环境、历史、区位、经济等让城市化呈现地区性,东中西部城市数量、城市人口、城市化水平都存在差异,处于城市化不同阶段。"中国城市化应当借鉴世界各国城市化的普遍规律,转向以大中城市为主导、大中小城市全面发展的道路,即挖掘大城市的潜力,扩大和建设中等城市,择优和适度发展小城市。"[1]建立完善的城市体系应该采取区域协调、点面结合的策略,进而形成有机结合的城市体系。调整城市化发展战略要中小城市协调发展,大力发展中等城市,提升小城镇的层次,推动各级城市经济圈的发展,促进我国城市经济带的发展。

优先发展大城市还是小城镇。有人认为,应该优先发展小城镇,因为大城市

---

① 廖丹清:《中国城市化道路与农村改革和发展》,载《中国社会科学》,1995 年第 1 期。

人口已经过多、有很多城市病,需要控制城市规模,防止大城市病。"发展小城镇是走中国特色城市化道路的必然选择,能够让城市化较快进入低水平的城市化阶段,培育和开拓农村市场、扩大国内市场需求、消化大量农村剩余劳动力。"①陈旧的计划思维模式担心农民过度流入城市会影响社会稳定,主张就地城镇化。大城市房价高、生活成本高,而小城镇能符合新生代农民需求。也有人认为,应该重点发展大城市,大城市具有聚集效应,能通过规模经济降低成本,激发技术变革,提供更优质服务。中国大城市与世界大都市仍有差距,仍有很大发展潜力。还有人认为,应该优先发展中等城市,大城市过度膨胀,出现城市病,小城镇则规模小,基础设施不完善,只有中等城市可以避免城市病,沟通城乡。我国城市化与工业化要协调发展,需要均衡,避免城市化过度或不足,不能只依赖小城镇发展,要尊重农民意愿,发展集中型城市,促进政府职能根本改变。加快城市化才能推动现代化,要发展各类型城市,追赶世界城市化浪潮。小城镇违背了世界城市化规律,侵害了农村剩余劳动力的自由迁徙。不能再拘泥于小城镇论还是大城市论,要尊重农民的理性选择,排除计划体制色彩,让居民有基本的权利,加强城市之间的立体化交通体系,加快信息化建设,提高居住条件,减少城市化成本。政府要发展集中型城市和分散型城市,提高环境发展水平,消除区域发展差异。发挥大城市的龙头作用,打造国家级城市群,聚集优势资源,建立联动发展机制,做好城市发展规划,发挥民间、市场、政府的联合作用。

中国城市化经历了曲折过程,未来将加速发展,东西部城市化水平差距在扩大,城镇体系日益区域化、集约化,形成几大城市群,城市化需要克服户籍等的不公平,提高管理水平。中国城市化滞后于工业化,限制了人口迁移,不利于消除城乡二元结构。人口城市化是城市地域的扩张和城市人口的增多,但我国人口城市化滞后于土地城市化,需要政府推动人口自由迁徙。迁徙自由是居民基本权利,方便城市吸纳更多人口。我国城市化与经济发展水平基本符合,基本形成了大中小城市组成的合理体系,形成了一些城市群。"我国城市化沿着乡镇企业—产业园区—小城镇—中小城市—城市群—都市群—区域一体化过程。"②我国逐步从发展小城镇到发展大城市,形成城市群,推动城乡一体化,推动聚集效应、辐射效应、联动效应。东部沿海形成长三角、珠三角、环渤海三大城市群,其他地区的城市群也在崛起,出现了很多大城市,城市化水平有了较大提高,但仍滞后于工业化水平,仍有很大潜力。政府需要提高大城市带动作用,提高中等城市活力,增强小

---

① 邵峰:《农村城镇化道路的战略选择》,载《浙江经济》,1999 年第 2 期。
② 周丽萍:《我国城镇化建设的由来与现状》,载《团结》,2010 年第 1 期。

城市规模。政府要顺应经济全球化和信息化的趋势,放松对大城市的规模控制,建立几个世界级大都市,加强数字城市建设,提升传统产业信息化、服务水平。政府要将城市发展当作整体系统,统筹各类型城市发展,调整城市布局,优化城市功能,发挥龙头城市带动作用。我国已经形成了几大城市群,有几十个大型城市,提高了城市竞争力。政府要做好城市布局规划,加强基础设施和第三产业发展,发挥城市聚集、辐射、带动作用。大城市具有较强的经济、社会、规模效益,是实行城市化战略的主力。提高城市建设质量,提高公共服务水平。中国城市化需要提高速度,城市化率仍较低,需要提高城市人口比重,加快转移农村人口。计划体制、户籍制度制约了城市化,需要提高城市的竞争优势。城市人口、结构与经济规模不协调,城市集中度低,人口规模偏小,要发展乡镇企业,鼓励城镇合并。城市在农业时代就产生了,但大规模城市化是随着工业革命出现的。城市化是工业化必经阶段,体现了文明进程,城镇化与城市化的一字之差显示了政策和路径的不同。城市化是为了推动经济增长,缩小城乡差别,是产业结构从农业转向非农,空间结构从分散到集中,人口更聚集,城市联系加强。中国要走特色城市化道路,这是依据国情做出的发展模式,促进了区域一体化发展,有利于建立合理城市体系,但更应该发展大城市,小城镇过于分散、效益不高。城市化发展道路要发挥大城市带动作用,肯定小城镇战略地位。城市化的战略重点是调整城市结构、建立完善的社会保障体系。

城市群已经变成带动经济发展的核心力量。城市化的普遍趋势是大城市起重要作用,聚集了大量资源。长期以来,政府一直严格控制大城市的发展,要求控制城市规模,没有发挥城市聚集资源的作用。中国的大城市标准一直很模糊,大多以人口数量为标准。中国城市的市区还有大量村落,有大量流动人口,不是完全的社区,需要加快都市化进程。城市化发展到一定阶段就会出现都市化现象,中国都市区仍较落后。城市化的核心是就业结构、产业结构、城乡空间结构等的转换过程,是农业劳动力向非农产业转移。城市群的建立要因地制宜,多元发展,发挥中等城市沟通桥梁作用,合理统筹城乡经济,发挥大城市科技和经济扩散效应。城市化的早期和中期,大城市会吸引很多农村人口,产生很大聚集效应和辐射效应,具有很强的经济、科技、教育优势,是全球经济网络体系的节点,有很强的人口聚集效应。要统筹城乡发展,促进城乡社会结构、经济结构的一元化,将乡村工业提升为城市工业。改革开放后,乡镇企业在政策的推动下迅速崛起,增加了农民的非农收入。但乡镇企业一般是家族式的,不能采用现代企业管理方式,技术落后,没有规模,工人是半工半农的劳作方式,进厂只是贴补家用,无法达成农民向市民的转化,需要促进乡镇企业向现代工业转变,实现大工业化。要引导乡镇企业提高规模,推动乡村城市化,需要推动小城镇向更高层次的城市发展,加强小城镇规划,规划要着眼于小城镇与周边地区的联系,形成小城镇群体体系。增加小城镇容量,改变城乡关系,让更多农民享受现代文明成果。城市化要协调区域系统,聚集人口、资源、产业,建立共同观念,完善城市功能。新型城市化发展模式主要有垂直轴为动力模式和协调模式,组织模式和创新模式强调组织主体和创新主体的作用。中小城市要利用自身优势,突破中小城市的发展限制,要调整农业结构,提高农业效率,提升农产品价值,推动产业转型,发展新兴产业,借助区位优势,推动旅游业为主的第三产业发展。中小城市要规范服务型政府建设,建立农村现代化经济组织。农村城市化要深化农村金融机制,农村集体"三资"监管新模式,创新村级公共服务,协调城乡一体化发展。新型城市化要经济总量领先,社会富裕程度较高,产业结构较优,发挥工业的主要带动力。政府要重视基本建设,以建设带动投资。城市化发展模式要利用区位优势做好发展定位,要促进工业向发展区集中,着力发展高端农业,要进行政策创新和科技创新,要城乡一体化协调发展。

(三)统筹区域发展,推进区域一体化

中国城市化的模式需要尊重东中西地区差异,应该根据各个地区的不同特点,采用不同模式。东部地区要充分利用已有的工业化条件,大力发展都市群,发挥经济的辐射力。"今后,中国经济将向各个大城市圈集约,特别是京津冀地区、长江三角洲、珠江三角洲三个超大型城市圈。"[①]中部地区要培育地区经济增长极,培育大城市的带动作用,适当增加大中城市的数目,合理控制城镇的数目。西部地区经济落后,人少地多,可以发展大城市,重点发展西安、兰州等城市,也要合理发展小城镇。

东部地区改革开放早、外向型经济发达,人力、区位、交通、信息条件好,劳动密集型企业发达,需要加速第三产业发展,发展城市群,加强区域协作,提高城市竞争力,加强国际合作,提升产业技术升级。乡镇带动小城市发展,大城市带动整个地区发展的苏南模式促进了整个长三角地区的发展。浦东新区开发推动上海经济发展,推动乡镇城市化,城市现代化、区域一体化发展,带动了制造业发展,产业升级,技术进步,城市用地规模扩大。城市群基于便利的交通形成网络体系。城市化动力有内在和外在,内在动力是城乡、工农差异,吸引农民进城,外在动力是出口和外资拉动经济,并推动城市向外扩散,推动大型城市发挥拉动作用。珠三角改革开放最早,城市化水平高,城镇数目多,城市环状分布,多中心,基础设施

---

① 周牧之:《中国需要大城市圈发展战略》,载《经济工作导刊》,2002年第3期。

较完善,交通便利,城镇体系已经形成一定规模,中小城市发展显著,形成城市带;国家主导和市场联合推动城市化发展。环渤海城市群城市数量较少,自上而下的行政支配城市化,北京凭借行政吸引了很多资源,对周边城市的带动作用不强,北京和天津是两大核心,能吸引外资,制度驱动压制了市场驱动,建立很多开发区,城市边界的小城市能接受大城市的分散工业,能发挥环渤海天津、唐山等港口的对外贸易功能,需要加强地域协作,发挥各个城市的特色发展不同经济。全球化、区域化促进城市化向市场主导的多中心进展。总之,东部城市化发展速度较快,城市化水平得到很大提高,但不同省份城市化水平差异很大,城市建设质量较高,城市群能发挥带动作用,农业人口不断迁入促进了工业化和城市化。东部地区城市化也有城市基础建设重复、大城市问题日益严重、城市体系不完善、区域内发展失衡等问题。

中部地区城市化资源丰富,主要是资源密集型产业,没有吸纳很多劳动力,需要政府加大投资扩大企业规模,扩大城市辐射效应,完善城市结构,消除城乡结构矛盾,提高工业结构,消除影响城市化的制度、文化因素,消除官本位、小农意识,加强服务意识。西部地区城市化水平低,基础差、工业薄弱、乡镇企业不发达,政府主导城市化。国家的三线建设对本地区城市化有较大影响,国家西部大开发政策影响本地区发展,需要政策扶持农业发展,改革行政体制,促进中小城市发展,增加城镇数量,扩大城市区域,提高城建质量,增强城市互补性,协调城镇化水平,加强工业化支撑,平衡不同城市的发展速度,完善城市体系,消除发展断层,形成城市化的制度框架,消除城乡居民收入差距。从中国总体的角度来看,中国城市化提高对经济增长有很大促进作用,从分地区的城市化水平与经济增长之间的长期关系来看,城市化对经济增长的促进作用有地区差异。

西部地区城市化水平低,需要推动西部大开发,加强西部城市基础设施,转移农村剩余劳动力,促进资源高效利用。中小城市需要发展劳动密集型产业,吸纳更多农村劳动力,发挥城市经济的桥梁作用,小城镇缺乏资源聚集和比较优势,产业升级困难,需要增强小城镇自我发展能力,要推动新农村建设,加强农村社区建设。要重点发展城市群,推进交通、通信技术发展,推动城市空间形态聚集,促进人口聚集度。城市群是城市化的主要趋势和形式,需要增强城市辐射能力,促进区域协调发展,形成合理城市体系。东部要大力发展中小城镇,中部要扶持中等城市,西部要改善大城市基础设施,增强带动作用。政府要进行土地制度创新,保护农民土地利益,推动集体土地流转制度改革,推动土地要素市场化,统一土地产权制度,增加农民收入。中国城市化面临很多挑战,面临人口总量多、劳动就业人口多、老龄人口多等问题,需要继续提高城市化率。资源过度利用,导致生态问题,消耗了大量资源,需要城市土地利用的合理平衡,使用清洁能源,治理环境污染,完善城市基础设施建设,增加对农村的投入。政府要加强区域发展平衡,实现城乡一体化发展,克服二元结构,提高信息化,推动城市国际竞争力。

中国城市化要尊重地区特色,采用不同战略,促进人口迁移,发挥市场和政府作用,完善各类制度,吸引外资,发展民营经济,发挥人口、土地、制度、农业等因素的作用,大力建设交通条件,发展城市群,发挥规模集约化效应。改革行政体制,发挥中心城市作用,提高城市紧凑性,完善规划,打造重点城镇,促进农业产业化经营水平,注重制度和政策保障,不断进行技术和制度创新,让城乡居民都有国民待遇,消除半城市化。

中国的城市化仍是以行政体系为主,没法实现都市区的聚集和都市群的协调发展。中国要在国际经济中占更重要地位,需要建立一些全球性城市,让其成为连接中国和世界的节点,要促进区域内的城市协调,避免资源利益冲突。中国城市体系与城市化发展规律仍有不符合的地方。中国城市体系以北京、上海、重庆为中心组成城市体系,加上包括沈阳、哈尔滨、武汉、广州、昆明、成都、西安、兰州、乌鲁木齐在内的 12 个子城市体系①。城市化存在贸易壁垒,行政区各自为政。农民工处于尴尬地位,缺乏国民待遇,是城乡二元结构导致的,不能享受城市居民待遇,也没有合法维权手段。农民工和城乡让中国社会变成三元结构。农民工大都从事高强度的劳作,缺乏安全保障,没有申诉渠道,给国家做出了很大贡献,却没有得到应有待遇。城市化要通过制度安排加快经济发展,促进全球化进程,改变行政体制,促进政府提高办事效率,推动乡镇企业提高规模,推动城市、社区、民间自治,搞好城市规划、科学决策。经济全球化促进资本跨地区流动,让一些地区可以依靠外资实现工业跨越发展,促进这些制度改革,去除长官意志。城市化要遵循市场法则,提高制度创新,要破除城乡二元结构,完善城乡规划,改革二元户籍制度,形成多科学组成的规划力量,提高城市规划水平。全球化与城市化具有很大关联,全球化促进了中国城市化发展进程,应该科学对待全球化资本主义,通过制度安排加快全球化进程,推动第三产业发展。

中国城市化水平东高西低,东部城市数量多,大城市多,西部大城市少,城市之间差异大。中国各地的经济发展存在很大差距,东部沿海地区利用区位优势和人文环境,先接受了全球化,利用了先进技术和资本,吸引了大批农村人口,促进了城市化快速发展。北京、上海、天津的城市化率已经超过 70% ,辽宁、江苏、浙

---

① 杜国庆:《发展中国家的城市体系空间结构研究——以中国为例》,载《南京大学学报(自然科学版)》,2006 年第 3 期。

江、广东的城市化率也已超过60%,而中西部地区的城市化率大都没有超过40%。东中西三个地区的城市化存在明显差异。东部沿海的城市化发展较快,中西部城市化发展滞后。"中国东西部地区城市化发展存在着基本平衡—产生及扩大差距—弥合差距—再次拉大差距这一反复循环过程。"①东西部地区外部力量作用结果不同。改革开放前,城市化动力机制基本上是自上而下的政府推动型。政府实行了一系列反城市化、限制城市化政策。东西部地区政府产业结构政策不同,乡镇企业发展程度不同,外商投资对经济发展影响不同,比较利益驱动不同。改革开放后中国不仅在区域政策方面发生了重大改变,而且对产业政策也进行了重新调整,放弃了先重后轻的工业化发展方针,改为优先发展轻工业的产业发展政策。

　　城市化的沿海地区和内陆地区差异很大,沿海地区城乡融合度高,出现几大城市群,内陆地区城乡分离很明显,这既是自然地理格局,又受体制改革政策不同影响。历史文化、区位、交通、资源、人力等导致各地城市化发展水平差异很大,东部沿海地区的城市发展较好。中国城市化大体呈现东中西三个地带,从东到西依次递减,东部人口多,城市多,城市化水平高。不同省份也有差异,京沪最高,东部省份高,与区域发展成正比。城市化需要经济结构变动,依靠市场、技术、人力、资本实现产业转移,资源向城市聚集,是空间的农村城市化,城市的延伸化、郊区化。中国农村人口多,面临很大城市化压力,有庞大的人口基数。城乡二元结构导致的问题严重,计划经济和户籍制度导致城乡分离,城市的工业和农村的农业互补性不强,农业为工业提供积累,工业却没有反哺农业。城市基础设施比农村完善,市民享受很多待遇,农民却限于身份受到歧视。城市化水平东高西低。城市化呈现东高西低的区域性差异,各地城市化上升幅度也不同。中部城市化地区提升最快,北上广和落后地区提升较慢。大城市明显增多,形成了几大都市群,集中了全国大量人口。东中西三个地区城市化有很大差异,呈阶梯式分布,城乡二元化体制阻碍严重。东南地区的城市化水平较高,中西部地区城市竞争力较低。中国城市化区域不平衡,东中西城市化水平差异较大。

　　中国东西部地区城市化需要政府的合理政策。政府要制定公平的区域政策,要培育西部城市化的人力资本,要加强法制宣传,给农民树立一些成功的"学模"。在教育经费投入上,要划分标准、分级承担,基础教育基本投入以外部分由地方政府供给,根据区域经济发展差距设定转移支付标准。扩大高校支教活动,促进劳

---

① 潘孝军:《中国东西部地区城市化比较研究》,载《陕西师范大学学报(社会科学版)》,2006年第1期。

动力产业间转移。加强职业技术培训,建立终身学习体制。政府要加强西部交通基础设施建设,加强环境资源立法,加强西部环境改善工作。城乡户籍制度已发展成为一种维护二元经济、保护特别群体利益的一种制度工具。政府要转变思想观念,推动户籍制度改革。中央应逐步回收部分公共产品供给权力,建立统一的全国性的社会养老保障体系,彻底实现由城乡户籍制度向居民身份制度转变。通过立法完善户籍相关政策措施,规定某一时间点全国只登记户口区域,取消城乡差别。政府要改善投资环境和投融资体制,拓宽引进外国资金的渠道;加强地区交通网络建设,构筑城市经济联系平台;加强城市政府合作,构筑西部都市圈。东部地区的政府要促进农村产业集聚,需要做好地区产业布局规划,引导小企业集中化生产。造成乡镇企业布局分散的原因就是缺乏产业布局规划、基础设施不完善。对于东部地方政府来说,就要调整土地供给方式,设定最高房价;制定不同住房的建设标准,积极发展二手住房市场,扩大房源供给;提供优惠政策,促进低档住宅建设。社会保障体系的完善需要中央政府与地方政府的共同努力,政府要在国家政策指导下,制定相关性地方法规,加强对外来人口及其就业单位的管理,强化社会保障资金缴纳。中国城市化要加强行政管理制度创新,调整现行的城市行政区划,合理扩大大城市的行政区划,发挥大城市的聚集效应,大力发展卫星城,形成结构合理的城市群。大力发展城市新区,合理归并城镇,发展特色产业,以经济规模设定城市规模。

三、合理优化经济结构

（一）聚焦重点行业,推动重化工业的减量调整

中国已经进入了快速的城市化发展阶段,按户籍划分,城市人口已经达到36%。中国城市化规模较大、速度较快,大城市群已经是经济的发展重心,要解决粗放增长的问题,调整城市群结构,防止城市病的蔓延。城市化是人口、产业由农村向城市的聚集,是农业文明向城市文明的转变。现代城市化源于工业革命,从英国扩散到欧美各国。"'二战'后,各国都进入了城市化快速发展阶段,目前全世界已经有一半多的人居住于城市中。"①一个国家的城市水平往往是和经济发展水平、现代化程度相关的。城市化需要与经济发展相协调,才能更健康的发展,才是积极的城市化。消极的城市化会导致一系列城市病,引发失业、犯罪、贫困等各类社会问题。快速的城市化推动了农村劳动力向城市转移,加快了经济、社会转

---

① 徐安勇:《推进科技创新与新型城镇化发展的研究——以福建省为例》,载《福建农机》,2013 年第 2 期。

型,提高了市民的服务设施和服务水平。城市化、市场化、现代化等一起构成了社会发展水平的指标。城市化是工业和服务业比重不断提升,农业人口比重不断下降。城市化促进了劳动分工,推动了非农产业发展,让生产要素不断向城市聚集。

中国城市化有自己的特点,经历了曲折的过程。直到改革开放后,才步入较正常的发展道路。中国城市化由于资金少、基础设施不完善,导致农民离土不离乡。1990年,浦东新区的开发,标志着发展的重点由珠三角转到长三角,意味着国家开始鼓励大城市发展。经济全球化、网络技术革命促进国外资本运转到新的投资场所,让发达国家的制造业转移,让中国有了发展的机遇。城市化的动力机制是政府、企业、个人三个行为主体组成的,政府应该只起引导作用,而不是强制干预,尽量避免政策的人为性。中央政府和地方政府应该在城市化中发挥各自的作用。中国政府的政策向自由转变可以促进城乡人口流动,推动农民外出打工,权力下放可以调动地方政府的积极性,促进地方经济的发展。地方政府也可以凭借管理权和土地财政加快开发区建设、提供更多就业机会,加快旧城改造,促进郊区城市化。企业是市场经济的主体力量,能够提供更多就业机会,推动城市经济发展。民营经济更是推动国家发展的主要力量。国有企业改制为私营企业,为经济带来了活力,让中国制造业明显发展起来。工业化的发展让中国成为制造业大国和出口贸易大国。工业化推动了中国城市化,制造业为农民工提供了就业机会,解决了大量人口的失业问题。市场推动企业组织发生了结构变化,让企业生产、销售和研发分离。企业总部一般都选择在大城市,北京、上海、广州等大城市聚集了大量人口和资源。人口自由流动才能促进城市化发展,城乡二元结构严重束缚了农民的自由流动,阻止了农民在城乡的自由迁徙,在城市能够谋生,但无法落户。中国城市化的人口流动有明显的沿海化倾向,影响了城市化的空间格局。人口迁移不仅是城乡之间的流动,而且是不同城市和城市内部的流动。计划经济思维模式影响了居民在城市内部的流动,改革开放后房地产业的发展促进了居民对住宅区位的自由选择。个人自由迁徙对城市化、城市区域格局、郊区城市化都有很大影响。

工业的发展、福利社会的完善,让大城市的问题得到了缓解,建立了更多的住房,保证了弱势群体的居住需求,减轻了环境污染,减少了煤炭排放。城市问题在不同经济发展时期有着不同表现形式,中国城市病是历史和政策导致的,计划经济思维模式造成重生产、轻生活的态势,导致城市基础建设滞后,引起住房短缺、环境污染等问题。城市出现居住面积不足、交通拥堵。市场经济促进了城市面貌的改变,提高了市政建设,但中国城市化仍受制度的严重阻碍。城市化要顺应经济全球化,推动国际贸易,改变产业格局,促进合理空间分布。全球化促进了市场、经济、生活方式的一体化,使科技、生产力提高到高水平,促进经济信息化,提升产业结构升级,促进资源流动,促进社会、经济、制度、文化、技术等融合。全球化的本质是贸易自由化、资本流动自由化、生产分工国际化。全球化的核心动力是各国联系加强,生产要素流动加强,跨国组织和国际性组织让国际一体化加快。全球化是动态过程,是要素优化配置,是资本主义主导的,但也剥夺了不发达国家的利益,是资本的扩张方式,能让很多国家受益,加剧了国家间的差距。全球化推动经济社会转型。全球化的测度可以采用贸易、生产要素流量等指标测量。城市化促进了工业和服务业发展,提高了非农人口比重,推广了城市文明,推动了现代化,仍有着工农差。中国城市化需要研究城市规模扩张、城市化进程影响因素、城市化方针道路、城市化机制规律。应该促进传统计划体制转向市场体制,让城市化平稳发展。中国城市化是二元体制的,需要推动各类城市快速发展。

中国城市化率偏低,城市功能不完善,城市建设滞后,城市污染严重,城市空间结构不合理,吸纳人口能力不足。中国城市化存在滞后的体制:户籍制度是导致城市化滞后的根本体制障碍,造成城乡分割,农业和非农户口,建立了森严城乡壁垒,限制了人口流动,违背了社会发展规律。政府要促进农民参与产业优化,推动农业生产集约化和规模化,给予国民待遇。要建立有效的土地流转制度,保护基本农田,发挥资源优势,推动产业结构调整,引导第三产业发展,促进城市经济繁荣。需要提高非农产业比重,提高工业规模,改革投资方式,提高企业技术水平,提高市场规模效应。要加快工业化进程,为城市化提供经济基础,要发展技术密集型产业,发展高技术产业,提高企业素质,提高建制镇规模,提高乡镇企业规模效应。全球化与城市化高度相关,能相互促进。全球化促进了城市功能转变,促进政府转变意识,提高居民自主权,解决就业危机,改变官员考核标准,改变居民观念,促进平等理念。城市化需要质量的提高,积极吸引外资,推动外生型城市化,加强与国际联系,促进内生工业和城市化提升。中国吸引外资是因为廉价的劳动力和土地,发展了劳动密集型制造业,本地缺乏创新能力,很多是伪城市化。城市化需要经济增长做前提,促进城乡和谐关系。第三产业是当前城市化的主要动力,需要产业结构升级。经济增长和工业化都是城市化的拉动力,需要经济、制度、环境因素的综合作用。经济因素包括经济总量、工业化水平、产业结构、就业比重、居民收入等,直接促进城市化,是最稳定的城市化推动因素。政策会在短时期就让城市化波动,合理的制度能间接促进城市化。城市化也需要良好的环境条件,形成合理的空间布局。

中国城市化要走多元化道路,避免就地城市化的单一模式,要改善投资结构,经济发展需要投资,需要产业提升,需要合理的制度安排,发挥个人、企业、政府的力量,提高产出效率,协调发展。城市化需要提高规模效益,展开合理的多元化道路,发挥资本积累作用,促进农村劳动力转移,尊重城市化规律,建立合理政治体制、制定合理政策,促进产业集聚,促进生产要素的空间流动。城市化促进了经济社会转型,需要合理的动力机制,集中和分散结合,纠正发展偏差,做好制度政策选择。中国城市化参与了国家分工体系,促进了世界城市化。政府要引导合理投资,促进投资循环,扩大再生产,促进就业结构和产业结构协调,工业化仍是城市化的根本力量。投资能带动消费,增加产出,需要投资主体和投资制度,有直接投资和间接投资。投资能促进经济发展,促进产业结构优化,促进技术进步,影响经济增长率。要改善投资结构,要有适度规模,优化资源配置,需要合理的投资制度,采用灵活的政策。要有合理价格体制、要素市场、约束机制。城市化促进了商品交换,促进了产业集聚,促进了社会分工。城市化是农村人口向城市聚集,就业逐步非农化,农村地区转化为城市地域,是现代化过程,是社会经济发展的空间结果,是城市秩序扩散到周边地区的过程。城市化是推拉的合力,初期是二元经济的,存在农业和现代工业部门的二元结构,有人口迁移的动力。有丰富资源、便利交通的地区一般最先发展起来,是社会分工推动的。城市化的度量可以从人口、土地、就业等衡量,主要是非农人口比重、城市建成区面积、城市人口比重、恩格尔系数等。城市化与经济增长、产业结构演化、产业发展都有关系。城市化需要投资,促进产业集聚,需要规模经济效应,产生聚集经济,促进区位集合,将原料产地、销售、生产基地结合起来,发展大都市经济区,节约成本,分析市场变化,培育地区经济增长极。工业化等经济因素是城市化的主要动因。劳动空间分工促进了新城市产生,加强了资本与城市的联系,要提高企业管理效率,促进规模效益,加强企业管理,降低生产成本,促进企业内部各功能完善,促进资本协作生产。企业为了节约成本,希望生产资料聚集,降低劳动成本,满足市场需求。城市化能促进消除地域生产综合体,地域生产综合体是计划体制形成的,是国家按计划组织的地区生产。区域经济发展具有梯度性,与产业结构、新技术产品有关。资本经历了三次循环,让生产不断持续发展,促进三大产业结构不断调整。资本循环流转动力的多元化,建成环境的最优聚集规模,金融发展对于城市化有重要意义。政治制度和政策影响了投资与城市化,主要是行政区划、金融体制、资本市场、投资体制、财政体制等。我国制度变迁背景下投资主体是不断演变的,由政府向市场、民间主体转变。固定资产投资资金来源也发生了变化,资本流动性加强,投资的循环运动与城市化也有关系。城市化也有历史路径——资本循环的支配。改革前基本是内向型经济,外资很少,投资结构畸形。改革开放后,市场机制开始起作用,投资主体多元化,非生产型投资增加。投资的空间分异与城市化表现在特定区域投资的聚集与城市化、三大地带间投资的分异与城市化。

（二）推动三大产业结构调整

产业结构演进与城市化的良性互动需要国民经济处于一定速度的增长之中，需要市场与政府共同发挥作用，需要经济主体的行动原则与三大产业的空间布局。产业结构演进通过劳动力、资本、土地、技术等生产要素流动效应推动城市化发展。产业结构演进通过产业关联效应推动城市化发展，促进城市功能完善。产业结构演进通过产业转移效应推进城市化发展；城市化通过产业集聚效应影响产业结构的演进，城市化通过改善供给结构支撑产业结构演进，城市化通过提升需求结构支撑产业结构演进。三大产业演进都与城市化有关系，农业剩余对城市化有推动作用，农村为城市化提供了消费市场。城市化能促进农业规模化经营，促进农业产业化发展，推动农业内部结构升级；工业扩大了城市化规模，提升了城市化水平，城市化促进了工业效率和效益，促进了工业优化升级；第三产业推动了人口城市化继续发展，促进了城市聚集效应，促进了城市扩散效应，城市化为第三产业提供必要条件，推动了第三产业的自我完善。我国产业结构和城市化互动有发展历程，改革开放前，重工业获得很大发展，压制了城市化，三线建设也没有促进城市规模提高，政治运动让城市化停滞。这时期，产业结构和城市化的互动水平低、互动有很大波动性、互动具有明显不平衡性。此时的互动是在计划体制下进行的，是在较封闭的对外经济联系和复杂国内外环境中进行的。改革开放后，产业结构和城市化良性互动，市场经济促进了产业结构升级，推动了合理城市体系的形成，二者的互动水平有了很大提高，互动的稳定性增强，互动的作用加强。这一时期，二者的互动是在市场经济体制下进行的，是在对外开放的经济环境中进行的，是在稳定的国内外环境下进行的。产业结构和城市化互动发展需要借鉴国外经验，促进产业调整和大都市圈形成，提高第三产业比重，需要提高城市承载力，治理生态污染。产业结构的动态演变能够为城市化发展提供持久动力，市场机制与政府干预共同发挥作用。第三产业能促进产业机构优化，推动农业生产现代化，促进剩余劳动力转移。中国城市化的土地城市化超过人口城市化而过快发展，经济城市化增长较快，并逐渐呈现出与土地城市化高度相关的状况和社会城市化起伏波动情况。

改革开放后，工业化和城市化的关系更加紧密。城市化带动了工业化，工业化对城市化的带动作用更加明显。国家放松了对城市规模的控制，不断提高城市化质量。影响我国工业化与城市化协调性的因素主要有城乡二元结构等制度层面因素、三大产业结构失衡等。工业化与城市化协调性分为低水平和高水平，协调性存在省级差异，存在地区差异。区域差异化政策，优先发展东部地区，导致我国城市化与工业化的协调性存在空间差异。促进我国工业化与城市化协调发展要促进产业结构的优化升级,提高自主创新能力,加大对科研的投资,合理利用外资,提升产业结构,加速农业现代化进程,要加大对"三农"的投入力度,推动农业技术进步,要提高农民素质,加强农村文化建设。改革开放后,城市化进程受阻现象在逐步改善。国家逐步放松了对城市化的管制政策,推动了城市化发展。城市化需要工业为先导,促进农民转移,吸引有素质的外来移民,发展交通设施,促进城镇集中,完善基础设施,实行集中和分散结合,发展都市群,促进各类城市协调发展。

城市经济增长表现在产业结构演化和城市化结构转变,需要良性互动和协调发展,整体评价城市化。经济总量增加会促进经济结构变化,促进产业升级。中国已经成为第二大经济体,产业结构发生了明显变化,需要促进经济结构合理,发展自主创新的核心技术,带动周边地区经济发展,推动信息化、知识化、服务化、农业现代化等。没有工业化基础的第三产业过度发展,导致虚假城市化,需要促进计划向市场转变,消除差异。产业结构和城市化要互动,促进产业结构优化升级,促进城市化持续发展,促进经济健康发展。城市化是复杂系统工程。产业有多种分类方法,可分为第一、二、三产业,或为生产、消费部门,或为农、轻、重工业。产业结构是产业间的联系方式,是三大产业的关系。产业结构演进是有内涵的,需要避免失衡。早期的城市主要是区域的政治、商业、军事中心,此后越来越具有政治、经济、文化作用。城市化是社会结构的变化,引导生产生活方式转变。城市化和城镇化是不同的,城镇化是中国特色,依托较小的城镇发展,但两者都是相对于农村而言的。城市化有聚集经济规律,同类企业聚集能产生规模经济。区域有增长极,能发挥涓滴效应,带动周边地区发展。产业结构具体形态与城市化有关系。技术能促进产业结构升级,促进人力资本提升。聚集效应对产业结构有积极作用,降低交易费用,促进产业结构和城市化的协同效应,推动生产效率提高,推动技术水平提高,人口聚集能促进消费需求,人口城市化应该与非农化协同进步。第三产业提高了城市吸纳能力,城市化也促进了服务业发展。产业结构有部门转移和空间转移,需要促进产业结构合理化,促进资源要素流动。人力资本、技术、经济政策促进了聚集经济,促进经济社会协同发展。需要合理的产业结构和就业指标。产业结构与城市化的协调发展是在一定条件下的良性互动、各自有序发展、速度匹配相当、动态协调。产业结构演进与城市化互动发展的影响因素有技术进步、需求因素、供给因素、政府作用、国际贸易与国际投资等。

政府要完善土地有偿使用制度,要促进产业生产方式转变,发挥大城市群辐射和凝聚能力,促进要素自由流动,建立持续的经济系统。工业结构变化导致生产要素从农业转向非农产业。城市化与工业化有互动效应,需要关注三农问题的解决,消除制度设置障碍,要促进人口聚集,建立新型技术企业,发展知识经济,提高劳动分工细化。耕地质量下降,土地供应矛盾、小城镇发展不足、乡镇企业规模小。城市化需要农业发展,推动市场化改革,促进社会转型,保障农民权益,完善公共服务均等化,需要实现同步城市化,促进互动协调发展。我国工业化与城市化存在结构偏差,总体水平的矛盾仍然比较突出,制约了三农问题的解决,限制了就业结构。工业化水平的指标是就业结构的转变。工业化与城市化衡量指标缺乏空间角度的研究。城市化推动社会结构变革,促进非农化。预期收入影响人口迁移,需要改善农村生活环境。市场促进聚集经济,要提高城市规模。工业化是以各种要素促进需求增长,促进生产方式、社会结构变化。以城市人口比重表示的城市化速度一直呈现上升趋势,生活水平的城乡差距是影响城市化质量的重要因素。城市化初期,工业化对城市化推动作用很大,城市化中期,两者互动,都得到发展,城市化后期,城市化更加带动工业化,两者差距加大。

中国产业结构与城市化的综合发展度在逐渐提高。中国产业结构与城市化的协调度保持在较高水平,但存在着较大的起伏波动。中国产业结构与城市化的协调发展度逐年提高,但增长速度趋于平缓。中国分省市产业结构与城市化的综合发展度、协调度和协调发展度存在着明显的差异性。中国分省市的产业结构与城市化存在的共性问题是城市化水平高于产业结构水平。中国产业结构内部不合理:农业现代化程度不高,工业能耗大、第三产业比重低。城市化的空间聚集效应降低、城市化对产业结构的投资拉动降低,交通基础设施仍需要完善。产业结构与城市化的综合协调度在提升,但两者仍存在差异。农业的基础薄弱,影响城市化水平和产业协调,农业剩余劳动力多,整体技能不高;农业内部结构不合理,农产品质量不高;农业规模化、产业化程度不高。第二产业对就业和环境也造成了一些不好影响,制造业利润率低,不利于产业结构升级;工业就业弹性不足,没有缓解就业压力,工业生产经营粗放,导致生态破坏。第三产业滞后也制约城市化质量,发展程度低,导致就业压力仍很大;第三产业内部结构不合理,信息化程度仍较低。地区产业结构大量趋同。农民工大量存在,人口城市化虚高,农民工存在着融入城市的困难,造成了"半城市化"。"'三农问题'是我国社会发展过程中面临的一个不可回避的重大问题。"①土地城市化超过人口城市化而过快发展,会影响农业的发展,会影响到城市集聚效应的发挥。经济城市化与土地城市化有

---

① 张莉娜:《对城市化的再认识》,载《陕西师范大学学报(哲学社会科学版)》,2007 年第 6 期。

密切关系。房地产业的过快发展,不利于产业结构的优化升级,也不利于城市化的发展。

政府要推动以农业现代化为核心的农村工业化,发挥资源优势推动农业生产效率提高,推动资源利用市场化,建立农业合理分工体系。要充分发挥市场机制资源配置做工,促进生产要素合理流动,实现城乡经济自由,废除城乡二元化管理手段,统一城乡市场,消除体制障碍,促进农民土地、宅基地自由流转,提高农民经济实力。推动优势产业建设,形成有地方特色、与城市工业互补的产业体系,加强三大产业在城乡的融合,大力发展服务业。要注重城市精神文明建设,建立学习型城市,普及终身教育理念,提高农民自身素质。

(三)发展新型技术产业

中国城市化要构建产业结构与城市化协调发展长效机制,建立技术自主创新体系。政府要制定和完善相关政策和制度,为技术自主创新提供制度保障。企业要搞好技术研发工作,加强产学研合作,加速科技研究成果转化。政府要完善生产要素流动机制、劳动力流动机制、资金流动机制、土地要素流动机制和技术要素流动机制。政府要建立区域协调机制,推动资源共享。完善教育体系,重视教育发展,加大教育投入,优化就业结构。政府要推进产业结构升级,带动城市化发展,提升农业现代化水平,积极推进农业机械化和规模化经营。优化农业内部结构,提高农产品质量。推动新型工业化发展,加强技术改造,推动工业转型升级,改造和提升传统劳动密集型产业,积极推行绿色工业化,有效保护资源和环境。加快发展生产性服务业,优化第三产业的内部结构,发展信息、文化、体育、旅游等产业,带动居民消费水平升级。优化区域产业结构,东部地区应该积极推进产业结构升级,中西部地区努力做好产业结构的承接和转移,加强基础设施建设,增进地区之间的联系。政府要引导城市化健康发展,支撑产业结构升级,推动农民工的市民化,缓解农业就业压力,建立完善的政策和制度体系,大力推进农民工市民化进程,提升农民工的自身素质,提高人口城市化的质量,促进土地利用集约化,发挥空间集聚效应,明确紧凑型城市化的发展目标。政府要严格保护耕地,降低城市建设用地的扩张速度,提高土地使用效率,要加大对交通基础设施的建设,应该加强对土地使用的规划和管理。优化经济城市化的发展方向,引导房地产业健康发展,充分发挥经济开发区与工业园区的作用。政府要采取措施,将房产价格稳定在合理的区间范围内。政府要开展综合治理,促进城市功能完善,要加强教育、医疗、社会保障等公共服务的投入,推动体制与机制的改革,为社会城市化注入活力。产业经济和城市化作为经济系统的两个子系统,应该协调促进,促进互动机制,但两者的互动水平仍较低、不稳定,受计划体制和市场体制影响,需要提高整体水平,促进城市化层次提升。要提高工业技术含量,降低能源消耗,提高信息化水平,避免城市化虚高,建立现代农业。产业转移和城市群能够促进产业结构和城市化协调发展。技术创新与城市化进程相互加强:技术创新推动了城市化的进程,促进了产出的长期增长进而推动了城市化的发展。城市化又反过来推动了技术创新,城市的专业化和多样性是创新的源泉,城市的人力资本是创新的动力,城市具有技术创新的机制优势。

中国城市化要采取低碳经济发展路径,减少碳排放,降低能源消耗,提高城市竞争力。发展低碳经济需要优化产业结构,采用新材料,培育重点企业,对太阳能、生物能源加大政策扶持,加大资金补助。政府要加强“产学研”结合和转化力度,提高知识更新速度。城市化要采用低碳方式,解决能源危机和生态问题,完善公共交通体系,推行绿色建筑,推广节能、环保生活。政府要培育市民低碳意识,实现经济持续发展。我国城市化要走低碳化路径,要推动低碳经济,采用低碳排放,推动产业结构调整,拓宽融资渠道,完善相关制度。政府要推动低排放、高效率的城市经济,城市化要减少二氧化碳排放量,控制温室气体,有效利用能源,加强公共治理力度,促进持续发展,建立环境友好型的可持续社会,加快经济转型。我国低碳实践仍具有零散性,没有形成完整科学的路径。城市要实现低碳化、要创新路径,调整产业结构,加强技术创新,完善配套制度。要降低工业对能源的消耗,提高能源利用效率,要调整重化工业,促进清洁能源产业的发展,发展低碳制造业和节能汽车产业,但不能降低工业发展。要发展高新技术的朝阳产业,发展替代性能源和战略性新兴产业,发展网络技术、生命技术、空间技术、海洋产业等,增加国家投入,发展现代服务业,要不断提高技术创新,发展低碳技术,促进经济从高碳到低碳发展,发展清洁技术,加强自主研发能力。

中国是高碳排放的消费大国,大中城市成为碳排放的主力,需要建立低碳城市。低碳城市化需要采用高技术和合理战略,发挥规模效应,促进集约型城市化,发展公共交通体系,加强碳排放的存量、流量管理,考察碳排放周期,推行城市运行的低碳化,优化结构、节能减排,注重交通和住房的低碳化。居民出行要尽量使用公共交通,住房要采用节能建筑材料,减少能耗。政府要避免奢侈和浪费,提高绿地系统,保护生态资源,提高城市基础设施的使用寿命,避免超负荷运行,提高使用效率。城市是复杂的人工系统,应该减少能源消耗,促进城市紧凑发展,引导居民低碳生活。城市建设要避免重复,要为居民生活服务,避免过多土地资源流失,要从源头上避免资源浪费,发展支柱产业,完善交通。政府要让城市建设高效、低碳、集约,采用高新技术,重视技术改造,要适度缩小居住小区的规模,要控制住宅面积,提高住房的舒适度,促进家庭规模小型化,控制人均住宅面积标准。

政府要优先发展公共交通,降低能源消耗,减少占用耕地,发展公共交通,避免过度依赖私家车。城市规划要保证公交优先,便利居民出行选择。城市化中不能缺失文化,要追求城市的文化内涵和历史特色,提高社会的文化素养。需要建立文化强国,培育城市公共文化精神,增加公共文化设施,发展文化产业,突显传统历史文化的价值,振兴基层公共文化,办理社会大学。要重构城市的社会生活共同体,全面提升城市民众的文化素养。粗放的城市化导致人与自然关系紧张,加大了经济发展成本,需要走持续发展之路,积极转换增长方式,进一步提高自主创新能力。

第三节 统筹城乡经济发展,提升农村城市化水平

农村城市化需要以地区为基础,完善基础设施和政府调控,根据自然、社会、经济选择合适的路径和模式。要分地区结合具体环境实行城镇化,东部要发展外向经济,完善交通、教育条件。要分阶段实行城镇化,大力推动农村经济发展,加大基础设施建设,发展科教文卫事业,推动市场、政府联合发挥作用,实现城乡均衡。农村城市化需要建立在经济发展基础上,合理布局产业结构。要促进生产要素的合理配置、流动,促进资本、劳动力流动,提高农民工文化技能。要调整产业结构,稳固第一产业的基础作用,大力发展第二、三产业,发挥工业的带动作用,推动乡镇企业提升规模。政府要根据城市化的不同阶段进行调整,初期政府要大力提升农村基础设施,采用优惠政策吸引外资。中后期政府要促进产业升级,让市场发挥主导作用,引导劳动力提升素质,实现产业化、规模化,要服务和监督市场,采用经济、行政、法律手段引导市场更加规范,引导城乡平衡发展。要尊重农民的主体地位,考虑农民的基本利益,要维护农民的土地使用权,建立完善的土地市场,要促进农村剩余劳动力转移,促进农民工就业。政府要解决农村教育问题,提高农民受教育程度,要注重环境保护,治理环境问题,加大生态保护力度。城市化能够改善民生,促进人的发展和制度改革,促进新农村建设,推动城乡经济发展和产业结构升级。政府要推动户籍身份变革,避免城市化盲目扩张,降低城市建设成本,取消过多行政干预,避免环境污染。城市化是为了人的发展,需要土地城市化和人口城市化达到平衡,节约土地资源,避免盲目扩张导致的"空城"。统筹城乡经济发展要打破城乡相互分割的壁垒,逐步实现生产要素的合理流动、消灭城乡差距,取得最佳的经济效益。

一、推动农村工业化转变为城市工业化

(一)促进农业现代化、产业化经营

农业现代化推动城市化进程表现在四个方面:机械化耕作、计算机控制,产生大量农村剩余劳动力;农村企业聚集、壮大,为就地城市化奠定了基础;农民走上小康之路,城乡差距的不断缩小使得城乡一体化进程加快;拉动城市二、三产业发展。新型工业化推动中国城市化进程的动力包括新型工业化对城市化的推动力、拉动力、扩张力以及承接力。现代服务业是产业结构本身演进的结果,服务业将取代第二产业,成为城市化的主导产业。现代服务业强化了城市的聚集效应,从而为城市的可持续发展提供后续动力。以户籍制度改革为主的制度变迁通过实现公共服务均等化来促进中国城市化进程。制度变迁促进中国城市化进程主要体现在两方面:公共医疗均等化促进中国城市化进程;教育均等化促进中国城市化进程。信息技术对城市化的促进作用是通过构建智能化平台来实现的,信息技术增强城市管理水平,信息技术让社区居民生活更舒适、更便捷。信息产业通过带动信息消费、提升传统产业来促进城市化进程,能够带动信息消费,以提升城市的经济水平,能够武装传统产业,提升其竞争力。信息资源通过互联网、移动终端和数字电视等推动中国城市化进程:互联网促进中国城市化质的提高,手机等移动终端促进中国城市化质的提高,数字电视促进中国农村就地城市化。中国城市化进程呈现开放性、远离平衡性、非线性和涨落四个形成耗散的前提条件。开放性具体表现在技术开放、信息开放和资金开放三方面。远离平衡性,主要表现在劳动力从农业向非农产业的流动。

中国城乡差距形成经济地区差距,引起中国城市化进程的涨落。中国城市化动力源可以分解成两大部分:一是技术进步、产业结构演进和制度变迁这些传统非信息化要素驱动中国城市化进程;二是信息技术、信息产业和信息资源这些信息化要素推动中国城市化进程。中国城市化动力源系统是指由正、负熵组成的相互作用、相互依赖、具有特定功能的有机综合体,呈现着多元性、相关性和整体性。就业结构是促进产业结构演进以推动城市化的变量。制度变迁对城市化的促进作用主要体现在公共服务均等化,而医疗和教育又是衡量公共服务的重要指标。信息产业主要通过带动信息消费来推动城市化。我国正处于积极推进"三网融合"的时期,即通过计算机网、电信网和电视网这三大网络技术的改造与结合来推进信息化的发展。城市化质量的提高既需要利用信息技术,建设智慧城市,要政策先行,软件硬件同时进行,加大整合提升力度,完善支撑服务平台,又需要发展信息产业,带动传统产业,需要将信息技术最新研究与传统产业相关动态融会贯

通,联合国家研究所、技术实验室和相关大型企业开展信息技术相关研究,融合工业化与信息化,发展新型工业,并促进现代服务的发展,还要优先信息立法,搭建数据平台,共享信息资源,提升公共服务。中国各地区间的技术、产业结构差距是中国区域城市化差异的主要原因;中国各地区间的信息技术使用差距以及信息资源拥有差距是区域信息分化的主要原因;制度阻碍是中国城市化质量不高的主要原因。正、负熵要素共同构成中国城市化动力源系统要素。

城市化能带动农村发展,利用先进技术将农业由一个传统部门转化为现代部门。城市化也制约农村发展。城市化过程就是极化的过程,也就是非均衡发展过程。城镇化没有促进农民增收,反而加大了城乡差距。这些约束条件决定了我国现阶段农业生产率与非农业生产率有较大的差距。中华人民共和国成立后,政府对人口城市化重要性认识不足。"与二元经济结构强度呈正相关的影响因素按大小依次是城市化、农民工的存在、城乡小学经费投入差距、城乡卫生经费投入差距、城乡医疗保健支出差距和城乡中学经费投入差距。"[1]政府应该按照城乡统筹发展的要求构建城市化路径,创新住房保障制度,彻底加速转移农村剩余劳动力,建立和健全农民工的社保医疗体制,发展县域经济,完善城镇体系。

城市的容纳能力和农村剩余劳动力不断增加产生了矛盾。农村人口不断增加,耕地不断减少,农村剩余劳动力不断增多,城市也有很多失业人口,经济增长方式向技术型转变导致产业结构调整,也引起下岗人口数量增多。但城市需求的劳动力并没有增长,大量流动人口让城市负担很重。我国城市化中各城市之间发展不协调,大城市规模大,分工也不合理,产业结构不能互补,城市基础设施布局不协调。城市化中过度重视数量而不是质量,城市开发过度。市管县体制增加了小城镇数目,导致城市化虚胖,这种行政机制的城市化没有让城市建设提高质量,城市发育不完全,基础设施落后,第三产业比重小,难以成为地区经济中心,也占用了很多耕地。中国城市化中,大城市人口过度,小城市发展混乱,没有充分发挥聚集和分散功能。长期限制大城市发展的政策导致城市病,小城市发展没有合理规划,占用耕地,空间结构不合理。

城市化是生产方式的工业化,农业经济转向非农经济,城市人口比重增大,生活方式转向城市,城乡差别缩小,是包括人口、环境、经济、社会、规划的复杂系统。城市化是人口聚集过程,是农村人口向城市人口聚集,体现在城市人口比重不断增加,农村的推力和城市的拉力推动农村剩余劳动力进入城市,让各种生产、交

---

① 石灵灵、李宗植:《基于灰色关联的我国城乡收入差距成因分析》,载《西安外事学院学报》,2007年第1期。

换、消费要素聚集于城市,产生经济聚集效应,带动很多产业发展。城市化是经济发展过程,逐步形成区域经济中心,凭借资金、技术、人才、信息将经济组成整体体系,发挥吸引、聚集、辐射作用,引导周边农村现代化。城市化是城市空间结构优化过程,既是单个城市的扩大,又是不同城市的数量增多,还是城市密度、城市群网络结构的增加,凭借交通、金融、信息把不同城市联系起来。城市化也是农村人口转变身份、职业,脱离血缘关系,接受经济关系,是人类文明的转变,让精英汇集于城市,让现代文明普及,是落后地区的文明化,以城市人口指标为最主要衡量。城市具有对内、对外职能,推动国民经济发展,促进了各种信息、要素交流,推动科技进步、市场完善。

乡镇企业促进了农民就地转移,但小城镇分散、规模小、产业雷同,没有集中效应,产生了生态问题,占用了很多耕地,承载力有限,城市功能没有提高。特定制度下,小城镇化并没有提高城市规模,导致城市供给不足。进入 21 世纪,国家提出了新型工业化和城镇化道路,国家继续向市场体制发展,需要推进制度改革,减少行政干预,提高制度效率,促进城市化与工业化的良性互动,向现代社会变迁。城市化需要持续的制度配套,消除城乡隔离政策,消除制度偏差。市场体制能促进城市规模、结构优化,小城镇实际上强化了户籍管制体制,仍是传统计划体制,就地转移农业剩余劳动力反而阻碍了城市化进一步发展,需要促进城市化与市场化协调发展,推动经济持续发展。城市化需要市场竞争与技术创新,吸引外资和跨国公司。城乡居民收入增加,但城乡收入差距加大,导致需求结构变化。居民的高需求与较低层次的劳动密集型供给结构不符合,导致低技术产业衰落,应该发展中等技术产业,参加全球分工,发展高新技术,推动区域协作,促进城市经济自我发展,构建合理城市体系。

(二)发展县域经济

县域经济发展的空间重点是发挥中心镇的带动作用。发展县域经济能够避免一般小城镇建设中的诸多弊端。在乡镇企业发展的黄金时期,乡镇企业的布局分散。改革开放后,工业化重点区域在东南沿海。"工业化是传统农业社会发展不可逾越的阶段。"①工业区位布局应该以集群形式为主。完善社会组织制度、土地制度、户籍制度、公共产品投入制度等。"在新型工业化观念指引下,城市管理部门有更大动力去推动城市产业结构调整,相关产业政策也会围绕这个目标而出

---

① 谢振忠、张子荣:《我国县域工业化阶段的判断和结构特征分析——以福建省晋江市为例》,载《山东省农业管理干部学院学报》,2013 年 5 期。

台,城市产业结构调整及由此带来的郊区化必有进一步发展。"①

农村城市化是中国城市化的关键节点,能促进新农村的建设,促进城乡一体化。县域城市化还存在一些问题,如动力不足、发展失衡、制度障碍等。因此,需要县域城市功能的升级,生活品质的提高,打破旧形态,进行各种体制创新,推动社会结构变革。县域空间的三农问题已经引起关注,需要引导农民进入工业文明。世界城市化仍在发展,引起社会巨大变迁,中国城市化规模巨大,民工潮规模宏大推动中国社会前进。县域城市化可以减少农业人口,推动区域综合发展,消除城乡差别。政府需要完善县域城市体系,推动县域城市规模扩大,推动农民转变生活方式。中国县域城市化仍是滞后的,存在地区差异,行政部门各自为政,建设重复浪费,产业结构趋同,户籍改革仍没有完全展开。产业园区的承载力在变弱,提供的就业机会不足,特色产业不明显,没有主导产业,城镇人口规模小,没有规模效应。城镇生活品质需要提升,需要大力发展第三产业,加强聚集效应,发展优势产业,提高城镇户口吸引力,建立合理的生产力结构。要塑造县域城市化的发展路径,促进各个城市合理分工,建立良好制度体系,建立良好的公共配套设施。大城市问题并不是外来人口导致的,而是不合理规划和制度造成的,需要解决人口与资源矛盾。

农村的贫困是劳动力供需在地理上不相适应的问题。城乡经济机会不对等,需要用农村工业化刺激农村地区经济发展,改变农村落后面貌。政府要大力推动新农村建设,充分尊重农民的自主创造性,强化农业基本建设,推动农民合作,实现产业化经营,鼓励企业到农村投资,谋求区域平衡发展,提高农民收入水平,发展社会事业,提高农民经营素质。政府要利用独特的区位优势发展新型工业化,用农村工业化提高农村非农收入,促进农村社会发展,鼓励农户从事农副产业,发展农村工业园促进各类城市协调的城市体系。农村工业化体现为乡镇企业的发展。乡镇企业源于社队企业,经过国家扶持获得了发展。乡镇企业推动了我国经济发展,转移了很多农村剩余劳动力,但目前乡镇企业发展缓慢,企业规模普遍较小,没有提高工业化效率,企业消耗资源大,不利于资源有效利用,加重了生态污染,不利于城市化的有效进行。经济集约化程度不高,延缓了农村劳动力向非农产业转移。农村城市化的主体形式是小城镇发展,我国也一直倡导离土不离乡的小城镇发展,控制大城市规模,需要依靠农民发展小城镇。但小城镇在全国的区域分布是不平衡的,主要分布在东部沿海地区,管理体制上城乡分割严重,城乡差

---

① 丁建平:《知识经济时代"柔性管理"模式效益性特征研究》,载《现代管理科学》,2000 年第 3 期。

距大。农村城市化要可持续发展,采用科学发展观,推动农业现代化,农村城市化应该优先发展重点集镇,提高农村经济效率,要重点建设优势城镇,实现城市的扩散效应,发挥辐射带动作用。

发展县域经济不能采用以户籍制度为基础的城乡二元分割体制强制农民迁移,而需要尊重农民意愿采用市场机制推动,让城乡人口自由迁徙,推动可持续发展,为全球化做出贡献。中国的城市人口增长惯性较强,但城乡二元结构导致城市化滞后,需要经济社会平稳转型,采用人本主义推动制度革新。发展县域经济需要大力发展工商业,促进人口城市化,避免高度集权的计划体制,解决隐性失业人口,城乡二元体制将农民排斥在城市化之外,制度结构没有得到根本优化,大量的农民工无法融入城市生活,不能享受现代城市文明,剥夺了他们的平等就业、福利权力,应该给予农民更多自由,放开农民在城市落户,解决城市边缘地位,成为真正市民。民工潮不断涌现,改革了中国,推动了改革开放进程,促进了社会转型,要废除隔离政策,给予平等国民待遇,推动农民市民化。市场化、工业化、城市化是国家希望所在,要平等分享经济成果。需要城乡共赢,清除对城市化的认识误区。城市失业人口增加不是农民工涌入导致的,事实上,很早就有隐性失业人口问题,是结构性的剩余人口,只是隐性剩余劳动力的显性化。隐性失业人口暴露,有利于政府宏观调控、科学决策。农民市民化会促进农村劳动力市场的形成、发展,消除计划体制,促进公平的劳动市场,创造更多就业机会,农民工没有抢夺市民就业机会,需要创造更多就业机会,利用市场调配资源的力量。进城务工的农民工与城市居民具有就业互补性,促进就业结构优化,推动了劳动细化,促进了自然动态竞争,建构统一开放自由竞争的劳动力市场,提升人力资源素质,发挥市场机制的分配人力资源作用,培育城市发展的新生力量,将大量剩余劳动力限制在农村,会加剧三农问题,导致农民贫困和城乡收入差距加大,导致农业生产低效率,需要及时转移剩余劳动力到非农产业,促进农业信息化、技术化、资本化、市场化,促进产业结构优化,做好制度安排。中国农业发展滞后,分散耕作、工业化落后、科技化差、商品率低,需要向现代农业转变,促进市场化、技术化、产业化、规模化经营,依靠高科技提高效率,提高非自给率,提升小农经济,重构土地产权制度,启动农业现代化进程,提升个人发展机会,推进中国农业组织重构,实现发展模式转型。城市化要消除城乡二元结构,让居民获得平等权利,消除歧视性制度,让人口自由流动,流动能促进城市化持续发展,促进阶层结构更合理,建立公平竞争的制度环境,用制度激励个人创新,推动国家持续繁荣,消除个人发展的制度障碍,降低社会发展成本,赋予每个公民公平发展机会,实现个人生活梦想。高度集权制度导致城乡二元结构,让农民阶层成为弱势群体,造成居民贫富差距,追求民主化制度安排,进行公共选择决策,避免少数权贵的无理剥夺,消除三农陷阱,促进制度公平,促进阶层流动,达成集体共识,创造更多发展机会,降低发展的机会成本,强化居民权利,提高民生生活。政府要提高居民自由选择权利,促进城市化制度变迁,提高农民理性选择,利用先进观念做好指导,保护多数人的利益,消除惰性制度和思维,避免官僚阶层对公民利益的无视,官员用围城的优越感建立自己的特权,需要提高居民话语权,保持宽容心态,促进城乡良性互动,废除城乡歧视政策。城市化的核心是人生活水平的提高,需要宪政承诺、制度创新、自由选择、人口发展、社会转型,不断扩张人的自由,促进国民现代化和制度现代化。

(三)发展非农产业,增加农民收入

城市化过程中,要实现农民权利诉求,解决三农问题。城市化能推动农村现代化,缩小城乡差距,推动工业文明、科技进步、生活方式转变。村庄有铁律,是复合结构,具有封闭性和稳定性,对农民具有控制性,但市场经济推动农民需求和市民一样的平等权利,推动农民主体意识,寻求个体权利。城市化推动城乡现代化,转向工业、生态文明。现代化要追求经济理性,尊重农民权利诉求,让农民工拥有城市人权利。只有满足农民权利诉求才能让城市化动态平衡发展。利益差别会让人产生被剥夺感,产生心理失衡。只有满足农民权利诉求才能维护社会秩序,促进城市化进程平衡发展,保障农民权利,才能更好整合城市化过程中的各类资源,平衡不同群体的利益。农民权利诉求能影响城市化中的制度设计,促进自由、平等意识发展。农民工有经济、政治、社会等方面的诉求,制度设计需要回应这三方面诉求。农民权利诉求影响着城市化发展目标,要克服城乡思想壁垒。

城市化存在很多问题,需要实现农民的权利诉求,让农民融入城市,改变弱势群体地位。农民工随着社会发展出现了分层:获得城市户口的农民工、在城市经商的个体农民工、承担沉重体力劳动的农民工、在城市游荡的农民工等。大量青年人外出打工,农村空心化,出现空巢老人和留守儿童等。农民工进城消解了二元经济结构,但农民享受的就业、社保、公共服务都不平等。土地征用制度不合理,导致失地农民没有生活保障,没有社会保障,二元户籍不合理,固化了城市居民和农村居民身份。土地产权不清晰,失地农民缺少保障,失地农民就业滞后,影响经济发展。政府需要通过税费改革减轻农民负担,为农民提供更多就业机会,破除二元结构。破除城乡二元结构最主要的是打破等级划分的身份,让人不会歧视人,真正做到每个人有平等的地位。中国是一个农业大国,农民仍占大部分,中国的改革往往也是从农村开始。旧中国长期实行土地私有制,农民依附于地主,只有土地经营权。传统的农业社会养成了农民的自强不息的精神。改革开放之前,中国形成了工业和农业、城市和乡村的二元对立结构。社会成员在严格的户

籍制度、土地制度制约下形成固化的身份和地位。改革开放后,政府推行家庭联产承包责任,激活了农民的生产积极性,提高了农业产量,增加了农民收入。国家允许农民进城务工,促进了城乡交流,增加了农民非农收入。"十八大"以来,在习近平新时代中国特色社会主义思想的指引下,国家大力发展非农产业,统筹城乡发展,改善了农村基础设施,推动了农业现代化。

农民的土地和宅基地是各方利益博弈的焦点,需要协调国家、农民和集体三者的利益,对农民土地进行确权。第一,城市化能够给农民带来切实利益,为农民在城市租房、创业、社会保障提供费用。农民可以用宅基地换取城市住房,用土地换取城市社会福利。第二,城市化也能为政府带来利益。进城农民的土地和宅基地往往被政府用很低的价格征收,再以高价出让给开发商,获得巨额利益。中国实行土地国有制,土地的增值收益都归政府所有,政府征收土地时是一次性支付的,而土地的增值收益却是长期的,政府可以通过经营权转让不断获得收益。第三,城市化也能为农村集体带来收益。农民个人的土地和宅基地一般比较分散,国家一般都委托镇级政府管理,土地转让后,一部分收益是被集体拿走的。集体应该用这些收益改善农民的生产、生活条件,让村民得到切实实惠。第四,城市化能为农民提供较平等的市场主体地位。农民的宅基地和土地自动流转后,农民可以通过经营权流转获得更多收益,能自主支配土地和宅基地,而不用听命于政府的指派,可以更自由地操作自己的物品,提高土地和宅基地的使用效率,也给土地的规模化经营提供了机遇,有利于农民身份和土地性质的转变。

城市化包括城市乡村化和乡村城市化,让更多的农民过上城市生活方式,实现城乡协调发展。城市化就是农村变为城市过程,先是经济范畴,继而扩展到其他学科,是城市文明的辐射,生产、生活、思维的城市化,城市人口比例提高,也包括城市人口的郊区化。城镇化是县级以下的镇、村的城市化,需要打破城乡隔离,转变农民观念,依靠乡镇企业、农村社区、家庭等力量,发挥农业剩余效益,把农村发展为城镇,加大投资,努力引进技术、资金,提高产业升级,发挥制度革新和政策引导,提高农村基础设施、农民精神文化素质,促进农业产业化,消除城乡差别。

二、发挥乡镇企业在农村城市化的拉动作用

(一)提高乡镇企业的竞争力

乡村城市化进程取决于乡镇企业的发展速度,乡镇企业的繁荣则是小城镇兴起的根本动力,农民能从事的商业活动的范围增加。农民的劳动积极性是农村经济发展的主要因素。乡镇企业发达的乡村地区会促进产业的积累。"改革开放初乡镇企业起步时对所有制形式的选择,影响乡镇企业的所有制结构的因素主要有全国性的制度安排和地方性的制度安排。"①乡镇企业涉及经济环境、地理空间的转移,必然伴随着人口结构、产业结构、地理结构的转化,是经济聚集和基础设施完善等,促进了农民职业转换,配置了劳动力资源,提高农业劳动效率,增加了农民收入。乡镇企业会影响城乡收入差距,能促进城乡要素流动,加强城乡联系。乡镇企业可以促进经济集聚,带动周边地区经济发展,为居民提供更多就业机会,推动农村经济发展。乡镇企业涉及城乡收入差距、农村劳动力转移、产业结构、交通条件、经济集聚等指标。产业结构对城乡收入差距有直接影响,交通条件对城乡收入差距也有很大影响,经济集聚对城乡收入差距有空间溢出效应。农民增收主要依靠去企业打工的收入。农村劳动力专业也会加大城乡收入差距,加大农村人力资本的政府投入,构建城乡一体化的劳动力市场,加大乡镇交通等基础设施建设,强化集聚经济对农民增收的作用。

改革开放加快了城市化,促进了资源充足、产业升级。城市化是空间体系的经济化过程,是传统农业向现代工业转变,要转变城乡二元经济,缩小城乡收入差距,促进人口转移,提高国民生活质量。中国城市经济不断发展,需要继续稳步发展。城市化与经济增长、城乡收入差距都有关系,需要采用全面数据分析城市化。城市化包括人口的城市化、产业的城市化、乡村的城市化、城乡一体化等。我国存在二元经济,有着二元模型。影响城市化与经济增长关系的因素有物质资本、教育水平、城市化、财政政策、外商投资,需要分地区分析。影响城乡收入差距的因素有:劳动生产率差异、教育水平、产业结构、城市化水平、外商投资、财政政策等。

乡镇体制也导致很多农民被统计为市民,农村人口一定是非农化的,但被统计为市民的可能很多是农民工。我国农村户籍人口也在增长,城市化任务艰巨。外出农民工有 2 亿多人,主要是青壮年,特别是已婚的青年男性。大部分农民工在城市停留超过 4 年。半城市化的人口很多,对国民经济产生了很大影响。进城农民工青壮年占主体,文化程度低,就业收入低,缺乏社会保障,居住条件差,主要依靠亲戚介绍,交往也仅限于老乡之间。农民工半城市化呈现在市民权利、日常交往、社会认同等。农民工缺少幸福感。还需要大力推动农村人口市民化,实现完全的城市化,要改变现实制度。农民工有市民化的意愿,特别是新生代农民,他们的教育程度较高,希望留在城市,不愿再从事农业生产。农民工市民化的制约因素主要有:农民的成本收益分析,进入城市能够为农民带来哪些好处,城市有更好的公共资源和社会保障,更好的基础设施。农民工进城有一些代价,失去土地,忍受与亲人的分离。农民工市民化的现实成本,需要购房和稳定收入;政府的成

---

① 胡同恭:《我国乡镇企业所有制结构的几个问题》,载《社会科学辑刊》,1988 年第 6 期。

本收益分析,需要增加公共基础设施投入,公务员增加负担,需要改革户籍制度等利益关系。政府也能有收益,从土地经营、农民消费中增加经济总量。户籍制度设计限制了城市化水平,损害了农民利益,出现了城市病,导致半城市化。政府要切实提高农民工的收入水平,进行彻底的户籍制度改革,切实保障农民工市民化过程中的土地权益。

影响城市化的经济规律有:聚集经济利益、规模经济效益、区位经济效益和外部经济效益等。城市化发展中的基础设施建设、城市供水、城市能源、城市的环境问题、城市安全,都能影响城市化。城市化发展中的制度建设,如户籍制度、就业制度、社会保障制度,以及城市化发展中的文化建设,也会影响城市化。城市文化的"神"指城市的历史传统。文化建设有利于提升城市品位,奠定文化底蕴,有利于探索城市的发展规律。城市文化建设应该坚持形神兼备、兼容并蓄、与时俱进等原则。城市文化建设要加强公众和政府的城市文化保护意识,保护城市风貌,创造城市特色,健全城市文化保护的法律体系,促进保护、利用与发展三者协调发展。城市化发展中,政府要清除政策体制壁垒,促进城市化进程,取消户籍制度,提高人口流动性,合理对待农业,制定农业产业政策,转变城市政府职能,服务城市化进程,建立以服务为重心社会管理模式,坚持城市经营与城市管理并重的原则。乡村城镇化是由城市和乡村两种作用产生的结果。城市化推动经济运行方式和空间格局发生了明显变化,产生了大城市带,推动了城乡一体化。中等城市的生活、生产经济效益要高于大城市。

中国城市化已经进入关键时期,要以人为本,维护生态系统。新农村建设立足于统筹城乡发展、建设小康社会的历史背景。全球生态危机促进了可持续理念的产生,能避免城市病。人类日益关注生态,中国也日益关注三农问题,促进统筹城乡收入分配。新农村建设需要理想模式,城市化存在地区差异,需要借鉴国外经验,保护环境,消除城乡二元体制,保障村民利益,解决农村问题。要用新的农业发展模式代替传统的掠夺性农业。乡村建设的使命是"民族再造"。城乡一体化是城乡统筹的目标。城市是发展不平衡的,需要集中优势资金发展产业部门。三农问题包含农业问题,就是农业产业化的问题。工业需要反哺农业,促进工业与农业的平衡发展。工业需要发展循环经济,促进人与生态和谐共生,发展生态经济。新农村要加强农村建设,发展现代农业,提高农民素质。新农村建设要形成科学合理的村庄布局,实行农业补贴政策,多层面、大力度的财政支农,广泛筹集支农资金,完善农村金融体系,发展农村合作社,提供税收优惠和金融支持。

政府要统筹城乡发展,加大财政金融支农力度,依托大城市,发展都市农业,发展期货农业。我国存在严重的城乡二元结构,需要逐步平稳发展。城市化能促进一体化,改变生活状态,促进产业结构复杂化,也带来交通拥挤、失业、生态问题。"新农村建设是加快城市化进程的重要组成部分,包括统筹城乡经济社会发展,加大支农力度,完善农村基础设施和公共服务设施建设,避免形式主义,就要继续推动城市化和工业化的进程。"①城市化进程中农村建设存在人地矛盾日益冲突、农民增收助力困难等问题。城乡二元结构尚未打破。城市化进程中新农村建设应该坚持城乡统筹、可持续发展、科学规划、有序推进、系统整合等原则。就地城市化是发达的乡村凭借经济发展转化为城镇,使农民居住地通过生产、基础设施完善,让农民过上城市生活。中心村是交通便利、经济较发达的农村,需要依靠区位优势、资源优势引进资金、技术,产生聚集作用,发挥农业产业化服务功能,符合农民意愿,利用政策引导农民积极性,推动经济聚集效应和基础服务提高。

(二)促进农村剩余劳动力的转移

城市化过程推动了农村剩余劳动力向城市工业和服务业转移。中国城市化过程中,劳动力就业的动力不足,农业劳动力转移并不能同步发展,受制于制度,农民工很难成为市民,很难真正融入城市社会。城乡二元体制阻碍了城乡收入差距的缩小,城乡居民收入差距一直在扩大,让城乡居民在教育、就业、医疗等方面存在严重差距,大量农民工徘徊于城乡边缘,不断在城乡之间迁徙。

中国是传统的农业大国,有着丰富的农村劳动力资源,我国农村经济虽然取得了一定的进步,农民生活水平获得了一定提升,但农村劳动力资源的素质仍不能满足社会发展的需求。我国农村出现了人多地少的矛盾,土地已经无法满足农村人口的需要,需要转移农村人口。我国农村劳动力素质制约了城市化发展,也制约了劳动力资源的城乡转移。第一,我国农村剩余劳动力很多,增长很快,农村人口比重很大,需要切实解决他们的就业问题。第二,我国农村劳动力资源的文化素质普遍较低,农村的教育水平较低,很多学生不能完成义务教育,缺乏基本的知识和技术,只能从事简单的体力劳动,就业竞争力很低,再就业很困难。第三,一些农村劳动力的技术技能较低,不能满足产业升级需求。一些农民的思想观念仍非常保守,不能跟上网络信息时代的要求,没有先进的技术知识,还有小农意识和封建观念,制约了农村经济发展。第四,农村劳动力的身体素质也较低。农村医疗卫生事业较落后,农民看病很难,长期受到病患的侵袭,有的病后只能任凭病患变严重。第五,政府缺少对农民的教育培训。政府没有对农民培训的长期规划,只零星地完成上级的命令,没有意识到教育培训对农民的重要性,对农村劳动力资源的流动造成了消极效应。

---

① 郭春红、李健:《新农村建设与城市化的关系》,载《中国科技信息》,2006 年第 22 期。

中国社会转型体现为工业化、城市化、市场化等现代化过程。城市化的关键是促进农民成为市民,消除城乡分离体制。城市化给人们带来了深刻的社会变革。改革开放让少数体制内的人失去了铁饭碗,却让更多人有了就业机会。失业人口增多是因为生产效率提高了,不是农民抢了市民的饭碗,而是农业生产率提高了。第一,农民推动了城市化进程。城市的大量工作都是农民承担的,农民是凭自己的体力劳动获得报酬,让市民有时间从事别的活动。第二,农民和市民的劳动竞争,打破了市民对就业市场的垄断,优化了劳动力资源配置,发展了城市经济,达成了效率和公平的结合。城市经济发展了,对市民也有好处。第三,一部分人的下岗,是生产过剩和生产效率低下导致的,不是农民市民化导致的。一部分人的失业是提高生产效率的必然结果。第四,农民市民化能够促进劳动力市场的建立,降低劳动力生产成本,让企业利用中国廉价劳动力的优势发展实体经济。第五,农民市民化有利于人口流动,有利于农民按照自己的意愿迁徙,更好地调节城乡人口,促进了城乡一体化发展。

城市化过程中,需要统筹城市规划、城市发展模式、城乡人口流动等。城市化要统筹城乡人口流动。农民工进城是推动城市化的重要手段,是发展经济的重要途径。改革开放之后,政府放松了农民进城,但2000年以前,仍用计划经济思维模式对农民工进城进行限制,让进城农民没有合法身份。2000年以后,政府认识到农民工的重要作用,逐步开始允许农民工进城,给农民工恢复了名誉,但户籍制度、产业政策、思想文化仍让农民工受城里人歧视,不能真正融入城市生活。政府应该平等对待农民工,让他们真正融入城市社会,能够在城市安家落户,真正成为城里人。这要提高农民工的就业机会,帮助农民工解决生活、身份转换、子女教育、住房、医疗等问题,创造农民工能够接受的城市氛围,让农民工顺利参与城市生活,统筹考虑城市户籍人口和外来人口的关系,最大限度发挥农民工的作用。

改革开放后,经济的发展推动了城市化的进行,但我国农村生产力仍较低,农村劳动力的生产效率很低,需要转移农村剩余劳动力资源,推动农业现代化。农村的剩余劳动力资源制约了农业生产率的提升。一些城市闲散人员无所事事,也会成为社会隐患,必须将他们转移到其他专业,带来更多的经济效益,推动城乡经济发展,提高他们的教育水平,以满足社会需求。经济逐步在一体化,户籍制度却仍把个人身份和地域牢固限制在一起,导致城乡差别、区域差别仍不能缓解。户籍制度严重限制了人口城市化,人为地按照户口分配资源和权利。不合理的制度安排,通过压抑一部分人的机会,让特权阶层获得了特殊机会。每个人都是社会公民,不应区别对待。不合理的户籍制度,让城乡居民不能享有同等的职业和收入,让人不能依靠自己的奋斗取得成功。依靠户口制度控制农民的迁移,缓解大城市人口压力,只是南辕北辙的行为。放松人口控制并非导致大城市人口膨胀,带来更多城市问题,而是能促进中小城镇的发展,促进资源和利益的合理配置,满足城乡流动的需求。

城乡流动产生了很多农民工。之前,中国是纯粹的农业大国,允许人口流动,但工商业的落后,导致人口城市化停滞。在古代社会,人口流动一般出现在战乱、逃荒时期。改革开放之前,国家实行高度的计划经济和城乡二元体制,严格限制农民向城市迁徙,农民被排除在现代化和城市化之外,农村大量的剩余劳动力只能原地排遣寂寞。改革最先在农村进行,改革的成果却让工商业发达的城市取得,城乡二元体制仍严重限制农民流动,束缚城市化进程。体制结构没有根本变化,农民很难融入城市。农村仍有大量的隐形剩余劳动力被束缚在当地。改革开放后,农民工的大量出现是微妙体制变迁现象,推动了中国社会缓慢转型,引导着政府缓慢改变思路和推动着惰性体制向美好方向转变。农民工的境遇推动政府不得不给予一些农民国民待遇,逐步消除隔离的户籍制度,允许城乡要素自由流动,不再反对居民自由流动。中国人口流动的主流是农村流向城市,推动了现代化进程,是政府放松制度控制的结果。

农民工"市民化"需要制度配套,城市化不断提高,但城市病也不断增多。城市化要增强城市产业发展、公共基础设施水平,提高人口聚集能力,转移农业人口,主要途径仍是就地转移的就地城镇化。政府要加大科技税收,完善税制,刺激企业改进技术。农民工徘徊于城乡边缘,对城乡双重陌生化,要扩大内需,提供科技支撑。城市化能制造需求,加大城市基础设施投资。城市化引发消费需求,促进服务产业发展,有利于消除城乡二元结构。政府要解决农业人口就业问题,发展轻工业,发展农村产业园,调整产业结构比例,提高非农产业比重,促进社会经济合理循环,促进供需平衡。政府要拉动消费需求,避免过高储蓄率,避免生产过剩,不能再压制本国内部需求,要提高服务业比重,增加城乡投资,要为城市化补课,调整城乡结构,解决失业问题。乡镇企业对环境造成了很大污染,需要向城镇集中,发展新农村,进行新土改,确保农民土地产权,解决人地矛盾,确保粮食安全,提高土地利用效率,提高农民积极性,加大对农业的补贴,提升农业产业化、规模化,要促进社会分工,促进剩余劳动力成为现实生产力。我国重工业消耗了大量能源,制约了经济进一步发展,有很大的资源压力,需要参与全球分工。城市化要调整空间布局、人口布局、交通布局,应对世界性的经济衰退,推动大都市发展,合理改造旧城市,创造新城市空间。政府要推动房地产更加市场化,解决土地稀缺,缓解收入分配矛盾。当代中国城市化与现实情况出现矛盾冲突,出现重数量轻质量的畸形城市化,高速发展中城乡贫富差距日益扩大,城市盲目建设导致城市化畸形。新型城市化要借鉴国外经验,建立创新集约型社会,进行结构、技术、制度等创新。新型城市化要顺应和谐社会的目标,采用新型工业化,采用全面协调可持续道路,实现城乡的统一,推动信息化建设,实现城乡可持续发展,促进人口迁移,实现农业和工业的统一,共性和个性的统一。户籍制度让人与人之间产生了不公平现象。新型城市化要统筹各类城市的发展,实现和谐的居住条件。"新型城市化中,和谐是结构创新,动力是技术创新,关键是体制创新。"①结构变革涉及经济结构、就业结构、空间结构等。技术创新涉及能源和环保方面、交通方面、信息方面。

二代农民工很多想实现彻底城市化,被统计为城市人口,对城市有更多渴求,自我意识也更强,需要缓解就业困境,采取推动基础教育改革、改革土地制度、推行平等就业制度等方法来实现城乡公共服务均等化。我国城市化率不断提高,但统计中包含水分,需要提高城市化质量。城镇常住人口统计中包括了城市户籍人口和常住无户籍人口,很多农民工也被统计为常住人口。二代农民工主要是80年代出生到城市打工的农民,也是新生代农民工,他们处于半城市化状态,对城市没有归属感。"二代农民工有更不完整的身份认同、更强烈的自我意识、更深刻的社会排斥感。"②

（三）促进农村经济结构升级调整

中国是农业大国,需要提升农业生产率。中国农业的生产效率低下,牵制了大量农村劳动力,需要转移农村剩余劳动力,用城市经济反哺农业,让农业从小农经济转变为产业化经济,实现农业市场化,提高科技在农业中的应用。分散的一家一户的农业经营已经不适应农业生产,需要实现市场配置的集中性规模化生产,这需要土地产权的买卖,土地制度的变革。政府要加大对农业的扶持力度,推动农村公共服务建设,建设美丽乡村。我国省级行政区的城市化率可以划分为五类:严重超前、一般超前、适度、一般滞后和严重滞后。"农村城市化模式的概括为'苏南模式'与'珠江模式'。"③城市化要保持比较优势效应。推进农村人口城市化的主要障碍:第一,户籍制度的改革严重滞后;第二,农民进城须放弃土地,支付较高的成本;第三,小城镇建设滞后,对农民的吸引力不够。

农村经济结构调整必然是沿着城市产业结构高度化的路径进行。"在实际的

①　刘嘉汉:《统筹城乡背景下的新型城市化发展研究》,载《西南财经大学学报》,2013 年第 4 期。
②　刘志玲:《二代农民工的彻底城市化路径探索》,载《牡丹江大学学报》,2017 年第 1 期。
③　潘孝军:《中国东西部地区城市化比较研究》,载《陕西师范大学学报(社会科学版)》,2006 年第 3 期。

城市经济结构调整中,则主要是一大批资本有机构成低、技术含量低、附加值低、污染程度高(水污染、大气污染、噪声污染)的产业被调整到郊区布局。"①我国土地资源紧缺,耕地尤为不足。但是,正如没有零污染的经济发展一样,也没有零浪费的经济发展。农村经济结构调整有利于城市与农村经济的统筹发展,缩短城郊间的时空距离。

　　城市化在快速发展,需要积极稳妥推进农村城市化,城镇人口已经超过农业人口。农村城市化需要促进农民进城,扩大城市规模,聚集资源。城市化为妇女带来了新的发展机遇,城市化有聚集和创新效应,能产生规模效应,让居民思维方式发生改变,提高精神生活。城市扰动着人们,让城市分工更加明确,促进契约关系形成,带来结构效应,增加了居民发展机会,提供更多教育机会,促进资源聚集,提高公共设施,满足更高层次的精神需求。城市化创造着新的观念,促进职业和身份地位转变,促进社会关系丰富化、交往形式多样化,让男女更平等,消除农村传统观念,促进男女家庭地位平等,促进主体意识提升,为人们提供更多活动舞台,创造新的公共空间,参与更多活动。城市化也为人们带来了挑战,让弱势群体更加边缘化和底层化,产业调整导致就业变化,会产生一些失业人口。促进城市管理体制变化,促进劳动力市场完善,提高独立意识。城市化带来新的分化,促进人口向都市聚集,农民可以成建制或个人独自进城,促进阶层、城乡、性别分化。收益分配不均衡,需要加快非农化,促进政府征地规范化,保护失地农民利益。人口迁移只有升学、婚姻等方式,男性为流动主体,只能文化技术移民。中国城市化出现偏态运动,主要是滞后于非农化,推力大于拉力,地方化效应大于城市化效应,城与市不均衡造成的。偏态城市化损害了城市可持续发展能力,忽视了资源的有限性,占用了很多耕地,破坏了生态环境,还导致城市区位利益的损失,带来了经济结构效率的损失,导致低水平建设,导致产业结构调整困难。偏态城市化来自中国城市化独特模式,更主要是乡村城镇化,国家希望农民离土不离乡,但更多农民离土离乡去大城市打工。两种城市模式各自独立运行。我国城市化有制度背景,农村先突破传统经济体制,提高了农业生产率和促进了非农产业发展,对传统城乡隔离有所消解,国家加重了城市偏向,加大了城乡差距。农民进城务工,户口却难以改变,用户籍制度限制了农民进城流动。乡镇企业粗放经营,成本效应不高,城市的开发区也占用了耕地,共同导致偏态城市化。偏态城市化需要转变城市化模式,促进两种城市化模式融合。两种城市化模式要替代性对接与

---

① 石灵灵:《城乡统筹视角下的城市化发展路径》,载《南京航空航天大学(社会科学版版)》,2008年第1期。

融合。

中国人口多,需要经济增长养活人口,需要保障粮食安全。经济发展促进了生活改善和收入提高,增加了事物种类。城市化占用了一些耕地,危害了粮食生产。我国城市建成区面积仍相对较小,城市以较小的国土面积承载了较多人口。工业化与城市化应该同步推进,需要促进社会由传统向现代转型,需要促进经济与社会协调发展,城市化水平偏低制约了经济社会发展。人均收入不高,城市化长期低迷,工业化并没有促进农村人口向城市聚集,很多就业人口只是从事粗放生产,阻碍了经济向集约化方向发展,需要促进土地规模经营。我国需要继续快速发展城市化,需要转移大量农村人口,提高农村城市化。城乡二元结构存在困境。城市存在很多流动人口,加大了管理难度。农民工促进了产业发展,促进了社会转型。政府需要增加就业岗位,缓解就业压力。城市基础设施投入不足,很多基础设施不完善、不到位。城市用地紧张、生态环境效益底下,道路拥挤,住房紧张。城市化仍存在错误认知,建设用地盲目扩张,占用了耕地,耕地流失严重,需要保护耕地。城市化是复杂工程,要整体推进,建立完善的城市体系,提高城市竞争力,提高产业技术化,扩大城镇规模,提高城市基础设施水平,质量并重。要处理好城市化和工业化的内在关系。城市化是在工业化发展到一定阶段才产生的,城市化能拉动工业化发展,提高就业和生活质量是城市化的重要目标,要科学引导城市化,提高竞争优势,建立新型产业。

三、城乡互动、循序推进城乡一体化进程

(一)统筹城乡产业规划及建设

城乡统筹要达成城乡公共基础设施的一体化。实现城乡一体化要推动城市资源向农村流动,提高农村基础设施建设,消除城乡隔离,让城乡能够相互促进,相互辐射和支撑,提高城市化的空间和速度。

经济发达的地区推动城乡一体化,要优化城乡产业布局。工业发达的城市区划内的行政村要大力发展服务业,尽快融入城市化进程;人口较多的行政村要发展新兴工业,尽快实现就地城镇化;处于生态保护区的农村要发展现代农业,可以通过置换土地到其他地方发展工业和服务业。政府要促进工业企业向开发区和规划区集中,农村居民向新型社区集中居住,优化土地资源利用。"推动农民市民化,可以将集体资产置换为合作股份,土地承包权置换为股权,宅基地置换为城镇

楼房、货币、股权等。"①集体入股要给每位农民分红,失去土地的农民要享受基本养老保险和医疗保险。政府要推动工农合作,建立富民机制,农村社区股份合作,土地股份合作,农业经营合作,让农民变成股民,通过土地、宅基地、资金等按股分红,建立富民合作社。政府要推动三大产业互动,让农业参与工业和服务业,发展农业加工业,建立农产品市场,发展农村服务业、旅游业,提高农村参与工业生产程度,增加农民收入。政府要提高财政对农村建设的扶持力度,扩大财政在农村的覆盖范围,建立农村保障制度、合作医疗制度和养老保险制度,推动城乡公共服务一体化。

城市规模不断扩大,城市化率不断提高,将很多农民从土地中解放出来,但城市中仍有"城中村"、棚户区、农民工不充分就业等问题。我国仍存在一定数量的贫困人口,需要增强贫困人口自我发展"造血"能力。农民工是城市的弱势群体,是城市化的牺牲者。城市化要促进人的权利发展,解决阶层矛盾,要将扶贫工作落到实处。城市贫困是制度政策的因素、个人家庭因素等导致的,需要保障居民基本生活、促进贫困者融入城市;要实施减贫措施、完善社会保障制度、实行基本公共品供给。政府要发挥作用,确保公民平等社会权利,建立公平分享机制,建构公平社会环境,保障社会福利。城市化需要顺应全球化,避免基础设施碎片化,促进社会经济一体化,消除社会排斥。城市治理需要合理机制,尊重时代潮流。城市化要提高人的素质,转变经济结构,提高教育水平,促进三大产业转型。城市贫困可以从收入、能力、权利等角度分析,促进劳动就业。中国城市化存在政府主导、水平仍较低、贫富差距、教育培训不足、居住条件差、民工身份低等问题。政府要在工业化基础上促进大中小城市协调发展,发挥大城市带动作用,要提高小城镇规模,大力发展乡镇企业,促进产业聚集,促进城镇自我发展能力。撤社建镇促进了经济发展,允许乡镇发展工业促进了乡镇企业发展,应该鼓励乡镇发展第三产业,提高社区服务,发展商品贸易。城郊的小城镇要利用靠近城市的优势,依靠工业化推动发展,提高城市综合功能,更好融入城市,依靠产业发展,发挥比较优势,优先发展第三产业,消除二元体制,创新小城镇发展战略,尽快实现城市化目标。

新型城市化不断加快,农村劳动力加快流入城市,形成民工大潮。农民工要真正融入城市,给予农民更多权益,健全社会保障体系,促进农民灵活就业,促进农民工市民化,降低农民工生活成本,稳定房价,提高农民工的身份认同,实现城

---

① 湖北省经管局联合考察组:《苏沪农村土地经营体制机制创新的经验及启示》,载《农村经济与科技》,2010 年第 10 期。

乡居民均等化,需要政府、社会、企业、个人共同努力。农民工只是身体进了城,而精神还没有进城。"农民工会自己计算生活成本,有城市生活成本、自我保障成本、农民工放弃土地的机会成本以及住房成本等。"①农民工市民化的成本划分大体分成公共成本和个人成本。住房成本高昂等制约了城市生活。农民工市民化个人成本的各项成本在总成本中的占比很小。公共福利政策偏向于大城市,大城市待遇更好。政府需要降低住房成本,减轻农民工融入城市的经济压力。规模越大的城市,住房成本越高,农民工面临的经济压力越大。生活成本也存在地区差异,东部沿海生活成本更高。要建立法治型、服务型政府,推动农民进入城市。公共服务发展要促进公共服务的均等化,发挥政府协调引导功能,建立完善的服务体系,完善基础设施,促进基础设施建设的产业化、多元化经营,加强公共服务投入和管理,提高福利水平。

中国需要推动城乡一体化发展,解决三农问题。恩格斯最早提出城乡融合的思想,并指出,"通过消除旧的分工,进行生产教育,变换工种,共同享受大家创造出来的福利,以及城乡融合,使全体成员的才能得到全面的发展"②。西方经济学家芒福德则提出城乡有机结合思想,主张城乡生态、社会、经济协调发展。城乡一体化是城乡互动,而不单是乡村城市化。城市化一体化是生产力进步的结构,是逐步实现的,需要互动,不是消灭城乡差别,而是和谐发展。城乡一体化需要与工业化同步,城乡互相支持、哺育、协调,有不同的模式。江浙模式以农村改革为依托,突破城乡传统发展模式,大力发展乡镇企业,推动城乡工农共同发展,经济融合、资源共享、产业互动,城乡统一规划,加快城乡统一管理体制,促进城乡有序流动,建立新型户籍、社保制度,促进区域一体化。要统筹城乡产业发展,促进产业聚集,打造产业中心;要统筹城乡基础建设,实行城乡总体规划,整体促进城乡社会保障事业,解决农民教育、医疗事业,加大对农村的财政支出,通过乡村发展实现城市化,优化城乡产业结构。成都模式推动城乡互动、循环推进,推动全域发展格局,注重地方特色,要求长远规划,注重集约效益,加强制度保障,坚持以人为本。北京模式更多是行政力量导致资源向城市聚集,计划经济体制严重,二元结构突出,中心地区拥挤迫使向外扩展,工业北迁移到郊区,总体战略推动工业项目迁移到河北及周边,是中心城市向周边农村扩展过程,主张城乡布局一体化,带动郊区发展。上海模式的城乡二元结构本来也很突出,资源过度集中于中心区,市

---

① 王秀芝、朱瑶:《城市化进程中农民工融入的经济困境及对策》,载《行政科学论坛》,2017年第1期。

② 《马克思恩格斯全集》第1卷,人民出版社2001年版,第224页。

场机制推动农村城市化步入正轨,城乡产业布局日益合理,郊区城市化发展迅速,旧城改造和郊区开发结合,促进了农村城市化,郊区基础设施得到明显改善,改善了投资环境,产业结构不断调整,重点扶持郊区工业,发展出多元投资机制,鼓励城乡跨区协作发展,制定城乡总体规划。

(二)全面加快新农村建设

新农村建设要实行"工业辅助农业,城市支持农村"的政策。政府征收了农民太多东西,而给予的较少,导致出现城乡二元结构。生产力低下让政府优先发展城市,无法保障农民利益。政府要强化对农民的补贴机制,不断增加农民收入,尽快消除城乡分离体制,实现经济协调发展。实行粮食直接补贴,减轻价格波动对农民收入的影响,用农资补贴稳定农业成本;以良种补贴引领农民采用新技术,提高农业产量。对粮食实行最低收购价政策,能调动农民种粮积极性;农具补贴能提高农具的使用率,提高农业机械化;家电下乡补贴能促进农民购买家电。要加快户籍改革,消除城乡差别的身份、地位,消除农业和非农户口带来的不平等权利和机会。当前户籍制度是源于计划经济体制,阻碍了城乡居民交流,阻碍了农民市民化,要建立统一的户口登记制度,实现身份和地位的统一,允许自由迁徙。要建立统一的就业体系,保障城乡劳动力的自由流通,不能用制度限制农民,建立开放的人力资源市场。加快农村市场建设,让农产品有销路通道,提高农村需求,促进农村技术、服务、文化水平。政府要加强农村基础设施建设,提高农村公共服务能力;加强农村水利建设;保证农业应对旱灾的能力,加强农村交通建设,方便城乡资源交流;加强农村能源建设,普及电网,应用清洁能源,方便农民生活。

新农村建设要发展教育和科技,提高农业科技水平。政府要提高农业科技投入,加强技术在农业中的应用。加快科技成果在农业的转化,培养技术型农民。政府要提高机械设备在农业中的应用,推进农业机械化、市场化。培育农业合作组织,改变小家小户的耕作方式,实现农业产业化、专业化、规模化经营。城乡协调发展要维护农民基本权利,促进城乡居民权益均等化。政府要保障失地农民的基本权益,不能再凭借剪刀差获得工业的原始积累。政府通过低价征收土地,获得了巨大收益,应避免对农民的乱征地。失地农民失去基本生活资料,不能找到工作,生活质量严重下降,造成社会问题。政府征地应依据市场给农民货币或补偿。国家加强了土地审批,强化了城市建设的行政力量。工业化和计划经济体制,用低价征收农产品,剥夺了农民利益,需要搞活农村市场,保证农产品销售者的利益,推动农村商业经济繁荣。在农产品买卖中,不能用象征手段压价,要依据法律和市场维护农户利益。政府要严格管理涉农收费和价格,建立和完善农民负担监管制度。要实现城乡税制统一,将财政覆盖到农村,降低农民负担。要推动农村教育医疗改革,很多农民仍是文盲,知识水平低,需要推动农村教育,发展卫生事业。农民落后的观念,制约着先进技术的农业应用,不利于平等和谐社会风气的形成,影响农民自我提升,需要提高农民技术、文化水平,提高农村生产者的专业素质,巩固义务教育,扶持农村教育。政府要开展对农民的生产技能培训,满足现代化农业的需要,政府要扶持农村设立培训机构,科学耕作,培育新型的技术管理农民、就业能力强的现代农民。农村医疗卫生事业落后,影响了农民健康,城乡医疗不平等,需要扩大农村免费医疗范围,防治传染疾病,建立医疗网络,完善农村合作医疗,保证对农村医疗事业的财政投入,监管农村医疗事业,加强药品监管,规范医疗行为。"城市现代化是城市自身运动的最终表现和城市存在的最高形式。城市现代化的内涵极为丰富,大致包含以下几个方面:城市功能现代化、城市经济现代化、城市设施现代化、城市生态现代化、城市文化现代化、城市规划建设管理体制现代化。"①

　　新农村建设要进一步完善土地政策体系,规范土地承包经营权流转。"新农村建设要加大投入和人才培养,充分利用好现有卫生资源。加大文化投入,培育文明乡风,创新文化体制。"②新农村建设要合理规划村镇建设。新农村建设要促进农村产业转型,拓展培育农村市场体系,培育发展农村合作组织,注重体制机制的创新,提高政府管理水平。新农村建设需要自然资源等要素的支撑,土地资源和水资源是新农村建设的基础,农村能源是新农村建设重要推动力量,农村人力资源是新农村建设的主体,技术是新农村建设的重要支撑,信息化是新农村建设的重要推动力,教育是新农村建设的基础工程,卫生条件是新农村建设的重要内容,文化是新农村建设的精神内核。新农村发展模式要坚持生态循环型、旅游休闲型的建设。农村具有丰富的可挖掘的旅游资源,交通比较便利,利用已有的农业基础,组建绿色食品和民间工艺品的生产基地,投资少、见效快、效益好。地方政府做好自己的定位。新农村建设在生产上需要以中心城市为依托,依靠其经济辐射力。村办企业与民办企业共存。"新农村建设要把发展劳务经济与当地新农村建设相结合,以劳务促进当地农村发展。"③政府要制定农村环境污染防治经济政策,发展绿色庭院经济,发展低碳循环绿色旅游农业,加强环境巡查监督。

　　(三)加强制度保障,维护农民利益

　　城市化应该做到城乡共赢。中国仍是世界第一的人口大国,也是第一农业大

---

①　李明超:《城市现代化的内涵与外延刍议》,载《重庆社会科学》,2007 年第 5 期。

②　王建婷:《城市化进程中的新农村建设》,载《开发研究》,2006 年第 5 期。

③　李靖:《基于城乡统筹视角下的新农村建设模式选择》,载《商场现代化》,2008 年第 1 期。

国,农民众多是特殊国情。计划经济的负面积累,让改革开放30多年仍不能改变中国是典型的城乡二元结构国家,城市化发展仍任重道远。不是农民进入城市导致城市居民失业率增高,而是生产水平低造成的。城市提供的就业岗位仍不足。中国是制造业大国,农民适合劳动密集型产业,知识型产业不足无法为城市居民提供更多岗位,农民工只是农村原先大量剩余劳动力的显现,而不是失业率的扩大。失业人口并不是增加,而只是显现出来了。剩余劳动力的显现,有利于政府决策。城市不应像过去一样封闭保守,而应开放包容,这样才能促进城市和乡村发展。农民市民化有利于城市劳动力市场的形成,消解就业垄断,培育自由开放的劳动力市场,让市场机制优化配置人力资源,提高生产效率促进经济持续增长,制造更多就业机会。农民市民化没有抢夺市民的就业机会,而是促进了竞争和创新,促进了生产进步,有利于创造更多就业机会。因此,市场比行政更具有创造力量。进城务工的农民工和城市居民就业有互补性,农民工大多从事低端加工业和服务业,这些岗位是城市居民不愿从事的。人力资源的差异,促进了劳动力市场的细化,导致农民工供过于求,技术人才供不应求。劳动力细化能够促进劳动力市场竞争,有利于更快就业。农民工进城有利于形成开放竞争的劳动力市场,推动劳动力价格市场化,促进人力资源提高素质和质量。农民和市民一样具有自由选择的权利,农民自愿进城并不是盲目的,而是经过了权衡,是为了获得预期目标,有利于城市、农业发展。

　　政府要确保农民土地使用权,尊重农民进城意愿,完善土地产权制度,合理制定补偿标准,促进土地流转制度,完善法律,实行合同管理。政府要促进进城农民的就业和生活,取消就业门槛和壁垒,消除就业歧视,举办就业技能培训,完善工会制度,解决劳动纠纷。城市需要由数量型转向质量型,促进经济社会协调发展,坚持统筹城乡发展和以人为本。政府要促进内需扩大,促进城市化转型,提高城市化发展战略,提高居民幸福指数。城市化是工业化推动的,需要推动农民身份和地位转移,促进人口聚集,统筹经济社会发展。城市化能够推动现代化建设,带动工业化、信息化、城市化和农业现代化,促进人口、产业、资源聚集,推动农业人口转移到城市,促进产业结构调整,引领农村经济发展。城市化能够增加农民收入,统筹城乡经济发展,消解城乡二元结构,制定科学合理的规划,提高农业劳动生产效率,推动农业现代化。

　　城市化要由重物的城市化向重人的城市化转变,要由重城轻乡的城市化向城乡统筹的城市化转变,要由重城市规模的城市化向重功能建设的城市化转变,促进资源优化配置,促进城市多中心发展。"城市化要由重经济发展的城市化向经济社会协调发展的城市化转变,提高环境质量。"①城市化转型的优化路径要坚持以人为本,推动人本城市化运行质量,取消户籍制度,转移农村人口生活方式,提高城乡一体化发展速度,让城市带动农村发展,高效提升城市空间的承载力度,发展城市功能,完善公共产品,要提升经济社会协调力度,实现城市化包容性发展,促进城市内涵和外延发展,数量和质量结合。新型城市化要采用新路径、新目标和新标准。城市化的扩张不是消灭农村,而是要注重质量,开创农村城市化的新路径,推动农村经济发展。城市化发展要提升品质,塑造城市灵魂。大城市要更多元,包容一切群体,实现公共服务均等化。政府要制定合理的城市化质量、效益标准,不损害农民利益,不降低市民生活品质,不加大城乡差距,不产生新社会矛盾,不破坏生态环境。

城市化过程中要实现人的城市化,做到物的城市化与人的城市化结合。现代化的终极目标是人的现代化,城乡二元分割违背了人的城市化,需要尊重人的权利。城市化是生活方式扩散和人口空间聚集,包括人口城市化、产业非农化、地域城市化、生活方式城市化等。人口城市化是城市化的核心,是城市人口比重提高,反映了城市化水平,要解决户籍壁垒导致的人口流动停滞,要改变城市化理念,围绕人的需要做城市规划。人口迁移和空间扩张是城市化的特征,属于物质、技术城市化,呈现为城市空间扩张和农村人口转变为城市人口。社会转型和角色转变是人文性和社会性,属于社会文化层面的城市化,主要体现为人在城市的地位和作用。人的城市化是城市人口比重增加,是生产、就业、生活方式、居住环境、社会保障等社会化转变。地方政府过分注重物的城市化,而忽视了精神的城市化。

第四节　制度创新

一、制度创新需要转变理念,采用有效机制

中国城市化需要制度创新,接受国际先进经济理念。制度创新可以推动经济发展。制度体现人的动机、行为,人的利益行为需要制度约束,制度是公共规则,是无形的不排他的公共品。吸引人才方面,着情考虑对个人所得税的减免。组织是人群,制度则是规则。制度可以降低交易费用,影响资源配置,维护人的联系,

---

① 张明斗:《城市化高成本运行中的城市危机治理研究》,载《郑州大学学报(哲学社会科学版)》,2014 年第 1 期。

确保公共品的生产和分配等。经济主体在制度下活动,刺激效益提高,维护私人财产权益。制度创新需有获利机会,排除旧制度导致的成本,获得预期效益,应该建立促进增长的制度。制度创新涉及既得利益者,有很大的改革阻力,制度对城市化的阻碍作用很难在短时间内消除。

(一)制度创新的意义

制度在城市化中有着重要作用,能够促进城市空间结构转变,表现在:制度能影响个体的城市化生产、能够影响城市生产和交易的成本、激励城市资源分配机制、改善城市环境。城市化的制度有直接的刚性制度和间接的柔性制度。直接制度与间接制度等一起构成了制约我国城市化的制度,其中,户籍管理制度、社会保障制度、土地使用制度、行政管理制度、城市建设财政融资制度等更显得重要。"为了保护城市居民和工业的利益,国家采取了严格的城乡隔离政策,上述的制度安排几乎都带有城乡二元性。然而,有创新的需求未必一定有创新的供给,制度创新的需求与供给往往不能同步。"①制度创新需要重新定位政府功能和职责,给民工政治、经济等的平等。政府功能更多服务于城市居民,而不是流动人口,对民工实行驱赶、禁止、清理等粗暴方法。政府推卸对农民工的义务,政府机构和人员设置错位,机构臃肿,不能更好地服务于居民。很多政府结构不中用,而应当发挥作用的机构却没有设立,政府官员的责任意识需要加强。

城市化是世界潮流,需要国际化、都市化,依靠外资,推动制度创新和市场改革。制度创新要改革户籍管理制度、土地使用制度、教育医疗制度等。就地城镇化要调整行政区划,推动经济结构调整。异地城市化和就地城市化结合,推动非农化,推动产业结构调整,促进人员自由流动,发展城市群,就地城镇化重点在县镇方面,建设重点镇。改变县管镇体制,提供公共服务,扩大乡镇自主权,理顺行政区划,发挥整合效应,中国城市化虚高,而且存在区域差异,放宽设市标准。要提高城市化整体水平,打破区域失衡,推动社会经济发展,维护生态环境,提高中心城市的辐射作用,建立绿色城市,促进工农互补。城市化是社会经济发展的带动,是工业化水平的推动,是城市化过程的环境压力。

政府需要改革土地制度和城市管理制度,对农村土地合理使用,加强农村基础设施建设,实行惠农政策,对落后地区加强开发。要利用便利的交通和工业技术带动城市化发展,合理布局城市,消除城市生态问题。凭借都市圈带动周边地区城市发展,让城乡更加融合,促进产业结构调整,完善农村交通、通信设施。城市化与商业有很大关系,中国是人口大国,但城市化水平较低,城市化与经济水

---

① 刘传江:《论中国城市化发展的制度创新》,载《理论与改革》,2001 年第 5 期。

平、人口结构、政府引导也不匹配。发达国家已经完成城市化,进入逆城市化。城市化必然伴随工业化发展,城市化初期受政治、历史影响发展不平稳,城市化后期,城市化水平与经济水平不契合,会出现城市病,需要政府转变职能,调整产业结构。城市化模式需要解决城市化契机、城市化问题、城市化方法、城市化动力机制。

(二)制度创新需要主体观念革新

中国仍存在很多城市化思想误区,认为农民自由流动会影响城市和农业发展,农民进城务工会抢夺市民机会,增大就业压力等。计划经济的遗留问题和市场经济的不完善,引起很多观念冲突。政府是制度创新的主体,只有政府实行正确的施政理念,才能促进制度更加合理高效。政府要自觉接受人民群众的监督,如果政府官员缺少必要的监督,就可能会利用手中的权力为自己谋私利而忽视人民群众的利益。政府在引导城市化建设时要尊重城市化的基本规律,改变认识上的偏差。我党有完善的执政理念,没有过分担心中国会出现拉美国家那样的过度城市化引起的贫民窟现象,不应该对城市化的负面效应看得太重,要制定合理的城市化标准,重视城市的消费功能。

我党坚持的对外政策和理念也能为城市化的制度创新提供有利保障。随着全球化不断向纵深发展,政党外交在全方位外交体系中的作用越来越明显,对整个国际关系格局产生着越来越重要的影响。中华人民共和国成立没多久,毛泽东就亲访苏联,加强中国共产党和苏联共产党的联系。在以毛泽东为核心的中国共产党的领导下,新中国加强了同各国共产党的联系。在与缅甸总理吴努的谈话中,强调各国的政党在进行交往时要坚持一些基本原则。一是独立自主原则。他特别强调各国政党要做到独立自主。毛泽东始终坚持各国政党要平等协商,反对搞父子关系。对于苏联党的霸权,毛泽东坚决维护中国共产党的独立自主,同时,也努力把这一原则贯彻到中国共产党同其他政党的交往之中。二是平等互利原则。毛泽东坚决反对别国干涉中国内政。同样在政党外交中,他主张要正确处理大国与小国的关系。他认为这是一个基本原则。三是爱国主义和国际主义的高度统一原则。

我党一直以来的高度的责任感和担当意识能为制度革新提供有利保障。新中国的政党外交不怕武力威胁,不畏强权政治,不屈从于任何外来压力。面对尼赫鲁的前进政策,毛泽东果断下令打了一仗。毛泽东那一代的领导人,在那个特定时代的外交舞台上,取得了政党外交的辉煌成绩。在毛泽东之前的中国共产党,无论是组建成立还是思想路线,基本上都要受制于共产国际的指挥。红军被迫长征,标志着共产国际的"左"的路线在中国的彻底破产,由于客观上断绝了联系,使共产国际无法对中共指手画脚,才有遵义会议毛泽东成为中国共产党事实上的领导人。依赖苏联、听命于共产国际,是长征之前中共的主导思想。毛泽东成为中共事实上的领导人,标志着中共作为独立政党的开始。这个过程很艰难,道路曲曲折折,一直到中共彻底摆脱苏联老子党为标志的中苏决裂,中国共产党才彻底成为一个中国的政党,而不再听命于任何国外的政党和组织。人类总是在反思中不断前行。这首先就要总结中国的历史经验,要对自己负责任。众所周知,中国是世界上人口最多的国家。中国愿意积极承担责任,愿意为世界的和平与发展贡献自己的一份力量。在经济危机的困境当中,中国责任的履行必须基于自己的能力之上。"十八大"以来,在习近平新时代中国特色社会主义思想的引领下,我党不断锐意进取,促进了制度创新。

(三)制度创新需要有效的机制

政府在城市化中缺乏超越思维。中华人民共和国成立之后,为了建设大型水利工程而实行人口搬迁,但搬迁并不成功,移民缺乏归属感,没有生活保障,社区建设落后。政府在搬迁移民时仍以农为主,而不是进入城市。从农村到农村的搬迁,不符合规律,移民也不自愿,违背了市场经济规律。反城市化政策是由于经济发展模式的制约,国家优先发展重工业,保证获取农业剩余,严格限制户籍及迁徙。重工业不利于吸纳劳动力,需要大量资金和技术,国家不考虑农村劳动力转移。公有制用工制度严格,不像民营、个体用工灵活,国家用计划指标控制就业。因此,导致城市化止步,阻止了农民工的进一步发展。

制度创新需要消除城市化的制度阻碍,主要是改革户籍制度及各种配套等。制度创新是为了让进城的农民能融入城市,成为真正的城市居民,实现农民成为城市居民的愿望,提高城市人口比重,这需要增加教育、就业等的投入。户籍制度已经有一些改革,如实行蓝印户口、学历打分落户等,但制度创新还远远不够。加快推进城市化要建立和完善农村土地流转制度,要改革和完善城市户籍管理制度,要明确和规范政府的职能及行为,要重视城市文化建设,保持经济与文化的平衡发展,要循序促进本地文化与外来文化的融合与统一。应注意妥善解决可能出现的城市贫困问题,促进社会稳定。

制度创新需要采取多种措施:其一,要尊重居民意愿,让城市化获得民众的广泛支持。城市化要尊重农民意愿,不能强迫农民搬迁到城市,农民会根据成本自己选择是否去城市。政府要引导提供更多就业机会,为农民提高就业技能培训,提供完善社会保障制度,要引导农民进城,而不是强制撤村并镇。其二,要尊重经济规律,推动城市化有序展开。城市化需要政府发挥合理职能,尊重城市化自然演进规律。政府要消除城市化的不利因素,做好城市规划,不应生硬推进,要顺应市场体制,自然应对耕地保护和房价上涨问题,需要发挥市场基础动力作用,减少人为干预。其三,政府的城市管理需要有弹性,留有余地,防止不测事件。中国城市化也有一些不可预测的事情,需要尊重农村土地承包权,不剥夺进城农民土地,让他们有回村的退路;完善进城农民社会保障,让进城农民即使失业也有社会保障可以维持基本生活,做好基本的生活救济。

二、土地制度创新

(一)建立平稳的房地产市场,推动人地和谐

城市市民生活质量提高的一个反映就是居住面积的增加,城市化还会产生大量的流动人口。房地产业能够拉动城市化。房地产业能够促进国民经济发展。"房地产开发投资增长速度持续快于固定资产投资和 GDP 增长速度,房地产开发投资占固定资本形成的比重不断上升,房地产开发投资对我国经济增长的贡献率逐步提高。"[1]房地产能带动相关产业的发展,提供更多结业机会,为城市化建设提供资金支持。房地产业对社会财富的贡献巨大,能够改善城乡居民消费结构。城市化和房地产业都与居民的利益有密切联系,受经济发展水平制约。房地产业创造了大量社会就业机会,提升了城市的质量和层次。城市化中需要合理配置人口和土地等要素。人口要素的配置,要缓解中国面临老龄化挑战。"人口年龄结构的变化正逐渐压缩中国的劳动力优势,而伴随老龄化而来的养老保险给付压力更为中国未来的发展增添了不确定性。"[2]

房地产是房屋和地块的组合,有流通、服务职能。房地产在国民经济中处于基础地位,促进了中国经济发展、拉动了内需,是支柱产业。中华人民共和国成立前,中国就有房地产业,资本集中于地产,但动荡的社会导致地产业残缺。社会主义改造时期,房地产业有所发展,但 1956 年后,国家完全没收私产,公有制经济占完全主导,房地产萎缩。直到改革开放后,房地产才重新发展,国家一再调控房价,地方政府把房地产作为支柱产业。我国房地产业取得了巨大发展,有力地提升了城乡居民的居住条件。房地产拉动了经济,但产生了一系列社会问题、生态问题。房地产业依赖银行贷款,带来金融风险。房地产结构不平衡,房价过高,没有改善普通人居住条件,出现结构性泡沫,存在投机行为,炒作房价。土地价格太

---

[1] 王彬彬:《从房地产对宏观经济的影响看我国房地产公共政策》,载《建筑经济》,2009 年第 11 期。

[2] 陈沁、宋铮:《城市化将如何应对老龄化?——从中国城乡人口流动到养老基金平衡的视角》,载《金融研究》,2013 年第 6 期。

高,不能满足社会需求。政府调控政策在房地产取得了很多效果,但仍需要加强监管。工业园盲目建设,占用耕地,损害了农民利益。大学城配套不完善,出现空城。房地产是政府和企业行为,也有消费者行为。政府是房地产的资产所有者、管理者、土地所有者,让政府主导了房地产,一些开发商考虑自身利益,抬高地价,发展土地经济,低价收购农民土地,不利于土地合理开发,导致市场购买力不足,导致银行烂账。一些开发商只关心赚钱,追求利益。一些房地产企业也追求利益最大化,不关心民众利益,大多粗放生产,难以技术革新。政府应该规范企业行为。房地产承载了城市化,是城市化结果,不应单纯追求规模,而是为了提高居民居住质量。房地产不是城市化动因,但能促进城市化,推动城市基础设施建设和公共服务,改善居住环境,推动城市周边卫星城等发展。房地产业是经济新增长点,需要改变粗放式模式,尊重市场规律,减少土地占有和生态破坏。

土地财政成为当前中国城市化的重要动力。政府考核也以 GDP 指标为准,GDP 的增长成为推动城市发展的基本考量,推动了物的城市化。物的城市化是城市空间规模扩大,核心是土地城市化,促进了城市基础设施建设,推动了城市化率提高。但这是政府依靠高地价、高房价、高投入推动的,浪费了土地资源,在劳动力成本不断提高、土地资源有限的情况下,无法持续。城市化进一步发展,城乡二元社会却没有消亡,户籍制度滞后加剧了城乡差距,背离了人的城市化。中国城市化建设也背离了人的城市化,土地财政支撑着城市发展,地方政府低价征收农民土地,高价卖给开发商,获得了大量的财政收入。房地产拉动了国民经济,是重要产业支柱,带动了服务业发展,增加了就业,改善了居住条件。城市化和房地产能相互促进,提高城市基础设施建设,完善城市服务功能,改善了居民生活条件。房地产是房屋、土地,还有产权、资产等。房地产是为生产、生活服务的,是对土地的利用、开发、建设,与土地资源密不可分,具有区域性、具有地区价格差异,能够保值、增值,产生房屋投机行为。房地产业与其他产业高度关联,具有很大拉动经济作用,能带动建筑、冶金、化工、电子等很多部门。房地产具有高投资、高回报、高风险的特点,价格应该经常波动。改革开放后,商品经济得到恢复发展,允许土地转让,房地产业才开始复苏。1982 年制定法规将城市土地认定为国有,统一了土地管理。政府允许土地拍卖,70 年使用期。1992 年,市场经济确立,房地产逐步成为新兴产业。各地政府过分重视房地产对经济的拉动作用,忽视了资源、环境的协调发展,过度依赖土地经济,没有保证社会公平,贫富差距加大。房地产企业粗放经营,缺少技术创新,资源浪费。房地产过度依赖银行贷款,形成借贷风险。房价过高,居民难以承受,普通居民背负沉重负担,居住条件没有得到改善。房地产和经济要协调发展,整体经济状况、原材料市场、消费市场、资本市场、国际贸易情况都影响房地产业。房地产是人的居住空间,人口数量、人口结构、人口素质都影响房地产业。人力、知识、信息、技术等社会资源也影响房地产,气候、水、生物、矿产资源也制约房地产。

中国城市化面临深层次的体制缺陷,需要推进土地制度改革和完善相关配套体制法规,需要处理好农业、工业和服务业的关系,既要保证粮食安全,又要加快农村城市化和工业化,允许农村宅基地流转。为了推进城市化,中国应该改革户籍制度,放宽城市落户条件,提高就业机会,增加居住条件,确定土地的私人经营权,以土地制度革新推动城乡一体化发展。即使保留农村土地的集体性质,也要推动土地的经营权流转,建立农村土地交易所,实现农村规范化生产,提高农业生产效率。农村土地制度和户籍制度必须改革,否则中国城市化很难有大的发展,追赶上发达国家的水平。

长期的资本投资主要是交通等生产性投资、住房等消费性投资、科技等研发性投资、医疗卫生等公共领域投资等。这些投资不仅着眼于现实利益,而且着眼于长远利益,能够保证长期都有生产和消费价值,能够在较长时间内缓和资本空间生产的矛盾。资本主义通过刺激消费、扩大金融信贷等手段预防资本增值风险,这是提前预警,是用时间转移未来可能的危机,但资本主义通过这种方式也扩大了自己的矛盾,导致虚拟经济产生。消费经济和信贷体系的形成和扩张,意味着经济过热和透支,是提前消耗剩余经济能量。资本主义在长期投资中消耗太大,又不能及时取得收益,就会导致资本流通受阻,引起经济危机。房地产是资本主义重点投资的长期项目,但也是引发危机的导火索之一。消费经济和信贷体系促进了虚拟资本的流通,导致生产和消费活动都脱离实际。资本变成在虚拟市场、债务经济中的投机行为,成了仅仅获取货币的工具。无数资本被用来获取更多货币,让原本公平的市场成为投机活动的场域,形成泡沫经济。泡沫破灭即是经济危机到来之日,变成金融危机的诱因之一。资本主义经济积累依赖于公民消费,公民消费依赖于工资水平,但资本主义不希望提供公民工资,由此造成长期矛盾。公民消费促进资本投资和经济信贷,让人们更方便地参与到贷款消费的活动中,也间接增加了低收入群体的购买能力和收入水平。但消费是由电视媒体鼓动的。信贷体系促进了消费,但加剧了债务危机。消费债务已经超出了人们的支付能力,让债务经济恶性循环,消费债务和实际收入差距日益扩大。

(二)积极探索城乡土地使用制度

农村的土地制度的改革要适应城市化需要。"建立农村土地使用权有偿转让制度和新型征地制度,使从事非农产业的农民能够摆脱土地的'约束'。"①土地制度改革要完善城乡土地使用权制度,促进农村土地流转,完善土地征用制度,推动土地资源优化配置,要科学测算农用地基准地价,要确定农地的合理价格体系,探讨农地计价的方法。发展农地使用权转让的中介组织。土地制度改革需要多样化的土地流转,将土地征用制改为土地征购制,完善土地市场;改革土地划拨制度,取消行政无偿土地调配,引入土地流转中的农民定价权,确立农民法人地位;提高土地集约利用,要尊重经济规律、法律,提高土地效益。

创新土地征用制度,就要严格控制征地规模,缩小征地范围,改革现行土地补偿机制。"每个城市的土地总是有限的,政府在长期内难以获得土地投入,这将影响地方公用事业和城镇建设的可持续发展。"②在现实生活中,还存在着大量的"一城多府"现象。"一城多府"加重了公民的纳税任务,造成政令频出,干扰了经济的正常发展。政府需要对传统的城市管理体制进行改革,要合理界定各产权主体权利、义务关系,要进行农地产权保护。建立市场化的农村土地流转制度,加快现有城市存量土地的流转,可以考虑采用土地入股。"健全土地税制,提高城镇土地使用税征收标准,开征城镇土地闲置税。"③

农村土地制度改革要坚持公开、透明、公平、民主等基本原则,真正维护农民个人对土地的占有和经营权。户籍制度限制了农民的土地、福利等利益,让农民只能在城乡之间流动,无法成为城市居民,不能享受城市市民的教育、医疗、住房等利益,根本不能融入城市。在尊重农民意愿的基础上,推进农村居住用地的集约化,建立大型社区,加速农村的就地城镇化,突出中心城镇的建设,通过村镇合并的方式节约农村居住用地。政府要用市场机制推进城市化进程。政府在征地过程中,必须尊重农民意愿,提高征地补偿标准,让市场起支配作用,形成土地市场,消除等级制度,实现城乡同地同价。欧洲国家的圈地运动也导致失地农民产生,为工业革命提供了廉价劳动力,违背了农民意愿,但让农民不再依恋土地,而融入工业文明和城市文明。我国失地农民从发展市场经济,推行房地产才大规模爆发。失地农民的征地补偿很少。当前中国失地农民数量多,失地农民失去土地后,受到了全方面的损失,生计困难,失去基本生活保障,合法权益被损害。要实现多元化的土地权利,建立土地退出机制,实现产业和居住地转移,完善农村集体土地股份制,允许农民以土地入股,进行土地制度创新。要积极探索国家引导下

---

① 冯子标:《论建立农村土地使用权有偿转让制度》,载《当代经济研究》,2002 年第 5 期。
② 章新华:《试论城镇化进程中的可持续发展》,载《决策探索》,2003 年第 2 期。
③ 曹雪琴:《城市化与土地制约》,载《经济经纬》,2001 年第 2 期。

的农民土地所有制,尽快征收社会保障税。

土地制度改革困难,很多人仍坚持土地国有化,认为可以消除小农意识,防止两极分化。有些人主张土地私有化,认为土地私有才能让农民获得自由身份,清除了城市化和现代化的障碍,可以通过委托实现土地规模经营。土地兼并不一定导致社会不稳定。只有把土地真正交给农户才能产生高效率。还有人主张完善集体所有制,继续完善土地承包制,保护土地产权,推动农业产业化经营。土地政策也需要改变,真正实现农民土地所有制,推动农村生产力发展,消除小农经济,消除人民公社的影响。政府要允许多种所有制存在,允许公民个人自由迁徙,不能以集体压制个人,促进农民自主生产,加快农村劳动力转移,推动农民就业。土地集体所有权让政府征地容易,给农民很少补偿,失地农民没有保障。土地经营权不稳定,也难以实现土地流转,农民很难靠出卖土地获得高收入。农民也难以隔断与土地的血肉联系,仍有故土观念。我国城市化进程对城乡居民收入差距产生了效应。收入差距有明显的区域差异,与产业结构、就业结构有关。改革开放后,经济持续发展,但也存在城乡二元结构等问题,需要促进农村剩余劳动力转移到城市,尽快实现现代化,扩大内需。我国城乡差距不断扩大,需要发展非农产业,提高农业生产效率,增加非农收入,消除严格的户籍制度,优化配置资源,城市化水平与城乡收入差距并不是正相关,城市化中期城乡差距持续加大,晚期城乡差距有所缩小。

(三)有序推进农民市民化,维护农民工利益

中华人民共和国成立后,国家实行对人口流动的管理与控制。"户籍制度的改革是缩小城乡差异、推进城市化进程的重要途径。"[1]中国城市化人口要素自由流动的实现要合理调控城市人口规模,坚持合理的人口规划。中国城市化空间要素的实现要尊重各地的地理特色,完善城市功能,消除人地利益矛盾,消除农民进城的后顾之忧。"在具体的途径上也可以概括为三种主要形式:融合、楔入和点缀。城乡融合是指市区与农村在人口和产业上的双向靠拢。楔入途径是指把周边地区部分村落及其农用地一起纳入城市用地的范围。点缀是城市在乡村中的散状分布,我国星罗棋布的小城镇是最好的注释。"[2]单个城市地理空间的实现缺乏科学规划。农民工是城市经济的动力,大量农民工推动了城市建筑业、服务业

① 吴克泽:《户籍制度改革的探索——兼谈重庆市户籍制度改革新举措》,载《宁夏社会科学》,2010 年第 11 期。
② 陈云:《城市化本质与中国城市化实现途径分析》,载《中共中央党校学报》,2004 年第 5期。

的发展,推动经济快速增长,老龄化的现象也得以改善,伴随而来的是高技能城乡迁移劳动力的工资停滞。城市化是人口与土地的要素再配置。

城市建设公共产品供给的制度选择要建立合理的城市规划,多方筹措资金,改革管理体制,增强城市吸纳能力。降低劳动力流动壁垒要改革户籍制度,建立完善社会保障制度,建立全国统一的城乡劳动力市场和城乡一体化的就业制度,树立新的城乡人际观念。增强城市创造就业能力的制度选择要促进农村乡镇企业发展。农民工市民化要主动和被动结合,坚持城乡统筹发展,完善公用财政制度。城市化带动经济增长,促进社会进步。城市化需要从被动城市化转变到主动城市化,提高城市自生能力和辐射带动作用。中国工业化向后工业化发展,城市功能不断完善,产业结构不断优化,第三产业不断发展。改革开放前,优先发展国防工业,严格的城乡二元户籍制度限制了城市化进程。改革开放后,农业生产效率提高,工业化推动了城市化加快发展,但工业化导致的被动城市化也导致生态社会问题,加大了城乡差距。主动城市化能顺应深化改革、加快经济发展的需求,提高自主创新能力,能促进经济方式转变,推动三大产业发展,能统筹城乡经济发展,促进社会和谐稳定。农民工市民化是主动城市化的关键。中国人口城市化滞后于土地城市化,城市自生能力弱,城市化对经济社会的推动作用没有充分发挥。农民工市民化能成为经济增长的新引擎,能增加就业,带动三大产业的提升发展,推进农民工市民化,需要实现产业转移和经济发展的梯度推进,要推动公共服务均等化,建立配套的财政体制。中国城市化存在矛盾,需要做好规划,促进城乡协调发展。城市化存在城市化发展和观念约束的矛盾、城市化发展与制度约束的矛盾、城市化发展与资金约束的矛盾、城市化发展与经济约束的矛盾等。城市化存在缺乏个性特色的雷同病,城市没有区域、产业、环境、文化等特色。城市化还存在不求内在质量盲目扩张的虚胖病,还存在城市规划缺乏持续性、正规性的近视病和城市发展中的低效病。城市化发展要转变理念,促进持续发展,要深化制度改革,消除体制壁垒,消除歧视性政策,要利用市场机制,改善投资环境,促进政企分开,坚持市场配置土地、资金等资源,要做好规划,保护土地资源,提高基础设施,提高城市质量和品位。政府要完善投资环境,促进三大产业协调发展,增强吸纳劳动力的能力。

中国土地所有权存在城乡二元分割,没有统一的土地市场,土地流转不通畅。土地产权不清晰影响了农村土地退出机制,弱化了农民工市民化的意愿。要提升农民工的个人素质,提升个人观念,进行市民教育,加强心理引导,强化技能培训。要提升人力资本,提高工资,改善教育培训制度,提高人力资本质量,保证农民工子女教育,加强农民工职业教育,完善培训市场,创新培训方式和内容。引导农民工扩大私人关系,融入群体。建立新型工会,服务农民工,发挥社区的城市融合功能,大力培育非政府民间组织,推动农民工真正融入城市。

三、户籍制度创新

(一)户籍制度改革的目标模式

我国户籍制度有效地维护了社会稳定,但仍存在需要完善的地方。一个制度存在总有其特定的经济文化背景。"我国的户籍制度是限制人口城乡迁移的,时至今日,户籍制度在资源分配和迁移控制方面的作用,总体上被极大地削弱了,但由于医疗、教育、住房、就业等方面限制的存在,人口流动还是不顺畅,日益成为人口聚集的强大阻力。"①户籍制度改革的最终目标是实现居民迁徙和居住的自由。与户籍制度直接相关的制度改革要配套,尽早制定《城市居留权法》。

户籍制度一直在变迁,从1958年开始严格实行,直到改革开放后有所放松,让城乡居民身份固化,不利于城乡人员、物资的流通。改革开放之前,严格的户籍制度不利于农村人口向城市的迁移,让大量农民滞留在土地上,让农村积累了大量的剩余劳动力。改革开放后,小城镇改革开始,但小城镇分散、规模小、落后,容纳不了多少人口,依然控制农转非的规模和数目。市场经济推动户籍制度松动,放宽了落户条件,县级以下的户口已经基本放开。户籍改革有不同模式:北京门槛很高,准入条件只能让少数人收益,需要很高的投资、纳税条件,只针对私企老板,农民工很难受益,国家为北京提供了大量资源,北京却拒绝外地人进入;广东是建立城乡统一户籍制度,提高了农民获得户口的可能性,大量企业吸引了大量外来人口打工。需要降低进城条件,遵循城市化的大趋势,细化技术性问题。

二元户籍制度让农民身份不能随意改变,固化了很多待遇。户籍改革缓慢,有很多新问题。二元户籍导致农民工与城市居民之间的不平等,提高了农民工市民化的门槛;现有户籍也难以对农民工有效管理和服务;就业制度也不合理,农民工以非正规就业为主,农民工就业受到限制,抑制了农民创业积极性;农民工社会保障模式失衡,退保率很高,影响了农民工人力资本的提升,增加了融入城市的困难;农民工自身观念落后,没有很好的教育培训,人力资本低,社会资本也较低,很少有关系和人缘,缺少组织,交际面窄,阻碍了和城市的进一步融合。农民工困境来自城市化水平、制度、自身等因素,缺少资金、人力、社会资本。

中国城市化问题引起了政府关注,但没有解决的突破。中国城市化野蛮生产,建筑规划、治理都存在问题,生产、生活方式仍落后,城市化被扭曲了。农民工

---

① 陈光普:《如何构建我国城市化的制度支持系统》,载《行政论坛》,2003年第1期。

做出了巨大贡献,但只是居住在城市的农村人,处于城市边缘,农民工市民化很困难,农民工后代也无法融入城市。城市化中,居民参与度低,民众利益常受损。城市没有让生活更美好,而是聚集了大量外来人口,出现了治安、住房等城市病。城市承载着城市化、现代化、社会进步,也存在很多问题。需要明确城市中国的内涵,城市中国就是完成了城市化的中国,城乡融合、一体化的中国。农民工是两栖的,游荡在城乡之间。经济增长、产业结构提升,促进了人口移动,但农村劳动力的流动与定居是不同步的,民工潮与城市化分离,是户籍制度等导致的。农村劳动力难以在城市生活。农民工无法在城市安家,仍没有脱离农业,离乡不离土,游走在农与非农之间。农村劳动力流动具有候鸟性质,主要是为了收入,年终会回家过年。需要建立市场化为导向的城市化战略,推动城市化与劳动力转移相协调,促进经济发展、工业化、非农化、城市化协同发展,用市场机制推动人口、资源的优化配置,推动人口自由迁徙,保护农民工利益。中国农村外出人员众多,大批农民跨省打工,促进了经济发展,要推动农民工融入城市,改变户籍迁徙制度。迁徙自由可以保障农民的生存和发展权,能解决农民工的边缘化问题,能促进多元化户籍改革的探索,推动城乡统一的户籍登记,促进全新的户籍管理模式,完善户籍管理的法律法规。

中国城市化发展快速,但仍是不完全的城市化。中国城市化率有了很大提高,但仍然落后于世界平均水平,这与行政干预过多有关,农民进城仍有很多制度阻碍,城乡人口流动仍严重滞后。中国存在两种半城市化:进城农民工和农村工业化中的村庄。进城农民工没有有效的制度保障,农民工生活水平与城市居民差异很大。乡村半城市化仍旧是农村的管理方式,公共基础设施严重不足。农民工是城市的弱势群体,体现了我国城市化质量不高、社会失衡。城市化率可以用非农户籍人口比重反映,受计划体制的城乡分离政策影响。户籍制度附加了很多人口福利,限制了居民职业和居住地,体现着利益分配。城乡差距加大了农民对城市的渴望。我国城市化是根据常住人口测算的,包括了很多农业户口的人。我国乡村半城市化占了城市化的一部分,我国乡村半城市化不断增速。我国城市化质量低是因为生产力水平低和生产关系利益分配失衡,表现在工业整体技术水平落后;在社会保障上,利益格局偏向既得利益群体,农民无法享受各种福利;我国城市化模式仍不稳固,农民工没有国民待遇,需要经济增长、理顺各种利益关系。城乡一体化发展要打破户籍制度限制,消除身份差异,完善户口登记制度,推动居民平等的就业机会,政府加大对农民扶持。户籍改革不能包治百病,需要为农民进城提供平等待遇,提高居民幸福感,促进农村内生发展,推动农村现代化。

（二）加强户籍立法，清除户籍的附加功能

户籍制度改革取得了一些成绩，从社会控制到社会管理模式转变，逐步剥离了其很多政治功能，导致的不平等正在消失，不再承担政治控制和法律惩戒等手段，户籍制度改革不再敏感，成了可以讨论的话题。户籍制度正向人性、法制方向改革，能更多保护民工合法利益，体现法制精神，向居住地转变。户籍制度改革仍有困境，政府仍缺乏改革的动力，户籍制度依赖的计划体制仍存在，市场仍难以消除户籍制度藩篱，国际先进方法仍难以引进。户籍制度改革的观念障碍仍存在，人们仍担心放开户籍后会引起混乱，增加城市负担，担心城市病、贫民窟等现象发生。现行户籍制度已经不适应飞速发展的城市化，需要消除强制行政手段。

推动失地农民转变社会角色，政府要负起更多责任，创造更多就业机会，消除对农民的就业歧视，建立公平的用工制度，引导失地农民走出阴霾，实现社会公平。城市化让很多农民成为失地农民，要推进城乡一体化建设，改革土地利用制度，保障资金来源。城市化、经济增长都推动了人口流动，户口限制了人口流动，农民需要从农村转移出来从事非农产业，获得市民身份。政府要引导农民工市民化，有序推进，遵循效率和规模适度的原则。推动农民工市民化要长远战略和具体目标相结合，根据不同地区情况，制定推动模式，要建立完备的制度体系，完善农村土地权利保障制度，改革户籍、就业、住房制度，加强城乡融合。

户籍制度造成的城乡分离、城乡资源流动的停滞，导致城市人口增长缓慢。改革开放后，市场体制的确立和城市工资的提高，吸引了很多农村剩余劳动力进入城市务工，让城乡流动人口增加。城市中从事第二、第三产业的人口不断增加，大量农村劳动力涌入城市，但城市的公共设施和服务业没有跟上，出现了各种城市病。人口城市化是人发展和城市扩展的必然需要。城市要满足人的生活需求，就要提供足够的生存资料和各种公共服务设施，满足人的物质和精神需求。城市让人类的生活更安全自由、更符合人的需求和本性，更满足人的情感。但有时城市越发展，人类精神越孤单，城市生产了大量商品，也导致生态破坏、社会犯罪等问题。城市化不断推进，城市的聚集效应和人的需求推动城市规模不断扩大，城市人口不断增多，但人的精神家园日益荒芜。城市建设的结果与人的最初目的相反，没有完全满足的人的物质精神需求。人的需求是城市化的内在动力，城市的出现就是为了更好满足人的衣食住行，满足人的生存和发展需求。人的需求需要凭借生产落实到消费上。消费是生产和再生产的环节，制造出新的生产动力，在现代工业化生产的推动下，农业和农民都进入到市场化运作中，城市扩张让农民失去土地，为了更好地生活而进入城市。人口规模扩大带来的城市扩展，并没有带来人所需要的精神条件，没有形成健康和谐的城市，人们并没有生活在轻松愉快的生活环境中,而是出现了很多城市异化现象。城市化让城乡对立有所消解,农业和工业趋于平等地位,城市人口的聚集只是城市化的一个阶段,最终人口将趋于平衡分布,城乡融合才能为人的发展提供更多条件。要解决城乡分离首要解决人的分离问题。

当前户籍制度形成自 20 世纪 50 年代,适应了计划经济体制,变成城乡治理的基本政策。围绕户籍制度而建立了一系列黏附制度,与市场体制越来越不适应,居民强烈要求改革,但户籍制度改革缓慢,收效甚微,进入临时户口、居住证、常住户口的等级秩序。众多学者、媒体呼吁改革户籍制度,但户籍改革的方案迟迟不能推进。城乡关系应该是互相依存、互动的联系关系,需要以工业和农业关系为经济关系核心,以工人和农民为社会关系主体,以政治、思想、道德、心态等为文化关系主体。社会分工促进了城乡对立,城市开始占主导,工业化和城市化发展,推动城乡分离,城市聚集了大量人口、生产要素、资本、需求,乡村则是分散的,城乡差异加大。城市化发展到后期,城乡逐步融合。户籍制度有自然属性和社会属性,既无法随着人的意愿改变,又体现管理和登记功能,具有限制和分配职能,让资源分配不合理。我国城乡关系演变经历了几个阶段。户籍制度导致的分配不公平成为诟病的核心。中华人民共和国成立初期的城乡互助阶段,为了恢复经济秩序,政府重点发展城市,农村进行土地改革提高了农民积极性,允许城乡生产要素自由流动,为了管理城市,国家先在城市实行户籍制度;农村土地改革开放后,户口等级制度也建立起来,方便了政府进行社会治安管理。户籍制度的资源分配功能,体现为户口直接和教育、住房、医疗、保险、救助等挂钩,方便了国家对基本消费品的控制;随着市场机制的发展,居民就业渠道多元,居民保险、消费品等其他公共服务与户口有所脱节。城乡存在二元就业体制,没有全国统一的劳动力市场,劳动力自由就业仍没前提,不同户口的居民就业的机会、待遇差别大,政府更扶持本地户口的人就业,而对外来农民工的就业设置很多障碍。城乡还存在二元保障制度,城市居民能享受基本养老、医疗保险、社会保险等,而农民和农民工很少享受到企业的基本保险,大多只从事短期打工。城乡居民在教育方面也差异大,农民享受的教育层次低,农民工的子女不能获得应有的教育权利。

城乡户籍制度演变有其内在逻辑,是城乡关系推动的,是城乡治理体系的体现,是城市化、经济水平决定的。城乡发展战略影响了户籍制度的变迁,城市化水平制约着户籍制度的分配职能,城市承载力越低,国家越限制农民进城,农民利益越不能得到保证。城乡问题制约着户籍制度的需求功能,较低的经济水平让政府偏向城市,农村变成附属,导致农村贫困,影响城市化和社会稳定,导致政府关心公平问题,而不是效率问题。城乡二元社会是由户籍制度、职业制度、医疗卫生制度、行政制度、社会保障制度等构成的,导致城乡居民差异明显,农民身份和地位被固化。国家严格区分农业人口和非农人口,让城乡社会割裂,国家用行政人为抑制城市化发展。人口城市化滞后于工业化,也滞后于土地城市化,城乡居民有身份壁垒,没有形成完整的一体化社会,导致城乡严重分离,农民工不能享受城市待遇,没有基本的社会保障,户籍制度限制了个人发展。在其他国家,农民和市民只是一种职业,并不是行政区划分治,但在我国却体现了城乡分治,是强制性的居民身份制度,是身份和待遇的体现,户口背后是社会、政治、经济权利。农村土地变成国有土地,郊区错落也实现了半城市化,农民被无形剥夺。户籍制度为统购统销提供了保障,让农民无法在城市获得口粮,限制了农村人口流入城市。国家用户籍制度严格限制了农民向城市迁移,用审批控制农转非指标。

(三)逐步放开小城镇落户限制

改革开放后,国家允许农村进城务工,并有条件地落户。国家还放宽了设镇标准,制定了新的设市标准,引起城镇数目开始猛增。我国又对粮食购销体制进行了改革,逐步取消了粮食统购统销制度。进入 21 世纪,户籍制度改革进一步突破,国家进一步放开了小城镇落户条件。这些政策对于城市化有积极作用。

当前户籍制度仍是二元分割的,限制了农民进城,目前只允许农民到小城镇落户,农民到大城市落户仍然有很大限制,只能通过购房等苛刻条件落户。户籍制度改革要淡化户籍的管理职能,消除附加在其上面的福利待遇。户籍制度创新需要用身份证代替户籍制度,需要消除严重的户口等级观念,可以渐进式改革,逐步消除户口的不利影响。要放宽大城市对农民的限制,大城市应该吸纳多层次的人口,才能有持久生命力。要让农民能够落户于大中城市,要放宽农村户口迁入城市的条件,只要有一定教育水平、缴纳了社会保险、有固定住所就可以落户。

城市地区要加快户籍制度改革,让户籍制度回归本来职能,促进人口迁移,服务流动人口。原始社会就有户口管理的萌芽,用血缘世系登记身份,用文身、装饰表明身份,用聚众、庆典等宣告身份情况的变动。户籍制度是国家管理机关对辖区内的户口进行调查、登记、申报,并进行立户分类管理的社会制度,主要有人口统计和身份证明、为社会管理提供政策依据两个功能。我国户籍制度严格,户口上附加了很多其他制度和待遇,分为农业和非农业户口、城市和农村户口的二元管理模式。我国现行城乡二元户籍制度是统购统销制度促成的,顺应了计划经济体制和当时环境,在当时有积极作用,中华人民共和国成立初国家用行政手段干预经济,用户籍控制人口流动,集中发展国防工业和重工业,户籍制度稳定了国家证券,维护了社会稳定。然后,市场经济体制推动了社会发展,现行户籍制度落后于时代,给城乡生活带来了很多困难。目前,户籍的矛盾突出表现在城市地区,商品经济引发大量农村人口进入城市,但因为户籍限制而无法真正享受城市文明,不能完成市民化,现代化要求城市持续发展,但户籍制度让流动人口成为城市边缘人,城市人口老龄化加重,不能提供优秀的人力资源。现行户籍制度承载了很多功能,不仅提供人口统计资料,还与粮油挂钩,和就业、福利保障、义务教育等具体制度结合,体现身份和地位,控制了人口自由迁移。户籍具有了很多非自由功能,已经不是纯粹意义的户籍行政制度,让居民出生身份标签化,造成居民事实上权利的不对等。农业和非农业户口体现了身份和资源享有权,造成人一出生就不平等。很多职业只有具有本地户口才能从事,很多社会保障只有非农户口才能享有,外地户口很难就读本地学校;户籍制度还阻碍了劳动力自由流动,阻碍了经济发展,限制了生产要素流通,阻碍了农业现代化和城市化,加大了城乡差距;户籍制度还阻碍流动人口融入当地社会,引发一些问题,导致亲属投靠难,流动人口没有归属感;户籍制度还让户籍自有功能难以发挥,影响政府决策,导致人户分离,居民千方百计逃避户籍的严格管制,出现很多漏报、瞒报。城市化发展呼吁户籍制度功能回归,要求户籍制度加快改革。城市化推动了居民思想观念转变,促进了人口城市化。现行户籍制度承载的非自有功能已经严重阻碍了城市化。城市吸引了大量外来人口,但处于维护市民既得利益的考虑,不断借助户籍制度限制流入人口融入城市,城市的很多流动人口实现了非农就业,但因为没有户口,其就业只能限制在特定范围,从事工资低、待遇差、不稳定、强度高的工种。城市流动人口实现了地域专业化,但只是城市的边缘人,只能通过人才引进、购买等落户,大部分人不能实现真正的迁移。流动人口难以获得身份、地位、生活方式的转变,整体素质难以提升,缺乏对城市的归属感,难以融入城市。

　　中国城市化还处于较低水平,滞后于经济发展,市场化不强。城市化要求剥去户籍制度的社会保障、救助、医疗、教育等非自有功能,需要促进外来人口市民化。城市人口已经出现老龄化危机,人口结构不合理,缺乏劳动力,出现民工荒。外来人口一直被城市边缘化,就会离开城市,导致城市人口失去活力。城市地区户籍制度功能回归是有可能性的,需要成本分析、收益分析,促进人才资源合理流动,促进人口结构合理化和产业转移,让资源得到有效配置。户籍改革要逐步实现一元化户籍登记制度,取消农业和非农户口,建立合理准入制度,坚持配套制度跟进,坚持分步实施,要撤销制度性门槛,取消指标限制,促进户籍制度动态管理功能,将流动人口纳入属地管理,建立其自身科学的资源分配标准。户籍制度改革也要改革相应的行政制度,剔除户籍制度的非自有功能。政府要促进地区竞争,完善制度,促进社会有序发展。

　　政府的方针有时会阻碍城市化的持续发展,导致城市吸纳农村剩余劳动力能力不足。中国城市化受制于经济体制、政治制度、国内外形势,让城市化市场化难以推行,市场才是推动城市化的主要动力。中国城市化存在明显的地区差异,东中西依次递减,与人口密度有关。中国一直控制城市的规模,让城市化滞后于工业化,让农业现代化受阻,导致农村病,背离了城市化的主导模式。人口基数大、农村剩余劳动力过剩、就业长期不足,国企改革难以推行,城市化难以吸纳众多剩余劳动力。改革开放前的 30 年,中国城市化率长期停滞不前,主要是户籍制度等严格限制了人员流动,住房实行计划供应,农民进城也没有住处。如今城市化已经达到 56%,但扣除 2 亿候鸟式的农民工,实际上只有 36%。计算城市化率时把农民工当作城市居民,计算农民收入时又把农民工打工收入算入,但城乡居民收入差距仍很大。土地制度限制了农民进城,导致很多留守儿童、妇女。

中国存在很严重的城乡二元体制,户籍制度、财税制度、社会保障、金融服务都有很大城乡差别,阻碍了城乡人口流动,让农民因为身份而不能成为市民,享受城市待遇。城乡二元体制很难改变。改革开放前,政府为了巩固政权,发展重工业,实行人民公社和统购统销制度,垄断了农产品买卖,收购了农村剩余产品。在城市用配给制度维护市民的最低生活,用法律限制农民进城,用工农剪刀差为工业提供资本积累。户口登记制度将居民分为农村和城市户口,城市职工有最低保障,有很多福利,农村居民只能在生产队挣工分。城乡居民差异巨大,让农民根本无法与市民竞争,很多无形的歧视和束缚限制着农民,城市化也因为二元体制而有很多问题。

四、社会保障制度创新

（一）加大财政投入,探索新型社会保障制度

创新公共产品投入制度,确立科学的财政预算方法。城市偏向社会保障制度不利于城市化持续推进。中国城市管理工作存在一些腐败,导致贫困、失业、生态破坏等问题,很多市政部门效率不高,地方政府官员热衷于扩大城市规模,而不是提高城市管理、服务水平,政府热衷于用行政命令改造城市,不能提供足够的城市公共服务,让贫富差距加大,城市犯罪加重,导致社会分化加剧,需要提高城市生活品质。发达国家的城市化已经达到极限。我国农业人口众多,短期内不可能吸纳,需要以人为本,继续提高城市居民生活,提高管理智慧。人的城市化需要统筹考虑城市规划,城市规划要科学透明、体现文化传承和历史特色。城市展示了人类文明,能参与国际竞争,需要解决城乡二元户籍的对立,方便农民工生活,依法治理城市,把权力关进笼子。

政府要改革住房制度。非本市户口弱势群体只能通过市场解决住房问题,加

大了此类弱势群体经济负担。"住房保障制度是国家或政府依据法律规定,通过国民收入再分配,保障居民基本居住水平的一种制度。"①与就业保障、养老保障、医疗保障一样都属于社会保障体系范畴。其实质是政府利用掌握的资源为中低收入家庭提供适当住房,满足他们最基本的住房需求。住房保障制度内涵主要把握三点。其一,责任主体是各级政府及其公务员。其二,住房保障制度保障对象主要是中低收入家庭基本住房需求。其三,落实住房保障制度需要相关法规配合。现行住房保障制度不利于城市化质量的提高,不利于城市化可持续发展。进城从事非农业生产活动的劳动者住房得不到保障,将增加我国城市化的长期性和曲折性。我国住房保障制度创新的方法是按照城乡统筹的要求构建住房保障制度法律支持,把城市流动人口纳入廉租房供给对象,是保障人口城市化彻底性的必要环节。

农民工已经成为城市建设的主体,需要推动农民工融入城市,提高城市发展质量,发挥大城市带动、辐射作用,促进农村劳动力转移,放开户口限制。提高城市规划水平,加强基础设施建设,完善城市管理,协调各类型城市发展。小城镇的规模效益不高,需要提高中小城市水平,统筹城乡发展,吸纳更多农村人口,促进经济循环发展,提高农业规模经营、农业生产效率,构建合理城市体系。政府要提升城市化战略,推动财税、金融制度改革,拓宽融资渠道,提高政府公共服务能力,完善生态环保建设,防止政绩式的统计数据。经济发展影响城镇化发展进程,影响进城人口规模和城市空间扩张速度。城市化进程应该和经济发展水平、生态环境保持平衡,避免过度城市化。中国经济仍将高速发展,要促进城市化提高内涵和质量,注重城市生态建设,提高产业基础,发挥市场机制作用,壮大乡镇企业,加强产业聚集,推动城市经济发展。大力发展高新技术产业,尤其是信息通信技术,推动知识密集型服务业、文化创意产业。"改革就业保障制度,需要政府向城市就业困难人员提供就业岗位,需要政府购买就业岗位。"②政府要整合资源,不断提高服务农村居民的能力,加大整合劳动力市场,加大对农村劳动力的培训。做好职业技术教育,对农村进行有针对性的培训,理顺城乡管理体制,做好产业升级调整。"社会保险包括失业保险、养老保险、医疗保险、工伤保险、女工生育保险等五个方面的内容。"③

改革开放后,我国陆续健全了各项社会保障的法律、法规,城市的社保体系更

---

① 唐黎标:《住房保障问题探讨及对策》,载《中国房地信息》,2008年第9期。
② 屈莉萍:《推进农村劳务经济发展的深层次思考》,载《湖南社会科学》,2004年第1期。
③ 王爱华:《马克思主义社会保障理论的发展》,载《当代经济研究》,2003年第2期。

加完善。人口城市化有迁移、定居、市民化三个阶段。二代农民工市民化有农村养老、子女教育、土地制度、就业困境等阻力。二代农民工城市化需要加大公共投资,要完善社会保障体系,政府要执政为民,具体到二代农民工的父母养老、子女教育等方面,可以从以下方面着手:在农民工父母养老问题上,要提高农村社会保障体系,推行新农保,提高农村养老保险;在农民工子女教育上,要实现流入地与流出地的对接,协调两地教育部门责任,要加大贫困地区的教育投入,保证农民工子女受教育权利。

(二)建立多层次的社会保障体系,解决不同群体的社会保障问题

社会保障体系发展要促进农民工市民待遇,破除二元结构束缚,推动商业保险和政策保险结合的保障体系,促进全国保障体系一体化。"我国社会保障制度依然维持了城乡居民之间的利益差别,依然保持了城乡分割的二元格局,即使是上述那些已经在事实上实现了非农化的人口,也依然被排斥于城镇的社会保障体系之外。"[1]就业制度的改革与创新,要进一步整合城乡劳动力市场。"社会保障制度的改革与创新,要建立健全最低生活保障制度,力争合理界定失地农民基本生活保障对象。"[2]政府要尽快制定实行一系列的配套改革措施,还要建立健全社会养老保障制度,拓展资金筹集的来源渠道,完善基层民主自治制度。

新型城市化道路要有包容性,发展主体要有全民性、公平性、共享性,规范政府公共管理。要适应经济全球化,调整行政区划,打破二元结构,解决城市的经济病和社会病,建立均衡型城市化,促进居民机会均等。中国城市化有虚高成分,维护城市化内在路径,减少人治色彩,促进农民工有平等权利,打破阶层和空间结构失衡,各方面都要包容性增长。促进城市集约化、内涵化发展,增加平等就业机会,提高社会安全,促进经济发展与民生进步的有机协同,建立健康和谐社区,保障民生,解决城市化各种问题,采用新型城市化道路,促进农民工市民化,城市规划要引入包容性思想,处理好城市内部系统和外部系统。城市内部系统要实现人口、社会、经济、环境城市化,提高城市基础设施,合理利用土地,建立好居民住宅,完善交通,提高城市产业和城市福利,大力优化产业结构,增加选择机会,建立宜居生活;城市外部系统要建立廉洁的城市政府、消除二元结构、促进资源流动、维护社会环境、建立创新制度、促进生态文明。新型城市化道路的包容性需要给每个公民提供均等机会,需要营造宽松氛围,创造平等发展机会,推动新农村建设,有效转移农村剩余劳动力,促进农民工市民化,促进城市内部系统和外部系统的

---

① 樊小钢:《论城市农民工的社会保障问题》,载《农业经济问题》,2003 年 11 期。
② 安民兵:《试论城市化进程中失地农民的利益协调机制》,载《求实》,2013 年第 2 期。

互动发展,要促进政府引导和市场调节结合,坚持市场为主,政府调节为辅。政府要从管理到服务,解决城市病。要完善公共政策、规范公共管理,提高城市包容性,提高公共服务水平,完善各类公共资源,调节收入差距,促进利益共享。政府要创新宏观调控,加强市场监管,促进全民参与,提升城市化质量和内涵,打破体制障碍。

政府要改善农民生活水平,建立长效社会保障体系,要保障失地农民收入,用城市带动乡村,多给予农民支持,要继续取消各种税费,促进工农互补,在城乡结合部要完善配套措施,在偏远的富裕农村要加大投入,增加创收的产业体系,在偏远贫困农村,要为农民外出打工提供条件,加大政府财政投入。政府要建构农民、社会、政府共同参与的共同体,允许多元组织参与新农村建设,激发民间资本活力。政府要建立社会参与的社会保障机制,引入社会资金,实现农村城市化,政府要发挥监督作用,促进集体土地流转。新农村建设需要土地,圈地会损害农民利益,需要整合土地。农村城市化要完善基础设施,促进农民生活方式转变,建立完善社会保障体系,增加农民收入,要改造城市中的农村,改变农民身份,改变农民观念。政府要充分尊重农民利益,统一规划,建立共同体机制,要引进城市运营和房地产的高级人才,做好规划,迁村进社区,迁厂进园区、迁商进街区,促进土地集约利用,实现农业产业化,改善经济增长模式。

城市化需要坚持以人为本的城市建设,要提供良好的城市生活环境,要兼顾城市空间的公平和效率,促进资源自由流动,提高空间聚集效应,打破城乡分离结构。要走城乡互动的道路,推动三大产业有效调整,提高产业规模化和效率,加强监督管理,制定合理政策。城市化具有全民性、基础性、全局性、变个性、战略性、挑战性等,自觉提升发展质量。加速知识创新,促进核心城市发展。城市化能促进经济繁荣,促进均衡的国民待遇,让人民过上城市美好生活。城市化进程中要提高市民素质,促进人与城市环境协调发展,提高城市文化建设,发展城市综合实力。部分市民缺乏社会责任意识、缺乏社会公德意识、参与公民活动不够,要培育城市意识,提升公民素质,强化礼仪训练,倡导文明行为,清洁家园,开展多彩活动,提高公民思想道德、科学文化等素质,加大社会监督,加大文明执法力度,避免野蛮和暴力。城市化应建设在人的现代化之上,中国城市化对世界也产生了很大影响,需要促进人的城市化,带动农村经济发展。城市化是城乡人口双向流动的过程,需要提高基础设施建设,推动农民市民化和现代化,融入市场经济,促进农民转变理念,提高技术水平。进城的农民会增加见识,回到农村能更好整合资源,推动家乡现代化发展,推动乡亲转变观念。城市化改造了传统农民,促进农民价值观念现代化。

完善社会保障要将农民纳入社会保障体系,需要建立分类福利保障制度,建立家庭资产,实行住房混居政策,完善就业培训体系,鼓励多元主体参与扶贫。"转变政府扶贫部门的职能,向非政府组织购买服务。"①政府要吸纳民间非营利组织参与城市扶贫协会。住房方面,要保障住房需求,医疗方面,要解决"看病难、看病贵"的问题。教育方面,增加教育投入,保障城市贫困群体的政策参与权。中国社会保障制度也需要革新,增加居民福利,维护社会安定,需要完善社会保险作为社会保障的核心,建立社会救济体系。我国的社会保障制度主要在城市,农村只有五保制度,有着明显的城乡二元化,改革开放后,国家完善了社会保障制度,实行养老统筹,在城市推行社会养老,继续实行城乡有别的社会保障体系。城市社会保障体系需要确保下岗职工和离退休人员的基本养老金,要推进医疗保险制度革新,推进医药分离经营,加快完善社会保险体系,推进保险服务的社会化、服务化。政府要根据条件,将农民企业家、工体商户、外出打工人员、乡镇企业职工等纳入社会保障体系,维护进城农民的基本利益。农村要尽快建立社会保障体系,尤其是社会救济和社会保险。农民目前主要靠家庭保障而不是社会保障,风险难以避免,需要解决农民切实困难,建立最低社会保障,完善农村养老制度。

(三)全国社会保障一体化,完善社会保障信息网络系统建设

社会保障制度也需要改革创新,建立公平合理的社会保障体系,维护农民工的基本权利,要扩大保障面,延伸到农业户口,实行社会化、市场化,建立面向非农失业人口的失业保险和医疗保险,维护农村的基本医疗条件,扩展到合同制的农民工,让职工有基本的保障。要建立普及全国的最低生活保障体系,对失业、失地居民提供基本生活保障,不能排斥任何一个群体。

要改革社会保障制度,保障农民工利益。社会保障制度有很大的城乡差别,农村五保制度和医疗制度还不完善。农民工社保制度不完善,权益得不到保障。西方国家有很完善的劳工保障,工人能凭借法律得到保障,能够增加工人福利。要建立社会化、产业化的社会保障,做到公平公开透明。社会保障要做到满足最大阶层的利益,实现社会利益最大化,农民工对社会保障制度有需求,权利需要得到满足。现行社会保障制度仍然按户籍、单位缴纳,农民工居无定所,单位变换,很难获得社保。农村社会保障覆盖率很低,受益人口很少。推广农民工社会保障制度面临资金不足的困难,农民工社会保障难以与城市职工社保对接,社会保障的持续机制也缺失,因为民工流动性大。农民工社会保障意识不强,认为参加社保没有实际效益,需要相关制度配套。政府职责需要调整和完善,需要政府、企

---

① 王天昊:《为公民社会参与扶贫探索新模式》,载《人民政协报》,2009 年 1 月 9 日。

业、个人一起承担社会保障金。政府需要制定完善的社会保障规划。

要创新社会组织形式，促进民间组织建立，要落实公民自由结社的基本权利，培育新的社会资源，大力发展农民工自身的自我管理组织。要改革政府职能，提高服务质量，让农民工融入城市主流社会。要切实保障农民工的合法权益，建立农民工党组织，改变农民工党员的管理方式，探索政府管理服务模式，强化政府服务意识，加强劳动中介结构的设立，对农民工加强服务，聘用和输出农民工要规范合理，创新救济扶贫方式和制度。

建立合理的失地农民社会保障制度，因为我国生产力仍较低，建立高层次制度不现实。要建立失地农民的社会保障金，确保资金来源和稳定，建立城乡统一的社会保障支撑体系，保障每个公民有平等权利，协调城乡收入差距，维护和谐社会，建立市场化的社会保障体系，发挥政府和市场的联合作用。政府要保障社会公平，建立合理的制度设计，减少农村不稳定因素，确保失地农民的教育、医疗等保险。建立失地农民的就业保障制度，关心失地农民的生存问题，提高农民就业竞争力，要完善农民就业配套政策，形成完整的制度框架，为失地农民创造良好政策、社会环境。"完善劳动力市场，拓宽就业渠道，减轻失地农民就业的后顾之忧。"①大力推动工商业发展，提高技术创新，鼓励自主创业。政府要引导农民提高就业技能，转变就业观念，培训农民工，要整合要素资源，增加农民的资产性收益。

城乡统筹发展应该顺应逆城市化趋势，加强中心城市的凝聚作用。农村要有选择地对接城市的产业调整，充分发挥当地的优势，适度发展旅游业，适度开发当地矿产资源，积极发挥政府的引导作用，做好环境保护工作，坚持尊重当地居民的利益，努力拉动农民需求，提高农民收入。"政府需要引导农民提高技术素质，以适应现代农业的发展，大力发展农村教育，不断开展技能培训，培育适应现代化的新型农民，引导农民树立新的文明理念。"②我们需要大力发展农村金融业，鼓励资本进入农村，切实保障农民个人利益，需要发展金融的配套措施，建立适应农村的养老制度，加强农村社区建设，建立农村基础服务设施，完善城乡一体的养老体系，保护农村田园生活，从而提高农村生活质量，消除城乡二元观念，增强乡村现代化竞争能力。

---

① 傅珩:《我国失地农民权益保障机制的研究》，载《农业经济》，2008 年第 2 期。
② 郑红伟等:《培养新型农民，促进新农村建设》，载《产业与科技论坛》，2011 年第 10 期。

五、财政金融体制创新

（一）建立高效的公共财政体制

改革城市建设投融资体制。"调整城市维护建设税,适当地扩大其税基,提高税率,单独征收。"①政府可以将征收养路费改征燃油税。政府要推动可经营类基础设施的投资体制创新。政府还要推动半经营类基础设施的投资体制。"城市化需要引入市场机制按照'谁投资、谁所有、谁受益'的原则,不断进行基础设施投资体制的创新,允许和鼓励多元投资主体以各种投资方式参与基础设施建设。"②

要发展高端服务业,形成金融体系,推动信息技术创新,形成全球性金融、信息中心,提高在全球产业的地位。中小城市要发展混合产业形态。要实现人的现代化,依靠人力资源推动创新发展。新型城市化要科学发展、以人为本,顺应知识经济,凝聚人气。要保障精英有发展空间,对人力资源分类使用,实现人的现代化,制定促进人发展的和谐社会氛围。要促进社会由二元向一元发展,培育社会组织转接政府职能,自上而下和自下而上行政改革结合,促进社会和谐发展、与人为善。要提高良好人居环境,居住环境要有个性,城市管理要标准化,提升城市文化品位。新农村建设要给予支持,因地制宜创新机制,加强土地利用规划,推动农村城市化,推动政府、农民、社会都参与其中。

要改革国有金融机构的管理体制,推动建立公司治理体系,实行整体改制,在继续支持国有大型金融机构的同时,积极发展民营银行、保险公司,鼓励各类金融结构实行惠农政策,为农业发展提供资金支持。要发挥金融财政的调节作用,引导产业结构调整,推动农业发展。要改革金融机构的资金供给制,推动宏观经济良性发展。"经济金融体制改革,中央银行体制的建立和'实贷实存'资金管理办法的实行对建立计划与资金,信贷与发行分离机制提供了可能。但是,由于银行和财政的资金实际供给关系没有根本改变,宏观经济不可能摆脱体制惰性和需求扩张的约束,金融调控功能甚微。"③城市化有利于推动供给改革,实现供给平衡,推动城市更好建设、资源合理分配、乡村产业提升、土地合理规划,提高土地利用效率,要多方筹措城市发展资金,形成资金链,提高人力资源利用效率,促进土地、资金、人力资源的供需平衡。

---

① 张文春、王辉民:《城市基础设施融资的国际经验与借鉴》,载《国家行政学院学报》,2001年第3期。

② 李文基、高见:《城市基础设施融资体探讨》,载《中国经贸》,2013年第2期。

③ 江其务:《财政金融体制改革的要害》,载《金融研究》,1987年第6期。

(二)完善财政补贴和转移支付机制

政府要拓宽融资渠道,让技术创新有资金保障,完善投资机制。中国低碳技术仍是中低端的,而且融资渠道狭窄,主要是投资主体单一,政府是主要的投资主体,政府投资风险加大,投资工具落后,绿色低碳基金、风险投资参与度少,金融机构业务开发滞后,金融机构对低碳理念没有多大兴趣,大量信贷资金投入了高能耗产业,低碳金融人才和知识贮备不够,中介市场发育不全,几乎没有低碳交易平台,缺乏技术咨询,需要金融制度创新,推动城市化低碳模式。要建立政府与市场联动的低碳城市投资融资机制,允许民间资本、非官方金融组织参与城市低碳建设,促进资金高效利用,促进公益和经营结合,吸引更多社会资本。加大金融对城市低碳发展的支持力度,推动金融读物、金融产品、金融机构创新,发挥金融的杠杆作用,用金融引导资源配置,完善绿色金融通道,构建碳排放信息交易平台,争取国际金融的支出,拓宽资源性融资。要完善相关配套制度建设,减低制度风险,要完善激励低碳发展的政策、法律、减免税收,制定相关财税金融制度,促进低碳企业发展,增加风险投资基金,制定低碳产品法,建立绿色证书交易制度,规划城市低碳发展战略。要推动低碳城市意识深入人心,提升低碳社会理念,建立生态城市,倡导绿色、节约、文明、低碳的消费理念,推动绿色城市发展。

财政补贴是政府调节经济的重要手段,能够弥补市场的盲目性缺陷,调整供需结构,推进价格改革。财政补贴具有时效性、行政性和多变性,需要建立完善的财政补贴制度。财政补贴是政府将一部分财政收入转给某些企业和居民使用,以促进这些企业或居民获得更高利益或能维持基本的运转。财政补贴若运用不好,会损害社会公平,加重公民税收负担。财政补贴应该是鼓励性质的,不应该破坏市场的公平环境。财政补贴要借鉴国外经验,给补贴规范化,减少随意性,大力补贴农业,提高农民积极性,而不是一味补贴国有重点企业。政府要改变补贴策略,创新补贴手段,促进企业升级创新,而不是对补贴形成依赖。要完善农业保险,减少农业灾害,理清农业保险思路,集合政府、个人、企业的力量,设计良性的农业保险经营体制。

(三)改革城乡金融体制

中国金融制度改革起始于改革开放之初,是在制度不健全的形势下进行的。也就是说,我国金融制度改革是从制度供给绝对时期开始的。"金融发展的关键是金融资源优化配置,而优化配置的基础是金融结构合理化。"①在这个阶段中,金融体系是在约束状态下开始的。改革开放前,我国金融机构形成,并形成了自

---

① 江其务:《论中国金融制度改革》,载《福建论坛(人文社会科学版)》,2001 年第 5 期。

己的特色,最基本的特征是单一的国有银行制的框架基础。要推动银行一元化转向多元化,按产业设置专业银行。资金供行体制转向二级银行体制,在制度安排上实现了信贷配给制,则是计划金融制度改革的关键,通过银行包贷款支持与发行分开,"中央银行不再直接经营商业银行业务,单工业包产、商业包销、物资统配、财务统管的计划经济独行使信贷管理和货币发行权"①。国家从制度上保障了金融体制的运转。国家在金融运行机制上实行信贷约束的资金扩张机制,转变为存款制约贷款的体制。

金融结构在资金管理上日益市场化,国家对金融的宏观调控也逐步市场化。国家组建了70大企业集团的财务公司,建立了一批金融租赁机构,这些是金融制度的增加。"中国金融制度的创新内容和绩效:组建资产管理公司,实现了金融监管架构从合业监管转向分业监管,建立了三驾马车的监管体制。"②制度创新的实施机制严重滞后。经济货币水平大幅度提高,国民生产总值大幅提高。"金融市场的基础作用正在发挥,利率、供求关系、竞争、成本、收益这些都开始发挥作用,标志着市场金融机制正在冲击着计划金融机制。"③中国金融改革要推动金融从计划体制到市场体制。"在多重任务中,中国金融改革与发展、开放的基点是'两个转变':金融制度要从计划金融(政府主导金融)转向市场金融(市场主导型);金融增长方式从传统体制下的数量扩张型转变为效益型的增长。"④

改革近40年来,金融体制主要采用数量扩张型方式推动经济发展。中国金融改革要推动金融发展和开放。"金融改革近40年没有从根本上改变供给制,反而是将供给制范围扩大化合法化了。信贷资金高速财政化,用信贷资金发放工资,而且日益合法化,资金进一步产品化,导致经济商品化和资金产品化之间矛盾不断扩大。"⑤金融体制要促进金融资源的分配公平,合理利用外资,建立合理金融体制。建立现代金融体制要体现中国特色。当代世界已经进入信息时代,金融领域也应该采取信息化策略。实现金融产业化,开办民营银行,推动金融结构的市场竞争化。金融产品要进入市场独立交换。金融结构包括多种层次,要建立合理分工。建立全球金融秩序,各个国家要合作避免金融风险。实现金融工程化,用市场来完成金融融资,推动金融产品多样化,建立多种期货贸易。金融市场的信息化要顺应全球化的趋势,采用现代通信技术促进金融资源流通,避免金融

---

① 江其务:《中国金融制度的改革回顾与创新思考》,载《当代经济科学》,2002 年第 1 期。
② 宾建成、陈柳钦:《中国金融制度创新的思考》,载《科技与管理》,2003 年第 1 期。
③ 江其务:《中国金融制度的改革回顾与创新思考》,载《当代经济科学》,2002 年第 1 期。
④ 江其务:《制度变迁与金融发展》,浙江大学出版社 2003 年版,第 45 页。
⑤ 江其务:《论中国金融制度改革》,载《福建论坛(人文社会科学版)》,2001 年第 5 期。

战争。

第五节　城市化进程的科学发展

一、构建科学合理的城市产业结构体系

城市的产业结构升级与转移要以低碳为目标。工业化带动着城市化,是城市化发展的原动力。"在完成产业升级之后,城市中心区已经不再是传统的产业区,而是研发、销售和管理中心。一方面城市的竞争力得到提升,环境得到改善,减小了城市的就业和交通等压力,另一方面,城市功能得以完善,城市形象可以重塑,城市空间得以扩张。"①

(一)建构合理的产业体系

我国工业化与城市化要协调发展。我国城市化已经处于加速发展的中期阶段,要消除城乡隔离制度,制定配套的合理政策。城乡隔离导致城市化与工业化不能协调持续发展,生产要素无法自由流通,三农问题严重,农村经济长期滞后。第三产业不发达制约了城市化与工业化协调发展的水平提升,阻碍了聚集效应,阻碍了产业市场化。资源对城市化与工业化协调发展的制约力加强,很多城市出现了资源危机,出现缺水、土地资源紧张等问题。企业作为城市化和工业化协同发展的微观经济主体,缺少竞争力。市场需求不足制约了工业化发展,需要提高居民消费需求,扩大国内外两个市场。剩余劳动力转移的压力日益加大,需要大力发展非农产业。技术创新机制不完善,降低了企业创新能力,降低了企业生产效率。政府要正确认识城市化和工业化的关系,缩小城乡经济差距,消除扭曲的资源配置机制;要促进农村工业向小城镇集中,提高农村城市化水平;要提高工业化质量,为城市化和工业化协调发展提供有效基础。政府要加快农业发展,推动农业技术化,加大非农业的投入,优化工业结构,提高企业生产技术含量。"城市化要改造传统骨干企业,提高重大设备开发能力、工业的智能化水平。"②发展第三产业要推动事业单位转型为企业,允许民营资本进入,拓宽资金融合渠道,要提高产业集中度、协作化、专业化,建立高效的企业组织结构。政府要鼓励民间投

---

① 刘江华等:《国际先进城市提升竞争力的主要经验及启示》,载《珠江经济》,2008年第5期。

② 荀云:《提高机械设备的互联程度和智能化水平》,载《当代经济》,2007年第1期。

资,让民营经济和国有企业取得同样的国民待遇,修订行业标准,改革审批制度。加快技术进步,加强自主技术开发能力,鼓励企业技术创新,推动产学研长期合作,发展高新技术产业。政府要完善市场体系,发挥价格机制作用,推动资本、劳动力、土地等生产要素市场形成,培育竞争有序的市场体系,推动农民工市民化,打破户籍的身份标志,放开城市户籍限制,实行积极就业政策,多途径安置农村剩余劳动力,要积极引导农民从事非农产业,发展劳动、知识、技术密集型产业,加强职业培训。政府建立规范的社会保障体系,消除城乡分离的保障制度,促进劳动力自由流动,实现管理现代化、信息化。政府要加大土地制度改革,促进土地市场化流转,推动土地规模经营;要加大土地使用权制度改革,健全土地流转市场,运用土地绩效效应,使用市场机制配置土地资源,健全土地税制。城市化是第二、三产业在城市集聚发展的过程,是分工不断深化的过程。

中国城市化要与第三产业协同发展,让第三产业成为支柱产业。城市化率反映了城市人口的分布情况,体现了世界性的经济趋势。目前,我国城市化不断加快发展,大量农村人口涌入城市,城市人口快速增加。但我国城市化水平仍比较滞后,大型重工业阻碍了城市化,政府管理方式落后,城市建设是国家统一投资的,从业人员流动性很大。市场不完善、资金投入不足、内需不足影响产业结构升级。第三产业可以解决更多就业,但我国第三产业比重仍不高,三大产业结构不合理,存在地区差异。第三产业在城市化中地位很重要,为工业化提供了很多服务,促进城市经济体系细化,创造了更多就业机会,能够促进城乡经济发展,加强城市功能、辐射能力。城市化需要农业提供基础,需要促进农业技术提高,促进生活聚集,第二产业是城市化的根本动力,第三产业是城市化的持续动力。第三产业也需要空间聚集,需要城市发挥自己的功能,城市化能为第三产业提供条件和供需基础,城市化能促进第三产业结构升级,产生规模效应。第三产业能促进城市居民生活层次提高,缓解就业压力。要调整城市发展政策,完善城市规模体系,吸纳更多劳动力,形成完善的服务体系,发展金融、信息产业,形成城市群。要推动城镇规划,提升城乡产业内部结构,促进城乡协同发展,提升产业活力。要促进第三产业内部结构优化组合,提升知识技术性密集型产业比重,大力扶持第三产业发展,合理配置资源。政府要推动科技创新,利用网络技术提高经济效益,提高城市市场竞争力。加强城市认同感和归属感,改革户籍制度,促进农民工转变为市民。社会福利政策的制定应该以个体为中心,促进新生代农民就业,对所有居民一视同仁,抓好文化建设。中国工业化处于中期阶段,需要大力转移农业劳动力,加快第三产业发展。

城市化进程中也要注重邻避危机研究,邻避危机就是大型化工、电力企业导致的公共危机,容易引起民众抗争,需要解决科技进步和美好生活的矛盾,促进民生、加强法治,需要市场调节,建立补偿机制,加强公共管理和政策引导,加强城市治理、地方治理、全球城市、全球治理的研究。改革开放推动了城市化发展,要发挥民间力量,促进民众参与,加强县市合作。要解决跨域治理与区域治理问题,重视区域合作力量,加强公用服务能力,走向多中心治理。发展地方民主,制定好公共政策,转变政府职能,吸取国外治理经验。改变传统的城市治理模式,注重公众参与,发挥非政府组织的力量,政府要端正自己的角色,发挥政府、市场、市民社会的力量,科学决策。要分析国外经验、归纳目前现状、分析典型案例,制定好对策,优化好资源,解决好邻避危机,处理突发事件,维护社会稳定,维护公民合法权益,统筹各地区发展,促进城市集中和分散结合。工矿城市因为资源而兴起,需要推动资源枯竭后的后续发展,促进城市转型,推动产业向多元发展,解决失业问题。西部地区有很多矿产资源,工矿城市点多、线长,需要满足临时性生产需要,根据矿产的丰富程度发展不同模式,实行政企分开,发挥社会职能,提高产业聚集能力。危机型工矿地域要进行产业结构转型,根据市场需求发展新的产业结构,对现有产业结构进行升级改造,综合利用现有资源,并发展新型商贸服务业,解决失业人口问题。传统农业地域城镇化要适度超前,要加快产业结构向外向型发展,吸引海外资本,推动出纳通产业持续发展。利用现有产业基础发展外贸。要发挥边境口岸的贸易交流作用,建构良好机制,优化区域经济结构,实现地缘经济合作,发展跨国经济,提高国际竞争力,培育国际性大都市。要推动环境脆弱地域产业与城市发展的生态化的结合,实现区域生态环境恢复与整治,遵循生态规律,促进经济与生态协调发展,大力建设城市绿地,使用绿色能源和绿色建筑材料,建立生态城市,完善污染处理系统,采用生态技术,减少碳排放。

(二)推动产业的科学发展

政府要采取多样化的城市发展方针,不能再为了城市病控制大城市规模,要因地制宜发展各类城市,让市场机制调控城市规模和城市体系,调整现有城市划分标准,要适应经济全球化和新技术革命,建立国际性大都市,适度鼓励大城市发展,培育地区发展增长极,重视城市带的建设,有序发展小城镇,突出城镇特色,促进乡镇企业优化布局,加强小城镇规划,促进产业循环。政府要推动行政手段向市场机制转变,依靠市场和民间主体共同筹措资本,提高城市企业市场化,多途径解决城市建设资金问题。政府要促进城市化选择最正确道路,发展农业、科技、人才、资源、生态等政策支持系统,把握城市化关键政策要素。我国东部沿海地区城市吸引外资能力最强,中部地区城市有巨大的投资潜力,西部地区城市要改善投资环境,要提高政府效率。

推动第三产业的发展要采用新路径。政府要促进社会分工,发展新型产业,发展金融业,实现城乡一体化。三大产业是城市化的原动力。古代城市以农产品集散为主,农业部门很重要,无法产生大的聚集城市,主要是政治的。近代,第二产业发展迅速,聚集了大量财富,有很大消费需求,形成人口聚集的工业城市。随着现代城市化发展,城市工业促进了服务业和其他产业发展,第三产业日益成为支柱产业,促进了城市合理体系的形成。第三产业包罗万象,推动了城市经济发展,在国民经济中日益重要。现代城市成为商业中心,培育了消费和市场,加强了城市间的经济联系。现代商业促进了市场完善。金融业促进了城市加快发展,加速了资本流通,促进了产业升级。房地产是城市化的龙头企业,对城市建设有很大促进作用,房地产提供居住条件,带动建筑、钢铁、电器等很多行业,促进公用设施建设,需要加强园林绿化建设。要推动信息、文化等新兴产业,发展现代化信息技术,培育高新技术人才,建构城市软文化,提高城市发展活力,发展文化产业、科技产业,提高文化凝聚力,推动城市文化层次提升。金融、房地产在城市化中日益重要。制度障碍阻碍了城市化,需要制度创新释放城市化空间,改革户籍、土地、社会保障制度,放松户口管制,促进土地流转,保障外来人口基本权益。城市化需要好的制度安排,良好的制度能保障好的社会环境,为城市建设提供刚性环境,制度变革促进了中国城市化发展,需要完善具体的配套制度,主要是户籍、就业、土地、社会保障、行政管理、金融等制度。

城市化要坚持科学发展观,促进城乡产业结构调整,推动社会全面进步。"科学发展观继承了马克思主义发展观的价值取向,将发展的目的确立为满足最广大人民群众的根本利益,实现人的全面自由发展。"[①]科学发展观要促进人与自然、人与社会、人与人的和谐关系,统筹各地区的城市化发展,尊重不同群体的空间利益,实现全面小康社会,满足人的各类需求。

城市化与生态环境协调发展水平存在地区差异,促进生态保护,提高产业生态化水平,增强生态持续发展能力。城市化要转型,促进制度变迁,提升城市化发展模式,解决城乡二元结构,进行城乡制度再建,尊重农民工自由选择权,实现城乡和谐共赢,实行制度现代化,发挥人口红利和制度红利。中国转型需要推动城市化,促进农民市民化,转型要依靠人民,推动以人为本,增加选择余地,促进农民工进城,增加农民收入,提升民本主义理念。城市化需要优化路径,降低机会成本,面对挑战。三大产业发展需要不同区位、资源、技术等,城市是最体现文明的

---

① 张星炜:《论科学发展观的继承与创新》,载《中共四川省委省级机关党校学报》,2006 年第 1 期。

地方,促进人口流动优化选择,提高发展潜力,促进人口现代化和制度现代化。中国城市化需要人口城市化和土地城市化的有效结合,既要保障城乡居民有完善的居住的条件,又要保障城乡居民生活质量的不断提高。政府要解决计划经济的遗留问题,不断提高城市化的运行效率,不断推动城乡各项事业的发展。长期的高度集权让城市化随领导人意志波动,中国采用的城镇化率,不是国际的城市化率,有很多泡沫。人口城市化率低于土地城市化率。政府要坚持科学发展观,统筹发展,加强管理水平,打破城乡二元户籍限制,促进农业人口转移,发挥大城市辐射作用。城市化引发社会流动、阶层分化,是产业结构、就业结构和消费方式的转化,是人口结构、社会结构转变,是动态复杂的转变过程。

二、构建以人为本的城市公共管理制度体系

(一)提高党的领导,完善公共管理制度供给

政府调控包括四方面:规定城市化方针政策;发布城市建设规划;负责协调城市基础设施;强化农业基础地位。"政府能颁布法规,用法律法规来规范市场主体的经营活动。"①城市化进程中的政策功能有目标导向功能,对城市化进行指导和引导;还有控制功能,用户籍等控制城乡人口流动,维护社会稳定;还有利益分配功能,国家一直控制大城市,主张发展小城镇,城市化过程中公共政策的利益分配应协调强势群体与弱势群体之间的利益分配。国家积极探索乡村社会保障制度,决定在部分地区进行农村社会养老保险试点。"政府职能是国家行政机关根据经济和社会发展的需要,在行使权力过程中所承担的职责和功能,政府职能强调的是政府必须承担的社会责任,以及应该发挥的作用和功能。"②

城市化能促进经济腾飞。国企改革让隐性失业人口暴露出来,没有市场机制让就业问题更加严重。城市化是生产、生活活动的城市转移、城市空间扩大,是解决农业问题、转移农村剩余劳动力、提高农民收入的根本出路。中国农村存在大量剩余劳动力,不仅需要乡镇企业,更需要城市化。城市化是解决乡镇企业问题的重要路径,能够扩大国内市场需求,开拓农村市场,城市化能为工业化发展创造条件,推动企业技术革新,减低成本,提高第三产业比重。中国城市化还有很多问题,不能腾飞发展。城市化掠夺了农村劳动力,却没有更多的促进工业化和农业现代化。中国城市化动力不足。中国的第二、三产业不能有效支撑城市化发展,有滞后的压力,需要积极的工业发展政策,引导工业技术进步,增加就业,政府推

---

① 许抄军等:《中国城市化进程的影响因素》,载《经济地理》,2013 年第 11 期。

② 肖慕义:《深化改革的关键是政府职能的转变》,载《兰州商学院学报》,1995 年第 4 期。

动城市产业结构调整,加大第三产业比重,减少污染重的工业,发展低耗能的都市工业,解决劳动力就业,提高服务业质量,保证城市建设质量。对生态破坏要用法律强制手段,推动企业集中,发挥规模效应。西方发达资本主义国家的城市化政策法规只具有辅助性作用。政府对城市化发展的政策导向主要是制定工业化和城市化的政策,推动建立新城市,加强基础设施建设,对城市规划进行科学指导。改革开放以来城市化的政策表现出了积极效果:促进了城市化水平大大提高,实现了农村人口就地新型城镇化,让城市化进入全新发展阶段,尤其是娱乐休闲等方面都得到了充分的发展。地方政府制定近中期发展战略推动城市化发展,注重从本地条件出发采用多种方式推动城市化,推动县域为主的小城镇建设,提高聚集效应,深化户籍、土地流转、管理体制等改革。

(二)建立服务型政府,促进官民互动

城市化需要建立城乡一体化的公共服务体系。改革开放以来,城镇化迅速发展,但城乡差距不断加大,需要放活农村经济,提高农民积极性。过大的城乡差距导致社会动荡,让城镇化速度放缓,影响小康社会和和谐社会。现行户籍制度等二元体制也是城乡差距加大的重要原因,需要以市场为导向推进农村经济发展,逐步实行城乡各项政策的一体化。"我国城乡居民收入差距是一直不断扩大的。"①加速城镇化需要从以下几方面着手。第一,加速城镇化需要推进制度革新,实行战略转移,既要调整不均衡的发展战略,又要调整产业结构,改变户籍制度和土地制度。城市化需要协调区域发展,改变长期以来的不均衡发展策略,消除不均衡带来的问题,既不能搞平均主义,更不能搞不平衡主义,而要有重点的协调发展,就是东中西三个地区都要协调发展,推动每个地区都有重点发展的城市群,加快中西部工业、交通和网络技术的发展。第二,加速城镇化需要调整产业结构,推进工业和服务业发展,增加就业岗位。中国的第二、三产业比重仍较低,尤其是第三产业比重远低于世界平均水平,导致容纳的就业人口不多。中国城市化需要为2亿多的农村剩余劳动力提供就业机会,应该大力发展服务业,因地制宜的发展旅游业,促进各地区三大产业的平衡发展。第三,加速城镇化要提高农业补助,提高农民从业能力。城市化需要提高就业补贴,解决居民的就业问题,实行城乡统筹发展。就业补贴可以缓解不发达地区企业的工资压力,降低企业的生产成本,促进不发达地区城市群的崛起。国家要为农民工培训提供技术院校,改革教育制度。农民工也需要提高就业技能,多参加职业培训。第四,加速城镇化要

---

① 李强:《多元城镇化与中国发展战略及推进模式研究》,社会科学文献出版社 2013 年版,第12—14 页。

推进城乡双向流动。城镇化需要工业化的推动,中国工业化和城市化的推动力量主要是农村剩余劳动力,需要推动农村剩余劳动力的双向流动和转移。双向流动既是农村剩余劳动力向城市转移,又是城市技术、资本、信息等向农村流动。双重转变既是促进农民转化为市民,从第一产业转到第二、三产业,又是促进农村土地转变,促进农民从其他途径获取收入。城镇化要撤村建镇,建设中心城镇,让农村剩余劳动力进入中心城镇的工业和服务业,将分散的农村用地变为集中的城镇用地,推进社会保障制度的改善。

政府要做好规划指导和立法,要协调好城市扩建和保护农地,避免城市病。政府要做好引导工作,引导工业布局和城市区位,做好规划,避免过度或滞后城市化,要遵循市场规律。城市化影响了产业要素分配、产业结构升级、人口迁移等。中国城市化需要良好对策,尊重城市化规律。中国城市化需要多元的推进模式,多种行政主体都能插手城市化建设。开发区体现政策走向,彰显政府规划对城市发展的推动,短期内就可以实现产业和人口的聚集,可以分为国家和地方等类别,又可以分为经济、高新技术、保税、边境合作、出口加工等职能;建设新城体现我国的城市设置是政府审批和规划的,不是自然市场推动的。新城的设置不是市场主导的,但仍要考虑生态、经济、社会因素,避免虚假城市化,实现农业的工业化、人口的城市化,实现产业升级和配套设施的完善;城市扩展是最传统的城市化方式,有紧凑和蔓延两种的方式;旧城改造主要是对城市中心地段的旧街区的重建,我国旧城改造是大规模的政府行为。建设中央商务区,是中国城市化特有模式,是政府先导的行为,有的是盲目建设的,主要是为了提高政绩,造成了土地浪费和环境破坏;乡镇产业化式农村就地城市化,包括大量非农人口集聚形成的城市化和农村自身经济发展形成的城市化;村庄产业化模式是依托村庄集体经济的产业化方式,村庄的内外动力促进了经济发展,需要村庄内部发展和外部投资捐款。

（三）构建以人为本的社区自治体系

城市社区缺少人文关怀,需要借助传统文化增强人与人的情感联系,要唤醒人的法律意识和道德自律意识,关注人的尊严和现实生存状况。社区的管理应该由社区居民自己完成,实行社区自治,增强社区居民的归属感。社会应该采取自治型管理,民主和自治是治理的世界性趋势。社区管理要处理好土地征用、房屋拆迁、信访等问题,注重法治精神的运用。社区要注重文化建设,消除居民对社会事务的冷漠现象。改革开放后,我国城市社区建设实践逐步展开,社区既是精神概念,也是地域概念。社区是地域共同体,是聚集在一定地域的生活共同体,包括地域、人口、组织结构、文化、物质基础设施、社会规范等诸多要素,需要房屋、道路和水源。在解决征地、拆迁等矛盾后,社区要注重居民的价值文化引导。社区自治会遭到行政压力,不得不履行行政职能,导致居民和管理者的冲突。社区有维稳的压力,但没有解决的权力。社区保障压力大,但社区没有资金保证。工作人员不愿意开展社区工作。社区冷漠既是社区工作者对工作的冷漠,也是社区居民对社区事务的冷漠。社区工作者缺乏起码的职业道德,缺乏服务意识,仍坚持传统的人情观和面子价值观,没有责任、正义之心,不注重工作方法,工作态度粗暴,缺乏责任意识、悲悯意识和公平正义意识。这种冷漠现象是传统文化的人情观、面子观等造成的。人文关怀需要针对每个人,关注人的尊严和独立人格,关注人的个性和人性。

城市化引发区域自治的需求。消费者在潜移默化中接受了资本主义的价值模式。城市空间不仅是生产和消费场所,还是社会生产的组成要素。"城市权利"就是居民能够自主控制城市空间生产过程,而有权拒绝外在力量的专制操控。社会学的创新点在都市空间,而不是荒芜的乡野。城市空间转换为商品。我们需要理清社会和个人的关系,尊重每个人的生存权利,实现每个人的全面提升。先有单独的个人,才有各类社会组织,因此,只有每个人的全面发展,社会才能实现提升。人建立社会组织是为了更好的发展,它能为人的发展提供一定的组织保障,对社会组织的完善、法律制度的建立、道德规范的提倡有积极作用。建立社会组织的目的就是为了实现人的发展,人是社会的核心要素和推动力量,能够推动社会组织的建立和完善。社会变革只是手段,人的发展才是目的。社会和人的关系是手段和目的关系,而不是决定和反作用的关系。人决定社会的进步与否,人的成长程度决定社会的进步程度。因此,人只有不断发展自己,提高自己的生产能力,才能为社会组织的完善提供基础。而合理的社会组织也能为人的发展提供组织保障。既然社会组织是为人服务的,为了让社会更好地为人服务,人就要不断完善社会组织,让各项社会制度更符合人的需要,让社会制度为人发挥自由意志提供些许帮助。个人的发展不仅要靠社会组织的完善,也要靠个人的辛苦努力。个人要努力提升自己,在发展自己的同时,也心存他人,尽力地帮助别人。只有这样才能实现马克思倡导的共产主义,为人的发展提供更好的组织保障。共产主义制度的建立需要几代人的不断努力,中国作为当代最大的社会主义国家责无旁贷,有能力提升中国的综合国力,为人们的共同发展提供客观条件。只有先将中国建成生产力发达的国家,中国才有能力去担负维护世界和平的责任。

三、构建市场为主导的城市化发展模式

解决城市化问题,既要处理好市场配置和政府调节的关系,又要处理好城乡关系,还要处理好城市环境问题。如同弗里德曼指出的:"中国是一个古老的文明

国家,中国的城市化研究必须综合历史延续性和独特的时代特征两个方面。"①因此,城市化问题的合理解决,要立足国情,在发挥政府的调节功能时,让市场主导城市化进程。

（一）充分发挥市场的调控机制

改革开放之前,我国采用苏联模式,为了优先发展重工业和巩固国防,国家严控城市的生活功能,导致市民住房短缺、公共设施不足,日用生活消费品的供应偏向机关事业单位人员,商业活动消失殆尽。城市支配了周边地区的生产,用剪刀差将农业资料用到工业生产,让乡村为工业化生产提供原料和动力,加剧了城乡差距,形成了自足自给的经济体系。政府干预和市场缺乏,让中国城市化偏离正常道路,这是受政策、国内外形势、生产力水平制约的,而不是经济发展的结果,是暂时的、偶然的。没有工业化带动的城镇化,也可能是假城镇化,表面繁荣,实际充满贫困和不便。在世界城市化普遍增长的形势下,新中国却在政府主导下要求空间均衡,虽然促进了中西部城镇化,但让总体城镇化停滞不前。政府的过多干预造成办事成本居高不下,处事关系错综复杂,会严重影响社会进步。从现实上看,中国城市化仍处于较低阶段,政府主导城镇化建设是必然的,但只有转变城市管理理念,改进城市管理方法,才能让市民得到切实服务。中国的大城市面临很多风险,导致外来人口问题、社会安全问题、生态环境问题,城市空间生产到处遍地开花,这是政府主导规划引起的。市场主导城镇化与政府计划经济规划模式产生了激烈矛盾,城乡二元格局长期是政府的主导思路,通过户籍制度建立了封闭性的城市空间,农村成为城市的附庸,导致社会服务落后、公共设施陈旧、社会保障不完善,越来越不能满足人们的需要。因此,中国城市化要追赶上发达国家的水平,必须让市场起绝对主导作用,改变过去那种"脚痛医脚、头疼医头"的片面短视的过多行政干预。

从现实上看,中国是低水平的不发达国家,人口多、底子薄,各方面都很落后,造成政府在资源配置中起主导作用。

完善市场体制就要理顺政府和市场的关系。政府的设立应是为了公民服务。政府一再加强对城市化的行政干预,就会使市场化改革举步维艰,而且有重回计划经济回头路的危险。政府用行政措施让银行超发货币,引起货币贬值。政府不是为了公民的利益推动城市化,而是为了从城市化中获利。为了尽快获得利益,政府直接通过涨价获得更多财政收入。在物资普遍涨价的情形下,社会生产成本

---

① J. Friedmann, "Theses in the Study of China's Urbanization", *International Journal of Urban and Regional Research*, Vol. 30, No. 2, April 2006, pp. 440—451.

增加,实体经济更加岌岌可危。西方国家急于打开中国这个巨大市场,世贸组织给了他们这个机会。因此,中国空间生产面对全球化的挑战和压力,必须激发民间资本的活力。中国的市场经济体制仍有不完善的地方,仍需要普及市场理念和法治精神。

中国还将有几亿的农村人口迁移到城市,那时流动人口将更多。"当代中国经济发展需要依靠空间制造和空间消费。"①城市空间生产造成了高楼和茅屋的对立,极大的空间贫富差距造成了人们心理的失衡。收入低的公民在社会上受到不公正待遇,得不到身份认同,被驱赶到城市边缘,没有社会地位,得不到尊重,变成弱势群体。②城市空间建设的背景是经济、政治体制转型,是市场经济的健全和完善期,要吸收国外的空间生产经验与教训。社会主义空间生产需要立足于实现共同富裕,建立和谐、公正的城市空间。因此,必须保证公民的空间权利。

(二)加强政府的引导作用

中国在快速城市化过程中也出现了一些问题。中国城市化仍落后于西方发达国家的水平,一方面,需要继续促进农业现代化,另一方面,需要改变城市化粗放方式。当前中国城市化问题主要就是因为民营资本发展不够理想、政府干预过多。政府有为市场运作提供服务的职责,但如果政府过分对城市化进行行政干预,也会使市场化改革举步维艰。政府要调节不同空间生产主体的关系,以促进空间资源在不同群体的平等分配。"权责明确是实现城乡基本公共服务均等化的重要前提。"③中国城市化远远滞后于经济发展水平和工业化水平,乡村基础建设仍较落后,适度的政府调控是必要的。

城市化中包含一些公共消费,如交通、住房、医疗、休闲等。公共消费品由于关系市民的切身利益,不能完全由市场定价。于是,政府对公共消费品价格实行调控。政府对公共消费品的配置已经变成城市空间生产的重要推动力量。随着资本流通速度加快,政府的干预行为必将在很大程度上影响城市空间生产,因此,政府必须充分发挥对空间生产的调节功能,把政府对空间生产的调节限定在法律许可的范围内,如果失去法律限制,政府的一些城市空间政策和规划,可能只是为了提高政绩,而不是为了提高城市居民生活水平。中国的城市空间生产是一个复

① 孙全胜:《马克思主义社会空间现象批判伦理的出场形态》,载《内蒙古社会科学》,2014年第2期。
② 贺天忠:《论马克思主义两种全面生产论的不同美学观》,载《湖北工程学院学报》,2015年第4期。
③ 樊丽明、郭健:《城乡基本公共服务均等化的国际比较:进程与经验》,载《中央财经大学学报》,2012年第7期。

杂的系统工程,仅靠政府动员式的短期行为是不行的。中国城市空间生产要限制政府的短期计划行为,建立长效的运行模式和机制。动员式的城市空间生产,有可能导致片面追求政绩和 GDP 增长效应,是应该摒弃的。城市化必须杜绝盲目地追求修高楼,卖土地的模式,而以公民的利益需求为准绳,让城市空间生产在市场和法制的约束下有效进行。城市化仍不能消除社会的等级。城市化的高速运行不代表民主和平等,土地是重要的生产要素,要保护好其对土地的持有权,放开严格的城乡户籍管理制度,实行土地确权,提高农村生产力。

政府要完善体制环境,让资本持有者能够进行长期投资,安心进行技术革新。中国首要的任务仍是大力推动生产力的进步,尽快实现现代化。社会由生产转向消费是大趋势,要建立与消费配套的社会机制,教育、医疗、卫生等都要转型。社会机制的建立需要消费市场扩大。社会重建和经济转型需要启动内需。拉动内需不是简单地让老百姓花钱消费,而是调节社会关系利益,建立社会合理机制和公平社会秩序,不是扶持大型金融产业和企业,而是要关注农民,努力保障弱势群体的基本利益。城市空间规划要以市民利益为准绳,彰显社会主义共同富裕的原则。城市空间规划要从商业空间转变为艺术空间,从经济空间转变为个体生活空间,促进低碳城市生活,推动社会转型。因此,城市空间规划必须要有计划性和总体性,用小尺度的空间规划进行空间优化,建立更多公共服务设施,提高市民日常生活质量。城市化要以社区为建设重点,努力以市民空间利益为政策依归,推动空间生产方式转型。

(三)规范政府的调控行为

中国城市化面临严峻形势。实际上,城镇化在带来异化的同时,也带来了生产力的进步,我们能做的就是警惕城镇化中的异化现象。中国在快速城市化过程中也引发一系列问题。虽然,一些学者对中国城市化及其问题做了探讨,但仍有很多中国城市化问题需要反思。中国城市化应当吸取西方经验,立足中国国情,在空间生产实践中建构理想社会空间。

首先,要关注政府在城镇化中的所作所为。城市化需要界定好政府和市场的各自职责。过分的行政干预会加速通货膨胀,阻碍城镇化进程。如果行政部门臃肿,职责不明确,会严重影响经济发展。中央政府靠大量财政收入,兴办了大型工程、申办了大型国际赛事活动,呈现出国家富强的景象。城镇化中包含一些集体消费:如交通、住房、医疗、休闲等。政府的干预必须有所限制,不能肆意而为,必须规范政府对集体消费的干预时间、地点、方式。地方政府要以服务为宗旨,实现大多数人的幸福,为公众利益服务,为公民提供多样化的服务。政府的权力是公民委托的,尽量少用管制;政府要以实现公平为核心,实现共同富裕,要实现经济、社会公平,采用法律、经济手段,照顾弱势群体利益,处理好公平和效率的关系;政府的运行要以民主为基础,实行管理民主化,让公共治理主体多元化,采用协商方式处理公共事务;政府的治理要以法治为保障,制定完善的法律,行政管理要符合法律,用法律限制权力。政府推行善治要从物本转向人本,满足居民的物质、精神需求,努力保障居民的政治、经济、文化等各项权利;要从全能型转向有限型政府,限制政府权力,政府不能过多干预,要遵守契约关系,利用好公民赋予的权力,充分利用市场机制,采用法治,在权力之内发挥作用;要从权力型政府转向责任型政府,强化政府责任意识,实行问责制度,政府要对公民负责。政府可以引导城市化,但不能完全支配城市化。政府需要推动生产要素在各层次的聚集,引导技术创新、产业升级。

其次,要规范政府动员式的城镇化行为。为了增加国民生产总值和改善城市基础设施,城市空间到处是建设工地。这大都是政府计划性的生产,凭借动员开发商投资热情进行的。以房地产业为例,引发高房价的因素是多方面的:我国实行的是土地国有制,地方政府以低廉的价格征用居民土地,然后再以高价出让给土地开发商。开发商为了实现最大利润,炒作抬高房子售价。投资者为了升值,抢购房子。于是出现了地方政府卖地,开发商急于抢地,投资者急于抢房的现象。要科学定位政府的职能,坚持政府的人本性、公共性、有限性、高效性等原则,引导执政思维向服务、法治、协调等转变,不断增加农民收入,引导乡镇企业和民营经济发展,维护经济发展的安定环境,积极吸引外资,不断进行制度创新,推动社会化大生产、规模效应。政府要不断推动农业产业化、工业化和市场化,推动农业经营方式的转变,加强政策支持和引导。政府科学干预可以弥补市场缺陷,需要更多使用经济、法律手段,发展农村经济,用现代工业方法发展现代农业,让工农互补,推动农村经济非农化。

最后,城镇化需要消解政府特权,让居民平等参与。城镇化是各种利益主体妥协的产物。城市化对资本主义全部生产方式都有影响,让资本需要以城市为中介获得剥削。城市是反资本主义剥削的积极场所,独特的地理位置更能取得成功。"进入都市的权利所指的,就是一种有待实现的总体性。"①参与城市化的不是居民,而是垄断和权力。城市化受到现行政治、经济体制的制约,使得城市生活出现一些混乱,如通货膨胀、交通拥堵、生态失衡等。要建立服务型政府,以公民为本,体现主权在民理念,首应应考虑公民利益,尊重公民意志,推动公民参与公

---

① ［法］亨利·列斐伏尔:《空间与政治(第二版)》,李春译,上海人民出版社 2008 年版,第16—17 页。

共政策的制定,让公民监督政府执行权力,让公民评估政府政绩,评价政府的服务质量;服务型政府要以服务居民为宗旨,尊重公民自主选择权利,提供完备的公共产品,最大限度满足居民服务需求;服务型政府是法治政府,在法律下运行,约定自己的权力范围,坚决执行法律规定,最大限度保护居民权利;服务型政府是责任政府,对公民负责,对公务员职责有明确规范,追究违法公务员。政府要积极稳妥推进城市化,坚持城市发展要以人为本,提高公务员素质。要实行城乡统一的人口管理制度,实行成型统一的户籍制度,按居住地统计人口,保障失地农民利益,提高补偿标准,提高政策执行力。政府服务应该面向全民,平等对待每个公民,保证人的起点公平,应保障公民都有空间权利,发挥公民潜能。

中国的经济虽然有下滑压力,但仍在较快速增长。过度城镇化过程是城市对乡村空间侵占的过程,导致新农村建设停滞不前。城市问题制约城市的和谐进步。在劳动成本提高,国际资本回撤的形势下,城市化需要依靠制度改革带来的红利。各方面的形势迫使我们必须开始政治体制改革。有时候,导致城市化无序建设的不是技术,而是一份政府文件;参与城市化的主体不是居民,而是垄断性权力。政治体制改革的目的是保证人民当家做主的权利,这当然包括人民公平使用城市空间的权利。要改变以政治促经济的思维模式,不能依靠政府干预,而是依靠市场调节,才能真正让公民安居。计划经济体制的遗留问题仍较严重,让空间生产与政治权力结成联盟。社会重建就是社会的整体转型,必须加快政治体制改革,启动内需,促进社会进步。政府首要的任务是维护社会稳定。从全面建设小康社会到追求实现"中国梦",无不是政府在推动中国发展。随着改革开放的进行,国家提高了中央财政在税收中的比重,实行了分税制改革。一些地方政府受分税制集中财权的影响,陷入财政收入突然减少的困境,必须想其他方法解决,于是地方政府的财政收入方式发生了变化,即由主要依靠企业增值税变为主要依靠营业税,特别是城市建筑业的营业税。在这种情形下,地方政府对土地买卖、土地开发的热情空前高涨,巩固了政府对城市化建设的主导地位。因此,占有和使用土地成了斗争焦点。传统等级秩序和封建观念,以及民主法治建设的落后,公民社会和民间力量的极其薄弱,导致公民被排斥在政府决策之外,并且政府行为不公开透明,形成新的贵族阶层,也让民怨沸腾。中国城市化与社会空间结构密切相关,形成空间垄断和弱势边缘群体。"空间是任何公共生活形式的基础。"①农民失去土地,耕地不断被侵占。国家对失地农民缺少补偿,农民利益严重受侵害,陷入生存困境。新农村建设不应是对农民的掠夺,而应顺应农民需求,最大限度

---

① 包亚明:《后现代性与地理学的政治》,上海教育出版社2001年版,第13—14页。

地满足农民切身利益。

四、构筑可持续发展的现代城市建设模式

(一)城市规划要因地制宜,注重长远

政府要制定科学的城市空间规划。城市化应当是城市空间结构由简单到复杂、由必然到自由的可持续过程。抽象空间生产是按照技术理性逻辑把资本主义社会秩序和价值理念推向全球空间的过程。城市化是体现资本关系的镜子,需要用差异空间来建构新空间秩序。空间生产让生产要素在全球空间重新布局,实现了时空压缩。城市规划将城市空间看作纯粹的理性对象,是技术决定论,是带着资本增值意图的技术干预,刨除了空间的内部斗争。资本增值竭力忽视空间政治性,而维护空间非政治化的现状。城市空间规划呈现的不是客观事实,而是通过资本意识形态来破除城市本身的意识形态。空间生产由官僚技术专家的城市规划引导。空间是社会的本体,但并非时刻处于核心地位,总是体现资本积累过程。空间生产的周期性矛盾与历史地理有关。资本总是想加快流通时间,不断降低空间运输成本,用科技改变通信条件来减少运行成本。城市化带来了同质化和异化空间,但也引起都市空间革新的可能,需要消除国家空间霸权,需要接近城市的权利。城市空间中有政治问题,能激发革命激情和政治革新。资本主义已形成对落后国家实行殖民统治的金融体系,让资本主义国家在资本积累过程中对全球空间的控制力进一步增强。

都市空间规划应该进行总体性的都市革命和日常生活革命。要消除都市空间规划中的资本逻辑问题,除了要加强对资本的监管,更主要的是要进行总体性都市革命和日常生活革命。为了消除都市空间规划的资本逻辑问题,要进行总体性的都市空间革命。列斐伏尔认为,阶级革命策略对城市规划的使命已经结束,必须用都市革命取代阶级革命。他反对马克思用二元对立思维把社会的一切看成二元对立的事物,而采用日常生活空间变革的微观视角,并强调了消费在现代社会生活中的主导作用。他认为,马克思是生产主义者,应该采用诗性实践变革日常生活。列斐伏尔主张打破传统哲学对都市生活空间的忽视,重新发现都市生活空间的解放意义。因此,都市空间变革要依靠艺术革命,达成总体目标。其实,都市空间革命不是阶级革命的发展,而只是列斐伏尔建构的乌托邦。列斐伏尔将都市空间规划批判作为政治意识形态实践,是资本主义政治经济学批判的延续和继承。1968 年都市革命运动的失败,并没有影响列斐伏尔对都市空间革命的信心。

技术理性下的都市空间规划始终体现着资本增值逻辑,这让它在城市空间生

产进程中引起了一些冲突,消解了都市空间稳定秩序。其中,都市空间规划中的同质化是较严重的问题。都市空间规划的同质化不断压制多元和个性,抑制都市生活的多样性,让都市生活成为死气沉沉的腐臭死水。都市空间规划不仅表明人对自然的占有和掠夺,而且表明社会对个人的压抑和操控。发达工业社会都市规划的危机是综合危机,不只是资本主义的小病患,而是经济在走下坡路。都市空间生产的结果是人工"产品",具有同质性特质。都市革命就是要看到不同空间生产主体的空间生产能力和空间利益需求是不同的。

都市规划中的技术理性已经从控制经济变成控制日常生活,要消除都市空间规划的技术理性控制就要进行日常生活革命,不断争取生活的自主权。革命的目标不是经济改革或政治革命,应该拓展革命策略,进行"艺术革命"。因此,要扬弃以前的革命行为。以前的革命让日常生活产生消费异化,"当革命行为被局限于经济平台时,它就会陷入泥潭,迷失其真正的目标"①。政治或经济革命不一定会导致文化变革。如今,文化革命更具有现实意义,因为其他革命都失败了。都市空间规划导致冲突,这些冲突在政治上表现为政治斗争,斗争的核心是让日常生活摆脱资本控制,由大众掌握都市空间。社会主义空间要将使用功能置于交换功能之上,将真实需求置于虚假政治命令之上,将现实平等正义置于虚幻道德理念之上。"资本的危机来自分散的城市中心,分散的城市中心让异化现象进入微观日常生活的每个角落。"②都市空间革命对于促进城市化有重要现实价值。只有进行都市空间革命,才能还原都市生活的原本色彩。

(二)城市建设要提高技术化水平

1. 采用先进技术推动城镇化可持续发展

中国城市化不能沿着资本主义道路,重复旧的空间生产模式。城市病不是城镇化本身引起的,而是不合理的工业化和城市化模式导致的。过多的人口滞留在农村也会产生农村病,导致资源浪费、生态破坏、市场受阻、思想落后等,需要扬弃传统的农业文明,追赶工业文明和城市文明,将人口聚集于城市。城市病是城镇化的衍生因素,城市化的主导因素是文明的提升,是传统农业文明向现代工业文明的转变。世界的主导趋势是人口向城市的聚集,而不是相反。中国需要将自由迁徙权利还给居民,以加快城镇化发展。中国劳动力资源丰富,可以利用此优势大力发展劳动制造业。但随着全球经济格局的变化,这种劳动力优势已经被印

---

① H. Lefebvre,*Everyday Life in the Modern World*, New Brunswick (USA) and London(UK) : Transaction Publishers Press,1994. p. 197.

② 孙全胜:《城市空间生产:性质、逻辑及意义》,载《城市发展研究》,2014 年第 5 期。

度、巴西等国家代替。城市化成了个别地方的形象工程，大量面子工程上马，以满足对 GDP 的追求。城市房价高、户籍制度等造成了居民的居住问题，引起贫困、隔离等很多社会问题，导致交通、环境等城市病。地方政府靠各种开发区等名目取得政绩，导致居住、交通、污染等很多负面问题。中国各个城市都出现了严重的大气污染，各种污染物排放超标。没有公平、透明的政治氛围，商人只能进行短视的城市投资建设，让房地产绑架了经济。城市问题需要中央和地方的联合治理，需要采用先进技术治理大城市病。在城市规划中，要以分散化的策略引导人口合理布局，让人口向发达地区移动的同时，也兼顾其他地区和中小城市。科技和交通为中国城市化提供了现实可能和活力、动力，带动了乡村转型和城市群建设。要转变城镇化增长方式，也要进行政治体制改革。地方政府除了要引进技术、资本建设开发区，还要努力引导产业机构升级，减低成本，实现利益最大化，实施比较优势，实行循环经济，发展低碳经济。

城市化的发展要改变策略，从过去的优先发展大型城市，改为重点发展中小城镇。中国的城市化不能重复资本主义运作模式，可以凭借劳动力成本低的优势，取得更大经济发展成果。早期资本主义凭借圈地运动，获得了工业化生产需要的土地。这种道路，我们不能再走。城市化是按照等级秩序进行的，造成了地区的严重分化。投资环境恶化，让投资商只能把资本投到城市建设，尤其是房地产业。当房地产业无法获利，而风险加大时，大量民营资本撤走。于是，通过超发货币、银行贷款等，形成大量虚拟资本，虚拟资本不便于监管、控制。一些地方的城市建设在政绩工程的驱使下，大肆破坏生态环境和掠夺自然资源。

2. 城市生态问题的解决，需要改变城市空间生产方式

城市空间生产不仅造成了日常生活的破碎，也破坏了生态环境。城市规模膨胀、城市人口激增和工具理性是导致城市生态问题的根源。解决城市生态问题需要有效控制城市规模，合理布局城乡人口。城市生态问题的解决需要强大的经济能力，也需要科技的进步，要大力发展环保行业和技术。

首先，转变城市化方式需要建立均衡空间。"人类赖以生存的社会、经济、自然是一个复合大系统的整体。"[1]城镇化还要协调城乡矛盾，合理布局空间系统，让城乡达到平衡发展。承包制和乡镇企业促进了农村经济发展。空间平等就是保证空间使用和占有的公平合理，平等分配空间资源，让每个公民都能合法使用空间，消解空间政治霸权，就是努力缩小空间生产和空间结构的两极分化。城市规划、生产和分配的立足点是公民的空间利益，如果违背公民利益，必然造成空间

---

① 马世骏、王如松：《社会—经济—自然复合生态系统》，载《生态学报》，1984 年第 5 期。

生产异化现象。农民工是中国城市化的特殊现象,推动了中国城市化,城市化不同模式影响了农民工市民化的发展路径,政府应该大力引导农民工市民化,需要改革城乡二元结构制度,提高农民工素质是市民化的核心要素。推动失地农民能够可持续发展,健全安置方法,提高征地补偿标准,解决进城农民的住房问题,提高居住环境。

资本主导的城市化促进了 GDP 增长,推动了利润最大化的实现,但引起制度缺失等公正问题。城镇化过程中不断掠夺弱势群体和农民的居住空间和生存空间,不断造成新的贫富差距。农民失去土地的多达千万,而政府和开发商在房地产业中获得巨大利润。农民与土地等生产要素分割,丧失生存的基本条件。失地农民没有社会保障,只能游荡在城乡边缘,充当着弱势角色,不但无人关注,而且权利不断受到侵害。失地农民既没有土地,又没有城市户籍,在耕地上下岗,政府也没有补偿。失地农民处于社会底层,心理的落差和失衡在所难免。弱势群体被侵占了空间权利,对社会不满。农民的承包地和宅基地有三种出路:一是继续占有经营权;二是归还给集体;三是被国家征购。"中国的改革和变革常常是被逼到崩溃的边缘,被逼到一个死角,才会有动力去改革。"①过多的行政干预是一种人治,只是为了政治利益。均衡空间的建立需要打破城市空间规划的假大空和不切实际,改变大尺度的规划方式,建立小尺度的城市空间规划,这样才能消解资本和权力的空间联盟。"必须尊重和鼓励反映文化和美学价值的人类住区的特征多样性;必须为子孙后代保存历史、宗教和考古地区以及具有特殊意义的自然区域。"②

其次,转变城市化方式还要靠技术革新。中国城市化主要是靠粗放方式取得的,需要转变城镇化方式、发展空间经济。空间生产与空间消费已经变成中国社会生活的主导模式,与人们的生活质量、精神文化诉求、住房质量都有密切关系。中国现代化的实现、全面小康社会的建设、中国梦的实现都依赖于空间生产和空间消费。城市化发展较快的地区,环境污染也最严重,粗放型的增长方式让经济遇到了瓶颈,出现了土地资源、能源资源的不足,很多城市都出现了大气污染。中国城市化面临全球化、信息化的机遇。经济全球化促进了资源流动,引起产业升级,为中国劳动制造业创造了机遇,有利于中国城市的产业结构调整,促进中国进入信息时代,促进了城乡一体化进程。我们需要走新型工业化和城市化道路,需

① 田国强:《有效市场的必要条件是有限政府》,载《南方都市报》,2012 年 6 月 17 日。

② 中国环境报社:《迈向 21 世纪——联合国环境与发展大会文献汇编》,中国环境科学出版社,1992 年第 36 页。

要发展科技,促进产业结构优化,提升劳动者的素质。发达国家已经进入城市化晚期,他们提供了很多有益的经验,城市化的世界潮流有利于中国城镇化。中国城市化的产业聚集日益明显,发挥更多的规模效应,促进了人口和资源流动,降低了产品成本,促进了竞争。知识经济、信息时代也需要发挥大城市的高效率聚集人口、经济、技术等的能力,推动知识、技术创新。城市化的根本动力是产业结构升级引起的市场需求,要解决新增人口的就业问题。产业结构升级吸引农业人口进入城市。重化工业对中国工业化有很大贡献,但消耗大量资本、技术,却没带来很多就业岗位,农业仍占主导,家庭小农经营不能走入世界市场。工业结构变革带来投资、消费需求,推动城市基础设施建设。中国是制造业中心,需要技术改造,培养技术工人,提高产品加工度,延长产业链,提高专业化水平,增加就业和收入。

（三）城市建设要低碳环保

城市化的生态化倡导低碳社会和低碳经济,倡导绿色、环保、可持续的消费意识,推动和谐城市空间的形成。生态城市化需要顺应世界潮流,建立低碳城市。城市排放了大量温室气体,导致雾霾等污染,引起气候异常,需要利用技术革命转变经济增长方式,缓解资源、环境承受压力。中国城市化路径依赖于新兴的技术手段,需要提高能源节约水平,利用技术发展低碳产业、低碳生活、低碳社会。发达国家积极倡导应对气候变化,凭借先进法律和政治优势保护环境,降低排放,开展节能减排工作,建立生态环保社区,大力开发太阳能、风能、可再生能源等,转变资源利用方式,开发能源技术,用公共交通引导城市土地开发。中国政府也把低碳作为关注对象,推行低碳城市试点,要求发展节能产业,一些城市建立了快速公交系统。低碳城市建设是复杂的系统,需要制度、人口、社会的配合。低碳经济要符合经济发展水平和资源承载力,推动产业结构优化,采用不同方式使用清洁能源,提高工业的技术水平,发展循环经济,要推动落后产业的技术创新,解决产能过剩。政府主导城市建设,导致市场集中度不高,需要破除政府的过多干预导致的产能过剩。低碳城市需要低碳文化、低碳经济、低碳消费、低碳居住、低碳出行等的支撑,鼓励低碳环保的生态生活方式。要发展低碳技术,控制碳排放,提高能源利用率,建立制度配套,用法律限制碳排放指标。中国经济面临减排的压力,要制定低碳经济的配套公共政策,合理制定城市、土地、社会规划。要建立低碳金融制度体系,调节上市公司的碳排放,促进碳市场完善。低碳城市要以低碳文化为核心,推动生产、生活、文化观念转变。低碳城市需要资金、技术支持,利用国际规则,形成市场、企业、个人、政府的互动体系。低碳经济就要负起维护生态平衡的责任,达到低耗、高效、生态的生产。

　　全球化、城市化是大势所趋,需要转变规模扩张的道路,解决城乡失衡和生态问题,推动可持续之路。中国城市化是在市场不完善的农业大国进行的。中国城市化推动了就业、消费,应该均衡发展、弹性增长,要高速度和均衡的结合,达到供给和需求的平衡,实现就业、土地、公共产品、制度的均衡。城市化工业需求劳动力,个体经济、企业都需要劳动力。中国失业问题严重,大批下岗人员、农村剩余劳动力需要就业,而城市提供的就业供给不足,导致失衡。应该促进居民就业,而不是单纯追求城市化速度。城市建设需要土地,政府大力发展土地财政,设立很多开发区,但中国耕地资源不足,城市建设需要节约土地。旧城改造可以节省土地,要提高土地利用率。城市基础设施和公共产品要供需均衡,大力发展公共事业、公共教育、医疗、福利、保障等,城市功能应该不只是经济、交通中心,更应是宜居之地,环境优美,配套完善。社会需要坚实的经济基础,经济要走持续之路,提高劳动力素质。经济要提高效率就需要推动城乡交流畅通,消除城乡贫富差距,加大对农村的财政支出,增加城市公共产品供给。城市化理念落后,导致城市公共供应不足,只追求城市量的增加,而不注重公共基础设施服务质量。公用基础设施包括教育、文化、卫生、环保、防灾、政府服务等门类,需要大力满足市民需求。公共管理制度也要供需均衡,因为中国城市化是政府主导的,好的公共管理制度可以推动经济发展,否则会产生负效应,需要管理制度改革,实行法治管理,制定法规,但户籍制度、土地制度仍难以改革,城乡无法共享教育、医疗等资源,农民收入水平低。城市化不能刻意追求,而应是经济发展的自然结果,需要工业化做动力,立足于资源承载力,消除整机考核带来的盲目发展。中央政府也可以制定科学规划,协调各类城市利益,引导形成合理城市格局,针对不同地区对城市数量、就业、教育等的需求制定不同规划。政府要做到行政透明,全国监督。地方政府应该为城市化做基础服务,做好基础性供给工作。

　　中国城市化需要协调技术发展、经济发展、生态保护的关系。城市化能够促进内需,推动社会进步,消费是经济的动力,需要向买方市场转变。农产品满足了需求,农业失去需求动力,大批农村劳动力转向工业部门,城市新增移民的消费需求对城市化有巨大拉动作用。城市化能消化农村剩余劳动力,是现代化的标志,能推动经济规模化。三农问题的解决需要增加农民收入,推动土地利用规模化。城市化因为国情不同而失衡,中国城市化改革开放前很缓慢,改革开放后快速发展,但仍落后于其他国家。中国社会严重滞后,城乡二元结构很严重,自然资源不足,生态破坏严重。城市化具有辐射作用,需要统筹科学发展。城市消费拉动经济发展,需要推动城市新移民的消费需求。城市化能促进技术革新,推动资源高效合理利用。我国人口多,有很大的物质、素质等需求,但人均资源严重不足,需要节约利用。目前的经济水平、技术能力、环境压力等让中国必须走可持续之路。中国经济面临人口、资源、生态等压力,需要缩小贫富差距,合理利用能源。中国是农业人口大国,工业剥夺了农业,政府掠夺了本国人民的内向型经济,政府主导城市化,制度安排了资源,集权制国家资本主义进行了原始积累,造成了短暂的经济增长。经济发展要求制度变迁,改变城乡二元体制,但政府垄断资源,很难放弃权力。生产力进步才能推动社会发展,需要继续坚持经济建设,也要促进政治文明和精神文明。城市化需要资源、生态持续利用,将人的发展、资源利用、生态维护协调起来,实现人与人关系协调,用道德感召人的生态理念。可持续发展要从资源、环境、经济、社会等角度,需要建立绿色城市,合理利用城市资源,适度开发;尊重生态规律,考虑环境承载能力,城市需要完善系统和结构,方便人们生活,推进居民参与。可持续发展包括经济、社会、资源、环境等。经济可持续是其他可持续的物质基础,需要以生态环境为前提,消除粗放型经济增长。可持续发展要体现国家、国际、代际公平,是为了更好地发展。可持续发展需要控制人口,提高人口素质,节约能源,建立环保体制,维护国民经济稳定发展,需要建立可持续决策和协调机制。城市化承载现代化,承载生产要素和消费需求。城市吞噬了农村,是畸形发展。城市化具有正负效应,需要控制土地规划、合理利用土地资源,需要引导人口控制规模,提高人口质量,需要建立适宜的居住环境,大力发展公共设施,建设经济适用房,需要发展公共交通,建立城市文化文明,发展多元包容的文化。

城市化提高了文明、居民生活,也消耗了大量资源,导致城市病。可持续发展是更好地发展,摒弃盲目发展,建立生态发展,维护各方利益,达成和谐关系。人的生存和发展要求可持续发展,是为了更好体现人的本质,需要打破城乡二元结构,推动农业发展,实现城乡一体化,加大第三产业比重,达成经济效率和社会公平的统一,兼顾经济发展和社会公平,还需要协调经济发展和环境保护的关系,提高工业化技术水平,加强治理的效率,经济必须发展,但环保也要注意。可持续发展首要的是解决城市环境问题,维护城市自然环境,完善城市人工、人文环境。中国城市基础设施、公共服务落后导致交通、生态等问题,需要加大公共基础设施建设,满足居民需求,提高城市产业层次,依靠科技转变经济模式。可持续发展需要稳定的政治环境,高效的经济环境,良好的理论氛围,较高的劳动者素质技能。城市化需要立足中国特色,改变计划体制的政府干预,户口制度、承包制延长、政府圈地等阻碍了城市化,导致农村发展滞后。城市化是复杂体系,需要提高质量,需要工业化与信息化共同推进,中国仍需要大力发展工业化,也要紧跟信息化的时代潮流。大城市要发展信息支柱产业,还要集中型和分散型联合推进,工业化与集中型城市相关,信息化与分散型城市相关。信息时代促进了交通便利,方便居民搬迁到郊区,需要推进城乡一体化,缩小城乡差距。促进城市化与现代化的互动,大城市和小城镇的共同发展。要以经济发展为核心,推动经济社会协调进步,调整行政区划,建立透明的管理体系,完善各类型市场,提高城市吸纳能力,健全公共基础设施和服务,创造良好居住环境,提高社会运行效率。需要尊重居民利益,全民参与建设,促进人生产、生活、文化理念的转变,改善软硬件设施。决策要充分尊重民意。

中国需要持续的城市化发展战略,发挥城市的供给需求作用,降低运输成本,利用信息经济,实现城市空间结构的合理化,协调区域内各个城市发展,促进区域经济联系,减少不必要的行政干预。要促进乡镇企业提升技术,限制其乱占用土地、破坏生态。加强不同地区的市场联系,推动资源在全国的合理配置,推动经济与社会、生态协调发展。城市有软硬资源环境,聚集有正负效应。政府需要完善各项制度,形成土地、资本、人力等市场,确定土地产权,完善要素管理体制。及时调整各种城市政策,如户口、社区管理、交通等政策。城市基础设施包括排水、交通、能源、通讯、环保、防灾等设施,需要更好为居民服务,防止城市虚化。完善城市建设的法律,公平分配城市资源,维护城市有效运行。城市化要合理配置城乡人口流动,解决农村剩余劳动力就业问题,改革严格的户籍制度,大力发展乡镇企业吸纳劳动力的作用,大力转移农业人口,发展劳动密集型产业,放松人口管制。中国人均耕地少,需要合理利用城市土地,盘活城市闲置土地,提高建筑容积率,节约建设成本。

中国需要建设生态城市,走可持续的多元化道路。中国新型城市化区别于传统城市化,传统城市化是农业转向工业、农村人口变为城市人口,城市生产、生活、文明扩散。中国城市化立足中国实际,以马克思城市思想为指导,目的是城乡差别缩小,实现共同繁荣,需要建立城乡一体的社会结构,发挥城乡各自优点,促进资源配置,改变先污染后治理的模式,达成人与自然和谐,维护城乡居民合法权利,促进农民市民化,尊重资源、环境承载力,促进城乡、各地区的集约化发展,体现忧患、和谐、中和思维,不能过度向自然索取,尊重自然规律。可持续发展是为人类未来着想,让社会成为循环系统,坚持集约、循环经济,坚持长远、持续发展,避免短视,采用生态、绿色发展理念,采用民主政治体制,提高居民幸福感。大量人口进入城市,让城市容纳力接近极限,需要加快基础设施和服务,科学规划。中国特色城市化仍缺乏理论方法指导,缺乏科学审视、以人为本、科学发展观,但面临人口多、社会保障不足的现实困境,片面追求城市土地面积、人口规模,需要促进人口城市化,提升城市人口比重。大城市依旧吸引很多外来人口,但这些外来人口无法享受城市居民待遇。粗放的增长方式、过多的人口也导致环境污染,空间质量变差,影响了居民身体健康,导致资源枯竭、人均资源不足,影响日常生活,长期对资源掠夺性开采,排放了大量污水。城市规划需要科学理性,避免单一,完善基础设施,尊重各个地区差异。美欧国家利用自身优势快速发展了城市化。城市化能推动农业发展、工业化、市场化、现代化,需要大力提高城市人口比重,选择大中小城市协调发展的道路,实现有序整体发展。可持续发展要达成人与自然、人与人的和谐,消除技术的滥用。生态污染将是长期严重的,需要考虑后代人的持续发展。城市系统应该是开放的、环保的、节约的、低碳的、循环利用的,提高管理效率。用可持续理念提高城市化水平。可持续发展需要政治、经济、文化、人力环境的支持,要形成发展的共识,提高劳动者素质。大城市的可持续发展要解决生态、交通等城市病,大力促进产业结构升级,大力发展服务业;中小城市要扩大规模,提高经济效益和基础设施,要大力发展工业,提高规模聚集效应,发展第三产业,提高就业率,要超前规划,合理布局城市空间;小城镇要克服环境污染、布局分散、效益低的缺点,完善规划和基础设施,要提高工业规模效益,扩大资金来源,增加投资,加强城市管理,发展多种城市化模式,提高城市化整体水平,完善城市功能,提高吸纳劳动力的能力,采取环境污染的集中治理方式。小城镇基础设施较落后,也受制度制约,产业支撑不够。

本章小结

城市化是走向现代化的必由之路,需要克服弊端,走创意城市化道路,消除二元体制,实现城乡一体化发展。城市应该让人类生活更美好,需要建立和谐的城市环境,让人活得更幸福。城市化需要和谐发展,建立田园城市,促进城乡互动。中国城市化是在全球化格局中进行的,各种政治势力和文化力量都在其中激荡,让其面临多重语境。国家领土地缘形势深刻塑造着中国城市化格局。"它是资本主义的中心和核心的衰亡。"①同时,全球空间生产的资本要素流动、技术革新和空间重组能为中国城市化提供资本和技术。随着媒介技术的发展,虚拟消费生产逐渐取代实体工业生产,也引导中国城市化模式变为虚拟经济和空间消费,日益走向虚拟化、信息化、非生态化。面临新的城镇化形势,政府需要调节不同城镇空间主体的关系。城镇空间主体包括政策制定者、空间生产者、空间资源消费者等不同群体。政府是城市空间政策的制定者,但错误的空间政策会导致城市空间生

① H. Lefebvre, *The Survial production*. London: Oversea Publishing House Press, 1978, p. 117.

产秩序混乱,也会危害其他空间主体的权利。城镇化还应该平衡城市居民空间权利和农民空间权利的关系,必须让空间正义均衡的布散在不同的空间形态,让不同空间主体都自觉践行空间正义。"把正义运动带入一个极有条理的政治组织和实际的革命行动的世界,还有一段漫长而艰难的道路要走。"①城镇化需要加快城乡一体化,促进城乡教育、医疗等服务的均等。

建设社会主义新农村要完善农村基础设施建设,改善农村交通,实现饮水安全,发展清洁能源。要推进城乡义务教育均衡发展,逐步健全农村医疗保障制度和社会保障制度。构建长效机制,解决失地农民后顾之忧。要把农村天然资源转换为优势资源,注重城乡协调发展,重视公共服务管理,应该从意识转变、制度完善、主体参与等推动中小城市城市化发展模式的改革。新农村建设要促进意识转变,形成新型城市化发展观念。城市化要注重发展的数量与质量问题,要促进制度完善,营造新型城市化发展的制度环境,建立城乡统筹发展制度、集约型资源利用机制、产业协调发展机制、区域协调机制、社会保障机制。我国城市化存在城乡二元发展的不协调性、区域发展的不协调性、增长粗放和空间规模不合理。要解决城市病就要重新进行制度设计,促进体制改革与机制转换,强化科学规划和政府宏观管理;政府要进行意识引导,促进健康城市意识的培育和形成;城市管控和规划上要规范和完善,做好前瞻性规划,加强城市系统建设,还要监督城市中的非理性行为;城市化制度设计还要坚持城市适度人口规模。在中国现阶段城市化进程中,需要采取多项措施提高城市人口承载能力。

共同富裕构成了社会主义城镇化必须遵守的价值规范,表明城镇化中必须坚持公正和效率的结合,让公民公平地使用空间,平等地参与空间生产,公正地占有空间产品。它要求调节不同空间生产主体的利益冲突,化解城镇化中的不公正现象。中国城市化要促进城乡一体化,推动城乡产业合理分工,形成完善的产业链,推动经济结构和产业结构的升级,让大城市发挥聚集和辐射作用,促进中小城市发展,让城市群内部优势互补,推动城乡经济和产业的融合。中国城镇化需要走精益城市化之路,提高城市化品质,改变野蛮粗放增长模式,综合创新城市建设,需要用产业结构调整推动城市化发展,以人为本,坚持市场调节,倡导全民参与,保证决策尊重每个人利益,让全体居民享受到现代文明,避免行政的片面武断,要科学决策,保证政策公平性。中国城市化需要迈向全球,改变滞后的现状,提高到整体经济战略,推动区域发展,加快基础建设和服务,提高土地利用效率。中国城

---

① 〔美〕大卫·哈维:《正义、自然和差异地理学》,胡大平译,南京大学出版社 2007 年版,第 394 页。

市化是实现中华民族伟大复兴的"中国梦"的重要一环,需要坚持党的领导,坚持社会主义制度,在习近平新时代特色社会主义思想的指引下,不断推动城乡融合,促进城乡各项事业的全面发展。

结　语

合理分配空间资源，实现空间正义

随着城市化的发展，空间正义问题日益引起人们的关注。空间正义就是要消除空间上的等级和不公，应该建立公平体制保障弱势群体的空间利益，改变弱势群体的不利地位，实现空间生产公平。空间正义作为"中国梦"的题中之意，应该引起重视。"空间正义"的实现需要不断的实践与努力。立足于改革开放的城市化现实，深刻理解和把握"空间生产"的丰富内涵，指出我们追求与实现"空间正义"的路径，对落实中华民族伟大复兴的实践，有重要启示。

社会批判的空间转向让空间正义问题日益引起学者的关注。空间正义蕴含着空间和正义两个方面，包括空间资源分配的正义和空间生产中的正义。本书尝试建构一个整合的空间正义理论架构，在此架构下考察了空间正义的形成及多重内涵；在此基础上，分析了空间正义蕴含的人本主义、公平性、多样性等价值诉求；最后提出了从空间资源的分配、空间生产活动的展开、社会主义空间生产的进行等层面来达成空间正义的实现。正义扎根于空间，并孕育于空间，呈现着空间性，空间视角对考察当代正义的实现也具有积极价值；同时空间生产展示着正义需求，空间具有正义性，需要遵循正义法则，正义视角对认识空间生产及其问题具有积极价值。空间正义完善了马克思的社会批判维度，需要建立社会主义空间正义，推动空间生产方式转型，协调好人与自然空间、国内外空间生产、不同空间主体利益的关系。因此，空间正义的考察对于空间资源的合理分配、空间正义价值诉求的实现有一定的参考意义。

第二次世界大战之后，西方国家的城市化高速推进，导致交通拥堵、住房紧张、生态破坏等城市病，引起了列斐伏尔等一些学者对空间生产进行审思。他们从空间视角对城市空间问题做了政治经济学批判，呈现了空间正义的重要性。随着全球化的进行，如何实现空间正义问题更引起了学者重视。城市化让城市与政治、经济、伦理等紧密联系起来，空间权利、空间利益、空间正义等问题变成城市批判理论的焦点。空间正义成为当代正义的重要维度，激活了社会正义研究新的视域。空间正义是"空间生产"理论的伦理诉求，是现实空间生产过程的最终目标。

变革空间形态和结构、维护公民平等空间权利、实现空间生产高效运行，是实现居民空间正义诉求的必备前提。然而，国内外学者对空间生产的研究积累了丰富的理论成果，但缺乏对空间正义的考察。因此，只有赋予空间生产以正义视角，才能更好地理解日常生活。

一、空间正义的形成及内涵

（一）空间正义的形成

空间正义提出的理论背景是社会批判的空间转向（Spatial Turn）。空间转向也引起了伦理学者的关注，让他们思考正义的空间维度。"正义究竟是一个伦理概念还是一个法权概念，这取决于人们判断该概念的视角。"①空间正义是城市运动的方向和目标。西方资本主义城市化形成了国家干预加强和城市问题加重的恶性循环。国家干预城市化过程，导致城市问题的政治化，使城市居民丧失了对空间的支配，引起了空间隔离和破碎，改变着城市空间格局。"富人占据了有利的居住环境，而穷人则往往在有毒的地区内工作和生活，而且每一个改造生态系统的计划都具有其社会关系的意味。"②于是，空间生产导致严重的城市危机，引起争取城市空间权利运动，主张抵抗资本增值逻辑、对抗官僚对空间的控制。城市社会运动批判空间政治化、空间非生态化，矛头对准空间异化，并倡导空间正义。空间政治化呈现在居住社区，代替工业生产和社会劳动变成斗争核心。城市异化让人们反对异化背后的物质形式。一些空间形态被认定为造成异化的罪魁，因此，人们反对特定的空间形式。空间分离、空间异化、空间等级结构等问题让正义的空间维度凸显。面对亟待解决的空间异化问题，对于正义原则做空间视角的补充、阐释刻不容缓。

空间正义既是传统伦理学缺失的又应该引起重视的角度，又是阐释伦理学当代意义的应有维度。在当今社会，城市权利也已变成基本人权，空间正义也变成人们的基本共识，这让社会批判理论也开始关注城市空间权利和空间正义。"为了加入这个空间，个体（儿童、青少年），其中，这些很矛盾的群体，必须通过测试。"③道德哲学空间化研究基于以下理论前提。首先，空间和正义有着亲密关系。空间生产引起的空间矛盾需要正义视角的考察，正义也需要空间维度来补充

---

① 张文喜：《马克思对"伦理的正义"概念的批判》，载《中国社会科学》，2014年第3期。
② 〔美〕大卫·哈维：《正义、自然和差异地理学》，胡大平译，南京大学出版社2007年版，第210页。
③ H. Lefebvre, *The Production of Space*, Oxford：Wiley—Blackwell Press, 1991, p. 35.

完善。空间生产具有同质化、碎片化与等级制的特征,要建立多元、和谐、公平的社会空间秩序,必须让空间生产呈现总体性、变动性和公平性,这需要正义指引。其次,空间正义立足于城市空间、全球空间批判。在资本增值和技术管理体制支配下的日常生活、城市空间、全球空间都发生了异化,需要空间正义来克服空间异化。最后,空间正义指向人的发展问题。资本主义意识形态制造了空间乌托邦的幻觉和迷茫,让人丧失批判和反思能力。共产主义社会空间就是要打破单一的专制空间,创造出新的多样性社会空间,是僵化空间到流动化空间的过程。空间正义是要在差异空间中发现人类更美好的未来。城市化推动空间正义越来越成为学界关注的重要领域。空间正义的建构之所以是必要的,是因为空间生产与正义具有内在契合性,两者需要互为约束和监督。当代社会批判理论需要将空间视角和正义视角结合起来,社会空间形态的演变也要求空间生产和正义的结合。空间正义的建构是具体的历史过程,不仅要展现人文价值,而且体现着发展向度,还要彰显多样性维度。社会主义空间正义关注人的空间生存困境,并期望解决人的空间生存问题,其建构需要遵循道德哲学基本原则、顺应时代转换、立足于多样性的空间形态,不断协调不同空间生产主体的利益关系。

空间生产及矛盾激发了人们对空间正义的追求。空间与正义的双向关系是很早就存在的,是事实和规范的互动关系,是在存在论、认识论、评价论、实践论等意义上都紧密相关的互动机制。空间正义既包括追求更好的住所、便利的交通、城市权利,又包括实现共同富裕、民主权利、全球正义等。尽管空间正义的倡导才兴起,但必定能在都市运动中担当重要角色。空间正义有利于人的生活习俗的改变,有助于人从空间压迫中解放出来,进而整合为城市空间整体活力。空间非正义是资本过度生产的结果。资本让空间生产带有拜物教色彩。资本增值拒斥伦理价值,激发人性贪婪,产生非正义。空间生产导致生态恶化和环境行动的非正义。土地城市化遮蔽了人口城市化,导致土地资源浪费。在进行空间开发中,短期利益遮蔽了自然生态,需要倡导居住正义,维护弱势群体利益、空间平等权利。空间正义要倡导代际公平,实现城乡一体化,符合生态平衡,实现健康持续。空间正义提高了正义和空间生产的联系,将正义理论延伸到社会空间领域,提高了空间伦理的可行性,推动了空间生产正义性的考察。空间正义的提出使包括城市空间生产在内的空间伦理研究有了可靠的理论依据,使人们可以立足于空间伦理角度去分析资本运作带来的问题。空间正义有助于解决空间生产的异化现象,消除一些空间生产中的问题和矛盾,例如空间二元结构、空间不平衡发展、城市空间异化现象、空间生态破坏等。空间正义的实现有助于社会正义的实现。要在空间现象中发现背后力量,让空间正义成为政治行动目标。列斐伏尔对空间正义的考察具有重要意义。空间正义是空间利益和空间权利的平衡与和谐，目的是促进效率和公正的结合。

空间和正义可以联合，正义可以深刻影响空间生产，空间生产也影响正义观念的变化。空间正义需要建立在资本批判基础上，对具体空间和城市化的伦理现象做道德哲学分析。空间正义要激发正义的空间转向，促进人们生产出正义空间，有利于公民社区自治、空间道德等理念的产生。价值理念涉及伦理道德、规范习俗、理想追求、精神态度等，对人的生存具有重要意义。空间的未来本应是美好的，可现实的空间充满虚无，让人沉湎于肉体，得救的希望变少。空间正义体现个人的自觉自愿，是走向自由之境，是科学与人文的统一。空间中是存在等级的，有中心和边缘的区别，也自发产生出空间不正义。人们需要更加重视城市空间问题，更加重视空间政治意识，将空间看作政治意识形态的产物。正义理应成为社会空间的基本价值，让社会空间充满效率和规则，让每个公民都充满安全感和幸福感。空间正义能够促进城市自治组织的产生。城市正义需要集体行动，都需要公开性。"要求的不是消除差异，而是确立种种制度，推进对无压迫的群体差异的再生产和对无压迫的群体差异的尊重。"①空间正义的实现需要建立合理的政治体制。城市出现了生态系统的破坏，需要形成以空间正义原则为指导的空间生产是当前我国城市化路径的必然选择。

（二）空间正义的内涵

空间正义有着自身演变过程，而且已经渗透进领地正义、政治正义、经济正义、生态正义、地区公平等相关范畴中。空间正义范畴源自领地正义（Territorial justice）。领地正义是戴维斯（Brady Davis）在1968年首先论述的，并由哈维（David Harvey）在1973年进一步阐释为"再分配的领地正义"（Redistributive territorial justice）。哈维指出，"再分配的领地正义"就是社会空间资源的地理分配是公正的，不仅在结果上公正，而且在过程中公正②。列斐伏尔从城市危机中觉察了空间正义的必要性，并从对资本主义抽象空间的批判中倡导建立差异空间③。

空间正义范畴首先出现在戈登·H. 皮里（Gordon H. Pirie）发表的《论空间正义》（On Spatial Justice）。空间中的阶级矛盾和利益冲突是引起空间非正义现象的主要结构因素。空间正义表现为正义的空间性和空间的正义性两方面。"正义/

---

① I. M. Young, *Justice and the Politics of Difference*, Princeton：Princeton University Press, 1990, p. 47.

② 〔美〕大卫·哈维：《正义、自然和差异地理学》，胡大平译，南京大学出版社2007年版，第195页。

③ 包亚明：《现代性与空间的生产》，王志弘译，上海教育出版社2003年版，第60页。

不正义(是正义和不正义一词的结合)的空间性影响社会生活,就像生活过程构成正义/不正义的空间性或者特殊的地理学。"①空间正义的宗旨是让正义在空间生产和分配方面得到贯彻,是为了克服空间生产的非正义现象。

空间的非正义蕴含着两方面内容。一是非正义的空间性:正义有空间范围,非正义现象也都呈现在空间中,让空间变成非正义空间。从空间的维度才能更好地分析空间非正义现象。二是空间的非正义性:空间生产既导致很多不正义现象,又引起诸多空间非正义。空间的正义性是从生产关系的历史过程和结果中产生的。凭借伦理和制度让空间成果共享,并彰显社会主义本质。空间正义"呈现着和激发着一种策略的理论,强调特殊的(通常被忽视的)正义和不正义的空间"②。空间正义是对空间非正义现象的反叛,是对自由平等的渴求,是对差异空间的建构。

空间生产引起了很多空间非正义现象。一是生活空间的极度异化。空间生产渗透进人们的日常生活空间,既让人们的居住空间变得模式化,又让交通空间变得日益拥挤。少数人为了利益破坏了空间资源,损害了弱者利益,政府开办了不合格的企业,引发了城市问题,挑战着可持续发展。二是空间资源分配机制的不对等。空间资源包括自然空间资源和社会空间资源两部分。追求空间资源的平等分配并不是追求一切公民的财富、身份的等同,不是实行绝对的平等主义,而是要承认差别。尊重个人空间权利的差异,是达成空间资源分配正义的基础。三是空间产品分配的不平等。空间产品包括服务于生产和服务于生活的两部分产品。空间产品在分配上是不平等的。空间产品分配的不平等引发了空间矛盾,让空间生产布局更加不对称。

引起空间非正义现象的因素有很多。一是快速进行的空间生产是导致空间非正义现象的主导因素。空间资源成了资本家、普通公民、政府都在争夺的东西。大量农村剩余人口无法获得城市居民的待遇,在城市空间中无根地漂泊游荡,难以稳定、平安地生活在城市中。二是市场经济的弊端也会引起空间非正义现象。人们在市场中具有不同地位,导致人们的消费水平千差万别,引起空间消费的等级化,造成消费空间的非正义现象。三是政府和法律作用的缺失。政府有责任联合法律机构,建立正义的市场体系,有责任培育公民的道德修养。政府监管不到位、法律体系不完备,会让空间生产处于无序状态,导致空间非正义现象横行。

---

① E. W. Soja, *Seeking Spatial Justice*, Minneapolis: University of Minnesota Press, 2010, p. 5.

② B. Warf and S. Arias (ed), *The Spatial Turn: Interdisciplinary Perspectives*, Routledge: London and New York, 2009, p. 32.

城市空间中流行着多元文化。现实的空间是生产出来的，有着文化维度。空间转向对于社会学有重要意义，是对全球空间不正义的反应。社会运动的发展需要重新组合时间、空间和社会的关系。空间正义成为一种动人的政治口号，让人追求城市权利。空间正义具有内在的构成性。城市空间不应有阻隔，应该允许每个人进入。空间意识是政治的，是一种政治路线。在充满矛盾的城市空间中，需要形成合理的空间意识，应该积极营建城市公共空间，阻止专制势力对空间的侵占。空间正义关注生活空间的生产和控制问题。空间正义不是随意的发明，而是社会科学的颠覆性概念，是对社会正义的空间化分析，不是消除空间权利，而是要建立差异的空间权利体系。空间正义需要合力，增添一些新东西。在空间生产中必然有空间正义的需求，正义理论也需要空间维度的补充。空间正义是反抗压迫力量，是社会正义的必然衍生物。空间的不正义需要从历史角度分析。空间不仅是城市问题，也是社会历史问题。我们需要生产出开放的、异质的、差异的社会空间秩序，需要追求空间正义。空间正义是在社会空间中凭借制度和规则公平调配空间资源，让公民能够享有公平的空间权益，让空间生产、空间产品消费、交换都公平有序。社会正义需要增加空间维度。空间权利也已经成为人的基本权利。空间正义可以消除种族歧视，消除阶级斗争，让国家政权更加廉洁公正。

空间正义的产生表明，人们在全球化背景下对空间生产中新型伦理关系的期待，显示了正义在社会空间中的作用。空间正义是一种新型的伦理理念和伦理实践，是一种规范和调整空间生产主体进行物质能量交换过程的伦理规范总和。空间正义建构在空间生产实践基础上，是正义在空间生产上的延伸，是新型伦理准则。空间正义研究不是对历史辩证法的否定，而是强化。正义具有空间属性，即一切正义问题都发生在社会空间中，表现为空间形式和空间关系。因此，空间的伦理属性及其空间伦理关系是空间生产的道德哲学研究的基本理论指向。城市空间伦理是人们在数字化空间时代进行生产实践和社会交往的伦理准则，能够为人们把握资本主义城市化生产及其矛盾提供新的视角。有了社会批判视角的参与，才能真正认清当代伦理。同时，有了城市化视角，才能更好认识当代社会空间关系。人类要建构具有生命活力、适宜、优良秩序、高效率、公平合理的城市化空间，需要的主体条件就是推行城市化的人具有较高的伦理素质和道德意识。城市化中的不公正现象是现实社会空间矛盾的影像，能够激起人们对平等空间权利的追求。消除了社会矛盾，城市化中的问题也会消除。空间正义将空间生产的伦理性凸显出来，一方面是为了反衬空间生产的伦理悖论及其呈现的伦理意义；另一方面是为了凸显伦理的空间属性及其属人性的伦理价值。从空间生产视角考察正义，既要看到两者的不同性，又要看到两者的同质性。空间生产决定正义理念，正义理念能反作用于空间生产。空间生产正义已成为现时代必须解决的课题。空间生产秩序也随之发生深刻变化。目前的空间生产研究经常被复杂的空间现象迷惑,而很容易流于形式主义,这正是缺少伦理学视角所致。总之,正义只有走进空间研究,才能深入理解当代资本主义空间生产。空间正义应该凭借制约主体的伦理失范来达成空间生产主体承担伦理责任的义务。空间正义具有重要意义,能推动人们关注空间伦理问题,发扬伦理学的当代价值。只有以正义为视角,才能提出符合时代特征的空间批判理论,才能弄清空间研究的伦理问题,为空间研究提供新方向。建构空间正义是为了克服空间生产中的问题。空间正义出自自然,又与自然对立,是人在自然空间基础上缔结的生命性,是伦理生命形态的空间显现。空间正义表现为精神而不是实践理性,是精神、思维和意志,表明人的智慧和品质,具有自己的精神轨迹。空间正义孕育空间精神,空间精神结成伦理世界观,促进人由伦理存在转向道德存在。空间正义的宗旨是凭借伦理实践实现空间道德生活的和谐。建构空间伦理秩序和空间伦理制度能够缓解空间生产中的矛盾。我们需要消除空间中的不正义和压迫,以实现全球范围内的空间正义和民主。空间正义是在经济运行中合理分配空间资源,让每个成员在社会空间中承担相应的权利和义务。

空间正义来自对当代城市空间矛盾的审思。空间和正义是辩证的关系,正义具有空间性,空间具有正义性。空间生产应该有很好的秩序。正义能够为空间生产合理秩序的形成提供保障。资本主义空间生产不能消除人与自然的对立状态,需要生产出社会主义差异空间。社会正义要求空间视角,是在空间生产之时要平等、正义。空间三元辩证法为我们考察正义提供了一个重要方法论。不可能有完全正义,只有更加正义,空间正义也是不完全、相对的。城市空间正义必须建立相应的政策和制度基础,要让每个居民获得其应得的空间资源。构建正义的社会空间,就要发动空间革命,建构正义为核心的空间伦理。空间具有差异性和多样性,充满活力。人的空间需求能激发人的创造性,它倡导每个个体都有独特需求,个体需求就是排斥高压和专制。空间要素的协调能够促进空间生产各个主体的互动、空间生产多样性展开。空间多样性需要重置城市空间,创造差异性的城市空间,推动从抽象空间到差异空间的社会形态转化,需要把罗尔斯的差异补偿原则推广到社会空间领域。资本逻辑和政治权力导致城市伦理问题,加剧城市空间衰败。公平正义是人们的基本渴望,要建立合理高效制度。城市空间规划要科学合理,为居民利益服务,为空间多样性提供伦理指针。

空间正义是多元的复杂范畴,要求我们从历史性、现实性等多种角度去考察。空间正义概念不是要替代社会经济或者其他形式的正义,而是要强调特殊空间下的正义。现实的空间问题要比空间正义复杂得多。"城市化过程比与之相关的环境正义和社会正义问题的层次要多得多。"①首先，从空间正义生成的时代背景来说，空间正义顺应人类进入空间时代的需求，体现人们对空间问题的日益关注。在空间生产高速进行的时代背景中，空间日益具有社会意义。在空间生产过程中，正义和合法性日益重要，而且互动对促进空间伦理转换、建构空间正义具有重要价值。空间生产需要平等、公开、创新。空间生产呼唤着空间正义的现实出场。因此，列斐伏尔运用空间正义的视角来考察空间生产，并且最终形成了空间正义的理论视域。空间正义里的"空间"早已不是纯粹的地理环境和具体的物理空间形态，而是具有政治意识形态色彩的社会空间。空间正义是空间本身的正义，而不是空间中事物的正义。这种正义是传统的生产方式不能产生的，而扎根于当代发达工业社会空间生产实践中。空间正义不能脱离当下空间生产的时代背景。所以，空间正义和空间中事物的正义具有不同的内涵。空间正义无法完全等同于空间中的社会正义问题。空间中的正义指的是某个具体空间形态及其中事物所寻求的正义，是有界限的，体现着正义在一定空间区域的适用。空间中的正义蕴含不同领域的正义，不仅有生态正义、政治正义、文化正义，又有空间正义、城市正义、建筑正义。空间正义扎根于都市时代，从不断运行的空间生产中产生，是对宏观空间问题的反思和超越。其次，从空间正义演变的社会背景来说，空间正义与社会正义有着相似的诉求，但两者并不完全相同。空间正义实质是社会正义在空间上的呈现，但是，社会正义在空间呈现过程中也发生了裂变，拓展或忽视了一些正义诉求。从内涵和外延上看，社会正义要比空间正义宽泛得多，社会正义涉及多方面的社会要素，关联到政治、经济、文化等多方面，而空间正义主要涉及空间生产本身。尽管伴随着空间生产和政治权力的亲密结合，政治日益渗透进空间生产，让空间正义也得关注政治，但基本上空间正义的实现还主要靠空间革命，而不是政治革命。"空间中的位置将始终附带有某种程度上的相对优势或劣势。而这种不平等的个体或集体的优势和机遇，都可以看作是空间不正义。"②空间正义来自空间生产过程，伴随着城市运动日益引起人们关注。要解决空间矛盾，也要进行资本批判，因此，空间正义蕴含着对空间生产资本化的批判，需要用空间视角考察资本增值逻辑。最后，从空间正义的现实价值来说，空间正义就是空间规划、空间生产、空间权利的正义性，就是要让空间生产按照正义的原则进行，让空间资源依照正义的原则分配，让空间权利按照正义的原则实施。空间正义要消除空间生

① 〔美〕大卫·哈维：《希望的空间》，胡大平译，南京大学出版社 2006 年版，第 94 页。

② E. W. Soja, *Seeking Spatial Justice*, Minneapolis: University of Minnesota Press, 2010. p. 73.

产造成的等级空间秩序和碎片化空间结构,克服空间的二元对立。所以,一定程度上,空间正义就是凭借变革空间结构、调整空间生产方式来达成社会正义的。

二、空间正义的价值诉求

空间正义随着城市危机日益引起关注,表明对人与自然空间矛盾、人空间生存危机的关注,体现着促进人与空间关系和谐的努力。空间正义的研究很少,需要强化,要消解人类中心主义,倡导人与自然的平等相处。建构空间生产与正义互动关系的新型空间正义,既有利于完善"空间生产"和伦理中各自的不足,又有利于促进空间生产和伦理的融合。空间正义是考察当代空间伦理现象的重要视角,但不是唯一视角,需要空间生产和其他伦理视阈的融合。正义是人类的永恒追求,彰显着人类生存的终极价值。空间正义需要理论与实践的互动。"也就是不同社会主体能够相对平等、动态地享有空间权利,相对自由地进行空间生产和空间消费的理想状态。"[1]空间正义并不表明正义单纯是由空间生产规定的。空间生产蕴含着居民的空间伦理关系,体现为空间的平等、属人、多样等多重价值诉求,需要理论和实践的互动。相对而言,空间正义的诉求主要呈现在以下方面。

(一)空间正义的人文之维

空间正义彰显着以人为本的原则。"每个人都拥有一种基于正义的不可侵犯性,这种不可侵犯性即使以社会整体之名也不能逾越。"[2]空间正义体现着人对更理想空间形态的追求,随着空间视域的转换而转换。空间资本无节制的获取剩余价值,引起空间结构的失衡。倡导空间正义的宗旨是实现人的主观能动性、自由创造精神和各种社会价值。空间正义就要消除社会空间中的异化现象,让社会空间变成人能够栖居的诗意家园。在以空间的生产为主要生产方式的当代社会,应该把空间权升华至人权的高度,抽象为一项重要的伦理原则。任何个人和集体都享有空间生产的权利。一般说来,空间权是居民在住房、就业、交通、生态等领域对空间资源的公平占有和使用的权利。人们总是生活在各种不同的空间中,比如:种族空间、同性恋者的空间、宗教信仰者的空间、妇女空间、儿童空间、老年人空间、贫民区空间、防卫社区空间、农村空间、城市空间等。由于生活空间的封闭性、排斥性特征,往往产生一些误解、对立,甚至是嘲笑、歧视。由于同性恋者的情感世界、生活方式、交友方式以至于性爱方式都与常人不同,再加上生活空间的分隔,一般人都对他们持有很深的误解,甚至是歧视。如果能走进他们的世界,进入

---

① 陈忠:《空间辩证法、空间正义与集体行动的逻辑》,载《哲学动态》,2010 年第 6 期。
② 〔美〕约翰·罗尔斯:《正义论》,何怀宏译,中国社会科学出版社 1998 年版,第 3 页。

到他们的生活空间，与他们进行坦诚的、面对面的心灵交流，就会发现他们也有自己的生活方式、难处，很值得尊重。互相尊重、善待对方，而不是固守着"非此即彼"旧思维模式，进行斗争、排斥。我们需要用宽容、和谐的道义原则处理不同空间之间的关系。因此，空间正义的彰显是对当前人空间生存现实境遇的深刻省察。空间伦理中的正义原则，既是以人为本精神的体现，也是尊重差异的彰显。

空间权是居民在住房、就业、交通、生态等领域对空间资源的公平占有和使用的权利。空间正义的人文性需要把正义当作理顺空间生产中各种社会关系的基本法则。空间生产伦理的基本原则是坚持经济利益和道义价值的统一。空间正义实质是正义原则在空间生产中的运用。空间生产的发展内在要求空间伦理的实现。空间伦理主张制约空间生产中强者利益、关注弱者的利益。空间正义就是让空间中的人文性得到彻底实施，是让正义在空间生产中得到落实。人们应该将空间正义作为处理人与自然空间、人与空间生产、人与社会空间等关系的道德准则。空间正义是一种内在的善，意味着它是值得做的事情。在公平的社会中，正义是能够内化为个人的善良意志的。正义的能力是较高的善的能力，它主张一致性的善，主张按照正义采取行动。在良善的社会里，每个人都有正义感，保持正义感是合乎理性的。人的实践也需要发挥自己的想象力。资本主义促使人发挥无限想象力来扩大资本主义生产，也促使人发挥想象克服资本运作缺陷。社会主义要取代资本主义必须运用这些天赋技能对社会要素进行重新组合。新的生产方式是社会要素的新的矛盾运动和组合。人的能力与他们的才智、环境、兴趣等种种因素有关。每个人的能力是不同的，发展的能力范围也不一样。正义的能力应该在人的合乎理性的生活中占有一定位置，应该高于人的本能。正义的能力不一定就是我们追求的最高规范，但有助于我们达成政治辩护的共识。资本是空间生产的动力。资本的双重本性存在着严重的正义缺失现象。在当今空间生产语境中构建正义原则，反思和批判空间生产问题显得尤为必要。一个具有自由和平等的合乎理性的人会具有内在的善的本性。人能够把正义感和实现本能欲望联系起来，但应确立正义感的合理性首要地位。确立本能欲望不是心理堕落，但需要用正义感限制。正义感是我们内心生出的欲望，有时是嫉妒的产物，有时是强权灌输给我们的观念，以用于掩饰内心的软弱。但无论如何，正义感都不能有充足的理由成为善的构成要素，有时，没有正义感这种欲望反而更好。假如正义感真的属于人的本性，那么运用正义感恰恰是表明我们的存在能力。

空间生产的正义问题实质是正义原则在空间生产中的运用。空间正义促进空间精神的诞生，将人从自然空间中分离出来。空间正义精神是人类文明的壮丽篇章，是普遍的天命之性和个体"气质之性"的结合。"天命之性"和"气质之性"

组成人的伦理性。空间生产的发展内在要求空间伦理的实现,要用德行获得幸福,节制欲望和本能,意识的安详要比肉体满足快乐。空间生产主体要获得幸福,就要保有理想,追求德行,进行伦理行为,净化思维。空间生产伦理总是趋向完美,但现实的伦理总是不完美的,不可因为现实存在不道德行为,就否认未来有完美的空间伦理。空间正义是空间生产价值诉求不断推进的产物,形成于空间生产伦理与行动的不断联系中。空间正义的人文价值就是促进空间生产的文化性和人性化,让空间生产转换为正义价值,在空间生产中实现效率和公平的结合。空间正义的伦理维度包括人文性、平等性、自由性等多方面,具有道义倾向,既具有自然性色彩,又具有社会性意义。空间正义的基本要求就是人本性,需要维护功利伦理,倡导奉献伦理,扩散生态伦理,升华文化伦理。空间正义必须立足于生产力进步,肯定公民的物质利益和生活品质追求,实现空间分配的公平性,同时,与自然空间达成和谐,维护个人的空间权利。空间正义要以公民利益为宗旨,以低成本和高效率为核心,以公平为心理基础,以竞争为实现手段,以互利为生产前提,以客观规律和道德法则为行为准绳。空间正义就是从空间生产过程的一般特性中概括出系统的伦理规范,为空间生产提供道德立法。空间正义既要注重经济效益,又要倡导竞争精神,还要倡导社会平等。空间生产的趋利性等局限会让空间生产偏离伦理规范,导致部分个人不择手段地控制空间。空间生产方式决定空间正义范式,空间正义又对空间生产起到维护和促进作用,是具体历史的统一。空间正义不仅推动空间生产的进行,而且具有调节空间利益关系的作用,能够激发人们的公德心,让人们与他人分享空间权利,而不是个人单独控制空间。空间正义让个人在满足自己利益的同时,也考虑公共空间利益。空间正义只能部分实现,不能让正义成为个人时时地自觉选择,也不能立刻解决空间生产的现实问题。

(二)空间正义的公平之维

空间正义的公平性就是及时消解空间矛盾,让人们平等的支配和享有空间资源。构建社会空间的公平和正义,消除空间中的矛盾、异化问题,在很大程度上依赖于人们的内心道德自律,依赖于对"绝对命令"的无条件遵从。为此,可以将罗尔斯为社会制度提出的两个正义原则推广、延伸到空间领域,构建以正义原则为核心的自然空间和社会空间伦理思想。社会的正义原则是人们在一致意见条件下的所订立的契约。在一般情况下,人们通常会选择对自己有利的原则和社会安排,这样,参与者选择的原则是功利性的,而不是伦理性的。正义的公平性表现在:每个人在自由上是平等的;政治经济服务于大多数公民,面向所有人。第二个表达了现实中的正义状态,即机会公平原则,其实是对现实中的不平等的补救原则。这两个原则的要义是尽量平等地分配公共利益,同时,给予弱势群体一定的补偿,以保证事实上的平等。空间正义的实现能够比较高效的清除空间生产中的矛盾、问题。公平性是空间正义的基本标准。空间正义不是维护强者的空间利益,而是推行空间利益的平等共享。空间正义公平性施行着三个基本要求:平等的空间权利;平等的空间机会;平等的空间结果。因此,空间正义应有三个层次:起点公平确保人人都有享用平等空间资源的权利和义务;过程公平提供平等的空间生产的机会和条件;结果公平保障空间产品分配的机会均等。空间资源供给既有刚性一面,也有弹性一面。空间正义主张制约空间生产中强者利益、关注弱者的利益。空间正义的核心是平衡不同代际的发展,长远的幸福是空间生产实践的中心任务。空间正义呈现在空间生产中就要促成正义的空间制度。

空间正义中的公平既不同于乌托邦意义上的绝对公平,也不同于理念意义上的抽象公平,而是保证空间生产主体能在机会、权利与结果上公平地享受空间资源。空间正义的公平性既是平等精神的体现,也是尊重不同差异的彰显。"公正是最主要的,它比星辰更加光辉。"①效率实质上只是人们实现空间公平的媒介。假如漠视公平法则,空间生产早晚有一天会进行不下去。要处理好权利和义务的关系。现实空间生产经常让弱势群体不能公平的占有和使用空间资源、不能公平的参与空间生产。因此,必须处理好一切空间生产主体的权利和义务的关系。可持续发展战略要求我们促进人的长远发展,在满足当代人的空间利益基础上,保证空间资源在后代人的持续利用。空间生产需要空间正义,而空间正义需要合理的社会制度作依托。社会空间理论的宗旨就要建构一种新型空间政治策略。自由、平等、正义等是人类的永恒的价值诉求,彰显着人类生存的终极价值。马克思社会空间理论的批判主题也蕴含着这些价值诉求。社会空间理论批判主题的多元性,表明其价值诉求并不单纯由空间生产规定的,它还与其他社会范畴有关联。马克思社会空间理论批判主题的价值诉求体现为空间生产的以人为本、平等、正义、多样等方面。正义作为基本伦理诉求,也是人的社会价值的彰显。正义构成了人的独特信仰,人们渴望将正义布展到空间的每一个角落。因此,自有空间生产活动就有空间正义的追求。

空间正义在于教化,要把自律和他律结合起来,不是强调当下,不是及时行乐,而是一生的加持和切实的努力过程。空间生产主体要趋向主动去帮助人、去爱人,而不只是一种利己的手段,应当为了义务而尽义务,而不是为了获得权利而去尽义务。空间生产主体能凭借德行获得幸福,但有德不一定就幸福,应该发挥

---

① [古希腊]亚里士多德:《亚里士多德选集·伦理学卷》,苗力田编,中国人民大学出版社1999年版,第103页。

主体的自由选择,尊重主体的情感判断。空间生产要求正义的交换,确保空间权利的公平分配。自由、平等是实现空间生产有效进行的必然选择。在空间正义中,"空间"是修饰语,"正义"是被修饰语,所以,空间正义归根到底是一种空间生产活动伦理。然而,由于空间生产活动中的正义其实就是符合正义的空间生产活动和空间生产行为,因此,空间正义的平等既是空间生产活动和空间生产行为中的平等,又是遵循客观规律的空间平等秩序,还是空间生产中蕴含的正义规范和准则。空间生产过程孕育着正义规则和秩序,但不一定就产生合理的空间规则。城市空间生产的快速进行导致空间生产中的经济、政治、伦理等问题,因此,实现空间正义是刻不容缓的事情。空间生产主体的正义选择需要在伦理意识指导下,依照正义规范进行空间活动,自觉决定空间伦理行为,做出空间伦理价值取舍。"人类现在正无可奈何地致力于寻找避免成为'经济动物'的方法,或者更准确地说,致力于寻找一个'伦理罗盘'来引导技术的发展。"①空间生产实践让人的正义意识有了提升,正义理论和伦理实践也进展到新阶段。因此,空间正义的调节对象只针对发达工业社会空间生产及其生产者。

(三)空间正义的发展之维

空间正义能够促进空间生产在各方面的和谐发展。"如果说正义这种东西存在的话,那么它本身是外在于或者说超越了法律的。这一点它和解构不相上下,如果说解构这样一种东西也存在的话,那么,解构就是正义。"②空间正义仍然不能凌驾于社会正义之上,无法取代其他正义,只是正义实践的组成要素。如何消除社会空间中的非正义、异化,构建公平正义的空间,成为时代的呼唤。唯有以历史地理唯物主义为指导,从道德伦理、法律政策和共产主义革命三个维度着手,进行列斐伏尔所说的"整体革命",标本兼治。③ 传统哲学家过分重视正义的社会、时间性,而忽略了正义也有空间维度,导致很少从空间视角考查正义。正义具有多重属性,是多重建构的。空间性与伦理性相互渗透、相互融合。空间问题成为导致社会非正义的突出因素。空间生产价值缺失,加剧、固化了社会的不平等。目前在空间理论研究中,大家普遍使用的是空间正义。在当代全球化空间形势下,全球正义如何实现,社会正义如何参与合理空间形态的重建成为当下正义实践所要解决的课题。我们应该根据空间场域的不同,适时、适地不断变化正义的

---

① 〔美〕斯塔夫里阿诺斯:《全球通史——从史前史到21世纪(第7版)》(上),吴象婴译,北京大学出版社2006年版,第12页。

② J. Derrida, *Acts of Religion*, London and New York: Routledge, 2002, pp. 242—243.

③ 孙全胜:《城市空间生产批判及其对中国城市化的启示》,载《上海财经大学学报》,2016年第11期。

形态。在党的执政上，要求把个人的发展作为执政理念，围绕人的发展进行各项建设和发展。通过经济、政治、文化的发展使人获得全面发展，保证人的经济、政治和文化利益的发展，要求提高人的综合素质，最重要的就是提高人的劳动技能和科学文化素质，最终在经济发展的基础上使人获得全面发展。

空间正义形态是人类社会始终存在的课题，古代社会也存在空间正义问题，只是在工业革命后，尤其是城市化快速发展的当代，空间生产与正义的关系问题才变成人们关注的基本课题。在不同科技条件和生产方式下，空间正义形态会展示出不一样的形式。人类在处理"空间生产—正义"矛盾的过程中，幻想出很多形式的空间乌托邦。人类历史就是在克服"空间生产—正义"矛盾中存在和发展的。"在一定意义上，人类文明史也就是不断解决又不断生成空间—正义矛盾的历史。"①人们既不断建构着各种形式的空间乌托邦，又不断消解着旧的空间形态。"空间形式的乌托邦和社会过程的乌托邦之间的严格对比就揭示了幻想的社会思想在处理空间和时间时的某些特殊的思维习惯。"②空间正义研究并不是最近才兴起的，而是很早就开始了，但它以往的研究是零散的、不成系统的。马克思对于资本主义空间生产的道德批判，已经阐明资本主义空间生产破坏了自然生态系统，并要建立差异空间，而列斐伏尔用流动性空间对抗抽象空间，也表现了对空间矛盾的正义思考。当代社会已经不是工业化生产占主导，而是城市空间生产占主导。空间生产与正义的关系只有在城市空间生产占主导的社会才能更加突显。人们需要在历史和传统的基础上，超越不切实际的空间乌托邦形态，建构更符合公民利益的空间正义形态。

空间正义具有发展性，能够促进空间生产在各方面的和谐发展。我们应该根据空间场域的不同，适时、适地不断变化正义的形态。空间正义要协调好生产主体之间的空间利益矛盾，不仅关注作为空间生产主体的人的发展，还关注空间自身及空间中事物的发展。其一，正确处理空间生产和市场的关系。必须用正义规范空间生产和市场主体，让它们更加融合。空间生产幸福在于伦理行动，在于人的理性意识。空间生产实践不是为了认识，而是为了善良。空间正义不应是空洞的，不应是神秘主义，而应转化为现实幸福活动。空间生产行为更呈现着伦理，更体现空间生产主体的品质。其二，正确处理空间生产和政府的关系。空间生产和政治权力结成联盟，让空间生产在政府的主导下，盲目冒进。政府领导人更换后，

---

① 陈忠：《空间批判与发展伦理——空间与伦理的双向建构及"空间乌托邦"的历史超越》，载《学术月刊》，2010 年第 1 期。

② 〔美〕大卫·哈维：《希望的空间》，胡大平译，南京大学出版社 2006 年版，第 190 页。

责任不清,造成矛盾重重。其三,正确处理空间生产和资本的关系。列斐伏尔发觉了当代资本增值的秘密:资本增值。① 资本运作需要空间生产,资本再生产也必须依靠空间生产。空间生产在满足人的生存需求方面,具有巨大的伦理价值。但资本主义空间生产过程也存在太多异化现象需要克服,以过上更好的德行生活。空间生产不仅是手段,而且是社会关系的催化剂。因此,需要用正义原则让空间生产真正为人的需求服务,而不是为资本增值服务。其四,正确处理空间生产和公民利益的关系。空间生产主体要修养道德,不能变得狭隘自私,要克服自己的不正确空间理念,不断协调空间关系。脱离公民利益,空间生产必然被资本增值逻辑绑架,决定了需要用正义规则限制空间生产过程,必须用正义原则审思空间生产过程中的伦理指向,努力让城市规划做到透明、民主,防止空间不正义现象的产生。

(四)空间正义的多样性之维

空间正义能够激发空间生产活力,我们需要推动对差异生产的尊重。空间正义的多样性就是要最大程度上倡导尊重和包容。"这必须包含着一种新思想的引进——首先是一种差异的或者多样性的空间的思想,它不同于由片段式的或者交叉式的片段所导致的多样性。"②空间正义即在空间生产过程中,公平分配空间资源和空间产品,维护空间权利。社会公平要体现个体的社会性和价值性,要确保人人都公平享有资源的权利,提供均等的社会条件和机遇。资本主义空间是被资本普遍抽象化了的空间,引起城市空间的雷同,消解一切空间的结构性差异。资本主义进入更加发达的网络信息时代,却仍坚持陈旧的空间等级秩序,与正确价值观对抗,严重阻碍了社会发展。空间多样性是没有限制的,只要不损害他人的空间利益,一切都由自己决定和选择。空间多样性是为了实现一定的道德目标,避免人性局限,保护一切空间生产主体的自由选择。空间生产德行要合乎智慧,让空间生产正义因为智慧而呈现。"若我们追求均质的正义,可能会以毁坏现实为基础。如果追求'流动的差异性正义',我们的行为策略、制度选择等可能将会有所不同。"③我们需要利用差异审视当代社会的正义,推动对差异生产的尊重。唤醒正义力量还要关注特殊地理空间的情境性,尊重特殊空间的困境,还要注重规模政治,联合多重空间的力量。

---

① 包亚明:《现代性与空间的生产》,王志弘译,上海教育出版社 2003 年版,第 65 页。

② H. Lefebvre:*The Production of Space*. Oxford:Wiley—Blackwell Press,1991,p. 27.

③ 陈忠、爱德华·苏贾:《空间与城市正义:理论张力和现实可能》,载《苏州大学学报》,2012 年第 1 期。

空间正义不是制定人与空间的关系,而是制定人与人的关系。从人与自然界的关系上看,人不是与自然界相对立的主体,自然界也不是被人改变征服的客体,而是与自然界的其他物种平等的类存在物。从人与人的关系上看,应该倡导一种人与人之间的平等自由的社会空间伦理,即资产阶级与无产阶级,富裕者与贫困者,男人与女人,不同种族、性别之间都有着平等的空间的生产、空间资源的占有的权利。中国空间生产要坚持科学发展观,努力协调各方利益。空间正义建构过程中应当追求居住空间正义,空间的占有和分配过程中的不公平变成城市居民关注的核心问题。要关注空间的消费化和符号化走向。但是,空间生产理论受旧全球化格局影响而存在着严格的空间界限,这也是空间生产需要清除的部分。当前消费者关注的是空间产品的符号价值,要坚持空间分配正义,改革户籍及相关配套政策,要调整土地制度。家庭联产承包责任制一直受人们关注,必须保证公民的土地所有,维护土地权利,实现空间正义,建造特色城镇。因此,需要做出一定的政策调整。空间生产的多样性主要是保证空间形态的多样性,多样性的空间形态能阻止由于身份、权力等导致的空间等级,促进空间生产各个主体的互动,让空间生产得到可持续发展,不断满足不同人的需求。

空间正义需要立足于现实空间条件下,要准确理解空间多样性和伦理形态发展的规律性。社会历史是社会空间及其伦理价值不断转换的过程。在时代的转换中,人们表达了对理想空间家园的追求,并建构了很多空间乌托邦。"家园意指这样一个空间,他赋予人一个住所,人唯有在其中才能有'在家'之感,因而才能在其命运的本己要素中存在。"①从总体上看,一切空间正义形态都是有缺陷的,是受时代限制的,应该随着人们认识世界和自身程度的加深而转换。因此,空间正义形态具有显著的时代差异性。古代社会采用相对自然的方式改造自然空间,崇尚自然,建构了"空间生产—自然"正义形态;近代资本主义兴起后,人们推崇理性,凭借先进的科学知识和技术手段征服自然,崇尚工具理性,建构了"空间生产—工具"正义形态;当代社会,人们认识到科技的弊端,兴起保护环境的思潮和行动,崇尚与自然空间生态的平衡,日益形成更加合理的"空间生产—生态"正义形态。这三种正义形态都是随着时代转换而发展起来的,当然,前两种正义形态都是有合理性的,不仅在当时具有合理性,即使在当代也有可吸取的合理性因素,不能全盘否定。但值得注意的是正义形态毕竟是对人意识的规定,建构的大多是虚幻世界,给人带来精神的安慰,不具有强制性,不能时时约束人的恶行。"被彻

---

① 〔德〕马丁·海德格尔:《荷尔德林诗的阐释》,孙周兴译,商务印书馆2000年版,第15页。

底启蒙的世界却笼罩在一片因胜利而招致的灾难之中。"①正义形态的时代性要求我们不能把正义强制推行到一切社会领域，不能立足于建构空间乌邦托，而要采取切实的行动建构理想社会空间。要建构理想的空间正义就要超越空间乌托邦，与现实日常生活结合。"空间生产伦理要求建立普遍的行为规则，保证人在现实生活空间的伦理安全，宗旨是实现道德生活的和谐，凭借伦理行为达到精神家园。"②空间生产实践不仅能够对自然生态带来难以估计的后果，而且破坏自然界原本的生态平衡和联系，需要遵循生态正义基本规则。因此，需要尊重空间正义形态的多样性，积极与世界展开对话和交流，在遵循普世伦理准则的前提下，建构适合每个人生存和发展的空间正义形态。

三、空间正义的实现路径

空间正义的社会性在于促进人的全面提升。空间正义的实现需要从价值、制度和政策三个层面，通过协商不断平衡各方利益关系，形成合作共赢的发展共识，实现效益与利益的最大化。

（一）空间资源分配的正义

要实现空间正义，需要健全法律法治，把有效的空间生产机制用法律固定下来。空间正义的价值性在于维护经济发展，促进人的进步，进而让社会和谐。空间正义是指公民个体在空间生产中，在空间资源、空间分配、空间评价等方面，不受主观因素影响，受到平等的待遇，不因身份和地位而受到区别对待。

首先，建构正义性的空间产品分配机制。

空间正义就是城市教育、医疗、生态环境、公共交通、就业等资源和空间产品能够合理进行分配，不能因为家庭背景、社会地位、经济等因素影响公民对空间产品的公平占有。值得指出的是，城市规划要确保普通居民能够有效地参与到空间规划和决策中来，应加强空间规划的居民参与力度，扩大空间规划的居民参与范围。我们需要加大对农村地区的补偿力度，要建立空间平衡机制，丝毫不能因为家庭背景、社会地位、经济等因素影响公民对空间产品的公平占有，在人和人的关系上，出现空间资源分配不均、贫富差距拉大等社会问题。城市居住空间的分层和差异还与政治、经济等因素相关。空间生产机会公平是可能性平等，不因身份

---

① 〔德〕马克斯·霍克海默、西奥多·阿多尔诺：《启蒙辩证法——哲学断片》，渠敬东等译，上海人民出版社2003年版，第140页。
② 孙全胜：《城市空间生产批判及其对中国城市化的启示》，载《上海财经大学学报》，2016年第6期。

和地位而受排斥和歧视。空间权利平等是不考虑个体的生理和心理差异，而只根据法律分配权利和义务。政府要通过法律，保证私人空间权利。正义空间性的开发不仅仅是一种学术训练，而且担负着激动人心的实践和政治目标，因为它指向的是一种反抗空间霸权的努力。只有在这种激进主义团体和社会运动的结合中，正义的空间性才是最重要的，反抗空间霸权的斗争也是最彻底的。在现阶段，空间产品还没有完全丰富的情况下，这只能是一种理想。"公共的效用是正义的唯一起源。"①空间正义应该是社会共识，而不是个人判断，不是身份而是契约，要尊重人的自由选择意志，在运作策略上要德得相通，坚持"内圣外王"智慧，坚持天人合一，尊重法治精神。空间正义需要实践行动，既彰显在权利、机会等层面，又表现在空间地位和空间分配等层面。空间权利没有得到保障，就不能实现人的真正权利，不能达成人格的独立完善。因此，对公正等伦理价值的倡导，就不能单单满足于虚拟的思想观念和宏观的历史意义，而要具体呈现在人们对空间资源的公平占有和使用。空间正义能够促进评价的多元化，促进评价趋向客观，更好地体现每个人的利益需求。空间正义的转换需要变革空间结构，采取高效的空间生产机制，建构合理的空间形态。每一种社会空间形态都有其空间正义秩序，这些正义秩序适应了当时人们的需求。人能够不断变革社会空间结构，并凭借伦理达到德行实践。当代空间生产引入正义视角，有利于更好地理清当代空间生产的利弊，创新出更加符合居民利益的空间秩序。

其次，促进城市规划中不同空间主体的公平参与。

城市规划塑造了社会空间中的伦理关系，让人的空间伦理关系凭借空间生产呈现为对空间资源占有的多少，体现为空间生产中的身份和地位。弱势群体处于空间生产的边缘位置，处于糟糕的居住环境，而富裕阶层掌控着空间生产，有舒适的居住环境。这些空间生产关系彰显着伦理关系。空间生产蕴含政治意识形态性，也蕴含道德意义，呈现实际伦理价值。"在本体上，社会空间包含着社会主体行为，包括个体的和集体的行为，这些出生和死亡、遭受和表现。"②城市规划要保证他们享有公正的空间规划权和空间决策权。当代资本主义社会逐渐民主，空间政策涉及公民根本利益，坚持公众参与制度。空间正义是矫正社会不公的重要手段，能够促进社会进步和经济发展，不仅能够提高人的空间生产能力，而且是科技转化为现实生产力的中介。空间正义能对国家经济产生积极影响，能够提高劳动者的生产效率，提升劳动者的价值理念，增加劳动者的财富和福利。因此，空间正

---

① 〔英〕休谟：《道德原则研究》，曾晓平译，商务印书馆2001年版，第35页。

② H. Lefebvre，*The Production of Space*，Oxford：Wiley—Blackwell Press，1991，p. 33.

义不是绝对均等,而是在尊重社会历史、区域差异基础上的空间生产目标。加强空间规划的居民参与力度,扩大空间规划的居民参与范围,规划不应由精英主导,而要由普通居民主导,不集权而民主。政府的空间规划政策要公开透明,让居民积极参与、尽量知情、合理监督,并建立事后审查、申诉制度。空间正义无法脱离政治权力,不是政治高压,而是平等为大多数人。空间正义由宏观与微观构成,但仍以宏观政治为主体,微观力量薄弱。普通人无法真正参与城市规划,导致城市是一种"满目疮痍的繁华"。人和空间生产的关系就如同人与舞台剧的关系,既是创作者又是表演者。离开空间生产的依托,新型空间正义关系的建构就无从谈起。市场经济的迅猛发展,不仅使部分民营工商业越来越发达,而且让社会越来越具有市民社会的特征,增强了居民参与政治的热情。城市规划中要消除阶层分化和压迫,消除拆迁中的暴力行为,促进市民之间的和谐和友爱。城市规划的市民参与是市民具有知情权和投票权,不是稀里糊涂地接受政府的公示,而是城市规划要经过民主讨论、专家论证、社会认可。人类的生产活动都是在特定空间进行的,都是特定空间中生产要素的组合。空间生产在资本增值的刺激下,呈现为生产要素的空间集聚和社会关系的空间渗透。当今通信技术和交通运输的日益便捷为空间生产伦理的建构创造了必备条件。尽管,我们不可能准确预测出未来社会的空间正义形态,但是实践经验启示我们,人能够凭借社会制度变革实现空间正义的发展。社会主义能够消除不平等的空间观念,让人类的空间生活更加自由平等。

最后,保障弱势群体能获得基本的空间权益。

空间正义的建构要体现人的共同意志,反对任何空间特权,真正达成空间权利与义务的统一。随着全球化的进行,空间生产越来越被人们所认可,其作用和意义也日益被人们所发现。城市政府能够凭借合理的空间规划和具体的空间政策对空间不正义现象进行纠正,避免空间贫困的生产和再生产。农村居民的空间资源被掠夺,过着贫苦生活,让弱势群体更弱,导致本就不公平的社会更加不公平。在这种社会背景下,我们需要对弱势群体进行补助。"理性的伦理追求正义,宗教的伦理将爱作为理想。"①我们需要加大农村地区的补偿力度,对弱势群体进行补助。在农村现代化过程中,在社会保障方面是政府应该帮助农民缴纳的,让农民一旦改为居民就有各种社会保障。空间是不同的,有的空间不利于人的生存,恶劣的地理环境可以改造,但不能破坏空间系统平衡,要建立空间平衡机制。

---

① 〔美〕莱茵霍尔德·尼布尔:《道德的人与不道德的社会》,蒋庆等译,贵州人民出版社1998年版,第46页。

空间资源也要保证全体成员的利益分配，消解空间剥夺，清除空间分化和空间隔离。空间正义是社会公平的前提和基础，是人们一直隐含追求的，很早人们就为了土地等空间资源而对话和战争，最大限度地满足各方面对空间资源的追求。空间正义是每个社会成员在享受空间资源时受到平等对待，是社会公平价值在空间上的延伸和体现。空间权利的不平等是对弱者空间权利的剥夺，对少数人空间利益的满足，普通居民在空间生产过程中处于边缘化、弱势化的不利地位，空间权利无法得到保障。空间权利的提出就是要规范空间权力。空间正义是要顺应人们对空间乌托邦的精神渴求，既要消解传统专制封闭的封建空间霸权，又要消解现实的资本主义抽象空间霸权，还要建构充满生气、活力、文化的差异空间。

（二）空间生产中的正义

空间正义来自社会正义，但不是对社会正义的简单沿袭，而是其创新与扩展。空间正义与社会正义是能够互相融合、协同发展的。善就是完全纯粹的善，做一件坏事，就不是善了。当然，善恶是相对的。相对于和平，战争就是不对的。但无论如何，罪恶都是不应提倡的。恶始终无法避免，但人类必须对恶行忏悔。伦理约束依靠自律，而不是他律。他律不是依靠人，而要依靠社会共识形成的法律、制度。"爱是最大的公正，公正是最适度的爱。"①空间正义要提高人类生活质量，反对空间物化，促进空间活力。

从空间生产的不同层次上，空间正义应该平衡全球空间、区域空间、城市空间、自然空间等利益关系。

首先，在全球空间格局上，调配好国内空间生产和发达工业社会资本扩张之间的关系，这是协调国内发展和对外开放的必然选择。

人类已经步入全球空间时代，日常生活也表现出信息化、消费化、流动化的趋势。一方面，当代全球化的快速发展要求人们关注全球空间生产及其伦理问题，而传统伦理对这一问题缺乏关注，伦理学的空间化研究是弘扬伦理学当代价值的基本路径之一。空间正义研究不仅不否定道德哲学的基本原则，而且能够弥补传统道德哲学视角的缺失。另一方面，只有以正义视角考察当代发达工业社会的全球空间生产发展，才能澄清全球化问题，才能更好地指导空间生产实践。资本将不同国家和地区都纳入市场体系，消解了空间界限，让空间生产在全球空间进行。发达工业社会全球霸权的压力和发展中国家产业升级的需求结合在一起，凭借金融资本继续榨取落后国家的财富。资本主义的政治霸权既引发了发展中国家空

---

① 〔美〕约赫夫·弗莱彻：《境遇伦理学——新道德论》，程立显译，中国社会科学出版社1989年版，第25页。

间生产问题,又催生了落后国家的民族资本主义的萌发。中国尚未实现国家复兴,就有被资本主义夹持在半路上的危险。即使发达的劳动力加工业,优势也在丧失。全球化是资本在全球空间范围的市场开拓。不发达国家为了追赶现代化文明,改变本国民族资本主义在全球经济中的不利地位,不得不进行技术革命,改进城市空间生产模式。资本主义抽象空间是压迫性的空间,是破碎化和矛盾的空间,恰恰就是这些空间矛盾能够引发革命的社会主义差异空间。当代城镇化中的城乡矛盾是中国由农业社会向工业社会转变过程中产生和加剧的。全球化过程中制造业向发展中国家转移为中国实现工业化和城市化提供了机遇。

全球空间生产与政治统治都是极其不平衡的。全球政治不平衡主要是空间利益分配的不公平。发达工业社会处于核心地位,而落后国家被边缘化,导致空间结构的不稳定,由此形成世界殖民体系。资本主义政治空间是抽象空间,不仅充满等级,是货币和政治统治渗透空间的反映,而且是总体性控制,凭借金融、商业、城市中心构成巨大政治网络空间系统。资本主义抽象空间比时间更具有强制性和压制性,它不仅遮蔽了时间,而且让时间也成为统治工具。空间生产呈现着空间政治霸权和阶级利益,充满了阶级利益分配、政治控制、思想统治。资本流动和空间重组推动着资本主义政治权力分配。资本主义不断追求空间政治霸权,不断进行政治扩张;既追求领土扩张,又追求价值理念推广。资本主义的国家领土已经瓜分完毕和固定化,资本强化的是空间政治霸权。资本增值支撑着资本主义空间政治霸权,资本主义空间政治霸权影响空间结构和空间走向。全球空间生产最主要的呈现是全球生产关系的变化。面对生态危机,各国除了竞争,更多的是寻求合作道路。中国城市空间生产必须突破资本主义的封锁,进展到全球化的有利地位。

其次,在区域空间生产上,调整东部沿海发达地区和中西部落后地区空间生产的关系,这是协调不同地区经济发展的必然选择。

中国城市化存在地区分布失衡,受地理区位、经济水平、历史文化的不同而导致生产力不均,引起东中西地区城市化水平差别很大。东部沿海地区城市化起步早,交通发达,经济水平较高,人口多,城市密集;西部内陆地区气候恶劣,经济水平低,人口少,城市密度低。在改革开放前的备战年代,三线建设为中西部发展提供了一些基础条件,建立了一些城市,促进了城市化的地区均衡。改革开放后,国家重点发展东部沿海地区,特别是长三角、珠三角地区城市化发展较快,造成城市化水平东部好于中西部,南方好于北方的现状。列斐伏尔指出:"作为一种对象的混合物，空间分离了，消散了，打碎了统一，遮掩了有限性。"①城镇建设要展现人文精神，体现人们的审美需求，尊重地域差异和特色，发挥区域优势，防止城镇化的重复化和同质化。空间生产必然要求将城市改造为区域经济、贸易流通、技术革新的中心，加强城市的引导功能。空间生产也需要改造城市基础设施、城市生态环境，以保证城市空间生产的和谐进行。随着改革开放的进行，沿海城市和经济特区积极参与全球经济，获得了产业升级，要求调整城市空间生产模式、调整城市空间格局。中西部地区的劳动力和人才奔向东部沿海地区，造成了人口在空间的严重分布不均。东南沿海地区既因为劳动力的涌入获得了巨大发展，又面临巨大的人口压力。人口的过度聚集出现了严重问题。东南沿海的城市化还没有发展到能容纳这么多人口的程度，沿海城市需要落后地区的劳动力，但不需要过多的人口分享城市化成果。过多的人口会造成过度城市化，会打破经济前进脚步，导致社会停滞。中西部地区由于人才和劳动力的流失，导致生产力水平低，空间生产关系还停留在很落后的阶段，不仅缺乏技术动力，还缺乏人力支持。不合理的人口空间布局严重影响区域协调发展，导致东西部差距加大。只有中国东部沿海的制造业继续保持发展势头，并促进城镇化，才能为人口布局分散化提供物质条件，让人口布局趋于合理，缩小东西部存在的经济、政治、文化差距。

再次，在城市空间格局上，协调不同城市空间生产主体的利益，这是促进城市生活更加美好和谐的必然选择。

中国城市化获得了前所未有的发展，但是城市新移民仍是特殊的阶层，他们在城乡对立结构中挣扎，处于过渡地位。城市新移民的经济支付能力和社会地位仍较低，让城市新移民和空间生产产生矛盾。较低的技术水平和文化素质，让一些城市新移民无法进入高收入职业，而只能从事城市居民不屑一顾的职业，这些职业是缺少福利保障、没有培训机会、声望低、发展机会少的工种。这样的职业让一些城市新移民只能有较低的市场支付能力，无法承担住房等高价的空间消费品。居民有不同的空间利益，这些空间利益时常存在冲突，需要维护居民公平使用和占有空间的权利。政府是城市空间的管理者，但错误的政策会引起空间生产的混乱，也会损害其他城市空间主体的利益。"城市治理必须直面空间理论的批判与反思，并致力于重建社会空间、完善区域性正义供给、减少社会排斥之重任。"②必须让空间正义平衡的布散在不同社会空间结构。"它保护着一个家——一个属于一个特殊国家，一个特殊区域，一个特殊土地的特殊的家；它是一个特殊

---

① H. Lefebvre：*The Production of Space*，Oxford：Wiley—Blackwell Press，1991，p. 130.
② 姚尚建：《城市治理：空间、正义与权利》，载《学术界》，2012 年第 4 期。

地点和一个特殊农村的组成部分。"①城市空间生产有政治权力和资本的参与,让空间产生剥夺和失衡,让弱势群体边缘化。公民应该享有基本的空间权益②。空间正义既需要人们的道德自律,又需要法律的保障;既要维护居民平等地合法占有一切生产空间的权益,又要维护居民合法享受一切生活空间的权益,尤其是维护居民最主要的生活空间形态:居住空间。空间生产的伦理化要超越生态困境,开启生态伦理的新视野,强化空间维度下的生态伦理。人始终是自然的栖息者,需要促进空间生产生态化,为生态正义提供空间维度,促进居民达成高水平的生活。

城市空间不仅是工业化生产的主要场域,也是资本生产关系和资本增值的载体。空间正义与政治经济紧密相连,是由具有道德理念、伦理诉求的人驱动的;既是政治权力、意识形态操控的手段,又是维护社会伦理规范的场域,并彰显着人们对理想城市秩序和美好空间形态的渴望。"居住的问题首先不是建筑学上的而是伦理学上的。"③革命的目标就是生产差异空间,这要通过打破资本空间生产的殖民统治、实现区域自治来实现。大城市人口的过分集中,造成了种种矛盾,也要求人口的分散居住。区域自治原则不仅要拒斥国家对日常生活的干涉,也要反对斯大林集体主义对公民生活的控制。资本主义国家也向地区下放了一些权力,以保证整体权力运作机制,但这不能改变城市空间生产的僵化模式。城市化并非是同构过程,而是发达工业社会矛盾的集中展示。现代都市充满冷漠,打破了宁静的乡村生活。城市空间创造了大量物质财富,也制造了剥削的工具,如日常生活、城市空间等。全球空间生产刺激了消费,却压制了个性和差异,导致城市空间异化。因此,需要将生产指向社会需要,限制增长,制定科学的空间规划。列斐伏尔声称,在后现代发达工业社会的城市空间生产里,最重要的是让日常生活挣脱工业资本的牢笼,实现公民生活的自主选择。

最后,在自然空间层次上,调节人和自然空间之间的关系,这是维护生态平衡、促进人类可持续发展的必然选择。

中国城市化起步晚,对于城市功能、生态后果认识不足。改革开放前,政府生态保护意识不强,工业建设片面注重重工业项目,引起城市基础设施落后、生态规划滞后,导致城市规划布局和空间结构没有考虑环境保护。城市空间生产需要发

---

① H. Lefebvre:*The Production of Space*,Oxford:Wiley—Blackwell Press,1991,p. 83.

② 孙全胜:《马克思社会空间现象批判伦理的出场形态》,载《内蒙古社会科学》,2014 年第 2 期。

③ 〔美〕卡斯滕・哈里斯:《建筑的伦理功能》,冲嘉译,华夏出版社 2001 年版,第 358 页。

展绿色经济,合理利用自然资源,维持好生态系统平衡。城市化必须走可持续发展之路,做好城市空间的长远规划,促进城市化中人口、资源、环境的协调发展,实现经济、社会、环境效益的统一,协调好城市区域和城市总体规划的关系,维护好城市空间和历史文化的平衡,保护好城市特色和传统文化。城市空间生态系统是按照人的意愿建立的,带有社会意义和人工化色彩。从环境治理上看,治理环境污染、保护生态平衡是全人类的责任和义务,但是鉴于发达国家对环境造成的伤害更大,以及发展中国家的"最少受惠者"的地位,发达国家应该尽更大的义务,在资金、技术等方面给予发展中国家以补偿。空间正义要建构的生态城市是人与自然和谐相处的空间,是既要实现人的发展,凸显人的基本权利,又要塑造和谐的空间生态系统,保持自然空间的和谐样貌。人类的社会实践活动和生活资料都来自自然,依靠自然。生态伦理建构了新的伦理规范,为可持续发展战略不仅做了正当性理论论证,而且提供了合理性的伦理维度,还提供了伦理评价和具体设计。空间生态伦理经由教化组成意识和意志的道德世界体系,是人的空间伦理世界,要还原人的真性情和真空间生命。"德行是善的量与享受的人数的乘积。"①生态伦理引导人类的可持续发展,规范人的自然行为,变革现有伦理范式。生态伦理用新的视阈阐释人与自然的伦理关系,超越了传统的伦理评价标准,对传统伦理范式进行了革新,创造了新的伦理评价体系,倡导人对自然生态系统的伦理责任,倡导整个人类对维护自然生态平衡所担负的伦理义务,把伦理关怀推广到自然,把尊重自然和非人类存在物作为最高的伦理规范和评价标准。"城市生态问题的解决需要强大的经济能力,也需要科技的进步,解决城市环境问题,要大力发展环保行业和技术,提高人们的环保素养。"②

空间正义是既要实现人的发展,凸显人的基本权利,又要塑造和谐的空间生态系统,保持自然空间的和谐样貌。德行和理智是依赖的关系,只有长久的德行才会促进幸福。空间生产的幸福不仅是满足人的空间利益,也是克制人的空间欲望。空间生产既将原本纯粹的自然空间转变为适合人类生存的社会空间,又将具体空间形态转换为抽象空间结构。具体空间是未被人类改造处于自然状态的空间,且能够被使用。抽象空间是具体空间被政治权力或资本要素控制而呈现社会意义的空间。资本主义空间制造出抽象空间,并变成物质生产的重要构成要素。资本主义空间生产过程引起了空间系统的同质化倾向,让资本主义充满矛盾,导致不稳定的社会状态。空间生产呈现出排他性,反映着宗教压迫、种族压制、男权

---

① 　周辅成:《西方伦理学名著选辑》(上卷),商务印书馆 1964 年版,第 807 页。

② 　孙全胜:《城市空间生产:性质、逻辑和意义》,载《城市发展研究》,2014 年第 5 期。

机制。空间意识形态造成了幻影,消解了交流。社会交流得到的不是真实信息,而是政治意识形态产生的幻觉。政治意识形态制造的信息是经过重新加工的信息,是经过包装和曲解的信息。空间生产如同一个有着巨大吸引力的黑洞,让所有意义都隐没不见。空间生产在全球激烈进行,创造着很多物质财富,但导致严重的危及人类生存的生态危机。生态危机标示着空间生产的消极效应。人们不能自私地利用自然,而必须顾及不利后果。生态危机表明,人在空间中遇到的空间生存困境。空间生产具有生态意义,人必须厘清与自然空间的关系,才能更好地生存和诗意栖居。

(三)社会主义空间正义

社会主义空间生产能够将生产效率聚集在一定空间,极大促进生产方式的变革。社会主义空间生产需要以加快经济发展为主线促进产业结构调整和升级,扩大居民消费需求,需要转变经济增长方式,促进城市内涵、外延扩张,达到技术理性与伦理理性的有效结合,既注重凭借市场分配空间资源以达成最大的经济效益,为空间投资主体利益服务,同时,也承认空间生产本身所蕴含的伦理意义,即能推动社会空间结构走向完善、公平正义等。社会主义空间生产以物质资料和消费对象的增长为前提,以消除空间中的政治权力和阶级矛盾为线索,以建立差异空间、实现共同富裕为目的。我国是城乡二元等级结构,空间分配本来就不平等,城市为中心剥夺了农村资源,城乡差距拉大。空间不公会导致城乡差距,阻碍空间融合。中国二元对立的城乡空间格局,引起政府重城市轻农村,导致就业不平等,影响人的全面提升。"空间涉及人的切身利益,空间是公益性的,是人生存的保障。"①长期以来,实现社会正义和经济正义一直处于自由主义民主政治的核心,也是社会行为主义和政治辩论的焦点。当正义原则从空间视角审察之时,一些相互可以替代的范畴就产生了,比如领地正义、区域正义、生态正义、正义的城市空间生产、正义的建筑空间等。社会分工的空间优化也是生产力进步的彰显。社会主义空间生产能够将生产效率聚集在一定空间,极大促进生产方式的变革。

社会主义空间生产将是差异性的,而且是私有制的消除。社会主义空间生产需要促进第三产业提升,降低工业化成本,要合理布局城市空间,平衡区域城市化水平,建立不同的城市群,优化配置资源,加强经济联系,突破行政规划壁垒。资本主义倡导空间生产的高度全球一体化,导致各区域生产的同质性,形成了集约化而重复的城市空间生产模式。社会主义也要在条件合适的时候,生产出自己的空间形态。社会主义空间生产不再是私有的支配性的,而是公有需求性的,消除

---

① 孙全胜:《马克思主义社会空间生产批判的伦理形态》,载《天府新论》,2014年第6期。

了资本和市场对生产的影响。社会主义空间生产是技术理性与伦理理性的有效结合,既注重凭借市场分配空间资源以达成最大的经济效益,为空间投资主体利益服务,同时,也承认空间生产本身所蕴含的伦理意义,即能否推动社会空间结构走向完善、民主透明、公平正义等。"空间正义体现社会主义的本质和目的,体现人与自然、人与社会的新型关系。"①空间正义的同一性呈现为空间生产主体在各方面都有平等地位和机会,就是要求空间生产主体能有平等的机会和权利,不能区别对待空间生产主体,空间产品也要平等分配。空间正义作为一个理论概念,代表一种特别强调的和诠释性的视角,因此,需要将批判性空间视角置于最重要的地位并将追求空间正义看作是一场政治学上的斗争。社会主义空间生产在顺应空间生产过程时也流露出对资本主义空间生产弊端的不满和对理想空间生产秩序的渴求。空间生产的经济目的必须合乎伦理规范,既要体现人类的普遍价值,又要反映客观的空间生产伦理秩序,还要引导空间生产走向公益性。空间生产行为可以有三种模式:利己、利他和互利,既需要强化对空间异化的批判,又需要对资本主义进行人道主义批判。空间正义也是空间生产运行机制体现的伦理意蕴之一。空间生产运作机制也具有伦理性,呈现伦理要求,需要对其效果做出伦理评价。空间正义所改变的只是方法论,也就是从日常生活批判伦理到空间批判伦理。个体的伦理理念和结构都对空间生产实践起着作用,是生产方式的构成部分。因此,社会主义空间正义不仅是社会意识,还是作为生产方式的社会存在,需要紧密联系人的解放。空间正义、日常生活和人的解放具有发展的一致性。人的解放始终伴随着空间生产的历史过程,也是日常生活变革和空间正义的伦理指向。

社会主义空间正义需要立足于多样性的空间形态,顺应城市化的时代转换。全球化推动空间生产伦理形态日益走向多样化。在这样的境遇下,我们要清除各种种族中心主义,达到国家、民族的平等。传统逻各斯中心主义思维模式仍严重制约着人们的思想,影响着空间正义形态的进一步发展。空间生产始终伴随着正义问题,但是在生产力水平较低的时期,人们根本没有闲暇思考空间正义问题。人类最初没有空间正义,空间正义随着社会转型而不断变化。世界大战的惨痛经历,让人们意识到,不能以单一的正义标准强制向全球推广,需要尊重空间形态的多样性、空间生产方式的差异性、正义形态的多元化。空间正义倡导伦理与各类空间的和谐,既是伦理和自然空间的和谐,又是伦理和主观空间的和谐。在遵循

---

① 王志刚:《差异的正义:社会主义城市空间生产的价值诉求》,载《思想战线》,2012 年第 4 期。

基本的普世伦理原则下，不得限制正义形态的发展。建构多样性的空间形态，是消解伦理中心主义的重要途径。空间生产制造出人的正义思想、正义价值和正义文化。同种类型的空间生产与同种正义文化具有相关性，不同类型的空间生产则孕育出不同的正义文化。空间生产的同质性导致正义思想的雷同和僵化，而差异空间生产能够孕育多元的正义思想，促进社会进步。社会主义空间正义的建构需要精神文化的参与，从等级化走向日常生活化。差异空间是社会主义空间生产的目标和价值，是空间生产正义研究的指向，不是简单地把差异空间设定为一种梦想，而是要详细阐述这一理想得以实现的方法，是为了解决空间生产的手段性与目的性的冲突，这种空间政治文化虽然消解了传统专制霸道的集体主义政治模式，但仍有问题。人们仍然不能停止追求，需要用真实的空间伦理消解工具理性对生活造成的异化。

社会主义空间生产的人道主义立场，使它日益追求文化艺术革命，而不是阶级斗争和暴力革命。要结合工人阶级、国家制度、现代性等范畴对资本操控下的空间生产进行伦理批判。人能在空间正义的引导下自由地建立新的空间伦理秩序。空间生产行为的自由、空间生产主体的进取、空间体制的高效、空间分配的公平等都是社会主义空间正义的重要内容。空间伦理生活需要不断开拓，体现主体的善良意志和自我意识，促进特殊意志和普遍意志的结合，不能将普遍法则强加给他人和社会，要不断突破个体和局限，消解个体和群体的对立。空间正义也存在个体绑架群体的风险，个体道德需要提升到伦理主体的生成。伦理主体要在对立中达到和谐，发挥道德能动性。我们需要与空间正义同在，达成伦理历史与人类文明史的一致，将个体提升到实体，到达伦理觉悟。社会主义空间生产应当把调节空间生产利益关系作为核心内容。空间正义的正直就是伦理普遍性，就是本质的家园，具有教化和制裁功能。虽然空间正义并不能解决全部空间利益问题，但仍有重要启示。空间是研究伦理的舞台，其中的伦理问题是当代伦理研究的重要内容。空间风俗习惯积累起来，就会变成空间契约道德，演变为个体的伦理法则。社会主义空间正义不仅让交往实践得以进行，而且能实现预期效果。空间正义既包括企业和个人空间生产活动的伦理规则要求，又包括国家在空间生产中的伦理准则，还包括空间消费中的伦理规范。空间正义能为空间生产主体提供公平的竞争环境，保证空间生产主体的道德自由。社会主义空间正义作为道德精神，是随着空间生产过程产生的，是对现实空间生产实践的反思和超越，是知行合一精神的体现，是人类把握空间生产的方式。空间正义需要启蒙和觉悟，需要伦理生命胚胎的形成，让人自觉到个体和普遍本质的统一性，让伦理意识和伦理行动结合，体现个体意志和个人伦理生命的成长。空间正义标识着空间精神世界的建构。主观精神促进自然世界和伦理世界的形成，自然世界和伦理世界不是对立的。空间正义从自然空间中建构道德，创造伦理承载的世界，要扬弃思维和存在的对立，将自有和节制、普遍和本能结合。社会主义空间正义是自由和自为的结合、理与欲的统一、公与私的和谐、义务与现实和谐关系的"预定"。① 中国特色城市化道路的建构，需要消除城乡差别和城市异化，生产出自然、人道和差异的社会主义新型空间，促进城市权利的实现。

总之，空间正义作为主题，主要关注的是社会分配制度和利益分配方式等社会结构。空间正义中的自由、平等、权利等价值应该在社会的制度中运行，这需要合法程序的支撑。程序正义就是利用制度、法制等保证分配过程的平等。程序正义就是结果的正确与否是能有一种判断标准的。空间正义不仅需要程序原则，而且需要协商、对话。只有经过充分的对话和质疑，才能得出正义，需要为人们的充分对话提供公平的标准，确立每个对话者都具有完全的自由意志，平等的对待每个对话者，使每个对话者都具有平等的机会，消除欺骗和强权的诱惑。要得出普遍的空间正义原则，需要人们摆脱个人、时代的限制，用公正的法则去选择。社会主义空间正义的实现需要坚持共同富裕的原则，倡导集体性的生产原则，生产出差异的空间形态，促进城乡居民空间权利的一体化。

---

① A. Leckie, *Ancillary Justice Ann Leckie*, London: Orion Publishing Group press, 2013, p. 10—12.

参考文献

一、中文著作

(一)马克思主义经典著作

[1]《马克思恩格斯选集》(第1—4卷),人民出版社1995年版。

[2]《马克思恩格斯文集》(第1—10卷),人民出版社2009年版。

[3]《马克思恩格斯全集》(第1卷),人民出版社1965年版。

[4]《马克思恩格斯全集》(第4卷),人民出版社1958年版。

[5]《马克思恩格斯全集》(第26卷),人民出版社1969年版。

[6]《马克思恩格斯全集》(第40卷),人民出版社1956年版。

[7]《马克思恩格斯全集》(第42卷),人民出版社1979年版。

[8]《资本论》(第1—3卷),人民出版社2004年版。

[9]马克思:《1844年经济学哲学手稿》,刘丕坤译,人民出版社1995年版。

[10]恩格斯:《家庭、私有制和国家的起源》,人民出版社1999年版。

[11]《毛泽东选集》(第1—4卷),人民出版社1991年版。

[12]《邓小平文选》(第1—3册),人民出版社2004年版。

[13]《江泽民文选》(第1—3卷),人民出版社2006年版。

(二)大事记、文献资料汇编

[1]《中共中央文件选集》(第1—50册),人民出版社2013年版。

[2]《建国以来重要文献选编》,中央文献出版社1993年版。

[3]中国社会科学院、中央档案馆:《1949—1952中华人民共和国经济档案选编(综合卷)》,中央物资出版社1990年版。

[4]中国社会科学院、中央档案馆:《1949—1952中华人民共和国经济档案选编(农村经济体制卷)》,中央物资出版社1992年版。

[5]中国社会科学院、中央档案馆:《1949—1952中华人民共和国经济档案选编(基本建设投资和建筑业卷)》,中央物资出版社1989年版。

［6］中国社会科学院、中央档案馆:《1953—1957 中华人民共和国经济档案选编(综合卷)》,中央物价出版社 2000 年版。

［7］中国社会科学院、中央档案馆:《1953—1957 中华人民共和国经济档案选编(农业卷)》,中央物价出版社 1998 年版。

［8］中国社会科学院、中央档案馆:《1958—1965 中华人民共和国经济档案选编(综合卷)》,中央物价出版社 2011 年版。

［9］中国社会科学院、中央档案馆:《1958—1965 中华人民共和国经济档案选编(固定资产投资与建筑业卷)》,中国财政经济出版社 2011 年版。

［10］中国社会科学院经济研究所:《改革开放以来经济大事辑要(1978—1998)》,经济科学出版社 2000 年版。

(三)国外城市化著作

［1］〔德〕汉斯·于尔根·尤尔斯等:《大城市的未来:柏林、伦敦、巴黎、纽约－经济方面》,张秋舫等译,对外贸易教育出版社 1991 年版。

［2］〔德〕鲁迪·舒尔曼:《城市文脉中的张拉建筑》,谭伟译,中国建筑工业出版社 2017 年版。

［3］〔德〕奥古斯特·勒施:《经济空间秩序》,王守礼译,商务印书馆 2010 年版。

［4］〔法〕勒·柯布西耶:《明日之城市》,李浩译,中国建筑工业出版社 2009 年版。

［5］〔芬〕伊利尔·沙利宁:《城市:它的发展、衰败与未来》,顾启源译,中国建筑工业出版社 1986 年版。

［6］〔法〕亨利·列斐伏尔:《空间与政治》,李春译,上海人民出版社 2008 年版。

［7］〔法〕居伊·德波:《景观社会》,王昭凤译,南京大学出版社 2006 年版。

［8］〔法〕让·鲍德里亚:《符号政治经济学批判》,夏莹译,南京大学出版社 2009 年版。

［9］〔法〕让·鲍德里亚:《生产之镜》,仰海峰译,中央编译出版社 2005 年版。

［10］〔法〕让·鲍德里亚:《消费社会》,刘成富等译,南京大学出版社 2008 年版。

［11］〔加〕M. 歌德伯戈、P. 钦洛依:《城市土地经济学》,国家土地管理局科技宣教司译,中国人民大学出版社 1990 年版。

［12］〔美〕阿瑟·刘易斯:《二元经济论》,施炜等译,北京经济学院出版社 1989 年版。

[13]〔美〕艾伯特·赫希曼:《经济发展战略》,潘照东、曹正海译,经济科学出版社1991年版。

[14]〔美〕保罗·M. 霍恩伯格、林恩·霍伦·利斯:《都市欧洲的形成(1000—1994年)》,阮岳湘译,商务印书馆2009年版。

[15]〔美〕大维·哈维:《后现代的状况——对文化变迁之缘起的探究》,阎嘉译,商务印书馆2004年版。

[16]〔美〕大卫·哈维:《希望的空间》,胡大平译,南京大学出版社2006年版。

[17]〔美〕戴尔·乔根森等:《生产率:信息技术与美国增长》,荆林波等译,格致出版社2012年版。

[18]〔美〕戴斯·贾斯丁:《环境伦理学》,林官明、杨爱民译,北京大学出版社2004年版。

[19]〔美〕道格拉斯·凯尔博:《共享空间:关于邻里与区域设计》,吕斌等译,中国建筑工业出版社2007年版。

[20]〔美〕德怀特·H. 波金斯、斯蒂芬·拉德勒等:《发展经济学》,黄卫平、彭刚等译,中国人民大学出版社2005年版。

[21]〔美〕德内拉·梅多斯等:《增长的极限》,李涛、王智勇译,机械工业出版社2013年版。

[22]〔美〕费景汉、古斯塔夫·拉尼斯:《劳动剩余经济的发展:理论与政策》,王璐等译,经济科学出版社1992年版。

[23]〔美〕费景汉、古斯塔夫·拉尼斯:《增长和发展:演进观点》,洪银兴等译,商务印书馆2004年版。

[24]〔美〕弗朗索瓦·佩鲁:《新发展观》,张宁、丰子义译,华夏出版社1987年版。

[25]〔美〕盖文·琼斯:《东亚国家和地区的低生育率:原因与政策回应》,周陈译,复旦大学出版社2011年版。

[26]〔美〕赫尔曼·戴利:《超越增长——可持续发展的经济学》,诸大建、胡圣等译,上海译文出版社2005年版。

[27]〔美〕华尔特·惠特曼·罗斯托:《经济成长的阶段》,郭熙像、王松茂译,中国社会科学出版社2001年版。

[28]〔美〕霍利斯·钱纳里、谢尔曼·鲁宾逊:《工业化和经济增长的比较研究》,吴奇、王松宝等译,格致出版社2015年版。

[29]〔美〕加里·贝克尔:《人力资本理论——关于教育的理论和实证分析》,

郭虹译,中信出版社 2007 年版。

[30]〔美〕简·雅备布:《美国大城市的死与生》,金衡山译,译林出版社 2005
年版。

[31]〔美〕卡斯滕·哈里斯:《建筑的伦理功能》,冲嘉译,华夏出版社 2001
年版。

[32]〔美〕理查德·瑞吉斯特:《生态城市:重建与自然平衡的城市》,王如松、
于占杰译,社会科学文献出版社 2010 年版。

[33]〔美〕刘易斯·芒福德:《城市文化》,宋俊岭等译,中国建筑工业出版社
2009 年版。

[34]〔美〕刘易斯·芒福德:《城市发展史——起源、演变和前景》,倪文彦、宋
俊玲译,中国建筑工业出版社 1989 年版。

[35]〔美〕刘易斯·芒福德:《历史中的城市:起源、演变与期望》,宋俊玲等
译,建筑与文化出版社有限公司 1994 年版。

[36]〔美〕迈克尔·托达罗:《发展经济学》,聂巧平等译,机械工业出版社
2014 年版。

[37]〔美〕霍利斯·钱纳里等:《发展的形式:1950—1970》,李新华等译,经济
科学出版社 1988 年版。

[38]〔美〕塞缪尔·亨廷顿:《变化社会中的政治秩序》,王冠华译,三联书店
2008 年版。

[39]〔美〕威廉·巴伯:《缪达尔》,苏保忠译,华夏出版社 2009 年版。

[40]〔美〕沃纳·赫希:《城市经济学》,刘世庆译,中国科学出版社 1990
年版。

[41]〔美〕约翰·福斯特:《马克思的生态学:唯物主义与自然》,刘仁胜等译,
高等教育出版社 2003 年版。

[42]〔美〕詹姆斯·奥康纳:《自然的理由——生态学马克思主义研究》,唐正
东、臧佩洪译,南京大学出版社 2003 年版。

[43]〔日〕山田浩之:《城市经济学》,魏浩光等译,东北财经大学出版社 1991
年版。

[44]〔日〕斯波义信:《中国都市史》,布和译,北京大学出版社 2013 年版。

[45]〔瑞士〕保罗·贝洛克:《城市与经济发展》,肖勤福等译,江西人民出版
社 1991 年版。

[46]〔英〕埃比尼泽·霍华德:《明日的田园城市》,金经元译,商务印书馆
2010 年版。

[47]〔英〕安东尼·吉登斯:《社会的构成:结构化理论大纲》,李康、李猛译,生活·读书·新知三联书店1998年版,第40页。

[48]〔英〕戈登·柴尔德:《历史发生了什么》,李宁利译,上海三联书店2008年版。

[49]〔英〕帕特里克·格迪斯:《进化中的城市:城市规划与城市研究导论》,李浩、吴骏莲等译,中国建筑工业出版社2012年版。

[50]〔英〕彼得·霍尔:《城市和区域规划》,邹德慈等译,中国建筑工业出版社2008年版。

[51]〔英〕汤姆·米勒:《中国十亿城民——人类历史上最大规模人口流动背后的故事》,李雪顺译,鹭江出版社2014年版。

[52]〔英〕威廉·配第:《政治算术》,马妍译,中国社会科学出版社2010年版。

[53]〔英〕伊利尔·沙里宁:《城市:它的发展、衰败和未来》,顾启源译,建筑工业出版社1986年版。

(四)国内城市化研究著作

[1]包亚明:《现代性与空间的生产》,上海教育出版社2003年版。

[2]蔡昉:《中国人口与可持续发展》,科学出版社2007年版。

[3]曹宗平:《中国城镇化之路》,人民出版社2009年版。

[4]蔡孝箴:《城市经济学》,南开大学出版社1998年版。

[5]陈桥驿:《中国历史名城》,中国青年出版社1987年版。

[6]陈彤:《城市化理论·实践·政策》,西北工业大学出版社1993年版。

[7]成康宁:《城市化与经济发展——理论、模式与政策》,科学出版社2004年版。

[8]楚成亚:《当代中国城乡居民权利平等问题研究》,山东大学出版社2009年版。

[9]崔援民:《河北省城市化战略与对策》,河北科学技术出版社1998年版。

[10]丁健:《现代城市经济》,同济大学出版社2001年版。

[11]范恒山等:《中国城市化进程》,人民出版社2009年版。

[12]费孝通:《乡土中国,生育制度》,北京大学出版社1998年版。

[13]傅崇兰:《中国特色城市发展理论与实践》,中国社会科学出版社2003年版。

[14]高鉴国:《新马克思主义城市理论》,商务印书馆2006年版。

[15]高佩义:《中外城市化比较研究》,南开大学出版社2004年版。

[16]辜胜阻:《非农化与城镇化研究》,浙江人民出版社1991年版。

[17]辜胜阻等:《当代中国人口流动与城镇化》,武汉大学出版社1994年版。

[18]顾朝林:《中国城镇体系——历史、现状、展望》,商务印书馆1992年版。

[19]顾朝林等:《经济全球化与中国城市发展:跨世纪中国城市发展战略研究》,商务印书馆1999年版。

[20]桂家友:《中国城乡居民权利平等化研究》,上海人民出版社2013年版。

[21]黄继忠:《城市化概论》,辽宁人民出版社1989年版。

[22]黄坤明:《城乡一体化路径演进研究——民本自发与政府自觉》,科学出版社2009年版。

[23]侯学英:《中国城市化进程时空差异分析》,经济科学出版社2008年版。

[24]纪晓岚:《论城市本质》,中国社会科学出版社2002年版。

[25]简新华:《发展经济学研究——中国工业化和城镇化专题》,经济科学出版社2007年版。

[26]姜爱林:《城镇化、工业化与信息化协调发展研究》,中国大地出版社2004年版。

[27]姜建成:《家园城市》,中国计划出版社2005年版。

[28]孔凡文:《中国城镇化发展速度与质量问题研究》,东北大学学报2006年版。

[29]李丽萍:《城市人居环境》,中国轻工业出版社2001年版.

[30]李其荣:《对立与统一——城市发展历史逻辑新论》,东南大学出版社2000年版。

[31]李清娟:《产业发展与城市化》,复旦大学出版社2003年版。

[32]李树琮:《中国城市化与小城镇发展》,中国财政经济出版社2002年版。

[33]李芸:《都市计划与都市发展——中外都市计划比较》,东南大学出版社2002年版。

[33]李正华:《中国改革开放的酝酿与起步》,当代中国出版社2002年版。

[34]林广、张鸿雁:《成功与代价——中外城市化比较新论》,东南大学出版社2000年版。

[35]林玲:《城市化与经济发展》,湖北人民出版社1995年版。

[36]刘斌:《中国三农问题报告》,中国发展出版社2004年版。

[37]刘怀玉:《现代性的平庸与神奇——列斐伏尔日常生活批判哲学的文本解读》,中央编译出版社2006年版。

[38]刘士林:《2008年中国都市化进程报告》,上海人民出版社2009年版。

[39]刘学敏:《中国三农问题报告》,中国发展出版社2004年版。

[40]凌亢:《中国城市可持续发展评价理论与实践展》,中国财政经济出版社2000年版。

[41]陆大道等:《2006年中国区域发展报告——城镇化进程及空间扩张》,商务印书馆2007年版。

[42]卢海元:《实物换保障——完善城镇化机制的政策选择》,经济管理出版社2002年版。

[43]罗平汉:《农村人民公社史》,福建人民出版社2006年版。

[44]马春辉:《中国城市化问题论纲》,社会科学文献出版社2008年版。

[45]马学强等:《中国城市的发展历程、智慧与理念》,上海三联书店2008年版。

[46]倪鹏飞:《中国城市竞争力报告》,社会科学文献出版社2004年版。

[47]宁可平:《城市与人——中国城市化进程及其对策》,人民出版社2009年版。

[48]铁明太:《中国特色统筹城乡发展研究》,湖南人民出版社2009年版。

[49]钱振明:《善治城市》,中国计划出版社2005年版。

[50]沈建法:《城市化与人口管理》,科学出版社1999年版。

[51]盛光耀:《城市化模式及其转变研究》,中国社会科学出版社2008年版。

[52]施月群:《城镇化中的都市圈发展战略研究》,上海财经大学出版社2006年版。

[53]宋月红:《当代中国的西藏政策与治理》,人民出版社2011年版。

[54]谈月明:《城市化战略与小康社会》,学林出版社2003年版。

[55]同春芬:《转型时期中国农民的不平等待遇透析》,社会科学文献出版社2006年版。

[56]王春光:《中国农村社会变迁》,云南人民出版社1997年版。

[57]王放:《中国城市化与可持续发展》,科学出版社2000年版。

[58]王骏:《毛泽东与中国工业化》,福建教育出版社2001年版。

[59]王圣学:《城市化与中国城市化分析》,陕西人民出版社1992年版。

[60]王曙光:《农本——新型城镇化:挑战与寻路》,中国发展出版社2013年版。

[61]王嗣均:《中国城镇化区域比较研究论文集》,杭州大学出版社1992年版。

[62]汪德华:《中国城市规划史纲》,东南大学出版社2005年版。

[63]汪冬梅:《中国城市化问题研究》,中国经济出版社2005年版。

[64]汪洋:《"十五"城镇化发展研究》,中国计划出版社2001年版。

[65]魏杰:《亲历改革——1978—2008中国经济发展回顾》,中国发展出版社2008年版。

[66]武进:《中国城市形态、结构、特征及其演变》,江苏科学技术出版社1990年版。

[67]武力:《解决"三农"问题之路——中国共产党"三农"思想政策史》,中国经济出版社2004年版。

[68]武力:《中国共产党与当代中国经济发展研究(1949—2006)》,中共党史出版社2008年版。

[69]武力:《中华人民共和国经济史(增订版)》,中国时代经济出版社2010年版。

[70]吴良镛:《人居环境科学导论》,中国建筑工业出版社2001年版。

[71]向春玲:《民生中国:中国城市化发展与反思》,云南教育出版社2013年版。

[72]谢守红:《城市化发展理论和实践》,中央编译出版社2004年版。

[73]许学强:《城市地理学》,高等教育出版社2009年版。

[74]许学强等:《现代城市地理学》,中国建筑工业出版社1988年版。

[75]姚士谋:《中国城市群》,中国科学技术大学出版社2005年版。

[76]叶堂林:《小城镇建设的规划与管理》,新华出版社2004年版。

[77]叶裕民:《中国城市化之路:经济支持与制度创新》,商务印书馆2001年版。

[78]于洪俊、宁越敏:《城市地理概论》,中国科技大学出版社1983年版。

[79]张福信:《城乡一体化发展决策理论与实践》,山东人民出版社1990年版。

[80]张润君:《中国城市化的战略选择》,中国社会科学出版社2006年版。

[81]张平:《中国新型城镇化道路与人的城镇化政策选择》,广东经济出版社2015年版。

[82]张庭伟、田莉:《城市读本》,中国建筑工业出版社2013年版。

[83]张星星:《中国特色社会主义与毛泽东的奠基和探索》,当代中国出版社2014年版。

[84]张永贵:《加快城镇化的战略选择》,中国计划出版社2005年版。

[85]赵冈:《中国城市发展史论》,台湾联经出版事业公司1995年版。

[86]赵晓雷:《中国工业化思想及发展战略研究》,上海社会科学院出版社1995年版。

[87]郑有贵:《中华人民共和国经济史:1949—2012》,当代中国出版社2016年版。

[86]钟秀明:《城市化之动力》,中国经济出版社2006年版。

[88]钟荣魁:《城市化:人类生活大趋势》,四川人民出版社1992年版。

[89]郑永年:《中国模式:经验与困局》,浙江人民出版社2010年版。

[90]周志强:《中国共产党与中国农业发展道路》,中央党史出版社2003年版。

[91]周一星:《城市地理学》,商务印书馆2003年版。

[92]曾赛丰:《中国城市化理论专题研究》,湖南人民出版社2004年版。

二、中文论文

（一）期刊论文

[1]白益民:《我国城市化发展模式探析》,载《中国城市经济》,2002年第11期。

[2]蔡雪雄:《农村城市化与社会主义和谐社会》,载《当代经济研究》,2006年第12期。

[3]曹和平:《城市化道路:中国城市化及战略》,载《学习与探索》,2005年第3期。

[4]曹宗平:《三种城市化发展模式述评》,载《改革》,2005年第5期。

[5]陈光普:《如何构建我国城市化的制度支持系统》,载《行政论坛》,2003年第1期。

[6]陈述:《城市化动力:中国社会主义现代化的经验与现实》,载《社会主义研究》,2004年第4期。

[7]成德宁:《各种发展思路视角下的城市化》,载《国外社会科学》,2004年第6期。

[8]蔡昉:《中国经济面临的转折及其对发展和改革的挑战》,载《中国社会科学》,2007年第3期。

[9]陈丰:《从"虚拟城市化"到市民化:农民工城市化的现实路径》,载《社会科学》,2007年第2期。

[10]陈明生:《马克思主义经典作家论城乡统筹发展》,载《当代经济研究》,2005年第3期。

[11]程洪宝:《城镇化与农民增收的负相关分析》,载《学术论坛》,2005 年第 12 期。

[12]崔援民:《中外城市化模式比较与我国城市化道路选择》,载《河北学刊》,1999 年第 4 期。

[13]达即至:《名城名镇与城乡一体化》,载《城市问题》,1999 年第 1 期。

[14]范建刚:《论制约中国城市化进程的根本因素》,载《云南社会科学》,2005 年第 5 期。

[15]方创琳:《改革开放 30 年来中国的城市化与城镇发展》,载《经济地理》,2009 年第 1 期。

[16]冯尚春:《发达国家城镇化及其对我国的启示》,载《城市发展研究》,2004 年第 1 期。

[17]付春:《新中国建立初期城市化分析》,载《天府新论》,2008 年第 3 期。

[18]付恒杰:《日本城市化模式及其对中国的启示》,载《日本问题研究》,2003 年第 12 期。

[19]高云虹:《中国改革以来的城市化战略演变及相关思考》,载《当代财经》,2009 年第 3 期。

[20]谷荣:《中国城市化的政府主导因素分析》,载《现代城市研究》,2006 年第 3 期。

[21]顾朝林:《发展中国家城市管治研究及其对我国的启发》,载《城市规划》,2001 年第 9 期。

[22]韩康:《中国城镇化发展的最大风险:城乡矛盾内化》,载《国家行政学院学报》,2013 年第 3 期。

[23]韩琦:《拉丁美洲的城市发展和城市化问题》,载《拉丁美洲研究》,1999 年第 2 期。

[24]贺雪峰:《论中国式城市化与现代化道路》,载《中国农村观察》,2014 年第 1 期。

[25]贾韫:《论城市化与城乡户籍制度改革》,载《农业现代化研究》,2008 年第 2 期。

[26]纪晓岚:《21 世纪亚洲国家和地区可持续发展面临的问题与对策》,载《中国人口·资源与环境》,1996 年第 6 期。

[27]姜爱林:《实现城镇化与工业化的协调发展》,载《学习与探索》,2003 年第 10 期。

[28]姜建成:《价值诉求、目标与善治:当代中国城市化发展中的人文关怀问

题探析》,载《哲学研究》,2004 年第 11 期。

[29]蒋满元:《城市化对经济结构转型的促进机制分析》,载《求实》,2006 年第 4 期。

[30]江其务:《中国金融制度的改革回顾与创新思考》,载《当代经济科学》,2002 年第 1 期。

[31]焦建华:《制度选择与路径依赖:我国城市化道路的选择与反思》,载《河南社会科学》,2006 年第 4 期。

[32]李阿琳:《近 15 年来中国城镇空间构造的经济逻辑》,载《城市发展研究》,2013 年第 11 期。

[33]李爱军:《城市化水平综合指数测度方法探讨》,载《经济地理》,2004 年第 1 期。

[34]李宝梁:《中国城市化研究:西方有关理论的演进及其意义》,载《江西社会科学》,2005 年第 4 期。

[35]李保民:《我国城乡就业一体化的路径转换及其优化方向》,载《当代经济研究》,2009 年第 7 期。

[36]李家祥:《进城农民逆向回流及对中国城市化进程的影响——兼与拉美城市化相比较》,载《求实》,2007 年第 1 期。

[37]李明超:《我国城市化进程中的小城镇研究回顾与分析》,载《当代经济管理》,2012 年第 3 期。

[38]李梦白:《正确认识和贯彻我国城市发展的基本方针》,载《城市规划》,1983 年第 1 期。

[39]李霓:《城市化进程——中国农村面临的第二次革命》,载《农村经济》,2005 年第 12 期。

[40]李强:《影响中国城乡人口流动的推力与拉力因素分析》,载《中国社会科学》,2003 年第 1 期。

[41]李世超:《关于城市带研究》,载《人文地理》,1989 年第 2 期。

[42]李文:《城市化滞后的经济后果分析》,载《中国社会科学》,2001 年第 4 期。

[42]李文:《近半个世纪以来中国城市化进程的总结与评价》,载《当代中国史研究》,2002 年第 5 期。

[43]李学:《城乡二元结构问题的制度分析与对策反思》,载《公共管理学报》,2006 年第 4 期。

[44]李庄:《论我国城市化模式的战略选择》,载《求实》,2006 年第 12 期。

[45]李子奈:《中国农村城市化模式的需求分析》,载《清华大学学报(哲学社会科学版)》,2004 年第 5 期。

[46]廖丹清:《中国城市化道路与农村改革和发展》,载《中国社会科学》,1995 年第 1 期。

[47]林星:《关于中国城市化道路的思考》,载《中共福建省委党校学报》,2005 年第 12 期。

[48]刘传江:《低碳经济发展的制约因素与中国低碳道路的选择》,载《吉林大学社会科学学报》,2010 年第 5 期。

[49]刘贵文:《影响中国城市化进程的经济因素分析》,载《城市发展研究》,2006 年第 5 期。

[50]刘晋玲:《城市化测度方法研究》,载《西北大学学报(哲学社会科学版)》,2007 年第 5 期。

[51]刘沛林:《新型城镇化建设中"留住乡愁"的理论与实践探索》,载《地理研究》,2015 年第 7 期。

[52]刘平量:《论中国农村工业向城市工业的转换》,载《求索》,2003 年第 8 期。

[53]刘思维:《论城市内涵、起源及中国古代城市发展第一个高峰期》,载《求索》,2003 年第 3 期。

[54]刘永亮:《中国城市规模经济的动态分析》,载《经济学动态》,2009 年第 7 期。

[55]刘铮:《劳动力无限供给的现实悖论》,载《清华大学学报(哲学社会科学版)》,2006 年第 3 期。

[56]陆道平:《我国城乡公共服务均等化:问题与对策》,载《江汉论坛》,2013 年第 12 期。

[57]陆益龙:《1949 年后的中国户籍制度:结构与变迁》,载《社会学研究》,2002 年第 2 期。

[58]冷静:《中国城市化道路的现实选择》,载《江西社会科学》,2002 年第 3 期。

[59]罗宏翔:《小城镇是目前我国新增城镇人口的最大吸纳者》,载《西南交通大学学报(社会科学版)》,2001 年第 5 期。

[60]孟凯:《城镇化的理论经验与中国实践》,载《河南社会科学》,2014 年第 5 期。

[61]孟祥林:《我国城市化进程中的小城镇发展选择》,载《城市》,2006 年第

4 期。

[62] 倪鹏飞：《新型城镇化的基本模式、具体路径与推进对策》，载《江海学刊》，2013 年第 1 期。

[63] 宁登：《21 世纪中国城市化机制研究》，载《城市规划汇刊》，2000 年第 3 期。

[64] 宁越敏：《让城市化进程与经济社会发展相协调——国外的经验与启示》，载《求是》，2005 年第 6 期。

[65] 牛文元：《中国可持续发展的理论与实践》，载《中国科学院院刊》，2012 年第 5 期。

[66] 钱再见：《21 世纪中国城市化道路的战略选择》，载《教学与研究》，2001 年第 11 期。

[67] 仇保兴：《智慧地推进我国新型城镇化》，载《城市发展研究》，2013 年第 3 期。

[68] 饶会林：《试论城市规模效益》，载《中国社会科学》，1989 年第 7 期。

[69] 任致远：《关于城市发展方针和规模标准问题的看法》，载《城市发展研究》，2014 年第 9 期。

[70] 石忆邵：《中国新型城镇化与小城镇发展》，载《经济地理》，2013 年第 7 期。

[71] 宋佳瑉：《可持续发展：中国城市化的现实选择》，载《商业研究》，2004 年第 14 期。

[72] 宋家泰：《努力提高经济地理学科学水平——更好地为城市规划建设服务》，载《城市规划》，1982 年第 2 期。

[73] 宋利芳：《发展中国家城市化进程的特点、问题及其治理》，载《中国人民大学学报》，2000 年第 5 期。

[74] 宋林飞：《中国特色新型城镇化道路与实现路径》，载《甘肃社会科学》，2014 年第 1 期。

[75] 宋书伟：《新型中等城市中心论——科技文明时代新型的社会结构》，载《城市问题》，1990 年第 1 期。

[76] 孙全胜：《城市空间生产：性质、逻辑和意义》，载《城市发展研究》，2014 年第 5 期。

[77] 孙全胜：《城市空间生产批判及其对中国城市化的启示》，载《上海财经大学学报》，2016 年第 6 期。

[78] 孙施文：《中国的城市化之路怎么走？》，载《城市规划学刊》，2005 年第

5 期。

[79]孙新雷:《论城市化的一般规律及对我国的启示》,载《郑州大学学报(哲学社会科学版)》,2002 年第 1 期。

[80]完世伟:《中部地区工业化与城市化协调发展研究》,载《中州学刊》,2008 年第 5 期。

[81]万晓琼:《城市化与经济增长刍议》,载《河南社会科学》,2013 年第 7 期。

[82]王格芳:《我国快速城镇化中的"城市病"及其防治》,载《中共中央党校学报》,2012 年第 5 期。

[83]王桂新:《城市化基本理论与中国城市化的问题及对策》,载《人口研究》,2013 年第 11 期。

[84]王积业:《我国产业结构的调整与优化》,载《中国社会科学》,1991 年第 5 期。

[85]王健君:《城市化的"不等式"》,载《瞭望》,2006 年第 41 期。

[86]王坤鹏:《城市人居环境宜居度评价——来自我国四大直辖市的对比与分析》,载《经济地理》,2010 年第 12 期。

[87]王明美:《城市化:世界潮流与中国的差距》,载《江西社会科学》,2006 年第 3 期。

[88]王一鸣:《关于加快城市化进程的若干问题研究》,载《宏观经济研究》,2000 年第 2 期。

[89]王兆辉:《不同区位城市化战略的选择与可持续发展——以西部地区为例》,载《宁夏社会科学》,2005 年第 3 期。

[90]武力:《一九五三年的"修正税制"及其影响》,载《中国社会科学》,2005 年第 5 期。

[91]武力:《1949—1978 年中国"剪刀差"差额辨正》,载《中国经济史研究》,2001 年第 4 期。

[92]武力:《1978—2000 年中国城市化进程研究》,载《中国经济史研究》,2002 年第 3 期。

[93]武力:《1949—2006 年城乡关系演变的历史分析》,载《当代中国史研究》,2007 年第 3 期。

[94]武力:《中国城镇化道路的回顾与前瞻》,载《江南论坛》,2013 年第 5 期。

[95]吴红宇:《中国城市化滞后原因及发展模式选择》,载《商业研究》,2004 年第 16 期。

[96]吴莉娅:《全球化视角下城市化动力机制研究进展初探》,载《苏州大学

学报(哲学社会科学版)》,2008 年第 3 期。

[97]吴育华:《城市化发展模式的选择分析》,载《科学管理研究》,2006 年第 4 期。

[98]伍先江:《试论社会经济转型时期的户口迁移制度改革》,载《人口研究》,1998 年第 4 期。

[99]肖翔:《中国城市化与产业结构演变的历史分析(1949—2010)》,载《教学与研究》,2011 年第 6 期。

[100]谢文惠:《新中国 60 年的城市化进程》,载《科学与现代化》,2009 年第 3 期。

[101]谢志岿:《村落如何终结?——中国农村城市化的制度研究》,载《城市发展研究》,2005 年第 9 期。

[102]许尔君:《科学发展观视域下城镇化承载力问题探索》,载《城市》,2011 年第 2 期。

[103]许经勇:《我国城市化的目标:城乡一体化》,载《马克思主义与现实》,2006 年第 6 期。

[104]许可:《美国大都市区化及中国城市化模式选择》,载《齐鲁学刊》,2005 年第 7 期。

[105]徐祖荣:《论城市化在经济发展中的作用》,载《求实》,2004 年第 3 期。

[106]颜廷平:《近十年来我国农村城镇化若干问题研究综述》,载《理论与当代》,2011 年第 1 期。

[107]严正:《论中国的城市化进程》,载《当代经济研究》,2000 年第 8 期。

[108]杨波:《城市化进程中的利益矛盾与解决途径》,载《城市问题》,2006 年第 9 期。

[109]杨继瑞:《中国新型城市化道路的探索与思考》,载《高校理论战线》,2006 年第 11 期。

[110]杨升祥:《当代中国城市化的历程与特征》,载《史学月刊》,2000 年第 6 期。

[111]杨张乔:《我国的城市化与城市社会问题》,载《浙江学刊》,1988 年第 5 期。

[112]姚士谋:《我国东南沿海开放城市布局趋势研究》,载《城市问题》,1990 年第 6 期。

[113]张鸿雁:《论城市现代化的动力与标志》,载《江海学刊》,2002 年第 3 期。

[114]张兵:《城市规划编制的技术理性之评析》,载《城市规划汇刊》,1998 年第 1 期。

[115]张家唐:《简论城市与城市化》,载《河北大学学报(哲学社会科学版)》,2006 年第 6 期。

[116]张京祥:《全球化视野中长江三角洲区域发展的博弈与再思考》,载《规划师》,2005 年第 4 期。

[117]张明斗:《城市化水平与经济增长的内生性研究》,载《宏观经济研究》,2013 年第 10 期。

[118]张曙光:《中国城市化道路的是非功过——兼评贺雪峰的<城市化的中国道路>》,载《学术月刊》,2015 年第 7 期。

[119]张全明:《论中国古代城市形成的三个阶段》,载《华中师范大学学报(人文社会科学版)》,1998 年第 1 期。

[120]张占斌:《新型城镇化的战略意义和改革难题》,载《国家行政学院学报》,2013 年第 1 期。

[121]赵伟:《中国的城乡差距:原因反思与政策调整》,载《武汉大学学报》(哲社版),2004 年第 6 期。

[122]赵文远:《现代中国户口迁移制度变迁的经济因素》,载《史学月刊》,2012 年第 5 期。

[123]郑国:《城市发展阶段理论研究进展与展望》,载《城市发展研究》,2010 年第 2 期。

[124]郑宇:《战后日本城市化过程与主要特征》,载《世界地理研究》,2008 年第 6 期。

[125]钟荣魁:《社会发展的趋势是城市化不是城乡一体化》,载《城市问题》,1994 年第 7 期。

[126]周光明:《城市化进程中的协调发展》,载《改革与战略》,2005 年第 3 期。

[127]周牧之:《中国需要大城市圈发展战略》,载《经济工作导刊》,2002 年第 3 期。

[128]周蜀秦:《中国城市化六十年:过程、特征与展望》,载《中国名城》,2009 年第 10 期。

[129]周艳:《我国三种城市化路径比较研究》,载《当代经济》,2009 年第 15 期。

[130]周一星:《论中国城市发展的规模政策》,载《管理世界》,1992 年第

6 期。

[131]周振华:《增长轴心转移:中国进入城市化推动型经济增长阶段》,载《经济研究》,1995 年第 1 期。

[132]朱宝树:《小城镇户籍制度改革和农村人口城镇化新问题研究》,载《华东师范大学学报(哲学社会科学版)》,2004 年第 5 期。

[133]朱佳木:《论中华人民共和国史研究》,载《中国社会科学》,2009 年第 1 期。

[134]朱力:《准市民的身份定位》,载《社会学》,2001 年第 4 期。

[135]朱泰:《农村城市化进程中的社会矛盾与化解》,载《求实》,2007 年第 2 期。

[136]邹农俭:《努力追求高质量的城镇化》,载《唯实》,2013 年第 10 期。

[137]邹小华:《社会和谐与城市化模式选择》,载《南昌大学学报(人文社会科学版)》,2006 年第 6 期。

(二)博士论文

[1]范双涛:《中国新型城镇化发展路径研究》,辽宁大学,2015 年 6 月。

[2]金月华:《中国特色新型城镇化道路研究》,吉林大学,2016 年 6 月。

[4]李红梅:《新型工业化条件下的中国城市化道路》,首都师范大学,2004 年 6 月。

[5]孙宏:《中国城市化道路研究》,中共中央党校,2003 年 7 月。

[6]王曙光:《中国城市化发展模式研究》,吉林大学,2011 年 6 月。

[7]赵志敏:《我国新型城镇化道路的探索》,山东财经大学,2014 年 5 月。

[8]朱攀峰:《中国新型城市化道路选择研究》,中共中央党校,2009 年 6 月。

[9]曾宪明:《中国特色城市化道路研究》,武汉大学,2005 年 6 月。

三、英文著作

[1]A. Roberto, *Hermeneutics Citizenship and the Public Sphere*, Albany: State University of New York Press, 1993, pp. 1—59.

[2]A. Geoff, *Citizenship: the Remaking of A Progressive Politics*, London: Lawrence and Wishart, 1991, pp. 1—22.

[3]B. Benjamin, *Strong Democraty*, Berkeley: University of California Press, 1984, pp. 1—42.

[4]B. Ronald, *Theorizing Citizenship*, Albany: State University of New York Press, 1995, pp. 1—56.

［5］B. Thomas, *The Culture of Citizenship*, Albany: State Univer sity of New York Press, 1994, pp. 2—108.

［6］B. Carl, *Recent Theories of Citizenship in Its Relation to Government*, New Haven: Yale University Press, 1928, pp. 5—62.

［7］H. Lefebvre, *The Production of Space*, Oxford, Cambridge Mass: Blackwell, 1991, pp. 1—66.

［8］H. Lefebvre, *Critique of Everyday Life Vllumell Introduction*, London and New York: Verso, 1991, pp. 1—86.

［9］H. Lefebvre *The Survival of Capitalism*, *Reproduction of The Relations Of Production*, London: Allison and Busby, 1976, pp. 1—46.

［10］D. Harvey, *The Urbanization of Capital*: *Studies in the History and Theory of Capitalist Urbanization*, Oxford UK: Blackwell Ltd, 1985, pp. 1—66.

［11］D. Harvey, "The Right to the City", *International Journal of Urban and Regional Research*, Vol. 29, No. 1, December 2003, pp. 20—36.

［12］D. Harvey, *The New Imperialism*, Oxford: Oxford University Press, 2003, pp. 1—116.

［13］G. Debord, *The Society of the Spectacle*, Donald Nicholson Smith (trans), London: Zone Books, 1994, pp. 1—106.

［14］M. Castells and l. Martin, *Conversation with Manuel Castells*, Cambridge: Polity Press, 2003, pp. 1—55.

［15］S. Gershon. *The Citizenship Debates*: *A Reader*, Minneapolis: University of Minnesota Press, 1998. , pp. 1—43.

致　谢

　　回顾本书的写作过程,内心的感受还是很复杂的。从进站伊始确定题目就开始夜日继日地搜集关于"城市化"的论文资料,到确定题目后就忙于写作,再到论文初稿完成后反复修改的苦闷,多少个挑灯夜战,多少次纠结烦闷,多少次泪眼婆娑,多少次思想激荡⋯⋯这些将我的求学之路点缀成一段真实而艰苦、幸运而紧张的人生旅程。出站报告的写作是这一旅程的最好见证。从马克思主义哲学跨越到城市经济史,从理论分析过渡到现实关照,从文本解读过渡到实践探究,对于天资愚钝的我来说,真是一场不小的考验。论文从大量搜集材料和零星地写作部分片段到正式确定的题目写作再到大体完成初稿,并根据合作导师的意见做了一些修改⋯⋯回顾这段旅程,我深知,我之所以能够坚持下来,是因为始终有太多关爱和帮助陪伴着我,对此,我心存感激。

　　首先,要特别感谢我的合作导师武力研究员。武老师学风严谨、学识渊博,对学生和蔼可亲。我的出站报告从选题到修改、定稿,再到完善,中间几次修改,武老师都给了悉心指导。出站报告确定选题后,我就在教学之外开始夜以继日的写作,每每写作到凌晨,武老师不但加以热心提示和嘱咐,而且不倦教诲。从论文参考资料的选取到论文的参考文献格式、论文的概念界定方式、论文的衔接等,武老师都热心帮助。武老师刻苦钻研的学术作风、认真踏实的学术态度、平和豁达的生活作派、洒脱坦然的为人态度,使我在为学和做人方面受益匪浅,对教学和研究工作都有了新的感悟。唯有将这些铭记于心,以此勉励自己,在教学和研究道路上走得更加平和坦然。

　　我也非常感谢我的另一位导师郑忆石教授,在本书稿的写作过程中得到了您的热切指导和帮助。您被我们真诚地称为"郑妈妈",因为您始终站在学生的角度着想,始终尽心、尽力、尽责地去爱护我们。犹记得,在我们毕业论文的写作期间,您在病床上还不忘一字一画地修改我们的论文。您教导我们要做一个正直的人,尊重每一个人,善待每一个人。学生不会忘记,您恳切地嘱咐我们不要被世俗的繁华侵染,要始终保持内心的清澈和宁静;学生也不会忘记,当我的师妹生病时,您第一时间到医院,送上诊金和关怀。我们一级级的学生都真心的爱戴您,能做您的学生,就感到特别的幸福、特别的满足、特别的踏实。无论您有多忙,给您发邮件,您总是最及时的回复。您把"爱在师大"完全地体现了出来,让我们如沐春风,让我们感到这个世界充满了爱。您始终恒久忍耐,充满恩慈;从不自夸,充满谦虚,不追求自己的利益,教导真理和正义给我们;您充满包容,相信世界的美好,盼望一切善良的事物降临,独自忍耐一切的不美好。在您身上,我们看到爱是永不止息的。一句温言,一个微笑,您的一举一动总是让我们心底泛起最柔软的甜。

我也要感谢张星星研究员、朱佳木研究员、李正华研究员、李文研究员、郑有贵研究员、宋月红研究员、刘国新研究员、王瑞芳研究员……在出站报告开题、写作和答辩期间,从各位老师身上,我也获益良多;要感谢张彤老师、钟金燕老师、苏于君老师……在平时工作和生活上的帮助;要感谢顾训宝、罗薇、刘文斌、郭旭红、张明师、董大伟、李扬等老师以及同学在工作上的帮助;要感谢解宁先、张世河、孙金旺、高翠英、赵遁、来建础、钟锦等老师的教导和帮助;要感谢董烟王、许茹云、宋承宪、金贤珠等老师的陪伴和指导;要感谢王澍、叶俊、辛廷、陈杰、张霞、李娟、段慧莲、魏小梦、郝峰会、张玉峰、张晓蕊等朋友的帮助……

我也要感谢我的家人。我的母亲一生辛苦,却从不怨天尤人。母亲兄妹 5人,作为大姐,母亲很早就承担起了家务。结婚之后,她又把全部的爱都给了我们兄妹。她是最普通的人,但在我心中却是最伟大的。母亲知道的知识不多,但教会了我们最好的人生道理。她让我们知道,活着就是幸福,要善待每个人,要充满希望,相信世界的美好,凭着善心行事,感恩一切,去爱去付出……母亲无私付出,让我坚信这个世界上只有母爱才是最伟大的。无论遇到多大的困难,只要想起母亲凝望的眼神,就告诉自己 定要坚持下去。母爱的伟大告诉我,这世上 定存在着善良,值得我们奋战到底。这个世界并不总是幸福的,有着诸多的偏见、恐惧和暴虐,但也有着很多的爱、宽容和谦卑,在知识和理性的时代,人类终究会战胜自己的恐惧,让这个世界少一些猜疑和杀戮,让爱和宽容布满天下。

我要感谢上海和北京这两座城市给我的不同感受。上海和北京虽然氛围不同,但都是国内的顶尖城市,两座城市在基础设施、公共服务水、城市治理都达到了国内的一流水平。两座城市都有优越的自然地理条件、整洁的道路、人性化的服务、一流的治理水平、高素质的市民。身处其中,你会深深感动于政府对于城市每个细节的细心打理,让城市处处体现出文明有序、从容而有情调,让市民和外来人都能自由、尊严的生活。两座城市都是温暖、甚至有点豪侠有点浪漫的城市,都在朝着世界性的伟大城市迈进。上海被称为"魔都",因为上海有一种独特的魔力,无论你来自哪里,只要在上海生活几年都会在心理上自觉认同"海派"文化,深深为这座城市自豪。北京被称为"帝都",在文化上更加多元,包容了全国各地方的人,体现着大国文化的自信和多元性。上海和北京都是快节奏的城市,每天来来往往的人很多,都有着无数渴望成功的年轻人在此奋斗。两座城市让我感知了南北文化的差异性,也感知了祖国的地大物博、多元包容。两座城市在各方面有接近的趋势,高速铁路也让两座城市联系得更加紧密。上海和北京作为中国最一流的两座城市,体现了中国城市化的巨大成就,也让居民的生活更美好。

本书在出版过程中得到了本人所在单位的同事和朋友的很多帮助,一些朋友给予了热情鼓励,中联华文(北京)图书有限公司、中联学林文化发展中心张金良老师及其同事以高度的责任心和崇高的职业精神推动了本书的出版;中国书籍出版社的编辑老师为本书的出版做了大量辛苦的工作,在此表示衷心的感谢!

2017 年 11 月